中国银行业协会
CHINA BANKING ASSOCIATION

东方银行业高级管理人员研修院
China Bankers Institute

银行业专业类培训教材

私人财富管理（第八版）

个人财富规划师完全参考手册

Private Wealth Management（Eighth Edition）
The Complete Reference for the Personal Financial Planner

G. 维克托·霍尔曼
（G.Victor Hallman）

杰瑞·S. 罗森布鲁姆
（Jerry S. Rosenbloom）◎著

苏薪茗◎译

Mc Graw Hill Education

中国金融出版社

中文版序言

2011年10月，中国银行业协会教育培训部主任冯蓬蓬女士找到我，希望由我来翻译 G. 维克托·霍尔曼和杰瑞·S. 罗森布鲁姆两位美国宾夕法尼亚大学沃顿商学院教授合著的这本《私人财富管理（个人财富规划师完全参考手册）》（第8版），为中国银行业的财富管理与私人银行课程培训提供一本参考书。作为一名从事财富管理领域研究与政策制定的工作者，我欣然接受了这个任务。

这确实是一本了解美国私人财富管理不可多见的好书，内容非常丰富，包括九大部分，分别是导论，投资规划和财富管理，所得税规划，教育费用融资，退休计划、股票激励和其他员工福利，慈善捐赠，保险规划和风险管理，遗产规划，商业利益规划，可以说涉及了美国私人财富管理的各个方面。这本书中，既介绍了私人财富管理的性质与目标，也介绍了美国私人财富管理目前所处的制度环境、经济环境与税务环境；既介绍了股票、债券、房地产与其他权益投资、基金与另类投资、各种养老金计划、员工股票薪酬计划、各类保险等金融市场上的金融产品，也介绍了如何对财富进行估值，投资的目标与理论，家庭资产负债表分析，资产配置的基本原理、决策的步骤、投资的策略、财富的规划，包括所得税规划、教育费用融资规划、遗产规划与信托、商业利益规划、甚至是慈善捐赠等；既有丰富的专业技术内容，实践性极强，也有深入浅出的理论分析，具有很好的指导作用。

中国经过改革开放30多年来经济的持续高速增长，到2010年已成为仅次于美国的全球第二大经济体，2012年GDP达到了51.9万亿元人民币，人均GDP达到了38 354元人民币（折合6 100美元），向中等收入国家迈进。在过去的经济发展阶段，金融体系表现为银行间接融资为主，银行的高储蓄率以服务于企业部门为主的资金短缺者为中心。随着国民收入的持续、快速增长，财富也进行了积累，居民的储蓄意愿开始

1

发生变化，更多地投资于各类金融产品。据统计，到 2013 年第一季度末，国内基金公司管理资产规模为 3.6 万亿元，证券公司受托资金为 2.8 万亿元，保险资产为 7.67 万亿元，信托资产为 8.73 万亿元，银行理财产品规模为 8.2 万亿元，企业年金超过 0.5 万亿元，国内金融业开始进入了全面的财富管理竞争时代。

但是，和美国相比，我国的财富管理行业还很不成熟，仍处于初级阶段，突出表现在：一是国内的金融品种和期限均不够丰富，仍有很大的发展空间，金融体系以银行间接融资为主，银行业资产占金融业资产的 90% 以上，尽管近年来资本市场有了长足的发展，但股票市场、债券市场的发展整体不够成熟；二是机构投资者缺乏，尽管近年来国内机构投资者数量有一定的增长，但主要仍然是银行、证券、基金、保险、信托等传统金融机构，美国市场上作为机构投资者主力的养老基金、退休基金、企业年金、员工持股计划、捐赠基金、慈善基金、教育基金等在我国发展缓慢；三是个人投资者作为零售投资者（散户）还不够理性和成熟，更多地追求单个金融产品的高收益和短期增值，金融机构对客户的服务还停留于"以产品为中心"的阶段，缺乏对客户整体的财务分析、财产规划与资产配置，更谈不上像美国金融机构一样，"以客户为中心"进行全面的各类金融产品配置、所得税规划、教育费用融资规划、遗产规划与信托、商业利益规划，甚至是慈善捐赠等全面的财富管理，投资者保护制度有待于加强，"资产的保值保障"、"长期投资"、"买者自负"理念还需继续培育。

目前，我国经济体系中存在两对矛盾，一是国内金融体系的储蓄率居高不下，2012 年末，银行业金融机构各项存款余额超过 90 万亿元，居民储蓄存款超过 40 万亿元，而多年来的"中小企业融资难、民营企业融资难"问题依然存在；二是多年来的贸易顺差形成了超过 3.5 万亿美元的外汇储备，但其中有相当部分投资于美国的国债，经受了美元贬值给我们带来的损失，而地方政府多年来为了吸引外商直接投资经常出台各种优惠政策进行招商引资。可以说，一方面是金融体系中感觉很"有钱"，另一方面在实体经济中却又感觉很"缺钱"。造成这一现象的原因很多，但其中最重要的原因之一是我国的金融体系存在结构失衡，直接融资比重过低。

只有发展更为均衡的金融体系才能更好地服务于实体经济，更好地服务于经济结构调整和产业转型升级的需要。在这一过程中，财富管理将起到非常积极的作用，它一方面将为金融体系培养更为成熟和理性的机构投资者和个人投资者，解决了投资主体和资金供给的问题；另一方面，财富管理的发展也意味着各种金融产品的创造和金融服务的丰富，解决了投资品不足的问题。从居民个人金融投资的角度看，以2011年末为例，国内居民金融资产中64%为银行存款，股票、债券、基金等投资比例不到14%，而美国的居民金融资产中，股票、基金和投资于资本市场的养老金加在一起，达到了超过居民金融资产近70%的比例。因此，学习、借鉴、吸收美国私人财富管理的专业经验和技术，不仅有利于国内财富管理行业的发展成熟，也将有利于我国金融体系的结构调整，有利于经济结构调整和支持实体经济发展。

中国有句古话"富不过三代"，第一代创造财富，第二代、第三代经常就消费殆尽了。这其中很重要的原因之一就是缺乏专业的财富管理机构提供财富的保值保障和增值服务。提到财富管理，还要消除另外一个观念上的误区，认为财富管理只是有钱的"富人们"的事情，与中低收入家庭无关。诚如本书中所言，个人财富管理的理念应该是，为达成个人总体财务和个人目标所进行的全面规划及其实施，虽然一些比较复杂的技术可能主要适用于高净值个人和家庭，但绝大多数技术几乎适用于所有人。只有每个人都开始重视财富管理，我们才能使全社会的财富得以更好地积累和传承，民富才能国强。

本书的翻译历时接近两年，时间之久，超过我原先的预计，书中涉及大量的专业知识，技术性强，为了保证翻译的专业性和准确性，很多句子需要多次反复斟酌和修改，可以说，为了保证翻译的质量，译者放弃了两年来的大部分业余时间，以求对读者真正负责。即便如此，囿于译者水平有限，仍难免有诸多错误，敬请读者原谅。在本书的翻译过程中，得到了清华大学和北京大学等学校诸多同学们的大力协助，他们是成九雁、滕飞、刘青松、时文婷、王淑娟、黑爱娟、董海峰、杜映昕、贾云雷、陶臻、骆航、卜晓雯、吕歆、刘昕锐、冯晓宇、李汀洁、唐燕华。成九雁同学进行了大量的校对，滕飞同学还对书中的重要脚注和格式进行了大量的补正，使本书得以尽快和读者见面。感谢美国Westwood投资管理公司董岚女士和兴业银行的范彬对书中部分翻译提出的修改意见。在此，一并对他们的辛勤劳动表示衷心的感谢。

　　本书的翻译出版也要衷心感谢中国银监会杜金富纪委书记和创新监管部王岩岫主任平时对财富管理监管工作的悉心指导，感谢中国银行业协会杨再平专职副会长、郭三野副秘书长、教育培训部主任冯蓬蓬女士以及中国金融出版社戴硕主任对翻译工作的大力支持，感谢责任编辑李融为之付出的辛勤劳动和清华大学五道口金融学院副院长康以同教授提出的宝贵审阅意见，感谢潘洁女士认真细致的校对，感谢中国银监会首席顾问沈联涛先生，感谢我的博士生导师中国社科院金融研究所所长王国刚先生和银监会其他的领导及同事们多年来给予我的精心指导和帮助。最后，也要感谢我的朋友和家人对我翻译工作的一贯理解与支持。

苏薪茗

2013 年盛夏于北京

英文版序言

在此次全新改版的第8版出版之际①，全球经济正处于巨大的不确定状态之中，新的发展态势正在酝酿。空气中都洋溢着变革的味道。正如美国著名民歌歌手鲍勃·迪伦（Bob Dylan）那首名曲所唱：时代正在改变。

写作这本书的时候，全球经济正处于自20世纪30年代大萧条以来最严重的下滑状态之中（这究竟是刚刚开始，还是接近尾声，目前谁也不知道）。全球的央行都已经采用各种货币政策工具来为金融机构提供流动性，扩大了能够获得贷款和援助的合格金融机构的范围，并将短期利率降至历史性低位（甚至几乎为零）。各国政府纷纷实施积极的财政政策，采取了各种大规模的一揽子刺激措施，通过提供贷款或者直接购买股份的形式拯救陷入困境的银行、保险公司和大型工业集团。在这一过程中，政府也造成了巨额的预算赤字，其占本国国内生产总值的比例达到历史高位。

所有这些因素对当前经济衰退的影响仍然是不清楚的。许多经济学家和分析师相信央行和政府将赢得胜利，而实体经济到2009年下半年时将开始复苏，并重归繁荣。我们当然希望出现这一结果。但是，另外一些人则担心整个经济不久将重陷衰退的泥潭；正如大萧条时期一样，繁荣之路将在多年之后才得以重启。本书通篇的主题就是告诉读者要通过分散配置资产和采取其他金融策略，全面谨慎地进行规划来确保自己为应对各种经济环境做好了充分准备。

所有这些问题对私人财富管理活动具有重大影响，因此，这一版自第2章开始对财富管理活动赖以运转的经济、制度和监管环境进行了讨论。鉴于近几年经历了一系列经济失灵问题，未来监管环境可能也会发

① 编辑注：第8版出版于2009年。

1

生相应的改变。

"婴儿潮一代"（即第二次世界大战后出生的人）目前正在步入退休的年龄。这将给国家的社会保障和退休规划造成巨大的压力。因此，本版对创造足够的退休收入、有规划地从退休规划中取款以及一般性地制定个人退休规划给予重点关注。

在1975年撰写本书第1版序言时，我们曾经指出消费主义将出现上升的趋势，个人财富规划实际上是将消费主义的思想应用于个人或者家庭的理财事项上。我们也指出：自第二次世界大战结束以来，美国经济达到了一种前所未闻的富裕程度，这使得财富管理对越来越多的人变得重要了。我们进一步观察到，女性在职场中特别是在管理层和专业工作领域中的地位日益提升，而且美国收入来源多元化的家庭占比日益提高，使得越来越多的人不得不使用复杂的财富规划技术来处理各种个人和家庭事务。让人吃惊的是，当年的这些判断仍然适用于今天，甚至在今天要比在当年更为适用。

像前几版一样，在本版中，我们将私人财富管理视做一个流程：决定一个人或者家庭的总体财务目标，考虑各种可能的规划或者途径来实现目标，选择最适合本人的规划或者途径，执行这些方案，然后定期进行回顾并进行必要的调整。在这一过程中，个人或者家庭的各种财务事务，包括投资、储蓄、融资安排、保险、年金、退休规划、其他员工福利、所得税规划、遗产规划等，都应该按照一种协调一致的方式而不是割裂的方式予以考虑。这意味着在考虑使用哪些理财工具（股票、债券、寿险、年金、共同基金、房地产、信托、各种员工福利、薪酬安排等）时，应该放在个人的总体财务目标框架下进行统筹选择。这也意味着从事财富管理的专业人士必须在多个领域中富有学识。本书将着力帮助大家实现这些目标。

本着这一宗旨，这次第8版的书名已经修改为"私人财富管理"。一方面，这反映了本领域对这个词汇日益广泛的认可；另一方面，也体现了本书内容覆盖的广泛性和深度。

这一版对财富管理和财富规划的诸多领域进行了补充或扩展。主要包括以下方面：

- 讨论了2001年经济增长和税收减免法案的"日落条款"所引发的财富规划的不同后果

- 讨论在"日落条款"生效以前遗产税可能的变化
- 新增了关于财富管理面临的经济环境的分析
- 新增了关于财富管理面临的监管环境的分析
- 新增了关于财富管理领域估值概念的内容
- 新增了关于现代资产组合理论和资产配置决策的有关内容
- 新增了关于财务管理的内容,包括对"反向按揭贷款"的讨论
- 补充了为教育开支进行理财规划的有关内容
- 增加了对退休规划(包括从退休规划中提款)的讨论
- 增加了2006年养老金保护法案有关的内容
- 增加了不符合有关税收减免条件的个人年金,包括保证最低收入给付和保证最低死亡给付的说明
- 讨论2005年赤字削减法案对政府医疗补助规划的影响
- 增加了罗斯个人退休账户的相关内容
- 增加了有关社会保障以及从社保退休规划中提款规划等内容
- 增加了个人人寿保险(无过失保证给付、融资型人寿保险和寿险保单贴现交易)的内容
- 讨论在将来配偶间采用简化的统一扣除规则下可能带来的婚姻扣除额规划方面的变化

因此,这本重组结构、重拟标题的第8版,绝不仅仅只是简单的更新,而且也在许多方面和领域进行了实质性的扩充。

G. 维克托·霍尔曼 (G. Victor Hallman)

杰瑞·S. 罗森布鲁姆 (Jerry S. Rosenbloom)

目　录

第一部分
导　　论

第 1 章
私人财富管理的性质和目标

本章目标

读完本章后，你应该理解以下要点：

- 认识家庭经济生命周期的各个阶段
- 确定和评估个人或家庭的总体财务目标，并有步骤地实施策略，包括：

  —资本积累

  —投资和财产管理（货币管理）

  —所得税规划

  —筹措教育开支

  —退休规划（退休收入准备金）

  —防范个人风险（个人风险管理）

  —生理或心理丧失行为能力时，作出医疗保健决策和财产管理

  —遗产规划

  —慈善捐助

  —商业规划

  —突发状况应对
- 理财规划过程中采取的步骤
- 建立和使用个人财务报表
- 认识个人财富管理从业人员的职业道德义务，熟知自己所在专业领域的道德标准

1.1　对财富管理服务的需求

绝大多数人需要管理财富。他们想要达成不同的财务或个人目标。其中有的为个人，有的为家庭，或许还有的为慈善机构，等等。当然，一些个人（家庭）的情况和目标会比其他人的更复杂。但本质上来说，每个人

都需要某种程度上的规划。

为了帮助实现他们的目标，令人眼花缭乱的众多理财产品向公众投放，其中有投资产品、理财规划、保险、避税规划、退休规划、信托、慈善捐赠安排等。然而，这些理财安排和理念经常以临时应对的形式出现，而没有整体的协调和规划。相反，个人财富管理的理念是，为达成个人总体财务和个人目标所进行的全面规划及其实施，如本章和本书通篇所述。

1.2 基于整个家庭经济生命周期的财富管理

人们在整个经济生命周期中都需要实现目标。这个周期包括年轻时有收入的人需要购房、关心债务管理、为保护刚成立的家庭购置充足的保险、满怀希望地开始资本积累规划。当人们到了获得更高收入的年纪时，应该拥有可观的资本积累了，但是人到中年，也面临要给孩子的高等教育筹集资金，认真地给自己制订退休规划，也可能需要给年迈的父母或其他亲戚提供财务上的支持（包括可能的看护）。然后，人们到了临近提前退休和退休的年纪，这时候必须安排好各项事务使得自己及其配偶在有生之年都有足够的退休收入。人们可能也想合理安排养老金的分配规划，使得他们既能满足退休后的收入需求，又能以一种有效避税的方式转移财富。由于人们的生育年龄及他们父母的年纪的不同，也许刚好在他们需要重点考虑退休收入问题的时候，同时也面临着要考虑孩子的高等教育费用和照顾年迈父母的费用的问题。人们通常会制订有效避税的财富转移规划，在其有生之年或去世后将财富转移给子孙或其他继承人。

本书主要讲述如何达到以上目标的规划策略和技术。虽然一些技术可能主要适用于高净值个人和家庭①，但绝大多数技术几乎适用于所有人。

1.3 关注目标和规划策略

私人财富管理关注如何达到个人或家庭整体财务目标及为此设计的策略。在这一方面，接下来的目标分类为这些目标及期望的确定、分析和规划提供了一种系统的方法。

---

① 对于怎样定义高净值个人和家庭，不同的评论家有不同的标准。例如，在每年的全球财富报告中，美林和凯捷咨询认为高净值个人（HNWIs）是指持有个人金融资产超过100万美元的人。其他的财富管理专业人员在他们的定义中会高于或低于这个数。

1.3.1　资本积累

人们出于各种各样的原因需要积累资本。下面列举一些：

应急基金　为了应对意外开支，建立应急基金是很有必要的，如为应对损失而专门保留的资金和为规避生活中的风险（包括经济衰退或萧条）提供财务的缓冲。

应急基金的规模取决于一些因素，如家庭收入、有收入的人数、工作的稳定性、资产、债务、保险免赔额、无保险的健康情况和财产风险，以及家庭整体对待风险的态度。应急基金的规模经常表示成几个月的家庭收入——如 3 到 12 个月——但也可能是一个固定的数目。

教育需求　高等教育的成本已明显增加，特别是在私立高校。教育基金的规模取决于孩子或其他接受教育的人数、年龄、教育规划、任何可获得的助学金、家庭可支配资产和收入的多少，甚至还取决于家庭对教育的态度。筹集教育资金的问题将在本书的第四部分阐述。

退休需求　出于该目标的重要性和独特性，本书的第五部分将单独论述退休规划的相关内容。

一般投资基金　人们经常出于一般投资目的积累资本。他们也许想在将来有更高的生活水平，在工资收入之外有其他收入，有更高的财务稳定性，有提早退休的能力，或者是有资本金可以留给其子孙，或者仅仅是享受投资的过程。

1.3.2　投资和财产管理（货币管理）

管理需求　个人或家庭对专业投资和资产管理的需求有很大的不同。然而随着投资复杂性的提高，金融市场的波动性加大，经济的不确定性增加，以及税收问题的增多等，人们对这一领域专业管理的需求也逐渐增加。

利用可使用的资源进行投资和资产管理

金融中介机构的使用：广义上来讲，金融中介是用人们的钱去投资，然后向其支付一定回报的金融机构。这类金融机构是将储蓄转化为适当投资的一种渠道。它们包括如下几种：

- 投资公司（共同基金、交易所交易基金、私人持股公司、单位投资信托）
- 商业银行（提供定期存款、货币市场账户和各种储蓄账户）

- 人寿保险公司
- 储蓄机构
- 在不动产方面，有房地产投资信托基金（REITs）和共同财产所有者规划

信托：成立信托最基本的原因之一是为信托受益人（也包括该信托的创建者）提供专业的投资和资产管理。

投资顾问和咨询公司：投资顾问和咨询公司有许多，其规模和所提供的服务各有不同，都是在收取一定费用的基础上为客户提供专业的投资建议的公司。许多商业银行和证券公司也提供投资顾问服务。

投资顾问可行使的投资决策的权利可分为如下三类：（1）在一个严格界定的前提下，投资顾问实际上做投资决策，并买卖有价证券而不需要事先与客户商量；（2）根据安排，基本上是投资顾问作出投资决策，但在采取行动之前要与客户商量；（3）根据安排，投资顾问和客户在做投资决策之前需要广泛地协商，但是客户保留实际决策权。

投资顾问受《1940 年投资顾问法》或其他类似的州法律监管。《1940 年投资顾问法》中对投资顾问进行了界定，包括为获得报酬而直接或通过出版物或著作，给他人提供关于证券价值及投资买卖证券的建议的人，也包括那些常规企业中聘用发布相关证券分析和报告的人。管理的资产超过 2 500 万美元的投资顾问必须在美国证券交易委员会注册，少于该数的投资顾问也必须达到其所在州的注册要求。《1940 年投资顾问法》也对某些投资活动进行了规定，包括顾问合同条款、费用、广告、招揽客户、向客户披露信息和保存记录等。

一些个人或实体享有特别豁免权，不受该法案管制。他们包括银行家；咨询律师；在其专业实践中提供投资建议的会计师、工程师和教师；出于自身业务需要提供投资建议的经纪人和交易员，但其不收取额外的费用；善意的报纸、新闻杂志或金融出版物的出版商们以及一些其他豁免对象。

投资顾问与他们的客户有信托关系，因此，他们必须诚心诚意地对待客户，实现客户利益最优化。

独立理财规划师：独立理财规划师是或者在收取一定服务费的基础上提供理财规划服务，或者提供与其销售的金融理财产品相关的理财规划服务的一类人或机构。他们经常提供关于投资、资产管理，以及许多其他领域的理财规划。依据其性质和从业规模，独立理财规划师也可被归为投资

顾问的一类，需要向美国证券交易委员会注册，受《1940 年投资顾问法》或其他类似的州法律的监管。

证券公司：投资者能从客户经理或者证券经纪公司的其他人那里获得有价值的投资和研究建议。但是，必须指出一点，股票经纪人和其客户的关系并不同于投资顾问或者信托部门同客户的关系。股票经纪人通常会根据客户账户上的股票交易抽取佣金，而顾问和受托人则可以根据所管理的资产规模按比例获得一笔年费。然而，具有职业头脑的股票经纪人意识到，他们长期的成功归根到底取决于他们客户的成功投资。因此，对股票经纪人现在也采用其他的报酬安排。

其他顾问：个人也可以从其他渠道获取帮助。例如，律师提供法律和其他建议。会计师提供财务上的建议，特别是涉及税务领域的建议。共同基金代理人提供避税手段，其他投资人员能提供财务策划中如何利用这些工具的建议。人寿保险代理人和经纪人可以在人寿保险、医疗保险、养老金、其他退休规划和金融产品服务方面给予建议。同样，财产险和责任险代理人和经纪人可以在个人风险管理、财产和责任保险以及其他理财产品服务方面给予建议。此外，房地产经纪人和业内其他专业人士可以提供关于房地产投资和管理的帮助。

成本和投资管理　首先必须认识到，只要是雇用别人（专业人士）来管理资产，就一定会存在某种形式的费用。费用可能以占资产一定比例的年费形式存在（比如占管理资产的 1%），像那些专业受托人和投资顾问，通常要收取最低年费，例如 1 500 美元到 3 000 美元。投资公司（如共同基金）收取基金资产一定比例的年费用于投资管理和其他费用。浮动年金和变额人寿保险根据保单等级（意外死亡和损失风险花费）和资金等级（成本比率）收取投资管理费和其他费用。独立理财规划师则有多种收费安排。

投资管理费用也可能包含在投资产品和服务本身中。举例来说，在银行，存款机构和保险公司的投资费用取决于它们的投资回报与支付给客户购买产品的收益之间的差额，这些产品有大额可转让存单（CDs）、储蓄账户、货币市场账户，固定美元人寿保单和年金等。股票经纪人通常通过投资建议获得佣金。同样，其他专业人士也通过所提供服务收取佣金或者费用作为酬劳。本书中讨论了不同金融产品，并将对其成本结构进行分析。这里，真正的问题不在于投资服务和建议是否收费，而是那些收费相对于回报和获利是否合理。

1.3.3 所得税规划（减少税务负担）

大多数人都会在法律允许的范围内尽可能减少税收的负担。他们可能被征收各式各样的税种，包括联邦所得税（包含供选择的最低税）、州和地方所得税、联邦房地产税、州遗产税、联邦赠与税、联邦隔代转移税（GSTs）、社会保障税和其他就业相关的税种。我们的目标是关注所得税规划。本书将在财产规划中分析如何节省房产税、赠与税、隔代转移税等。

1.3.4 筹措教育开支

随着高等教育的需求逐渐被意识到和教育费用快速增长，筹措教育开支已经变成许多个人和家庭的重要目标。为了适应这种需求，一些吸引人的、节税的筹措教育开支的规划慢慢兴起，比如合格学费规划（529方案）。筹措教育开支的策略和方法将在第四部分介绍。

1.3.5 退休规划（退休收入准备金）

退休规划的目标也开始越来越显著。这是因为现今大多数人估计都可以享有一段较长的退休期（可能持续到八九十岁，甚至更久）；退休规划本身很复杂；人们就是否应该存足够的钱来负担退休生活还存有争论；当前，经济衰退和不景气正在一步步耗尽许多退休金账户的价值。同样，许多人也在考虑提早退休（即在65岁之前退休）。因此，现在许多规划与如何储备充足的退休收入准备金和如何在众多退休规划中进行取舍相关。退休规划将在第五部分介绍。

1.3.6 防范个人风险

防范个人风险的主要目的包括提早为可能导致个人损失的各种风险做好规划，比如医药费用、劳动力残疾、看护费用（长期照料）、死亡、财产和债务损失等。预防这些风险通常被称为个人风险管理。

医疗费用 保护自己和家人免于支付医疗费用的重要性是显而易见的，所以，要做好医疗费用的规划。从规划目的来看，医疗费用可以分为以下几个类别：

正常或可预算的费用：这些是家庭可以用定期每月预算付清的费用。传统观念认为，一般而言，家庭可承担的此类费用越多，其总体成本会越低。这就是个人风险防范中的预留金概念。

高于正常的和灾难性的费用：这些费用超出了正常范围，而且可能大到引起资金紧张（灾难性费用），甚至对于高净值家庭也是如此。对这部分费用的规划是非常必要的，但通常我们无法为此预留资金。此类费用的规划策略将在第22章介绍。

伤残收入损失 由于劳动力伤残引起的收入损失被称为伤残收入风险。

伤残收入风险的重要性：这种风险，特别是完全和永久伤残，是一种很高的风险①。许多专家建议客户应当将注意力集中在防止长期伤残的影响上，而不是过分关注短期只持续几周的伤残。从脚注①中的数据可知，没有几个家庭能承受家庭收入者中一个或两个人四年以上的收入损失。

规划策略：伤残收入险是一种防范伤残危险的主要手段，特别是对于长期伤残。取决于不同情况，部分风险（例如短期伤残的损失）可以通过应急基金来维持。有时候，高净值个人的投资收入可以替代一部分甚至全部的伤残者的所得收入。大多数有收入的人可以获得社会保障伤残抚恤金。同样地，一些雇主也向雇员提供多种类型的伤残抚恤金。然而，许多有收入的人发现他们必须购买个人伤残收入保单来补充这些伤残抚恤金。

为了应对这种风险，客户和顾问可能会采用最坏假设的策略——客户（或者家庭中另一个收入者）可能从现在到正常退休期前完全永久伤残（不能取得收入）。此外，必须考虑到这个人工龄年间的伤残对他（她）以后退休可得收入的影响。考虑到这种最坏的情况，才能决定这个人可以从现有的伤残收入保险，其他抚恤金和其他收入来源中的所得。然后就可以对税后伤残收入的不足提出建议。第22章涉及了为防范这种风险的规划内容。

看护费用（长期看护） 这是指用于照顾不能进行日常生活基本活动的人的费用。

与医疗的区别：看护费用是指当人们的日常生活不能自理时用于看护的费用，而不是用于治疗和急诊的费用。看护有多种形式，比如专业的家庭护理、中介机构看护（辅助生活设施）、成人日托服务、家庭保

---

① 有趣的是，一个人在65岁之前遭受长期伤残（90天以上）的概率要高于65岁之前死亡的概率。作为残疾风险重要性的实例，通过北美精算师协会的数据，30岁的人到65岁之前有24%的概率会遭受90天以上的伤残，而50岁的人到65岁之前的这一概率会降到18%。这些数据阐明了这种严重伤残的平均频率。而平均损失程度的数据同样令人吃惊，40岁以下遭受长期伤残的人平均持续时间是4年，然而相应的50岁到54岁的人群其平均持续时间是4年零6个月。

健等。

　　医疗费用保险范围包括医疗保险和私人健康保险，而几乎不包括看护费用。随着人们寿命的增加和看护费用的逐年提高，规划此类费用已经成为一种重要目标。

　　规划策略：长期护理险（LTC）是专门应对这种风险的一种私人保险。从 50 岁左右甚至更年轻时开始，长期护理险应该作为大多数人保险投资组合中的一部分。当然，高净值个人可能用自己的投资收入或者资产来负担这种费用，但究竟在达到怎样的富裕程度后，这种自我筹资才算是恰当的策略，还有待讨论。

　　不幸的是，大多数老人没有适当的长期护理险或者其他收入来源来应对看护风险。这种情况下有个规划策略也许可以使需要看护的人符合医疗补助规划（联邦政府与州政府对于需求人群的医疗援助项目）的要求，其中包括了养老院和其他看护，同时仍需要规划将个人尽可能多的资产来转移给他（她）的家庭。这被称为医疗援助规划。对于一些没有其他选择的人来说，医疗援助规划是一个正确的策略。然而，依赖医疗援助规划来应对看护风险对大多数人存在很大问题。2005 年削减赤字法案使得医疗援助规划看起来更难。这方面的公共政策明显是鼓励人们提前规划购置长期看护保险。

　　如何规划看护费用将在第 23 章中详细介绍。

　　死亡　绝大多数人的主要目标之一是保护自己家人或者其他人的财务状况不受自己死亡的影响。人们可能也会关心死亡对商业事务、遗产流动性和遗产养护的影响。

　　死亡带来的潜在损失和需求，包括以下几点：

- 死者未来获得收益能力的丧失。绝大部分家庭是依赖夫妻一方或双方的工作收入维持生活的。一个收入者的死亡会导致这个人未来收入的损失。这个概念有时用来定义人的生命价值。在家工作的家庭成员死亡还会导致费用的增加，因为需要找人接替他在家的工作。

- 用于满足未来需求或目标的资金的损失。这可能包括用于子女教育的资金以及用来满足抵押贷款和大额债务的资金的损失。

- 死者遗产的流动性需求。所有遗产税都要求不晚于死者去世后的 9 个月支付。它由该财产的遗嘱执行人或遗产管理人来支付。根据不同的司法管辖区的规定，也可能有大量的州遗产税金需要支付。因此，对于高净值个人，他们的遗产税会带来大量的流动性需求（例如，立即取现支付税收和债务的需求）。当然也会发生一些遗产结算成本和遗留债务，都需要从遗产中支付。

- 遗产缩水。即使在假设一项遗产有充足的流动性资产或其他资源去支付税收和债务的情况下，大额遗产经常会由于联邦和州的遗产税而有相当大的缩水。如果没有采取阻止缩水的行动或补救措施，遗产缩水实质上是减少了遗产继承人的财富。应对这种缩水的办法被称为遗产保护措施。
- 商业价值的损失。一个私人企业的所有者死亡，也许会使得该公司倒闭或在市值上遭受重大损失。同样地，许多公司都有一些关键的员工，无论是否是持股股东，他们的死亡都会导致公司财务的重大损失。

规划策略：人寿保险是提供现金去弥补由于个人死亡所带来损失的最主要的渠道。有很多种方法可确定在特定情况下所需的人寿保险的类型和金额。这些策略将在第 21 章和第 29 章讨论。

财产损失和法律责任风险 能引起较大财产损失的风险有许多种。大多数人用保险来规避一般风险，比如汽车和住房保险，不过保险规划的制定需要考虑到个人或家庭所有可能存在的风险，而且需要保证保险责任范围有充足的限额。对于高净值个人来说更是如此，他们通常存在不同种类的利益，拥有高价值的资产和收藏品，拥有信托资产，同时他们也常常是董事会成员。

资产损失：资产所有权带来的是资产本身的损失风险（直接损失），还有资产使用权的损失（间接损失）。该领域的规划决策是确定多大的风险（通常通过保单免赔额来确定）和应该投保多少额度。

责任损失：几乎每个人都可能面临其他人要求其承担责任并索赔的风险。由于疏忽，某些行为可能导致相关责任人不得不承担法律责任，比如违反了租赁合同中规定的义务，或者违反了劳动保障法中的条例，或者是违背了董事会成员义务，又或者发生了一些侵权行为等。由于较大的责任索赔可能对财务状况造成毁灭性的影响，所以鉴别和评估责任风险和规划足够的责任险来覆盖这种风险是至关重要的。

规划策略：用潜在性风险清单进行风险管理（保险）调查是一种鉴别和评估此类风险的有效途径。在保险评估之前有必要对财产价值进行估价。我们面临的战略问题是需要确定哪种风险不该被投保（风险保留），以及是否需要给保险的风险留有免赔额（成本分担）。财产和责任保险的风险管理原则将在第 24 章介绍。

身体或精神失去行为能力时的医疗保健决策和财产管理 这种情况出现在人们身体或精神无行为能力并且不能自己作出重要决定时。通常随着年龄增长，人们会更关心这些情况，但是近来一些著名案例表明，处于任何年龄段的人都可能会有这种不幸的情况。

医疗保健决策制定：该规划的范围包括在他不能做出决策时，对其医疗保健和其他事项准备指令并作出安排。规划策略将在第 30 章中介绍。

财产管理：由于无行为能力的人无法有效地处理个人事务，一个拥有财产和其他金融事务的无行为能力的人将引发一些特殊的问题，这种情况下的规划策略将在第 30 章介绍。

遗产规划（为继承而规划）

规划的性质和范围：遗产规划被定义为"一个人财富的转移安排"。对某些人来说，这种安排相对简单。不过对于一些正在或将要面临遗产转移税，或者那些遗产情况可能导致特殊问题的高净值个人来说，遗产规划可能很复杂。

遗产规划通常涉及遗产所有者一生的规划，以及在他（她）去世以后，他（她）的资产管理和转移。因此它的涉及范围很广，涉及许多之前提到的其他目标规划。

规划策略：遗产规划涉及面很广，可以包括个人及家庭整个经济生命周期和去世后的情况。遗产规划过程和策略在第八部分有叙述。

慈善捐助 大多数人在一定程度上有慈善事业的目标。一些有较多资源的人，也许会建立自己关于慈善捐助的复杂体系。许多情况下，慈善捐助规划和许多其他目标要综合考虑，比如所得税规划、退休规划、遗产规划等。慈善捐助策略将在第六部分和书中其他部分讨论。

商业规划 如果私人持股企业的股权是个人或家庭财富的主要或重要组成部分，那么为这些股权做规划就是重要的目标。规划可以包含实体的选择，最大化家庭财富的商业运作、薪酬安排、员工福利，企业继承规划等。第九部分讨论了该领域的规划。

特殊情况 总会存在这种可能性，客户有一种或多种特殊情况，需要被考虑在规划中，这些可能性如下：

- 个人或家庭成员存在伤残、无行为能力、疾病甚至晚期病症的情况。
- 家属有特殊需求的。这涉及已有或需要取得政府提供援助资格的家属，这种情况下可能需要特殊需求信托（第 25 章中讨论）。

- 家庭的婚姻状况。这可能包含婚姻问题，比如分居或离婚，他（她）的子孙，或者其他家庭成员。
- 与前一点相关，个人或者配偶是否之前有过婚姻，还有之前婚姻是否已有子女。
- 对于非传统家庭，伙伴关系、联合体、还有友谊等关系，将出现一些特殊规划。
- 工作性质和工作安全很明显对规划存在影响。如果某人正在计划改变工作或者不久后退休，或者他和他的伴侣都离家外出工作，这都极有意义。
- 将来的赠与或者继承的可能性都将影响规划。

这些特殊情况将在全书的相关部分涉及到。

1.4 理财规划过程

理财规划过程包括将个人目标转化为具体规划，以及最终执行这些规划的财务安排。下面是这个过程中的一些步骤。

1.4.1 建立客户——规划师关系

之前目标和策略规划的回顾揭示出个人财富管理的广阔范围和复杂程度。自然，不是所有目标都能应用到个人身上，不过大多数有用。几乎可以肯定，需要全面私人财富管理的个人和家庭有必要保留这种服务，很可能需要之前提到的不同策划领域的一些专业顾问。没有人能够对所有领域都精通。

这些专业顾问包括律师、投资顾问、资产管理人、理财规划师、会计师、寿险代理人和经纪人、信托人员、财产和责任保险代理人与经纪人、评估专家和其他人员。在一些情况下，一个领域的专业人士发起规划然后将其他领域的专业人士带进来。然而，大多数情况下，客户将向许多专业顾问单独进行咨询。无论哪种方式，客户和规划者都需要确立所提供服务的范围和性质，这很重要。如果有必要，最好将客户的目标、规划者的责任限制、规划何时终止、潜在的利益冲突、还有酬金安排纳入规划。

1.4.2 收集数据和确定目标与期望

我们所需信息的种类随着情况变化而变化，但总的来说包括：个人或家庭投资信息；房屋和其他财产的信息；退休规划，雇主股票规划，其他员工福利；税收情况（收入、遗产、赠与税）；生活，健康，长期护理和财产责任保险政策；遗嘱，信托和其他遗产规划文件；委托书和相关文书的权利；以及相似的文档和信息。

私人财务报表对汇总一个人当前的财务状况很有用。它们很类似于商业用途的报表，但商业报表通常是在国际公认会计准则的基础上编制的，个人或家庭的财务报表一般反映的是收付实现制（而不是基于权责发生制）和有价资产的公允价值（而不是扣除折旧的成本与公允市价孰低的原则）。

私人财务报表应包括一张财务状况表（也称为个人资产负债表）和现金流量表，资产负债表是个人或家庭在既定时刻的资产、负债和净财富的直观表现形式，而现金流量表显示的是个人或家庭现金收支和储蓄余额（或现金流）。现金流量表在概念上与企业的损益表类似，它除了记载的是现金交易而不是基于权责发生制的收支外，还有一些不同。表1.1是一个资产负债表的样本，表1.2是本章下一节将要提到的假想家庭的现金流量表的样本。

然而，如前所述，我们需要依据将要完成的规划目的和范围去收集各种各样的数据。更进一步地，个人、他的家庭和作为个人收益来源的其他个人或机构的信息，也是遗产规划和其他目的所需要的。但收集充足的数据，特别是关于个人事务方面的数据，对私人理财专家来说经常是一个挑战。在这个过程中，他们可能会使用清单、问卷、工作表、私人访谈或综合运用这些方式来实现这个目标。

接下来，个人必须确定他的财务目标和期望。从本质上来讲，是阐述本章之前提到的个人的目标。

1.4.3 确定个人的财务状况

这部分涉及分析个人一般的财务状况，该财务状况与他的目标和事先确定的期望（目标）有关。

1.4.4 开发和完成理财规划

在实际情况中，需考虑个人的目标、关于他当前财务状况的分析和可选方案，才能作出满足明确目标的理财规划建议。

1.4.5 实施理财规划

一个理财规划不管考虑得多么周全，最终取决于实际实施的效果。许多优秀的理财规划也仅能得到部分实施或者说不完全实施。例如，一个遗产规划可能很成熟了，也得到客户的同意，遗嘱、信托和其他文件也都起草和生效了；但资产所有权和受益人指定情况可能实际上并没有根据构思好的方案作出相应改变。毫无疑问，理财专家应该尽最大可能确保双方共同协定的建议被他们的客户真正实施。

1.4.6 对理财规划进行监测

没有任何规划是"金科玉律"。情况在变化，出生、结婚、离婚、死亡，换工作，不同的经济形势，还有许多其他因素会使得修改理财规划是必要的。因此，对理财规划进行实时监测和做必要的修改是理财规划实施过程中非常重要的工作。

1.5 案例：私人财务报表

约翰和玛丽·亨德森，年龄分别为 52 岁和 48 岁，正在进行私人财富管理，有如下的个人财务报表：一张资产负债表和一张现金流量表。约翰是一家大型公开交易公司的市场销售经理，而玛丽在当全职太太抚养大他们的 2 个孩子后，最近回到高中去当老师了。他们的两个孩子目前分别为 14 岁和 19 岁。19 岁的孩子正在读大学。约翰和玛丽也在赡养约翰 82 岁的母亲。

样本中的报表是约翰与玛丽合并的资产、负债、收入以及费用。若需要他们单个的报表，也可以编制。

在这些报表中，资产、负债、收入和费用已经事先被分好类别，这样简化了规划过程。事先分类一般来说是很好的出发点，但并不意味着这是一个很详尽的分类了。我们当然可以随时修改它们来符合我们的需求和目的。另外，金融机构和专业的财富管理人员有他们自己的清单、问卷、表格和报告等，适用于他们自己的专业领域。

1.5.1 资产负债表

表1.1是亨德森家的资产负债表。为了方便起见，金额以千美元整数计算。资产分别是以当前的公允价值、账户价值和现金价值计价的。而约翰既定的以货币计价股票期权除外，它是以自身的内在价值计价的（股票的公允市价减去期权执行价格，再乘以既定但未行权的期权数目）。关于股票期权定价的讨论请看第18章。

表 1.1	资产负债表（当前日期）	单位：美元
资产		
流动资产（个人名下和共同持有）：		
现金和支票账户		5 000
储蓄账户		0
货币市场基金（共同基金和银行资金）		40 000
美国储蓄债券		0
经纪账户现金余额		0
其他		0
流动资产总计		45 000
直接拥有可流通投资（个人名下和共同持有）：		
普通股		300 000
公司债券		0
市政债券		0
美国国债		0
定期存款		0
其他		0
直接拥有的投资公司和类似的基金（个人名下和共同持有）：		
普通股基金		100 000
公司债券基金		0
市政债券基金		40 000
美国国债基金		0
平衡基金		20 000
房地产投资信托		0
其他基金		0

流动资产（个人名下和共同持有）：	
直接拥有可流通性投资和投资基金总计	460 000
人寿保险和年金现金价值：	
人寿保险现金价值	25 000
养老金累计	0
人寿保险和年金现金价值总计	25 000
直接拥有不可流通投资和商业股份（个人名下和共同持有）：	
积极参与的公司股权（独资，合资，有限责任公司，还有股权集中的私人控股公司中的股票）	0
房地产投资（房地产投资信托）	0
有限合伙公司股份	0
另类投资	0
直接拥有不可流通投资和商业股份总计	0
信托持有资产：	
可撤销生前信托	0
其他信托和客户拥有权益的类似信托安排	0
信托持有资产总计	0
退休规划账户：	
养老金账户	0
储蓄规划账户（401 条款中规划的）	400 000
分红账户	0
个人退休账户（传统和罗斯）	100 000
其他退休规划〔403（b）条款规划〕	20 000
退休规划账户总计	520 000
员工持股规划：	
股票期权（激励性股票期权（ISOs）和以内在价值衡量已授予的不合格认股权	100 000
员工股票购买规划余额	15 000
限制性股票	50 000
员工持股规划总计	165 000
教育规划：	
所有者合格学费规划（529 条款）	20 000
教育储蓄账户	0
其他规划	0

流动资产（个人名下和共同持有）：	
教育规划总计	20 000
个人房地产：	
住房	600 000
度假屋	300 000
个人房地产总计	900 000
其他个人资产：	
汽车	20 000
游轮	5 000
毛皮和珠宝	16 000
艺术品、收藏品等	10 000
家具和家居必需品	70 000
其他个人资产	2 000
其他个人资产总计	123 000
总资产	2 258 000
负债	
流动性负债：	
赊欠账户、信用卡和其他应付票据	20 000
分期付款和其他短期贷款	0
特殊税款	0
流动性负债总计	20 000
长期负债	
个人房地产按揭	300 000
投资房地产按揭	
房屋净值贷款和限额	100 000
银行贷款	0
保证金贷款和其他投资贷款	80 000
人寿保单贷款	0
其他负债	0
长期负债总计	480 000
总负债	500 000
家庭资本净值（资产减去负债）	1 758 000
总负债和家庭净值	2 258 000

1.5.2 现金流量表

表1.2显示了亨德森一家最近12个月内的现金流量。所有交易都以现金形式记录下来。选择收入和开支的项目来显示出家庭这段时间内的经济活动以便于规划。其他收入和开支的分类也能按要求做出来。

表 1.2	现金流量表 （最近一年）	单位：美元
	收入	
薪水和费用：		
约翰		150 000
玛丽		50 000
其他人		0
薪水总额		200 000
投资收入：		
应税利息		2 000
免税利息		2 000
红利（普通股股票和共同基金）		9 000
房地产		0
已实现资本利得（资产出售和共同基金分配）		8 000
其他投资收入		0
投资收入总额		21 000
奖金、分红等		0
其他收入		0
收入总额		221 000
费用和固定负债		
普通生活开支（食物、衣服、家庭生活、交通、娱乐、兴趣、度假和其他个人开支）		46 000
利息费用		
个人消费贷款		1 000
银行贷款		0
保证金和其他投资利息		6 000
抵押票据		16 000
房屋净值贷款		5 000
保单贷款		0
其他利息		0

收入	
利息费用总额	28 000
分期偿还债务（按揭、房屋净值贷款、消费者贷款等）	12 000
保险费用	
人寿保险	4 000
医疗保险（包括雇主保险规划和健康储蓄账户）	3 000
长期护理保险	0
财产和责任保险	5 000
保险费用总额	12 000
慈善捐赠	5 000
学费和教育支出	20 000
赡养父母或他人费用	6 000
其他赠与	0
赡养费和子女抚养费	0
医疗健康费用（未偿付）	4 000
退休规划支出	
雇主提供的规划	12 000
个人退休金账户（传统）	0
个人退休金账户（Roth）	0
个人养老金	0
其他规划	0
退休规划支出总额	12 000
税金	
联邦所得税	40 000
州郡所得税	6 000
社会保障税	12 000
地方物业税	9 000
其他税	0
税金总额	67 000
费用和固定负债总额	212 000
经常性活动现金流出	9 000
大额资本支出	0
净增加负债	0
现金流量净额	9 000

1.5.3　其他报表及预测

之前提到的资产负债表和现金流量表给出了个人或者家庭在某时间点或一段时间内的总体经济状况的直观表示。然而，一些其他的报告、表格或预测等也用于在各个领域深入规划分析。其中，包括如下项目：

- 被划分为资产类型的投资列表（如普通股、债券、投资公司、房地产、其他另类投资等），包括现值、何时购买、课税基础、收益率和其他为了资产配置和投资规划目的的投资数据。
- 纳税规划中的所得税申报试算表。
- 对未来教育开支和教育资金筹集来源的预测。
- 退休收入需求和退休收入来源的预测（包括分配规划）。
- 为了资产配置目的以及规划何时和以何种方式行权而列出的员工股票期权清单（和其他股票薪酬计划）。
- 为应对客户和客户配偶去世的情况，对于人寿保险规划总价和收入需求的分析。
- 为应对客户和客户配偶长期伤残的情况，对于伤残收入规划收入需求的分析。
- 对于潜在的转让税债务（如遗产税）和其他遗产结算费用，遗嘱检验，非查验遗产分配形式，首先假设客户去世后他的配偶随之去世，然后再假设去世顺序倒过来，依次进行财产规划目的。个人家庭数据同样也要收集来用于遗产规划和其他目的。

1.6　财富管理行业的职业道德

许多在各自专业领域提供建议和服务的专家都需要遵守职业操守和监管法规。这些监管法规和行为规范在不同专业领域各有不同，不过通常都涉及以下内容：

- 胜任专业领域的能力要求。
- 关于客户信息和其他事务的保密性。
- 与客户的利益冲突和对这种冲突的披露要求。
- 提供服务的酬劳和对这种酬劳的披露要求。
- 遵守正当职业操守的原则。
- 遵守并强制执行规则和程序。

对于相关专业规则和条例的讨论超出了本书的范围。然而，作为例子，下面是一些职业和群体的清单（按首字母排序），通过互联网读者能够发现各行业完整的规则和行为规范。

机构	道德规范	网址
美国银行家协会	注册银行家职业道德规范	www. aba. com/aba/documents/ICB/Exam_ Application/ExamApplication. pdf
美国律师协会	职业行为示范规则（各州不同）	www. abanet. org/cpr/mrpc/model_ rules. html
美国注册会计师协会（CPA）	专业行为准则	www. aicpa. org/about/code/index. htm
美国注册金融策划师标准委员会（CFP）	道德规范、职业责任和财务策划执业准则	www. cfp. net/certificants/conduct. asp
美国理财规划协会（包括国际理财协会）（FPA）	道德规范	www. fpaforfinancialplanning. org/AboutFPA/CodeofEthics
美国保险和金融顾问协会（NAIFA）	道德规范	www. naifa. org/about/ethics. cfm
美国个人理财顾问协会（NAPFA）	道德规范	http：//www. napfa. org/about/codeofethics. asp
金融服务职业协会	道德责任规范	www. financialpro. org/about/CodeOfProfResp. cfm

Trusts & Estates 杂志为许多这类组织出版了一本《伦理矩阵》（*Ethics Matrix*）。最新的矩阵可以在网站 www. trustsandestates. com 上找到。

第 2 章
财富管理的环境

本章目标

读完本章后，你应该理解以下要点：

- 商业银行的功能、产品、服务和监管架构
- 美国联邦存款保险公司（FDIC）在保护银行存款规避银行破产风险中的作用和这种保险限额如何应用于各种存款
- 经纪、证券公司的功能、产品、服务和监管架构
- 证券投资者保护公司（SIPC）在保护证券投资者的证券和现金账户规避证券公司破产风险中的作用
- 投资公司的功能、产品、服务、监管和税务结构
- 保险公司的种类、功能、产品、服务和监管
- 州保障协会法律在发生保险公司破产时，起到保护投保人、受益人和保险金申领人的作用
- 信托公司的性质和功能
- 微观经济学和宏观经济学的区别
- 供需关系定律及其在价格决定中的作用
- 行为经济学（或行为金融学）的一些概念
- 通货膨胀，通货膨胀率和一些衡量物价变化指数的定义
- 真实利率、名义利率和价值的区别
- 通货紧缩和滞胀的定义
- 怎样认识商业周期的各阶段和各阶段中合理的财富管理策略
- 货币政策的本质和美联储在尝试保持经济增长和价格稳定中起的作用
- 用来试图保持经济增长的财政政策的本质
- 一些通用的经济指数
- 财富管理的税收环境
- 《2001 年经济增长与税收减免协调法案》和（EGTRRA）《2003 年

就业与进一步减税协调法案》（JGTRRA）

本章从总体上介绍了财富管理所处的制度、经济和税收环境。

2.1 制度环境

许多金融机构提供了各种受欢迎的私人财富管理产品和金融服务。这些机构在资本市场上运作，将市场上提供的可用资金分配给那些有借入或投资需求的人。它们扮演了金融中介的角色，从存款者和投资者那里募集资金，然后将募得的资金分给那些想要消费、购买物品，或者在生产性企业投资的人。这些机构包括：商业银行、证券经纪公司、投资公司（共同基金）、保险公司、信托公司、信用合作社和其他存款机构，还有新型经济实体，比如对冲基金和私募股权投资基金。

2.1.1 商业银行

功能、目的和联邦存款保险 传统意义上的商业银行吸收储户存款，然后借贷给企业和消费者。这些存款包括活期存款、储蓄账户、定期存款，还有货币市场账户。许多银行关于这些储蓄种类的现行利率能在此网址中查到：www. bankrate. com。

这些账户受到联邦存款保险公司（FDIC）保护可以防止金融机构破产带来的损失。多年来，每位存款人在每个被保险银行可以有至多 100 000 美元的投保账户。然而，在 2008 年 10 月 3 日，《2008 年紧急经济稳定法案》暂时将基本限额提高到每储户账户 250 000 美元，一直到 2009 年 12 月 31 日才回归到之前预定限额。此外，FDIC 对于自主退休账户，比如个人退休金账户的投保上限为 250 000 美元（《2008 年紧急经济稳定法案》并未修改这一上限）。FDIC 是美国政府下设的独立机构，它承保的保险由美国的国家信用做担保。

存款人可以从参加存款保险的银行单个账户获得最多 250 000 美元的保险额。此外，存款者可以在被保险银行中，设有以自己姓名开设的账户（私人账户），并在同一银行中有以自己和他人姓名一起开设的账户（联名账户），此时，每个用户的每个账户都将由 FDIC 在 250 000 美元的保险范围内负责承保。这里有一些限制规则涉及到保险承保范围内的其他所有权账户，比如可撤销信托账户、不可撤销信托账户、员工福利计划账户和其他。更多信息见网址 www. fdic. gov/edie（关于保险责任范围的计算请使用 FDIC 电子存款保险计算器）和 www. fdic. gov/deposit（关于 FDIC 保险的相关信息）。

案例

玛莉·拿波里的资产配置计划要求她持有 400 000 美元的一年到三年大额可转让存单（CDs）。比较收益率后，玛莉决定购买银行 A 的 150 000 美元被保险的一年大额可转让存单，银行 B、C 的各自 100 000 美元被保险的两年大额可转让存单，还有银行 D 的 50 000 美元被保险的三年大额可转让存单。此外，玛莉和丈夫保罗有一个投保的联名活期账户在银行 A，其中有 10 000 美元余额。最后，玛莉在银行 E 有 200 000 美元三年大额可转让存单的个人退休金账户。在写这篇文章的时候，所有这些账户都在 FDIC 的承保范围内。然而，因为《2008 年紧急经济稳定法案》中增加了提高暂时保险额上限的规定，银行 A 中 50 000 美元的一年大额可转让存单将受之前存款保险 100 000 美元基准上限的限制，因而不在存款保险的范围之内。

商业银行在美联储执行货币政策时也扮演着独特的角色，由于商业银行在全国 12 个联邦储备银行中保持存款准备金，因此，美联储可以通过影响银行存款准备金率的方式执行货币政策。

产品和服务 如前所述，商业银行的传统服务是吸收存款和发放贷款。然而近年来，商业银行通过附属机构提供了许多其他的产品和服务，包括经纪服务、投行业务、其他证券业务、共同基金、保险和年金、私人银行（财富管理服务）和其他服务。商业银行传统上也有信托部门，也向受托人提供信托服务。

监管 商业银行由国家特许设立的被称为国家银行，由州特许设立的被称为州银行。下面三个联邦政府机构负责监管商业银行：货币监理署（OCC）特许建立和监管国家银行；同时，所有的国家银行必须是联邦储备体系（FRB）的成员并因此受联邦储备委员会管制；最后，所有联邦储备体系的会员银行都由联邦存款保险公司 FDIC 承保并受（FDIC）董事会的监管。

州立银行受其所在州的银行法监管。另外，州银行可选择加入联邦储备体系因此由 FDIC 承保。在这种情况下，它们也受这两个联邦政府机构的监管。

2.1.2 证券公司和经纪公司

功能、目的和证券投资者保护公司（SIPC） 这些公司为其客户在买卖有价证券、大宗商品以及类似服务时提供中间人业务，并通常为此类服务收取佣金。正是因为这个角色，它们也被称为经纪人—经销商。证券公司也从事投资银行业务，它们发起承销由公司、政府和其他实体发行的有价证券，然后将这些有价证券分销给大众投资。此外，它们也提供其他投资和金融服务。

随着几家大规模的经纪人机构的破产倒闭，在 1970 年《证券投资人保护法案》得到了通过，该法案成立了证券投资人保护公司（SIPC）。SIPC 的意图是在成员公司破产或在按照法案规定实施清算时保护成员企业客户的利益。如果成员企业需要被清算，SIPC 会任命一个托管人去监督清算。托管人会把能被"明确鉴定"为客户所有的有价证券归还给他们（一般来说，这些有价证券包括用现金账户全部付讫的有价证券和在保证金账户中已被留出作为客户财产额外的保证金证券）。SPIC 支付给每个客户其余索赔，高达 500 000 美元，不过现金索赔上限是 100 000 美元。通常而言，法案的保护范围是客户的有价证券和现金。其他种类的财产，例如大宗商品账户就不在法案保护的范围内。SIPC 当然不会保护投资人免受有价证券价格波动带来的损失。SIPC 是由成员经纪商提供资金。另外，许多经纪公司主动为客户提供比 SIPC 涵盖的更广，比法定限额更高的个人破产保险保护。

产品和服务　像商业银行一样，有价证券公司拓展了自身业务范围，从而包括了种类繁多的金融产品和服务，例如共同基金、保险契约和养老金、理财管理服务、抵押贷款和其他贷款、信用卡、支票开立等。一些公司也经营信托公司。在公司的经纪业务运作方面，证券公司可分为提供全方位服务的经纪人，贴现经纪人，或者只是在线电子经纪商。

监管　随着 20 世纪 30 年代初经济大萧条的发生，联邦政府制定了一系列重要法规，这些法规依然构成今天联邦证券法的基础。

《1933 年证券法》：首次颁布的是《1933 年证券法》。该法规定，除特定情况外，公开发行有价证券的公司或者任何对该公司有控制权的人员，必须在证券交易委员会（SEC）注册。这是通过在证券交易委员会填写注册登记上市申请表实现的，表格中需列示发行新股所必需的实质性信息。同时也要求把一份包含上市申请表中必要信息的说明书（招股书）提供给新股的购买者。这部法律还禁止误导性陈述、欺诈和其他证券买卖中的欺骗行为（一个一般性的反欺诈条款）。

私募配售和其他免除登记的情形：从私人财富管理的角度来说，

《1933年证券法》中注册要求有一个重要例外就是私募发行的证券，它发行给掌握充足信息或者有充分投资经验足以自我保护的个人或实体，他们没有计划再次销售这些证券，通常这被称做私募配售。证券交易委员会发布的D条例506规则包含了一个通用的"安全港"（safe harbor）规则，其中定义了私募配售豁免。依据该规则，发行人能出售任意数量证券给任意数目的合格投资人（或称"认证投资人"，"accredited investor"，对于他们没有披露义务或者投资经验的要求）和少于35个非合格投资人（或称"非认证投资人"，"nonaccredited investor"，发行者合理信任他们有足够知识和经验对投资进行充分评估，并且收到关于该证券的特定书面披露信息的人）。合格投资人包括净资产超过100万美元的个人和他们的配偶或者个人年收入有且预计有20万美元甚至更多，或者和配偶的年总收入预计达到30万美元甚至更多的个人。合格投资人同样包括机构投资者、关键内部人士（例如发行方的董事和高管人员）、特定的信托以及其他。私募配售中已发行的股本是受限制股本，如果没有在证券交易委员会注册登记或者没有其他规则使得可以免除登记的话，不可转售至公开市场。

其他免除登记的情况包括发行公司所处地限制只能发行给当地居民的新股（州内股份）、小额新股、小型商业投资公司的新股、特定的资产豁免类别，比如美国政府发行的国债、州和地方政府发行的有价证券、银行和储蓄信贷协会发行的有价证券、保险和养老金保单、合格的养老金计划和其他等。即使新股得到登记豁免，法案的反欺诈条款依然适用。

《1934年证券交易法》：这是联邦证券法的第二大支柱。《1934年证券交易法》以及其众多的修正案，广泛适用并规范了全国证券交易市场，证券公司和注册法人代表、上市公司定期信息披露、欺诈和滥发行为，以及其他方面的问题。该法案同时也成立了证券交易委员会，这是一个独立的联邦机构，负责执行联邦的证券法律。

《1934年证券交易法》要求全国证券交易经纪人和交易商，以及与证券交易委员会（SEC）有关的销售人员需注册登记。然而事实上这些交易，包括场外交易（OTC）市场、经纪人和交易商（broker-dealer）交易和注册代理人交易的日常管理主要是通过公司的自我管理和证券交易委员会下属的自律监管组织（SROs）执行的。

在这种独特的监管体制下，经纪人、交易商和他们的注册代理人需要服从大范围的管理：从证券交易委员会、自律管理机构、法院判决到联邦反欺诈条例①的监管 。举例来说，这些证券专业人士需服从一些行为准则，包括需要了解他们客户的财政状况、能力和承担风险的愿望（"认识你的客户"）；根据其客户的情况提供投资推荐的合理理由；了解他们所推荐的股票；不允许"搅动"（频繁买入卖出股票而没有投资动机，只是为了赚取佣金）全权客户账户；不允许不合理地索要佣金或涨价；尤其要正确执行客户指令等。

规则 10b－5 规范欺诈行为：证券交易委员会规则中，涉及到反欺诈的广泛性规定是规则 10b－5。这条重要规定禁止任何人从事欺诈行为或者发表对于实质情况的不实陈述，从而意图在证券交易中进行欺诈。许多证券诉讼是根据规则 10b－5 提起的。

仲裁协议：在双方同意的前提下，证券纠纷可能会通过仲裁而非法院的途径解决。因此，证券公司和其客户之间的用户协议通常包含一个解决纠纷的仲裁条款。这些仲裁条款通过法院强制执行。

上市公司监管规制：《1934 年证券交易法》同样在持续的基础上扩展了对上市公司信息披露要求和实质的证券监管规定。因此，公司挂在交易所交易的股票或者达到规定数量要求在柜台交易的股票必须注册登记，并且需要定期向证券交易委员会提交披露报表。这些公司被称为申报公司。披露报表包括年报（表 10－K），季报，或者对影响公司的某一重要事件的特别报表。《萨班斯—奥克斯利法案》（Sarbanes - Oxley Act）要求公司某一批准人员（CEO 或 CFO）来证明他们评估了年报和季报，并且根据他们的知识，这些报表并不是错误或具有误导性的，并能公平反映公司状况。申报公司还必须服从其他报告和行为要求。

内幕交易：《1934 年证券交易法》和其他证券法规的另一个重要规范领域是内幕交易。这种行为发生在公司内部有保密义务的人员利用其内部地位得到重要的非公开信息并买卖他持有的公司股票的时候［或者其他公司的股票——称为"外部交易"（outsider trading）］。内幕交易可能引起10b－5 规则下的责任。这种责任不仅仅会加在内部人员自身身上，同样也会加在那些由于与公司的关系而持有重要的非公开信息的人（比如律师、银行家，或者会计）或者从对公司负有保密义务的人员那里得到此类信息

---

① 《1934 年证券交易法》把经纪人（broker）定义为任意从事为定期其他客户进行证券交易的人士。交易商（dealer）定义为任意用自己账户从事买卖证券作为定期业务的人士。两种定义均不包括银行。在第 1 章提到，根据《1940 年投资顾问法》，投资顾问受证券交易委员会（SEC）的管理。

的人（比如某人收到不当提示）。当然，一旦信息被公开，就不存在内部交易的问题了。

关于内幕交易的其他方面问题，可参见《1934 年证券交易法》第 16（b）款中对特定内部人员向证券交易委员会和公司网站报告他们交易公司股票信息的要求，这一条同时要求他们向公司支付任何关于公司股票短线交易的获利。这种短线交易获利是指从六个月内购买和出售公司股票中所获得的利益。

市场行为：《1934 年证券交易法》同样规定了某些市场行为。举例来说，法案禁止了操纵市场，其中涉及有意制造上市股票的市场流动假象。同样，法案规范了发行人回购公司股票的行为。此外，交易法授权美联储对使用信贷购买股票设置保证金要求。美联储对于证券市场中介（比如经纪人—经销商）也在 T–管理条例中这么做了。在写本书时，初始保证金要求规定为 50%，购买股票的保证金将在第 5 章中讨论。

其他影响投资的联邦法律：许多其他联邦法律都涉及证券、投资和财富管理。在《1933 年证券法》颁布后不久，1934 年又通过了《格拉斯—斯蒂格尔法案》。《格拉斯—斯蒂格尔法案》要求商业银行和投资银行分业经营，并创造了联邦存款保险公司。然而在 1999 年，《金融服务现代化法案》通过后又撤销了这种分业局面，废止了《格拉斯—斯蒂格尔法案》。

1940 年通过了两项重要法案。第一项是《1940 年投资顾问法》，已经在第 1 章中说明过，第二项是《1940 年投资公司法》，创立了共同基金行业的监管框架，这部法律将在下面讨论投资公司的章节中详细介绍。

还有一部著名的联邦法律是《1996 年国家证券市场改善法案》（*National Securities Markets Improvement Act of* 1996）。在涉及受保证券等重要领域中，这部法律比州立法律优先适用。这在很大程度上结束了联邦和州政府对大多数证券种类实行了双重监管。这部法律分两种类型对投资顾问公司进行监管，第一种，管理的客户资产超过 2 500 万美元，且为注册投资公司提供咨询服务的公司，由联邦政府监管，第二种，其他类型的投资顾问公司，受州政府监管。

州立证券管理条例（"蓝天法案"）：各个州都有包含特定领域的证券法，这些领域有州内发行股，经纪人—经销商注册，投资顾问管理，还有证券反欺诈法①。州立监管机构执行这些法律。因此，除了上述《1996年国家证券市场改善法案》中规定的联邦法律优先适用的情形外，其他情形为联邦—州立双重监管。

2.1.3 投资公司

功能和目的　投资公司是指从投资者手中集合资金，然后将资产投入到特定种类的投资媒介，比如普通股票、优先股、多种债券、货币市场工具和其他种类资产的公司。投资者是投资公司的股东。投资公司向股东提供专业的投资管理或者反映特定市场行情的指数、许多个人股票的分散投资建议、为他们的股票提供随时交易准备和便利性，以及进行合理数额的基金投资的能力。

投资公司共有四种基本类型。但到目前为止，最重要的是共同基金，法律上称为"开放式投资公司"。共同基金的结构是公司或者是商业信托。共同基金没有自己的员工，而是由与之分离的管理公司担当基金投资顾问的角色，同时它也是基金的主要承销人，作为经纪人—经销商分配基金股份给大众，然后行使基金的其他管理功能。这些管理公司与基金存在合同关系，其薪酬可以通过基金净资产百分比形式来支付。共同基金同样有由股东选出来的董事会，董事会有监督基金事务的责任，包括批准基金和其管理公司的合同以及与其他服务提供者之间的合同。

共同基金需要每天根据股东的要求来赎回股票。赎回费用等同于股票的净资产值（NAV）（少数情况下，赎回费用会少一点）。股票净资产值通常是在纽约证券交易所美国东部时间下午四点收盘时决定的。同时，共同基金每天随时准备以同样的每股净资产额出售股票（在收费基金的情况下还要加额外的费用）给投资者。

共同基金可以由基金管理公司、经纪商、银行和保险公司等设立。这些机构通常设立许多只基金，称为"基金族"（families of funds）。许多基金通过第三方进行销售，比如股票经纪人、基金管理公司销售代表、银行、保险代理和理财规划师等。收费基金（包含销售费用）就是通过这种方式出售的，因为需要支付销售代表薪酬。某些不收取佣金的基金（通常不包括销售费用）也以这种方式出售。其他基金直接由基金出售，而不需要经由第三方销售专员。这些包含了大多数不收取佣金的基金。

---

① 蓝天法案的名称据说是来源于一句老话：不道德的证券交易商卖的仅仅是一片蓝天而已。

第二种投资公司是交易所交易基金（ETFs）。ETFs类似于共同基金，但ETFs是投资者通过有组织的交易所买卖，而不是通过基金本身。因此，ETFs不会根据自身净值卖出或者回购份额。ETFs的价值是通过市场中的供需关系决定的，可能与基金的自身净值不同[①]。同时，ETFs在交易时段连续交易，它们的价格将取决于每一次交易，就像有组织的交易市场上其他股票和债券。此外，ETFs能够以保证金购买和卖空。ETFs通过经纪人买卖，所以通常每一笔交易都收取佣金。

第三种投资公司是封闭式基金。封闭式基金是公司固定数目在市场上积极连续交易的股份。它们的股价是由市场上每一笔交易股份的供需关系确定的。因此，封闭式基金的价格可能要比基金净值更高（交易溢价），大体相同，或者更低（交易打折），这取决于市场对于基金管理和期望的认识。由于是市场交易，封闭式基金能以保证金购买和卖空。此外，许多封闭式基金公司借钱来试图增加它们的投资回报（杠杆作用）。这可能增加或减少它们的回报，取决于市场条件。

最后一类是单位投资信托（UITS）。此类投资公司持有固定证券或投资组合。然后信托中的单位出售给投资者。单位投资信托通常有固定的截止日期，在截止日信托单位持有者收到它们按比例持有的信托净值份额。

产品与服务　前面提到过，投资公司主要产品是以方便的单位份额向投资者出售并集合资金的多样化的投资基金。共同基金和其他投资公司的投资特点将在第8章中详细讨论。

就像银行和经纪商，一些共同基金管理公司通过子公司或者合同安排来拓展它们所提供的金融服务。这可能包含销售保险和年金，提供经纪服务和信托服务。

监管规则　涉及管理投资公司法律依据的主要联邦法律是《1940年投资公司法》。这部法律要求投资公司注册并向证券交易委员会报告，维持良好记录，共同基金董事会中有多位独立董事（大多数情况下），并作了一些其他规定。

投资机构中一些满足要求的投资者在《1940年投资公司法》和其他法案中可以作为投资公司免除登记。这种豁免只有在所有投资者都是"合格购买者"时才可以适用。一般而言，合格购买者是任意投资中拥有500万

---

① 实际上，由于大多数ETFs是指数基金而且不是积极管理，它们的市场价格通常与自身净值（NAV）差别不大。

美元或更多投资的自然人，投资中拥有500万美元或更多投资的家族企业，一些信托公司中满足任意上述条件的受托人和设立信托财产的人，代理自己账户或其他合格购买者账户的人，还有投资总额达到或超过 2 500 万美元的人①。

因此，我们现在讨论的是"合格投资人"（accredited investors）的概念（发行者可以向他以私人配售形式出售股票而无须进行《1933 年证券交易法》及其他法案规定的注册登记），还有"合格购买者"（qualified purchasers）的概念（发行者可以向其出售产品而在《1940 年投资公司法》和其他法律下不被视做投资公司）。这些定义中很重要的一方面是对冲基金和私募股权基金的基金管理人限制出售他们的投资，只能出售给同时符合合格投资人和合格购买者条件的个人或者实体。这样做他们可以避免在1933 年法案和其他法律要求下登记发行，而且也不必在 1940 年法案和其他法案要求下注册登记投资公司。基于同样的原因，对于合格购买者来说，同样的限制也适用于销售私募人寿保险②。

投资公司同样需要遵守其他联邦和州立证券法。它们必须登记公开发售的股票，比如在 1933 年法案下，向潜在购买者发送招股说明书。主承销商和其他销售代理的管理与 1934 年法案和其他法律下的经纪人—经销商相同。公司的投资顾问则受到《1940 年投资公司法》的约束。

征税　投资公司的纳税地位在《1986 年国内税收法规》（IRC）下的 M 分章中作了规定。为成为合格的受监管投资公司（RIC）来征税，作为基金管理公司，单位投资信托或者一些其他实体，必须依据《1940 年投资公司法》注册一只基金。至少 90% 的总收益必须来自于投资；它的年应纳税所得额和免税净利息收入中至少 90% 必须分配给持股人；必须满足一定的投资多样化要求。受监管投资公司被允许从普通应纳税所得额和实际净资本收益（法人层面的收入）中扣除付给股东的红利。因此，受监管投资公司通常分配所有的年收入作为股东红利，从而避免了公司层面的税收。基金的投资者根据获得的股息分配，比如普通收入分红、合格分红、资本收益，或免税股息分红的任意一种情况来缴纳税额。（对 RIC 投资者的征税将在第 8 章中详细介绍）因此，RIC 成为投资者为达到征税目的而设立的一个"管道"。

---

① 有另外一种免除登记而无限制销售给合格购买者的方式，需要一个允许不超过 100 个投资者的基金。不过这类投资者仍然需要满足"合格投资人"的定义。

② 对冲基金、私募基金和其他投资将在第 8 章谈到，私人配售人寿保险将在第 21 章谈到。

2.1.4　保险公司

功能、目的和国家保险协会　保险公司销售使个人和公司免于生活中各种风险（可保风险）的合同（保单）。一般情况下，承保人能够有效保证抵御这种风险，因为他们覆盖了大量的投保人（风险单位），根据概率论原理（包括大数定律），他们能够合理准确地预测整个投保群体的损失。这就是风险汇聚的概念。

在美国，保险公司通常分为人寿保险公司（包含人寿保险、养老金和医疗保险）、财产和责任保险公司（包含个人及商业的财产损失保险、法律责任保险和其他保险）、健康保险公司（包括医疗保险和其他健康保险），还有其他专业保险公司（例如产权保证险和债券险）。

相对于其他金融机构，保险公司在组织和所有权结构方面有其独特之处，有所谓的股票保险公司、互助保险公司，还有互惠保险交易所。就像其他营利性机构，股票保险公司也有股东，股东拥有公司，选举董事会，而且有资格获得董事会宣告的、按其持股比例相应的分红。股票通常在有组织的交易所或市场交易。互助保险公司同样有企业一样的组织结构，不过它们是提供保险给投保人但并不营利，像合作企业。互助保险没有普通股或者持股人，严格来说它们是由被投保人所有，投保人可以选举董事会成员，可以获得保险公司的分红，而且在互助保险公司按照当地法律转为股票保险公司（股份化）或者破产清算（虽然这种情况发生的可能性很小）的情况下有权获得相应比例的公司盈余。互惠保险交易所是一种投保人实体，投保人在此交易保险合同并分享通过这种保险运作得到的成本节省。互惠保险类似于互助保险公司，不过不是类似企业的结构。相反，互惠保险交易所是通过外部被称为实际代理人的管理公司来管理。在人寿保险方面，兄弟公司或共济会也会在教会内部或其他团体中向团体成员销售保险。

按照分销体系，大多数保险通过保险代理人和经纪人销售，他们一般是独立买卖人或者公司。保险代理人法律上是一家或多家保险公司的代理人，并与其代表的公司签有代理合同。独立代理人与许多保险公司有合同关系，而独家代理人通常只代表一家保险公司。保险经纪人法律上讲是投保者的代理人，可以获得接受中间人业务的保险公司的合同。代理人和经纪人都根据他们所售保险数额向保险公司收取佣金作为补偿。事实上，许多保险市场人员（通常称做"生产者"）既是经纪人也是代理人，他们与一些保险公司签订代理合同，同时也与其他公司存在代理业务。

一些大保险公司直接向客户销售保险而不经过经纪人和代理人。这些可以通过网络或电子邮件实现。此外，保险可以通过证券公司、银行和投资公司销售。

保险公司通常有良好的经济实力和偿还能力的记录。然而近些年来，一些著名保险公司出现破产，所以当购买保险或者向客户推销时，必须对所考虑的保险公司的经济实力进行尽职调查。这种尽职调查在第 20 章中介绍。

如果保险公司经历财政困难，州保险监管机构通常会介入并采取一系列措施使得保险公司恢复正常。如果成功的话，保单持有者将不会有严重的损失。然而，一旦措施不实际或者不成功，州保险监管机构将对破产的保险公司进行清算。

为了保护破产保险公司的投保人，受益人和索赔人的利益，每个州都颁布了一些保险协会的法律。美国保险监督官协会（NAIC）创立了两种示范法律：一种是针对人寿保险、医疗保险，另一种是针对财产和责任险。州保险保障协会法大多数是基于这些示范法规，不过个别州的法律在重要方面有所不同。这些法律通常适用于破产或受损的保险公司为当地居民的情况。然而，当适用于人寿险和意外险的受益人时，则不考虑是否是本州居民。法律规定有承担破产损失的额度限制。举例来说，许多州的法律设置每个人人寿保险死亡给付上限 300 000 美元，人寿保险现金价值上限 100 000 美元，养老金现金价值上限 100 000 美元，医疗保险和其他保险的也有许多限制。

州保险协会支付的金额是通过对在该州有保险业务的保险公司进行破产评估后清算来获得的。因此，保险协会没有先期融资。此外，法律对保险公司的资产评估在每一个财务年度也有限额，比如不高于保险公司所有业务一年保费的 2%。当资产评估对保险人执行偿还能力产生危害时，它也会被限制。从之前讨论的 FDIC 和 SIPC 中可以看出，这些州的保险协会计划在破产保护等重要方面均与之不同①。

产品与服务　当然，保险公司主要的产品是各式各样的保单。在美国，保险公司通常不是注册为人寿和医疗保险公司（或者仅有医疗保险）

---

① 它们和第 13 章讨论的具有养老金固定收益计划参与者的退休金津贴保证公司破产保护有所不同。

就是作为财产责任保险公司，或者其他单线保险公司。然而，许多集团保险公司同时包含人寿医疗保险和财产责任保险公司，所有权是共同的。

就像其他金融机构，保险公司也在不断拓展它们向公众提供的产品和服务。举例来说，单个或一组保险公司可能拥有证券公司、共同基金所属的管理公司、投资顾问公司、银行或储蓄机构、信托公司，还有其他金融服务公司。

管理 保险公司及其代表首先是在州层面上，由官方称为保险局长，保险主管，或保险负责人等类似头衔的官员领导的州政府部门管理。州保险监管的性质在各州明显不同。一些各州之间的管理协调是通过美国保险监督官协会实现的。然而，该机构的行为只是顾问性质，它的示范法和管理条例只有当那些州颁布该法律时才会生效。

2.1.5 信托公司

作为受托人，财产管理和其他信托业务可以由个人（个人信托）或信托公司（通常称为专业受托人）受理。信托规划的一个重要问题是，个人信托、公司信托或者二者的混合形式是否都可以称为受托人。这个问题将在第25章讨论。

多数公司制受托人以商业银行信托部门的形式出现。然而，一些公司受托人单独作为信托公司。同样，之前提到过，其他信托公司可以是证券公司、投资公司和人寿保险公司的子公司的形式。

信托公司通常在州法律下运营。州银行的信托部门受州银行法的管理。货币监理署（OCC）可以批准国家银行运营信托部门，不过必须在所在州的信托法范围内运营。

信托公司执行一系列的信托功能。首先，它们在多种形式的信托下承担受托人角色，包括投资信托资产、准备信托纳税单、自由或受托分配给信托受益人，还有根据信托条款以及州信托法律来管理信托。作为财产管理者或执行者，信托公司也可以担当那些失去行为能力者的财产监护人的角色。作为投资经理和财产管理者，信托公司还可以担当股票和债券的注册登记人的角色，或者其他类似的功能。

2.1.6 储蓄机构和信用合作社

储蓄机构包括储蓄银行和储蓄借贷协会。这些机构的基本功能是从公众那里接受存款（比如活期存款和定期存款），然后根据存款发放贷款。

传统上，贷款首先是用于住房抵押贷款，但近年来，它们的借贷已经扩展到许多其他种类的贷款。像其他金融服务机构一样，储蓄机构也已经扩展了它们的产品和服务，包括保险销售、共同基金、信托服务还有其他金融服务。

这些机构的组织形式是股份公司（股东持有）或共同基金（严格说是存款人共有）。然而，共同基金组织有一个明显的趋势，是股份化并成为股份公司。储蓄机构可以由州或者联邦政府批准成立，受联邦储蓄机构管理局（OTS）管理。存款机构中的账户通常由联邦存款保险公司保险，而存款机构本身也受联邦存款保险公司监管。

信用合作社是接受成员存款并向其发放贷款的非营利机构。会员之间有一些共同联系，比如为同一雇主工作，属于同一联盟，或属于同一兄弟组织等。有人认为这种会员组成的合作社使得贷款违约较少发生。贷款可以是个人贷款、抵押贷款、分期付款贷款等。

信用合作社可以是州特许建立和监管的，或者由联邦政府特许设立和国家信贷协会（NCUA）监管。成员账户通常投保以防止信用合作社破产。与联邦存款保险公司对商业银行和存款机构账户进行存款保险一样，信用合作社账户上的存款由联邦政府信用的机构——国家信贷协会共享保险基金（NCUSIF）进行存款保险，保险金额上限是每个账户250 000美元。

2.1.7 对金融机构的放松监管和金融服务运动

在之前，1999年的美国，在商业银行和其他金融机构间有许多监管的界限。最有名的是《1933年银行法》，一般称为《格拉斯—斯蒂格尔法案》（*The Glass – Steagall Act*），它禁止商业银行从事任何与证券发行，承销或公开出售相关的活动。此外，《1956年银行控股公司法》和1970年修正案限制银行控股公司从事与商业银行业务有"密切相关"的活动。

随着1999年《金融服务现代化法案》（*The Financial Services Modernizaton Act*，亦称《格雷姆—里奇—比利雷法案》，*Gramm – Leach – Bliley Act of 1999*）的颁布，这种情况得到了改变。这部法律允许银行和银行控股公司从事多种之前禁止参与的金融活动，但还有一些限制。首先，它废止了《1933年银行法》中禁止商业银行从事证券活动的法令。此外，它创设了一种称为金融控股公司的新型银行持股公司，它有权力从事多种金融活动，比如证券的承销和交易等。法案进一步允许国家银行设立金融子公司从事多种金融活动。它也允许其他金融机构，比如保险公司、证券公司、还有投资公司，拥有商业银行和储蓄存款机构。

在写本书时，经济正在经历一场"信贷危机"和衰退，主要特点有贷款违约，银行借贷受限，资产流动性问题，以及潜在的银行破产和其他金融机构引起的众多联邦"救助"。这些发展将如何影响金融机构的监管仍有待观察。

2.2　经济环境和财富管理

任何财富管理或财富规划都至少隐含着关于经济在近期或遥远的将来可能的发展形势的一些假设。这些假设可能陈述得很清楚，也可能没有，不过它们包含在所做的推荐和采取的行动中。

当然，没人能知道未来将是什么样。这产生了两个规划的基本原则：（1）需要谨慎制定财务决策。（2）资产配置和其他计划中的多样化。它同样意味着对于经济基本的理解是财富管理的重要背景。

2.2.1　微观经济学和宏观经济学

经济学领域大致分为两部分：微观经济学和宏观经济学。微观经济学讨论的是个人和公司在买卖特定商品和服务时候的行为。它包括对单个商品和产业的供给、需求、消费、价格考虑。价格定律（供需关系）是微观经济学的一部分。

相反，宏观经济学，包括总体或宏观的经济因素的研究，比如总产量、经济增长（或衰退）、就业、货币供给、政府收支、物价水平（通货膨胀、通货紧缩或价格稳定）等。货币政策和财政政策也是宏观经济学的研究内容。

2.2.2　供给与需求——价格决定因素

给定市场某件产品的任何一个销售价格和数量，都同样落在产品供给曲线和需求曲线的交点处。该价格和数量被称为均衡价格和数量。在竞争市场，当产品的供给和需求达到均衡价格时，实际的价格将趋于均衡价格。这被称为供求定律。

图2.1说明，需求曲线（D1D2）往右斜向下，代表了如果一件商品的价格越低，消费者的需求越高。

供给曲线（S1S2）往右斜向上，代表了如果一件商品的价格越高，公

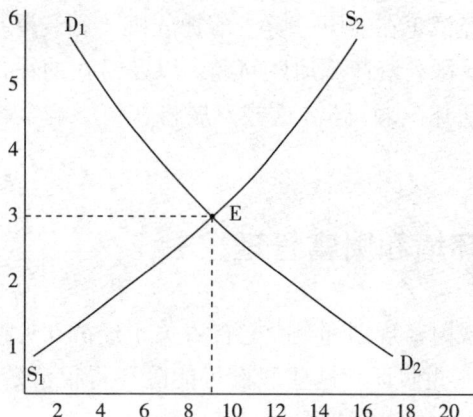

图 2.1　供需曲线和市场价格与数量平衡

司将越愿意供给这件商品。市场上卖出商品的均衡价格和数量是由需求曲线（D1D2）和供给曲线（S1S2）的交点（点 E）所决定的。在该点，均衡价格是每单位 3 美元，将售出 1 000 万单位，市场上将没有未售出的产品。

　　之前的讨论假设了竞争市场，被经济学家称做竞争模型。这在经济学上被认为是最有效率的市场模型。就这点而言，经济学家定义完全市场竞争作为一种市场模型，其中有许多个体买家和卖家，因此没有哪个个体能够影响由供需关系决定的销售价格和销售数量。一些农产品市场（比如小麦、玉米、大豆等）可能就是这样的实例。良好运营的证券交易所，比如纽约证交所等，同样很接近这个定义。

　　然而在许多其他市场，完全竞争的严格定义不能成立。举例说明，在一个垄断市场，只有一家公司向整个市场提供产品并能决定供应量来影响价格。自然垄断是指如果市场上存在两家或多家公司时反而会形成低效率。一些公用事业就是很好的例子。在美国，政府管理通常是控制这些自然垄断公司的方法。

　　然而许多市场是存在竞争的，不过竞争并不完全。不完全竞争的一种形式是寡头，寡头市场上只有一小部分供应市场的公司。当作出商业决策时，它们各自必须关注其他公司的反应。汽车工业是寡头的很好例子。不完全竞争的另一种形式是垄断竞争。它比寡头市场有更多数量的公司，每家公司都没必要关注其他公司的市场反应，不过每家公司都能与其他公司充分区分开来（通过产品设计、广告等），因此竞争有限。许多市场符合这个模型。

　　垄断和不完全竞争市场的价格和产出决定与刚才提到的竞争模型在不同程度上是不同的。通常来说，在这些市场结构下，经济效益比竞争模型要低（低产量高价格）。

2.2.3　行为经济学（行为金融）

　　这是一个比较新的领域，将心理学和经济与金融学结合起来。它主要关注人们如何实际作出经济决策，并意识到他们做出决定的过程可能不完全合理，就像之前讨论中假设的一样。

　　该领域的研究已经发展出了一些观念如下：

- 锚定效应（在作出决定时使用不相关的信息）。
- 规避损失（人们更关心规避损失而不是增加收益）。
- 安于现状（一种更愿意接受而不是改变的趋势）。
- 后悔理论（人们作出不合理选择是由于他们害怕作出错误选择）

　　其中某些理论可以帮助解释一些客户在做财富管理相关决定时候的表现。举例来说，一些投资者想继续持有某只应当抛售的亏损股票，希望它的市场价格会不知不觉回到他们最初买进时的价格。这个原始价与股票目前的投资质量毫无关系（这就是锚定效应的一个例子）。同样，一些投资者倾向于很早抛售获利股票并一直持有亏损股票（这就是损失规避的一个例子）。举一个员工福利领域中的例子来说，一项雇主401k储蓄计划（详见第 13 章），规定了符合条件的雇员将会自动获得选择缴纳费用数额的选择权，除非他们放弃这一权利。比起让符合条件的员工一开始选择参与，这样会使得参与计划的人数更多（一个关于偏见的例子来支持安于现状的观念）。（2006 年养老金保护法案允许这种理由自动入选。）

2.2.4　通货膨胀、通货紧缩和滞胀

　　"供给与需求——价格决定因素"部分涉及了个体商品和服务的价格决定因素。在下面这部分，我们将讨论经济中大多或全部商品与服务的总平均价格的变化。我们将从宏观经济学角度看待价格。

　　通货膨胀　通货膨胀是经济中总体价格水平的增长。通货膨胀率是总体价格水平从一段时间到另一段时间增长的比率。

　　价格指数：为了用一段时间的平均价格来衡量通货膨胀（或通货紧缩），经济学家构造了物价指数，衡量给定的"一篮子"或一组商品和服

务价格的加权平均值，与选定的基期内商品和服务的平均价格相比的变化，基期指数被给予一个 100 的值。一个重要的价格指数是消费者价格指数（CPI），描述了总体中假设对美国城市家庭（零售消费者）相当重要的商品和服务价格。CPI 被广泛引用来描述通货膨胀，也被用来做通货膨胀下税收、收益，还有金融产品价值的指标，包括联邦收入税等级和其他纳税额、社会保障给付、一些福利收入（通常用于州和当地政府计划）、养老金计划缴费和给付限制、联邦遗产税每年的免税额，还有其他转移税限制、通胀保值债券（TIPS）的价值变化，除此之外还有 I 系列的美国储蓄债券等。

其他通用的价格指数包括生产者价格指数（PPI）还有国内生产总值（GDP）平减指数。PPI 衡量的是生产者出售的商品平均价格的变动。GDP 平减指数衡量的是美国国内生产的所有商品和服务价格的加权平均值变化。据说美联储当局密切关注它来预测通货膨胀趋势。此外还有商品价格指数，其中最为知名的可能是路透社商品研究部（CRB）的期货价格指数，它跟踪了 19 种商品的价格变化。

以 CPI 衡量的通货膨胀率，通常被引用来衡量全面通胀（有时称为整体通胀 headline inflation）和核心通胀（core inflation）。全面通胀考虑指数中包含的所有商品和服务的价格。核心通胀从计算出的比率中排除了食物和能源的项。这背后的理论是食物和能源的价格在不同阶段有大幅的波动（它们不稳定），因此可能扭曲经济中通货膨胀的趋势。一些人相信中央银行（如美联储）更依赖核心通胀率来制定货币政策。

通货膨胀的经济影响：持续的通货膨胀可能在一段时间内会扭曲经济活动。美联储的目标之一就是通过货币政策控制通胀（或者保持平均低通胀率，取决于个人经济哲学）。

持续通胀的一个主要副作用是资产真实价值（按照购买力评估）或以固定数目的美元表示的福利（固定美元资产）随着时间经过而减少。这包括了存款账户、大额可转让存单（CDs）、现金与活期存款、非指数债券，此外还有非指数养老金支付等。经济学家称这些购买力的损失为通货膨胀税。

通货膨胀对纳税者也有不利影响，因为美国的税收体系对于通胀仅仅是部分指数化的（见第 10 章和第 26 章，税收体系结构）。这意味着通货膨胀造成了更多的收入税、房产税和赠与税，引起了更多的税收。一个很好的例子是替代性最低税（AMT）免除额，它不根据通货膨胀进行调整。

通货膨胀对消费者也有不利影响，当他们生活支出增加而收入保持不变的时候。特别是对固定收入的人群，比如退休人员。消费者同样被鼓励去增加现在消费来应对未来的价格上涨。这和固定美元资产的购买力流失一起，都可能不利于增加经济生活中的储蓄总量。

最后，通货膨胀通常导致经济中更高的名义利率。首先，债券持有者和其他贷款人将要求更高的利率来抵消购买债券和其他债务证券造成的购买力流失。换言之，他们的目标是使债券获得合适的实际利率收益，这将在下一部分中讨论。其次，美联储在对抗通胀（或"过度"通胀）的过程中，会提高联邦基金利率和折现率，这将提高短期利率。更高的利率将使得经济增长放缓。

综合起来看，通货膨胀（或"过度"通胀）看起来是不利于经济发展的。财富管理的目标之一就是考虑通胀对客户的冲击，应对潜在购买力下降的风险。

实际利率与名义利率和价值：名义利率（或收益率）是债券、活期和大额可转让存单以及其他不考虑通胀的固定收益证券在一定时期内美元收益的百分比（通常是当期收益）。实际利率（或收益率）是这些收益减去当前通货膨胀率或加上当前通货紧缩率（下一节讨论）。举例来说，如果10年期美国国债当前收益率是4.5%，而当前通货膨胀率（以CPI衡量）是3%，那这些票据的实际利率是1.5%［名义利率（4.5%）–通货膨胀率（3%）=1.5%实际收益率］。另一方面，如果10年期美国国债当期收益率是2.5%，而当前通货紧缩率是3%，则这些票据的实际利率是5.5个百分点［名义利率（2.5%）+通货紧缩率（3%）=5.5%实际收益率］。可以看到在经济的任意时间点，考虑到当时的名义利率和通货膨胀率或通货紧缩率，实际利率或收益可能有正有负。然而债券投资者和其他储蓄者通常会寻求足够高的名义收益来抵消通货膨胀的影响，得到正的实际收益。

其他经济价值同样可以以名义形式和实际形式说明（经通胀调整后）。举例来说，一段时间的经济指标对比，如国内生产总值，可以以通胀调整后的形式说明，这是为了比较一段时期到另一段时期的实际产出。商品价格，比如油价或金价，同样可以以通胀调整后的价格来做比较。

案例

假定由于对经济的通胀担忧上升，美元价值相对于其他货币下降，利率很低，玛丽亚·罗德里秋茨，45岁，正考虑用将近5%到10%的个人总资产投资黄金或其他贵金属（她如何能这么做在第 6 章讨论）。她注意到 2008 年 3 月 13 日，纽约证交所 4 月黄金交易价格是 993.80 美元每盎司。这大大超过了之前 1980 年 1 月 21 日黄金名义价格的 850 美元每盎司的峰值。玛丽亚怀疑现在的金价已经达到了历史最高，当把 1980 年到 2008 年的通货膨胀考虑进去后，经通胀调整后的 2008 年 3 月 13 日金价将是 2 239.67 美元每盎司，比当前价格高了两倍还多①。

2.2.5　计划应对通货膨胀

未来美元的数量：在财富管理的某些领域，我们实质上会计划未来许多年内满足某种需求的资金。退休收入需求和教育需求就是其中的例子。因此，考虑到过去经济中长期的通胀趋势，许多规划师将根据预期通货膨胀调整将来名义需求以此保持将来资金购买力的做法视做现实谨慎的做法。

案例

大卫·琼斯（50 岁）和他的妻子莎拉（48 岁）参与了养老金计划。在考虑过他们当前的开支和税务（用第 1 章讨论的现金流分析）还有他们退休期间的开支将可能怎样变化后，大卫预计 65 岁时他和妻子将需要每月 6 000 美元（以现在的美元计算）的退休收入，15 年后，他们都要退休。

然而，考虑到过去的通货膨胀趋势，大卫和莎拉认识到，实际上他们的退休收入目标应根据通货膨胀调整来保持计划中退休收入的购买力。大卫和莎拉根据他们财富管理顾问的建议，假设未来 15 年每年 3% 的通货膨胀率，那么现在的 1 美元到 15 年后将只值 64.19 美分。这是在 15 年后以 3% 的平均年复利到期后 1 美元的现值（见第 3 章表 3.2）。

因此，为了将他们按当前美元价值计算的每个月开销 6 000 美元的目标转换为 15 年后相应购买力数量的美元，我们应当将每月 6 000 美元除以以 3% 年复利到 15 年后的 1 美元的现值（0.6419）。结果就是根据通胀调整后的退休收入目标，为 9 347 美元每月（6 000/0.6419）。大卫和莎拉同样应该考虑他们退休年间可能的通胀。他们可能想要计划成立一个退休投资基金或账户，用于提供额外的退休收入。也可能购买一个即时生效的终身养老金来弥补以后所需要退休金额的差额（见第 17 章关于即时年金的规划技巧）。

---

① 见 2008 年 3 月 14 日《华尔街日报》C1 版。

对冲通货膨胀保值：在资产配置计划中，投资者可能尝试投资其相信会与通胀一起升值的证券或资产（通货膨胀保值）。黄金通常被认为是这一种类资产。其他大宗实物商品和资产投资同样也是，随着经济中成本的上升，它们的价格也会上涨。一些人认为房地产是抵御通货膨胀的较好投资品。

通常认为普通股票充当了抵御通胀的作用。然而，更合逻辑的说法是普通股票在经济繁荣企业利润上升的时候表现得更好。这样的经济繁荣与通胀上升可能有也可能没有关系。

上文已经讲到，大多数固定收益投资在通胀时期遭受了购买力减弱，或更好地形容为"通货紧缩保值"。然而，一些固定美元投资是按照通胀保护证券设计的，在通胀时期价值增加。通胀保护证券包括通胀保值证券、美国储蓄债券系列 I，还有一些大额可转让存单和公司债券。这些将在第 7 章讨论。

通货紧缩：通货紧缩与通货膨胀相反，是经济中一般物价水平的下降。相对于通货膨胀，通货紧缩在美国经济中相当罕见。事实上，写这本书时，自从 1930 年美国经济大萧条以来还没有过实质意义上的通货紧缩①。从历史上来看，通货紧缩与经济萧条和银行信贷危机相关联。然而在写这本书时，有些人担忧当前的经济衰退可能发展成为通货紧缩。

滞胀：一些分析师认为至少在短期内有一个失业和通胀的权衡取舍问题。就是说，当经济政策制定者推行经济政策意图使得经济增长伴随着低失业率（比如降息的货币政策），必须准备接受由政策的促进效应带来的一个"合理的"通货膨胀率。这章稍后讨论的财政政策也是这样。

然而，在一定时期内，也可能同时出现高通胀和高失业，这种情况被称为滞胀。举例来说，在 20 世纪 70 年代，年平均通货膨胀率达到了 7%，然而年平均失业率也超过了 6%。

美国经历的通货膨胀、通货紧缩和滞胀 从第二次世界大战开始，美国开始经历持续通胀。事实上，自从 1941 年到 2007 年 CPI 一直在增长（除了 1949 年和 1955 年小的回落）。在那段时间，CPI 的年平均增长率达到了 3.1%。

第二次世界大战后某一段时间，通货膨胀变得严峻。例如 20 世纪 70

---

① 然而其他国家在这段时期经历了一段重大的通货紧缩时期。举例来说，在 1990 年的日本，紧随着房地产和其他资产价格在上个十年大幅上扬（泡沫）后是通货紧缩和衰退时期。

年代大多数时间和80年代初期就是如此。从1979年到1981年，年平均通货膨胀率是11.7%，在1980年达到了13.6%。同样这个阶段利率也非常高，美联储尝试着将猖獗的通胀控制下来。在1981年，联邦基金利率达到了14%，而30年期美国国债基准利率是16%（自从内战以来美国最高的利率）。之前提到过，那段时期同样包含一段滞胀期。劳工统计局网上提供了一个通货膨胀计算器，可以显示购买那时候100美元商品现在需要花多少钱，通货膨胀计算器的网址是www.bls.gov/cpi。

同样之前提到过，自从经济大萧条以来（特别是1929年到1934年），美国没有一个明显的通货紧缩期。然而，尽管多年没有出现通货紧缩和经济萧条，而且有些人认为这种情况不可能在美国再次出现，谨慎的财富规划还是需要考虑它们出现的可能性。考虑到这种不确定性，资产配置计划明智的做法是至少持有一些在严峻的经济衰退或萧条期可以保值甚至升值的资产种类。这些包括美国国债和其他高质量债券、保险储蓄账户、大额可转让存单、货币市场账户、保守投资资金市场债券、高评级保险公司发行的人寿保险和养老金中的固定收益现金价值保险等。这些可以被称为"通货紧缩保值"。而且，资产配置多样化似乎是谨慎财务规划的关键。

2.2.6 经济周期

一个经济体系在所有经济活动中总有波动。这些波动从经济活动扩张开始，然后到顶峰，这时候经济中总产量最高，然后经济开始衰退产量下滑，直到谷底出现，之后经济又开始新一轮的扩张。这些周期性波动被称为经济周期。美国国内通常认可的经济周期阶段的日期是由一家私人的、非营利性的组织——美国国家经济研究局下属的商业周期测定委员会确定的。该组织确定了1854年起到现在所有的经济周期时间段，可以通过访问其网站了解（www.nber.org.cycles.html）。

经济扩张（繁荣） 经济扩张（有时称为"繁荣期"）是真实GDP发展的时期，通常有低失业率、工资上涨、股票类资产价值上扬、低破产和信用损失、一般物价水平上涨和高利率的特点。

顶峰和衰退 峰值是当经济扩张达到最高点的转折，然后周期开始转向衰退。不幸的是，没有人确实知道这个峰值什么时候出现，对于衰退何时开始会有不同的意见。

当经济活动明显下降时，可以说衰退出现了。经济衰退的特点和之前经济扩张的特点相反。传统意义上的衰退被定义为连续两个季度真实GDP

下降为开端，这和美国经济研究局（NBER）观测到的衰退相符。然而，近些年来，经济周期测量委员会使用了更广泛的定义，把衰退定义为"一个持续几个月席卷整个经济体系的重大减产，通常在实际 GDP、实际收入、就业率、工业产值，还有批发—零售销售额等方面都是可见的"。萧条通常被认为是严重并且持久的经济衰退。

从谷底到引发新一轮的经济扩张　和峰值一样，没有人真正知道何时谷底会出现，衰退何时结束，经济何时开始好转。根据美国经济研究局的数据，第二次世界大战后经济衰退持续都相对较短（从 6 个月到 16 个月），而且相对温和。另一方面，经济扩张持续时间较长（从 12 个月到 120 个月），总体经济在这段时间内表现出较大增长。

经济周期和公共政策　大多数工业化国家都是试图采用政府政策去控制经济周期，促进经济稳定和实现增长，尽可能减少失业率。在美国，罗斯福政府在大萧条期间的"新政"就是一个隐性政策。该政策在第二次世界大战后颁布的《1946 年充分就业法案》和《1978 年充分就业和平衡增长法案》（《汉弗莱—霍金斯法案》）中正式采用。政府采取这些行为都属于宏观经济政策，也即财政政策和货币政策，这些将在这一章稍后讨论。

规划策略　祝福那些能在长时间内准确预测商业周期的投资者。这些人能够在峰值点出售股票，买入高质量债券并积累现金，然后在谷底采取相反的行动。这样的投资者几乎肯定不存在，至少作者本身不具有这样的洞察力。

尽管有各种关于经济周期的理论，经济学家确实不知道是什么导致了经济周期，也不能提前预测它的到来。在经济学家，政府官员还有专业投资者之间，总有经济是在进入衰退或者是在从衰退中恢复的分歧和争议。作为一个极端例子，1929 年经济大萧条的头几个月中，一些政府官员和投资顾问告诉那些想要出售股票的人们"美国经济基本面很健康"和"不要做空美国"。

考虑到，经济周期将会继续（就像过去那样）的确定性，但是对于衰退何时出现及将会多严重则不确定，采用之前讨论的策略看起来是正确的。这其中包括了谨慎的、多样化的资产配置策略，即配置一些在困境中也能依靠的安全有保证的资产类别。当然，特定情况下如何分配投资比例将取决于第 9 章讨论的因素。同时，投资者也会通过自己的判断和常识来作出经济决策，当他们认识到经济动荡将要来临时会更加谨慎，而当经济形势好转时可能会更愿意冒险。不过有限的利用市场时机应该建立在谨慎、持续多元化资产配置的投资策略的基础上。

2.2.7 货币和财政政策

下面是一些控制经济周期并稳定价格的宏观经济学工具。

货币政策 在美国，货币政策是美联储的职责，美联储是《1913 年联邦储备法》创立的一个独立体系。

联邦储备体系：它由华盛顿的 7 个成员，美联储理事会和 12 个地区联邦储备银行组成。美联储理事会的成员是由总统指定，受到参议院批准的；总统获得参议院允许，可以提名其中一名理事作为主席。美联储理事会的主席是制定货币政策的首席官员。12 个地区联邦储备银行严格上说是由作为联邦储备体系成员的商业银行所有，他们选出地区储备银行的大多数董事。这些董事任命各个地区联储银行的行长。

美联储和货币政策：联邦储备系统通过影响市场利率水平并控制货币供给①来实施货币政策（过去主要是短期利率）。近年来，美联储采取的行为更偏向于影响利率而不是控制货币供给。

美联储通过控制准备金，即成员银行放在地区联邦储备银行的无息存款来影响利率（和货币供给）。成员银行被要求保持准备金达到所持有客户存款的规定比例（负债相对存款），这些是法定准备金。当成员银行的准备金超过了法定准备金，就是超额准备金。

银行通常借出自己的超额准备金给那些需要短期资金作为准备金来满足法定准备金要求的银行。这种商业银行间的超额准备金借贷构成了联邦基金市场。这种资金的一般利率就是联邦基金利率。联邦基金利率由联邦基金市场资金的供求决定，传统意义上这是美联储直接通过公开市场操作控制的唯一一市场利率（下面讨论）。但是，其他利率，特别是短期利率，受到联邦基金利率的影响并随之波动，所以美联储实际上影响着所有级别的市场利率。最优惠利率是商业银行给他们最好的商业客户短期商业贷款的利率。它比联邦基金利率要高，但实际上两者相关联。一个相似的利率

---

① 文中货币供给的定义包括流通中的货币还有活期存款（支票账户），被称为 M_1 货币供给量。美联储直接影响 M_1。更广阔的定义是 M_1 加上储蓄存款达到 100 000 美元（或 250 000 美元），货币市场账户，个人的货币市场共同基金，大额可转让存单，还有欧洲美元（美元存在欧洲银行里）。这就是 M_2 货币供给量，本质上远远大于 M_1 货币供给量。最宽泛的定义是 M_3 货币供给量，包括 M_2 货币供给量加上制度上的货币市场基金、大储蓄账户，还有一些其他项。

是伦敦银行间同业拆借利率（LIBOR），它是英国银行相互之间短期无担保借贷的利率。最优惠利率和 LIBOR 通常被用做基准利率来指引经济体系中其他利率。因此，它们在全球信贷市场中相当重要。

案例

玛丽·亨德森准备扩建房屋。建筑成本是 100 000 美元。她正考虑一个年利率 6.5% 的固定利率住房抵押贷款，或者一项利率为基础利率加上 0.75% 的浮动利率按揭贷款（ARM）。如果当前基础利率是 5%，ARM 的利率将为 5.75%，比固定利率按揭要低。而如果基础利率上涨至 7%，ARM 的利率将变为 7.75%，玛丽的融资成本将超过固定利率按揭的费用（更多此类贷款将在第 9 章介绍）。

如果成员商业银行需要准备金，它们也可以直接从美联储以短期借贷形式借到。美联储对此类贷款收取利息，称为贴现率，而且需要可接受的担保品。美联储设定贴现率并定期根据货币市场调整，不过，惯常做法是美联储通过控制联邦基金利率来影响贴现率。联邦基金利率和贴现率一同变动。从美联储借贷有时称为美联储的"贴现窗口"。实际情况是，历史上商业银行一般更愿意从联邦基金市场而不是美联储的"贴现窗口"借贷所需的准备金。然而，这取决于金融市场（信贷市场）的条件①。

美联储的货币政策工具： 美联储可以控制成员银行的准备金水平及相应的通过公开市场发放贷款扩大存款的能力、贴现率的变化和成员银行对准备金要求的变化。

公开市场操作。 这些工具中最重要的是公开市场操作。美联储在公开市场通过政府债券经纪人买卖它所持有的政府债券。当美联储买入债券时，它付出资金，这些资金最终由债券经销商存入商业银行。然后银行将这些资金付给美联储，增加了商业银行在美联储的准备金余额。当美联储出售债券时，会发生相反的活动。这种情况下，债券经销商从商业银行取款支付债券。然后，美联储要求银行支付报酬，并减少准备金账户的数目。因此，当美联储在公开市场出售债券时，成员银行准备金将减少。

这些公开市场操作是由美联储公开市场委员会（FOMC）所计划的，它由美联储理事会和五个联邦储备银行的行长共同组成。FOMC 设置了联

---

① 举例来说，在写本书的信贷危机期间，商业银行增加了从美联储的借贷。同时在 2008 年 3 月，美联储首次开始向某一投资银行通过临时、单独的主经销商信贷便利化安排直接借贷。美联储同时扩大了接受借贷的合格抵押品的范围（比如按揭证券还有商业票据）。所有这些是为了向混乱的信贷市场提供流动性资产（现金）。

邦基金利率的目标利率，然后通过进行公开市场操作来控制成员银行的准备金供给来达到目标利率。各个联邦储备区域的经济情况概要是为了帮助FOMC 会议来进行审议，这被称之为黄皮书。最新的黄皮书可以在网站www. federalreserve. gov/fomc/beigebook/2008 上找到（可以查到最近一年的黄皮书）。当利率上升时，借贷的成本将上升，减少了通胀压力。同时也易于巩固美元地位（美元相对于其他货币升值），因为外国人可能会有利用美国相对于其他地方的高利率来进行存款的动机。相反，低利率降低了借贷成本，可以使贷款更容易，并刺激了经济发展，不过可能会增加通胀压力并削弱美元相对于其他货币的地位。

贴现率变化。之前提到过，成员银行（暂时也包括投资银行）可以直接通过美联储的"贴现窗口"向其借贷。美联储为此类贷款设置的利率称之为贴现率。当美联储想要紧缩信贷时，就提升贴现率，当想要放松信贷条件时，就降低贴现率。当然银行可以选择是否从美联储借贷。

准备金要求变化。美联储为成员银行设置准备金要求。准备金要求上涨将会减少可获得信贷量，而要求下降将有相反的效果。美联储很少使用这种货币政策工具。

最后贷款人——美联储：美联储同时在银行系统中担任商业银行的"最后贷款人"，以此保持流动性（可用储备）。因此，成员银行能通过从美联储的贴现窗口借贷来满足短期、紧急的现金需求（如"银行挤兑"）。

在第 47 页脚注①中提到，在 2008 年 3 月，通过单独的信贷便利化安排（借贷窗口）允许直接贷款给投资银行，美联储临时将这种最后贷款人的概念扩展到投资银行。这与过去的惯例相违背，并引起了很大的争议。可以注意到美联储没有把投资银行作为商业银行来监管。

当感到金融机构的崩溃将对整个经济系统有损害时，美联储对金融机构安排了援助措施（包括正式和非正式的）。例如，1998 年鼓励银行提供紧急贷款给对冲基金——长期资本管理公司（LTCM），还有 2008 年提供储备基金给摩根大通来进行对投资银行和经纪商行贝尔斯登的紧急收购。

财政政策 财政政策通过使用政府支出、借贷和税收政策来稳定经济和促进经济平稳增长。此类政策被称为相机抉择的政策，因为它们由联邦政府谨慎使用来控制经济。

当经济开始或者将要走向衰退时，政府应该增加开支来扩大总需求和刺激经济活动。然而，增加开支（伴随着税收收入下滑或减税）将导致更大的联邦预算赤字和债务。

也许最明显的为抵抗衰退而增加政府开支的实例是 20 世纪 30 年代经济大萧条期间的"新政"。那时，联邦政府投入大量的钱用于修路，建学校、公园、农村电气化、水电站大坝还有其他基础设施项目。另一方面，通过公共事业振兴署（WPA）和美国民间资源保护队（CCC）之类的项目向大量失业人员（占 1933 年高达 25% 的劳动力）提供工作。然而，这些项目却有争议，因为一些人认为这些项目是浪费，对个人主动性造成了损害，而且没有有效组织。

在税收政策领域，一些人认为当衰退存在或将要来临时，减少税率（特别是所得税税率）会增加总需求并刺激经济①。然而，结果也会引起更高的联邦预算赤字和债务，继而引起通货膨胀和更高的实际利率。

近些年来，有许多意图刺激经济的这类减税实例。在第二次世界大战后，第一个减税例子是肯尼迪减税。总统约翰·肯尼迪在 1964 年提出并推行了一项所得税税率削减方案，以此来降低当时被视做不可接受的高失业率。另一个例子是《1981 年经济复兴税收法案》（ERTA），它包含了总统罗纳德·里根的一系列减税措施。就像其名字的意思，法案的目的是帮助经济从当时严重的萧条中恢复过来，同时也继续了里根总统低税的施政理念。另一个类似的法律是经济增长税收优惠法案，它是总统乔治·布什推出的，至少部分意图是为了振兴当时疲软的经济。

相对较近以税收为导向的刺激手段是《2008 年经济刺激法案》。该法案在 2008 年向那些在 2007 年填写纳税申报单的低收入人群提供了免税返还支票。这些人中包括有很少或几乎没有纳税义务的人员，以及那些至少有 3 000 美元的合法收入但如果没有返还支票就达不到纳税要求的人。

最近的刺激计划是《2009 年美国复苏与再投资法案》。该法案包括了 2009 年和 2010 年新的工作回报抵税额。抵税额等于纳税者收入所得的 6.2%，或夫妻共同申报所得税的 800 美元加上其他收入的 400 美元，取两者中的较小者。该法案逐步取消了对高收入者的抵税额。

另一方面，在经济周期的扩张或繁荣阶段，健全的财政政策要求减少

---

① 税收政策包括许多其他问题而不仅仅是作为财政政策的一部分。其中一些将会在本书其他章节讨论。另一个涉及到税收减免的理论是一些人称之为"供给经济学"的理论。该理论提出了如果忽略财政政策，减免税收自身是令人满意的。主张者认为低税率将引入更大的投资，增加交易和就业机会，可以得到更高收入和财富，而且能得到大的经济增长。他们认为一旦税率下降总税收将会因为减税带来的经济增长而增加。举例来说，见"里根经济学 2.0"，2007 年 8 月 31 日《华尔街日报》A8 页，还有"减税帮助经济继续增长"，2007 年 7 月 16 日《巴伦周刊》第 45 页。另一方面，批评者称该理论为"巫毒经济学"。

政府开支还有提升税率来防止经济"过度"膨胀和产生所谓的经济泡沫，当经济泡沫突然破裂时，可能导致经济衰退。这些措施同样可以减少联邦预算赤字，甚至产生预算盈余并减少政府借贷。这时候，美联储同样应该采取合适的货币政策提高利率。这有时被称做"逆向经济趋势"。不幸的是，实际情况中，政治家更容易出台减税和增加政府开支的政策而不是相反①。

然而，近些年来，有许多更保守的财政政策的例子。其中一个是《1990 年收入调节法案》（RRA）。该法案是共和党总统乔治·布什和民主党国会之间相互妥协后的结果。该法案将所得税税率提高到普通收入的 31%，并减少了政府开支。另一项是克林顿政府的《1993 年收入调节法案》，又再次将联邦所得税税率提高到 36% 外加 10% 的追加，达到了 39.6% 的税收，同时削减政府开支。这些削减赤字的法案和 20 世纪 80 年代后期及 90 年代的经济扩张共同导致了 1997 年到 2000 年间的预算盈余。

自动稳定器：不同于相机抉择的政策，在经济自动稳定器的作用下，经济下行时政府开支自动增长，纳税额自动减少，给付支出保持固定或增长。在扩张期则所有方面都相反。

举例来说，在衰退期，累进所得税额比收入成比例减少更多，失业救济金增加，福利收入增加，社会保险和类似的给付继续保持平稳增加，如果银行破产将会有银行保险保护大多数存款者安全。在扩张期所有都相反。

干预主义和不干预主义 经济学家对于政府宏观经济政策对控制经济周期和稳定经济的效用价值有不同的看法。

最流行的看法可能是干预主义（有时称之为"新凯恩斯主义"）。他们相信政府相机抉择政策和财政的自动稳定器作用在短期内对平缓经济周期都是有效的。

另外，不干预主义通常认为政府相机抉择的宏观经济政策都是不必要的（因为市场会自己调整）或者实际上有害的（由于政策执行的不确定性和滞后可能会破坏自由市场）。这可能只是少数人的观点。

---

① 许多这些处理经济周期问题的宏观经济学想法基础首先是由经济学家和商人约翰·梅纳德·凯恩斯在他 1936 年中一本里程碑式的书——《就业、利息和货币通论》中发明的。这些想法被称之为"凯恩斯经济"，许多人将宏观经济学分支的开创归功于这本书的出版。尽管凯恩斯经济曾经相当有争议，它的基本理论被现在大多数经济学家所接受。

2.2.8 经济指标

现在有很多衡量经济活动的指标，经常被经济学家和金融评论家等引用。它们用来衡量经济趋势，或预测经济发展方向。下面是一些常用的经济指标：

- 国内生产总值（GDP）衡量某国家一段时间内生产的最终商品和服务价值总和。如果以当前美元价值计算的话（没有因价格变化调整），就被称做名义 GDP。但是按照基期价格水平调整后就被称为真实 GDP。
- 个人收入和个人消费数据。
- 各种价格和成本指数。举例来说，这些包括：
  —消费者价格指数（CPI）和生产者价格指数（PPI）。
  —员工成本指数（ECI），它衡量员工报酬的变化（劳动成本）。如果该指数增长高于正常值，则未来可能发生通胀。
- 货币供给。包括 M_1 货币供给，M_2 货币供给还有 M_3 货币供给，在第 46 页脚注①中有相应的定义。货币供给大的增长同样可以指示未来通胀的趋势。
- 各种股票市场指数和均值。根据特定的指数或均值，这些指数测量一组股票的总体波动，包括标准普尔 500 指数、罗素 2000 指数、道琼斯·威尔谢尔 5000 指数、纳斯达克指数、摩根士丹利资本国际指数、摩根士丹利远东指数以及道琼斯工业平均指数等。
- 商品价格指数。例如之前提到的商品研究局指数。
- 供应管理协会（ISM）衡量制造业活动的报告。低于 50 的读数通常被认为是衰退的信号。
- 制造商的新订货单（工厂订单）。
- 耐用品商品订单。
- 劳工市场状态。每周的首次失业申请数、该失业申请数的移动平均值、失业平均持续时间、失业总人数，还有一周平均工作时间，这些是衡量劳工市场状态的指数。
- 房屋市场状态。房屋出售数（现房和新房），住房开工率，未售出房屋存量，还有标准普尔/凯斯—希勒在 20 个大城市房屋价格指数是衡量房屋市场状态的指数。
- 密歇根大学消费者信心指数。这是按月发布的消费者信心指数，它是按照消费者如何看待自己的财政状况，以及如何看待当前经济和未来走向得出的。世界大企业联合会同样公布此类信心指数。

- 先行经济指标指数。这是由 10 个部分组成的复合指数，其中一些之前列出了。它被广泛认为是一项重要的预计未来经济走向的工具。

2.3　税务环境和财富管理

税法显然是影响财富管理的一支重要力量，而且它经常变化。因此未来税收政策的可能变化将会对规划造成不确定的影响。这在近些年来尤为突出，因为《经济增长与税收减免协调法案》（EGTRRA）和《工作增长税收优惠法案》（JGTRRA）带来的重要税收减免和排除规定，还有其他法律被预计在 2010 年后成为"日落条款"（译者注："日落条款"指法律或合约中指定部分或全部条文的终止生效日期，通常制定日落条款的目的是在该条文终止前有缓冲期，可先行准备及实施相关法案的配套措施）。故而，大多数评论家相信在"日落"前将会有重要的税法出台。

2.3.1　《经济增长与税收减免协调法案》

《2001 年经济增长税收优惠法案》是税收法案的不寻常和不确定的一块。因为它许多最初的规定到将来几年才有效，而且它包含了"日落条款"，其中说明它所有的条款和规定在 2010 年 12 月 31 日之后将不再有效。概括起来，经济增长税收优惠法案引起的一些变化如下：

个人所得税税率降低。举例来说，一般收入的最高税率从 39.6% 降到 35%，另外还加上了一个新的 10% 低税率等级。

允许从合格教育计划（第 529 条款计划）和教育储蓄账户中免税地支付教育支出。这些对教育计划有利的税收规定在《2006 年养老金保护法案》中是规定为永久生效（没有"日落"）。

显著增加了合格退休计划，个人退休金账户和其他退休计划的缴费和扣减限额，这些同样在养老金保护法案规定为永久生效。

允许所有 401（k）计划参与者将全部或部分的雇员可选择缴费金作为税后缴费金，如果计划允许的话（创造了罗斯 401（k）计划）。按照养老金保护法案，这一条款也是永久有效的。

从 2002 年到 2009 年逐步增加联邦遗产税和消费税的免税额度，在

2010 年完全废除免税额度，在 2010 年之后，如果这些税收恢复到 2001 年的水平，则恢复相应的免税额度。逐级减少最高联邦遗产税税率（和消费税税率）从 50% 到 45%。

废除死亡规则所递升的所得税基础并在 2010 年对死亡规则采取改进的税后扣减基础，只在 2011 年及以后恢复递升的基础。

将赠与税和遗产税免税额度和税率分开，赠与税免赔额度保持在 1 000 000 美元，赠与税在 2010 年不废除，税率降到 35%。

2.3.2 《2003 年工作增长税收优惠法案》（JGTRRA）

该法案和其他法律一起，是更进一步的减税手段。总的来说，JGTR-RA 和其他法律所作的重要改变如下：

将个人长期资本利得税率从 20%（最高税率）和 10% 减少到 15%（最高税率）和 5%，纳税等级中 10% 到 15% 的纳税人在 2008 年到 2010 年无资本所得税。

降低个人股息所得税税率从最高 35% 到最高 15% 至 5%，纳税等级中 10% 到 15% 的纳税人在 2008 年到 2010 年无股息所得税。

再一次说明，所有《2003 年工作增长税收优惠法案》中的条款（日落条款）和规定将在 2010 年 12 月 31 日终止。

2.3.3 日落条款和规划策略

为了符合所谓的伯德修正案①，国会最初假设所有 ETGRRA 的规定将会在 2010 年 12 月 31 日后失效。到那时，存在于 2001 年的税收法律将再次成为国家法律。国会通过修改《2006 年养老金保护法案》使得《经济增长与税收减免协调法案》中的教育和退休金计划的规定永久生效。同样地，所有 JTGRRA 的规定还有相关法律将在 2010 年 12 月 31 日之后"日落"。那之后先前的法律将重新生效。

这些"日落条款"很明显地在财富规划中造成了不确定性。国会和白宫在 2011 年之前的行为会影响到未来的情况。它们可能什么都不做，从而使得"日落条款"生效。大多数评论者不相信这将发生。恰恰相反，一般人相信在 2011 年前某个时间点，也许在 2009 年，新的税收法案将会颁布。许多人期望该新法案将保持联邦遗产税和消费税（保留

---

① 修订过的 1974 年国会预算法案。

2009 年 3 500 000 美元水平的扣除额度），保留《经济增长与税收减免协调法案》和 JGTRRA 中的许多规定（不过可能增加资本利得和股息分红的税率），保持死亡的递进基础，降低中低收入人群的所得税税率，并颁布其他规定。

第3章
财富管理中估值的相关概念

本章目标

读完本章后，你应该能够理解以下要点：

- 单利和复利
- 一笔资金的终值
- 现值概念
- 普通年金和预付年金的差别
- 年金的终值
- 不均匀现金流的现值和终值
- 内部收益率
- 在《国内税收法》第 7520 条款下，计算年金、收入权益、单一信托收益、剩余权益和复归权益现值时考虑的精算要素
- 家庭内部贷款和其他目的税务处理中适用的联邦利率

在个人财富管理中，关于一笔资金的积累和分配的相关概念是非常重要的。举例来说，这些概念会影响资本的积累、投资的规划、有关教育费用的资金积累、为退休准备的资产等。除此之外，税法要求使用一定的估值要素，从而为遗产分配计划目的而获得现值和对低于市场利率的贷款进行税务处理。本章将简要地讨论这些问题。

3.1　关于资本积累的相关概念

3.1.1　单利和复利

单利就是在给定期间内，一笔资金使用的利率（或收益率）。举例来说，一个投资者购买了一笔 100 000 美元的一年期的存款单，并标有在年底支付 6% 的利息（在年底前不计利息），那么这个投资者将会在年底得到

106 000 美元（100 000 美元 × 1.06 ＝ 106 000 美元）。

相反，复利就是在一个给定时期内对一笔资金将收益率（回报率）按照固定期间（如每月、每半年、每年）累计计算，在每个复利期间末，应得的利息当时并没有被支付，而是又滚入下一期的本金中。实际上形成了利滚利。换句话说，在单利方面这笔资金是线性增长的，但在复利方面，这笔资金不是线性增长的，而是呈几何级数增长的。复利投资非常长的一段时间后，将会产生巨大的收益。使用金融计算器可以很容易地计算单利和复利。

3.1.2　终值

一笔资金的终值就是该资金在特定期间内，在给定收益率下，假定回报用复利计算而增长到的数额。表 3.1 给出了一笔 1 000 美元投资基金在给定期间内，不同净收益率下的终值，这里假设以年复利率计算。

表 3.1　一笔 1 000 美元投资基金在特定年限内，不同回报率下的终值

单位：美元

每年净收益率（复利）	投资 1 000 美元的期间（年）							
	5	8	10	12	15	20	25	30
3%	1 159	1 267	1 344	1 462	1 558	1 806	2 094	2 427
4%	1 217	1 369	1 480	1 601	1 801	2 191	2 666	3 243
5%	1 276	1 478	1 629	1 796	2 079	2 653	3 386	4 322
6%	1 388	1 594	1 791	2 012	2 397	3 207	4 292	5 744
8%	1 469	1 851	2 159	2 518	3 172	4 661	6 848	10 064
10%	1 611	2 144	2 594	3 138	4 177	6 727	10 835	17 449
15%	2 011	3 059	4 046	5 350	8 137	16 367	32 919	66 212

举例来说，假设一个 35 岁的人要投资 10 000 美元。如果净收益率（扣除投资产生的费用和所得税后）只有 4%，那么他在 45 岁时可以得到 14 800 美元，到 55 岁时可以得到 21 910 美元，到 65 岁时可以得到 32 430 美元。但如果净收益率可以提高到 6%（即比原有净收益率又提高了 50%），那么他在 45 岁时可以得到 17 910 美元，到 55 岁时可以得到 32 070 美元，到 65 岁时可以得到 57 440 美元（比 4% 净收益率时提高了 77%）。如果净收益率可以提高到 10%（即比原有净收益率提高了 150%），那么他在 45 岁时可以得到 25 940 美元，到 55 岁时可以得到 67 720 美元，到 65 岁时可以得到 174 490 美元（比 4% 净收益率时提高了 438%）。这也说明了在可行的情况下，提高净投资回报的重要性。以上这些终值的计算可以

通过金融计算器来处理，比如在 HP12C 型计算器上的终值（FV）按钮。

我们也可以换个角度使用以上的计算结果。比如，如果一个孩子的母亲玛丽·史密斯投资了 50 000 美元，她估计在 12 年后需要约 100 000 美元作为子女的教育支出。她可以通过查阅表 3.1，了解到她需要得到 6% 的净投资收益率才能够完成她的设想（因为 50 000 美元本金，每年 6% 的收益率投资 12 年后可以取得 100 120 美元）。使用 HP12C 金融计算器，通过解利率（i）就可以得到同样的甚至更精确的结果。

3.1.3　现值

现值正好与终值相反，一笔资金的现值就是在一个给定的收益率下，未来将要收到的资金在现在对应的数额。表 3.2 给出了 1 美元在不同期间，不同净收益率下对应的现值，这里假设每年以复利计息。

表 3.2　　　　在不同期间期末，不同净收益率下 1 美元的现值　　　单位：美元

年化净收益率	折现未来多长时间后的 1 美元（年）							
（复合%）	5	8	10	12	15	20	25	30
3	0.8626	0.7894	0.7441	0.7014	0.6419	0.5537	0.4776	0.4120
4	0.8219	0.7307	0.6756	0.6246	0.5553	0.4564	0.3751	0.3083
5	0.7835	0.6768	0.6139	0.5568	0.4810	0.3769	0.2953	0.2314
6	0.7473	0.6274	0.5584	0.4970	0.4173	0.3118	0.2330	0.1741
8	0.6806	0.5403	0.4632	0.3971	0.3152	0.2145	0.1460	0.0994
10	0.6209	0.4665	0.3855	0.3186	0.2394	0.1486	0.0923	0.0573
15	0.4972	0.3269	0.2471	0.1869	0.1229	0.0611	0.0304	0.0151

再举例来说，如果 50 岁的约翰·亨利想要在 15 年后，也就是退休的时候，能够确保有 500 000 美元以保证安度晚年。在当前的经济形势下，约翰保守假设他可以在这个期间内获得净收益率 5% 的回报。他想了解现在需要准备多少钱用来投资才可以保证在 15 年后取得他想要的那个数额。

约翰可以通过求在 15 年后的 500 000 美元的现值，这里假设此期间年复利为 5%。从表 3.2 中，可以得到用 500 000 美元乘以 0.4810（表中 1 美元在 15 年后末 5% 复利率下的现值），得到 240 500 美元。使用 HP12C 金融计算器的现值（PV）按钮，也可以计算出这个数。

3.1.4　年金的终值

作一个通常的定义，年金就是在给定期间内，定期支付的现金流。对

于固定年金，不管在这期间内接受方生与死，都要对其进行支付。对于终身年金，只对领取年金的人在生命期内进行支付，在其死去或者在共同年金中最后一个领取年金的人去世后则终止。终身年金将在第 17 章讨论。

固定年金可以被分为普通年金和预付年金两种。作为普通年金，年金的每期支付在该期期末，而预付年金就在每一期的期初支付。这样，对于在一定期限内的年金支付，比如 10 年或者 10 次支付期，预付年金将会在到期时（也就是在第 10 年年末时）产生额外一年的复利利息。

普通年金和预付年金的终值是每一期在给定收益率下通过复利增长到最后一期时的终值之和。在表 3.3 中给出了以年复利计算的普通年金的终值。

举例来说，一个 35 岁的人每年存 2 400 美元（大约每月 200 美元）。如果他存的这些钱的每年净收益率为 6%，他可以在 45 岁时得到 31 632 美元（1 318×24），在 55 岁时得到 88 296 美元，或在 65 岁时得到 189 744 美元。

表 3.3　　　　　在给定期间内，不同的投资净收益率下，
每年年末投资 100 美元可得到的普通年金终值　　单位：美元

年化净收益率（复合%）	投资 100 美元的定投期间（年）							
	5	8	10	12	15	20	25	30
3	531	889	1 146	1 419	1 860	2 687	3 646	4 758
4	542	921	1 201	1 503	2 002	2 978	4 165	5 608
5	553	955	1 258	1 592	2 158	3 307	4 773	6 644
6	564	990	1 318	1 687	2 328	3 679	5 486	7 906
8	587	1 064	1 449	1 898	2 715	4 576	7 311	11 328
10	611	1 144	1 594	2 138	3 177	5 728	9 835	16 449
15	674	1 373	2 030	2 900	4 758	10 244	21 279	43 474

我们也可以换个角度使用以上的计算结果。比如，如果一个人想知道在给定净收益率下他要每年投资（存款）多少钱就可以在几年后取得他想要的金额。举例来说，一个父亲想要知道每年末投资多少钱才能在 12 年后为他的孩子们准备出一笔 200 000 美元的教育支出。假设年净收益率为 5%，他可以通过查阅表 3.3，知道他如果在 12 年中每年末投入 12 563 美元就可以在 12 年后取得 200 000 美元（200 000 美元÷1 592 美元×100）。使用 HP12C 金融计算器，通过求解支出（PMT）就可以简便并准确地得到结果。

表3.4是对复利能力的一个戏剧性的说明。假设玛丽·琼斯想要开始每年存5 000美元，第二列给出了从21岁存款一直到30岁，然后停止的情况下，可以在65岁时获得的投资结果；第三列给出了从31岁（也就是10年后）开始每年存5 000美元年金一直到65岁，然后停止的情况下，可以在65岁时获得的投资结果。在两种情况下，假设投资基金的每年净收益率是7%。在第4章中也提到了，在对股票进行长期投资时，平均投资净收益率会高于7%。

表3.4 **早期定投比晚期定投的优势的**
举例——再次说明复利的威力（假设年净收益率为7%）

单位：美元

年龄	早期定投	晚期定投
19	0	0
20	0	0
21	5 000	0
22	5 000	0
23	5 000	0
24	5 000	0
25	5 000	0
26	5 000	0
27	5 000	0
28	5 000	0
29	5 000	0
30	5 000	0
31	0	5 000
32	0	5 000
33	0	5 000
34	0	5 000
35	0	5 000
36	0	5 000
37	0	5 000
38	0	5 000
39	0	5 000
40	0	5 000

年龄	早期定投	晚期定投
41	0	5 000
42	0	5 000
43	0	5 000
44	0	5 000
45	0	5 000
46	0	5 000
47	0	5 000
48	0	5 000
49	0	5 000
50	0	5 000
51	0	5 000
52	0	5 000
53	0	5 000
54	0	5 000
55	0	5 000
56	0	5 000
57	0	5 000
58	0	5 000
59	0	5 000
60	0	5 000
61	0	5 000
62	0	5 000
63	0	5 000
64	0	5 000
65	0	5 000
共计投资	50 000	175 000
65 岁投资可回收价值	737 560	691 184

玛丽当然应该每年去存一些钱。表3.4仅仅说明了早期定投比拖延到后期定投的好处。但如果玛丽觉得她可能在最初几年无法保证有闲钱进行定投,有可能他的父母或者爷爷、奶奶会赠与(在每年的赠与税豁免额度内)她一些钱让她去做定投。这是一个很好的赠与策略。如果玛丽有资格

去做这些的话，可能她的养老金可以与收益类的传统个人退休账户（IRA）或者罗斯个人退休账户（Roth IRA）媲美。这样，她的投资收益可以增加其税收递延或是免税。

3.1.5　年金的现值

年金的现值就是指假定支付的年金将获得给定的复利，将来收到的等额定期年金的当前价值。表 3.5 显示了不同时期和不同复利利率下普通年金的现值。

表 3.5　每年末定期投资 1 美元，在不同年数，不同净收益率下的现值

单位：美元

年化净收益率（复利%）	折现未来多长时间后的 1 美元（年）							
	5	8	10	12	15	20	25	30
3	4.5797	7.0197	8.5302	9.9540	11.9379	14.8775	17.4131	19.6004
4	4.4518	6.7327	8.1109	9.3851	11.1184	13.5903	15.6221	17.2920
5	4.3295	6.4632	7.7217	8.8633	10.3797	12.4622	14.0939	15.3724
6	4.2124	6.2098	7.3601	8.3838	9.7122	11.4699	12.7834	13.7648
8	3.9927	5.7466	6.7101	7.5361	8.5595	9.8181	10.6748	11.2578
10	3.7908	5.3349	6.1466	6.8137	7.6061	8.5136	9.0770	9.4269
15	3.3522	4.4873	5.0188	5.4206	5.8474	6.2593	6.4641	6.5660

3.1.6　不均匀现金流的现值和终值

举例来说，债券的价格等于未来来自债券现金流的现值。这也就是所有支付的利息（主要是债券到期前的普通年金）的现值加上债券到期时票面价值的现值。如果说举一个关于不均匀现金流的终值的例子的话，可以考虑一个人每年投资不同金额的情况。

3.1.7　内部收益率（IRR）

内部收益率描述的是在复利计算下，从期初到期末一笔资金简单的年化收益率。换句话说，就是从期初到期末所有现金流的平均每年总体复合收益率，有时也把它称为几何平均收益率。第 4 章将会讲述几何平均收益率和算术平均收益率的区别。

3.2 遗产分配计划和财富转移中的估值要素

我们现在将关注的焦点转到税法下用来对遗产分配计划进行估值的各个不同估值要素。

3.2.1 计算特定利益现值时的精算要素

遗产分配计划的策略（以及其他税收需要）要求计算在一定时期内或整个生命周期内，一个或者多个年金收益，或者长期多年或终身获得的收入权益，或者单一信托收益、剩余收益与复归权益的现值。这些策略将会在后续章节中进行更加详细的介绍。下面提供几个例子用来说明估值方面的问题。

- 一个不可撤销信托计划的创设者（授予人）将一些即将升值的财产给了信托计划，同时保留了在一定年限内收取年金的权益（比如原有信托财产的一个固定比例）。在这段期间结束后，任何剩余的信托财产转给其他受益人（剩余受益人）。这也被称一个出让人保留年金信托（GRAT），这部分内容将在第 27 章中讨论。在设立 GRAT 时，出于对赠与税的考虑，为确定应税赠与能否实现，以及如果实现的话，能构成多少应税赠与；必须计算留存年金收益的现值，再用给予 GRAT 财产的现值减去留存年金收益的现值，从而计算出给予其他受益人（剩余受益人）的剩余权益的现值。

- 一个不可撤销信托计划的创设者（授予人）将其主要住所给了信托计划，仍保留其免费居住一定年限的权利，并且如果在这期间他（或她）死亡，则他（或她）还保留有将房屋收回（或恢复）到其自己遗产里的权利。在这个期间结束后，为了其他受益人（剩余受益人）的利益，这个居所应该保留在信托计划里。这也被称为一个合格个人住宅信托（QPRT），这部分内容也将在第 27 章中讨论。在这种情况下，在 QPRT 创设时，为了确定应税赠与的金额，应该首先计算在这段时间内保留使用收入权益的现值；以及如果在这段时间内，授予人死亡的情况下（计入授予人遗产内的）保留复归权益的现值。然后，我们必须对划入 QPRT 居所价值减去以上两个现值之和，才能得出给予其他的受益人（比如作为剩余受益人的授予人的孩子们）的剩余权益的现值。

- 最后的例子，一个不可撤销慈善信托的创设者（授予人）将一些即将升值的财产给了信托计划；同时，留存在授予人和其配偶的有生之年内收取年金利益或者单一信托利益（比如每年里当前信托财产价值的一个百分比）的权利。在他们中最后一个死亡时，剩余的信托财产将会转移给指定的慈善组织，这也被称为剩余资金慈善信托（CRT），这部分内容将在第 19 章中讨论。在这个例子当中，在 CRT 创设时，为了确定联邦所得税和允许授予人使用的赠与税的慈善部分抵扣数，应该首先计算他们生命期剩余年限内（这里当然不包括给慈善机构的那部分）的年金收益或者单一信托收益的精算现值。然后用放置在 CRT 里原始财产的价值减去该现值，就得到了即将给予慈善组织的剩余收益的现值（也就是慈善所得税抵扣数）。

在确定这些现值时涉及的精算要素是用来对终值折现的利率，以及用来决定期望寿命的生命统计表（死亡率表）。这两个精算要素都是在国内税收法规（IRC）中的第 7520 条款规定下来的。

第 7520 条款的折现率 在这部分刚开始时，明确了这是一个政府规定用来估值的利率，是由美国国税局（IRS）确定的，并且每个月用税收规则的形式公布，并且运用于生效月份内发生的赠与活动。对于以慈善部分抵扣为目的的，纳税人可以选择在当前月或是后续一两个月使用该比率。

第 7520 条款里使用的折现率等于当月联邦中期利率[①]的 120%。实际上，这个折现率也是 IRS 假设可以产生以上收益的资产中得到的。在写此书时，第 7520 条款的利率设定为 3.4%。当然，这些信托计划里的资产收益率可能比这个数要少，但也有希望能够高于第 7520 条款中的利率。这个方法将会在第 27 章描述，并且主要是基于"实际的收益率会比第 7520 条款规定的利率高"这个预期上给出的。

第 7520 条款的死亡率假设 在计算受到一个或多个人期望寿命值影响下的那些收益的现值时，有必要假设在每个年龄上人们的存活概率和相应的死亡概率。这就要通过生命统计表来说明，制作方法主要建立在统计学上的大数定律[②]，对相当大数量人的生存和死亡状态进行统计研究。

在第 7520 条款下，IRS 每十年还会公布不记性别（不分男女）的生命

---

① 联邦中期利率：是 AFR，以在美国市场中流通的债券的平均市场收益率为基础，这里主要指的是在每个日历月里的剩余期限在三至九年的债券。这个内容将在本章后面进行讲述。

② 在保险学里，在求寿险和终身年金的保费时也使用了同样的概念（但是不同的表格）。

统计表，数据主要基于人口普查数据。当涉及到期望寿命时，这张生命统计表将被（与第 7520 条款折现率一起）用来计算那些收益的现值。写这本书的时候，正在使用的生命统计表是"生命表格 90CM"。

IRS 估值要素表　第 7520 条款中要求，IRS 公布关于精算要素的估值表格[①]，这些要素将主要用于计算年金收益，终生收益，特定年限的收益，剩余收益和复归收益的现值。表格中也反映了从 2.2% 至 22% 不等的一系列的利率下（第 7520 条款里的折现率），上述的死亡率假设（分别对于单人情况或者双人情况）。表格至少必须根据最近十年的死亡率经验数据进行一次修正。当然，表格也反映了特定年限的数值。

关于估值要素有三个表格，分别用希伯来语的前三个字母来表示——"Aleph"、"Beth" 和 "Gimel"。Aleph 提供了为一人终身、二人终身和特定年限的剩余收益、收入收益和年金收益的现值精算要素。Beth 提供了为一年期、两年期和特定年限的单一信托剩余值的精算要素。（Gimel 提供的是折旧调整要素，与目前话题无关）。下表就是一个 Aleph 中各类要素的实例，这里假设人的年龄为 50 岁，且收益率为 4%。

IRS 出版 1457 号 Aleph 精算估值书

表格 S（4.0）

基于生命要素表 90CM 中的单人情况的要素

年龄	年金	终生财产 （死后不能继承的财产）	剩余财产其余部分
从 0~88 岁里的 50 岁（举例来说）	16.0685（一个 50 岁的人在生命期内，每年 1 美元年金的现值）	0.64274（假设在 50 岁时存 1 美元，在 4% 的收益率下，这个数代表了等同于终身收入为 1 美元所对应的金额）	0.35726（假设在 50 岁时存 1 美元，在 4% 的收益率下，这个数代表了除去左格中数值部分外 1 美元所对应的剩余金额）

这些要素与在 IRS 中的其他要素一起将被用于对不同收益进行估值，如前所述。

财产和金融规划软件　一些机构有专用的软件对大量的遗产分配方案和金融规划方案给予计算和说明。这些软件整合了最新的 IRS 精算估值的内容。许多使用者用这类软件去计算并制定一些专业的业务方案。这类的软件对于完成规划任务很有价值。

---

① IRC 第 7520 部分中的估值表格。

3.2.2 低于市场利率贷款估值的相关联邦利率

在美国 IRS 每月公布 7520 条款利率的同一个税收规则中，也设定了当月适用的联邦利率 AFRs。短期联邦利率是以在美国市场中流通的债券的平均市场收益率，这里主要指的是在每个日历月里的剩余期限在三年以内的债券。联邦中期利率也是以在美国市场中流通的债券的平均市场收益率，但主要指的是在每个日历月里的剩余期限在三年至九年的债券。而联邦长期利率指的是对应的剩余期限在九年以上的债券。使用哪一种联邦利率主要是看债务工具的年限（或久期）。举例来说，在即期票据中的利率应该对应联邦短期利率，而一个八年期的票据应该适用联邦中期利率，依次类推。

联邦利率（AFRs）被用做许多的目的，其中有一个是用来决定低于市场利率贷款的税务效果。在 IRC 的第 7892（e）条款中，如果利率低于联邦短期贷款利率，被定义为活期贷款；当贷款数额大于未来偿付额的现值时，则被称为定期贷款（折现时使用相关联邦利率中相对应的利率，并按照每半年复利计算）。税务效果则主要取决于低于市场利率贷款的特性（比如赠与贷款、补偿导向的贷款、公司股东贷款等）。

案例

假设亨利·约翰逊给了他儿子彼得一个八年期（定期贷款）的 1 000 000 美元无息贷款，想让彼得用这 1 000 000 美元投资并可以保留投资收益。

这是一个低于市场利率的赠与贷款的例子（举例来说，低于市场利率贷款中放弃的利息事实上是对贷方的赠与）。在这个例子里，第 7872（a）条款提供了放弃的利息（举例来说，利用适当的联邦税率应支付的金额和贷款中实际的应付值的差别；这里指的是贷款金额与贷款中所有支付额的现值差别）被当做一个从贷方（亨利）给借方（彼得）的赠与，同样也被当做借方（彼得）给贷方（亨利）支付的一个利息和对于贷方而言的应税收入。

为了避免低于市场利率贷款带来的税务效果，这个贷款应该至少等于适用的 AFR 的利率。因此，以财富转移为目的的家庭内贷款通常向借入者收取了一个等于适当利率的利息。这也就变成所谓的最低回报率，即投资者利用所借资金进行投资的收益率必须超过该比率。具体的策略将在第 27 章中探讨。

第二部分
投资规划和财富管理

第 4 章
基本投资规划与策略

本章目标

读完本章后，你应该理解以下要点：

- 基本投资目标
- 现代投资组合的基本原理，例如：
  —预期收益
  —投资风险的若干评估方法
  —投资和资产类别之间的相关程度
  —有效边界的概念
- 有效市场假说（EMH）的本质与局限性
- 投资选择的影响因素
- 投资风险的类型，包括：
  —系统风险（不可分散的，市场因素）和非系统风险（可分散的，非市场因素）
  —利率风险
  —再投资风险
  —购买力风险
  —汇率（货币）风险
  —政治风险
  —税收风险
  —财务（信用）风险
  —经营风险
  —流动性和市场风险
  —投资经理人风险
- 投资收益的评估：
  —年收益率，例如当期收益率、到期收益率、赎回收益、实际收益率与名义收益率

　　—总收益率和持有期收益率（HPRs）

　　—几何平均收益率与算术平均收益率

　　—税后收益率

　　—免税利润与应税等效收益（TEYs）

　　—资本利得

　　—风险调整后的收益，包括：

　　—资本资产定价模型（CAPM）

　　—阿尔法比率（Alpha）、詹森比率（Jensen）、夏普比率（Sharpe）
　　和特雷诺比率（Treynor）

　　—评估绩效的基准

- 其他资产定价模型
- 分散投资的形式和方法
- 其他影响投资决策的因素

4.1　基本的投资目标

　　大多数人的基本投资目标是在遵守投资约束与限制的情况下，最大化地获得可用资金总的税后收益。换句话说，大多数投资者想在其能承受的风险水平内获得尽可能多的投资回报。总的来说，某类资产的预期收益率越高（例如，普通股、债券、现金等价物、房地产等），其投资风险也越高。这被称为风险与收益的相互替代（要获得更大的收益，投资者一般就要承担更大的风险）。显然，投资者能承担的风险水平因人而异，这取决于许多因素，包括他们在经济生命周期中的状态。例如，一对双方均事业有成的年轻夫妇自然比一对年满 65 岁、刚刚退休的夫妇能够承担更多的投资风险。

4.2　投资理论

　　在讨论投资组合、特征、用途和各种投资工具的税收（资产种类）等涉及投资选择的诸多特定因素之前，首先考虑形成这些投资想法的相关投资理论是十分有益的。

4.2.1 现代投资组合理论

今天的投资思维很大程度上是基于哈里·马柯维茨教授（Harry Markowitz[①]）于1952年开创的现代投资组合理论（MPT）。投资组合理论同时也是谨慎投资原则的基础，即现今投资信托基金的共同法律规范，正如第25章将要解释的。

投资组合理论发展之前，对投资组合的评估基于风险和收益的个体特征。风险（和回报）被认为是资产的基础，因此，一些投资，甚至是资产类别，可能因被视为"风险太大"或者"投机过度"而不能列入资产组合中，更不用说组合中的其他资产。这种想法也给之前适用于信托投资法规的"谨慎人标准"（特别是"合法投资单规则"）提供了重要支持，这也将在第25章中予以解释。

另外，投资组合理论会重点关注预期收益率、风险和一个整体组合中各类资产的相关性（或协方差）。它计算的是总投资组合的风险而非整个组合中每个部分的风险。因此，投资组合理论的总体目标就是在可接受风险水平下（取决于投资者的特点、目标、风险容忍程度）达到整个投资组合的最高投资收益率。或者稍有些不同的说法是，给定一个风险水平标准，理性投资者将寻找适合他的投资组合以确保最大的预期收益率。这是通过对投资组合的有效多样化来实现的。

预期收益率 投资组合理论考虑的预期收益率往往是基于不同类别资产的长期历史平均水平（均值）的年度总收益率（就像在一段较长时间内，如从1926年到现在，普通股票指数、政府债券和现金等价物的年均收益率）。其他评价预期收益率的方法也可能被使用。这些预期收益通常假设利润会再投资，并不考虑投资费用或税款。当然，不可能预知各种投资组合的未来收益。因此，预期收益率很难确定。但许多分析专家认为在不同经济周期和事件中积累起来的长期经验是最好的指导。当然，任何分析仅仅和投入有相似的确定性，并且明显的是，任何历史时期的长度和代表性都将对预期收益的有效性产生重要的影响。

风险 在此情景下，风险是指单个投资、某类资产或者投资组合的实际收益率围绕它们预期收益率的波动。因此，风险是投资收益率的方差或

---

① 例如，见马柯维茨博士的开创性文章"组合选择"，《金融期刊》（*Journal of Finance*）第7卷，第1期（1952年3月），第77~91页。

离差①。要注意到方差包括正向（收益）和负面（损失）距离均值（例如预期收益率）的百分比变化率。另一个概念是半方差，只衡量距离均值的负向百分比变化率。

标准差和相关概念：风险的主要测度是标准差这一统计概念。标准差是对一系列收益率（如投资收益率）②的分散程度（或者与均值的距离）的测度。即标准差越大，实际收益率相对于预期收益率（平均收益率）的变化越大，也就是投资风险越大。

比如，假定在过去40年里一个完全由大盘普通股（比如，通过标准普尔500指数测度）组成的投资组合的平均年度总收益率（预期收益率）为10%，标准差为18%。另外，假设在同一时期完全由长期美国政府债券组成的投资组合的年均年度总收益（预期收益率）则为6%，标准差为11%。基于这些数字，下一个问题就是，当我们认为某一特定年份（某些期间）的实际收益率可能会下降时，预期收益率在什么范围内变化？换句话说，特定年份的实际收益率与预期收益率的差距最大为多少？

这是一个关于概率的问题。统计学告诉我们正态分布假设下（该种情况下每年的投资收益率），大约有三分之二（67%）的概率会落在算数平均数加上或减去一个标准差的范围内，大约有95%的概率会落在算数平均数加上或减去两个标准差的范围内，大约有99%的概率会落在算数平均数加上或减去三个标准差的范围内。这被称为置信区间。因此，基于这些概率，我们可以估计几乎所有（95%）情况下，实际收益率将落在预期收益率的两个标准差范围内。因此，95%的概率普通股投资组合的实际年度总收益率将在46%的增长（10%的预期收益率 + 36%的两个标准差）到26%的亏损（10%的预期收益率 − 36%的两个标准差）范围之内。相应地，政府债券的投资组合的年度收益率将在28%的增长（6%的预期收益率 + 22%的两个标准差）到22%的亏损（6%的预期收益率 − 28%的两个标准差）范围之内。因此，假设的股票投资组合比债券投资组合有更高的预期收益率，但承担的风险也更大。

应该指出的是，这些概率（置信区间）假设周围的变量项目（年度投资效益）围绕算术平均值正态分布。正态分布是一个钟形的频率分配图像，大约是在均值处有最高的概率频率。分配倾斜时，会在非均值处有更

---

① 从技术上讲，方差是均方百分比的总和。公式即 $\delta^2 = E\left[r - E(r)\right]^2$。

② 从技术上讲，标准差是方差的平方根，$\sqrt{\delta^2} = \delta$，方差和标准差的计算超出了本书范围。

高的频率。换句话说，偏态分布是钟形，但"尾部"频率的延伸高于或低于平均值。峰态的概念是指概率图像的形状分布（即概率图像多么尖或多么平）。

概率分布也可能是一个对数分布，这个概率项目的对数服从正态分布。如果项目确定服从对数分布，几何平均数（如平均年综合回报率）和几何标准差被用来估计置信区间，这正如前面所表明的。

正如刚才所解释，标准差常用来衡量总投资风险。然而在一些注意事项中可能会特别声明。

首先，用来计算预期回报率和标准差的数据最好包括一个比较长的时期和各种经济条件（繁荣、衰退、萧条、和平、战争等）。经济周期并不代表各种可能在未来无法复制的经济条件中引起的误导性结果。此外，通过测算标准差来预计每年的平均偏差。然而，普通股遭遇"熊市"经常持续超过一年甚至更长的时间，并产生陡峭的下降（从高峰到低谷）超过年均标准差。例如，"熊市"在20世纪30年代的"大萧条"，历时35个月（从1929年9月的高峰至1932年7月的谷底），道琼斯指数在那段时间下降了89%。然后花了25年（直到1954年11月），市场才恢复到1929年9月前的峰值。第二次世界大战后期，一个更近的例子，1972年1月（峰值）开始的严重"熊市"，一直持续23个月直到1974年12月（低谷），导致了道琼斯指数下降45%。这次，用了95个月才恢复了当初的峰值水平[1]。这里的建议是，在使用标准差统计概念衡量风险时，应考虑历史上曾经的严重"熊市"带给我们的挫折。

一个与标准差有关的统计量称做变异系数（Cv）。它是用来衡量资料中各项观测值的变异程度，常用百分数表示[2]。它是相对标准差，或者说是百分比标准差。这种算法将使得数字（百分比）在某些需要作比较的条件下更有用。

贝塔（Beta）：统计投资风险的另一项重要措施是Beta系数或Beta。它用于测量市场价格波动的独立普通股，股票投资组合，或者一组共同基金相对于那些给定的市场指标的波动性（可能代表整个市场或者部分市场）。

这个想法是，当整个市场价格作为整体（其中包含β1）上涨或者下跌时，个别股票或者共同基金的涨幅或者跌幅会超过或少于市场总体，或

---

① 普通熊市的持续时间，下降百分比和复苏时间在第5章介绍。

② 这种情况，Cv 的公式表示为 $Cv = \dfrac{\delta}{N}$，δ 为标准差，N 为平均值。

者它们也可能同市场保持一致。这种波动关系是衡量股票或基金的 Beta[①]。因此，举例来说，如果一只股票或基金有一个 β1.5 相对于威尔夏 5000 的股票指数，则它代表波动幅度（风险）比指数（代表大部分市场）更大。因此，如果威尔夏 5000 下跌 10%，那么这项股票或基金预计将下降 1.5 倍，即 15%。与此相对，如果威尔夏 5000 上涨 20%，此股票或基金，将增加 30%（20%×1.5）。同样，如果股票和基金的 β 指数只有 0.75 就意味着它的波动幅度（风险）较小，其预计波动只有威尔夏 5000 指数上涨或下跌的 0.75（75%）。如果一只股票或基金的 β 等于 1，则该股票或基金的波动幅度与市场指数相同。偶尔会有少数股票或基金的波动方向与市场相反，这些股票或基金的 β 指数为负。

R^2（确定系数）：这是一个统计量，显示的分数作为因变量方差（例如股票或共同基金的收益）是一个独立变量的方差解释（如股指收益）。因此，举例来说，它可以测量过去股票或基金的表现与业绩的关系（如用股票指数来衡量）。其中，有种不太可能发生的事件，即股票或基金过去的总收益曲线与其指数完全一致，则 R^2 值为 1。

这也说明了基金的 β 与 R^2 直接相关。指出了 R^2 在基金收益与指数的符合程度（相关度），还表明了如何靠 β 衡量基金的价格波动。R^2 数字越大，β 越可靠；R^2 越小，β 越不可靠。

案例

这些统计量可以在财富管理中证明以下情况。

基金 A	3 年	5 年	10 年
基金 B	3 年	5 年	10 年
均值（平均收益率）（%）	8.20%	13.80%	10.42%
	3 年	5 年	10 年
均值（平均收益率）（%）	14.20%	12.78%	10.38%
标准差	11.35%	15.54%	17.86%
β	1.21	1.28	1.32
R^2	0.74	0.76	0.85

正是通过这些信息，我们可以看到基金 A 与基金 B 在过去十年内的年

---

① 技术上讲，β 是个别股票或基金的标准差（δi）除以市场指数的标准差（δm）再乘以个别股票或基金和市场的相关系数 [Corr（δi，δm）]。因此，Beta 的公式就是 β = δi/δm × [Corr（δi，δm）]。下面将在这一章讨论相关的概念，同样，计算 Beta 超出了本书范围。

均收益几乎相同（9.78%与10.42%），但是在最近3年，基金A有更高的收益和更低的风险。基金A过去十年的标准差为13.84，而基金B是19.96。因此，基金A表现出的波动（投资风险）小于基金B。因此，基金A的投资风险小于基金B。同样，基金A的β（与广泛市场指数相比）小于1（0.84），而基金B的β大于1（1.48）。这意味着基金B比市场指数更不稳定，而基金A比市场更稳定。此外，基金A的R^2比基金B高，所以基金A的收益与指数的相关性比基金B略强。因此，从以上数据看，基金A比起基金B有更好的风险收益关系。

马克和爱丽丝的投资顾问还指出了他们整体投资的标准差与β都在合理高度，显示的平均收益率跟市场指数有显著变化。

鉴于这方面的资料和进一步分析，他们的投资顾问建议，马克和爱丽丝可以修改他们的资产配置，以减少普通股和股票基金的数量。顾问建议他们买进波动幅度较小（低风险）的资产，例如，投资级债券和债券基金。这样做，会减少整体投资组合的风险（通过衡量投资组合的标准差），但同时也会大大降低预期收益率。也就是说，虽然整体的预期收益会下降（因为债券的长期收益通常低于普通股），但是投资组合的风险下降比例更大。这是因为普通股和债券的走势不同，甚至负相关（它们不一起波动）。

使用统计测度的注意事项 前文已提及了一些关于标准差的注意事项。需要注意的是，这些都是基于过去的经验，在未来或许会也或许不会重复。此外，β值会随着时间改变，逐渐趋近于市场，即β为1（称为回归平均）。同样，如之前指出的，β应该结合R^2分析返回到市场的相关测度。

此外，预期回报率和标准差在一个长期的时间内（例如10年），会保证相当高的准确性。有趣的是，在10年的时间跨度上来看，具有相似投资目标的共同基金的收益率往往波动曲线相近。

主要一点是，虽然这些统计测度可以提供关于风险和收益的有用见解，但它们仍然只是其波动图像的部分分析描述。应该依据事实案例、时间跨度以及其他投资限制，并根据总体经济环境和投资环境进行合理判断，做出正确决定。

资本市场线（CML） 我们注意到，风险和收益的权衡始终存在。投资理论家通过考虑投资理论说明了一个由无风险资产（如美国国库券或者被保险人的银行账户）和一个假设的"高风险"资产组成的"高风险资产"最优投资组合。基于这两项组合的预期收益和风险（通过标准差来衡量）绘制的图像为资本分配线（CAL）。这是根据部分数据决定一个投资组合应该分配多少给安全但低收益的资产，留下多少给予如普通股和房地产那样风险较高但收益同时也较高的资产。有时也被称为资本配置决定。

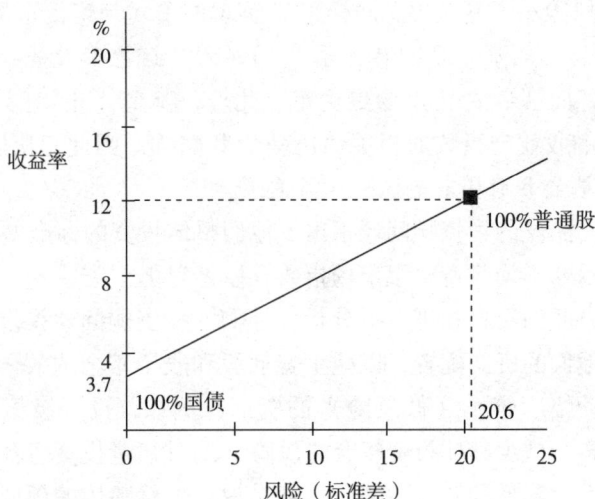

图4.1 资本市场线

资本市场线（CML）是一个无风险资产与广泛市场普通股指数的组合，显示了预期收益和风险的关系。普通股的收益和标准差需要长期研究。同样，国库券的预期收益也如此，但因为国库券是无风险资产，故标准差为零。

图4.1显示了这样一条资本市场线。纵轴显示预期收益，横轴显示风险（如测量标准差）。投资组合的100%为国库券，其预期收益为3.7%，假设的标准差为0（即无风险，虽然在现实中，30天的国债会有一定的波动性）。而投资组合全为普通股时，将有12%的预期收益以及20.6%的标准差。这两种资产的不同比例的组合在图像上都有相应的加权收益以及风险。

资产或一类资产的预期收益的风险溢价是其与无风险资产的主要区别。它补偿了投资者所承担的风险中固有的"冒险"资产。在这个例子中，风险溢价是8.3%（即12%的普通股预期收益减去3.7%的无风险国库券的回报）[1]。

---

[1] 这种情况使用的另一种测度是奖励波动的比例。这是风险溢价除以标准差，它显示了预计在每个点的标准差收益的增加。这里将是 8.3/20.6 = 0.403，也就是 CAL 或 CML 的斜率。

资本市场线的变化分析师有时也用来显示其他投资的风险与收益特征（如另类投资），来组合无风险投资和普通股。这种方法是显示一个资产类别对应一个投资组合的风险和收益指数。

协方差和相关系数 以前有人指出现代投资理论应该作为一个整体（投资组合的风险以及收益）来分析而不是将单个证券分开考虑。目的是在一种风险水平下，使整个投资获得最好回报。风险水平的高低取决于个人情况和风险规避。在这种情况下，协方差和相关系数的概念很重要。

协方差（或相关系数）是一个数字（如 80）表示两种资产的收益或资产类别的收益率移动时对对方的影响程度。正相关说明收益率波动方向相同，而负相关说明其反方向波动。数值大小表示相关的强度。在做数据分析时，相关系数更容易使用，数值在 +1（收益完全正相关）和 -1（收益完全负相关）之间[①]。因此，如果两个普通股的相关系数为 1（小概率事件），当一只股票上涨 20% 时，另外一只也会上涨 20%。同样，若相关系数为 -1，当一只股票下跌 20% 时，另外一只也会下跌 20%。另一方面，石油勘探公司的股票走势和太阳能电池板制造商的股票走势相关系数为 -1（同样不太可能的事件），当一个股票价格上升 20%，其他股票价格将下降相同的 20%，并且股价下跌时，对方就会按同样的百分比上升。

相关系数通常介于 1 和 -1 之间，如果相关系数在 1 到 0 之间，则资产正相关，相关系数的大小表示之间的关联度。当相关系数在 0 到 -1 之间，则资产负相关。大部分资产是正相关的，但是资产之间的相关度会有很大不同。例如在一段时间内，S&P 500 股票指数与 MSCI EAFE 的相关系数为 0.81，这是一个相当高的正相关系数[②]。另外，标准普尔 500 指数可能与对冲基金指数的相关系数为 0.50，说明这是一个相对较低的正相关性。事实上，将对冲基金配置在资产组合中（如果配置了）的原因是，它们可能与其他资产类别（如普通股）的相关性相对较低，但可能具有相对更有吸引力的预期收益。因此，它们可能会降低投资组合的风险相对收益（对冲基金和私人股权将在第 8 章讨论）。最后一个例子，标准普尔 500 指数可能与一个美国中长期国库券为 -0.21 的相关系数，表现负相关性。这表明股票和债券价格在商业周的反周期运动（当市场价格下降时，在经济

①　算术上，相关系数即二者协方差除以标准差。其计算超出本书范围。

②　摩根士丹利欧澳远东（MSCI EAFE）涵盖股市的摩根士丹利资本国际（Morgan Stanley Capital International）指数，包括欧洲（E）、大洋洲（A）、远东（FE）股指。当比较美国或其他地区股市表现时，常常用来与标准普尔 500 指数相比。

衰退期间，投资债券的市场价格就会上升），这正如第7章讨论的。

有效边界 我们前面提到的资产或一类资产的风险收益特征，可以通过预期收益（均值）和围绕其均值的风险（标准差）来衡量。然而，对于一个资产或一类资产，整个组合的风险收益特征不仅依赖于单独的资产或资产类别的预期收益和方差，同时也对资产的协方差（相关系数）或资产类别彼此影响。

协方差的因素通常会使得多样化投资组合的风险减少。投资组合的预期收益等于加权算术平均投资组合中的资产或一类资产的收益。然而，投资收益的方差（或组合标准差）将小于资产或一类资产的方差加权算术平均标准差，这些资产或一类资产之间的相关系数小于1（即不完全相关）。如前所述，资产和资产类别之间几乎没有完全相关。这种情况一般被称为效率分散。同时，低相关性的资产或资产类别的组合，将降低整体投资组合的方差（风险）。这是低相关性投资组合（或者甚至不相关，负相关）、风险资产和资产组合会降低风险的理论基础。

有效边界图表显示每个可能的资产组合或资产类别的预期收益和最低方差。这也被称为最低方差边界或均值方差分析法。

有效边界中包括了某一资产或资产种类的预期收益，方差（标准差），协方差（相关系数）。如前所说，这些指标都是历史数据。这就意味着选择的历史期间对结果有较大的影响。有时，这些指标是基于边界准备者提供的数据而进行的市场预测，或者是基于逻辑判断而进行的情景分析。现在也有很多电脑软件能依据输入的某一资产或资产种类的数据而产生有效边界。

图4.2是关于普通股大盘指数和20年美国国债券的一个有效边界（基于历史数据的输入）的例子。这是一组投资组合的有效边界，对于纵轴上给定的不同的预期收益，横轴上将产生相应最小的标准差（风险）。如前所说，这也被称为最低方差边界或均值方差分析法。或者也可以说，边界显示了在任意给定的风险水平（标准差）内，可以得到的最大预期收益的投资组合。这两种方法的结果相同。哈里·马柯维茨教授于1952年首次提出正式的组合投资理论，并因此获得了1990年的诺贝尔经济学奖。

4.2.2 有效市场假说（EMH）

这个有争议的理论在20世纪60年代取得突破，自那时起，尤其在学术界，持续保持领先。它认为普通股的价格已经反映了全部市场信息，因

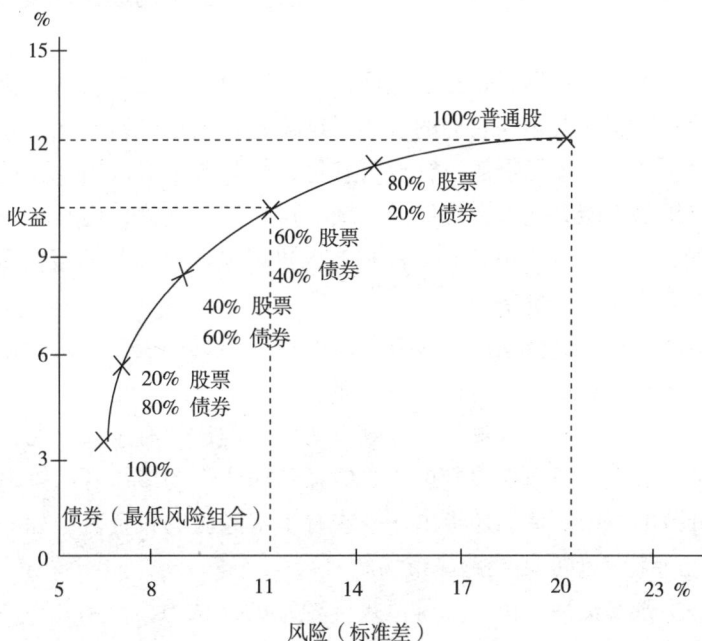

图 4.2 有效边界

此，使用这些信息不能始终跑赢大盘。

当新的信息出现（如股票合并或增加股息），股价会受到影响，但会迅速适应新的信息基础重新定价。因此，股价受到新的、不可预知的信息对股价产生的影响将是随机不可预知的（即未通过安全性分析）。这种说法以下简称为股价随机变动。

根据有效市场假说的先进方法，它表明，那些在挑选被低估的证券（基本分析和价值投资）和挑选基于其过去价格变动的股票（技术分析）所做的努力通常在一个有效的市场无果而终。它更支持被动投资方式（如指数投资），该方式通常追求普通股的买入与持有的投资策略。因此，这一理论反对对股票的管理和安全性分析。

有效市场假说的形式 有效市场假说的支持者们在运用该理论时并不统一，特别在什么样的信息将被推定为"有效"上。这里有效市场假说有三种表现形式：弱、较强、强。

弱形式：顾名思义，这是理论中技术运用程度最低的。它假定股价已经反映了公开信息以及过去的股价、成交量和类似的数据。因此，技术分析（从过去的动作预测未来股价的走势）不能有效产生高回报，但从底层的分析（安全分析）中可以发现暂时被高估或者低估的股票，从而获得投资收益。

较强形式：这种形式强化了理论，假设股票价格已经反映了所有公开可用的信息，有关公司和它们的股票。这将包括安全分析常用信息，如财务报表、生产线、市场份额、管理信息化、盈利预测等。因此，技术分析或基本分析都不能有效地产出优异业绩。这种形式允许，但是企业内部信息（例如，公司内部人员持有）的持有人可以获取更高的回报，因为这些信息没有反映在股票价格上。

强形式：这是最极端也是最有争议的有效市场假说。它认为，股票已经反映了所有市场信息，包括公司内部信息。

有效市场假说的异常现象：有效市场假说理论颇有争议，尤其是其强形式。批评者提出了诸如缓慢扩散的信息和一些市场参与者的操纵权力等是市场低效的原因。他们还指出，一些有丰富经验的投资者，如一直批评EMH的巴菲特，似乎始终跑赢市场。

一些主张安全性分析（如价值投资者）的人认为，市场并不高效，且往往不合理，使得股票价格无法真实反映其内在价值。这一群体认为，市场参与者的非理性行为是常态。因此，基本分析可以产生高回报。这在牛市（盲目乐观）或者熊市（盲目悲观）的结束时期，会表现得非常真实。

最后，行为经济学认为，市场参与者除了会进行合理的经济分析，还会受到不合理的心理因素驱动。如第2章所讨论到的。

4.3 投资、投机和赌博

曾经一段时期，投资和投机之间有很明显的界限。例如，高等级债券被认为是投资，而普通股被视为投机。然而，这种区别现在已经过时，高品质（"蓝筹股"）普通股普遍被视为投资级证券。而且，我们从上一节看到，现代投资理论关注的是整个投资组合而不是个别资产或资产类别的风险。

然而，在一般情况下，短期投机可能用来购买证券或其他资产，涉及与风险相当的利润假设。换句话说，投机者期望的收益要承担相当大的风险。

正如我们刚才定义的，谨慎的投资者是否会避免投机？答案似乎是不一定，他取决于投资者想在总投资组合中安排多少风险投机，其他多少资金用于家庭，投资者和他的顾问的水平，以及投资者是否具有承担风险的素质。因此，一个投资组合的适当部分，例如 5%～10%，可能会分配给投机性资产。不过，这也可以解释，大多数人都没有推测风险投机会成功，他们认为更好的投资是长期谨慎的。

而赌博所涉及的交易本身就会创造风险。如赌轮盘，当玩家把钱押注的时候，就已经产生了风险。但投机者在购买一个新的热点股票希望立即获利时，股票已经带来了商业风险，投机者只是承担风险后，希望能获得相当的收益。

4.4　选择投资的因素

投资者在选择投资项目时，会受到许多因素的影响。以下是一些因素列示：

- 本金和收益的安全性
- 收益率
- 市场性和流动性
- 多样性
- 税费
- 投资规模或名义交易量
- 抵押贷款
- 对债权人的债权保护
- 可扩展性
- 自主程度

下面的章节将会详细讨论。

4.4.1　本金和收益的安全性

对于很多投资者来说，本金和收益的安全是十分重要的，他们希望把钱收回或者在投资上不会有所损失。但是，当将这个因素分析得更加严密时，就会出现其他问题，如什么"安全"和在什么时间框架。因此，投资者和他们的顾问需要了解多种不同类型的风险投资价值。

4.4.2　投资风险的类型

系统性和非系统性风险　影响所有资产的，不能通过资产组合已有的分散类别而消除的叫做系统性风险；可以通过多样化来减少甚至消除的，称为非系统性风险。系统性风险也被称为市场风险，而非系统性风险被叫做非市场风险或公司特定风险。因此，系统性风险就意味着整个证券市场的价格波动，无论财务稳健性或个别证券的投资价值。熊市和牛市（多数股票同时下跌或者上涨）就是这种现象的例子。下面讨论其他情况下的系统性风险。

利率风险　这种风险包括因资本市场利率总体水平的变化而导致的投资价格变动。一般来说，市场利率的上涨会导致证券市场价格下降，反之，降低利率会使得现有证券价格上涨。因此，现有的证券市场价格往往与利率总体水平的变化成反比。

案例

这种情况不难证明。例如，假设海伦·约翰逊在 10 年前购买了高等级企业债券，1 000 美元，年利率 7%。债券是 30 年期，因此，海伦每年会收到 70 美元的债券利息。当时她买了债券，这种债券类型的利率在当时资本市场上的流通水平、信用等级、收益评价是 7%。否则，该债券发行可能没有出售成功。但在此期间，这个信用等级的债券，由于资本利率的整体上升，剩余期限为 20 年的现行利率为 9%。

那么对海伦的债券有什么影响呢？首先 7% 的利率不会改变。所以，海伦还会继续每年收到 70 美元的利息直到从现在起 20 年后。此外，债券到期时，海伦将得到全部本金 1 000 美元。因此，只要海伦继续持有债券，将继续获得 7% 的收益，并且不会损失自己的本金（1 000 美元）。然而，不幸的是，目前的债券在债券市场的价格只会在 816 美元左右[①]。为何如此？因为按此价格出售，该债券的到期收益率将是 9%，这是当前的市场利率。因此，我们假设投资者可以购买新发行的利率为 9% 的债券，现有低利率的债券必须下降到这个地步，才能提供大致相同的到期收益率。当债券市场价格下跌至低于其到期价值的方式，以打折价格出售，被称为市场贴现债券[②]。这种市场价格的下降对海伦是有影响的，当然要视情况而定。在目前，她确定的个人净资产（从财务状况看），债券价值 816 美元，如果她想出售或抵押债券，价值只有 816 美元（虽然面值为 1 000 美元）。

---

① 计算可得票面利率 7% 的债券，而目前收益率为 9%，至到期日售价 816 美元。

② 债券发行价也可能是其最终价格的折扣，因此，其每年的利息回报的部分或全部从自己的价值逐渐积累增加至债券的最终价格。这种债券被称做折价发行（OID）债券，它的这种属性与本节所说的其他普通债券有所不同。

但是，如果海伦出售这个市场折现债券，她不得不因为缴税而产生资本损失，并可以从事税务交换债券策略。

那么，如果市场利率下降，将会发生什么情况？假设如果五年后，这段时间的债券利率从 9% 至 6% 的波动。这意味着，现有 7% 利率的债券，直至到期日还剩 15 年的现行市场价格将上升到大约 1 098 美元（或溢价）。为什么？因为这个价格左右的 15 年到期收益率为 6%，这是当时的市场利率。

应用：我们已经说明了一个 30 年期企业债券的利率风险。例如，当利率普遍上涨，债券可能比一些普通股更有吸引力，从而产生了对股市的下调压力。高利率也使公司借款变得更加昂贵，从而降低它们的利润。与此相对应，房地产投资一般是通过按揭贷款。因此，较高的抵押贷款利率会降低房地产的收益。当然，市场利率下降时，情况正好相反。例如，更低的利率通常都被认为有益于整个股票市场。

在一般情况下，由于财务风险低，所以高品质证券的价格往往受利率变动影响最大。这是因为财务风险的因素对这类证券的市场价格影响比较小。高等级债券都属于这一类。然而，其他证券，如高品质的优先股和某些类型的（如高等级的公共事业股）普通股价格，也可能会受到利率变动的明显影响。

此外，债券到期日的时间越长，市场利率的变化更会影响其价格。这是因为一旦债券到期，将按面值还清发行人，无论当时的利率水平如何。因此，例如，相对于 5 年期的美国国债，一个 30 年期的美国国债更容易受到利率风险影响。此外，比起其他债券有更高的票面利率，目前不支付利息和低票面利率的债券将更易受利率影响。这些都表现在表 4.1 中。最后，当债券和优先股被买入时，往往较少受到利率风险的影响。

债券久期和利率风险：债券的久期是债券现金流的时间加权平均期限。它在确定债券的现金流时考虑了当前的利息支付以及债券的到期价值。假定债券或债券组合支付当前的票面利息，由于支付利息早于到期日支付本金，债券或债券组合的久期将低于其到期日（当票面价值可支付时）或债券投资组合的加权平均期限。例如，在一个给定的日期，一个国际债券共同基金的加权平均到期日为 8.3 年，并有 6 年的加权平均久期和 AA 级的平均信用等级（债券第 7 章中讨论）。另外，如果债券是零息的原始发行折扣债券（目前不支付利息），其久期将等于其到期日（直至到期的年限）。

投资组合经理使用债券或债券投资组合的久期来评估其对利率风险的价格敏感度。这种敏感度大致可由债券或者债券投资组合的久期乘以市场利率变化的百分点来决定。例如，针对之前提及的为期 6 年的国际债券基金，如果市场利率下降 2 个百分点（或 200 个基点），该基金的市场价值将增加约 12%（6 年久期乘以 2 个百分点得到 12% 的价格增长）。相对应的是，如果市场利率上升 1.5 个百分点（150 个基点），基金的价格将下降约 9%（$6 \times 1.5 = 9\%$ 的价格下降）。

在债券投资组合免疫策略中，久期也可以被用来调整投资者的债券投资组合期间和他们对资金的需求。

分析：可能的利率冲击及其凸度：表 4.1 展示了 5 年财政票据（息票）、10 年财政票据（息票）、10 年财政票据（零息票）在市场价格中的假设波动性，以及 30 年财政债券（息票）在 100 个基点、200 个基点、300 个基点情景下的市场利率的起伏（一个百分点利率相当于 100 个基点，两个百分点相当于 200 个基点，依次类推）。

表 4.1 反映出债券期限和票面利率如何影响利率风险。例如，针对市场利率 200 个基点的增长，5 年财政票据的价格将下降 8.5%，10 年财政票据（息票）的价格将下降 14.34%，而 30 年财政债券的价格下降将达到 23.2%。这表明到期日对利率风险的影响。更近一步，这反映出票面利率的影响力。市场利率 200 个基点的增长会产生 4.75%，10 年财政票据（息票）价格下降大约 14.34%。而对于 10 年零风险息票，价格大约下降 17.56%。当然，市场利率的下降将产生相应的债券和票据价格的增长，如同表 4.1 反映的。之前陈述过，固定收益证券的价格与市场利率是反向运动的。

表 4.1 反映的债券估价的另一个特征是债券凸度。这意味着，市场利率提高带来的债券价格的下降程度要低于利率的提高程度。例如，如果市场利率提高 200 个基点（两个百分点），30 年财政票据价格将下降大约 23.2%。然而，如果市场利率下降 200 个基点，30 年债券价格将下降大约 35.01%。这个理论被称做凸度，因为如果用图表表示债券价格与市场利率的关系，曲线是凸状的。

再投资风险：从保证证券投资组合收入的角度看，利率的改变可能呈现出不同的风险——再投资风险。当价格低于他们发行或购入时的价格，再投资风险产生于债券和优先股在到期日前被发行人赎回，当利率低于发行或买入的价格时；风险也产生于有价证券的到期，当此时的利率低于这些证券发行时。在两种情况下，投资者被告知一个本金总额，他必须要用更低的利率来再投资。

表 4.1　　　　　　　　各种美国政府证券的利率风险波动

基点	5 年 3.875% 票面利率			10 年 4.75% 票面利率			10 年期 （零息 T－note） 0.00% 票面利率			30 年（实际 27 年） 5.375% 票面利率		
变化	收益率	价格	变化	收益率	价格	变化	收益率	价格	变化	收益率	价格	变化
+300	6.81	87.84	−12.41%	7368	79.86	−20.58%	8.06	45.55	−25.09%	8.38	68.13	−31.82%
+200	5.81	91.77	−8.50%	6.68	86.13	−14.34%	7.06	50.13	−17.56%	7.38	76.74	−23.20%
+100	4.81	95.92	−4.36%	5.68	93.01	−7.50%	6.06	55.20	−9.23%	6.38	87.18	−12.75%
实际	3.81	100.29	—	4.68	100.55	—	5.06	60.81	—	5.38	99.92	—
−100	2.81	104.88	4.58%	3.68	108.85	8.25%	4.06	67.03	10.23%	4.38	115.56	15.65%
−200	1.81	109.74	9.42%	2.68	117.97	17.32%	3.06	73.91	21.54%	2.38	134.90	35.01%
−300	0.81	114.84	14.51%	1.68	128.02	27.32%	2.06	81.55	34.11%	1.38	158.93	59.06%

注：这些数据是基于 2004 年 6 月美国的国库券和国债（Treasury notes and bonds）。

美国政府证券被认为没有违约风险，所以它们不会有财务风险和信用风险。对于美国投资者来说，它们也没有汇率（货币）风险。

此外，这些证券也没有之后提及的其他风险。然而，表 4.1 中的价格变化不考虑买卖的价差或者其他市场因素，所以它们事实上是假设的。

资料来源：Janney Montgomery Scott, LLC, 波动性报告。

赎回或回购风险：随时可偿还的债券或者优先股的发行人一般都会在可比的市场利率显著下跌到低于票面利率时赎回它们。值得注意的是，这是随时可偿还的证券对于投资者的不利。当利率下降时，发行人肯定会回购。但利率上升时，他们就不会这么做。

案例

假设蒂娜·里纳尔迪将 10 万美元投资于评级为投资级的 30 年息票利率为 6% 的市政债券上，于是她可以获得每年 6 000 美元的收入。假设这只债券在发行日起 10 年后可以被市政当局以每债券 1 000 美元随时赎回。假设 10 年后，可偿还债券的利率已经下降到 4%。这种情况下，市政当局将回购这些债券。这样，蒂娜·里纳尔迪可以拿回 100 000 美元，但如果她想投资相似的债券，她得接受 4% 的利率，也就是一年 4 000 美元的收入。

显而易见，当投资者愿意锁定当前利率或者作长期考虑时，例如退休年限或者为孩子的教育积累资金，这种回购风险是很关键的。解决这种风险的策略将在第 7 章讨论。

到期风险：当有价证券和其他投资产品在市场利率低于快到期的投资产品时，投资者必须在更低的投资效益下进行再投资。这样的再投资风险产生于短期投资产品及其他投资。

案例

假设乔治和玛莎·威尔森将他们 75 000 美元的养老保险投资于 3 年期、收益率为 6% 的大额可转让存单。这样，他们可以得到 4 500 美元的年收入。然而，3 年后该存单即将到期，而且威尔森准备投资于新的大额可转让存单。假设此时经济处于衰退中，美联储为了刺激经济恢复迫使短期利率下降，而且此时其他相当的大额可转让存单和其他相当的保险投资的利率也都在 3% 左右。这样，玛莎·威尔森将 75 000 美元投资于新的相当的大额可转让存单，他们的年利率收入将从 4 500 美元降到 2 250 美元，或者是 50% 的下降。当然，如果短期利率上升，状况正好相反，威尔森的短期投资将获得更好的收益。

如同其他固定收益投资产品，应对利率风险和再投资风险的策略将在第 7 章详细讨论。

购买力风险 在一项投资中，收益及本金的未来购买力是不确定的。购买力取决于经济中一般价格水平的变动。当价格上升，购买力下降；当价格下落，购买力上升。然而，现实生活中，美国自从 1940 年后经历了相对稳定的通货膨胀波动（消费价格年上涨率在 3% 左右）。

这导致许多投资者寻求通货膨胀时期本金和收益呈上升趋势的投资，这样一来，至少他们投资本金的购买能力不会下降。这样的投资被称为套期保值，已在第 2 章讨论。

货币汇率风险 投资者可能会购买非本国货币标价的证券、银行存款或其他种类的投资。他们可能在投资公司拥有股份，这些投资公司向他国的证券或货币投资，却没有采取针对货币波动的风险防范措施。这样的投资者除了经受其他风险之外，还面临着汇率风险的考验。

汇率风险来源于一种货币价值相对另一种货币价值的市场波动，也就是一单位的某种货币将兑换多少单位的其他货币的波动。

例如，在当下的外汇交易市场中，1 欧元价值 1.4233 美元，而 1 美元价值 107.22 日元。如果六个月之后，1 欧元在外汇交易市场中值 1.5 美元，那么美元相对于欧元就变弱了（因为 1 欧元可以买更多美元，相应地，买 1 欧元花的美元更多了）。假设现在一个美国投资者持有价值 100 000 欧元的欧洲债券或者股票（或者持有包含如此证券的公共基金的股票）。在这种情况下，这个投资者将从货币波动中获利。之前，他的欧洲债券或股票只值142 330美元，六个月后（假定其他因素均不变），它们将值150 000美元。

另外，运用同一个例子，如果六个月之后1欧元价值1.3美元，美元相对欧元走强，因为1欧元能购买更少的美元了。现在，这个美国投资者将因为货币市场价格波动受损。之前他的欧洲债券或股票值142 330美元，六个月后（假定其他因素均不变），它们只值130 000美元了。这个损失表明了汇率风险。当然，没人会反对从汇率中获利。不难看出，美元走弱对于投资国外资产的美国投资者是有利的，反之，美元走强对他们来说则是危险的。

政治风险　这种风险起源于一国政治、文化和商业氛围的不确定性。它可能来源于敌意外交或军事行动，也可能源自商业资产的征用、限制性贸易政策、不利的税收政策变动、国外投资的限制、外汇兑换的限制以及汇率操纵等方面。

税收风险　该风险来源于税收法律的不利变动。税率和税制对于投资决定显然有重大影响。对于影响财富管理及一些其他将来问题的税收环境问题已经在第2章讨论了。

非系统（可分散）风险包括很多种，接下来的部分将有所阐述。

金融（信用）风险　该非系统风险来源于投资产品发行人可能陷入财务困难从而不能实现他们的承诺。例如，一个投资者买了某公司债券，他就要承担发行公司到期不履行支付收益或本金的风险。普通股票购买者承担的风险来源于该公司可能减少或取消红利支付或者面临破产，在这些情况下，股票将一文不值。

不同投资级别和不同投资期间的金融产品的金融（信用）风险差别很大。美国国债通常被认为没有金融风险。因此，它们的利率通常低于其他类似的证券。投资级的市政债券大概是金融风险第二低的证券，因为发行它们的州和市政当局有征税的权力。然而，一些市政债券也曾有过违约。投资级的公司债券金融风险也比较低；但低于投资级的公司债券（"垃圾债"）则有不同程度的高金融风险。普通股票的金融风险取决于发行公司的财政实力，但是作为一个投资种类，普通股票是一个公司资产体系的股权成分，因此在公司违约或者破产情况下被最后支付（如在债券和优先债券之后）。例如，目前因为联邦政府的接收，持有房利美和房地美股票的投资者几乎损失殆尽。金融风险在不同的经济情况下也有很大不同。相比于经济繁荣时期，在经济衰退和萧条的情况下，违约、红利的减少或取消以及破产更容易发生。

将高风险资产（如普通股、房地产和对冲基金）与高安全性资产相中和的资产分配策略可以分化金融风险。投资一些不同债券也可以保证风险分散性，这样，任何一种投资的违约仅对整个组合产生有限的破坏。

商业风险 该非系统风险涉及机构所在行业的性质及其自身管理与运营的能力。一方面，某些行业比其他行业更加稳定，这些行业中企业的销售额和利润就更加值得信赖。消费品企业、食品企业和日用品企业就是这样的例子。另一方面，一些行业本质就不稳定，因此，企业的销售和利润收入的波动性很大，盈利不稳定。工业设备生产商，农场设备生产商，财产保险和责任保险公司就是这样的类型。

在商业循环中，稳定行业与不稳定行业相比，通常经历较小的波动。

在任何行业中，都存在管理良好与管理不好的企业。一个企业在其行业中的管理能力、商业模式、产品和服务、资金实力和竞争地位对于其经济上的成功以及其作为投资产品的质量是十分关键的。这种企业自身特质不足的程度反馈给投资者就是商业风险。

正如金融风险、商业风险可以通过均衡的资产分配策略或分散性投资加以控制，以避免投资过分地集中于某一行业或某只或某几只股票。谨慎的安全性分析（重视质量管理），也可以帮助降低商业风险。

流动性和市场性风险 有时，市场性和流动性几乎意味着同样的意思，但二者确实有不同的含义。市场性意味着当投资者想要出售投资的时候能够在很短的时间内找到一个现成市场。流动性意味着投资不仅具有市场性，而且价格上也非常稳定。换句话说，当投资者有理由确信他们可以迅速处置资产并且收回本金，那资产就具有流动性。投资者通常希望保持其资产组合中有一定比率的流动性资产（也称为现金等价物）。

市场风险和流动性风险是指因投资者想要将资产转换成现金时，资产没有销路或者没有流动性而带来的不确定性。在交易所上市的证券通常市场性较好，但非上市公司的股票（如在家族公司）一般销路不大。这就是国内税务局给予缺乏市场估值的非上市公司股票一定税收优惠的原因。房地产交易往往必须单独谈判，而且通常需要一定的时间完成，所以一般市场化程度不高。其他投资，如对冲基金和私募股权投资基金，一般市场性也受限，因为对冲基金往往对于初始投资有一年的禁售期，否则可能限制赎回；而私募股权投资基金的市场性可能更易受限，其在投资的最初几年不允许被赎回，且在一段时间内不支付投资回报。另外，在一个所谓的承诺期间内，这种基金可能要求从投资者那里获得更多的资金。这样的投资也有可能没有二级市场。国内税务局也可以允许给予该种缺乏市场性的投资收益予以税收折扣。

具有流动性的资产类别如下：有存款保险的银行储蓄账户、货币市场账户、高质量共同基金货币市场账户，有存款保险的大额可转让存单、国库券、短期国库券、高质量的公司债券、固定寿险现金价值（通过政策性贷款），以及其他类似的价值稳定的资产。

市场风险可以通过将投资组合中市场化程度高的资产与市场化程度低的资产相中和来加以分散。因此，大量集中于市场化程度较低的资产（如房地产或封闭公司股份）的投资组合，可能会很难在需要时迅速变现。如前所述，可以通过在投资组合中保持一定比率的流动性资产（现金等价物）来降低（分散）流动性风险。

投资经理人风险　该风险产生于直接或间接管理投资者资产的个人或机构的波动性。如第 1 章所解释的那样，投资管理有许多来源。投资管理往往有良好的业绩，甚至有时会产生优秀业绩，但在某些情况下，其业绩可能是普通，甚至较差，特别是在经济困难时期。在任何情况下，都必须根据投资经理的表现来判断其成本。此外，评估一个投资经理的表现，应在经过相当长的时间（如 5 年至 10 年），而不是刚过 1 年或 2 年。投资经理风险主要出现在主动投资管理战略中。这样一个战略涉及定期买卖证券并试图为投资组合或基金获取高于平均水平的回报。一个主动的管理策略要么涉及市场的时间安排（预测股票和债券的牛市和熊市，低买高卖），要么涉及证券的选择（分析个别证券基准面，试图选择被市场低估的或者潜在的高于平均增长水平的证券）。取得优于平均水平业绩（扣除其成本）的主动管理必然取决于投资经理的技能，因此便意味着投资经理风险的存在。

另一方面，被动投资，涉及一个充分多元化的证券投资组合，不会做许多主动交易决策；即使有，一般也不试图抢占市场。指数或许会最好地说明被动投资（购买某种能反映宽基市场指数的基金或基金组合）。由于被动投资意味着保守、安全的选择，因此也就意味着较小的投资经理人风险。

4.4.3　投资收益的衡量（收益率）

投资的主要目的是为了获得资本回报。投资者通常想要在与其可承担风险水平相一致的情况下最大化其税后总收益（投资收入和资本利得之和）。正如我们在本章所见到的，现代投资组合理论的目标是在考虑投资组合中各资产相关性后，在给定风险水平下实现最高的回报。

年收入回报率（收益率）　有几种方法来衡量由投资获得的定期收入所代表的年收益率。这包括名义收益率、当期收益率、到期收益率和回购收益率。

名义收益率：是每年支付的利息或股息与证券的面值或价值之比，如下所示：

名义收益率 = 每年支付的利息或股息/投资的面值

当名义收益率应用于债券时被称为票面利率，应用于有面值的优先股票时被称为股息率。举例来说，到期价值（面值）为 1 000 美元的债券每年支付 70 美元的利息，它的名义收益率（票面利率）为 7%。名义收益率对普通股和其他形式的投资没有任何意义。

当期收益率：当期收益率是投资获得的年度收入总额与当前市场价格或价值之比。它通常用于普通股和优先股，也经常用于债券。它的计算如下：

当期收益率 = 年投资收益/投资的现价或现值

举例说明当期收益率，每股售价 50 美元的普通股每年的股利为 1 美元，它的当期收益率为 2%；售价为 800 美元的债券的票面利率为 5%，它的当期收益率为 6.25%[①]。

到期收益率：到期收益率是衡量债券收益情况的一种比率。债券有一个明确的到期日，在到期日发行人应支付票面价值，然而，投资者可以在市场上购买到小于到期值（折扣），或超过其到期值（溢价）的债券。因此，债券的到期收益率这一概念可被阐释为该债券每年的利息收入加上或扣除当债券持有至到期日可实现的年度收益（折扣）或年度亏损（溢价），并将其结果除以债券的平均投资。为了说明所涉及的原则，下面的公式显示了债券折价或者溢价出售时的近似到期收益率。

债券折价销售时：

到期收益率 = 每年票面利息 +（折扣÷到期的年限）/（债券的现行市场价格 + 票面价值）÷2

债券溢价销售时：

---

① 每年债券利息 50 美元（1 000 美元×5%）除以 800 美元，等于 0.0625，即 6.25%。

到期收益率 = 每年票面利息 −（溢价÷到期的年限）/（债券的现行市场价格 + 票面价值）÷2

精确的到期收益率就是如第 3 章描述的内部收益率（IRR），体现为债券的到期现金流。假定债券的利息以与到期收益率相等的利率再投资于债券市场，则它应该是到期的复合收益率。这可以用财务计算器算出精确的到期收益率。

对于债券的折价销售，到期收益率大于当期收益率，也就大于票面利率。对于债券的溢价销售，情况正好相反。当债券的价格正好等于票面价格或者在票面价格附近，票面利率、当期收益率和到期收益率本质上是相等的。在大多数情况下，当一个投资者想要持有债券至到期日时，到期收益率被认为最能精确测度年度投资回报。

回购收益率：对于可提前偿还的债券，除了假定债券根据到期之前可提前赎回条款将被提前偿还（赎回）之外，它与到期收益率是一样的概念。因此，IRR 的计算使用了最早的回购日（有时称做"第一收益率，yield to first"）和回购时的价值（包括任何的"回购溢价"）。当然，债券会到期，但是若它们可以提前偿还，根据现行的市场利率情况，它们可能会被提前偿还。

真实收益率和名义收益率：在第 2 章已经讨论过真实收益率（经过通货膨胀率的调整）和名义收益率的区别。如解释的那样，投资的真实收益率就是所述的定期回报率（例如当期收益率），或者是名义收益率减去当期或预期通货膨胀率。

当我们在通货膨胀时期（真实收益率小于名义收益率时期）考虑真实收益率时，真实收益率就是名义收益率加上当期或预期通货膨胀率。相同的规则也适用于通货紧缩时期，只是方向相反。

资本收益和总收益率　人们投资常常是为了获得资本收益，以及每年的定期收入。资本收益通常来自资产价值增值。当然，也会有资本损失。

获取资本利得的优势：对于投资者而言，资本利得具有如下一系列税收及非税收上的优势：

在资本利得真正实现和确认前，例如买卖或者交换资本资产，它是免税的。所以，一般而言，投资者可以自行决定资本利得被征税的时间。

如果投资者不打算出售资产并获取利得，而是继续持有并期待其升值直到自己过世，那么财产继承者将按遗产税的税率被征税（税基为原持有人去世时资产的价值），之前的资本升值则可以永久避税①。

- 如果投资者需要从投资中获取当期收入（现金或其他需求），投资者可以持续地出售部分资产（征收资本利得税），从而获得类似于一系列利息或股息的收益回报。投资者可以从投资回报和征税标准两个角度选择出售资产。
- 长期资本利得的税率要低于一般收入的税率。当前长期资本利得的最高税率为15%，而一般收入的最高税率高达35%。
- 有一系列的技术手段被运用于资本利得的完全免税、税收递延，或阶段时间内的避税，这些方法将在第11章中讨论。

获取资本利得的劣势：资本利得作为一种投资收益，也有其劣势。

- 资本利得总是不确定的，我们无法确保资产一定会升值。所以，相比其他形式的投资回报，例如利息和股息，资本利得会带来更大的投资风险（从收益的波动性角度来看）。
- 一旦投资者持有的资产大幅增值并由此获得未实现的资本利得，投资困境也随之而来。投资者为避免资本利得税而不愿出售资产。这被称为资本利得锁定困境，将在第11章进一步讨论。
- 由于资本利得的不确定性，资本利得的投资技巧需要更多关注和讨论。

衡量总收益和持有期收益（HPRs）：资本利得收益率很难被衡量。首先，没有人能够知道未来的资本利得到底会是多少。投资者只能借鉴过去类似的投资经验加以判断，并借助历史经验估计预期的回报。其次，无法保证过去的结果会在将来重复发生。最后，大多数投资者同时面对资本损失和资本利得，这主要是因为受到当前经济形势（经济周期所处的阶段）影响。尽管有以上困难，但是，衡量资本利得收益仍然非常重要，因为对于一些重要的资产类别而言，例如股票和房地产，资本利得收益是总收益的重要组成部分。

　　投资者的年度总投资收益指的是一年内资产价格变化（上升或者下降）加上所有的现金流（红利、利息或者租金）。例如，某只股票年初时股价为每股40美元，年末变为44美元，同时年内股票分红1.2美元，则总收益为每股5.2美元，或13%（10%的资本利得加上3%的红利收入），而对于其他资产，例如债券，可以使用同样的方法计算总投资收益。

---

① 关于在联邦收入税体系中，如何征收资本利得税将在第10章中详细阐述。

　　投资的持有期收益（Holding Period Returns，HPR）指给定期限（被称为持有期）内的总投资回报。常见的有年度持有期收益以及更长期限的持有期收益。

　　收益的几何平均值和算数平均值：当衡量单个资产或资产组合的投资收益时，倾向于计算投资期限内的平均年收益率。这个收益率可以是持有期收益的平均值。这个平均值既可以是几何平均，也可以是算数平均。

　　几何平均收益率是指资产的初始价值增加到投资期末终值的年收益率，同时假定投资期内可以对收到的现金流进行再投资。为计算年收益率，需要确定资产的初始价值，投资期所有的现金流（例如，红利、租金等）以及投资期末资产的终值。在财务计算器上，几何平均收益率可以通过计算内含报酬率 I（INT）的方法得到。

　　72 规则是用来表示一种平均年收益率的计算方法。具体而言，用 72除以投资价值翻番所需的时间。或者，用 72 除以投资的预期回报率，再计算投资价值翻番需要的时间。再或者，用 116 除以预期回报率计算投资价值翻至三倍的时间。

　　算数平均收益率指的是一系列年收益率的平均值（所有回报率加总再除以投资年限），由于算数平均收益率不涉及复利，除非每年的总收益率相同，几何平均收益率要低于算数平均收益率。

案例

　　假设 10 年前，亨利·波特用 100 000 美元（税后）的公司分红建构投资组合。他的投资组合主要由高质量股票（蓝筹股）构成。表 4.2 为亨利的投资组合在每年年初的价值以及每年的总收益率（红利加资本增值或贬值）。所有的红利及实现的资本利得均用于股票组合的再投资，投资的收入税通过其他方式缴付（征税不减少资产组合价值）。亨利想知道 10 年间他的股票组合的平均年收益率。

表 4.2　　享利投资组合在每年年初的价值以及总收益率情况

年份	年初股票组合价值（美元）	当年总收益率（%）
1	1 000 000	10
2	110 000	20
3	132 000	5
4	138 600	8
5	149 688	12
6	167 650	6

续表

年份	年初股票组合价值（美元）	当年总收益率（%）
7	177 710	−4
8	170 602	−10
9	153 542	9
10	167 361	20
11	200 833	—
		76（总收益率）

投资期内股票组合的几何平均年收益率为 7.22%，结果可以通过财务计算器计算 IRR 得到。根据 72 规则，由于股票组合在 10 年间大致增加一倍，几何平均年收益率大致为 7.2%（72÷10 年）。使用这一方法时，需要知道投资何时翻倍或者预期收益率。将所有的年收益率加总后除以 10 年，便可以得到股票组合的算数平均年收益率为 7.60%。

税后收益率 到目前为止，我们没有考虑收入税对投资回报的影响。但是，从实务操作的角度来看，投资者关心征税后他们的投资收益如何。

为了估计税后收益率，我们把可征税的投资回报视为一般收入，完全免税以及仅在实现（并确认）时才征税的投资回报视为资本利得或红利收入。各种税收递延（利用税收优惠）的策略会在第五部分讨论。

可征税的一般收入：可视为一般收入进而全额征税的投资回报，例如，大额可转让存单的利息收入、可征税的货币市场基金或账户、公司债、国债等，可以直接用税后标准加以衡量。税后收益率可以通过将即期收益率同 1 减投资者最高边际收入税率的结果相乘而得。例如，假设已婚纳税人的最高税率为 28%，可转让存单付 4% 的利息，那么税后收益率为：

税后收益率 = 当前收益率 ×（1 − 税率）

$$= 0.04 ×（1 − 0.28）$$

$$= 0.04 × 0.72$$

$$= 0.0288 \text{ 或 } 2.88\%$$

免税收入和税收等价收益率：完全免税投资的税后收益率等于即期收益率。例如，即期收益率为 4.5% 的市政债的税后收益率即为 4.5%。

通常，根据收入税税率的不同，可将完全征税证券等价表示为对应的免税证券。例如，在税率为 3.5% 时，4.5% 的免税收益率等价于 6.92% 的完全计税收益率①。

资本利得收益与总收益：当投资的回报形式为资本利得或损失时，计算税后收益率就更为复杂。其他类似的情形，例如，部分的一般收入、部分的免税收入、部分的公司分红、投资组合中部分的长期资本利得或损失在计算税后回报率时同样较为困难。

资本利得的税收影响　净短期资本利得（12 个月或更短期内实现并确认的资本资产的净投资收益）将按一般收入的税率征税。所以，对它们而言，不存在税收优惠。

净长期资本利得（根据第 10 章的定义，被视为净资本利得）指的是持有期超过 12 个月实现并确认②的资本资产的净投资收益。一般而言，该利得在 2010 年前征收 15% 的税率，2010 年后最高税率变为 20%。然而，收入税对资本利得的真实影响取决于资本利得是否被实现和确认，在资本利得实现和确认前资产的持有期限，资本利得适用税率及其他因素。所以，税后投资收益取决于具体的投资情景。

到目前为止，一个值得探讨的问题是如何使资本利得完全避税。答案可在税收法规寻得。这些税收法规有相应的条款允许纳税者或遗产继承者或受赠者完全规避潜在资本利得税，其他条款允许资产处置当期免征资本利得税，甚至可以永久免税。具体的避税技术在第 10 章和第 11 章讨论。

结合投资环境　对大多数投资者，考虑税收后的投资环境更为复杂。就资本利得和损失而言，一些资产会在短时间内被购置和出售；其他资产则会被持有较长时间；甚至部分资产会被一直持有到投资者过世，或者以其方式规避资本利得。进一步，某些资产会带来一般性收入回报；其他资产带来免税收入；还有其他资产具有特定的税收优惠，例如房地产和其他投资。

考虑回报的投资规划　通过这一节的讨论，可以得出下列一般性结论：

- 通常而言，长期资本利得的投资回报好于一般收入。

---

①　任何类似的税收等价收益率，可以用免税的收益率除以 1 减去投资者的最高边际所得税税率得到。在这个案例中，4.5% ÷（1 - 0.35）= 6.92%。如果证券免予州和当地政府的个人所得税，那么最高边际所得税税率也可以包括州和当地的最高边际所得税税率，与免除联邦所得税税率类似。

②　实现并确认是税收方面的重要术语。当有资产的实际出售或交换发生时，资本利得才得以确认。资本利得的确认也有税收方面考虑，除非税法上有特定的非确认条款，可以延迟资本利得的确认。资本利得和亏损的税收问题，将在第 10 章详细阐述。

- 通常，从减税的角度来看，让资本利得不断累积直到最后实现更为明智，但这取决于持有证券的投资价值。
- 当与其他目标不冲突时，完全规避资本利得税是合意的。
- 对于特定投资者来说，投资于免税资产的收入（例如市政债券的利息）相比于征税资产收入的优惠需要具体分析。这种优势取决于边际收入税率（联邦、州和地方税率），免税债券的即期收益率（或到期收益率），以及可比投资的总税后收益率。

显然，这些投资计划需要纳入到投资者总投资目标、投资策略和整体财务约束的大框架下考虑。

共同基金收益率　上述讨论的投资原则同样适用于共同基金持有的资产。然而，共同基金有些特殊的税收准则，将在第 8 章进行介绍。

税收优惠计划下的资产持有　上述讨论的投资原则同样适用于税收递延投资计划的资产持有，例如，合格养老计划、个人退休计划（IRAs）、罗斯个人退休计划（Roth IRAs）、投资年金。由于这些投资计划适用于不同的税收法规，这将影响到税后投资收益。后续章节中将给予详细讨论。

风险调整收益及绩效衡量　之前对于投资收益率的讨论并未涉及投资风险（波动率）。有许多理论模型和公式被用于调整和计算计入风险后的投资收益率。

权益风险溢价（超额收益）：这个简单的概念指的是单个投资资产或资产组合收益率超过无风险资产收益率的部分。所以，投资组合的权益风险溢价（超额收益）指组合总收益率减去无风险收益率（通常用短期国债的到期收益率表示）。它用于衡量投资者由于承受投资风险而获得的超额收益。例如，如果一个投资组合的年度总收益率为 8%，无风险收益率为 2%，则权益风险溢价为 6%。

资本资产定价模型（CAPM）：该理论模型用于衡量单个证券或者投资组合的预期收益率，收益率的衡量需要考虑证券或者投资组合的投资风险，投资风险用 β 来衡量。

CAPM 的公式，同样也是我们熟知的证券市场线（SML），有如下形式：

$$ER = r + \beta(RM - r)$$

其中：ER = 股票或投资组合的预期收益率；

r = 无风险收益率；

β = 股票或投资组合的贝塔系数；

RM = 股票市场收益率；

所以，*RM* – *r* = 市场的权益风险溢价或市场溢价。

证券市场线（SML）是一条斜向右上的直线，它由无风险资产与特定证券或投资组合相结合而成。其中，预期收益率为纵轴，贝塔系数为横轴。曲线斜向右上表明预期收益率随投资风险（证券或者资产组合贝塔系数）的增加而增加。

举一个 CAMP 的例子，假设无风险收益率为 2%，整个股票市场的总收益率为 7%，某个股票组合相对于市场的加权贝塔系数为 1.25（波动性大于市场），则股票组合的预期收益率应为：

ER = 2 + 1.25 × （7 – 2） = 8.25%

投资组合的实际收益率可以同 CAPM 计算的预期收益率作比较。这个例子中，股票组合的实际收益率大于 8.25%，超过预期说明投资管理是有效的；如果实际收益率小于 8.25%，则说明股票组合回报没有达到预期。

由于 CAMP 是理论上的概念，所以同实际的投资结果既可能相关也有可能不相关。对于这一点，一直存在争议。

阿尔法（詹森比率）：给定风险水平（贝塔系数衡量），这个比率用于衡量单个证券或资产组合（例如共同基金）同股票市场（或基准指数）整体业绩的比较。单个股票或者组合的阿尔法系数的计算公式如下：

$$A = R - [r + \beta(RM - r)]$$

其中：*A* = 股票或组合的阿尔法；

R = 股票或组合的实际收益率；

r = 无风险收益率；

β = 股票或者组合的贝塔系数；

RM = 股票市场收益率；

所以，*RM* – *r* = 市场的权益风险溢价或市场溢价。

例如，假设一只股票共同基金实现了 9% 的年收益率，贝塔系数为 0.7（也就是说，波动性小于市场指数），无风险利率为 3%，股票市场收益率（基于市场指数）为 10%。那么投资组合的阿尔法为：

A = 9 – ［3 + 0.7 × （10 – 3）］ = 1.1%

在这个例子中，正的阿尔法意味着收益率经过风险调整后，基金的表现要好于市场（预期回报率）；负值则意味着相反的情况。所以，阿尔法为正则表现要好于市场（预期回报率）；负值则意味着相反的情况，成为考核投资经理的基准。

夏普比率：将组合的超额收益率除以衡量风险的标准差计算而得。

特雷诺比率：类似于夏普比率，不同的是它用超额收益除以贝塔系数。夏普比率和特雷诺比率适用于单个投资或投资组合间的比较。由公式自身的设定决定了这两个比率无法用来比较投资组合的相对于市场（基准）收益的风险调整收益。

适宜的基准：基准水平通常指证券价格的指数，同时假定红利和利息被用于再投资。指数是一个统计测度，用于计算基准水平相比于初始值（指数指为100）随时间的改变。我们在第2章中讨论过价格指数（例如消费者价格指数）。

证券指数衡量股票或债券组合随时间的价值变化。指数可以包括大量证券（例如标准普尔500股票指数），也可以仅限于市场的一部分（威尔夏房地产证券或瑞士信贷第一波士顿高收益债券指数）。指数被广泛的公开和采用，用于记录证券价格每天的变化和长期趋势。指数还被用做指数化证券和保险产品的基准，例如指数共同基金、ETF、权益指数年金、人寿保险单等。这些产品将在第17章和第21章详细介绍。

在投资绩效考核中，基准收益被用做证券或投资组合（例如共同基金）收益或风险调整收益的比较基础。在先前提到的多种投资绩效概念和绩效考核中代表了"市场"。作为比较的基准，指数需要同与之比较的投资组合具有类似性或可比性。举例来说，在分析共同基金的表现和风险水平时，根据投资目标，基金的阿尔法指数、贝塔指数、R^2会用来同"标准指数"（例如标普500）和"最适指数"（例如Russell 1000）比较。

一些常用的指数包括以下：

- 威尔夏5000
- 标准普尔500
- 标准普尔中型股400
- 标准普尔小型股600
- 罗素2000指数
- 摩根欧澳远东指数（摩根士丹利资本国际欧洲、大洋洲和远东指数）
- 摩根士丹利资本新兴市场自由全球指数
- 瑞士信贷第一波士顿高收益债券指数

指数不同于平均值。正如先前提到的，指数衡量的是较基准的变化比例。平均值，例如被广泛采用的道琼斯工业指数，指的是一段时间内证券价格的算术平均值。

时间加权与价值加权：时间加权收益指的是一段时间内（例如 10 年）固定金额基金（例如 100 000 美元）的平均年度复合收益率。它并未考虑投资期内任何的追加投资或者撤资。它是几何平均的概念。共同基金披露不同时期的时间加权收益。

价值加权收益的计算考虑了投资期内投资金额的增加或减少。对于大多数投资者而言，这更类似于情景分析。401（k）计划或成本平均的阶段性投资中，阶段性的投入会被注入到投资基金中。这种情况下，回报率指的是流入或流出投资基金现金流的内含报酬率。

其他资产定价和期权模型：对于具有现代金融理论里程碑意义的 CAPM 模型，本章已经介绍过了。套利定价模型（APT）是另一种其他资产定价模型。另外，著名的布莱克—斯科尔斯期权定价模型将在第 18 章同股票期权结合一起讨论。二叉树期权定价模型也将会有所介绍。

4.4.4　分散化

分散化的基本目的是减少投资者损失的风险（整体投资收益和价值的波动性）。这涉及防御性的投资策略，会在第 9 章详细讨论。

4.4.5　税收状态

投资的税收状态是衡量其对投资者吸引力的重要标准，将会在这部分的后续章节介绍。

4.4.6　投资单位的大小（或面值）

一些情况下，某种投资产品只能以确定的最小数额进行购买。例如，市政债通常以 5 000 美元或其整数倍出售的。对房地产的直接投资需要支付首付款、交易费用以及足够的按揭贷款。同样地，对冲基金和私募股权投资基金会要求高额的最低投资金额。

4.4.7　用做贷款的抵押

多种形式的资产可被用于抵押贷款。然而，不同资产抵押效果有差异。例如，高质量证券（不包括市政债）、人寿保险计划、高质量房地产是较好的抵押资产。与之相反，其他一些资产作为抵押则不具有吸引力，例如，用做贷款抵押时，免税市政债券包含了税收陷阱；并且，即使市政债被用于持有，而其他资产用于抵押时，这种税收陷阱依然无法避免。这一点会在第 7 章讨论。

4.4.8 可回购性

我们在"再投资风险"部分讨论过，在投资债券和优先股时，可回购性（可赎回性）是一个重要的考虑因素。许多公司债和市政债的发行者拥有债券到期前回购或赎回的权利，其是否行权取决于具体情况。大多数优先股的发行是带有回购权利的。另外，大多数美国政府证券和一些市政债、公司债在到期前是不可回购的。

第 5 章
普 通 股

本章目标

读完本章后，你应该能够理解以下要点：

- 常用的普通股价值定价方法，例如：
  - —每股收益
  - —每股真实现金流
  - —每股销售额
  - —市盈率（P/E）
  - —市盈率/增长率（P/EG）
  - —其他常用比率
  - —每股账面价值
  - —每股清算价值
- 普通股定价模型
- 普通股投资过程
- 普通股分散投资技术，包括美元成本平均法
- 买卖普通股时各种指令类型
- 保证金账户的性质
- 股票卖空的性质
- 普通股的种类
- 普通股投资的理论和方法
- 普通股长期投资的情况
- 普通股投资一些值得注意的事项，包括股市明显下跌时（熊市）的历史数据

5.1 普通股的特征

普通股可以定义为对一个公司的剩余索取权，即持有人拥有对公司在

支付其他索赔后的所有财产和收益的索取权，而且持有人一般具有表决控制权。概言之，普通股体现的是最基本的所有者权益。

在现代资产配置规划理论中（见第 9 章），根据历史事实，一般认为在相当长的投资期间内，普通股作为一个投资类别，与其他某些投资媒介（例如债券和国库券）相比，总体回报较高。但是，正如前面章节所提到的，它也比其他资产类别风险（波动性）要高。因此，大部分投资组合都包括普通股，因为其回报较高；但也可能包括其他资产类别，用来降低投资组合的波动性，并在总体上实现投资的分散化。

5.2 股票定价的概念

在为投资组合选择普通股时，理解那些用来评估个别股票价值的技术和模型显然很重要。本节将讨论这些技术和模型。

5.2.1 每股数据、比率分析和账面价值

很多基本的计算可以作为普通股价值的指标，包括每股收益、每股自由现金流、市盈率、股价与自由现金流比率、每股销售额、价格销售比、市盈率/股票增长率（P/EG）、每股账面价值、每股清算价值和收益率等。

每股收益　计算每股收益（EPS）的传统方法是将普通股股东得到的收入（公司税后净利润减去优先股股利）除以实际发行在外的普通股平均数。

在最近 12 个月的收益报告中，XYZ 公司在扣除了费用、利息、税金和以股份支付的费用外，拥有 2 300 000 美元净利润。公司每年的优先股股利为 200 000 美元。则剩余的 2 100 000 美元，除以实际发行在外的普通股平均数 700 000 股，得到每股 3 美元（2 100 000 美元 ÷ 700 000 ＝ 3 美元）。这是公司的基本每股收益。用同样的方法可以计算出每季度或者半年度的每股收益。

在计算每股收益时，当前收入中的非经常性项目（注销）可能未被排除。扣除非经常性项目后计算出的收益称为经营收益（operating earnings）。包含非经常性项目的收益称为报告收益（reported earnings）。

上面的例子是基于所谓的过去收益（trailing earnings）算出的，因为收益的数值是过去最近一期的实际收益。不过，分析师有时会估计未来的收益，并且其计算会全部或者部分地依赖于这些估计的（预期）收益。

公司也会报告稀释每股收益。稀释每股收益计算如下：净收益除以实际发行在外的普通股平均数与潜在普通股之和，潜在普通股是指在考虑了员工股票期权和发行的其他股票奖励、可转换证券和认股权证的稀释效应后，将会发行的股票。因此，我们用这种调整来估计这些计划和证券（稀释潜在普通股）对平均发行在外普通股的潜在影响。根据公司不同，这种调整可能比较显著。在讨论公司每股收益时，分析师常用稀释每股收益。

从 2006 年起，财务会计准则委员会要求公司在其报告收益中，将授予员工和董事的基于股份支付的奖励确认为费用。这种奖励包括员工股票期权和员工股票购买计划中的员工购股（在第 18 章中讨论）。这被称为"股票期权费用"。为此目的，我们常用期权定价模型来对这种期权定价，如布莱克—斯科尔斯（Black – Scholes）模型或者它的变化形式。

股票期权费用对报告收益的影响与一个公司采用基于股票支付计划的程度有关。在某些情况下，它的影响比较显著。分析师有时不考虑收益中的股票期权费用。这当然是一个不太保守的做法。

投资者和分析师一般比较看重每股收益，特别看重评估普通股时每股收益的变化趋势。可以说，一个持续经营企业的价值主要在于其潜在的盈利能力，以及基于盈利的目前和未来的股利。因此，股票的市场价格与每股收益增长或下降最终趋于一致。

每股自由现金流　分析师也会计算所谓的每股现金流的数值。计算方法如下：净利润加折旧费用和其他可能的非现金费用，减去优先股股利，得出的数值除以普通股平均数。该方法可以更好地比较采用不同折旧政策的公司。其他可能用到的数值有：息税前收益（EBIT）（来调整资本结构的差异）、利息、税费、折旧和摊销前收益（EBITDA）（来调整资本结构和折旧摊销政策的差异）。

其他每股数据　在分析普通股时可能还会用到很多其他的每股数据。这包括每股销售额、每股股利、每股资本支出、每股研发费用（R&D）、每股营运资本和每股现金。

市盈率（Price – Earnings Ratio）　普通股的市盈率是它的市场价格除以该公司当前每股收益。因此，如果 XYZ 公司普通股价格是 42 美元，同时它最近 12 个月的报告收益是每股 3 美元，则它的市盈率（基于"过去收益"）是 14 美元（42 美元÷3 美元）。由于市盈率是衡量股票盈利能力的股票价格指标，因此市盈率是常用的衡量股票价值的方法。

投资者会发现，考察股票过去的市盈率，有助于评估股票相对于过去的当前价值。例如，假定在 10 年期间，XYZ 公司普通股的每股收益和市场价格总体呈现连续性增长，并且其市盈率在最低 12 和最高 30 的范围间波动。这样由于股票当前的市盈率是 14，从过去来看这个比率是相对较低的（或许因为公司暂时运气不好，或许因为总体市场下跌），因此该股票此时可能是一个便宜货。相反，如果 XYZ 普通股卖到 84 美元，它的市盈率（28）处于历史上较高位（或许因为市场的过度繁荣）。当然，在做最终决策时，投资者必须考虑有关该股票的其他因素。例如，一个公司每股收益的过去趋势非常重要。本章后面会介绍普通股基本面分析（证券分析）中包含的因素。经济和股票市场条件，以及这些条件在未来的预期如何当然也很重要。

P/EG 比率（P/EG Ratio） P/EG 比率是市盈率的一种变换形式，它是用市盈率除以公司过去年利润增长率的平均值。例如，如果 ABC 公司的市盈率是 14，它最近 10 年每股收益的年增长率的平均值是 7%，则其 P/EG 值是 2（14P/E ÷ 7 ＝ 2 P/EG）。这个数值反映了公司增长前景，以及股价与当前收益间的关系。P/EG 比率可以在同行业不同公司间进行比较，也可以用于长期分析。

其他比率 分析师还会有用到很多其他的价格比率。例如股票的市场价格除以它的自由现金流。普通股市场价值的每元销售额，即销售额（收入）除以平均发行在外股份与平均股价之积。例如评估处于发展阶段尚无利润的公司时，这些销售比率可能会有用。

股息收益率（dividend yield）在第 4 章已经用普通股收益率这一术语讨论了。盈利收益（earnings yield）是股票的每股盈利除以股票的市场价格。

每股净资产价值（账面价值）[Net Asset Value（Book Value）Per Share] 每股净资产价值，通常是指每股的账面价值（book value），用来衡量每份普通股所拥有的公司净资产的量。它的计算方法是用公司资产的净资产负债表值减去债权人的账面价值和优先股股东的索取额，剩余部分除以发行在外的普通股平均数。

例如，XYZ 公司上个财务年度末共有资产 3 300 万美元，债务和优先股共有 12 000 000 美元，剩余的 21 000 000 美元净资产，除以发行在外的 700 000 份普通股，每股净资产（账面价值）30 美元。

在多数情况下，每股账面价值远远不如这些资产产生盈利现金流的能力重要。成功企业的普通股的市场价格通常是每股账面价值的数倍。相反，对于衰退企业而言，市场价格可能要低于账面价值。总之，每股净资产价值并非评估某个公司普通股投资价值的非常有效的指标。但是，投资者可以通过所谓的市账率（price to book）（每股市场价格除以每股账面价值）来衡量一只股票、一个行业群体或者整个市场当前的市场价格水平与过去的价格水平。

每股清算价值（Liquidating Value Per Share） 该指标是由公司资产的市场价值或者清算价值来决定的，而不是资产负债表上的账面价值（资产负债表中资产一般是基于历史成本与市场价值孰低来确认）。因此，每股清算价值是假设在变卖公司资产并偿还了债务后，剩余资产分配给股东，每股所能分到的估计价值。它不是持续经营的价值，而是在清盘了企业或项目后的清算价值。这一价值也是计算少数股东持股公司的股份价值折价的最低限度。

5.2.2　普通股定价模型

在大多数情况下，对于盈利的公司来说，持续经营公司是基于它们预期未来盈利能力来定价的，预期未来盈利能力表现为未来收入（现金流）或者未来股利。这是用来定价的收入法（income approach）。在接下来的讨论中，我们用资本化的净收益、折现现金流和股利折现模型来解释这种定价方法。

但是在某些情况下，其他定价方法可能更有效。这些方法包括市场定价法（market approach），即在分析同一行业内可比公司的支付价格、市盈率或者 P/EG 值的基础上定价。还包括成本或资产负债表的方法（cost or balance sheet approach），这种方法基于公司资产和负债的价值进行定价，或据其调整。在某些情况下，公司的拆卖价值或清算价值（如前节中定义）可能很重要。在一些行业中，公司股票的价格受公司所拥有资产的价值影响很大，例如金矿公司。在评估一个公司时，分析师也会注意到每股现金量或者每股其他资产的价值[①]。

所有的这些定价方法适用于公众持股公司和私人持股公司。当然，公众持股公司的股票价格，每天都由交易所中股票的供给和需求来决定，这个大家都能看到。分析师评估这些股票，以确定其投资价值，并为它们设

---

① 一般而言，这些定价方法也可用于其他类型的商业实体，如第 31 章中讨论的合伙企业和有限责任公司。

定目标价格。相反，私人持股公司的股票不能公开交易，所以它们的价格不能类似地由市场行为来决定。但是，经常出于各种目的，我们必须确定它们的价值，例如为了公司出售或者合并、为了买卖合同设定价格，为了评估员工股票持有计划（ESOPs）和虚拟股票计划的价值，为了赠与家庭成员、在所有者死亡时为交遗产税和其他目的，等等。它们的价值通常由商业评估专家来估计。我们在第 31 章详细讨论私人持股公司的规划。

人们已经开发了很多基于收益或者股利（收入法）对普通股进行定价的理论模型，下文将讨论某些某型。

收益（净收入）资本化模型 [Capitalized Earnings（Net Income）Model] 这种方法是对公司未来不确定的收益（净收入）用一个折现率进行折现，该折现率反映了投资者期望从这种股票中获得的回报率（必要报酬率）。假定公司预期其收益在未来以一个大概稳定的比率增长，固定增长率模型的公式为：

$$V = \frac{E}{r - g}$$

其中：

V = 股票的价值（有时也叫做"内在价值"或者"真实价值"）；

E = 本年度净收入（或者现金流）；

r = 折现率，投资者对被评估股票要求的回报率；

g = 假定的股票净收入（或现金流）的增长率。

例如，假定 Close 公司是一个私人持股公司，它有三个不相关的股东：哈里、安妮和瓦尔特，每个股东持有相同的股份。他们正在谈判一个三个股东间的买卖协议，当他们中某一个人去世，其他两位股东可以按照该协议中签订的公平价格，购买死者遗产中的股票。他们的顾问和商业评估专家建议在协议中采用净收益资本化定价公式，并且假定 25% 的折现率（小型私人持股公司所包含的风险）和 5% 的平均年增长率。

进一步假定某一股东去世时，该公司的当前年度净收入（可能有所调整）是 1 200 000 美元。根据这些事实，用收益资本化方法计算的 Close 公司整体的价值为：

其继承者 1/3 的股份价值为 2 000 000 美元。

需要注意的是，当年收益乘以 5 时，与本例中计算结果相同（或者 1 ÷ 0.20 = 5）。

贴现现金流模型 [Discounted Cash Flow.（DCF）Model] 在这种

情况下，分析师一年一年的预测公司未来特定时期（5 年至 7 年）的净收入或现金流量。在此期间，每一年的预测收入可能不同。把每一年的预测值分别折现为现值。预测期后，假设公司收入会以一个稳定的增长率增长，然后计算预测期期末的"终值"（收益资本化价值）。并把该"终值"也折现到当前。这些现值的和就是利用折现现金流模型估计出的该公司的公平市场价值。这也叫做多期增长模型。

股利贴现模型（Dividend Discount Models，DDMs）　该模型是用适当的折现率（投资者对这类股票要求的回报率）来折现预期未来股票股利的现金流。所有股利现金流的现值就是我们所要估计股票的公平市场价值。该模型中采用股利的理由是，股利是股东从他们所投资的普通股中获得现金流的表现形式。

股票可能有稳定的股利现金流，例如优先股股利；但投资者通常希望普通股股利随着时间的推移而增加（股利增长模型）。固定增长率股利贴现模型的公式如下：

$$V = \frac{D(1 + g)}{r - g}$$

其中：

V = 股票的价值（内在价值）；

D = 本年度股利；

r = 投资者要求的回报率；

g = 假定的股票股利的增长率（通常基于过去的经验）。

例如，假设某投资者想买 Acme 公司的普通股，其本年度的股利为每股 2 美元，最近 20 年，股利以平均每年 6% 的速度增长，投资者预期未来这种情况会继续。该投资者期望能从 Acme 公司股票中获得 10% 的回报率。根据以上假设，以固定增长率股利贴现模型估计的 Acme 公司股票的公平市场价值为：

$$V = \frac{2(1 + 0.06)}{0.10 - 0.06}$$

$$= \frac{2.12}{0.04} = 每股 53 美元$$

如果该股票实际市场价格低于 53 美元，该模型显示股票被市场低估了。相反，如果股价高于 53 美元，理论上该股票被高估了。

折现率的发展（Developing the Discount Rate）　在利用上述模型时，很明显会用到很多估计和预测。其中很多要用于未来很多年。

折现率（前面公式中）是很重要的一个估计，折现率是假定投资者对这类被评估股票所要求的回报率。在前述公式中，折现率作为除数对所计算的价值影响很大（未来收益或股利的估计也如此）。分析师所用的折现率往往考虑了很多要素（所谓的搭建方法）。这些因素可能包括用来反映货币的时间价值的无风险利率（通常是美国国库券利率），反映普通股的风险结构的股权风险溢价（在第4章中有定义）和反映特定股票的风险特征的额外调整（如小型私人持股公司股票的风险附加率）。

市盈率模型（Price – Earnings Ratio Models） 很多分析师用本年度的每股收益乘以一个估计的、假设的或"标准"的市盈率来估计股票的估计价值。这些估计值可以与股票的实际市场价格相比，来看相对于估计的价值，股票是否被低估、价格适当，或者被高估。当然，这在很大程度上依赖于分析师对股票标准市盈率估计的准确性。

5.3 投资组合的开发和分析（投资过程）

普通股的成功投资不能建立在预感、希望，或谣言（提示）的基础上。它是建立在对经济、行业和特定公司研究的基础上。

5.3.1 基本面分析

基本面分析包括在影响特定公司命运的诸多变量的基础上来选择股票。它考虑了外部因素和公司特定的因素，这些因素会影响公司的盈利能力，进而影响公司的投资价值。然而，如前所述，有效市场假说（有不同的形式）对基本面分析和证券选择的整个概念提出质疑。但是，有效市场假说本身是有争议的，许多投资者和他们的顾问相信基于基本面的证券分析。当然，基本面分析包括积极的投资管理，而不是诸如投资指数基金的被动投资管理。

基本面分析从评估整个经济形势开始，然后分析公司经营所处的行业，最后研究我们所要评估的公司。这种方法被称为自上而下的分析（top – down analysis）。

经济分析 第2章我们讨论了财富管理的经济形势。当然，在整个投资规划或者特定证券选择中，经济是一个关键要素。商业周期在这方面显得特别重要。在经济衰退和萧条时期，股票价格下降（表5.2列出了在熊市期间股票市场明显下滑）。在繁荣时期，它们恢复或者走向更高点。然而，总体而言，自第二次世界大战结束以来，股票价格变化比商业周期平均约早 11 个月。也就是说，股票价格在经济衰退前下降，在经济开始复苏前回升。因此，它们往往是领先于经济的指标。

但是，正如第 2 章中所提到的，预测的商业周期和股市的牛市和熊市是非常困难的。许多人认为，大多数投资者不能成功预测这种市场时机。因此，在包含商业周期不同阶段的长期投资中，投资者可以采取买入并持有的策略。

另外，资产配置和证券选择在面对经济衰退或萧条时，通常不同于经济繁荣时期。资产配置会转向债券和现金等价物。证券选择将变得更加保守，也许转向防御型股票策略。我们会更加关注处于困难时期的公司财务的稳健性（信贷资产质量）和资产负债表值。事实上，投资现值的基本前提（本章稍后进行讨论）是参考了 1934 年大萧条时期的传奇投资者本杰明·格雷厄姆（Benjamin Graham）和大卫·多德（David Dodd）的著作《证券分析：原则和技术》（*Security Analysis：Principles and Techniques*）（McGraw - Hill 出版社有限公司）。

财务稳健性分析涉及到各种流动性比率。这些比率包括流动比率（流动资产除以流动负债），速动比率（流动资产减去存货除以流动负债）和现金比率（现金项目除以流动负债）。负债比率也很重要。例如高级费用覆盖率（税前所得收入除以高级费用）和债务偿还率（税后经营现金流，除以利息、租金、一年内到期的长期负债和偿债基金支付之和）。一个公司的资本负债率（负债除以资产减去负债）也经常用到。

行业分析 下一步就是评估所涉及的行业。以下是在行业分析时需要考虑的问题：

- 该行业提供的产品或服务的需求很大和不断增长吗？
- 该行业是周期性行业还是相对稳定行业？
- 该行业可能会被新的事态发展所影响吗？
- 与其他行业相比，该行业增长迅速，增长率更稳定还是处于衰退期？
- 该产业受技术高速变革或发展的影响吗？

公司分析 寻找股票的特点很大程度上取决于我们所采取的普通股投资战略。一些投资者正在寻找短期投机的机会。其他人希望情况出现转机或者或采用不景气行业的方法。还有一些人可能主要为了收入而投资。然而，很大一部分投资者在寻找一些高质量、财务实力雄厚、盈利的公司，他们认为这些公司的股票价格，相对于其内在价值（基础价值）而言，暂时被市场低估的。这些是价值投资者。相反，许多其他投资者正在寻找高质量的公司，这些公司在一个相当长的时期增长前景高于平均水平。他们一般都遵循买进并持有成长型股票的方法。根据所涉及的投资哲学，以下列出了投资者在选择普通股时可能会考虑的特征：

- 该公司应具有良好、稳定的管理层。
- 公司应提供良好的产品或服务，在行业内有较强竞争力。
- 公司应合理的多元化，而不是很大程度上依赖于一个产品或专利。
- 公司在合理期间内（例如连续 10 年内），盈利应该持续增长。这并不意味着该公司不能有一年或两年的盈利下滑，但这应该是个例外，并且向上的趋势应该很明显（特别是成长型股票）。
- 上述的特征用量化表示就是，在持有期间每股收益年均复合增长率应至少不小于某一特定值，例如从 15% 到 20%（特别是成长型股票）。
- 至于可确定的是，未来公司盈利增长的前景应该良好。
- 多年来，该公司的权益回报应该比较高。
- 公司财务状况应该比较好。
- 根据行业的不同，公司应该对研发进行合理投入（特别是成长型股票）。
- 想要当前股利收入的投资者，应考虑股票的当前股利收益率和过去股利增加或减少的记录。
- 最后，股票的购买价格应该是合理的。普通股价格的"合理"通常用市盈率来衡量（或是在前面介绍的定价模型之一）。这对价值投资者寻找其认为暂时被市场低估的股票尤为重要。

现实中，大多数个人投资者很难亲自研究和分析行业特征、企业的竞争地位和给定公司的投资特征等。各种专业的投资服务机构、股票经纪人和投资顾问都在做这样的研究，并经常向个人投资者提供这种类型的调查。投资者应该根据股票经纪人等提供的分析或者自己的研究确定某股票的基本情况，再决定是否购买该股票，否则在不了解基本情况之前，投资者不应该购买股票。

5.3.2 技术分析

与基本面分析相对的是技术分析，技术分析试图基于股票本身或整个股市价格或交易量的变动来预测股票价格的变动是向上还是向下。它可以关注某只股票、某些股票或者整个股票股市。这个概念是指因为股票价格经常波动，股票市场本身是其未来走向的最好预测。这是一个市场时机的理念，它试图预测出股票价格变动，然后据此购买或出售股票。

技术分析使用很多技术。一种是图表，我们在图表中分析过去股价。例如，我们可以通过研究某只股票每天的高价和低价，以确定它的"动力"。其他图表技术采用所谓的点和数字表。在其他情况下，我们研究市场本身的结构以确定未来的趋势。道氏理论是大多数技术分析的起源，其创建人是查尔斯·道（Charles Dow），他也是《华尔街日报》的创办人，"道琼斯工业平均指数"中的"道"就来源于他的名字。道氏理论通过研究市场平均水平的波峰和波谷，来预测股票价格的长期趋势。其他技术如资金流转指标（flow of funds indications），例如研究股票交易量和比较股价下跌和上涨时的平均交易量，还有情绪指标，如内幕交易活动分析。

5.4　普通股投资组合的分散化

假设投资者希望直接持有股票，投资分散化并不意味着其在大量公司中随意购买股票。投资者直接持有的股票数目不应该高于他们或其投资顾问能合理承受的数目。投资者直接持有的普通股数目控制在 10～15 个之间还是比较合理的。当然，通过金融中介机构投资也能实现投资分散化。

5.5　出售普通股的决策

尽管普通股投资的很多关注重点在于购买，但是何时出售普通股也很重要。出售股票的原因是多方面的。其一是对现金的需求。另外一个是当投资者认为一只股票或市场整体，已经到达一个上限，他可以抛售股票来获取利润（或减少亏损）。或者，投资者认为其他股票的表现更好或他的资金能获得更高的回报率时，投资者会出售股票转而进行其他投资。此外，出售股票的一个重要的原因也可能是因为投资者的投资组合过于集中于一只或几只股票。

但应该注意的是，出售股票时有转换成本（经纪佣金），并且所获得任何利润都要缴纳资本利得税。这意味着随着时间的推移，任何其他投资的吸引力必须大于销售成本。

5.6 美元成本平均法（Dollar – Cost Averaging）

美元成本平均法是普通股长期投资的分散化技术之一。就是定期在同一只股票或几只股票或者是相同的投资中介机构，投资一定数额的钱。因为投资者定期投资固定数额的钱，这些钱在股价较低时买到股票的数量比股价高时多，所以用该方法投资的每股平均成本比每股平均市场价格要低。因此，当股价再次上升（如果确实是上升了），投资者在低价时购买的大量的股票就盈利了。表5.1显示美元成本平均法原理的应用。

表 5.1	美元成本平均法的说明		单位：美元
时期	投资量	支付的市场价格	所购买的股数
第一期	500	20	25
第二期	500	12.5	40
第三期	500	10	50
第四期	500	12.5	40
第五期	500	25	20
	2 500		175
五期合计投资额			2 500
购买股票的数量			175
每股平均市场价格			16.00
每股平均成本（2 500÷175股）			14.29

除非股市进入一个持续下滑时期，美元成本平均法通常起作用。但是，它需要一个非常强的信念。投资者必须相信，无论何时发生何事，股票或投资中介机构都是一个很好的长期投资方式。

5.7 买卖普通股的指令类型

普通股交易会用到各种买入和卖出指令。最常见的是市价指令，即以目前市场上最好的价格买卖证券的指令。它呈现给经纪人的是要求其在市场上买入或者卖出证券的指令。对于很多股票交易而言，市场指令是合理的。

然而，当市场价格不确定或剧烈波动时，投资者最好采取限价指令，它制定了投资者在购买股票时愿支付的最高价格，和在出售股票时愿接受的最低价格。

大多数的指令类型有时间限制。开放式指令在取消前都是有效的。另一种指令是当日指令，它只在下达指令的那一天有效。

另一种常见的指令类型是止损指令。一旦股价达到某一特定点时（通常低于目前市场价格），止损指令一般用于卖出股票。例如，假设一只股票的当前价格是 100 美元，投资者认为股市十分不明朗，股票价格可能向某一方向明显波动。为了减少其潜在的损失，投资者可能会在 90 美元设定一个停止指令。如果市场价格下跌，当股票市场价格达到 90 美元，股票被出售。一旦市价到达设定价格，止损指令会变成市场指令，股票会在经纪人可以保证的任何价格立刻出售。当然，如果市场价格上涨或从未下跌到止损价，投资者下此指令不会有任何损失。

只有一个设定价格的止损指令就是停止限价指令。在上述说明中，该指令将会指示经纪人只能以 90 美元卖出。如果不能以 90 美元进行交易，那么它就根本不能被执行。

5.8 保证金账户

投资者可能会在他们的经纪公司开设现金账户。顾名思义，所有的交易都全额用现金进行。也就是说，10 000 美元的交易需要在交易后的三个工作日内，用 10 000 美元的现金结算。

保证金账户允许投资者自己投入部分金额，并借入剩余的部分。上市证券保证金账户可以通过经纪公司或商业银行来开设。最低预付定金或额定保证金，是由联邦储备体系的理事会设定的。

案例

假设额定保证金是 50%，贝克先生以每股 70 美元购买 ABC 公司普通股 100 股。如果这是一种保证金交易，他需要拿出 3 500 美元的现金（或其他等值的证券）。然后，他以此类贷款的利率通过银行或经纪人借剩余的 3 500 美元。不同的经纪公司收取的保证金利率差别较大，而且往往随着贷款余额的增加而降低。整个价值 7 000 美元的证券被用做 3 500 美元的贷款的抵押。美联储的要求中仅指定了初始保证金，这是在贷款时所需的最低保证金。

但是，如果 ABC 普通股的价格下跌，会导致贝克先生的账户权益下降，他可能会收到要求追加维持保证金的通知。维持保证金是投资者被要求追加额外资金前，保证金账户的最低限额。例如，假设维持保证金是30%，在不追加保证金的情况下，ABC 普通股可能会下降到 50 美元[1]。可以看出，通过借款购买证券，投资者有可能放大其损失，就像其能扩大其收益一样。因此，它是一个风险较高的（激进型）的投资策略。

5.9　卖空（Selling Short）

卖空是指投资者卖出其没有的证券，然后必须借入证券来进行结算，或者是投资者拥有该证券，但不想用这些证券交易[2]。当投资者预期股票价格会下跌时，前者是典型的卖空。后者是所谓的持券卖空（selling short against the box），以前经常被用来锁定股票的利润和推迟资本利得税缴纳。但是 1997 年的纳税人减免法案取消了用于此目的的持券卖空技术，特殊情况除外（推迟或避免资本利得的规划技术在第 11 章讨论）。

卖空原因是投资者预期证券的市场价格会下降。典型的例子是，今天在 100 的价格上出售证券，希望在一年后以一个较低的价格，比如说 70 或更少买入证券来进行平仓。卖空补进包括买入证券来取代借入的证券。当然，可能会出现相反的情况，股价没有下跌反而上升，于是就必须其后以高于卖价的价格买入股票进行平仓。卖空者必须向股票的所有者支付其所借入股票的股利。卖空通常被看做是激进的投资策略。

5.10　普通股的投资种类

证券公司和投资分析师使用许多不同的类别来区分普通股的投资特点。这里使用的基本分类有：成长股、价值型、收入型、成长型（适度）和收益型、防御型、周期性、蓝筹股、投机型、特殊情况、中小型公司股票和国外股票。要明白这些类别并不相互排斥。

---

① 由于 Baker 先生在他的保证金账户中必须保持30%的自有资金，那么他的借款额高达证券价值70%。他现在的贷款是 3 500 美元。因此，3 500 美元除以 0.7（70%）就等于 Baker 先生在其保证金账户中拥有证券的最低值，而无须追加保证金（现金或者证券）。在此案例中，这个数等于 5 000（3 500÷0.70），或者是每股 50 美元。

② 交易中一般认为，当投资者购买了证券后，他们希望最终以更高的价格卖出，他们已经设定了所谓的多头。当这些交易的顺序相反时，即先卖出证券，然后希望能低价买入证券来进行抵消，投资者处于空头。

5.10.1　成长股

成长型股票是很难界定的，但通常认为成长型股票的公司销售额和盈余增长要快于总体经济和大多数股票。这种公司的管理一般不错，是研究或创新导向的，为将来的发展会把大部分或者全部的盈余继续投资到公司内部。出于这个原因，成长型公司往往不分股利或者分配较少的股利。但是，投资者希望随着时间的推移，他们的股票能大幅升值，从而获得大量的资本收益。成长型股票的市场价格可能波动较大。它们上升要快于其他股票，但是，一旦有迹象显示它们的盈余增长率不能持续或者达不到投资者或分析师的预期，其价格会迅速回落。

5.10.2　价值型股票

如前所述，发行这些股票的公司通常是已建立的，管理良好的公司，它们具有比较出色的资产负债表，只是股价暂时被市场低估。因此，价值股的市场价格暂时低于其所谓的内在价值，内在价值是以基本的经济价值为基础的。它们通常支付合理的股利，并有一个良好的当期收益率。

5.10.3　收入型股票

有时人们为了获得当期收入而购买普通股。当股票支付高于平均水平的当期收益时，股票可能被列为收入型股票。在总体经济状况不明朗时，投资者往往对股票的当前股利收入更感兴趣。

5.10.4　成长型（适度）和收益型股票

这些股票支付合理的股利，并有合理的增长潜力。

5.10.5　防御型股票

有些股票的特点是具有防御性。这种股票被认为是稳定的和相对安全的，特别是在经济衰退的时期。它们的产品往往是必需品，因此在经济衰退或萧条期间受到的影响相对较少。公用事业和食品公司的股票属于防御型股票。

5.10.6　周期性股票

与防御型股票不同的是周期性股票。周期性公司的盈余和股价往往随着商业周期或者自身行业的特有周期大幅波动。汽车制造商、机床公司、财产和责任保险公司的股票属于周期性股票。

5.10.7 蓝筹股

通常认为蓝筹股是对大型的、地位稳定公司进行的高档次、高质量的投资，长期来看，这些公司盈余稳定或者有所增长，在顺境和逆境中都能够分配股利。蓝筹股是一个相当模糊的术语，对投资分析并不是非常有帮助。

5.10.8 投机型股票

投机型股票是指那些对于投资者来说比一般普通股风险更大的股票。一些高价位魅力股就是投机型股票。同样，一些热门的新概念股和小型矿业股也属于投机型股票。其他的一些股票在出现和消失时，有时也能被认为是投机型股票。有些投机型股票很容易辨认，而有些则识别起来比较困难。

当小型的、不为人们熟知的公司上市或者新的小型公司成立时，在牛市中也通常会出现投机型股票。其股票的公开发售可能会面对强烈的投机性需求，价格往往急剧上升。不幸的是，暴跌复位的日子通常会紧跟其后。

5.10.9 特殊情况股票

在出现一些对公司有积极影响的独特情况时，有些股票的价格可能会迅速上涨。具体情况可能是：一个新的工艺或发明，自然资源的发现，新产品，巨大的管理变革，公司从困境出现转机，等等。一旦出现上述这些进展时，那些原本被划归为其他类别的公司股票通常就变成了特殊情况股票。

5.10.10 中小型公司股票

顾名思义，中小型公司的股票是较小的公司的股票，有时也被称为小盘（small－cap）或中盘（mid－cap）（市值）股票。一些对相对长期股票回报率的研究表明，平均而言，小公司股票的表现要好于大型公司股票，但波动性更强。

5.10.11　国外股票

美国人可以通过美国存托凭证（ADRs）来购买外国公司的股票。美国存托凭证是一种代表外国公司股份所有权的可转让的美国证书。美国存托凭证在美国本土市场上用美元报价和交易，相关股利用美元支付给投资者。创建美国存托凭证是为了方便美国投资者购买、持有、出售外国股票。

在美国股票交易所交易的外国公司股份可由美国投资者直接购买。此外，大型的证券经纪机构可以在国外交易所为其美国客户购买股票。

5.11　普通股投资理论

关于如何投资普通股的理论有很多，但往往由于市场和经济条件的不同，这些理论在普及程度上有所不同。显然，没有任何一个理论可以达成一致意见。下面介绍其中的一些理论。

在构建投资者的资产配置中普通股部分时，投资者（或其顾问）可能主要遵循这些理论中的一个，例如价值投资或增长性投资。然而，许多投资者可能希望在几种普通股类别中，分散其持有的股票，例如分别拥有一些成长型股票或基金和一些防御型股票或基金。

5.11.1　增长理论

增长理论已经被普遍接受。这一理论主张通过分析企业和行业数据，选择那些从一个商业周期到另一个商业周期持续增长的和增长率明显超过经济整体增长率的高质量公司。这一理论中隐含的是，投资者主要以资本增长而不是股利收入的形式寻求回报。

投资者采用增长理论的另一种方法是购买共同基金（或通过其他金融中介机构开设账户），这些共同基金专门投资于特定的增长行业（投资者认为是增长的行业）或者专门投资于增长或者过快增长的基金。这样，投资者在选择成长型股票时就获得（并支付）了专业的管理。

5.11.2　价值投资法

价值投资理论也很受欢迎。它一般要求投资优质企业，这些企业具有出色的资产负债表，而且股票好像暂时被股市低估。这种低估往往是由公司或其行业暂时不顺造成的。这个理论需要细致的证券分析和相当的耐心。价值型投资者还认为，他们的理论涉及的市场风险较低，因为他们所选的股票的价格相对于其他股票已经较低。

如前所述，价值投资的方法由本杰明·格雷厄姆和大卫·多德在其经典之作《证券分析：原则和技术》（1934 年第一版）提出并普及。本杰明·格雷厄姆和大卫·多德的书，以及它的后续版本，一直影响价值投资者到今天。

5.11.3　适度增长的行业和收益法

某些投资者更喜欢购买一些优质的公司的普通股，这些公司能够支付合理的股利，并预期至少有一定增长。

5.11.4　萧条行业方法

与增长股票理论几乎相反的是萧条行业方法，在该方法中投资者试图选出恢复性行业或者公司。在撰写本书时，在美国汽车行业公司的股票可能就是例证。

5.12　普通股长期投资的情况

对很多人来说，投资几乎就意味着购买普通股。这有几个历史原因。首先，长期来看美元的购买力总体上是下降的（通货膨胀）。其次，在 20 世纪五六十年代，尤其是在 80 年代后期和 90 年代，股市普遍上涨，很多股民都获得了大量（有时是非常可观的）的资本收益。

5.12.1　历史回报的研究

普通股的分散化投资组合是财富累积的最佳方式，很多研究比较了普通股和其他类别的资产的总体回报率，关于普通股长期投资的案例往往建立在这些研究的基础上。这些研究发现，在所观察的长期内，投资大量普通股与投资美国长期国债、美国国库券和黄金相比，平均每年总体复合回报率要高得多。但是，研究也显示普通股（特别是美国小型股）与其他类别的资产相比，表现出的波动（即标准差）更大。这一论断的详细论述，见杰里米·J. 西格尔的书《股市长线法宝》[1]。

其他一些研究也得出了相同的一般结论。这包括 1964 年劳伦斯·费雪和詹姆斯·H. 洛里的研究，他们研究了 1926 年 1 月至 1960 年 12 月这个时期，在纽约证券交易所上市的所有普通股的回报率[2]。

沿着同样的路线，另一个重要的研究是罗杰·G. 伊博森和雷克斯·A. 辛克费尔德在 1976 年的研究[3]。伊博森和助手每年都更新普通股及其他投资媒介的平均年回报率和标准差，以及其他统计数据[4]。这些数据在证券和共同基金行业和财经评论员中广泛使用。它们有时被称为伊博森收益率。在芝加哥大学证券价格研究中心也在网上提供了类似的数据。当然还有其他研究[5]。

5.12.2　一些研究结论

这些研究表明，平均每年总体回报率和标准差在不同的资产类别（例如股票、债券、美国国库券、黄金等）之间和不同时期差别很大。但研究也普遍显示，在相对较长的时期，普通股的分散化投资组合表现明显好于研究的其他投资媒介（主要是美国国债和美国国库券）。

例如，考虑 1926 年到 2005 年期间。这一时期（或者开始时间再早一点）是被广泛的用到，因为它持续时间长，涵盖了各种经济状况（繁荣、萧条和衰退），而且包括了长期的和平，但中间也有几次战争。在此期间，美国大盘股的每年总回报率的算术平均值为 12.15%，而长期美国国债的可比收益率为 5.68%。但是，这一时期普通股的风险（波动），用年回报率的标准差来衡量，也明显高于债券。在此期间这些股票的标准差为20.26，而债券的标准差只有 8.09[6]。

这意味着，在相对较长的时期内，尽管普通股的分散化投资组合预期收益比投资级债券的投资组合表现要好，但是这种较好回报的代价是每年

---

① 杰里米·J. 西格尔：《股市长线法宝》（第 4 版），纽约：麦格劳—希尔出版社，2008。

② 劳伦斯·费雪和詹姆斯·H. 洛里：《股票投资回报率》，载《商业杂志》，芝加哥大学，1964（1）。

③ 罗杰·G. 伊博森和雷克斯·A. 辛克费尔德：《股票、债券、票据和通货膨胀：1926—1974 年每年历史回报率》，载《商业杂志》，芝加哥大学，1976（1）。

④ 数据来源是股票、债券、票据和通胀年鉴，伊博森公司，芝加哥。

⑤ 例如，威廉·格里诺做了类似的研究，为大学退休股票基金提供概念性的框架。

⑥ 可参见滋维·博迪，亚历克斯·凯恩，阿兰·J. 马库斯：《投资学》（第 7 版），纽约：麦格劳—希尔出版社，2008，146 页。

的波动较大，因此其风险较高。

过去回报率的研究对投资理念有深刻影响。他们使普通股成为许多投资者和其投资顾问进行投资的首选媒介。尽管研究是基于历史数据的基础上，这不能保证在未来较长的时期内还会出现相似的结果，但是，研究结果的一致性、研究的细致性和研究所包含的特点和长期变化，还是使研究结果非常有说服力。很难与事实争论。毕竟，俗话说，"那些不借鉴历史经验教训的人注定要重蹈覆辙"。

我们把这些研究称为历史收益率的方法，这些研究与资产配置决策尤其相关。这种方法可能会鼓励投资者把可投资资产尽可能多的一部分（给定了时间限制，风险［波动］的容忍度和其他因素）分配到普通股长期投资上。第9章将进一步讨论这个问题。从长远来看，我们的税收制度似乎也有利于普通股投资。

5.12.3 一些注意事项

虽然普通股分散化投资组合（或指数）长期回报率较高这个事实比较有说服力，但是，注意并警惕一些事项总是适用于任何投资规划策略。第一，正如已经讨论过的，谁也不能保证历史会重演。

5.12.4 需要分散长期投资

第二，针对大量股票（例如在纽约证券交易所上市的所有股票，标准普尔500指数等）数据的研究结论已经很多，只有投资者合理分散普通股投资组合时，这些结论才能奏效。需要警惕的是，主要依赖于一只或者几只股票的投资组合表现可能与上述结论不同。

第三，研究结论是从相对较长的持有期中得到的。因此，投资者应准备在一个相对较长时间内，可能包含较好和不好的情况，持有一致的股票仓位。然而，历史收益率的方法并不意味着一个合理的分散化投资组合，不能通过卖出一些股票并买入其他股票来进行主动管理。

5.12.5 需要意识到熊市

第四，必须承认在分析期间内，普通股有明显的熊市。熊市可以被定义为在一个相当长的时期，普通股总体上市值持续显著下降。多大量算是"显著"，可谓见仁见智，但许多人认为在超过6个月的时间里普通股市值跌幅超过20%就算是熊市①。

我们前面提到的风险程度的概念，是用给定期间内每年回报的标准差测量的。但是，当我们观察历史时，很多股票的熊市持续时间超过一年。投资者必须面对股市实际上可能持续下跌的现实，而不仅仅依赖于统计上的每年平均标准差。

因此，从评估股票投资组合下跌的可能性和程度中来观察过去普通股的熊市将会比较有效。表5.2列出了基于道琼斯工业平均指数（除另有注明外）选出的实际熊市。它开始于著名的（或者说声名狼藉的）20世纪30年代大萧条，然后到了第二次世界大战后的熊市。最后，用国际的视角观察了日本股市（日经225指数）的下跌。

这些数据可以帮助投资者估计潜在的股市下跌的程度有多大，投资者需要为投资规划做准备。当然，如果投资者能预测熊市何时到来，底部将是多少点，然后高卖低买，这个投资就做得很漂亮。不幸的是，熊市就像天气，每个人都会讨论，但每个人对它都无可奈何。没有人真正知道熊市何时会发生，将会多么严重。然而，因为过去发生过熊市，因此假设熊市会定期发生是比较谨慎的。

表5.2　　　　　　　　　股市明显下跌*（熊市）

市场下跌日期	市场下跌长度 （熊市持续时间）	下跌百分比	恢复时期 （到先前高度）**
1929 – 09 ~ 1932 – 07	35 个月	89	25 年（到1954年11月23日）
第二次世界大战后美国股市下跌*			
1956 – 04 ~ 1957 – 10	19 个月	19	11 个月
1961 – 12 ~ 1962 – 06	7 个月	27	14 个月
1966 – 02 ~ 1966 – 10	8 个月	25	73 个月
1968 – 12 ~ 1970 – 05	18 个月	36	29 个月
1973 – 01 ~ 1974 – 12	23 个月	45	95 个月
1976 – 09 ~ 1978 – 02	17 个月	27	37 个月
1981 – 04 ~ 1983 – 08	16 个月	24	3 个月
1987 – 08 ~ 1987 – 10	2 个月	36	22 个月
1990 – 07 ~ 1990 – 10	3 个月	21	6 个月

---

① 在此有时会用到另一个术语，市场调整。在一般情况下，市场调整不像熊市的那么严重，它是股价突然、急剧下跌至少10%，但是持续时间较短（例如几天或几周）。

续表

市场下跌日期	市场下跌长度 （熊市持续时间）	下跌百分比	恢复时期 （到先前高度）**
2000 - 01 ~ 2002 - 09	33 个月	38	82 个月
2007 年 10 月至今	16 个月（至今日）	45（至今日）	未知
日经平均指数			
1990 年至今	18 年（至今日）	80	未知

注：* 这些数据是基于道琼斯工业平均指数（除另有注明外）。

**恢复期仅对股价而言。如果考虑到普通股的股利支付，恢复期会短一些。不考虑股利是因为利息和其他收入能够通过未投放在股市上的资金赚取。

因此，棘手的问题是投资者应事先对股市下跌多少进行估测。不过正如上述所表明的，没有人真正知道。然而，历史已经帮助我们估计出股市的长期回报，所以，它也可以在这里给我们一些线索。我们前面提到的1926 年到 2005 年的漫长时期，我们有 95% 的信心认为，普通股任何一年的预期回报下跌（标准差）不会超过 20%。但是，我们也从表 5.2 看到，熊市持续时间往往超过一年。我们只观察第二次世界大战后美国股市下跌，迄今为止，最严重的是 1973 年 1 月到 1974 年 12 月 23 个月间，股市下跌了 45%，以及 2007 年 10 月开始至现在的下跌。因此，根据第二次世界大战后美国市场最坏的情况，出于规划目的我们不妨假设在给定的熊市中，普通股会下跌到 40% ~ 50% 之间。然而，根据 20 世纪 30 年代经济大萧条的教训（普通股下降了约 89%，25 年后才恢复到以前的高度）和日本目前的下降，在当前经济环境中更小心点好。在撰写本文时，没人知道现有熊市的严重程度如何，会持续多长时间。然而，出于规划的目的（和我们的资产配置决策），我们不妨假设潜在的下跌会高达 60% ~ 75%。这绝不意味着在投资组合中应排除普通股。它只是给出了一个基准，以测试投资者在其资产配置规划的投资组合中可以容忍多大程度的下跌。

在结束熊市的讨论之前，提醒读者注意，除普通股以外的其他资产类别也会有熊市。这在债券市场（尤其是在 20 世纪 70 年代后期和 80 年代）和房地产市场（尤其是在 20 世纪 80 年代末、90 年代初和目前）中已经验证了。

第 6 章
房地产和其他权益投资

本章目标

读完本章后，你应该能够理解以下要点：

- 房地产投资的优势和局限
- 如何持有房地产投资
- 房地产投资的种类
- 出售或者交换房地产的各种选择
- 石油、天然气和其他避税投资的性质
- 消极活动亏损（passive activity loss，PAL）规则，以及它们如何影响特定的投资回报
- 看涨期权和看跌期权的性质及其投资和投机的特点
- 首次公开发行的性质（IPOs）
- 商品期货交易的特征
- 黄金和其他贵金属投资的性质
- 收藏品投资的性质

6.1 房地产

从历史上看，房地产已经成为一个为获得收入或资本收益而被广泛使用的投资媒介。在某种意义上，很多人投资房地产，就是投资他们自己的房子、公寓或者集体公寓。很多人还拥有第二套房子或者度假别墅。其他人投资收益性房地产或者房地产投资信托基金（REITs）。一些人有大量来源于各类房地产的收益。

6.1.1 房地产投资的优势

可观的权益总回报率　从精心挑选的房地产投资中可能会获得高于平均水平的总体税后回报。这可能源自持有精心挑选的房地产的固有优

123

势、财务杠杆的使用和税收优惠。比较房地产和其他投资的收益率的困难之一是，衡量房地产回报率需要用专门的概念，而且其中一些概念相当复杂。这些超出了本书的范围。给一点参考，这里有一个在房地产中使用的简单公式，可以作为大概的经验法则来比较不同房地产投资的经营收益率。

经营回报率 = 利息和折旧前的净营业收入/购买价格

案例

举例说明，假设某投资者以 800 000 美元价格购买了一套小型公寓。为购买该房产筹款，该投资者首付了 120 000 美元现金，并背负了 680 000 美元的按揭贷款，该按揭贷款期限为 25 年，利率为 7.5%。考虑到当地的房地产市场，该投资者预计净营业收入（NOI）和该房产的市场价格均以每年约 2% 的速度增长（考虑到撰写本书时的经济环境，这可能是一个乐观的估计）。因此，如果目前每年的净营业收入——在扣除利息、折旧和所得税前，每年的收入（租金）减去房产税、其他经营费用、公寓空房的免税额——是 64 000 美元，经营回报率如下：

经营回报率 = 64 000/800 000 = 0.08 或 8.0%

根据联邦所得税，第一年经营的应纳税收入如下：

NOI	64 000 美元
减去：	
折旧	24 400 美元
支付利息	51 000 美元
应纳税收入（亏损）	（11 400 美元）

本例中的折旧假设 800 000 美元的购买价中约 672 000 美元（80%）被分配到该建筑和其改善（房产的折旧部分）。土地不能折旧。折旧在 27.5 年的使用寿命内进行直线折旧。注意，折旧是用来减少当期应纳税收入的一种非付现费用。这是房地产作为投资的主要避税方面。

由此可以看出，该房地产投资在第一年将会产生亏损，而不用缴纳联邦所得税。重点是投资者能否在其他应税收入中扣除该损失（利用该亏损对其他收入避税）。这个问题将在本章后面结合消极活动亏损（PAL）规则进行探索。然而，除非该投资者是从事房地产的人员或者是例外规定的个别纳税人，这个亏损将被认为是消极活动亏损，并且目前仅可抵减消极活动收入。

该房产的应税收入（损失）将随时间推移而变化。净营业收入可能上升，也可能下降，这取决于房地产市场状况和经营费用。分期偿还的按揭贷款还清后，利息支付会下降，而且折旧会使房产的税基减少。

可采用的较高财务杠杆 杠杆就是通过对借入资金的简单使用，使得投资者能利用借入的资金来尽量增加从自有资金投资的项目中获得的收益率。一般来说，当借贷成本低于其投资收益时，杠杆被认为是有利杠杆（或正利差），但情况相反时，它被称为不利杠杆（或负利差）[1]。刚才所举的例子是有利杠杆，因为房产的经营收益率高于贷款按揭支付的利率。

房地产投资者通常采用高财务杠杆——往往是一处房产价值的60%到90%。他们也可以通过升值房地产的再融资、再投资和免税交换（本章稍后介绍），利用杠杆来追加其所持有的房地产。在案例中，初始购买价格的85%通过按揭贷款来筹集，而投资者在该房产中初始权益是120 000 美元（800 000 美元价值减去 680 000 美元的按揭）。

良好的现金流 优质的收入型房地产，通常会产生良好的现金流。这是因为它应该产生一个合理的净营业收入，而且折旧是一种减少应税收入、但不减少现金流的非付现费用。案例中第一年的现金流计算如下：

净营业收入（第一年）	64 000 美元
减去：	
年度还本付息（按揭贷款的本金和利息）	53 900 美元
税前现金流	10 100 美元
减去：	
支付的所得税	(3 990)[2]
税后现金流	14 090 美元

但是，如果根据 PAL 规则，投资者不能用11 400 美元的亏损抵减其他收入，也没有可抵减的消极活动收入，第一年的现金流与税前数值相同。然而，即使是在这种情况下，投资者可以通过在完全应税或者部分免税的交易中出售房地产，运用累积延缓的 PAL 规则来减少未来应纳税收入（如果他后来有可抵减的消极活动收入）。

---

① 杠杆也可以被看做是希望房地产价值以快于借入资金成本的速率增加时，对借入资金的使用。这是一种更高风险的杠杆观点。

② 这里应付所得税是负值，表示由于 11 400 美元的应纳税损失，对投资者应交税款的减少。假定投资者边际所得税税率为35%（11 400 美元×0.35 = 3 990 美元）。

抗通货膨胀套期保值 像其他权益投资一样，房地产被认为是针对通货膨胀的一种套期保值。这是因为房地产价值和租金在通货膨胀期间趋于上升。

税收优势

第一，刚才提到，改良的房地产允许投资者采取折旧作为非付现费用，在应税收入税前扣除。但是，如果以后在应税交易中出售房地产，先前扣除的折旧会减少房地产的所得税税基，并且会带来一个相对较高的资本利得（或者较低的资本损失）。因此在后续销售的情况下，扣除的折旧实际上延缓了纳税，并将收益从普通收入变为资本利得。

第二，经营和维护房地产的成本，例如房产税、管理费用、保险和维修在税前扣除。

第三，根据《国内税收法》（IRC）第 1031 条款，房地产可以在免税的基础上交易或者交换为同类资产。

第四，投资性房地产在出售时，所获收益通常是资本利得[①]。此外，可以采用分期付款的方式销售，这样所有资本利得将分布在分期付款期间。

第五，既然房地产借贷不被视为应纳税的出售或交换，传统上的房地产再融资已成为从房地产获取价值但不发生资本利得税的一种方法。

6.1.2 房地产投资的局限

缺乏变现性 房地产的变现性相对较慢。买卖房地产需要大量的时间。此外，买卖房地产的费用相对较高。

需要大量的初始投资 房地产投资往往需要一个相对大量的初始投资。例如，前面的案例中，投资者需要 120 000 美元（股权）来购买公寓。

房地产的周期和杠杆 很难确定房地产的应有价值，特别是对外行人。房地产市场不统一，而且房地产市场中有一定的周期。此外，当房地产价格（租金）上涨时，财务杠杆很具吸引力，但在周期下降阶段，财务杠杆上升对投资者不利。

高风险水平 房地产被很多人认为是一种具有固有风险的投资形式。它的位置和特点是固定的。此外，在经济衰退或者萧条时期，房地产价值

---

① 但是，对于某些贬值的房地产（例如住宅房产），由于允许其折旧，净资本利得将会以最高税率 25% 征税，而不是通常最高 15% 的税率。

下降与其他类别的权益资产相比一样迅速，甚至更迅速。

6.1.3　如何持有房地产投资

个人所有和共同所有权　首先，投资者可以以他们自己的名义或者以联合租赁者或共同租赁人的名义购买房地产。这是持有房地产的传统方式，但是，这限制了投资的规模，投资规模是由投资者提供的资本量来确定的。

合伙企业　很多个人投资者通过购买持有房地产的有限合伙企业的份额来投资房地产。有限合伙份额是房地产投资的一种常用投资工具，其中，投资者是有限合伙人，发起人、建筑商或者开发商则是普通合伙人。以这种方式，有限合伙人可以把他们的资本投资到合伙企业，而对合伙企业的债务承担有限责任，来自房地产的收益或者损失可以通过有限合伙企业组织，分给有限合伙人个体，合伙企业无须纳税。这些收益或者损失（或者按税法规定抵扣后的部分）对于合伙人个人来说是应纳税的。

普通合伙人管理房地产的投资。但要注意普通合伙人的性格、能力和经验的重要性，因为他们是可控的。此外，房地产有限合伙的利益通常只具备有限的市场变现性和流动性。这些利益有一些二级市场，但是，在合伙关系结束前，投资者要处置有限合伙企业的利益，通常必须接受较大的价格折扣。房地产也可以通过有限责任公司（LLCs）来持有，这种公司也是应纳税的传递类实体（见第 31 章）。

共同财产所有者　在这种情况下，房地产经理人取得房地产，然后向投资者出售或者交换房地产的利益。投资者以共同财产所有者的身份持有其权益，即在整个房产中持有一部分所有者权益（例如 2% 的所有权权益，见第 25 章中共同财产所有者的法律性质的描述）。房地产经理为共同财产所有者管理房地产。

这种安排是投资者在众多房地产中分散房地产投资的一种方式。这也使投资者能够投资于大型的房地产，这种大型房地产投资仅靠他们自己或者通过其合伙企业或有限责任公司是无法承担的。美国国税局规定共同财产所有者人有资格进行 1031 条款规定的交换，这在本章后面介绍。

房地产投资信托（REITs）　房地产投资信托在概念上类似于封闭性投资公司（见第 8 章对封闭基金的描述。）这是一个符合税法对房地产投资信托基金要求的、主要投资于房地产的公司或者商业信托。房地产投资信托可以给投资者带来集中管理、有限责任、连续收益的和所有权可转让（变现性）的优势。此外，房地产投资信托可以通过将其全部或者大部分的收益分配给股东来避免企业所得税。这些分配会作为普通收入或者资本利得对股东征税。但是，不像合伙企业或者有限责任公司，房地产投资信托基金不允许出于避税目的把损失转给股东。

　　房地产投资信托的规模、资金来源和投资房地产的类型差别非常大。因此，对于任何房地产投资信托，投资者都应该考虑其投资目标。此外，房地产投资信托的管理也很重要。很多房地产投资信托的份额在有组织的股票交易所中进行交易。

　　根据其投资方式，房地产投资信托主要有三种类型。权益型房地产投资信托（Equity REITs）主要从他们自己拥有的房地产的租金收入和资本利得中获得收入。抵押型房地产投资信托（Mortgage REITs）主要从他们发放的按揭贷款的利息收入中获得收入。混合房地产投资信托（Hybrid REITs）是权益型和抵押型的组合。房地产投资信托可能专注于特定种类的房地产或者抵押贷款。

　　税收优惠计划中的子账户　一些高质量的退休计划、可变年金、可能还有可变人寿保险计划，设有子账户投资于参加者或所有者可以选择的房地产。然而，既然这些计划的投资收益现在是免税的，而且他们的所有分配都会当做普通收入被征税，那么，当通过这些计划来持有房地产时，直接投资房地产或者通过合伙企业或有限责任公司投资房地产的税收优势就会消失。

6.1.4　房地产投资的种类

考虑到投资种类和税务，房地产分类如下：

- 未开发的土地（裸地）
- 开发的投资性房地产（持有作租赁），包括：
  - 新的或已使用的住宅房产（公寓或类似）
  - 低收入住房
  - 旧的建筑物和认证的历史建筑
  - 其他产生收入的房地产（如写字楼、商场、仓库、宾馆酒店、汽车旅馆以及各种工业和商业房地产）
- 抵押贷款房地产

- 度假别墅和第二住所

6.1.5　投资性房地产的处置

有时，房地产投资者可能想处置房地产。根据当时情况和所有者的目标，可以采取以下很多方法。

现金销售　在这种情况下，投资者卖出房地产，在一年内取得购买价格。用前面的案例，假定我们的投资者持有该公寓 10 年了，想要卖出该公寓以获得现金。假定市场价格每年增长 2%，售价将会接近于 975 000 美元。未偿还的按揭贷款已经下降到约 600 000 美元，该投资者在该房产上的所得税税基现在是 556 000 美元（在原来 800 000 美元的基础上减去 10 年内每年 24 400 美元的折旧，或者 244 000 美元)[①]。

根据这些事实，该销售的纳税状况如下：

销售价格	975 000 美元
减去：	
交易费用（7%）	68 250 美元
调整后税基（800 000 美元减去累计折旧 244 000 美元）	556 000 美元
长期资本利得	350 750 美元
以 25% 对折旧带来的利益金额（244 000 × 25% = 61 000 美元)[②]	61 000 美元
以 15% 对净资本利得余额征税（106 750 × 0.15）	16 012 美元
应纳税总额	77 012 美元

此外，如果投资者已经延缓了消极活动亏损的抵减[③]，他可以在消极活动（案例中的公寓）中的全部收益被处置的那一年，用消极活动亏损来抵减消极或者非消极收入。延缓的 PALs 首先被用来抵减消极活动处置中的收入或者利得，然后抵减任何其他消极活动的收入，最后抵减非消极收入或者利得（如工资、利息或者股利）。

该投资者的税后权益情况如下：

[①]　这里假设税基没有其他变化（如改良该房产会增加税基）。

[②]　见第 126 页脚注①。这部分收益被称为"国内税收法第 1250 条款未捕获收益"，在这种情况下，没有普通收入，因为住房房地产一直用直线法进行折旧。

[③]　见本章对 PAL 法则的讨论。

售价	975 000 美元
减去:	
交易成本（7%）	68 250 美元
按揭贷款余额	600 000 美元
应支付的资本利得税	77 012 美元①
税后权益净额	229 738 美元

因此，投资者可以将这笔钱用作其他投资或用途。但是，投资者要意识到在房屋售出当年需确认收益，并且未来 10 年每年从该房产获得现金流。

分期付款销售　当资产的支付期间超过一个税务年度时，就是分期付款销售②。应交税金按照每期付款的比例来缴纳，如下所述。

当应税的销售收益（非亏损）采用分期付款的方法时，按照税务目的将每期的支付分为以下几部分：免税的基本回报、应税的资本收益（15%或 25%，视情况而定）和被视为普通收入应税的分期支付的利息（至少等于第 3 章所述的适用的联邦税率）③。为了确定每年应税的资本收益的量，要计算毛利润率（百分比），就是销售的毛利除以该房地产支付的价格。毛利率再乘以每期的分期付款支付额，来确定支付中应税收益部分。支付中的剩余额（考虑利息后）是免税的基本回报。举例说明，在前面的案例中，如果是分期付款销售，公寓的利润率是毛利（350 750 美元）除以销售价格（975 000 美元），等于 35.79%。

如果折旧房产的应税收入某一部分以 25% 比率征税，这一部分应在税率为 15% 的收益之前考虑。分期付款的利息作为普通收入被征税。

分期付款的方法可用于大多数的资产，但有些重要的例外。其中之一就是在已有证券市场上交易的股票或证券的销售不适用这种方法。因此，公众持股（交易）股票和其他证券不享有分期付款销售的待遇。根据美国国税局规定的范围，在已有市场上定期交易的其他资产的销售也不能采用分期付款的方法。但是，经销商处置房地产或个人财产则

---

① 像刚才解释一样，通过延缓 PALs 会减少应纳税额。

② 如果某一销售在税务上规定必须采用分期付款的方式，除非纳税人（卖方）确定不采用该方法，否则该销售也是分期付款销售。

③ 在某些情况下，部分收益是当做普通收入应税的，即所谓的《国内税法》第 1250 条款夺回的普通收入"。通常是来自"超额折旧"，来源于扣除的折旧（允许时）超出直线折旧法下允许额的那一部分。

除外。

房地产经常以分期付款的方式销售。私人持股公司的股票和其他类似商业利益的销售也可以采用分期付款的销售方式，其他种类的财产也可以。对于卖方，分期付款销售的主要优点是有待支付的资本收益税在分期付款期间的递延。另一方面，对于买方，没必要当时就筹集到全部的购买价格，可以在分期付款期间支付。但是，资产以该方式出售时，卖方仍然保留一定的信用风险，即买方可能无法筹集未来付款。

同类交换 有很多同类或者类似房地产的延期纳税交换，这些同类房地产的持有是为了在交易或者业务中用于生产，或者根据国内税法第1031条款进行投资。这些交换通常被称为同类交换或者第1031条款交换。这在房地产中比较重要，因为他们允许房地产所有者把房产交换成其他房地产，而不用确认房产交换中的资本利得。因此，投资者可以在无税或较少税的情况下，通过出售其房地产（称为放弃房地产），然后买入其他房地产（称为重置房地产）来改变其持有的房地产。这些交易通过那些负责出售和购买过程的"合格中介机构"（Qualified Intermediaries）来实现。同类交换的税收规则是复杂的，必须认真遵守以确保获得不确认税收的待遇。被交换房地产的所有者的所得税税基继续适用于获得的新房产。

这些1031条款不确认税收的交换不适用于股票、债券、票据、其他证券和类似财产。它们也不适用为个人使用目的所持有的房地产的交换（例如家庭住所）。但是，如果说，个人住宅转变为商用或者投资性房地产已经相当长的时间了，它就有资格进行同类交换的交易了。

同类交换除了交换的房地产，可能还涉及补价（boot）的收取。补价是指除了同类交换的房地产之外，收到的现金或者个人财产。为了平衡交换的房地产价值差，补价可能是必要的。收取的补价可能会导致对补价的范围现行征税。收益的剩余部分不会被确认税收。

房地产再融资 虽然房地产的处置不具有技术性，但是再融资使升值房地产的所有者从他们的房地产中获得现金而无须纳税。然而，这也意味着他们将增加其杠杆（债务），这会产生风险或利益。

例如，如果10年后，先前案例中的投资者决定用其公寓进行再融资，而不是出售或者交换该公寓，再融资额为当前估计价值（975 000美元）的85%按揭贷款，结果如下（忽略了再融资费用）：

新的按揭贷款（975 000 美元的85%）	828 750 美元
减去：	
按揭贷款的当前余额	600 000 美元
再融资获得的现金	228 750 美元

投资者可以用该现金作为购买额外房地产的权益（从而追加其房地产投资组合），进行其他投资或者用于其他目的。

房地产权益的赠与 像其他财产一样，房地产可以作为遗产规划赠与项目的一部分赠送给家人。第 27 章将会讨论在世捐赠的优势和劣势。

6.2 石油和天然气投资

这是风险投资，但是如果成功，投资者会得到丰厚的回报。他们往往专门从事投资，其经济特点超出了本书的范围。

石油和天然气投资有一些基本的税收优惠政策。

- 无形钻探费占生产井初始成本的比例高达 80% 到 90%，可以从收入中扣除。税法允许从石油和天然气开采作业（人们一般对成本中所占份额承担无限责任）获得开采利益的人们，从其他应税收入中扣减其作业损失。如果投资者同意成为投资中的普通合伙人（承担无限责任），这也可成为现实。但是，有限责任合伙企业的利益（承担有限责任）不属于这类开采利益，有限合伙人的损失通常是消极活动亏损（PALs）。
- 纳税人可以从石油和天然气投资获得的总收入中，扣除总收入 15% 作为备抵损耗享受税收优惠。
- 但是，投资者扣除的无形钻探费（IDCs）和备抵损耗的金额会减少其石油和天然气收益的税基。在某些情况下，这些款项也可作为税收优惠项目来实现税收最小化的目的。

当然，人们可以直接投资石油和天然气的经营。然而，石油和天然气合伙企业是公众投资石油和天然气的方式。

6.3 其他避税手段

其他种类的避税投资包括饲养业和其他农业企业，饲养马牛、木材、矿业或采矿作业、设备租赁、电影和研发企业等。限于篇幅，本书不对其逐一讨论。

6.4   消极活动亏损规则（Passive Activity Loss Rules）的影响

刚才所描述的这些投资传统上做避税投资，因为损失（即使它们不是真正的经济损失）可以被用来抵减投资者的其他应税收入[①]。例如，这类税收损失可能出现在房地产投资中的折旧、石油和天然气投资中的无形钻探费和备抵损耗。

6.4.1   问题

结果是许多高收入的人进行避税投资，以达到减少其应税收入的目的。他们可能用无追索权的贷款为其投资融资。当然大家希望避税投资能在某些时候盈利，那么投资者能出售投资，至少获得部分资本收益。投资者也可以继续新的避税投资，并获得新的亏损。

由于涉嫌滥用避税投资，《1986年税收改革法案》通过了PAL规则。PAL规则的主要理念是禁止纳税人（有些例外）用所谓的消极活动亏损来抵减、规避其他类型的应税收入。

6.4.2   何谓消极活动

对于这些规则的目的，消极活动是（1）纳税人没有在定期、连续和有效的基础上，实质性参与一项交易或业务[②]；或者（2）主要涉及房地产租赁的活动，无论纳税人是否实质性参与。因此，不管所有者是否实质性参与，租赁活动（包括房地产的租赁）通常是消极的。专门从事房地产的人员实质性参与租赁活动的情况下，对房地产的规定有例外。该法规对这类人定义非常严格。个别房地产投资者也有例外，稍后解释。

6.4.3   谁受影响

这些规则影响的纳税人包括任何作为自然人，合伙企业的合伙人，有

---

① 尽管避税投资的术语一直像刚才所描述的那样使用，但是用它来描述其他一些税收优惠政策是不严谨的。

② 所得税法中有些客观性评价，来说明实质性参与这一法律术语的意思。例如某一纳税人一年内参与时间超过500小时，或者其参与时间超过100小时且没人比他的参与程度更高，或者一年内的参与构成所有参与的主要部分，则认为其实质性参与某一活动。

限责任公司的成员或者小型企业、房地产、信托和某些私人持股C类公司的股东的个人。当有消极活动时，税法规定应扣除的超过收入的费用（消极活动亏损），通常仅可以用来抵减其他消极活动的收入。因此，消极活动亏损不得用于抵减其他来源的收入，例如工资或个人收益（称为个人服务收入），应税的利息和股利（指投资组合收入）和来自活跃业务记录的应税收入（纳税人实质性参与的交易或业务）。

但是，未使用的消极活动亏损并没有完全丢失，只是递延了，直到纳税人将来用其抵减消极活动收入（如有），或者纳税人在完全应税的交易中出售消极活动（如前所述，此时可以抵减其他收入），或者在纳税人死亡时，部分使用。

6.4.4　房地产个人投资者的豁免

这些规则中有一个特别豁免，即如果纳税人的调整后的毛收入（AGI）少于100 000美元，则允许"积极参与"租赁活动的个人，可以把每年房地产租赁损失中最多25 000美元，用来抵减其他来源的应税收入。对于调整后毛收入（AGIs）超过100 000美元的纳税人，25 000美元的豁免额逐步淘汰，变为扣除纳税人调整后毛收入（AGIs）超过100 000美元金额的50%[①]。

6.5　看涨期权和看跌期权

在有组织的交易所内买卖普通股的期权交易（看涨或看跌）是一些投资者采用的一项技术。看涨期权允许期权购买方在一个特定期间的任何时点，以其设定的价格（称为执行价格或预购价格）购买一定量的股票或者其他资产。看跌期权允许期权购买方在特定期间的任何时点，以设定的价格出售一定量的股票或者其他资产。股票的期权通常以一手（100份）为一单位。到期日是期权的持有人可以执行期权的最后一天。上市交易的期权有标准的季度到期日。

6.5.1　购买期权

当人们想要投机一只股票是否上升或下降或者波动超过一定界限时，

---

① 因此，逐步淘汰发生在毛收入在100 000～150 000美元之间。

或者出于其他原因时，人们可以购买期权。期权的价格被称做期权费。

例如，假定某人认为 XYZ 公司的普通股价格太低，很快会上涨。在这种情况下，他可以购买 XYZ 公司的普通股的看涨期权。进一步假定 XYZ 公司普通股 6 月 1 日的股价为每股 62 美元，上市交易的 10 月到期的、执行价格为 60 美元的、XYZ 公司普通股看涨期权的期权费为每股 7 美元，或者 700 美元每手。这就意味着，此人用 700 美元（简单起见，不包括佣金）购买了一个标准合约，允许其在 10 月底（到期日）之前的任何时间，以每股 60 美元的价格（执行价）购买 100 股 XYZ 公司的普通股。如果现在 XYZ 公司普通股在 9 月 1 日攀升到每股 72 美元，在期权交易市场中，10 月到期的、执行价格为 60 美元的看涨期权会升值，比如说，该期权的期权费在 9 月 1 日是每股 13 美元。如果此人决定在 9 月 1 日对期权进行平仓，他会以每股 13 美元的价格出售该看涨期权。在这种情况下，利润（除佣金）如下：

6 月 1 日——购买期权	700 美元
9 月 1 日——出售期权	1 300 美元
三个月交易的利润	600 美元

由此看出，利润是期权费用 700 美元的 85%，而标的股票的价格仅上升了 16%（从 62 美元到 72 美元）。但是如果 XYZ 公司的普通股价格保持着 62 美元附近或者在 5 个月期间内下降，期权购买者会损失 700 美元的期权费，承担了 100% 的损失。然而，期权购买者的损失风险以支付的期权费为限。

虽然杠杆性投机是购买看涨期权的主要原因，还有其他可能的原因，例如出售一些现有的投资来释放现金，但仍然持有短期市场仓位，防止短期市场的不确定性和对冲卖空。

另外，如果投资者认为 XYZ 公司普通股被高估，而且很快就会大幅下降，他可能会购买看跌期权。除了方向相反，操作方式和看涨期权相同。

购买看跌期权的另一个原因是保护某一投资的价位，防止市场下降的风险。正如第 11 章中的解释，购买看跌期权可能是套期交易投资的一部分，该套期交易是为了保护高度升值的股票价值不受市场下降的影响，而无须实际地出售这些股票，并获得资本收益。

更有经验的交易者可能用到很多期权技术。其一是对冲，即购买同一股票的执行价格和到期月份相同的看涨期权和看跌期权。如果标的股票的价格向任何一个方向变动足够大，超过了两个期权的期权费，投机者就获利了。

6.5.2 出售期权

看涨期权的出售动机完全不同于其购买动机。期权卖方通常想在现有投资中获取更高的收益。增加的收益来自期权卖方授予买方期权，而从买方那收到的期权费。然而，期权卖方放弃了他所拥有股票资本升值的机会，这叫做弃权。但是如果股票价格下跌，期权卖方承担该风险（除非卖方还有看涨期权的期权费）。

但是所谓的纯粹看涨期权的出售具有高度的投机性。有些期权卖方并不拥有标的证券，一般而言，看涨期权只能针对期权卖方投资组合中的证券或者为此目的而购买的证券出售。此外，看跌期权的出售也仅针对现金，和卖方在其投资组合中需要的股票。

看涨期权的出售是先前提到的套期交易投资的另一部分，在第 11 章介绍。

6.6 新发行或者首次公开募集

公司第一次公开发行的股票和债券叫做新股发行或者首次公开募集（IPOs）。其中，一些是由大公司发行的，但是大部分的新股发行是由小型的、不出名的或者刚成立的公司发行的，其中很多没有建立经营和盈利的交易记录。因此，此类股票和债券往往具有投机性。然而，有些投资者喜欢购买这些新发行的股票进行投机，成功的 IPO 可能会给原始买家带来惊人的收益。这种收益主要是由首次公开发行后价格迅速上升带来的。但是，长期来看，很多 IPO 被证明并不成功。

6.7 商品期货交易

人们经常从事商品期货交易，希望能从一种或者多种基本商品的价格变化中获利，这些商品包括小麦、玉米、燕麦、大豆、马铃薯、铂、铜、银、橙汁、可可粉、鸡蛋、冷冻猪肚、木材和冰肉鸡。通过买卖期货合约可以在这些商品价格变动中进行投机。

期货合约是在指定的未来日期，以协议价格买卖商品的协议。尽管期货合约要求商品的交割（除非合约在到期日前清算），但现实中很少这样做。商品期货的投机者通常在合约到期前平仓。这样商品本身从未真正在投机者中交手。相反，买卖实物商品的合约要在现金（或现货）市场中执行。

举例说明，假设某人认为玉米的价格将会上升。他可能采用期货合约来购买 5 000 蒲式耳的玉米（玉米的完全合同），在 12 月以每蒲式耳 3 美元的价格交割，每蒲式耳 3 美元的价格是当时购买订单被执行时的价格，即玉米在 12 月的市场价格（假定是市场订单）。这被称为在此商品上做多。现在假设此人预期正确，一个月内，12 月到期的玉米期货价格每蒲式耳上升了 20 美分到 3.20 美元。现在投机者可能决定对该交易平仓，出售 5 000 蒲式耳 12 月玉米期货，除佣金和其他费用外，每蒲式耳获得 20 美分的利润，或者总共 1 000 美元（5 000 × 0.20 美元 ＝ 1 000 美元）。然而，投机者可以通过保证金交易这一杠杆来放大利润。商品中的保证金要求相对较低——通常是交易商品价值的 5% 到 10%。如果本例中保证金要求为 10%，投机者只需在经纪人那里存款 1 500 美元作为价值 15 000 美元期货合约的保证金。因此，这一杠杆能放大投机者的潜在利润（和损失），表现为投机者实际增加的金额。当然，如果 12 月到期的玉米期货的价格下降，投机者平仓该交易，他会承受类似投机性的、放大的损失。

相反，假设投机者认为玉米的价格过高，将会下降。在这种情况下，他会卖空，例如可能采用在 12 月交割的期货合约，以每蒲式耳 3 美元的价格出售 5 000 蒲式耳玉米。当然，如果 12 月玉米期货价格上升，投机者平仓也会在此交易中发生损失。在商品期货交易中有很多其他方法，但在这里不讨论。

提醒一句，虽然从商品期货交易中获得投机利润的机会是巨大和迅速的，但是风险也同样如此。商品期货交易具有固有的投机性和风险性。

6.8　黄金和其他贵金属

在其资产配置中，一些投资者希望投资组合中有一部分（如 5% 至 10%）投到黄金或者其他贵金属上。近年来，黄金的价格波动很大。黄金被一些人看做应对通货膨胀的保值品，在通货膨胀威胁投资时，其价格预期会上涨。同时，黄金也被一些人视为经济不确定和困难时期投资的避风港。对于黄金和其他贵金属作为一个投资类别是否合适尚未达成共识。

个人可以通过购买金币甚至是金条来投资黄金，也可以购买黄金和贵金属矿业公司的普通股，其股价的变动大概与金属本身价格的变动相一致。我们可以直接购买或者通过类似于共同基金的中介机构购买这些股票。此外，还有一些交易所交易基金（ETF）的资产由实物黄金构成，其股价随金价的变动而变动。

6.9 艺术、古董、钱币、邮票和其他收藏品

有些人热衷于投资更不寻常的品种。近年来，在某些领域，选择恰当的投资品种，其价格将会有大幅度的提高。这些投资品种有些是独特的、专业的，所以成功投资需要对这些投资品种有专业的知识。此外，这些投资品种不产生投资收入，仅仅可能获得价格升值。当然，很多人对这类财产有收藏的兴趣，所以对他们而言，投资这些品种还是非常符合逻辑的。但是，当出售这类财产获得收益时，长期资本收益税税率是28%，而不是当前适用于大多数长期资本收益的15%的税率。

第 7 章
固定收益投资

本章目标

读完本章后，你应该能够理解以下要点：

- 如何从债券获取收益
- 公司债券的性质和赎回条款
- 公司债券的所得税法规
- 市政债券的等价纳税收益率
- 市政债券的种类和赎回条款
- 各类市政债券的所得税法规
- 美国国债的类型和赎回条款
- 美国中长期国债的所得税法规
- 与通货膨胀指数挂钩的中长期国债和票据的性质和所得税法规
- 美国储蓄债券的性质和税务法规
- 转手债券的性质
- 市场折扣债券的性质和所得税法规
- 零息债券（OID，初始发行折价）的性质和所得税法规
- 优先股的特征
- 大额可转让存单（CDs）的类型和所得税法规
- 现金等价物（流动资产）的类型
- 固定收益证券的可转换权
- 投资质量、债券评级和高收益债券
- 固定收益投资组合的策略，包括：

　—纵向分散和杠铃策略

　—应税与免税证券

　—赎回保障策略

　—投资质量的注意事项（高收益证券）

　—总体策略

前两章已经讨论了各种股权型投资。然而，对于大多数人来说，股权投资应该只是其整体资产配置策略的一部分。一般也包括一种或者多种固定收益证券。简而言之，固定收益投资一般向投资者承诺定期支付固定金额，而且在大多数情况下，也承诺在到期日支付面值。

7.1 固定收益投资的种类

固定收益债券和投资包括以下种类：
- 公司债券
- 市政债券
- 可流通的美国国债
- 美国储蓄债券
- 美国政府机构债券
- 按揭和资产抵押债券（转手债券）
- 零息债券（公司债券、市政债券和美国政府债券）
- 大额可转让定期存单
- 稳定价值基金
- 流动资产（现金等价物）
- 优先股

7.2 从债券获取回报的方式

在讨论各类债券之前，需要了解投资者购买流通债券并获得回报的方式。探讨这个问题有助于解释各类债券的所得税规定。此外，和普通股一样，给定期间内债券的总收益是期末市场价格减去期初市场价格（资本利得或损失）加上期间支付的利息。

7.2.1 平价购买的债券

当债券的购买价格等于其到期价值（面值）时，就是平价购买。投资者收到利息（票面利率）直至到期日，在到期日，投资者收回票面金额。如果投资者在到期日前出售债券或债券被赎回，若售价高于（或低于）其债券的税基（成本），那么投资者会获得资本利得（或损失）。

7.2.2　市场贴现债券

这些是在债券发行后以低于债券面值的价格从公开市场购买的债券（假定该债券最初平价发行）。例如，投资者可能以 937 美元购买 10 年后到期的，利率为 4.5%，面值为 1 000 美元的债券。在这种情况下，投资者在到期日前每年收到 45 美元的利息（票面利率 4.5% 乘以 1 000 美元），在到期日收到 1 000 美元的面值，其中包含 63 美元的市场折价。

如果在到期日前投资者出售债券或者债券被赎回，若出售价格高于（或低于）该债券调整后的税基，投资者会获得收益（或损失）。收益的一部分来自市场折价程度的降低，一部分是资本利得。损失就是资本损失。

7.2.3　初始发行折价债券

这种债券的初始发行价格低于其面值。如果债券不支付利息（其票面利率为零），就被称为零息债券。例如，投资者以 255 美元的价格购买了一份票面利率为 0、20 年到期的面值为 1 000 美元的债券。在这种情况下，投资者在到期前不会收到利息，但在到期日会收到 1 000 美元的面值，其中包含了 745 美元的初始发行折价。如果投资者在到期日前出售该债券，若售价高于（或低于）调整后的债券纳税基数，投资者会获得收益（或损失）。

7.2.4　溢价购买的债券

这些是在发行后的公开市场上以高于面值的价格购买的债券。例如，投资者以 1 091 美元的价格购买了一份 28 年后到期的、票面利率为 6.25% 的、面值为 1 000 美元的债券。这样，投资者到期日前每年收到 62.5 美元的利息（票面利率 6.25% 乘以 1 000 美元），在到期日收到 1 000 美元的面值。如果在到期日前投资者出售债券或者债券被赎回，若售价高于（或低于）调整后的债券纳税基数，投资者会获得资本利得（或资本损失）。

7.2.5　中介机构持有的债券

当共同基金、变额寿险和可变年金产品或者合格退休金计划中持有债券时，债券的回报一般被看做类似于这些基金或账户的回报。

7.3 公司债券

这些是私人公司发行的债券，并且通常以发行公司的信誉为基础。一般认为公司债券安全性低于美国财政部发行的债券（最安全）和大多数的市政债券。

7.3.1 公司债券的安全性

有些债券，例如设备信托凭证和按揭债券，是由公司财产全部或部分的留置权来做担保的。然而，很多债券是信用债券，是以发行公司的全部信用作为支持，但对公司资产没有特殊的留置权。对于没有明确抵押给其他债券契约的所有资产，信用债券都具有优先索取权。次级债券在高级债券索赔后拥有对资产的索取权。债券发行可能设有偿债基金条款，该条款可以在到期日前付清债券的绝大部分。

7.3.2 赎回条款

很多公司债券在到期日前可被赎回。现在很多公司发行的债券在特定期间内给投资者提供赎回保障。投资者愿意接受较低的收益率，以换取一定的赎回保障或不可赎回的债券。债券的赎回保障随经济条件的变化而变化。不幸的是，没有人真正知道未来利率如何变动。

7.3.3 公司债券的税收规定

一般原则是对来自公司债券的投资收益全部征收联邦所得税。一般也全额征收州所得税（有些州没有所得税）。支付的现行利息（票面利率）作为普通利息收入征税。市场折价一般也作为普通收入纳税。初始发行折价作为普通收入纳税。

如果是溢价购买公司债券，投资者可以选择在债券的剩余期限内（或者到赎回日）对溢价进行摊销。根据债券购买时间，投资者可以用每年的摊销额来减少其他应税的债券利息，或者作为一个扣减项目。无论哪种方式，摊销额可以减少其他应税的普通收入。摊销额也降低了投资者持有债券的税基。如果投资者选择不摊销溢价，溢价被加到税基中，债券处置的价格高于税基时减少资本利得，债券处置价低于税基时产生资本损失。

如果公司债券在到期日前被出售或者被回购，超出税基的金额一般是作为资本利得征税。但是，对于市场贴现债券或者初始发行折价债券，全部或者部分收益作为普通利息收入征税。

7.4　市政债券

7.4.1　免税和应税收益

市政债券的一个重要特征是，利息免征联邦所得税，并且在债券发行的州免交州所得税和地方所得税。市政债券对于一些人特别有吸引力，这些人所得税的等级使他们从免税利息中获得的税后收益高于从完全应税利息中获得的税后收益。表 7.1 第 2、3、4 列说明了市政债券与其他一些固定收益投资的有效税后收益的关系。第 5 列显示了 2009 年适用的、各种边际联邦所得税税率下、5.5% 的免税收益率对应的等价纳税收益率。

表 7.1　　　　　　　　　固定收益投资的税后收益率[①]　　　　　　单位:%

1	2	3	4	5[②]
联邦税率等级	支付 5.5% 的免税利率的市政债券的税后收益率	支付 5% 应税利率的银行的税后收益率	支付 7% 应税利率的公司债券的税后收益率	为使投资者在应税投资中保持 5.5%（免税）的收益率，应支付的等价纳税收益率
15	5.5	4.25	5.96	6.47
25	5.5	7	5.25	7.33
33	5.5	3.35	4.69	8.21
35	5.5	3.25	4.55	8.46

注：①所有的数值都是百分比形式。这些收益率没有考虑州或地方政府所得税规定可能产生的影响，各州之间征收的所得税差异相当大。

②免税收益率（5.5%）除以 1 减去最高边际联邦所得税税率计算得出等价纳税收益率。

举例来说，丈夫和妻子对其共同收益报税，其适用 33% 的联邦所得税税率，税后他们会保留来自免税市政债券的所有收益（或表 7.1 显示的 5.5%）。但是，这对夫妇只能从大额可转让存单支付的 5% 的利息（应税）中获得 3.35% 的收益率，从 7% 的公司债券（应税）中只能获得 4.69% 的收益率。根据这些数字，这对夫妇应该考虑市政债券。请注意，尽管收益率会随时间而变化，但是投资者的最高边际税率，以及市政债券收益率与可比应税收益率的关系是投资者考虑的基本原则。

如果考虑到州和地方税，免予征收联邦、州、地方税的市政债券更具吸引力①。为了确定联邦和州最高边际所得税税率的综合效果，假定投资者对联邦所得税的扣除列出清单，有必要调整最高边际州税率，来反映州和地方所得税在计算联邦应税收入前已经被扣除的事实。这种调整是用州税率乘以 1 减去边际联邦税税率，来确定有效的州税率。

如果假设本例中的已婚夫妇最高边际州和地方税率为 6%，并列出了联邦扣除额，有效的州税率是 6% × （1 − 0.33）或 4.02%。他们的综合有效的联邦和州税率是 37.02%（33% 的联邦利率 + 4.02% 的有效州税率）。在这种情况下，表 7.1 中 7% 的公司债券的税后（联邦、州和地方）收益率是 4.41%，5.5% 的市政债券的等价纳税收益率是 8.73%。

如果投资者没有列出联邦税的扣除项，那么州和地方所得税税率不能被扣除，综合有效的联邦和州税率简单地被设定为最高联邦税率加上最高州税率（或前例中 33% + 6% = 39%）。请注意，这种分析并不适用于美国国库券或其他美国政府直接发行的债券，因为其利息免予缴纳州和地方所得税。

7.4.2　赎回条款

和公司债券一样，市政债券通常也可被赎回。但是，市政债券只在特定日期后才能被赎回或者有其他的赎回保障。此外，有些市政债券根本不能被赎回。

7.4.3　市政债券的种类

一般责任债券　这是市政债券的一个重要的类别；由发行债券的州政府或市政府全部的诚信、信用和税收能力作为保障。通常认为，一般责任债券给投资者提供一个较高的安全等级，当然与发行方的信用评级相一致。

特殊税务债券　这些债券只能靠单一税种、一系列税收或其他一些特殊来源收入的收益来支付。

收入债券　收入债券的发行是为了给各类项目融资，例如供水、排污、煤气、电力设施、医院、宿舍、水电工程、桥梁、隧道、收费公路和

---

① 这些有时被称为三重免税的市政债券。它们免予缴纳联邦所得税，而且在市政债券发行的州，州政府和地方政府一般不对利息（有时还包括资本利得）征税。

高速公路。这类债券的本金和利息完全由项目产生的收入支付。

房屋委员会债券　这类债券是由地方当局发行的，为廉租房项目的建设融资，并由住房援助署（一个联邦机构）的年度会费作为无条件的抵押担保。房委会债券被认为是优质的投资。

产业发展债券　这些债券是由市政府或其他授权单位发行的，但由占有或使用通过发行债券融资购买的设施的产业公司的租赁款作担保。

已保险市政债券　许多市政债券投保以保护投资者免受债券违约的风险。这类保险提高了债券的信用可靠性，通常使债券有最高质量的评级。市政债券的三家大型保险公司是财政担保保险公司（FGIC），市政债券投资者保险公司（MBIA）和美国市政债券保险公司（AMBAC）。这些私营保险公司的财务实力，是对市政债券发行进行保险的后盾。但是，在撰写本书时不明朗的经济条件下，一些债券保险商财务已经出现问题。因此，市政债券的投资者要谨慎地考虑债券本身基本的信用质量，而不是单靠债券保险。

7.4.4　市政债券评级

市政债券的质量评级是由穆迪公司和标准普尔公司提供的金融服务，它们也对公司债券进行评级（参阅本章"债券评级和投资质量"一节）。一般而言，高级市政债券质量评级排名第二，仅次于美国政府和政府机构发行的证券。

7.4.5　市政债券的纳税规定

1986 年 8 月 8 日之前发行的所有市政债券的利息一般免征所有的联邦所得税。但是，对于 1986 年 8 月 7 日（或其他适用的日期）之后发行的市政债券，有三种联邦所得税制度，具体如下：（1）出于公众利益的市政债券的利息仍然免征所有的联邦所得税；（2）免税的私营活动的市政债券（合格债券或替代性最低税率债券）的利息免交正规的联邦所得税，但一般是替代性最低税的首选项目；（3）应税的私营活动债券的利息全部应交联邦所得税。迄今为止，已经发行的完全应税市政债券相对较少。

由于替代性最低税债券（为机场、体育场、学生贷款计划等融资的私营活动债券）的利息首先应交替代性最低税，因此，它会对受替代性最低税债券系统约束的投资者征收 26% 或者 28% 的税①。对于这些投资者，替代性最低税债券没有吸引力。但是，既然替代性最低税债券通常比类似的公众利益债券的收益要高，它对那些不适用替代性最低税的投资者更有吸引力。

对于 1993 年 4 月 30 日以后购买的市政债券，应计的市场折价一般作为出售、赎回或债券到期后的普通收入征税。对于 1993 年 5 月 1 日前购买的债券，市场折价被视为资本利得征税。

市政债券的初始发行折价部分是不纳税的，但对 1982 年 9 月 3 日后发行的和 1984 年 3 月 1 日后收购的市政债券，在持有者税基中增加了应计免税的初始发行折价部分。

如果溢价购买完全免税、息票支付的市政债券，持有者必须在债券的剩余期间（或者直到较早的赎回日期）对该溢价进行摊销。但是，每年的摊销额是不能抵扣的，也不能减少其他应税利息收入。相反，它只是减少了收到的免税利息。而且，持有者必须每年对其债券税基减少摊销额。

如果在到期日前市政债券被出售或赎回，超出税基的部分一般应视为资本利得征税。但是，对于市场贴现债券，利得的全部或者一部分可作为利息收入。

7.5　美国政府国债

7.5.1　短期国债（Treasury Bills）

短期国债是在折价的基础上发行，并在到期日以面值赎回。期限一般有 13 周、26 周、52 周，而且具有高度的流动性（类似于现金等价物）。

7.5.2　中期国债（Treasury Notes）

中期国债到期期限从 1 年到 10 年，以市场利率或者接近市场利率发行，利息每半年支付一次。

7.5.3　长期国债（Treasury Bonds）

长期国债到期期限超过 10 年，以市场利率或者接近市场利率发行，利

---

① 替代性最低税系统在第 11 章讨论。作为 2009 年经济刺激计划的一部分，美国恢复和再投资法案规定，对 2009 年和 2010 年发行的私营活动债券或者免税利息不用交替代性最低税。

息每半年支付一次。

7.5.4　赎回条款

一般而言，中长期国债是不能被赎回的。一些长期国债可在到期日前5年以面值赎回；其他情况下都不能被赎回。没有赎回的风险和其最高信誉，是规划债券投资组合的重要因素。这可能导致投资者在纵向分散债券投资组合时，采用长期国库券作为最长到期的那一级，本章稍后解释。

7.5.5　中长期国债的纳税规定

美国中长期国债的利息收入应交联邦所得税。但可以免交州和地方所得税。这在一定程度上增加了中长期国债的税后收益，这也取决于投资者所在州和地方的税收水平。

当期支付的利息（票面利率）被作为普通利息收入征税。市场折价一般被作为普通收入征税。此外，初始发行折价被作为普通收入征税。如果溢价购买中长期国债，投资者可能会在债券剩余期限内摊销该溢价。对于公司债券可用同样方式操作。中长期国债的销售和公司债券的销售产生的纳税结果相同。

7.5.6　通货膨胀保值的中长期国债

财政部发行了通胀保值国债（TIPS）。这些中长期国债有固定利率，但是需要根据调整后的城市消费者价格指数（CPI－U）判断通胀或通缩来定期调整本金。这类国债每半年支付一次利息，在到期日支付本金（包括因通胀或通缩所做的调整）。但是，如果到期日本金低于发行的本金，则有最低的支付保证。

例如，假设财政部发行10年期、面值为1 000美元的通胀指数中期国债，固定利率是3.5%。若假定第一年的通胀率为3%，第一年末，中期国债的本金会调整为1 030美元，并且根据该金额支付3.5%的利息（每年36.05美元）。本金会在其持续时间内定期调整，并在到期日支付。出于税收的考虑，投资者每年应税的总收入等于当期利息加上由于通胀而调增的本金（或减去通缩的调整），即使调整的本金在到期日才支付。因此，投资者应该对通胀调整额纳税，但当期不会从中长期国债中收到支付税款的现金。所以，通胀保值国债可能最适用于有税收优惠的机制，例如个人退休账户（IRAs）。

7.5.7 储蓄债券

美国储蓄债券是登记的、不可赎回和不可转让（不能流通）的证券。现在发行的两类储蓄债券是 EE 系列（或 E）和与通货膨胀指数挂钩的 I 系列。还有 HH 系列债券，但目前已不再发行。

EE 系列的债券以 50 美元至 10 000 美元的面值出售，纸质债券的购买价格是面值的 50%，而电子 EE 债券以面值出售。EE 纸质债券不支付当前利息，相反它们以折扣价发行，并在到期日以面值赎回。2005 年 5 月 1 日之前发行的 EE 债券的利率是以市场为基础的利率，由财政部每六个月设定一次。2005 年 4 月 30 日之后发行的债券执行固定利率，实际上是债券购买时的利率，在债券 30 年持有期间不变。这类 EE 债券保证在 20 年内价值增加一倍。EE 债券在发行 6 个月后的任何时间都可被赎回，但是在前 5 年内赎回会减少其有效收益。

I 系列的债券以面值出售，并在被赎回或者到期日前（30 年内）获得收益。其每年获得收益的收益率是由债券存在期间的固定利率和半年的通胀率组成的（或紧缩比率）。当投资者赎回 EE 或者 I 债券，或者债券到期时，购买价格和赎回价值间的差额一般被视为普通利息收入对投资者征税。但是，投资者也可以选择对每年累积的债券利息纳税，但是很少有人这样做。此外，在一定条件下，用于高校、大学和有合格的技术学院学杂费的 I 系列的债券和某些 EE 债券的利息，可以排除在债券持有者收入之外。储蓄债券利息免交州和地方所得税。

HH 系列债券是每半年支付一次利息的储蓄债券。此前保证 HH 系列债券可按面值换成 EE 债券和类似的债券。HH 债券在发行 6 个月后可以被赎回，但是可以持有并获得利息长达 20 年。

7.5.8 其他美国政府和机构证券

美国政府机构证券　这些证券并非由联邦政府直接发行，但是有些证券由政府做担保。它们通常比类似的美国政府债券的收益高。发行这些债券的政府机构有联邦住房贷款银行、吉利美（Ginnie Mae，前身为政府国民抵押贷款协会）和国际复兴开发银行（世界银行）。

花环债券　这是以前发行的，用联邦房产税按面值支付的联邦政府债券。但是它们已不再发行，1998 年最后一次发行还未到期。因此，现在这种债券具有历史意义了。

7.5.9 按揭和资产抵押债券

这是资产池中（如按揭贷款）的一部分，其中投资者收到一份权利凭证，证明其对相关资产权利。最重要的或许是吉利美转手债券（由美国政府全部信誉作担保，被认为与美国政府证券同样安全）、房利美转手债券和房地美转手债券。这些债券使投资者赚取更高的按揭收益。

这些证券的一个特色是本金的一部分同利息一起每月返还，因为借款人对资产池的按揭每月进行摊销。因此，这些证券提供了高水平的稳定收益。同时，转手债券具有内在的再投资风险，如果市场利率明显下降，按揭借款人往往还清贷款，并以更低的利率再融资。这会使转手债券投资者收到更多本金，其必须在当前较低的利率下再投资。这也意味着转手债券的价格比其他债券的价格对利率的下滑更不敏感。

这类债券主要有几种。按揭抵押证券是按揭资产池的一部分，资产担保证券是消费者或其他类似贷款的资产池的一部分。房地产抵押债券是按揭抵押证券的一种，按揭抵押证券可能由具有不同投资特征的许多部分组成。另一类是担保债务凭证。这些产品在近年来引起了相当大的问题。

7.6 市场贴现债券

7.6.1 一般特征

如前所述，市场贴现债券以低于面值的价格在市场上出售。投资者喜欢这种债券可能有以下几个原因。首先，这种债券实际上提供自动的赎回保障，因为其票面利率比当前市场利率相对较低，而且其发行人赎回时通常必须至少支付面值，这也增加了赎回的成本。此外，这种债券也会在到期日前提供内置收入（或利得）。任何债券（包括公司、市政或美国政府债券）可以在公开市场上折价发行。这类债券的折扣程度和可用性取决于利率的变动。利率上升——债券价格下降，往往会产生市场贴现债券。

7.6.2 市场贴现债券的税收规定

对于 1984 年 7 月 18 日后发行的应税债券，或者 1984 年 7 月 18 日或之前发行并于 1993 年 4 月 30 日之后在公开市场上购买的债券，在其出售、赎回或到期时，从应计市场折价中获得的任何收益将作为普通利息收入征税，而非资本利得[1]。超过该金额的任何收益将被作为资本利得征税，任何损失将被视为资本损失。（对于其他应税债券，在出售、赎回或到期时的应计市场折价被视为资本利得征税。）

然而，注重现金的债券持有者可以选择将每年应计市场折价包含在总收入中，并对其纳税，而非推迟到债券出售、被赎回和到期时再纳税。大多数债券持有者不会这样做；但是，如果债券持有者有未使用的投资产生的利息费用，只能对投资收入（例如应税利息）进行抵扣，持有者也许会这样做。在某些其他情况下也有可能这样做。

对于1993年4月30日后购买的免税债券，在出售、赎回或到期时从市场折价中获得的任何收益被作为普通利息收入，而作为非资本利得征税。

7.7　零息债券

7.7.1　一般特征

零息债券是没有固定票面利率的初始发行折价债券，因此其不用支付当期利息。这类债券一般以低于面值较大折扣发行，投资者回报由到期收益来衡量。零息债券包括美国政府债券（应税）、公司债券（应税）和市政债券（免税）。对于投资者，零息债券的最大优势是锁定了债券期限内的当前利率。

7.7.2　零息债券的纳税规定

对于1982年7月1日之后发行的应税债券，每年应计的初始发行折扣额（用债券调整后发行价的到期收益率来计算），对其持有者来说被当做普通利息收入征税，即使投资者当期并未从债券中收到现金收入[2]。对应税零息债券的这种规定，使得在税务保护机制中采用该类债券，例如，个人退休账户、合格的退休计划、可变年金、变额寿险，因为在这些机制

---

① 有个微不足道的规则是忽略某些市场折价，这些市场折价低于到期日固定值的0.25%乘以到期日前的年数。

② 如脚注①，这里也有个微不足道的规定。对于1982年7月2日前（和1954年12月31日之后）发行的初始发行折价债券，在债券被出售、赎回或到期时，初始发行的折价一般被包括在总收入中。

中，其他应纳税收入目前不征税。

对于免税的零息债券（市政债券），应计的初始发行折价不包含在总收入中。就像其他免税的市政债券的利息一样，市政零息债券也免税。既然应计的初始发行折价不征税，这种免税零息债券的规定使投资者直接持有该债券。

7.8　优先股

优先股代表一个公司的权益资本。优先股股东对公司资产的索取权在债权人之后，但在普通股股东之前。在绝大多数情况下，公司必须在支付普通股股利之前支付优先股股利。但是，公司可以忽略其优先股股利而不用破产。因此，对于公司来说，发行优先股的风险低于债券或者其他债务工具。另外，公司不能在所得税之前扣除优先股股利，但是可以扣除债券和其他债务利息。

优先股的利率一般是固定的。当股利可累积时，在支付普通股股利之前，必须支付所有拖欠的优先股股利。相反，当股利不可累积时，即使是过去的优先股股利被忽略尚未支付，也可以支付普通股股利。尽管优先股没有固定的到期日，其也可能被赎回。优先股股东一般不具有投票权，但是在某些情况下或特定条件下具有投票权。有些优先股可以转换为普通股。

7.9　保证本金的固定收益投资

我们已经讨论的固定收益投资的类型有保证投资收益的和保证到期日价值两种，但是，在投资期间内（例如到债券到期日），证券的市场价格根据市场利率和其他经济条件的变化而波动。

我们现在讨论既保证投资期间的本金价值，又保证投资收益的固定收益投资。这种投资的本金价值没有任何市场风险或利率风险，但是其可能有金融风险（在没有政府担保的情况下），即其安全性取决于发行者履行财务承诺的能力。

7.9.1　大额可转让存单

传统的固定美元大额可转让存单　这些是通过银行和储蓄机构发行和

销售的，计息和赎回定期存款的凭证。它们金额不等，到期日从几个月到10年或更长。利率通常是固定的而且大额可转让存单持有期间得到保证，通常到期日越长，利率越高。如果大额可转让存单在到期日前被赎回，提前取款会有利息损失，但是在计算调整后总收入时投资者可以从总收入中扣除这些损失。撰写本书时，大部分的大额可转让存单通过联邦存款保险公司进行保险。每个合格账户的投保额高达 250 000 美元。此外，投资者可以从多个银行购买高达 250 000 美元的大额可转让存单，仍然是完全保险。大额可转让存单应付的利息应视为普通利息收入被全额征收联邦税和州税。

可转让的大额定期存款单　这些大额可转让存单在到期日前不能由发行者赎回，但是，可以在二级市场交易。如果其在到期日前被出售，收到的价值可能低于（市场利率上升）或高于（如果市场利率下降）面值。但是，在到期日要支付全部面值。在这种情况下，可转让大额定期存单更像债券。大额可转让存单由银行发行但通常由投资公司出售。

与市场挂钩的定期存单　一些银行发行这样的大额可转让存单，其本金（初始投资）由发行者保证，通常投保额高达 250 000 美元，由联邦存款保险公司进行保险，但是，其投资回报以某些股票指数为基础（例如标准普尔 500 股票指数），在到期日前支付给持有者。换句话说，如果市场上升，投资者收到初始本金和投资收益，这些收益是以其所依赖的市场指数的升值为基础的。如果市场下跌，可以保证投资者至少收回其初始投资金额。但是，如果投资者在到期日前撤回投资，这些通常所谓的与市场挂钩的定期存单，可能不能支付 100% 的初始投资或任何投资收益。

与市场挂钩的定期存单的困难之一是投资者在到期日前不能收到任何投资回报，但是目前这些收益被当做普通收入征税。出于这个原因，与市场挂钩的定期存单通常被用于税收保护账户。此外，在撰写本书时，与市场挂钩的定期存单并非一般能购买的。

7.9.2　保证美元人寿保险的现金价值

在第 9 章和第 21 章指出，保证美元的人寿保险合同（传统的终身保险、万能寿险或对利率敏感的终身寿险）的现金价值，可以被看做是保证本金的固定收益投资。

7.9.3　保证美元年金现金价值

保证美元（或固定美元）的年金现金价值也可以被认为是保证本金的

固定收益投资。投资年金的特征在第 17 章讨论。

7.9.4　稳定价值基金

员工与寿险公司或其他金融机构签订的合同中提供了合格退休计划，稳定价值基金是特定种类合格退休计划的员工的投资选择。发行方在特定时间内保证基金的本金和利息。但是，员工应记住稳定价值基金的安全保障是发行公司的财务稳健性。

7.10　现金等价物（流动资产）

现金等价物应该具有高度的流动性（立即兑换成现金而没有损失本金）和财务安全性（较低或没有财务风险）。然而，这些资产是短期的，提供的收益往往低于其他固定收入证券①。投资者可能持有流动资产以备紧急情况，以保证经济非常不明朗时迅速抓住投资机会；预期利率大幅上升时作为投资策略，或者投资下降或有其他大额费用支出时作为现金库。

现金等价资产一般包括：

* 大额可转让存单（投保的）
* 银行储蓄账户（投保的）
* 货币市场基金
* 国库券
* 商业票据　这些通常是由信誉良好的大型企业开出的短期无抵押贷款。商业票据通常由货币市场共同基金购买。
* 银行承兑汇票　这是通常用来为国际交易融资，由银行承兑（保证）的定期汇票。通常由货币市场共同基金来购买。
* 欧洲美元　这些是在欧洲，由外国银行或美国银行的国外分行发行的，以美元计价的账户或大额可转让存单。
* 扬基大额可转让存单　这些是由在美国的外国银行分行发行的，以美元计价的账户或大额可转让存单。

---

①　这一表述反映的一般原则是，对于既定质量的固定收益投资，收益率随着持有期间变长而提高。这可能是正（或正常）的收益率曲线。但是，在特定的经济条件下，收益率曲线可能相当平缓（同一类型的短期和长期证券的收益率几乎没有差异）甚至相反（短期收益率高于长期收益率）。例如，当投资者普遍认为将来利率会大幅下降时，因此投资者就会通过购买（因此抬高了价格）有适当赎回保障的长期证券（例如长期国库券）试图锁定当前利率，此时可能存在平缓或相反的收益率。

7.11　固定收益证券的转换特权

投资者可以考虑是否购买可转换债券或可转换优先股，其对债券或优先股安全性提供保障，但也能通过标的普通股预期升值，提供资本升值的机会。可转换债券或可转换优先股允许持有者把证券按照事先确定的普通股价格，转为一定数量的普通股。

但这个机会不是免费的。事实上，这个价格是可转换债券或可转换优先股的收益与其他可比的不可转换证券的收益之间的差额。可转换证券通常是可赎回的。

7.12　债券评级和投资质量

由美国政府发行或担保的债券，被认为是最安全的投资。其他债券在金融风险方面有不同的质量等级。

7.12.1　债券评级体系

为了帮助投资者评估公司债券和市政债券的投资质量，独立的评级机构公布、定期审查债券评级，并在需要时进行修订。两个主要的评级机构是穆迪公司和标准普尔公司[1]。表7.2列示了这两个机构的公司和市政债券的评级体系。这些评级考虑了特定债券发行方的信誉及其履行具体义务的财务能力。前四级的债券通常被视为投资级[2]。评级机构认为较低级别的债券具有很大程度的投机因素。

表7.2　　　　　　　　　　　债券评级体系

质量	标准普尔公司	穆迪公司
投资级		
最高质量*	AAA	Aaa
高质量	AA	Aa
中上等	A	A
中等	BBB	Baa

---

① 这些机构也评估保险公司的财务稳健性和赔付能力以及商业票据的评估。
② 穆迪认为前两级的债券质量较高。

续表

质量	标准普尔公司	穆迪公司
投资级以下		
适度投机	BB	Ba
投机	B	B
高度投机	CCC	Caa
最低质量（包括默认）	C, D	C

注：＊这些都是用来描述评级系统的缩写术语，不是评级机构本身用来描述其评级的完整描述。这些评级可能有子类，穆迪用 2 或 3，标准普尔用 + 或 −。

7.12.2 高收益债券

高收益或垃圾债券一般被认为是评级低于投资级的债券。从表 7.2 中可以看出这包含很大程度的金融风险。因此，在评估高收益债券时，投资者应该考虑包含的金融风险的相对程度。换句话说，一些债券比其他债券"品质低劣"，当然，应该评估一下投资级债券和高风险债券之间的差价，来看额外的金融风险是否值这个价。

7.12.3 债券评级和收益

一般注意事项 高收益债券投资的主要问题之一是低质量债券的高收益能否至少弥补这类债券的高违约率。当然，这个问题要考虑低质量债券的实际的、长期的、平均每年的违约率是多少。显然，对此问题的研究超出了本书的范围。

分散化问题 分散投资似乎是这方面的关键理念。首先，要想成为高风险债券的成功投资者，似乎有必要在大量债券和不同到期日的债券之间进行合理的分散化投资。投资者无法判断哪个或哪些债券会违约。对于金额较小的投资者，共同基金是其分散化需求的理性选择。当然，可取的做法是在高风险债券上只投资很小比例的金额。

7.13 固定收益证券的投资策略

正如本章已经展开的讨论，投资者可以在许多领域开发其投资策略，这些策略要在整个资产配置中包含固定收益投资的部分。

7.13.1 投资久期的注意事项

解决久期问题的方法之一是预期利率会变化时，至少在一定程度上调整到期日。其规则是，预期利率下降时，期限应延长；预期利率上升时，期限应缩短。这样，当预期未来利率降低时，投资者会以当前的高利率投资；当预期利率升高时，会有资金在预期的较高的利率上投资。当然，没人真正知道将来利率向哪个方向变动。另外，投资者可以对其期限结构分散化，例如债券投资组合的纵向分散。

应对利率风险和再投资风险的纵向分散化 关于刚才提到的利率不确定性，对规避风险的投资者来说，一个可能的解决办法是根据投资组合的到期日，对投资组合中的债券和大额可转让存单（固定收益部分）部分进行分散化。这被称为债券投资组合的纵向分散。

这样，投资者整个投资组合中的债券和大额可转让存单部分可以纵向分散化，如下表中所示。

时期范围	整体固定收益投资组合中债券和大额可转让存单部分所占比例（%）
1~5 年（短期债券或大额可转让存单）	33
5~15 年（中期债券）	33
15~30 年（长期债券）	34

无论利率如何变化，这种配置都会对投资者提供一定的保护。如果市场利率下降，投资者会从投资组合中长期债券中获利，在短期债券中受损。投资组合的长期债券可以锁定利息收入，债券市场价格上升。但是，为获取这些收益，长期债券不能被赎回或者有合理的赎回保障（见下节赎回保障和再投资风险策略）。另外，如果利率上升，尽管从整体看，至少一些债券价格会下降，但投资者不会在短期债券中受到很大损失，只会在长期债券中受到较大损失。任何银行发行的大额可转让存单的价值都不会变化，除了提前赎回会有利息损失外。此外，投资组合中每年都有短期的债券和大额可转让存单到期，到期的价值可以在当前高利率下进行再投资。

投资组合中到期日的配置应该根据投资者对未来利率的预期定期进行审查。如果预期利率上升，可以使短期到期债券比重提高；如果预期利率下跌，策略相反。或者投资者可以简单地进行更平衡和长期的配置，而不试图猜透经济，如例中所示。这是应对利率波动的债券投资组合免疫处理。

杠铃策略　所谓的杠铃策略是纵向分散化方法的变形，主要包含只购买短期和长期产品。

7.13.2　应税与免税的注意事项

投资者需要评估，相对于免税证券，应税证券相对有税后吸引力。这应考虑到联邦所得税、州所得税和地方所得税，特别是在有较高所得税的州。该分析中涉及的因素本章前面已经讨论过了。

7.13.3　赎回保障和再投资风险策略

投资者还需要评估其承受的利率和再投资风险。这样做的一些策略已经讨论了（例如纵向分散）。以下是投资者在赎回风险中用来保护自己的方法：

- 投资者可以购买不可赎回证券（如美国中长期国债和票据）。当发行的市政债券和公司债券不可赎回时，通常到期日相对较短。零息债券不可被赎回。
- 投资者可以购买有赎回保障的证券。
- 投资者可以购买对其到期价值或票面价值大幅折价的债券或优先股。然而，有时这种大幅折价的证券在债券市场上比较稀缺，而且投资者通常必须接受其比以面值出售的债券更低的收益率。
- 投资者可以分散其购买时间，这样在任何时间，投资组合中只有一小部分被赎回。
- 投资者可能会购买高质量、高收益的普通股，股票当然不会有到期日，也不能被赎回。但是，在经济艰难时期，公司会减少或取消普通股的股利。

7.13.4　投资质量的考虑

我们已经讨论了收益率和债券评级之间的关系，并指出似乎没有任何标准答案。这在很大程度上取决于投资者的个人环境、投资目标和对风险的承受能力。依据现代投资组合理论如果低质量债券与投资组合中的其他资产类别的相关性较低，那么投资组合的整体风险可能不会因为增加了高回报、高金融风险但是较低相关性的债券而增加（甚至有可能下降）。

可能有各种有关投资质量的策略。风险规避程度较高的投资者可能只购买穆迪或标准普尔评级中前 2 级或前 3 级别的债券和美国国库券或者美国政府担保的债券，或者只投资共同基金或其他有这类投资目的的金融中介机构。相反，其他投资者可能把投资组合中大部分，比如 75% 到 80%，购买投资级证券，同时如果市场条件和利差看上去有利时，投资者把剩余部分投资到投资级以下的债券中。相对应地，当激进的投资者认为市场条件和利差允许时，会把投资组合中固定收益投资的很大一部分投入高收益债券。

7.13.5　整体分散化策略

投资者应该决定何时和如何分散其固定收益投资。这包括通过对到期日不同的债券（纵向分散），高质量和高收益债券、市政债券和其他种类的债券来进行分散。

第8章
其他投资公司和另类投资

本章目标

读完本章后，你应该能够理解以下要点：

- 投资公司的种类
- 共同基金的优势和局限
- 共同基金的分配和交换
- 共同基金的投资目标
- 指数基金和交易所买卖基金（ETFs）的性质
- 税务管理基金的性质
- 共同基金业绩的评价
- 共同基金费用的性质
- 选择共同基金时考虑的因素
- 共同基金的所得税规定
- 类似"另类投资"的对冲基金和私募基金的性质

8.1 投资公司的种类

共同基金通常可用来指任何种类的投资公司。实际上有三种基本的投资公司：出售面额证券的公司（发行方承诺在到期日支付给投资者固定的金额，或者对早期投标的投资者支付退保金额）、销售单位投资信托的公司（基金投资于固定的证券组合）和所谓的管理公司。其中最重要的是管理公司，管理公司也可分为封闭式基金和开放式基金或共同基金。开放式基金和共同基金是目前最重要的分类。

8.2 为什么投资共同基金

投资共同基金有很多优势。第一，通过集中投资资本，投资金额较小的人可以享受一定程度的分散化，而这靠自己是无法实现的。第二，共同基金可以使经验丰富的职业经理人来选择和管理哪些基金要投资的证券。第三，通过基金契约来赎回投资者的股份，共同基金可以提供方便和稳定的流通性。而且，基金向投资者提供规模合理的投资单位，以使更多投资者能通过投资单位投资。此外，基金的分配通常能有计划地再投资，而且投资者持有的股份可以有计划地清算。

8.3 共同基金的局限

与任何金融中介机构一样，通过共同基金投资也有相关成本。不同基金的费用差别很大，本章稍后讨论。而且，投资者仍然必须寻找那些投资目标与其一致，并且绩效和成本令人满意的基金。因此，投资者仍然有选择问题，即使个人投资的选择转变为基金的管理。而且想要自己对其投资组合中部分或全部进行投资选择的投资者不会通过投资中介来实现其目标。最后，如第2章所述，投资公司本质上是应税的转付实体。因此投资者经常从其不能控制的基金中获得资本收益的分配。

8.4 基金的类型和规划的注意事项

8.4.1 开放式基金

根据定义，共同基金是开放式投资公司。之所以称其为开放式的，是因为流通在外的份额是不固定的。实际上由于投资者申购或赎回操作，基金份额一直在变化中。当人们购买开放式基金的份额时，他们就购买了基金；当投资者想赎回份额时，基金必须随时准备购回份额。购买和赎回的价格依赖于基金股份最近的净资产价值。每份额的净资产价值是基金中所有证券和其他资产的总价值，减去基金的负债，除以发行在外的份额。每份额净资产价值每日计算。

8.4.2 封闭式基金

封闭式投资公司在许多方面类似于一个典型的公司。其发行在外的份额是固定的，除非发行新份额，否则份额总量并不像开放式基金一样波动。该公司可以发行债券和优先股，获得杠杆作用来增强普通股股东潜在的获利能力。封闭式基金使用其资本和其他资源主要投资于其他公司的证券。

就像其他公司的股票，封闭式基金的份额也可在市场上买卖。封闭式基金的份额价格是由市场供给需求决定，与基金的每份额净资产价值并不直接相关。当基金份额的市场价格超过其资产净值时，基金以溢价出售。相反，当份额价格低于基金的资产净值时，基金折价出售。在任何时候，可能一些封闭式基金以溢价出售，而另一些打折出售。

8.4.3　开放式基金和封闭式基金

对于哪种基金更好是存在争议的，没有标准答案。但是有些事项要注意。

首先，这两种类型都对投资者提供了专业的投资管理、分散化、投资收入和资本利得定期分配给投资者。这两种基金都有稳定的流通性，但是方式不同：开放式基金通过基金自身份额的赎回，而封闭式基金通过在公开市场上出售其份额。相比较于封闭式基金，有更多的开放式基金可选择，而且开放式基金通常由持有共同基金的销售代表或经纪人来出售。

当投资者买卖封闭式基金时，其要支付股市佣金和其他成本。支付给共同基金份额的销售费用，部分取决于该基金是否是免佣基金，如下所述。在某一给定时间基金份额的价值是由不同因素决定的。对于共同基金，当时基金的资产净值是决定因素；对于封闭式基金，当期的份额价格是决定因素。投资者不能以低于其每份额净资产的价格购买共同基金，通常是折价或溢价购买封闭式基金的。

8.4.4　有佣金和无佣金共同基金

开放式基金在有佣金或无佣金的基础上出售。佣金一般是指基金对投资者征收的用来执行交易的销售费用。

通常当投资者购买份额时支付费用，但赎回份额时不用支付费用。这种在购买份额时支付的费用被称为申购费（前端费用，A 类基金）。申购费是发行价的 4% 到 8.5%，但一般为 4% 至 5%[①]。因此，当购买佣金基金时，投资者支付的金额为资产净值加上佣金。传统上，在购买或赎回免佣

---

　　① 请注意，这会导致对于实际投资净额（即报出价格减去销售佣金，或每股净资产）来说稍高的佣金比例。全国证券交易商协会对共同基金可以收取的佣金做出限制。前端费用的上限是 5%，有佣金基金的 12b−1 费用的上限是 1%。

基金的份额时，不收取销售佣金。因此，买卖交易以基金每份额资产净值的价格发生。

有些基金征收所谓的 12b－1 费用或水平佣金（C 类基金）。这些都用来应对基金分配的年销售费用和服务成本。

如果基金份额在购买后几年内或任何时间被赎回（B 类基金），基金要收取可能递延的销售费用，即赎回费用（称为后端费用）。这些费用可能会、也可能不会随时间的推移而下滑。最后，一些基金被称为低佣金基金，因为其在购买时收取较低的佣金（3% 或更低）。

许多报纸和网上的金融版面每天都给出开放式基金的价值和价格。价格在资产净值和报出价格（报价）的基础上计算。资产净值与报出价格之间的差价是佣金。对于免佣基金，计算的资产净值和报出价格相等。

对于佣金基金，佣金的比例通常随投资者的大量购买而降低。销售费用的百分比下降时的购买金额被称为断点。而且投资者可基于前期的基金购买享有累积折扣的权利。因此，在购买额外基金份额时，要考虑持有基金的所有份额来确定销售佣金。

除了佣金基金的销售佣金和年度 12B－1 销售费用，有佣金和免佣金的基金每年都收取基金的净资产一定比例的投资管理费及其他费用。这些年费被称为基金的费用比率。

假设投资者已决定投资共同基金，其应考虑购买有佣金基金还是免佣金基金。这是一个有争议的问题，而且也没有标准答案。投资者支付佣金的大部分都由销售代表人或经纪人获取，作为他们的佣金。免佣基金一般不通过销售代表人出售。其份额通常直接通过基金本身来购买或赎回①。因此，免佣基金避免了销售代表人的佣金。同时，共同基金的购买者也失去了基金销售代表的建议和销售能力。

8.5　单位投资信托

单位投资信托是注册的投资公司，其一般购买并持有相对固定的股票、债券或其他证券的投资组合，直至单位投资信托终止日。因此，一个单位投资信托在其生命周期并不是积极地管理其投资组合。单位投资信托

---

① 佣金基金通过经纪公司获得其业务，而这些经纪公司一般愿意为附属的免佣金基金处理交易。

也有固定的终止日期，通常不同于其他投资公司的情况。单位投资信托有多种不同的投资类型，如公司债券、股票、贷款抵押证券、市政债券、美国政府证券以及其他类型。投资者可在任何时间从信托中赎回单位投资信托份额，以收到其资产净值。

单位投资信托可能收，也可能不收销售佣金。每年的费用（费用比率）一般较低。由于其有相对固定的投资组合，很少或没有管理费用。此外，其交易成本低，而且因为投资组合中几乎没有交易，投资者的税率较低。因此，如果投资者想分散投资组合，并在最初选择了投资组合后不想继续对投资组合进行积极管理，单位投资信托可能由于其较低的成本而具有吸引力。大部分的单位投资信托是市政债券基金。

8.6 投资公司的监管法规

投资公司主要受联邦证券法的监管。如第2章所述，股份或份额的销售受《1933年证券法》和《1934年证券交易法》的监管。招股说明书必须呈递给购买股份或份额的投资者。公司的日常经营和结构受《1940年投资公司法》监管。此外，基金投资经理人受《1940年投资顾问法》的监管。美国证券交易委员会执行这些联邦法律。可能还有些州立证券法规。

8.7 如何投资共同基金

投资共同基金的方式有很多种，包括直接购买、各种累积计划、基金股利的再投资、变现资本利得的再投资和特定的保险产品，如可变年金和变额寿险。具有税收优势的退休金账户和教育账户也经常持有共同基金。

前文指出，对于有佣金的基金（即A类基金），大量购买基金份额可以降低前端费用（即给定折扣）。一般在50 000美元的购买额时才开始有折扣（称为断点折扣），但是在不同的佣金基金中差别很大。例如，某基金正常的前端费用是5%，但是购买50 000美元时，佣金变为4.5%，购买100 000美元时佣金为4%，购买越多折扣越多。因此，这些断点折扣对于佣金基金投资者非常重要。

根据基金的规则，投资者可以采取一些规划方法来助其达到断点，这包括：

- 累积权利（已经讨论过），在到达断点时可以包含过去购买的基金。
- 意向书。在这种情况下，投资者签署一份意向书，将在指定的期限（如13个月）购买一定量的份额，并获得适用于该投资者这段时间内实际定期购买额的断点折扣。
- 计算投资者其他家庭成员（如配偶和子女）在同一基金家族的购买额。
- 计算投资者不同账户的购买额，如直接购买、401（k）计划、个人退休账户、教育储蓄账户。

8.8 从共同基金中撤资和共同基金的赎回与转换

共同基金可能向投资者提供系统性的退出计划。例如，某一投资者可能制定计划定期向自己支付金额，如每月4 000美元，只要有基金份额，他就可以这样做。但是，要记住这样的系统性退出计划和终身年金不同。定期支付不能保证投资者或其配偶的一生。而且，如果投资者兑现基金份额，其可能会有应税的资本利得或损失，这取决于基金份额价值是升值还是贬值。

持有多个共同基金（基金家族）的管理公司往往允许投资者把某一基金的全部或部分份额，按照资产净值转换为公司管理的其他基金份额。因此，投资者在工作年限内购买成长型股票基金，到退休时可以换为收入型基金。然而，这类转换将被视为资本资产的出售或交换征收所得税，而且通常导致投资者在当时就变现并确认资本利得或损失。此外，有佣金的基金可能要求投资者支付其拥有基金和换入基金的销售佣金差价。也可能会涉及转换费用，但往往被放弃。最后，基金可能对这类转换特权设置其他限制，避免投资者过度交易。

8.9 共同基金和其投资目标

共同基金可以满足任何投资目标。其招股说明书中描述了基金的投资目标和政策。

8.9.1 股票基金

股票基金投资于普通股及相应的资产，包括以下几类。

成长型基金 这类基金的主要目标是资本增值，而不是当前的股利收入。成长型基金持有更成熟的、增长率较高的公司的普通股。

积极成长型基金 积极成长型基金主要投资目标也是资本增值。但是，比起成长型基金，积极成长型基金投资政策更加激进，风险更高。这类公司可能持有创业公司、新兴行业、处于好转时期的公司的普通股和普通成长型股票。这类基金也可能使用其他的投资技术，例如出售期权。

成长和收益型基金 这类基金属于总体回报基金的类别。其投资成立已久的公司的普通股，预期本金和收益能有合理的增长，并且支付合理的当期股利。它们的风险水平适中。

收入型股票基金 这是另一类的总体回报基金。它们往往投资于有稳定和良好股利回报的公司的普通股。其关注重点是安全和合理的股利收益，而非资本升值。风险往往是比较低的。

期权收益型基金 这类基金投资于支付股利的普通股，但是也通过出售所持有股票的看涨期权来达到当期回报最大化。

国际股票基金 这类基金主要投资于外国公司的股票。

全球股票基金 这类基金投资于外国和美国公司的普通股。

小型股票基金 顾名思义，这类基金的目标是投资较不知名的小型公司的普通股。很多人认为多年来小盘股总体表现好于大盘股，但波动性更大。（第5章描述的历史收益率的研究中已作说明。）共同基金似乎是投资小型股票特别合适的工具，因为大多数的投资者可能没有时间、知识或资源来评估大量的不知名的公司。

贵金属基金 其投资目标是主要投资金矿公司和其他贵金属公司的普通股。既然这类股票的价格与其生产贵金属的市场价格趋于一致，而不是股市整体，那么这类股票可被视为直接持有黄金或其他贵金属的替代品。因此，如果投资者需要，可以把这类基金作为其资产投资组合中的黄金和其他贵金属组成部分。

行业基金 这类投资基金投资于特定领域或行业的普通股，例如金融服务、医疗保健、科学和技术、自然资源、公用事业，等等。这使投资者有机会在其认为有吸引力的领域集中持股。

8.9.2　混合基金

这类基金以各种投资媒介的形式保持分散化的投资组合。

资产配置基金　这类基金要求维持股票、债券和货币市场工具固定的权重（资产配置）。因此，它们可以使投资者主要通过购买一个共同基金来执行资产配置策略，而不是通过很多基金或其他资产。例如，某一共同基金组，包括四类独立的资产配置基金，从成长导向型基金（80%的股票和20%的债券）到收入型基金（20%的股票、60%的债券和20%的现金准备）。

平衡基金　这类基金的投资方式是对普通股、优先股和债券有分散化的投资组合。这类投资媒介的资产配置在基金的招股说明书或其他地方有说明，而且也会根据基金管理层的投资政策的变化而变化。这类基金的目标是节省本金，支付合理的当期收入、同时获得本金和收益的长期增长。不同于资产配置基金，平衡基金不维持资产类别比重固定。

灵活组合基金　这类基金与平衡基金的主要不同在于它在任何时候都能迅速地改变其资产配置，并可能将其100%的资产只投在某类资产上。

混合收入型基金　这类基金的投资目标是较高的当期收入。它通过投资支付较好股利或利息的普通股、公司债券和政府债券来实现其目标。

8.9.3　应税债券基金

这类基金根据基金的投资目标，主要投资于各种应税债券。应该注意到，当投资者通过共同基金或其他集资中介投资于债券，而非直接持有债券时，对于共同基金的股东来说没有固定的到期日。债券基金股份的资产净值随其投资组合中债券的当期市场价格的变化而波动。

美国国债基金　这类基金主要投资于美国国债。因此它们被视为完全没有金融风险，而其利率风险取决于平均久期。如前所述，美国国债在到期日前通常不可被赎回。在持有时间方面，美国国债基金有不同的到期日，例如短期、中期和长期。这类基金可通过持有期来分散化债券的投资组合，并提供赎回保障。

美国政府收入基金　这类基金通过投资各类美国国债、联邦政府担保的证券和其他政府证券来寻求高收益。

吉利美（美国政府国家抵押协会）基金　顾名思义，这类基金主要投资于政府担保的抵押贷款证券。

公司债券基金　一些公司债券基金的目标是投资于高质量债券的分散化投资组合。在这种情况下，基金的金融风险较低，利率风险取决于债券的到期日和赎回保障。这类基金包括短期、中期或长期的。

高收益债券（高风险或垃圾债券）基金　这类基金的目标是通过购买低质量的债券承受较高的金融风险来寻求较高的收益。但是，并非所有的高收益债券有同样的风险。其随着投资组合中债券的平均质量和现金储备水平的不同而不同。

收益型债券基金　这类基金投资于公司债券和政府债券的组合，以获得更大的收益。

国际债券基金　这类基金主要投资外国公司债券、外国政府债券或者二者都有。债券的市场价格用基金持有债券的发行国家的货币表示。因为这些国家的货币价值相对于美元会有所变化，所以，这类基金每份的价值表示成美元也会有所变化。所以这类基金有三种投资风险：财务风险、利率风险、货币风险。因此，购买这类基金使投资者间接持有外国货币并在货币方面分散化其投资组合。（当然，投资者可以直接购买一种或多种外国货币，或者购买投资于外国货币的共同基金。）这种货币风险也存在于国际股票基金，在全球股票基金和全球债券基金中也有不同程度的风险。一些国际债券基金试图以各种方式来规避这种货币风险。在这种情况下，投资者可能不用承担货币波动的全部风险。

全球债券基金　这类基金投资于外国公司债券和外国政府债券，以及那些源于美国的公司的债券。

8.9.4　市政债券基金

全国市政债券基金　这类基金投资于州、市和其他地方政府在全国范围内发行的债券和其他证券。按持续期间分为长期、中期和短期基金。也有的基金只投资于投资级市政债券，而其他基金可能购买低质量（垃圾）市政债券。

州市政债券基金　这类市政债券基金只投资于特定州的证券。这使得该州的居民只为自己的州购买基金，并且从基金中获得免税的利息收入，这些利息收入免交联邦、州和地方所得税。

8.9.5　货币市场共同基金

一般注意事项　这类基金是安全性和流动性较高的投资，投资者经常将这类基金作为其投资组合中的现金部分。它们一般被视为现金等价物，因为出售份额的共同基金管理公司希望且打算能在任何时间以固定的价值赎回份额，通常是每份 1 美元。许多货币市场基金为投资者提供开支票的特权。因此这类基金是安全、具有流动性和方便的。它们提供的收益率通常高于银行货币市场账户。

然而，不能保证货币市场共同基金的份额会以固定的价值或面值赎回。基金的费用比率或不良投资可能导致不能按面值赎回基金的份额。因此，投资者应注意货币市场共同基金的费用比率和基础短期资产的性质和质量。另一方面，在撰写本文时，联邦存款保险公司对银行货币市场账户中的每个合格账户进行保险，保险额高达 250 000 美元。

应税货币市场基金　这类基金支付的股利对于股东来说应交联邦所得税，可能还有州和地方所得税。有些应税的基金只直接投资于美国国库券。这在金融风险上是最安全的。一些投资于美国国库券和其他由美国政府或其机构担保的债券。还有一些投资于多种货币市场投资，例如大额可转让存单、商业票据和银行承兑汇票。

免税的货币市场基金　这类基金支付的股利免交联邦所得税，也可能免交州和地方所得税。这类基金可能是全国免税货币市场基金或者是州免税货币市场基金。

8.10　指数基金

8.10.1　积极和消极投资管理

迄今为止，我们讨论的共同基金都是积极管理的基金。也就是说，基金经理试图选择那些超过特定基准指数的业绩优异的投资。

不过，共同基金的一个新概念是，基金的投资组合复制或跟踪一组特定的证券或者证券指数。这些是指数基金。它们被认为是消极管理的，因为基金经理不去挑选个别证券，只是跟踪总体的指数。

8.10.2　一般注意事项

指数基金可以投资于普通股、债券和其他证券，但它们通常是一般普通股基金。它们可以以多种指数做基础，如标准普尔 500（大公司股票组成）、威尔夏 5000（一般包括美国股市所有上市交易的股票），威尔夏

4500（威尔夏 5000，减去标准普尔 500）、罗素 2000 指数（在美国股市交易的小盘股股票）和各种国际指标，如欧澳远东指数（EAFE，来自欧洲、澳大利亚和远东的股票）。

8.10.3　指数基金的基本原理

很多论据列出了指数基金的优势。

成本　指数基金的费用比率明显低于积极管理的基金。由于它们是消极管理，其投资管理和研究费用要低得多。此外，由于它们有较低的证券转换率，其交易成本低。

很难战胜市场　作为一个实际问题，评论者认为，管理的基金（或其他投资者）很难在任何持续期间始终超越市场。此外，在某些情况下积极管理基金的表现甚至不如整体市场好。因此，这种观点认为人们还不如投资于整体市场或部分市场，而且能获得指数基金低成本的优势。当然，这种说法正好符合第 4 章讨论的有效市场假说。

税收　由于指数基金的转换率低，基金的股票销售相对少，因此，支付给股东的资本利得相对低。这种税收优势主要适用于转换率较低的基金或证券组合。

8.10.4　指数基金的局限

当然，也存在反对指数基金的争论。

积极管理基金宣称其投资业绩较高　积极管理基金的支持者认为其基金的业绩将优于整体市场，有些确实如此。因此，其认为优良的业绩会超过任何增加的成本。这是争论的焦点。投资者可以通过比较积极管理基金和指数基金在过去相当长的期间内的业绩，来对这一争论进行判断。当然，对过去的业绩进行分析时，投资者必须认识到未来可能不会重复过去的业绩。

投资者选择的缺失　有些投资者喜欢在积极管理的共同基金中进行选择以获得更好的业绩。此外，投资者希望购买投资在其认为特别有吸引力的领域或行业进行积极管理的行业基金。

市场风险　就其性质而言，股票指数基金在所有时刻全部投资于股票，因为它们仅仅反映了股票指数。在牛市时，这会导致很好的回报。然而，在市场衰退或熊市时，出现相反的结果，因为指数基金还是以市场为基础的。相反，根据其对市场状况的观点和投资目标的变化，积极管理的基金会改变现金和证券等资产的持有比例。

8.11　交易所买卖基金（ETFs）

与共同基金不同，新型的交易所买卖基金在有组织的交易所内进行交易，由收取佣金的经纪公司进行买卖，市场价格可能高于或低于基金中所包含证券的资产净值。交易所买卖基金的市场价格由基金包含证券的价值，以及股市中基金股份的供需状况来决定。其市场价格应与基金价值密切相关，但不能保证一定如此。交易所交易基金的股份不能从基金中赎回。支持交易所买卖基金的论点包括其有持续的定价，可以通过限价指令交易，可以卖空，可以用保证金购买。它们也可能有较低经营成本。交易所买卖基金一般是指数基金，所以如果有需要，可以用来"做空市场"。

原来的交易所买卖基金是指数基金，所以一般具有指数基金的优势和限制。如今，大部分的交易所买卖基金仍然是指数基金。一些跟踪较大的指数（如标准普尔 500 指数），其他一些跟踪较窄行业的指数。最近也创建了一些积极管理的交易所买卖基金。

8.12　控制税收基金

另一个新概念是控制税收的共同基金。这类基金的运营目标是最小化所得税对股东投资回报的影响。每年从共同基金收到的股利和利息以及变现的资本利得都转交给股东并且被征税。共同基金本身不交所得税。控制税收基金的投资政策是最小化所得税对股东的影响。这些政策可能包括以下内容：

- 最小化资本利得的变现和分配。这实际上是涉及最小化投资组合的转换成本的"买入并持有"政策。
- 关注低现金收益证券。每年当期股利对于股东来说是应税的。因此，应忽略股利。这往往采用长期增长型的策略。
- 采用节税的销售选择政策。当这类基金为投资原因出售升值证券时，其试图出售那些将产生长期资本利得（而非短期利得）和那些有最高所得税税基（从而降低长期利得）的证券。在可行时，它们还试图通过当年其他证券的资本损失来抵消收益。
- 通过分配升值债券满足股东赎回要求。有些基金可能遵循这一政策。

值得注意的是，个人投资者可以利用这些政策对投资组合进行有效管理并节税。

8.13　其他类型的基金

基金中的一个特殊类型是双重基金。双重基金是由封闭式投资公司来组织的，在一个基金中有两类基金。双重基金的前提是，一些投资者只对资本利得感兴趣，而另一些只对收入感兴趣。因此，双重基金股份的一半作为资本股份出售，另一半作为收入股份出售。资本股份从整个基金的资本升值中受益，而收入股份收到基金获得的全部收入。

8.14　共同基金的绩效

投资者对很多方面的绩效感兴趣。

8.14.1　行政绩效

投资者感兴趣的一个方面是投资管理费和其他行政费用。这一般通过计算总体经营费用占基金净资产的百分比（费用比率）或基金收入的百分比（收入比例）来评价。

8.14.2　投资绩效

投资绩效常用的指标是分析一段时间内的总回报（每年支付的股利收入，资本利得变现分配，基金股份的价格波动）。例如，假设基金年初的购买价格是 40 美元，年底是 42 美元。另外，假设基金这一年里支付了 1.00 美元的股利和 1.80 美元的资本利得变现分配。在这种情况下，基金的年度总回报是 4.80 美元。假设投资者年底没有赎回股份。总回报中的 1.00 美元作为普通收入或合格股利向投资者征税，1.80 美元作为短期或长期资本利得征税（取决于基金持有证券多久才出售）[①]。因此，在这个例子

---

①　基金股份价格的变化直到股东实际赎回股份时，才征所得税。此时基金的总变化将变现为短期或长期的资本利得或资本损失，这取决于股东持有基金股份多久才被赎回以及赎回时是否有利得或损失。当然，如果基金股份被税收保护机制持有，如个人税收账户或 401（k）条款计划，在税收保护计划分配前不会有所得税，之后会被视为普通收入征税（罗斯个人退休金账户除外）。

171

中，根据原始购买价格，税前年度总回报是 12%（4.80 美元 ÷ 40 美元 = 0.12 或 12%）。

基金通常提供几期的总回报业绩数据，如 1 年、3 年、5 年和 10 年。因为一年或三年期可能包含不寻常的年份，无论是向上还是向下，所以提供的数据时期越长，对比较越有意义。

基金提供总回报业绩的方式之一是给定期间的累积总回报率（如初始股份价值的百分比）。这是假定股利收入和资本利得分配再投资后，给定期间内基金股份价值的总变化。

提供总绩效的另一种常见的方式是在给定期间总回报的平均年收益复利（通常称为年均总回报率）。这与第 4 章解释的总回报率概念相同。这是假定股利收入和资本利得分配再投资后，使最初股份价值等于期末股份价值时每年所需的以复利计算的回报率。这是内部收益率的概念。对于某一特定基金的累积总回报率和平均年收益复利的数字经常与其他指标和平均值的类似数据相比较。对于有佣金基金，这些绩效测量指标可以反映佣金调整后的基金销售收费。这种调整可以大大降低一年期的回报，但在长期内重要性趋于降低。

为了说明这些概念，表 8.1 显示了有佣金—成长型股票共同基金的招股说明书中提供的各期绩效数据。

表 8.1　　投资佣金成长型股票共同基金的招股说明书中的业绩数据

年度平均总回报（%）	1 年	5 年	10 年
本基金	9.11	14.92	13.79
本基金（调整佣金后）	5.84	14.22	13.44
理柏成长型基金（平均）*	11.76	13.09	11.33
标准普尔 500 股票指数	19.82	16.42	13.37
累积总回报（%）			
本基金	9.11	100.45	263.91
本基金（调整佣金后）	5.84	94.44	252.99
理柏成长型基金（平均）*	11.76	87.43	203.06
标准普尔 500 股票指数	19.82	113.93	251.11

注：* 本基金有 3% 的前端佣金。

从表 8.1 中可以看出，当时间跨度较长时（如 10 年），绩效间的差异大大减少。对共同基金来说一般确实如此。

控制税收基金和其他基金可能提供税前和税后的年均总回报率①。例如，控制税收—成长型股票共同基金提供的 10 年期比较如下：

年均总回报率（税前）：

控制税收成长型基金：14.9%

190 只增长型基金的平均值：13.5%

年均总回报率（税后）：

控制税收成长型基金：14.2%

190 只增长型基金的平均值：10.9%

注意上例是在某一特定基金和其他基金的平均值或指数基金（表 8.1 中的理柏成长型基金平均值和标准普尔 500 股票指数）之间，或者和 190 个控制税收成长型基金的平均值之间进行比较。这些作为比较的平均值和指数被称为基准值，通常用在共同基金业绩比较中。

波动 很多方法可以用来测度共同基金股份价格的波动，包括 β、R 平方、α 和标准差。第 4 章对其进行了描述。

8.14.3 评价投资绩效时的注意事项

在投资基金前应评估共同基金投资绩效的数据。做评价时要注意一些事项。首先，应该比较多年的绩效，例如 5 年、10 年甚至 20 年。也应该小心只对好的光景时的绩效进行评价。其次，考虑基金的投资目标很重要。例如，在市场衰退时，平衡基金应该比成长型基金表现好，而在大幅上涨的市场中会出现相反的情况。另外，还要考虑所涉及的市场波动风险。

8.15 共同基金的费用比率

在每只基金的招股说明书的开始部分中需要汇总和说明基金的费用。下面汇总对有佣金成长型股票基金的费用做出说明。

基金费用汇总表：

A. 股东购买和销售费用：

购买时的销售费用（低佣金共同基金的前端费用）：3.00%

① 当然，这种比较需要有关税种和税率的假设。在本例中，假定了历史最高个人联邦所得税税率，忽略了国家和地方所得税以及任何有关股份赎回的税。

分配再投资的销售费用：无

赎回时的递延销售费用（一些基金采用的后端佣金）：无

转换费用（一些基金转换为共同基金同一系列的其他基金时收取的转换费用）：无

B. 基金年度营运费用（净资产平均值的百分比）：

管理费（共同基金一般收取的投资管理费）：0.45%

12b-1费用（除了前端销售佣金外，一些共同基金收取的销售和营销费用）：无

其他费用（例如行政和服务费）：0.21%

基金经营费用总额：0.66%

基金说明的费用比率为0.66%。基金费用比例的差别很大。应结合重要时期内整体投资表现来评价费用比率。

8.16 交易成本

交易成本是基金为其投资组合买卖证券时产生的费用，如经纪费。交易成本不包括在基金公布的费用比率中，而是从基金资产中扣除，对于股东来说额外的年度费用也如此。基金报告不向股东披露交易成本，但披露基金的转换率。它们都与基金的转换直接相关，如下节所述。

8.17 选择共同基金时涉及的因素

这里的一些理念有助于共同基金的选择：

- 确定该基金的目标、投资风格和投资政策是否与投资者的目标和资产配置策略总体相吻合。
- 决定投资者想要积极管理基金还是消极管理的指数基金。
- 考虑该基金在其目标下过去获得的绩效。
- 确定基金投资组合管理人的资历和经验。投资组合经理人的任期（经理人管理基金多长时间了）也很重要。
- 简要地看一下基金投资组合中的证券，判断其挑选的精明程度如何。
- 如果是有佣金基金，考虑其在销售费用方面，与类似基金相比如何。

- 考虑与同类基金相比时，基金的年度经营费用（费用比率）和基金的绩效。
- 考虑基金提供给投资者的股东服务，包括累积的权利、现有的投资计划、系统性退出计划和所有的转换权利。
- 记住一点，资金通常被认为是长期投资。因此，不要太关注基金价值的短期变化。
- 考虑投资组合中基金的换手率。换手率是基金证券的总购买额或总销售额的较低者除以每月平均资产。例如，100%换手率意味着本年内基金销售并置换了资产价值的100%。较高的换手率意味着基金可能有较多的利得分配，对股东来说有较多的应交税款。这也增加了基金的交易成本。这最终意味着基金的主动投资管理风格。
- 寻找基金投资政策中的风格滑移。当基金宣布的投资风格或政策与实际执行的政策不同时，就存在风格滑移。这可能是投资者难以发现的实际问题。
- 考虑该基金已经存在了多久。最近的基金还没有太多时间来制定投资者需考虑的跟踪记录。
- 考虑基金要求的最低投资金额。

8.18 共同基金的税收方面

如第 2 章中所指出，共同基金作为被监管的投资公司纳税。因此，基金以各种股利的形式向股东支付投资收益，股东根据这些股利的性质，在纳税申报中报告应税或免税的股利。基金本身不纳税，并在可转让基础上运营。

8.18.1 应税分配的类型

基金的股利有若干种：来源于基金的普通投资净收益和短期资本利得的普通收入股利、合格的股息收入、免税的利息红利（提供的基金资产中有至少50%是免税的证券）和资本利得股利（基金的长期资本利得，无论股东持有基金股份多久）。普通收入股利和合格股息对股东征税，免税的利息红利不包含在股东的总收入中（除了用于私人活动的市政债券应交的替代性最低税），资本利得股利作为股东收到当年的资本利得征税。

自动再投资到额外基金股份的股利被视为股东已经收到，当期对股东征税。但是，如果共同基金的股份被免税计划（如个人退休金计划）用做投资中介，投资净收入和资本利得股利不用纳税，直到避税计划支付完。当然，这同样适用于这类计划的任何投资。

8.18.2 共同基金股份的赎回和转换

前面讨论解决了股东对基金投资收益分配的纳税问题。然而，共同基金股东在出售、转换或赎回共同基金股份时会有应税的资本利得或资本损失。

案例

假设亨利·威尔逊 15 年前在成长型股票共同基金投资 10 000 美元，所有股利自动再投资。现在股份价值 55 000 美元；亨利的所得税税基是 17 000美元（最初的 10 000 美元的购买价格，加上股利再投资的金额）。现在，亨利计划为退休做规划，想寻求较为保守的资产配置方式。因此，他正计划把其股份中的成长型股票基金转为基金同一系列中的成长和收入型基金。该基金规定这类交易没有其他销售佣金和转换费用。然而，在这种情况下，一只基金转换成另一只基金是资本资产的销售或转换，应交资本利得税并产生长期资本利得。因此，亨利的变现金额是 55 000 美元，调整后的所得税税基是 17 000 美元，这导致该年度有 38 000 美元的长期资本利得变现和确认（55 000 美元 – 17 000 美元 = 38 000 美元）。亨利把其成长型基金转换成其他共同基金或从基金中赎回其股份时，结果一致。但是，如果避税计划（比如说 HR – 10 计划或滚动个人退休金账户）中有成长型股票基金，该转换或赎回不会导致资本利得税。相反，当其最终从避税计划中分配出来时，资产将作为普通收入征税。

8.18.3 基金股份的所得税税基

如上例，当共同基金的股东出售、赎回或转换其所持有的股份时，这些股份的总收入税基可用来计算资本利得或损失。如果股东在同一时间以同样的税基购得所有股份，持有股份中只有部分被出售、赎回或转换时，在股东的税基和该部分的持有期的基础上进行。

但是，如果在一段时间内以不同的价格购买共同基金的股份，如同在股利自动再投资的计划中，纳税人在出售、赎回或转换部分股份确定所得税税基时有些灵活性。如果股东能充分识别出售、赎回或转换的股份所属的组别，该组别的税基和持有期可被用来计算资本利得或损失（第 10 章指出对于一般证券确实如此）。如果股东不能充分确定组别或选择不使用这个特定的识别方法，其有三种选择来确定出售股份的税基和持有期。股东可以假定早期购买的股份被出售，这是先进先出（FIFO）的概念。或者，股东可以选择使用两种平均成本中的一种来确定税基和持有期。这两种可以替代的平均方法是双重类别方法和单类别方法。如果股份是存放在为购买或赎回基金股份专设的保管账户里，而且股东以不同的税基购买或收购股份，那么股东有权选择平均方法之一。

一旦股东对某一特定基金选择了四种方法之一，对该基金不允许转为其他方法。但是，投资者可能对不同的基金采用不同的方法。

8.19　封闭式公司

如果封闭式公司选择作为被监管的投资公司征税，股东将被视为前面所述的共同基金的股东征税。

8.20　购买股利

当基金股份的购买者在基金分配的除息日（或登记日）前不久购买基金股份，就发生了购买股利的情况。通常这不节税，因为股份价值通常会下降应付股利的金额，但股利对购买股东而言，属于应税范围。因此，与除息日之后购买者购买基金股份的总体状况（除息后股份）相比，购买股利投资者的总体状况（股份加税后股利）被股利的所得税恶化了。共同基金通常提供未来分配的日期和估计金额，这样投资者可以制定相应的计划。相同的一般原则也适用于购买普通股。

8.21　对冲基金和私募基金

"另类投资"一词通常是指投资房地产（第6章涉及），对冲基金和私募基金。但是，它可能还包括其他投资类别，如石油和天然气、木材、其他自然资源等。这里我们讨论对冲基金和私募基金。

8.21.1　对冲基金

对冲基金在很多方面不同于共同基金。首先，共同基金是注册的投资公司，其经营受《1940 年投资公司法》的监管，而国内对冲基金通常是有限合伙或有限责任的投资公司，其中投资者是有限合伙人或成员，投资经理是管理公司事务的一般合伙人或管理成员。对冲基金几乎不受监管。其次，对冲基金收取管理费，为管理资产的百分比，通常也收取业绩奖励费，是基金变现或未变现利得的百分比（如20%）。此外，出于监管的原因，对冲基金和私募基金只接受数量有限的投资者，这些投资者一般必须是经过认可的投资者和合格的买家。第 2 章对这类投资者进行了定义和解释。

对冲基金传统特点在于其投资策略。经典观点是对冲基金风险—收益状况比较有利，因为它们可能在同一时间采取相反的投资头寸，这样能从其希望获得高收益的投资选择模型和技术中获益，而不管整体市场是上升还是下降。他们希望投资风险和其采取的投资头寸回报的相关性非常低或不相关。例如，对冲基金投资者可能购买（做多）其认为跑赢市场的普通股，同时卖空（做空）其认为表现差于市场的股票。如果整体股市上涨，投资者希望获利的多头头寸的上涨超过不利的空头头寸的所有损失（如果精心挑选，甚至可能是获利的），因此投资者会赚钱。相应地，如果市场整体下降，希望看好的空头头寸（在这种情况下有利）下降多于现在不利的多头头寸（如果精心挑选，价值可能稳定或上涨），从而基金的投资者会再次赚到钱。因此，对冲基金投资者希望获得超额和稳定的回报。这可能被称为多头/空头策略。

除了卖空，对冲基金的管理者可能广泛使用财务杠杆（负债）来放大基金的头寸。他们也可能会使用套利、期权、期货和其他衍生工具来提高回报，并帮助控制风险。对冲基金有很多的不同种类，每一种都采用了多种金融技术并在全球进行投资。

一些对冲基金的构建是为了投资其他对冲基金。它们被称为基金中的基金。这减轻了投资者选择适当的对冲基金（投资经理风险）的问题，但会增加成本，因为两种基金都收取相当规模的费用。近年来，一些证券公司用较小所需的初始投资金额建立了基金中的基金。

对冲基金投资不具有流动性和市场流通性。它们一般不公开交易，而且对初始投资可能有锁定期，例如一年的锁定期。

既然对冲基金是合伙企业或者有限责任公司，那么对冲基金是作为转付所得税的实体经营的。因此，其利润和亏损转给了投资者。利润往往是短期的（一年或一年以下），所以被当做普通收入向投资者征税。因此，一般而言，对冲基金对于应税投资者不是节税实体。

主张在个人或信托的投资组合中包含对冲基金（或私募）的论据之一是这类基金产生高于平均水平的回报，但与其他资产类别的相关性较低，如股票和债券。因此，从现代投资组合理论的角度来看，它们获得了高于平均水平的回报和较低的整体投资组合风险。另一方面，对冲基金不具有稳定的流动性和市场流通性，成本高，不规范或不透明，杠杆较高，尚未真正在经济严峻时期进行测试。当然，人们对这个问题的两个方面都有看法。

8.21.2　私募股权基金或风险投资

这类基金的构建和经营类似于对冲基金，它们投资于处于不同发展阶段的其他公司（有时候称为"投资组合公司"）。

私募股权基金有以下几个基本的分类。最早可能是风险投资，其中私募股权基金在公司成立时帮助融资和提供建议。近年来，私募股权基金已经参与到现存业务的杠杆收购（杠杆收购）。通常情况下，由于买断，并购的业务需要承担大量的债务。然后，私募股权基金将出售公司的业务或对其股票进行 IPO。最后一类是夹层融资，私募股权基金以固定到期日借钱给投资的公司。

第 9 章
资产配置策略与财务管理

本章目标

读完本章后，你应该能够理解以下要点：

- 投资策略报告的使用
- 资产配置涉及的个人因素
- 资产配置可采用的资产类型和投资工具
- 同类投资内部的资产配置
- 各类资产该如何持有（配置分析）
- 资产配置策略的说明
- 现金流管理和预算编制
- 提高个人储蓄的策略
- 债务类型和债务管理策略
- 采用逆向抵押贷款创造退休收入

9.1 资产配置的基本原理

资产配置是决定一个投资组合中各种资产类型及其子资产类型应该按多大比例进行配置的决策系统。资产配置决策受多种因素影响，如各类资产预期税后总收益及其彼此间的相关性、投资者的财务状况、投资时间期限、个人因素、投资约束、投资目标、投资政策，以及投资者对风险（收益波动）的容忍度。

9.2 资产配置决策的步骤

进行资产配置决策可遵循以下几个步骤：

1. 制订投资政策声明。
2. 考虑投资者的个人状况，包括投资约束、时间期限、财务状况、纳税状况、流动性和流通性要求。

3. 考虑制定投资目标和投资策略。

4. 评估投资者当前的资产配置。

5. 为投资者资产配置组合研究选择合适的资产类型。

6. 尽可能地评估所选资产类型的长期风险收益特征。从逻辑上讲，该步骤应该与上一步同时进行，因为不同类型资产的长期风险收益特征至关重要，决定了哪些类型的资产适合纳入投资组合。

7. 考虑当前的经济形势，并对未来经济形势进行预测。

8. 决定投资组合中不同资产类型的配置比例。当然，这一步是关键。

9. 决定所选的每种类型资产所包含子类资产的配置比例。

10. 尽可能地考虑各类资产该如何持有（如直接持有，通过金融中介机构持有、还是以税收优惠账户或税收优惠计划持有）。

11. 实施规划。

12. 定期审查和再评估规划。

9.3 投资政策声明

投资者和他们的投资顾问有必要制定一个正式的投资政策声明，用来指导投资者进行资产配置决策和其他投资决策。报告包括以下内容：

- 适合纳入投资组合的资产类型。
- 所选资产类型的资产配置目标。
- 影响投资者投资组合和投资期限的投资者个人因素及个人态度。
- 投资者对投资组合的风险—收益所持的态度，以及投资者期望的税后总收益率；评估投资者自我感觉所能容忍的投资组合下跌的程度（假设在"熊市"中）。
- 遵循的分散化投资标准。
- 对投资组合的现金流要求。
- 对投资组合的流动性和流通性要求。

9.3.1 个人因素和资产配置

整体的财务状况和税务状况 对于大部分理财规划来说，投资者个人或家庭的财务状况（个人资产负债表和现金流量表）是最有价值的出发点。税务状况同样也很重要，因为投资的税后收益才是关键。

时间期限 投资的时间期限越长，资产配置的灵活性和弹性就越大。原因如下：第一，现代资产配置理念中主要的资产类型，如普通股、债券和现金等价物（已在第5章进行讨论）等，其长期总收益和波动数据是基于对其长期以来的历史研究。因此，对这类资产的投资需要较长时期才能见效。第二，由于无人能确定短期经济会在何时下滑、个人问题会在何时产生，所以未雨绸缪是明智之举。因此，如果投资者只有很短的时间来（如最多五年）为一笔经济支出做准备，如准备上大学费用，那么至少在短期支出满足之前，应该采取一种更加保守的资产配置策略。

投资约束、投资意愿和其他因素 以下是一些投资约束和其他可能需要考虑的因素：

- 投资者承受投资收益和本金产生损失风险的能力。这受很多因素的影响，例如：
  - 投资者的个人收入、工作性质和工作稳定性，如果有配偶的话，还包括其配偶的个人收入；
  - 其他收入来源；
  - 年龄、健康状况、家庭负担和其他负担；
  - 持有的商业股份；
  - 可能继承的遗产；
  - 投资本金的具体使用计划，如教育支出、退休或其他大额支出；
  - 生活支出对短期投资收益的依赖程度。
- 投资组合要求的流动性和流通性。
- 投资者是否能经得起证券市场的涨跌，尤其是下跌。
- 可选的投资管理服务的质量。
- 投资者对待风险的态度和情绪上对风险的容忍度。

9.3.2 投资目标

尚未确定投资目标就进行投资决策就像驾驶无舵之船。人们的投资目标也通常随着生命周期和个人境况的改变而发生变化。有的人还可能同时有多个投资目标的组合。下面列举几种典型的投资目标：

短期收益最大化 该目标注重短期收益。那些必须完全依靠或部分依靠投资收益来维持生计的人，往往追求这种投资目标。

资产保值 这是一个广为人知的目标。从纯粹形式上来讲，它意味着投资组合的美元价值不应下降，这是相当苛刻的要求。从更灵活的形式上讲，它意味着投资的主要目的，是把投资组合价值可能的下跌控制在可容忍的限度内。以这种形式来理解，资产保值就成为一个普遍而又合理的目标。

合理的短期收益和适度的资本增值　这对第一项投资目标进行了修正，短期投资收益不再是唯一目标。虽然重视短期收益，但也追求长期资本收益。

长期资本增值　这种投资目标主要关注相对较长一段时期的资本收益。典型的追求长期资本增值的投资者，是那些不需要用当期投资收益来维持生活支出的人。这种投资目标意味着投资组合可以承受更高的风险。

进取型资本增值　这种投资目标寻求资本收益的最大化，意味着要进行大量的投资分析和投资管理，以进行更高风险的投资。

税收优惠型投资　个人最高边际所得税等级使免税型和减税型投资也很有吸引力。

9.3.3　投资策略

投资者应该在投资约束的框架内为实现投资目标制定投资策略。在制定投资策略的过程中，应该考虑以下几个问题。

进取型与保守型　进取型投资策略追求收益的最大化，因此也接受超出平均水平的风险。相反，保守型投资策略追求投资风险最小化，相应地就接受较低的收益。一般而言，进取型策略和保守型策略可以通过以下方法加以区分。为了实现投资收益最大化，进取型投资组合包含的证券往往比保守型投资组合包含的证券金融风险更高。此外，为了实现收益最大化，进取型投资者根据他们对市场未来走势的判断，试图通过适时买进和卖出证券来获利。然而，保守型投资者倾向于遵循一套"买入并持有"的理念或者采用美元成本平均法等方法，追求指数投资，一般而言，不会尝试跑赢大盘。进取型投资者可能会采用很多方法和投资工具，如认股权证、买卖期权、IPO和卖空等，而保守型投资者往往不会采用这些投资工具。进取型投资者可能会通过借款来放大潜在收益，而保守型投资者一般不会通过借贷进行投资。最后，进取型投资者会集中购买相对较少的几只证券，以充分发挥投资者的选择技巧。

很少有人会一成不变地只遵循进取型投资策略或者保守型投资策略。然而，通常很多投资者可能更倾向于保守型投资策略。

流动性和流通性　为投资组合设定多高的流动性才算合理，很大程度上是一个判断问题。你可以决定持有一定量的美元现金作为流动资产，如20 000美元；或者持有一定比例（如10%）的流动性资产；或者持有二者的组合。在资产配置模型中，整个投资组合往往要设定一定比例的流动资产（如现金等价物）。投资政策声明中也应该说明投资组合中缺乏流通性的资产类型所占的比重，例如房地产或其他另类投资。

分散投资和集中投资　前文曾提到，分散化投资是一种保守型投资策略。与分散化投资相对的是集中投资。集中投资的投资组合只集中投资于一种资产类型（如普通股或房地产），或者同一资产类型中的一只证券或者很少几只证券。还有一些情况会导致投资集中——尽管没有意识到，但会不自觉地成为一种投资策略。例如，一个企业管理人员的投资组合可能会重仓持有自己公司的股票。这时的问题就变成如何以更有效的方法来分散投资。

9.3.4　可供考虑的资产类型

每位投资者都需要选择一些他认为适合纳入其资产配置决策的资产类型。以下是一些可能的资产类型：

- 国内普通股
- 外国普通股
- 国内债券（投资级）
- 国外债券
- 高收益（垃圾）债券
- 现金类资产（现金等价物）
- 长期固定数额（保本）资产
- 房地产投资
- 其他另类投资
- 可转换债券
- 黄金和其他贵金属
- 其他资产

9.3.5　可供选择的投资工具

这些资产类型在很多的投资工具中都能找到。它们当中的每一种都需要在资产配置计划中仔细考虑，因为对于投资者来说，一种资产无论以何种形式持有都要承担资产本身的风险。

直接持有资产　投资者以个人名义持有这些资产，或者与其他人共同持有。这些资产可能直接由投资者持有，或者通过投资者名下的经纪账户或其他账户持有。

通过金融中介持有资产　投资者持有金融中介的股份或权益，而这些金融中介持有和管理投资资产。常见的有共同基金和房地产投资信托基金。

以合格退休金计划持有的资产　许多企业提供的退休金计划采用固定缴款计划，或者个人账户计划。在个人账户计划当中，企业把特定账户分配给员工个人。参加合格退休金计划的员工对这些账户资金的投资有管理权。

个人退休金账户　个人退休金账户的所有者，可以把账户资金投资于宽泛的一系列投资工具和年金。但是，账户资金不能投资人寿保险和收藏品。

人寿保险现金价值　传统的固定数额年金和万能寿险都有固定数额的现金价值。它们是保本型资产。另外，变额人寿保险和变额万能人寿保险的资产分类，取决于保险的现金价值存放在哪个子账户当中。

投资年金现金价值　传统的固定数额年金有固定数额（投资组合产品）的现金价值，因此是保本资产。可变年金的现金价值可以由年金的所有者存放在一个或多个子账户当中。子账户的选择决定了资产类别。

员工股票期权和持股计划　有的员工会获得股票期权，或者有资格参与其他持股计划（例如，限售股、员工股票购买计划、股票升值权等）。股票期权和持股计划显然是员工对企业股票的投资权益，但是可能难以估值（此类股票计划及其估值将在第 18 章中进行讨论）。

目前，我们可以采用这种方法给未行权的股票期权估值：用股票当前的市场价格减去约定的行权价格（期权价格），再乘以行使股票期权的股份数，这就是期权的内在价值。

例如，假设两年前约翰·赫雷拉被授予一份非限定股票期权，10 年内他可以在证券市场上以每股 20 美元的价格（许可价格）购买 1 000 股其所在企业的股票，该股当前的市场价格为每股 45 美元。这份期权当前的内在价值就是 25 000 美元（45 美元 – 20 美元 = 25 美元 × 1 000 股）。当然，如果一份期权已经行权，或者员工已经在其他计划中获得了股票，股票就可以简单地视为直接持有的普通股。

信托资产　有的投资者是信托受益人。信托包括很多种不同的安排。

有的人设立可撤销的生前信托基金。这类信托资产应仍计入设立人—受益人的资产配置，因为这些资产实际上仍然归设立人—受益人自己所有。有时候，一个人可能是他人设立的不可撤销信托的受益人。这些信托资产是否计入受益人的资产配置，取决于受益人对信托资产享有什么样的权利，这是个主观判断问题。

9.3.6　投资（资产类型）应该如何持有（配置分析）

这里要讨论的是投资应该直接持有，还是通过税收优惠工具持有，这也叫配置分析。理财规划在这一领域能够完成多少在很大程度上取决于具体环境。有人几乎把所有投资都通过税收优惠计划持有，其选择也因此受到限制。另外一些人可选的税收优惠计划则很少。在有的情况下，税收优惠计划的参与者在对他们的资产进行投资规划时，选择非常有限甚至没有选择。我们此处考虑的税收优惠工具包括合格退休计划、个人退休金账户、可变年金合约和可变人寿保险单。

直接持有资产的优点

- 资产在出售或交易（应纳税交易）之前，不用实现和确认（应纳税）资本收益。
- 长期资本收益可享受优惠所得税税率。
- 目前，资本资产可在投资者临终时享受递增的课税基数。
- 可通过规划延期缴纳资本所得税，甚至完全规避资本所得税。
- 资本损失可以抵减或者抵消资本收益，并且任何未抵消完的剩余损失每年能够抵减最高达 3 000 美元的普通收入。未使用资本损失还可以结转。
- 投资者能直接控制投资的资产。

直接持有资产的局限

- 每年收到股息和应税利息时都要纳税。但是，本文也提到，合格股息税率较低。
- 想要改变投资或调整资产配置时，如果出售或交易已增值资产，必须实现和确认资本收益（并且要缴纳资本收益所得税）。
- 共同基金和其他投资公司可能会通过基金转换为股东创造资本收益。

通过税收优惠计划持有资产的优点

- 税收优惠计划的参与者当前所有的投资收益（股息、应税利息与资本利得）都不需要纳税。直到事实上已经开始从税收优惠计划中提款时才需要缴纳所得税（作为普通收入）。Roth 个人退休金账户和 Roth 401（k）计划提款也免税。

- 投资变动和资产配置变动只要在税收优惠计划内进行都是免税的。因此，如果产生了资产收益，税收优惠计划是改变资产配置最理想的场所。然而，如果发生资产损失，直接持有资产是卖出时更好的选择，因为确认的损失能够抵消其他资产收益，或者抵消每年最高可达 3 000 美元的普通收入。

- 从这些计划中提款往往会在很久以后，因此，会产生长期延税收益。例如第 16 章介绍的递延式个人退休金账户就是如此。

通过税收优惠计划持有资产的局限

- 这些计划中所有投资收益（股息、应税利息和资本收益）和应税本金在提款时都和普通收入一样需要纳税（Roth 个人退休金账户、Roth 401（k）计划和教育个人退休金账户例外，可免税提款）。而且，这些计划的账户余额到一定时点必须提款（第 16 章介绍了强制最低提款规定）。

- 这些计划中的投资不能享受临终递增课税基数，而且尽管这些计划会以资本利得的形式实现投资收益，但是并不适用较低的资本利得税税率。

- 计划的参与者必须遵守特定计划的条款，而且企业未来可以变更计划条款。

- 未到期提前提款会面临 10% 的惩罚性税款，没按规定提取强制最低提款额会面临 50% 的惩罚性税款。

9.3.7　有关配置分析的一些观察

通过前面的讨论我们可以发现，资产配置几乎没有严格的确定性规则，以下是几个一般性观察结果：

- 免税市政债券应该总是直接持有，因为其利息收益免税。

- 零息应税债券应该通过税收优惠账户持有。否则，即使投资者并没有收到现金，债券年度应计利息当前也会被征税。

- 我们还可以得出这样一个结论，计划长期持有的成长型普通股（当期股息很低甚至没有）应该直接持有。这样，投资者未来资本利得就能实现延期纳税甚至免税；（如果在生前出售或交易）能享受更低的资本收益所得税如果持有到临终遗赠，还能享受递增的课税基数（投资者也可以采用其他方法延迟或者规避资本收益所得税，第11章将进行讨论）。

- 我们也可以得出这样一个结论：支付当期利息的应税债券和保本投资应该放在税收优惠计划当中，这样收到当期利息支付时，应缴纳的所得税就可以延期。
- 如果需要改变投资或调整资产配置，并且涉及到的资产已经增值，最好在税收优惠计划中进行调整，这样就能规避资本收益所得税。然而，如果涉及的资产发生投资损失，那么最好出售直接持有的资产，这样的话，确认的资本损失就能用来抵消资本收益，或者抵消每年最高可达 3 000 美元的普通收入。

9.3.8　资产配置策略的案例

现实中，即使在给定的情况下，人们关于资产配置策略的观点依然存在巨大差异。这里给出的两个案例有意简化了情境，以图说明一般性的资产配置方法。

一对年轻的职业夫妇

我们假设有一对夫妇哈利和苏珊；两个人都有工作；他们有两个孩子，一个 6 岁，一个 4 岁。哈利 40 岁，是一名拥有自己事务所（个人投资人）的律师。苏珊 38 岁，拥有化学工程学士学位和 MBA 学位。她是一家大型制药公司的经理。他们每人年薪都大约有 200 000 美元。哈利近来为个体经营者设立了一项退休金计划（HR – 10 计划），而苏珊有一份所在公司提供的合格养老金计划和一份合格 401（k）计划（计划中有五个单独的投资选项，包括所在公司的股票）。

苏珊所在公司以公司股票期权的形式为苏珊 401（k）计划缴款。她的账户中有一半是公司股票，另一半是分散化的股票基金。

哈利有面值 500 000 美元的人寿保险，其中 100 000 美元是变额万能寿险（其中股票账户现值有 8 000 美元），400 000 美元是定期人寿保险。苏珊也有面值 500 000 美元的人寿保险，其中 100 000 美元是传统固定保费终身人寿保险（现值 2 000 美元），剩下的是团体人寿保险和个人定期人寿保险。

四年前，苏珊的公司授予她一份非限定股票期权，授予她以每股 50 美元的约定价格购买 1 000 股公司股票的权利。公司股票当前的市价为每股

90 美元。非限定股票期权已经授予苏珊，但是她还没有行权。

除此之外，哈利夫妇其他可供投资的资产累计有 300 000 美元，包括苏珊所在公司的员工持股计划、哈利从以前所在的公司离职时从公司的利润分红计划中的一整笔提款、他们的个人储蓄以及哈利的母亲留给他的一小笔遗产。他们还拥有自己的房子，价值 700 000 美元，当前（再融资之后）他们为房子背负 500 000 美元的固定利率抵押贷款，贷款当前的利息是 4.5%。目前，他们不打算用可投资资产偿付抵押贷款。

苏珊和哈利共同申报个人所得税，联邦税税率为 35%，联邦、州和地方最高边际所得税合计税率为 40%。他们也愿意共同进行资产配置规划，而非各自单独进行。

至于投资目标和投资策略，哈利夫妇的首要计划是为子女读书攒够学费。为此，他们为每个孩子设立了 529 条款计划。其次，为了自己在 60 岁左右退休后能过上舒适的生活，他们现在就需要准备，最终他们设立了一笔一般投资基金。由于他们最大的孩子也只有 6 岁（距离上大学还有大约 12 年时间），因此，所有这些开支都有相当长的时间来准备。哈利和苏珊都相信股票市场能实现长期增长，并带来更高收益。哈利想要把他们所有可供投资的资产都投资于股票，但是苏珊比较担心股票市场的波动。两个人都认为短期的股利收益并不重要。最终，哈利想要投资稳健收益性房地产，这是他在律师事务所经常接触到的一种投资方式。苏珊对此表示赞成，但是，他们两个都赞同未来投资于投资性房地产。

目前，他们都赞同为投资组合考虑以下几种资产类型：

- 成长型股票（包括苏珊所在制药公司的成长型医药股）
- 价值导向型股票（作为仅次于成长型股票的第二选择）
- 投资级公司债券（通过税收优惠计划或税收优惠账户持有）
- 投资级市政债券（直接持有）
- 保本资产（通过税收优惠计划或税收优惠账户持有）
- 现金等价物（流动资产）
- 投资性房地产（未来投资）

参考投资顾问给他们提出的长期收益—风险评估建议，结合自身的实际情况和个人意向，哈利和苏珊现在决定按以下比例进行资产配置：

成长型股票和价值投资型股票（成长型股票为主）	70%
公司债券（通过税收优惠账户持有）	15%
保本资产（通过税收优惠账户持有）	10%

现金等价物   5%

他们还认为资产组合中任何一只股票或证券所占比例都不能超过资产组合的10%。

目前，哈利夫妇持有的全部投资组合总计460 000美元。投资组合中几乎所有都是成长型（分散化）股票，具体如下：哈利的HR－10计划账户中的40 000美元、苏珊401（k）计划账户中的70 000美元和哈利变额万能寿险账户中的8 000美元都投资于股票；苏珊股票期权的内在价值40 000美元（90美元－50美元＝40美元×1 000股＝40 000美元）；还包括他们直接持有的价值300 000美元的资产（包括苏珊参加员工股票购买计划所买进的95 000美元成长型医药股）、成长型股票共同基金和其他成长型股票。只有苏珊的传统终身人寿保险计划中的2 000美元做了其他投资。

然而，根据他们的资产配置目标，他们应该投资于成长型（或价值投资型）股票约322 000美元、债券69 000美元、保本资产46 000美元、现金等价物23 000美元。此外，他们还存在一个问题：持有过多苏珊所在公司的成长型医药股。当前，他们累计持有170 000美元成长型医药股，几乎占投资组合的37%——苏珊的401（k）计划持有35 000美元，直接持有95 000美元，并且还有价值40 000美元的股票期权。

为了实施他们理想的资产配置策略，哈利和苏珊应当在资产组合中增持债券、保本资产和现金等价物。与此相应地减少所持有的股票，尤其是成长型医药股。自然，他们想尽可能地少缴纳资本收益所得税。考虑到这方面，建议哈利夫妇采取以下操作：

- 哈利可以把自己HR－10计划和变额万能寿险计划中的投资由股票变换为投资级公司债券或债券型基金。这样，当前就不用纳税。
- 苏珊也可以调整401（k）计划中自己所缴资金的配置，把股票（尤其是成长型医药股）变换为计划中的稳定价值基金。
- 苏珊也可以把当前401（k）计划账户中的余额转换为计划中的稳定价值基金或公司债券。根据《2006年养老金保障法案》（第13章进行讨论），她可以改变计划中对所在公司股票的投资，无论资金来自她自己的缴款还是公司的缴款（因为她已经在这家公司工作超过三年）。目前，这种操作仍然不用缴纳所得税。
- 当苏珊行使非限定股票期权时，她可以用当前所持有的成长型医药股作为购买价格的一部分（在计划允许的程度内）。也可以在行权后卖掉部分或全部股票，这样就不会产生资本收益。这样操作能够以更低的税率来降低她对成长型医药股的风险敞口（详见第 11 章）。

- 当苏珊和哈利有了新的储蓄，或者出售证券获得了收益，或者得到其他可用于投资的资金时，他们首先应该把这些资金投资于免税的货币市场账户（现金等价物）当中，直到现金等价物投资达到理想水平，然后再投资于直接持有的投资级市政债券，直到总债券投资比例达到理想水平。

- 如果哈利和苏珊想做慈善捐助，他们应该考虑捐助升值最多的成长型医药股，而非现金。这有助于减少他们对成长型医药股的风险敞口（详见第 11 章）。

- 最后，苏珊和哈利可能不得不忍痛卖出一些上涨了的股票，并缴纳所有应付的资本收益所得税。他们所拥有的资产规模相对较小，还没到必要考虑更复杂的技术工具来延迟资本收益，而且他们所处的生命周期阶段考虑这些也为时尚早，第 11 章会对此进行讨论。

一对年迈的退休夫妇

现在，我们来看一个完全不同的案例。假设约翰和玛莎是夫妻，他们有三个孩子，已经离开家独立生活，约翰和玛莎也已经退休。约翰 67 岁，玛莎 64 岁。约翰领取社会保险退休金和他以前工作的公司为他和玛莎发放的终身退休金（如果约翰先于玛莎去世，玛莎可继续领取约翰 50% 的退休金）。玛莎还没开始领取社会保险退休金，但是，她将在达到完全退休年龄后领取。玛莎自己能领取的退休金很少，但是，她的母亲在遗嘱中为她设立了一项信托，她是终身受益人。约翰享有医疗保险，玛莎享有约翰以前工作所在公司提供的延伸医疗保险。玛莎将在 65 岁时有资格享受自己的医疗保险。约翰有一份面值 200 000 美元的传统终身人寿保险，保险现金价值为 40 000 美元。

约翰退休的时候，把以前工作所在公司提供的合格储蓄计划账户中所有的资金都转存进定期滚存个人退休金账户。如今，他的这个滚存个人退休金账户中有 300 000 美元，其中 200 000 美元投资于有保险的两年期定期存单，100 000 美元投资于投资级公司债券。另外，约翰和玛莎的个人储蓄中有 200 000 美元资产由他们直接持有，其中 100 000 美元投资于有保险的三年期定期存单，100 000 美元投资于分散化投资的股票型共同基金。

至于投资目标和投资策略，玛莎和约翰想要尽可能地保存他们的资产，实现稳健的资本增值，获得适当的当期收益，尽可能地对抗利率下降，实现投资收益，保持合理的流动性，并适当地分散化投资。为了维持舒适的生活水平，他们确实需要从投资组合中获取适当收入。在资产配置计划中，他们不考虑玛莎的信托基金的本金。

约翰夫妇共同申报个人所得税，联邦税税率为28%，联邦、州和地方最高边际所得税合计税率为32%。他们愿意共同进行资产配置决策。

目前，约翰和玛莎为他们的投资组合考虑了以下几种资产类型：

- 分散化投资的收益型股票或股票型基金
- 投资级的公司债券
- 美国国库券
- 保本型资产
- 现金等价物（流动资产）

考虑到他们的投资顾问基于收益—风险评估提供的建议，结合他们自身的情况和意向，约翰夫妇决定按以下比例进行资产配置：

投资级公司债券（5~15 年期）	25%
美国国库券（20~30 年期）	25%
定期存单（2~3 年期）	20%
分散化投资的收益型股票	20%
其他保本资产（如人寿保险现金价值）	5%
现金等价物	5%

他们计划在资产配置中增加债券和其他固定收益资产的比例，以规避股票下跌、再投资风险和债券利率下行的风险。因此，他们计划把25%的资产投资于短期有价证券（现金等价物和2~3 年期的定期存单），25%投资于中期债券（5~15 年期公司债券），25%投资于长期债券（20~30 年期美国国库券）。这些债券他们可以直接持有（个人直接持有债券，或者通过共同基金形式持有债券），或者通过个人退休金账户持有。

为实施他们理想中的资产配置策略，玛莎和约翰需要从他们的定期存单中转出适当数量的一部分资产投资于美国国库券、公司债券和一个货币市场账户。这些资产可以直接持有，也可以通过个人退休金账户持有。可以在定期存单到期时进行资产转移，这样就不会因为提前提款而被罚款，而且也不会产生所得税。

约翰的传统终身人寿保险有比他想要用的更多的现金价值（他们的资产组合为 540 000 美元，人寿保险占比 5% 为 27 000 美元）。约翰表示，他想让这份保险持续生效，以免他先于玛莎去世的话，玛莎的退休收入会减少。一般而言，人们尽可能地不从人寿保险合同中提取需要纳税的金额。考虑到这些因素，约翰对于这份保险还有很多选择。我们将在第 21 章和第 29 章中进行讨论。

最后，约翰和玛莎已经拥有了理想数量的股票。他们可以直接持有或者通过共同基金的形式持有。

9.4 财务管理

在投资规划中，除资产配置以外，大多数人还需要为管理现金流和支出（预算）制定相应的融资策略，以促进储蓄，并满足个人融资需求（债务管理）。除此之外，一部分人在退休后可能还需要考虑用逆向抵押贷款来补充退休金。

9.4.1 现金流管理和预算编制

现金流管理的主要工具是个人预算或家庭预算。这是一份一段时期内即将收到的现金流和预计开支的清单，常常以月度为单位。

第 1 章的个人现金流量表（收入）对现金流入和支出进行了讨论。有的现金流入项目和支出项目并不完全是月度的（例如现金流入栏目下的奖金、半年度或季度投资收益，支出栏目下的半年度房地产税、联邦政府和州政府季度收入所得税、学费、一些保险费）。为进行规划，这些大额、不规律的收支项目可以按比例分配至各月，或者单独分开进行规划。

预算使个人和家庭把支出控制在预期的现金流入之内。现金流入和支出之间的差额为净储蓄。理想状态是拥有正的净储蓄。显然，持续性地入不敷出（例如，寅吃卯粮的生活方式）说明财务管理非常糟糕。不幸的是，一些人却对如此简单的道理无动于衷，显然在这方面他们需要专业指导。近年来，美国储蓄率非常低，甚至为负值。

现金流管理的另一方面是应急基金计划，这已在第 1 章讨论过。

9.4.2 储蓄策略

财务管理的一般原则认为：储蓄总比负债好。本书写作时的经济形势就是最好的例证。当然，对于很多人来说花钱总比储蓄要容易。然而，有很多有助于增加储蓄的策略，例如：

- 遵循"先付钱给自己"的策略。这意味着一个人或一对夫妇，每个月或每段时期在任何其他开支之前，都先做一笔起码是最小额度的储蓄。

这实际上是预算过程的一部分。如果确有必要，某个月可以减少最低储蓄额，但是必须保证储蓄一直在进行。这样可以养成节约的好习惯。本杰明·富兰克林在其自传中积极主张养成这样的习惯。

- 充分利用要求员工自动缴款的福利计划，如果它们在其他方面也是有利的。这些福利计划通过直接在工资里扣款来缴款。第13章讨论的国内税收法案401（k）条款是最典型的例子。在很多情况下，企业也要向这些计划缴纳相应的款项。如今，企业可以要求员工自动注册参加这些计划，除非员工断然选择不参加。研究报告表明，自动注册使参与计划的员工人数大幅上升，显著增加了员工自动退休储蓄。当然，员工可以，可能也应该缴纳超过自动最低扣款的更多款项。

- 向个人税收优惠计划缴款，例如向传统个人退休金账户和Roth个人退休金账户缴款。

- 以有组织的方式还债，比如分期偿还首次抵押贷款和房屋净值贷款，每次还款额当中用于偿还债务本金的比例会越来越大。还债本身就是一种储蓄。

- 有种观点倡导固定保费终身人寿保险，认为投保人往往会把固定保费看做定期债务，并因此定期偿付。这使得保险持续有效，并且保险的现金价值逐年增加。因此，固定保费终身人寿保险也被称为半强迫式储蓄。当然，人寿保险的增长或个人年金现金价值的增长都是储蓄的一种形式。

- 作为不动产规划目标的终生给予策略，父母、祖父母会考虑向他们的孩子、孙子或其他人进行赠与，使他们在符合条件时，能有自己的税收优惠计划，诸如个人退休金账户。这使受赠者能尽早开始这些计划，并使他们养成节约的好习惯。人们也会在子女、孙子女或其他家庭成员购置第一套房子时给他们钱，或者借钱给他们，用来支付部分或全部首付。这样受赠者就能在他们的房产中有更多权益，并能够分期还清抵押贷款。

9.4.3 融资策略

人们需要贷款的原因有很多。大多数人需要通过贷款购买首套住房或第二套住房。许多人也会为其他大额支出贷款，如购买汽车或度假支出。还有许多人必须通过贷款来供子女上学，即使现在已经有了很吸引人的教育支出前期融资渠道（有关教育计划的更多内容见第 12 章）。有时候，一些人很不幸需要贷款来满足紧急支出，例如高于寻常的医疗费，或者暂时失业期间的支出。然而，正如第 1 章所述，保持足够的应急基金也正是为了满足这些应急支出。

还有一种截然不同的贷款，贷款资金是为了扩大投资头寸，或者用于成立或维持一家私人持股公司。贷款能使投资者拥有比其自有资金更多的投资头寸（财务杠杆），能够放大投资收益，但同时也会放大投资损失。这是一种危险的投资策略。在有些领域，例如房地产投资，通常会使用第 6 章中提到的融资杠杆。许多小企业发现它们必须进行借贷以为它们的生意提供资本。

长期债务和短期债务　短期债务是指三年内到期的债务，借款者需要在相对较短的时期内清偿债务。例如信用卡欠款，如果透支额没有在 25 天内还清，就会有相当高的分期还款利息。

另一种债务是中期债务，到期日介于短期债务和长期债务之间。

长期债务是指还款期限超过 10 年的债务。在很多情况下，长期债务的偿还（如抵押贷款）都采用分期付款。也就是说，长期债务采用平均月付款进行还款，每月的还款额一部分偿还的是本金，另一部分偿还的是剩余贷款额的利息。因此，每月平均还款额中用于偿还利息的部分在最初占比最大，但是随着债务逐期偿还而逐渐降低。相反，用于偿还本金的部分最初很小，但越到后期比重越大。当然，长期债务通常用于长期合约，比如买房。

担保贷款和无担保贷款　在担保贷款中，债务人的资产抵押给债权人作为担保。

抵押贷款和保证金贷款是典型的担保贷款。有时候，一项担保贷款的抵押品同时也是其他担保贷款的附属抵押品，比如二次抵押贷款。房屋净值信贷额度就是住房的二次抵押贷款。

如果债务人发生违约，担保贷款的债权人可以扣押或者出售抵押资产以清偿债务。如果担保贷款是有追索权债务，债权人不仅可以通过处理抵押资产来收回未清偿贷款，还可以通过处理债务人的其他资产（例如，可以针对债务人本人）来收回贷款。然而，无追索权债务不允许债权人针对债务人个人追索，只允许处理抵押资产。住房抵押贷款往往是有追索权债务。

对于无担保贷款，债权人只能依靠债务人个人的还款能力（借款人十足的信用保证），没有财产抵押担保。假设借款人的信用状况相同，无担保贷款相对于有追索权的抵押贷款风险要更高。

贷款类型　人们可以申请的贷款类型有很多。

抵押贷款：大多数人申请抵押贷款购买首套住房或第二套住房。正如第 6 章所讨论的那样，房地产投资者是通过抵押贷款进行投资的典型。

住房抵押贷款的种类很多，包括：

- 固定利率抵押贷款。固定利率抵押贷款是分期还款的较长期贷款，其利率在整个贷款期内是固定的。因此，这可以保护借款人不受加息的影响。此外，如果利率下调，固定利率抵押贷款还能够以现行较低利率进行再融资。因此，固定利率抵押贷款往往要比下面即将介绍的可比浮动利率抵押贷款的利率要高。

- 浮动利率抵押贷款。浮动利率抵押贷款也是分期还款的较长期贷款，其利率是指数化利率，或者与某个市场基准利率相关联，如 LIBOR 或某些美国国债收益率。浮动利率由基准利率加上一定百分比构成，例如加上 1 个或 2 个百分点。因此，浮动利率抵押贷款的利率会跟随指数化市场利率进行调整。如果指数化市场利率下降，这会对债务人有利。如果利率上升，则相反。然而，如果指数化市场利率上升，债务人可以通过固定利率抵押贷款为债务进行再融资。依赖这种策略的风险在于，如果房价下跌（这样债务人就不再有足够的住房抵押资产净值）或者债务人信用状况恶化，债务人就很难实现再融资，随着利率的提高，债务人将难以为继。如果浮动利率贷款在一开始是明显低于市场利率的"钓饵"（teaser）利率，但是，几年后利率却突然上升，则尤其危险。在本书写作之时，有很多背负浮动利率抵押贷款的购房者，在利率上升时，已无法通过固定利率贷款来实现再融资，因为他们房子的价值已经降至低于抵押贷款额的水平（例如，"在水下"），因此购房者已无房屋资产净值可抵押。

如果利率上升过多，浮动利率抵押贷款的月度还款额甚至不足以偿还增加的利息，因此，贷款本金余额不会像通常的分期偿还抵押贷款一样逐渐下降，反而逐渐增加。

浮动利率抵押贷款也可以对一年内或贷款期限内贷款利率的上升幅度

加以限制，这称为利率上限。

- 混合浮动利率抵押贷款。这是上述两种抵押贷款的组合。一段时期内贷款实行固定利率，另一段时期则变为浮动利率。
- 房屋净值贷款。由于房屋净值贷款是对住房（首次抵押之后）的再次抵押，并且独立于首次抵押，因此也叫做二次抵押贷款。这类贷款一般采用固定利率分期还款。
- 房屋净值信用额度。在这种贷款中，债权人给债务人一定数额（信用额度）的可借用资金。贷款的月度利息采用基于贷款余额的浮动利率。债务人可以根据自身需要选择部分还款或者全额还款。这也是对住房的二次抵押贷款。

抵押贷款提前还款：债务人可以在抵押贷款到期之前提前偿还本金。这样做不会有任何罚金，而且能更快地逐步还清贷款。例如，当资金充足时，债务人可以每月加倍还款（额外还款）。这对于有的家庭来说可能是有效的储蓄策略。

对于分期偿还抵押贷款而言，在每月还款额不变的情况下，提前还款能够减少还款次数。对于房屋净值信贷额度而言，还款额高于当月到期利息会减少未偿还贷款余额。

提前还款会减少长期利息成本。因此，应该根据提前还款的资金如果做其他投资预期可得的税后投资收益来评估其价值。

抵押贷款再融资：如前文所述，当利率下降时，抵押贷款再融资是一种可行的策略。一项固定利率抵押贷款可以通过另一项利率更低的固定利率抵押贷款来还款和再融资。根据经验，一些评论员建议，只有当前利率低于固定利率超过 1 个百分点时，这样的再融资才是值得的。对此的分析包括比较税后的储蓄与估计税后储蓄的时间是否能覆盖再融资的成本。

而且，正如前文所述，浮动利率抵押贷款也可以通过固定利率贷款实现再融资，反之亦然。

保证金贷款：债务人以符合条件的证券作抵押，从中介和银行获得的贷款。贷款利率通常等于市场基准利率（比如最优惠利率）加上几个百分点。不同中介利率差异会很大。保证金贷款可用于一般性信贷（因为利率相对较低），但也通常用于为购买证券提供额外资金（例如，杠杆化投资头寸）。这样使用保证金贷款风险很大，属于进取型投资策略。保证金贷款在第 4 章已进行讨论。

人寿保险抵押贷款：人寿保险具有现金价值，赋予了投保人向保险公司借款的权利，借款额度合计不能超过保险的现金价值。保险抵押贷款的利率通常相对较低，并且规定了利率及确定利率的方法。人寿保险抵押贷款在第 21 章将进一步讨论。

退休金计划贷款：第 13 章提到合格退休金计划，如 401（k）计划和分红计划，允许参加者从他们的账户余额中借出部分资金。雇员退休收入保障法案规定，退休金计划贷款的利率必须是"合理的"，并且在一定条件下是可偿还的。退休金计划贷款是禁止交易条例和雇员退休收入保障法案的一个例外，第 13 章中会有更详细的介绍。

退休金计划的参加者可能难以抵制从合格退休金计划中贷款的诱惑，因为这些钱是可用的，并且从计划中贷款收取的利息相对较低。而且，借出的资金仍继续在退休金计划中赚取投资收益。

然而，对于这种贷款还是应该谨慎，因为如果到期未能还清，就会被认为是从退休金计划中提款，如果构成未到期提前提款，还会被当做普通收入加征 10% 的惩罚性所得税。而且，如果未还清贷款，计划参加者的退休金将被耗尽。

信用卡贷款：很多人有一张或多张信用卡。有的人把使用信用卡作为便于安排月度预算支出的方法，并且很谨慎地在每个月月底到期还款日之前就还清透支额，这样就不会有任何财务费用。这是一种不错的预算策略。

然而，如果到期还款日之前没能及时还款，持卡人就会被征收非常高的财务费用。当这种情况发生时，信用卡债务就变得非常昂贵了。很多评论员，包括作者，都建议避免这种情况发生。

其他贷款：贷款的来源还有很多种，如无担保银行贷款、信用合作社贷款和信用合作社抵押贷款（通常利率相对较低）、助学贷款（利率也很低，如第 12 章所述，利率取决于参加的计划）、汽车贷款和其他担保贷款等。

家庭内部贷款：家庭成员和朋友之间向需要钱的人提供贷款。这是基于家庭亲情和友谊的一种行为。

然而，第 27 章将进行介绍，这种贷款是应税家庭内部财富转移方法的一种，至少应该按照适用的联邦税率纳税，以免被征收馈赠和收入所得税。

9.4.4　创造退休收入的逆向抵押贷款

基本特征　逆向抵押贷款是一种新型的融资方法，个人或夫妇以住房为抵押获得贷款，贷款发放的方式可以是一次性贷款给借款人，也可以在借款人有生之年每月都向借款人支付现金，还可以给借款人一个信用额度，使借款人可以根据自己的需要从账户中提款，或者是这几种发放方式的组合。借款人不需要任何月供来偿还抵押贷款。贷款只需要在以下几种情况下才需要偿还：最后一名活着的借款人去世；住房被出售；所有借款人都永久性地搬入新的住宅；最后一名在世的借款人因为身体上或精神上的疾病，已经连续 12 个月没有在抵押住房里居住，或其他特定情况。从根本上说，直到最后一名借款人离开这所住房时，贷款才到期。因此，逆向抵押贷款并没有确定的到期日。逆向抵押贷款对贷款余额收取的利息继续追加至贷款余额中。因此，逆向抵押贷款期间内，贷款余额（本金总额）是逐渐增加的，而借款人的住房权益则逐渐下降。我们可以发现，从各方面来看，逆向抵押贷款的操作模式就是把传统的分期付款抵押贷款反过来进行操作。

逆向抵押贷款是无追索权的贷款，还款资金唯一来源仅可以是出售抵押住房的收入。如果售房款低于贷款总额，借款人自己和借款人的其他财产没有责任承担其差额。联邦住房管理局通过联邦提供保险的房产转换抵押贷款计划来弥补债权人这项贷款的损失。私营放款人必须吸收它为所有权私营部门计划。然而，如果售房收入超过逆向抵押贷款的总额，差额应该属于借款人，是借款人的财产（或者其继承者的财产）。

逆向抵押贷款的来源 获得逆向抵押贷款的来源有很多。大多数来自联邦转换抵押贷款计划中的私营放款人，这也是唯一由联邦住房管理局提供保险的逆向抵押贷款。这项保险可用来弥补放款人出售房屋时的损失，也可以在放款人发生违约不能向借款人支付款项时弥补借款人的损失。这种保险需要借款人预付相当于债务总额 2% 的保证金。联邦转换抵押贷款的浮动利率每月由政府决定，并且所有联邦转换抵押贷款的放款人利率都一样。这项利率一般低于私人房屋净值抵押贷款。然而，不同放款人的初始费用和服务费有差异，因此，潜在的借款人可能需要查询几家不同的放款人进行比较。每个州联邦转换抵押贷款放款人的列表都可以在联邦住房和城市发展部的网站上查询，网址是：www. hud. gov/11/code/11plcrit. html。

私营放款人也提供不被政府提供保险的产权逆向抵押贷款。这些贷款典型都是大额贷款，抵押的财产也比联邦转换抵押贷款计划中的要具有更高价值。贷款的条款和保险都由私营放款人自己决定。全国逆向抵押贷款者协会网址是：www. reversemortgages. org。

有些州和地方政府还提供单一用途的逆向抵押贷款。前文讨论的抵押贷款可以由借款人随意支配，但是，这种贷款却只能用于特定用途，如缴纳财产税或修缮房子。并且，这种贷款发放时有资格限制。

资格要求、额度和成本 联邦转换抵押贷款对借款人的资格要求包括：

- 借款人或房屋其他所有者年龄必须在62岁及其以上，并且所抵押住房必须是其主要住房。
- 住房必须是单元住宅楼中的单个家庭住房、公寓，或者计划单元开发区的一部分。
- 住房必须满足最低的所有权标准。
- 借款人必须与联邦住房和城市发展部认可的代理机构的顾问讨论贷款计划。

联邦转换抵押贷款的最大额度由联邦住房管理局基于以下几点决定：

- 房子的价值和位置（这里并不考虑借款人的收入和个人信用状况，因为这项抵押贷款所有的担保就是这所房子）。
- 所在地房子的平均价格。
- 借款人的年龄。

如前文所述，所有权贷款可以获得比联邦转换抵押贷款更大的额度。

联邦转换抵押贷款的成本包括：期初费用（如初始费用，法律规定贷款总额在200 000美元以下部分按2%收费，超过部分按1%收费，收费总额不超过6 000美元）；房产估价、产权调查费；2%的抵押贷款保险费。除了保险费，不同放款人的收费并不相同，因此，应该加以比较。再次说明，除了保险费，这些初始费用一般都与发起住房抵押贷款相关。联邦转换抵押贷款收取的利率已讨论过了。

规划中的问题 逆向抵押贷款是比较新颖的一个概念，也存在争议。从本质上来说，它为已经处于退休年龄或者接近退休年龄的人提供了一种通过抵押房屋产权获得退休收入的方法（而届时他们可能没有负债或者只有相对少的抵押贷款），这笔退休收入可以延续支付到借款人去世。逆向抵押贷款可以以每月预付现金的方式发放，也可以一次性全额发放，还可以授予借款人一个可以按其所需从中提款的信用额度。与此同时，借款人依然可以在他们的房子里居住，想住多久住多久，直到他们想要搬走或者需要搬走。

对于联邦提供保险的逆向抵押贷款而言，贷款人和借款人都不存在信用风险。如果选择借款人生命期内按月支付现金的模式，借款人就没有死亡风险，因为只要借款人还活着，每月支付就会继续。但是，如果借款人比预期去世得更早，出售房子还款后的余额就属于借款人或者其继承人的财产。退休者不需要在退休后为了生活收入而耗费自己的财务资源（如股票、债券）。而且逆向抵押贷款的支付免征收入所得税，因为这些款项属于债务，不能算做应缴纳联邦所得税的总收入。

逆向抵押贷款存在的最主要的争议，是发起抵押贷款时的初始费用相对较高，这些费用会被计入贷款总额。当然，继承人也可能会反对这种贷款（退休者可能也会），因为这会逐渐消耗完他们可继承的遗产。

退休者还有其他处理长住住房的策略，如把房子卖了，然后在其他地方买一个小点儿的房子，或者租房。在某些情况下，退休者想要或者需要搬进养老院。在这种情况下，逆向抵押贷款就不再合适了。另一种可能是退休者只简单地申请了一笔常规的房屋净值信用额度，根据需要从中借款。然而，这项额度并不能保证一直延续到借款人去世。

由于具有保证终身收入的特征，逆向抵押贷款与那些为创造终身收入而设计的理财安排比较类似。如人寿保险公司出售的径付终身年金（第17章进行讨论）和很多慈善组织提供的慈善捐助年金（第19章进行讨论）。在这些情况下，终身年金分别由保险公司和慈善组织担保发放。然而，当年金受益人去世时，这两种安排都有死亡风险，因为向年金支付的本金在受益人去世时都需要清偿。慈善余额信托也能创造退休收入（第19章进行讨论），但是，这种收入是没有保证的，除非信托资产提供担保。

在以上所有的情形中，规划都应该包括这样一项策略：为继承人置换失去的遗产。例如，可以通过设立一笔不可撤销的人寿保险信托来实现，第29章将对此进行讨论。这种安排可以避免信托资产被计入应缴纳联邦税的退休人员的总资产中，而那些提供终身退休收入的工具将实际上耗尽应税总资产。

建议在合适的时候，逆向抵押贷款可以与其他安排混合使用，如径付终身年金或慈善捐助年金。一方面，逆向抵押贷款可以成为这些安排的补充；另一方面，逆向抵押贷款可被视为退休收入的一项储备或应急来源，以备未来发生经济衰退或退休收入短缺时使用。

第三部分
所得税规划

第 10 章
所得税简介

本章目标

读完本章后，你应该理解以下要点：

- 联邦个人所得税的架构
- 选择性最低税
- 联邦企业所得税的架构
- 免税实体的纳税
- 信托和遗产的联邦所得税

10.1 联邦个人所得税

10.1.1 基本架构

联邦所得税法是详尽且繁杂的。不过，个人应纳税额仍可简单地通过以下基本公式而求得[①]：

总收入：总收入是指除了法律规定不予计列外的任何来源的全部所得，即总收入是一个"总括所得"的概念。《国内收入法典》第 61 节也采用了该定义。美国法院则进一步把总收入定义为除了有些例外，纳税人在给定期间内的财富增加额。

减：计算调整后总收入时的扣除项目（即线上扣除），包括（但不仅限于）：

- 交易或经营费用（不包括雇员费用）。
- 生产性租金及特许权使用费。
- 销售或交换非个人财产的损失。

---

① 此处所讲的基本所得税架构并非详尽全面。许多所得税方面的优秀出版物和实用的电脑程序，提供了有关税收扣除、豁免等方面的详细信息，纳税人可用做参考。此外，这里所讨论的有些税收项目或限制未来可能不再适用。

- 自营职业者退休计划付款的扣除，包括 HR – 10 或基奥计划、简化雇员养老金计划及小企业雇员储蓄激励计划。
- 对个人退休账户或合格年金付款的扣除（仅包括允许扣除税收的供款，而不包括可能允许的不能扣除税收的供款）。
- 赡养费。
- 因定期储蓄账户到期前兑现而支付的利息（提前提款的罚息）。
- 健康储蓄账户付款的扣除。
- 搬迁费。
- 阿彻医疗储蓄账户（MSAs）付款的扣除。
- 合格教育贷款的利息支出（在年度、收入限制之内的部分）。
- 合格高等教育费用支出（每年最高限额 3 000 美元之内的部分）。

等于：调整后的总收入

减：分项扣除①，称为"线下扣除"（或纳税人可选择的标准扣除）。

分项扣除包括：

- 医疗及牙科费用（对于未报销的医疗费用，仅对超过总收入 7.5% 的部分可以扣除）；
- 非经营税；
- 慈善捐赠（具体扣除限制详见第 19 章）；
- 特定的非经营性利息费用。

可以作为分项扣除项目而得以扣除的利息是住房抵押贷款利息，符合条件的住房抵押贷款利息包括主要住宅购置贷款、二套房购置贷款和住宅权益贷款。购置贷款是指因购置、建造或大规模地改善纳税人的符合条件住所而发生的债务。不超过购置贷款本金的再融资贷款也属于购置贷款的范畴。住宅权益贷款是指用不是靠购置贷款获得的个人住所作为担保发生的债务。然而，对于每一类符合条件的住宅抵押贷款利息都有一个关于借债额度的限制。对于不超过 1 000 000 美元（含此数）的购置贷款利息可以扣除。超过 1 000 000 美元部分的借款利息不予扣除。不过，该限制并不适用于 1987 年 10 月 14 日之前的贷款，但此类久远的"祖父级别"的购置贷款会相应地减少新购置贷款的扣除额。对 1 000 000 美元以内的（含此数）住宅权益贷款利息可以扣除。但是，借债总额（购置贷款和住宅权益贷款）不得超过财产的公平市价。

---

① 高收入纳税人的某些分项扣除金额是递减的。

然而，消费利息或个人利息（上述符合条件的住宅抵押贷款利息除外）不得扣除。

另一方面，对用于购买证券组合投资的贷款支付的利息可以扣除，但仅限于纳税人该年度的净投资所得（如果纳税人分别列账）。

- 偶然损失（超过 100 美元的每次损失和超过调整后总收入 10% 的所有损失）
- 杂项扣除（超过调整后总收入 2% 的部分，有一些例外）

减：个人豁免①

等于：应纳税所得额

联邦所得税税额（由应纳税所得额乘以相应的税率来确定）

减：所得税抵免（即从应纳税额中扣除的金额），其中包括：

- 老人和残疾人的税收抵免
- 照顾孩子和被抚养者的抵免
- 儿童税抵免和收养的税收抵免
- 教育的税收抵免（希望抵免和终身学习抵免）
- 勤劳所得抵免
- 合格退休金储蓄存款的抵免

等于：联邦所得税的应纳税额

加：其他应交税，包括：

- 供选择的最低税中超过常规所得税的部分
- 自雇税（由自雇主体就其盈利收益支付的社会保障税）

等于：联邦应纳税款总和

10.1.2 联邦所得税税率

预定税率 根据 2001 年的《经济增长税收优惠法案》及后来的税法规定，至写此书时，针对不同的纳税申报主体（详见后面的讲述），联邦所得税税率有 10%、15%、25%、28%、33% 及至 2010 年的 35% 六档。2011 年及以后，这些税率将逐渐淡出并回到 2001 年时的税率。当然，新的税收立法可能有所变动。

因此，现行最高名义边际个人联邦所得税税率是 35%。纳税人的平均税率是总联邦所得税除以应税所得。对个人、信托及遗产税税率来说，平

---

① 在分项扣除中，高收入纳税人的个人和被抚养者豁免额是递减的。

均税率总是小于边际税率。最高边际税率通常被用于税收筹划。边际税率考虑新增的一美元所得税的比率或新增的一美元扣除所节省的税的比率。由于税率是累进的，所以该税率可能会高估税收对于日常收入的影响。

间接的税率增加 然而，当我们考虑一些间接税率因素时，情况会变得更加复杂。某些分项扣除（比如准予扣除的投资利息、慈善捐赠、工作费用和大多其他杂项扣除，以及除赌博损失以外的其他杂项扣除）的扣除额对于高收入的纳税人是递减的。对处于该阶段（2009 年为调整后总收入高于 166 800 美元）的纳税人，这些分项扣除适用 3% 的分项扣除比率，且最终扣除额不得超过未扣除时的准予扣除额的 80%。因此，实际税率比名义税率高出 3 个百分点。例如，对于处于高收入范围内、税率为 35% 的纳税人来说，其实际税率（仅考虑分项扣除的减少）是 36.05% ［35% + （3% × 35% 或 1.05%）= 36.05%］。

此外，目前 1.45% 的医疗保险税率适用于所有收入而没有限额（自营职业者按收入的 2.90% 缴纳）。因此，高收入纳税人实际上多缴纳了个人收入所得的 1.45%。

最后一点，高收入纳税人的个人及被抚养者的豁免也是减少的，这就增加了该部分纳税人的实际税率。

信托税率 大多数不可撤销信托都要作为独立的实体按照该信托的税率纳税[1]。信托和遗产的税率是急速累进的。例如，在 2009 年，信托的应纳税所得额超过 11 150 美元时，就要采用最高税率。我们可以利用信托税率的这种急速累进进行纳税筹划。在从税收的角度来考虑，信托内累积相当大的应纳税所得额的做法是不明智的，更好的做法是把当期信托的收益分配给信托受益人，如此一来，信托受益人就可按较低税率进行纳税。此外，当随着信托收益的不断积累（即便数额很小），我们还可以用信托本金进行投资（如市政债券、成长型普通股及递延税项工具），尽可能减少应纳税所得额。

10.1.3 申报身份

不同类别的纳税人有不同的联邦所得税税率表，具体包括已婚夫妻联

---

[1] 根据信托条款，某些不可撤销信托可以是让与人信托。《美国税法典》第 671 节至第 679 节对此类信托进行了定义。按联邦所得税法的规定，让与人信托是指信托财产的所有权归信托让与人或设立人所有的信托。因此，让与人信托的所得与扣除都视为让与人的所得与扣除，并由其纳税。可撤销信托也是让与人信托的一种。

合申报（包括符合条件的未亡配偶在已亡配偶去世的前两年内）、户主、单身个人、已婚个人的单独申报，遗产及信托。这就是纳税人的申报身份，确定合适的报税身份是个人所得税筹划的一个重要方面。

10.1.4 通货膨胀指数化

税法每年都会根据通胀进行以下方面的调整：个人所得税的税级、标准扣除减额，个人和被抚养费龄免额，某些分项扣减额以及个人和抚养费龄免额的阈值，以及税法中一些其他限制和特征条款。这就是税率和其他额度的通胀调整指数。

10.1.5 儿童税和某些儿童的非劳动所得税（小童税）

小孩获得的收入，一般是按照小孩的税率来征税。这使得把应纳税所得额从高税级的纳税人转向低税级的小孩的规划变得合理且有吸引力。

但是，把应纳税所得额转向低税级的小孩也是有限额的[①]。首先，税法规定，被其他纳税人抚养的个体在进行纳税申报时不能获得对自己收入的个人豁免。其次，被抚养者的标准扣除不能超过以下二者中的较高者：（1）通货膨胀调整后的指定数额，或者（2）根据一般的标准扣除限制，被抚养人的劳动所得加 300 美元（2009 年经通货膨胀调整后数据）。

最后，还有所谓的小童税。这个新奇的税种规定：一个不满 18 岁的小孩或者不满 24 岁的全日制学生的非劳动所得的净额（除非小孩的劳动所得超过其抚养人支持他或她的金额的一半）是要被征税的，但税率却采用其父母的最高边际税率（如果这一税率高于小孩适用的税率）。然而，这一特殊规定只有在小孩的非劳动所得超过通货膨胀调整后的指定数额（2009 年为 1 900 美元）时才适用。因此，受小童税规范的非劳动所得的转移通常不具备税收优势[②]。

然而，尽管存在这些限制，我们仍可以就此进行税收筹划。例如，小孩获得的劳动所得仍可按照小孩的税率来征收。此外，我们可以将非劳动所得的转移延迟到小孩 19 岁或者 24 岁之后。再者，收入还可以小孩信托的形式积累（此时是对信托而非小孩征税），直到小孩达到 19 岁或者 24

---

① 作为遗产税筹划方法向未成年人赠与的具体内容，详见第 27 章。

② 在某些情况下，父母会选择将其子女非勤劳收入超过规定数额（2009 年为 1 900 美元）或标准扣除额（2009 年为 950 美元）两者中较大值的部分包含在自己纳税申报金额内，这样子女就不必填制申报单了。

岁。然而，在这种情况下，必须考虑到信托适用的高度累进税率。进行税收筹划时，为避免小童税，可考虑适当地将信托收益分配给小孩（或孩子的监护账户），与此同时，将其余收益继续积累并就该信托纳税。最后，尽量使转移给 19 岁或 24 岁以下未成年人的财产投资产生较少的非劳动所得。这类投资可能包括成长型普通股，市政债券（如零息市政债券），EE 系列或 I 系列美国储蓄债券，以及递延纳税工具（如寿险）。

10.1.6　与死者有关的所得

这是一个经常遇到却易被误解的概念。与死者有关的所得是指不能计入死者逝世当年总收入的却应缴纳联邦所得税的所得。与死者有关的所得通常被计入接受死者所得之人的总收入。请注意，接受人不会因死者的逝世而获得一个递增基数，资本性资产亦如此。

与死者有关的所得项目有很多。一些常见的例子是：

- 雇员或前雇员死亡后的退休金计划分配款，这是与死者有关所得的一个重要来源。
- 死者个人退休金账户的分配款（Roth 个人退休账户除外），这是与死者有关所得的另一个重要来源。
- 雇员或前雇员死亡后的避税年金计划的分配款。
- 死者的美国储蓄账户里积累而尚未缴税的利息。
- 不符合条件的递延薪酬计划中的死后收益。
- 受益人死后投资年金合同中尚未缴税的投资收益分配款。
- 死亡后以分期付款方式作出的销售付款的应税部分。

与死者有关的所得不仅会增加所得接受人（例如，受益人、死者遗产或继承人）的总收入，同时它也被全额计入死者总遗产而缴纳联邦遗产税（及商品服务税）。总之，与死者有关的所得是被课以重税的。不过，允许接受人在申报联邦所得税时对联邦遗产税或商品服务税进行分项扣除，这在一定程度上减轻了接受人的纳税负担。在计算分项扣除金额时，先计算包含死者有关所得项目在内的遗产税或商品服务税，然后再计算不包含死者有关所得项目在内的遗产税或商品服务税，二者之差即为所得税准予扣除额。当然，如果不存在应缴纳的联邦遗产税或商品服务税，那么，也就不存在扣除的问题。

案例

假设已离婚的琼·马丁参与了一个附 401（k）选择权的储蓄计划，她有一个 200 000 美元的经常账户余额。她成年的女儿艾米是琼死后的受益人。琼还有其他的财产，其财产总值使她适用 45% 的联邦遗产税最高边际税率。现在假设琼去世了，艾米作为该计划的受益人，将获得 200 000 美元的账户余额，即与死者有关的所得。更确切地说，这 200 000 美元是琼的全部应税遗产。因此，在艾米接受 200 000 美元时，这 200 000 美元就是她当年收到的总收入，但她将获得 90 000 美元的分项扣除额①。如果艾米在超过一个纳税年度（如在她的寿命期间内）收到账户余额，那么她将每年都收到总收入及按比例计算的分项扣除额②。

10.1.7　实际所得与推定所得

在联邦所得税中，存在两种普遍接受的确认收益与支出的方法，即收付实现制和权责发生制。大多数人和许多小企业都以收付实现制为基础进行纳税。

对采用收付实现制的纳税人，收入（或支出）项目实际或推定发生时才进行收入（或支付）的确认，进而产生纳税义务。实际所得是指纳税人已实际占有该所得。推定所得是指所得已计入纳税人账户或已分配给了纳税人，使得纳税人可在任何时间不受任何限制地实际获得该所得。例如，如果玛莎·琼斯得到了她今年的工资并将她的工资支票在年内兑现，那么她今年就实际收到了工资，且今年就可以就此征税。相反，如果玛莎的雇主将她今年工资的 10% 放入一个以玛莎的名义设立的投资账户，且玛莎有权在任何时间无任何限制地提取这部分资金，那么此时就可推定玛莎获得了该部分所得，即使她今年并未提取。

这种推定所得的概念对于纳税筹划具有重要的意义。例如，在我们刚刚提到的玛莎的例子中，如果玛莎只有在雇用合约终止、残疾、死亡、时过境迁或受其他重大限制时，才有权将拥有该投资账户中 10% 的工资（及该账户产生的收益），那么此时就不能推定玛莎今年得到该部分所得（10% 的工资），因为她得到该工资的权利是受限的③。只有经历多年后，

---

① 此处假设 200 000 美元的账户余额适用于 45% 的遗产税税率，且本例不涉及商品服务税，这是因为艾米与琼之间不是隔代的关系（商品服务税及隔代受益人的定义详见第 26 章）。同时，我们假设琼没有 401（k）计划的所得税课税基础。

② 在进行退休计划的筹划时，常用的策略是尽量延迟分配，从而延迟缴纳所得税（详见第 16 章）。本例中，应推迟至艾米的寿命期。

③ 如果资金只是有条件地记入纳税人账户、数额尚未确定、严重受限，或纳税人缺少资金，那么通常不认定为推定所得。

当该部分资金被实际支付或可被不受限的动用时，她才会被征税。这就是很多雇主向若干雇员提供不符合条件的递延薪酬计划的基本原理。推定所得只适用于收付实现制。

对于以权责发生制为基础的纳税人，所得项目只有在所得很可能流入且其金额可以可靠计量的时候，才被计入当年的总收入。

10.1.8　所得分配

一般情况下，财产性所得的征税对象是财产的所有者。因此，如果某人想将财产所得转让他人，财产的所有权必须同时转让（赠与或出售）给指定接受人或者其信托。

仅分配财产所得却不转移所有权的行为，不会导致纳税义务向受赠人的转移。纳税义务仍由财产所有者承担。同样，提供服务的个人应就个人服务所得纳税。纳税义务也不会因所得的分配而转移。用霍姆斯大法官的著名比喻来说就是，"如果有人希望转让树上的果实（出于税收的考虑），他就必须转让整棵大树[①]。"

10.1.9　资本利得税

总则　资本利得和损失通过资本性资产的出售或交易中来实现。除某些例外，资本性资产是纳税人拥有的财产。比如普通股、债券、优先股、投资性房地产、收藏品、合伙收益、个人住宅及其他个人资产。这些利得和损失通常在出售或交易的当年确认，只有美国税收法典中不确认所得条款规定的延期确认除外。常见的不确认条款将在下一节作简要讲解。出售或交易已实现的数额与纳税人所持资产的调整后原值之差即为资本利得（或损失）。

已实现的数额和调整后的原值　已实现的数额一般是指从资本资产的出售或交易中获得的价值。它通常包括收到的现金、收到的财产价值，以及享有的债权。调整后的原值取决于纳税人取得该财产的方式。一般有以下几种情况：

- 如果该资产由纳税人购买而得，那么其调整后的原值是初始购置成本加购置佣金费用。
- 如果某种升值财产（例如，该财产的公平市价高于赠与人的原值）

---

① 见《卢卡斯伯爵》Lucas v. Earl, 281 U. S. 111 (1930)。

由纳税人受赠而得，那么，对于受赠人来说，调整后的原值是该财产在赠与人处的原值（结转）加上该赠与财产未实现升值收益应缴纳的赠与税。

另一方面，如果赠与人的原值高于赠与财产的公平市价（比如亏损财产），并进一步假设受赠以低于受赠时财产的市价出售，那么受赠人调整后的原值为该财产的公平市价与赠与人原值中的较小值。

已婚夫妇之间的赠与及离婚夫妇间的财产转让通常按原值结转。

- 如果该财产由纳税人从死者处继承而得，那么其调整后的原值是死者死亡日（或联邦遗产税的替代估值日）该财产的公平市价。这被称为死亡时的递增或递减基数。
- 如果该股票或证券资产由纳税人通过免税重组或并购（《美国税法典》中免税重组中的一种）而得，那么，这些新股票或证券的调整后原值是由为得到该部分新证券而付出的旧证券的原值结转而得。
- 如果纳税人用财产（包括货币资金）进行投资以获取合伙权益，那么该合伙权益的原值通常由出资额加出资财产转入的原值来确定。
- 如果合伙人从合伙企业中获益，那么，该合伙人应按其所占比例确认该收益，且不得超出其享有的合伙权益。
- 如果纳税人把财产投资于某公司以换取该公司的股票，并成为其控股股东（至少持股80%），那么，他所持有的该公司股票的原值等于其所转移财产的原值。
- 如果某人或某实体拥有管道实体（比如合伙企业、S型公司或有限责任公司）的权益，那么其投资原值不断调整，以反映该管道实体的盈利、损失和其他经营状况（有关该类实体的完整描述请见第13章）。
- 纳税人可根据资产的改造成本或折旧折耗和摊销来相应地增加或减少该财产调整后原值。

以上内容仅介绍了原值确定过程中常见的几种情况，并没有涵盖所有的情况与规则。其他规则在本书其他章节有所论述。最后注意一点，纳税人应将交易费用（例如经纪费、佣金、转让税等）增加到出售或交易财产的调整后原值中去，除非这些费用已包含在总价之中。

资本利得和损失的计算　净资本利得是指长期净资本利得（长期资本

利得减长期资本损失）减去短期净资本损失（短期资本损失减短期资本利得）。其中，短期资本利得和损失是指持有一年或一年以内资本的利得和损失；纳税人需确定一年内的短期净资本利得或损失。长期资本利得和损失是指持有一年以上资本的利得和损失；纳税人需确定一年的长期净资本利得或损失。因此，资本损失可用来抵消纳税人的资本利得和其他普通收入（以每年 3 000 美元为限）。

案例

假设纳税人在一年内发生如下资本利得和损失：

长期资本利得	12 000 美元
长期资本损失	3 000 美元
短期资本利得	1 000 美元
短期资本损失	2 500 美元

因此，该纳税人的净长期资本利得为 9 000 美元（12 000 美元 – 3 000 美元），净短期资本损失为 1 500 美元（2 500 美元 – 1 000 美元），所以净资本利得为 7 500 美元（9 000 美元 – 1 500 美元）。这一计算之所以重要是因为截至写作本书时，个人资本利得税率是 15%（对处于 10% 或 15% 税级的人来说，该税率为 5%），而对普通收入和净短期资本利得的税率则高达 35%。

如上所述，资本损失首先被用来抵消同一类型的资本利得，任何净资本损失（短期或长期）可以用来抵减纳税人的其他普通收入，一美元抵一美元，每年最多可抵消 3 000 美元。未抵消的净资本损失可结转至以后的年份，并按照同样的顺序，先抵消资本利得后抵消普通收入，每年最高抵消 3 000 美元。

案例

假设哈利·贝克今年发生股票及债券交易的资本利得和损失如下所示：

长期资本利得	1 000 美元
短期资本利得	2 000 美元
短期资本损失	15 000 美元

除此之外，哈利和他的妻子有 250 000 美元的其他普通应纳税收入。哈利可以用资本损失先抵消他的资本利得，得到 12 000 美元的净资本损失。然后，他可以用该净资本损失中最多 3 000 美元来抵消其他普通应纳税收入。由于哈利和他的妻子联合申报纳税，适用 33% 的边际税率，因此

他们本年可节省 990 美元的所得税。此外，他们还可以把余下的 9 000 美元净资本损失留待下年或以后的纳税年度继续使用。因此，有资本损失的纳税人可通过在适当的时候实现这些损失以便节省个人所得税，这有时被称为税前亏损销售的纳税效应。

资本利得税率　目前，个人净资本利得的税率一般是 15%，对普通收入税率处于 10% 和 15% 税级的纳税人，该税率为 5%。但在 2008 年至 2010 年，这一税率从 5% 变为 0（即没有净资本利得税）。根据《经济增长税收优惠法案》和后续的法律规定，这些税率将于 2011 年停止使用，并恢复使用 2001 年的税率，除非在此之前法律有所变动。

关于这些资本利得税的税率，也有一些例外。比如收藏品（艺术品、古币、邮票等）的净资本利得适用 28% 的最高税率。此外，对于某些旧房地产（如出租的住宅资产）的出售或应税交易，来源于折旧部分的净资本利得适用最高 25% 的税率（详见第 6 章）。净短期资本利得的税率参照普通所得的税率。

推定销售　通常情况下，只有当一项资本资产被出售、交易或执行其他应税处置时，才会确认已实现的资本利得或损失。此时，已实现数额与资产调整后原值之间的差额就是资本利得或损失。

然而，1997 年的《纳税人减税法案》引入了一个新概念，即升值头寸的推定销售。出台该条款的目的在于禁止高升值资产（主要是证券）的持有人使用对冲技术，在不出售证券实现资本利得的同时，消除持券风险，因为这样一来，利得的确认就可能被延迟甚至消除（具体可通过死亡时递增基数的规定或其他技术实现）。然而，按照推定销售的规定，尽管使用这些手段进行交易，但仍视同销售，并需于销售实现时纳税。

在这里，升值头寸是头寸的一种，指卖出或以其他方式实现其公平市价时可获利得的股票、债务工具、或合伙权益（有一些例外）。升值头寸的推定销售有以下几种情况：如果持有人或关联方（1）卖空相同或实质上相同的资产（即避税卖空）；（2）买入相同或实质相同资产的名义本金冲销合同（即互换）；（3）买入相同或实质相同资产的期货或远期合约；（4）从事上述交易之一且买入相同资产作为该头寸下的标的资产；（5）法律规定的与上述交易事项结果相同的其他交易行为。

这一条款从根本上杜绝了前期盛行的用于延迟或消除大额资本利得确

认的筹划技术① （尤其是避税卖空技术）。然而，我们仍可使用其他的筹划技术（将在第 11 章进行讨论）。

10.1.10 不确认条款

在本章的开始，我们就提到，资本利得在资本性资产被出售或者交易时的当年就应进行确认并纳税，除非它适用税法中特定的延迟确认条款。这些条款就是不确认条款。不确认条款就是根据资产的性质和情形，确认没有到期的应付税款，从而将可能发生利得的纳税义务延迟至未来。

当适用不确认条款时，通常涉及所得税税基的结转，即把出售或交易财产的基数转入新购置财产的调整后原值。如此一来，不确认利得并非毋需纳税，只是将纳税期限递延至未来。不确认条款在进行财务规划时也很重要，下面简要列出一些较常用的不确认条款来加以说明。

- 1031 条款：为生产或投资而持有财产的交换。这些交换被称为同类资产交换，适用于为交易、经营、投资而持有的财产，但也有一些例外，比如重要类别的股票、债券、票据及其他证券或债权凭证，它们不适用于同类资产交换的处理。同类资产交换常用于投资性房地产，我们在第 6 章已做了解释。

- 1035 条款：保单的交换。虽然该条款不涉及资本利得的处置，但它规定某些寿险保单或年金合同的交换不确认利得或损失。

- 354 条款：重组中股票和证券的交换。该条款及其他条款允许股东在《美国税法典》指定的企业重组与并购中，以股票换股票，而不必确认相关利得或损失。该条款适用于免税重组与并购。

- 351 条款：向受控公司转移财产。该条款规定，如果采用向公司转移升值财产的方式换取公司股票，并在交换完成后控制该公司，那么这种财产转移行为就是免税的。该条款对公司初期的建立非常重要。

- 721 条款：对合伙企业出资的利得与损失不予确认。该条款规定，用升值财产换取合伙权益的，在该财产作为出资转入合伙企业时免税。该条款对合伙企业初期的建立及新合伙人加入很重要。该条款

---

① 法律确实规定，同时符合以下两个条件的短期对冲可不认定为推定销售：（1）在交易发生的纳税年度终了后 30 日内清仓；（2）纳税人继续为其升值性头寸承担 60 日风险。然而，该条款对纳税人进行筹划的用处不大。

也可用于其他领域，如家庭有限合伙企业的创建和使用外汇资金延迟证券利得。

- 1041 条款：配偶之间的或离婚导致的财产转让。该条款规定，个人向其配偶或前任配偶（假定离婚所致）转移财产实现的利得和损失不予确认。该不确认条款允许夫妻之间或离婚协议的一方向另一方免税转移财产。

- 1036 条款：同一公司的股票交换。根据该条款，用普通股交换同一公司的普通股或用优先股交换同一公司的优先股的行为，是不需确认利得或损失的。利用该条款，我们可以用已有公司普通股作为股票期权行权时的对价换取本公司普通股。这种交换可将已有股票的利得递延。

- 1042 条款：向员工持股计划或特定合作方出售股票。该条款允许在一定的条件下，不确认向员工持股计划出售非公开交易证券的利得。该条款允许紧密持有的 C 类公司的股东，通过向公司员工持股计划出售其增值股票的方式，递延资本利得。

10.1.11　替代性最低税（AMT）

替代性最低税可能适用于个人、遗产及有税收优惠调整的信托①。当替代性最低税超过正常所得纳税额时，适用替代性最低税纳税。

替代性最低税的计算　计算替代性最低税以计算纳税人在该纳税年度的一般应纳税所得为起点，并在一般应纳税所得的基础上，加回某些已优惠的税项，加上或者减去某些调整项，得出纳税人该年度替代性最低税的应税所得。请注意，税收优惠项与调整项是不同的。调整项可能只涉及替代性最低税与一般应纳税额之间的时间差异，而税收优惠项通常会增加替代性最低税的应税所得。

为得到替代性最低税的应税所得，常需进行以下调整：（1）加回替代性最低税不允许豁免的个人和被抚养人的豁免额；（2）加回替代性最低税不允许分项扣除的项目（如州和地方政府征收的所得税和财产税、高达 100 000 美元的住房权益贷款利息、在计算一般应税所得税时准予扣除的员工经营费及其他准予扣除的高达调整总收入的 10% 的医疗费用）；（3）加回标准扣除项（因为替代性最低税制不承认标准扣除）；

---

① 应税企业部分内容请参照企业替代性最低税，本章稍后会做讨论。

（4）加上股权激励计划中所购股票的价值高于行权价的金额；（5）各种其他项目。

为得到替代性最低税的应税所得，应在一般应纳税所得额上加回的税收优惠项目包括：（1）1986年8月7日之后发行的市政债券（替代性最低税债券）的免税利息（详见第7章，但该优惠在2009年和2010年暂停使用）；（2）1987年之前购置的尚处于使用中的财产的加速折旧的部分；（3）将持有至少5年的新发行小企业股票出售所获利得的7%的部分；（4）其他项目。

之后，从替代性最低税的应税所得中扣除以纳税申报身份为依据的替代性最低税的豁免额。2008年，夫妻联合申报及未亡配偶申报的豁免额为69 950美元，单身及户主申报的豁免额为46 200美元。

不过，一旦替代性最低税的应税所得达到一定水平，豁免额就会逐渐减少。例如，对于已婚联合申报的纳税人，当替代性最低税的应税所得超过150 000美元，最低税豁免额将减少，其减少的数额为应税所得（超过15 000美元部分的25%。按照以上方法计算的应税所得再乘以最低税税率，对于175 000美元以内的部分，最低税税率为26%，超过175 000美元的部分最低税税率为28%。纳税人从这一数额中减去他的本年的常规所得税，如果结果为正，超过常规所得税的部分即为该年度的最低税（替代性最低税）。

普通收入税额及应纳AMT，取其高者为本期实际应缴纳的收入税额。若本期应纳AMT大于应纳普通收入税额，多出部分称最小递延税款。为避免由于确认时间差异（如股权激励行权的确认）产生的双重征税问题，美国国会规定了替代性最低税的抵扣。最小递延税款是纳税人的一项税收资产，当未来期间普通收入税额大于最低税税额时，纳税人可以用最小递延税款来抵扣差额。

案例

假设约翰和玛丽·科斯塔夫妇联合申报纳税，他们的应纳税所得为160 000美元，他们本年度常规联邦所得税为37 926美元。在计算常规应纳税所得额时，科斯塔一家进行了个人和被抚养者豁免、州和地方政府所得税及财产税的分项扣除、住房权益贷款抵押利息的分项扣除。这些豁免和分项扣除的总额是26 000美元。此外，今年约翰将9年前雇主授予的股权激励行权，以每股20美元的行权价购买了500股雇主公司的股票。行权时该股票的公开市价为每股80美元。科斯塔一家持有的市政债券共同基金宣告，其本年发放的 2 000 美元股息来自于替代性最低税债券。

基于这些事实，2008 年科斯塔一家的替代性最低税计算如下：

常规应纳税所得额	160 000 美元
替代性最低税调整项	+56 000 美元①
替代性最低税税收优惠	+2 000 美元②
应税所得	218 000 美元
替代性最低税豁免	−52 950 美元③
	165 050 美元
应纳税额（165 050 美元×0.26）	42 913 美元
常规税负	−37 926 美元
	4 987 美元

科斯塔一家本年必须纳税 42 913 美元（37 926 美元的常规所得税 + 4 987美元的替代性最低税）。

替代性最低税筹划　纳税人可能希望通过交易时间的安排（如股权激励计划的行权），避免或尽可能少的产生替代性最低税。当然，对替代性最低税的筹划可能只是做决定时考虑的一个因素。采用替代性最低税的纳税人不应投资替代性最低税债券，也不应投资于在此类债券上有显著头寸的共同基金。此外，当条件允许时，纳税人应尽可能使用最小递延税款来减少常规所得税。

有关股票期权和替代性最低税的其他筹划将在第 18 章讲述。

---

①　此数由个人和被抚养者豁免、州和地方政府所得税及财产税的分项扣除、住房权益贷款抵押利息的分项扣除的总额 26 000 美元，加上股权激励计划行权所获的 30 000 美元利得加总而得。该利得（bargain element）是股票的公平市价与行权价格之间的差额［（每股 80 美元 – 每股 20 美元）× 500 股 = 30 000 美元）］。

②　此数为替代性最低税债券利息，在 2009 年和 2010 年则没有此项。

③　2008 年，夫妻联合纳税申报的 AMT 豁免额为 69 950 美元，当 AMTI 超过 15 000 美元时，AMT 豁免额将减少，其减少的数额为 AMTI 超过 15 000 美元部分的 25%（即 218 000 美元 – 150 000美元 = 68 000 美元 × 0.25 = 17 000 美元）；因此本题中，替代性最低税豁免额为 69 950 美元 – 17 000 美元 =52 950 美元。

10.2 联邦企业所得税

应纳税企业有自己的联邦所得税结构①。与此同时，在许多州，企业还要缴纳州或地方政府所得税。

10.2.1 什么是应纳税企业？

这似乎是个非常简单的问题，但在实践中却并非如此。不过，美国国税局发布的并于1997年1月1日生效的"打钩规则"（"check – the – box" regulations），将该问题简化了。

根据美国国税局的规定，受州法规管辖但却不具有 S 公司身份的公司，应依据《美国税法典》的规定纳税。相应地，具有 S 公司身份的公司通常作为管道实体来缴纳所得税，我们在下面会提到。最后，大多数的非公司企业，如合伙制企业和有限责任公司，可根据"打钩规则"对公司或合伙企业的纳税身份进行选择。如果他们未做出选择，则默认其按合伙企业身份纳税。这一规定在很大程度上简化了大多数非公司企业的认定问题②。

10.2.2 企业所得税的基本架构

C 类公司必须按照规定的公司所得税税率就其应纳税所得缴纳所得税。C 类公司本身就是一个独立于其股东的纳税实体。C 类公司的应纳税所得是它的总收入减去准予扣除的金额。例如，公司通常可以扣除日常经营费用。然而，由于公司的有些收入可能不需要纳税，有些项目可能不允许扣除，所以，公司的应纳税所得可能与其向股东报告的所得（账面所得）不同。

---

① 公司所得税的规定详见《美国税法典》的 C 分章。据此，受联邦企业所得税规范的公司常被称为 C 公司。已选择不以公司身份纳税的小企业公司的诸多规定参见《美国税法典》的 S 分章，据此，这些公司常被称为 S 公司。

② 非公司企业（如有限责任公司）表现出来的公司特征稍多于非公司特征，所以美国国税局力图将其作为公司性质的应税团体进行征税（即该类企业可能将被要求以公司的身份纳税，当然，这是他们所不希望看到的）。公司有四种重要特征，即债务的有限性、集中管理性、持续经营性、所有权的可自由转让性。因此，如果某非公司企业具备了上述任何三种特征，它将被要求以公司身份纳税；如果只具备上述特征的两种或更少，它将按合伙企业身份纳税。这就导致了对许多非公司企业的"事实—情形"测试，而该测试使这一问题更加不确定和复杂。幸运的是，得益于"打钩规则"的出台，所有的这些问题已被解决。

当营业支出超过营业总收入时，C 类公司可能会面临经营损失。这被称为净经营损失。公司（及大多从事贸易或经营的纳税人）会把净经营损失结转前两年扣减，然后将余下的损失结转至接下来的 20 年。需要注意的是，这些损失只可用于公司赢利的抵消，不可用于股东收入的抵消。

公司通过资本资产的出售或交易可获得资本利得或资本损失。但是，C 类公司只可在其资本利得的范围内扣除其资本损失。任何未抵消的资本损失可向前三年结转，剩余的资本损失可结转至后续的五年。净资本利得的税率与公司其他应纳税所得的税率是相同的。

C 类公司作为独立纳税实体导致了 C 类公司所得双重征税的问题。C 类公司的应税所得先要缴纳公司所得税，然后当 C 类公司将税后所得作为股息发放给股东时，该部分数额将作为股东个人的股息所得被再次征税。公司股息的发放是不能税前扣除的，而公司支付给债权人的利息却可扣除。

10.2.3 企业所得税税率

与个人所得税不同的是，在企业所得税体系中，对某一水平上的公司所得要征收附加税，这一附加税的效果在于逐步取消按照较低的税率征税的福利。

C 类公司的税率表如下：

应纳税所得（税级，美元）	税率（%）
0 ~ 50 000	15
50 000 ~ 75 000	25
75 000 ~ 100 000	34
100 000 ~ 335 000	39（34% + 5% 附加税）
335 000 ~ 10 000 000	34
10 000 000 ~ 15 000 000	35
15 000 000 ~ 18 333 333	38（35% + 3% 附加税）
18 333 333 以上	35（所有应纳税所得按此单一税率）

10.2.4 对公司的其他课税

除了常规企业所得税，还有其他几种联邦税也适用于 C 类公司。

累积利润税 该税适用于那些为了避免对股东分红征税而把利润留存在公司内部的公司。累积利润税被设计用来惩罚利润的累积超过该企业合理需要范围的公司。公司在被课征累积利润税之前，被允许累积一定的利润，该数额为满足经营需要或 250 000 美元中的较高者。因此，每年只有超过 250 000 美元的累积利润才需要缴税。另外，股息的发放会减少应税累积利润额。应税累积利润额适用累积利润税税率（即个人最高税率）。作为一种惩罚性税收，累积利润税要加到该公司的常规应纳税额上。

替代性最低税　应税公司适用公司替代性最低税，它同个人替代性最低税的运行原理大致相同，但在调整项目、优惠项目及常规所得税替代性最低税的抵免等方面有所不同。公司替代性最低税的豁免额是 40 000 美元，并依据不同的所得水平而递减。公司替代性最低税的税率是单一的20%。只有当公司替代性最低税超出常规所得税时，公司才需支付替代性最低税。

公司替代性最低税不适用于 1997 年之后才负有纳税义务的小企业，这里的"小企业"通常指在 1994 年以后创办的，三个连续纳税年度的平均总收入不超过 5 000 000 美元的公司。如果该公司的总收入已达到5 000 000美元的标准，只要平均总收入不超过 7 500 000 美元，那么该公司仍然被认定为小企业。

出于税收目的的特殊实体　这种公司有很多，如私人服务公司（公司的主要业务是提供服务，为达到避税的目的，该服务通常由公司的所有者提供），在某些情况下，美国国税局将税收利益在此类公司与其所有者之间重新进行分配。个人控股公司也是特殊实体的一种，该类公司的所得主要（60% 或以上）来源于个人控股公司的所得（股息、利息、租金、版税、年金、私人服务报酬，及来自遗产和信托的应税所得等），且该类公司的 50% 以上的股票由 5 个或更少的所有者持有。除常规公司所得税之外，个人控股公司还要对未分配的个人控股公司所得缴纳 15% 的附加税。

此外，还有被监管的投资公司（比如共同基金），我们在第 8 章已做讨论；不动产投资信托公司，我们在第 6 章已做讨论；以及不动产抵押投资公司。这些实体大多是其股东的管道公司。作为管道实体的 S 公司的内容将在下面讨论。

10.3　通道业务机构

通道业务机构本身是不交税的，但需向其所有者报告利润、损失和其他应税项目，并由其所有者进行纳税申报或扣除。通道业务机构只报税但不纳税。

10.3.1 合伙企业

税法上的合伙企业通常表现为设立合伙协议，共同出资，合伙经营或其他的非公司组织，通过该组织，可以进行生产经营，财务运作或合作经营，该组织不是信托、遗产或公司。合伙企业通常由两个或者多个人以现金、财产或服务的方式，按照协议规定，共同出资，共同经营，共负盈亏。除此之外，州的法规也有合伙企业的定义，通常是取自《统一修订的合伙法》及《统一修订的有限责任合伙公司法》。

合伙企业本身不纳税，但要报告每个合伙人对合伙企业应税盈亏的分配份额，并向合伙人报告需单独报告的事项。合伙人要将分配的份额（无论是否已经实际分配）计入其个人所得及其他应税事项的纳税申报单。合伙企业支付给合伙人的保证性支付（如工资）也要纳税。合伙企业可能采取一般合伙制，有限合伙制或有限责任合伙制，它们的纳税原则是相同的。

合伙企业的一种特殊形式是公开交易合伙制或业主有限合伙制。公开交易合伙企业的收益能在证券市场或二级市场进行交易。大体原则是公开交易合伙企业要和公司一样纳税，但是也有例外。例如，如果公开交易合伙企业90%以上的所得来源于消极所得（如租金、利息、股息或开采和自然资源所得），那么它就作为合伙企业来纳税。此外，从1998年起，1987年及之前成立的公开交易合伙企业如果选择按照3.5%的税率就其积极经营的总收入纳税，那么它就不会再作为公司来纳税。有些大公司将其某些经营部门拆分成许多公开交易合伙企业，这样投资者就可在证券市场上购买该有限合伙收益。

10.3.2 S类公司

符合条件的国内公司可以选择（经所有股东一致同意）依照《美国税法典》的S章而不是C章来纳税，这样就不需缴纳公司所得税。S类公司的所有盈利、亏损和其他应税项目按照持股比例转入股东个人的纳税申报单，无论股东是否收到股息都是如此。在其他方面，S类公司和其他公司在法律上是一样的。

只有部分公司有资格申请成为S类公司，具体资格要求将在第31章讲述；但一般说来，较小的、紧密持有的公司能够申请成为S类公司。

10.3.3　有限责任公司

有限责任公司是一种比较新的经营组织形式。它的所有者被称为有限责任公司的成员，有限责任公司通常由其成员或经理人来经营。有限责任公司通过由签署组织章程而设立。今天，所有的州在法律上都承认有限责任公司。有限责任公司的独特之处在于其股东可以经营管理该公司，但对公司的债务仅承担有限责任；此外，有限责任公司可依据"对号入座"规定，选择合伙企业的方式缴纳联邦所得税。

10.4　信托和遗产的联邦所得税

信托和遗产作为独立的纳税实体，按照其税率表来纳税。涉及信托和遗产的税法规定十分复杂，在此只做简要介绍。

信托是指委托人（信托的授予人或让与人）将财产（信托资产本值）转给受托人（受托人或信托财产的法定所有人）的一种信用安排。为保障信托受益人的利益，信托按协议规定管理信托财产。信托财产通常可以产生收益或资本利得，这里讨论的就是这些收益和利得如何纳税的问题，根据信托条款，信托收益可能会使信托本身、信托受益人或信托让与人产生纳税义务。

10.4.1　让与人信托（Grantor Trusts）

让与人信托是指无论信托让与人是否实际收到信托收益，让与人、设立人都应就信托收益进行纳税及扣除的信托。让与人信托的各种规范性权利条款被称为让与人信托规则，其具体内容详见《美国税法典》第673节至677节。这些权利通常包括：撤销、变更、修改信托的权利；信托收益使用权的控制权；为保障让与人的利益，让与人享有使用信托收益的权利（大于5％的复归权益）；及其他管理权。其基本思想在于，当信托让与人可以从信托收益中受益或对信托享有很多权利（详见让与人信托规则）时，信托让与人应作为信托财产的所有者（因此应为信托收益纳税，并可进行信托的扣除）。

需要注意的是，这里所讲的联邦所得税下的让与人信托规则与联邦遗产税下的总遗产（含或不含信托财产本值在内）有关规则是不同的。因此，有时为了避免联邦所得税或联邦遗产税，故意将信托设计成让与人信托，以使信托财产不包括在让与人的总遗产中。这被称做故意缺陷的让与人信托，在第 27 章的遗产规划中会有所应用。

10.4.2 简单信托和复杂信托

一般原则 有些不可撤销的信托不是让与人信托。这些信托的一般原则是，信托受益人在其分配的信托收益范围内纳税，信托本身因信托收益的分配而获得相应的税收扣除。但是，信托受益人分配到的信托总收益以及信托因分配收益而获得的税收扣除只限于信托当年的可分配净利得（不包括未计入信托总收入的事项，如市政债券的免税利息收入）。信托累积的应纳税所得应按照信托的税率对信托征税。

与个人一样，信托持有的财产也有一个计税依据。其确认方法也和个人基本一样。信托可从财产的出售或交易中实现并确认资本利得。依照收入法修订版（大多数州都已采用），除非信托条款另有规定，否则将资本利得分配给信托财产（本值），而不计入信托收入账户。这样就可对信托征税。当然，如第 25 章所讲，如果信托条款有规定或法律允许单一信托支付，那么，可将资本利得分配给信托受益人并对其征税。

当信托按照特定税务法规分配信托收益时，比如市政债券的免税利息收益，收益在归属受益人之后仍适用其特定的税务法规。因此，信托受益人在纳税时可将该事项从其总收入中扣除。

对信托收益征税的整体原则是只对信托收益征一次税，若收益已分配就对受益人征税，未分配就对信托本身征税，若分配或累积各占一部分，则分别对受益人和信托本身征税。

简单信托 这些信托没有公益受益人，通常仅分配其信托所得，不分配其信托资产本值。在这种情况下，信托受益人就其收到的分配收益纳税，信托本身因信托收益的分配而获得相应的税收扣除。

复杂信托和遗产 复杂信托是指简单信托或让与人信托之外的信托。在复杂信托中，通常允许累积利润，对信托本值进行分配，或存在公益受益人。因此，受托人可自由裁定信托所得的分配或累积或受托人可分配信托本值的信托通常被认定为复杂信托。根据具体情况的不同，复杂信托所得和遗产所得可能对收到分配所得的受益人征税，也可能对信托或遗产本身征税。

10.4.3 州和地方政府所得税

除了上述的联邦所得税，许多州的市、地方政府也对个人征收所得税或工资税，对企业征收公司所得税。

各个州的个人所得税有很大的不同。很多州采用像联邦税收体系一样的渐进税率，但有的州仅按单一税率征税。不同州之间的最高实际税率也不同，低至2%，高至10%（未考虑地方所得税或工资税）。有些州没有所得税。

第 11 章
个人所得税的减免及管理技术

本章目标

读完本章后，你应该能够理解以下要点：

- 所得税规划的基本技术
- 证券销售损失的规划
- 销售主要居所的纳税规划
- 所得税负转移的技术
- 所得税的延期纳税方法
- 资本利得收益及其锁住问题
- 递延资本利得及处置集中权益持股的方法

在本章中，我们将从以下几个基本方面来讲述所得税筹划技术：（1）减免税；（2）税负转移；（3）延期纳税；（4）资本利得的确认；（5）增值资产潜在资本利得的递延，甚至免税。有些规划方案是以上这些技术的综合使用。

11.1 税收减免

旨在筹划所得税税前扣除、豁免的技术，减少应纳税所得额（或应纳税额本身）的抵免技术以及产生非应税收入、非应税经济利益的技术，或许是最合意的技术方法，因为它们都能避税。

11.1.1 扣除项目、豁免、抵免清单的使用

纳税人可以使用许多具体的所得税扣除、豁免及抵免项目。由于受篇幅限制，我们不能一一讲述这些税收筹划技巧，但我们在本章及其他章节中将提到一些。此外，我们可以从政府及商业出版商那里得到以下清单：总收入的构成项目清单、非应税收入（及其他项目）清单、得出调整总收

入所需的扣除项目清单、法定扣除项目清单、不得扣除的项目、其他税种（联邦税、州税和地方税）清单以及尤其适用于某些行业或企业的不同应纳税或可扣除项目的清单。

11.1.2 合理申报纳税身份的使用

选择最有利的申报纳税身份是与筹划相关的重要方面。例如，如果符合资格条件，纳税人当然要以户主身份或未亡配偶的身份来申报。此外，尽管已婚夫妇通常填制夫妻共同申报单，但他们可以选择单独填制个人申报单。

11.1.3 收到的非应税收入

非应税收入有各种各样的表现形式。对于多数纳税人来说，多数州和地方政府债券的利息收入（正如第7章所讨论的）或许是最重要的非应税收入形式。然而，为保证自己享有市政债券的税收优惠，投资者应关注自己的举债策略。如果纳税人借钱购买或持有免税收入债券，那么，他们不能扣除该项贷款的投资利息收入。

但是，纳税人应在何时通过贷款来购买或持有市政债券？一般而言，如果纳税人负有较大债务，且该债务不是由以下原因产生的：（1）出于个人目的（比如个人使用房产的抵押贷款），或（2）与交易或业务的主动行为相关，如果纳税人同时持有免税债券，美国国税局（IRS）可能推定承担负债的目的是用来持有债券投资，并不承认该债务利息的所得税税前扣除。例如，假定某纳税人用自己的钱购买了市政债券，但同时又将借款作为保证金购买了普通股。在这种情况下，美国国税局可能会否认对投资利息的扣除，即使普通股股利构成应税收入。

11.1.4 非应税的员工福利

多种员工福利为所涵盖的员工提供切实经济利益，但在许多情况下，这些员工福利的价值却不构成应税收入，换句话说，对收入的征税被递延了。这就是许多员工福利的主要优势之一。

这些为员工及其家庭提供保障，但又不构成应税收入的员工福利有以下几种：

- 集体定期人寿保险（高达 50 000 美元的保险金额）。
- 医疗费用保险（采取分项扣除时，该福利使可扣除医疗和牙科费用减少的除外）。

- 残疾收入保险（雇主提供应税款项的福利除外）。
- 非保险病假支付计划（该福利也是应税的）。
- 集体意外死亡、残疾及相关计划。

抚养援助计划（高达每年 5 000 美元），教育援助计划（高达每年 5 250 美元），认养援助项目（2009 年一般每个孩子 12 150 美元)[①]。

11.1.5 为节税而进行的证券销售规划

这主要涉及纳税人对资本利得和损失规则最大限度地使用。然而，在开始讲述前，我想先说明的一点是，在做出买卖证券的投资决策时不要过度考虑税收问题。不能仅为了节税的小利益而放弃了投资的大利益。但在许多情况下，投资者可以在不显著影响基本投资决策的同时，合理安排证券的交易，从而达到节税的目的。

未实现资本损失 节税有助于缓解实际存在的未实现投资损失，即使事实上他们并没有卖出股票。从心理角度来讲，这对于有些投资者是很难接受的。比方说，某投资者以每股 90 美元的价格购买了一只股票，随着时间的推移，股价下降到每股 45 美元，即股价已下跌了 50%，每股实际上是只值 45 美元的现金，而非 90 美元。股价或许再也不会上升至 90 美元。有些投资者会觉得只要他们不卖出该股票，就不会形成真正的损失。但这种想法是不正确的，因为这些投资者的损失是确实存在的，唯一的问题是他们是否意识到并愿意承认卖出股票的损失。从投资的角度来看，投资者必须关注其所持有证券现行的投资价值，而非他们为这些证券已经付出的价值。

因此，对于在某证券上有未实现亏损并对证券近期未来表现漠不关心的投资者，或那些可以进行符合条件的税收交换（稍后解释）的投资者，卖掉证券、实现损失并将其作为所得税的扣除项目，是应该认真考虑的事情。

案例

假设处在所得税 33% 税级档次的贝利女士，拥有一只股票，买价为 10 000 美元，现价只值 7 000 美元。假设她本年中没有资本利得收入。如果她现在卖掉股票，她将实现 3 000 美元的资本损失，这部分损失可以在

---

① 对高收入纳税人参与认养援助项目的税收优惠已逐步取消。

她的其他普通收入中扣除，这样就节省了 990 美元的税款（还需减去交易费用）。她实际的税后损失是 2 010 美元。

实现可抵税损失的销售行为 上述例子描述了关于为实现可抵税损失的证券（股票、债券同样适用）销售行为的一般性概念。现将该方面如何最大限度节税的一些想法列示如下：

- 如果投资者已取得证券或其他财产的资本利得收益，他们可用其持有其他证券的损失来抵消这些收益。如此一来，投资者可以通过买卖证券或其他资本资产的合理筹划，使既定年份的应纳税资本利得收入最小化，甚至是消除它。当然，我们必须记住，净资本利得一般按 15% 征税，而其他收入（该收入可由资本损失抵消的限额为每年 3 000 美元）可能会按高达 35% 的税率来征税。

- 如果投资者在既定年份没有实现资本利得收益（或没有足够资本利得收益来涵盖其所有的资本损失），他们每年仍可用其资本损失抵消以 3 000 美元为限的其他应纳税一般收入（美元对美元）。与此同时，投资者的未弥补资本损失可在以后纳税年度进行弥补，且不受时间限制。

- 投资者可采用所谓的税收交换，即为实现抵税损失而出售证券，与此同时仍保持其在同一领域或行业的投资头寸。

让我们来看一个例子，联系前述概念，假设布朗先生拥有某只存在资本损失的股票，出于税收的考虑，现在他想采取税收交换策略，但他同时认为该股票具有未来投资价值，所以想保留该股票。接着，布朗先生可能会疑问，"为什么不卖掉亏损股票，取得抵税损失后，再立马买回该股票呢？"原因在于，这种行为会被认定为虚假交易，由此一来，该资本损失是不允许抵税的。若纳税人在出售日前后 30 天内购入，或者通过期权条款或签订合同的方式获得大量同一证券，那么，税法不承认其出售证券的资本损失。因此，布朗先生在卖出该股票后，至少要等待 30 天才能再次买入，否则会触犯关于虚假证券交易的法律规定。

然而，由于虚假交易规定使损失不能抵税时，证券的计税基数会因此而增加。因此，若投资者未来卖出证券，那么，与正常情况相比，增加的计税基数将产生较小的利得或较大的损失。

如果布朗先生足够勇敢，他可能会接着问："既然这样，我为什么不将股票卖给妻子（或其他家庭成员），如此一来，我既得到了抵税损失，又保留了股票？"遗憾的是，这同样不会奏效。税法不承认所有家庭内部出售的损失（即夫妻之间、兄弟姐妹之间、长辈与直系后代之间的直接或间接交易）。

但是，布朗先生仍然可以通过卖出亏损股票，然后立即购买具有同等投资利益（或更多）的不同股票的方式，保持其在领域或行业中大致相同的投资头寸，而不受 30 天税法规定期限的限制。这就是通常所说的税收交换。许多投资公司仍留有税收交换建议的服务清单，以帮助投资者做出决策。

11.1.6 销售主要居所方面的税收福利

在税法上，私人住宅被认定为资本资产，但对个人来讲，住宅仅供个人居住使用。因此，尽管私人住宅的销售利得收益是应纳税的（除非例外），但是该住宅的销售损失却不能扣除，因为该损失不是发生在交易或业务中，或者与以盈利为目的的交易相关联。对于为个人使用而持有的其他资产，该税收规则也同样适用，比如汽车、游船、飞机或家具。

销售主要居所所获利得收益的不予课税项目　然而，即便在严格的税法规则中，纳税人主要居所（包括合用公寓套间、自用公寓套间、活动房屋或船屋）的出售或交换所获利得收益，也确实存在着税收减轻的情况。在这种情况下，若符合某些条件，就可以选择不予课税的利得条款。该条款在销售与交换方面的规定于 1997 年 5 月 6 日起开始生效①。

任何年龄的个人都可以将其出售或交换主要居所所获利得收益最高达 250 000 美元从其纳税收入中扣除。为了符合不予课税的条件，个人必须拥有该住所的所有权（所有权测试），并将其作为主要住所（使用测试），在出售或交换前 5 年中合计居住至少 2 年。不予课税项目适用于每两年一次的出售或交换事项（频率测试）。

申报夫妻共同税单的任何年龄的已婚人士在满足以下条件时，纳税收入中的高达 500 000 美元的出售或交换主要居所利得收益可以不予课税：（1）配偶的一方通过所有权测试；（2）夫妻双方通过使用测试；（3）最近两年内，配偶双方都没有进行主要居所的出售或交换（比方说，频率测试不合格）。但是，250 000 美元的不予课税项目适用于以个人为基础。因此，在申报夫妻共同税单的已婚人士情况中，如果配偶一方符合所有权和

---

①　该条款制定于 1997 年的《纳税人减税法案》，并取代了先前 1034 条款中的收益延期条款（不确认所得条款）和先前的对 55 岁及以上年龄纳税人一次性 125 000 美元的利得不予课税的条款。

使用要求，他或她将会符合 250 000 美元的不予课税条件。此外，如果在其他方面符合条件的个人与在最近两年使用过不予课税项目的人结为夫妻，符合条件的一方配偶仍可进行 250 000 美元的扣除。当然，一旦距一方上次使用不予课税项目已有两年，且他们符合其他条件，那么，就可适用 500 000 美元的不予课税项目。对于离婚或分居的夫妇，如果配偶一方或前任配偶符合五年中至少两年的规定，每个配偶或前任配偶的 250 000 美元的出售或交换居所利得收益可不予课税。

在某种程度上，主要居所的出租或作商业使用时的折旧是准许扣除的，但在 1997 年 5 月 6 日之后，不予课税条款不再适用，财产出售的利得收益将被纳入征税范围。如果工作地点、健康或不可预见情况的变化致使纳税人不符合所有权或使用条件的要求，那么，不予课税额可能会按比例分配。从 2010 年起，经济增长税收优惠法案将这种不予课税项目的应用扩展到房产买卖、已故户主继承人、合格可撤销信托等领域。

筹划事项 该条款方面的筹划机会有很多。

- 纳税人可通过出售升值的主要居所，并搬进较昂贵的、较便宜的居所，或其他居住安排，以达到没有或减少资本利得的目的。
- 主要居所附近的土地也符合不予课税的条件，只要该土地作为居所的一部分被我们经常使用。
- 如果纳税人有第二套居所（度假或租赁财产），他们可以在出售其主要居所（可不予课税）之后，搬到第二套居所，并将其作为其新的主要居所，两年之后将其出售，即可再次使用不予课税条款。
- 当出于财产规划的目的，将升值的主要居所放置于合格的个人住宅信托计划中时①，将出现以下情况，授予人的使用期限结束后，该信托计划可作为不完全产权赠与信托继续服务于受赠人（通常是授予人的子女）。因此，对授予人来说，出售所获得的任何利得收益都将是应税的，但授予人能够使用对其有益的不予课税规定。
- 不予课税项目的目的之一是消除户主保持家庭住所改善记录（该部分的支出成本会增加所得税的计税基数）的需要。然而，在某些情况下可能仍需要保持这样的记录，比如，利得收入可能会超过不予

---

① 合格的个人住宅信托涉及个人住宅的赠送事项，即由住宅所有人向不可撤销的信托转移。根据该信托，住宅的所有人（信托授予人）在设定的时期内可在该居所居住，当该时期结束时，该居所将被转移给受赠人（通常为授予人的子女），或者是出于受赠者利益的考虑，该居所财产仍保留在信托计划中。该项财产规划技术将在第 27 章进行论述。

课税的部分，或纳税人可能不符合不予课税的要求，或者贬值可能产生利得收入。

产生收入财产的转化　如果将为个人使用而持有的财产转换为用于产生收益的财产，比方说，当我们把住宅出租给他人时，折旧作为允许扣除项目可从租金收入中扣除，而且该财产后续出售形成的至少部分资本损失是允许扣除的。因此，在现实中，如果房屋所有者采取出租的方式，那么，他们可将出售损失视为允许扣除的资本损失。

继承而得居所的税收情形取决于继承人对该居所的处置方式。如果新的房屋所有人不将其用做居住，而是打算将其立即出售或出租，那么，该财产会被认定作为盈利而持有，这样，该财产的出售损失会是准予扣除的资本损失。当两人共同拥有住宅并将其作为个人资产来使用时，若其中一人死亡，则同样适用上述内容。生存者所拥有居所的税收情形取决于生存者的使用方式。

11.1.7　慈善捐赠

慈善捐赠现已成为非常重要的筹划技术，为此，我们将在第19章进行单独论述。

11.2　税负的转移

由于联邦所得税超额累进结构的设置，将收入或资本利得从高税率档向低税率档转移或许是引人注目的明智之举。这在家庭内部的纳税筹划中很常见。

11.2.1　产生收入财产的无条件直接赠与

将收入转移给他人的最简单方法之一是将产生收入的财产无条件直接赠与。父亲把股票给成年子女，祖父母把共同基金份额给孙子女，母亲以子女的名义登记系列 EE 储蓄债券，诸如此类。一般来讲，捐赠者给受赠人财产时，对受赠人来说，该财产的未来收益是应纳税的。

考虑到资本利得，增值资本资产的受赠人的计税依据为赠与人赠与财产的所得税计税依据，加上依据赠与行为发生时赠与财产的净增值计算的已由赠与人支付的赠与税。因此，如果父亲 10 年前用 5 000 美元购入普通股，该股票现在的价值为 20 000 美元，父亲现把股票给儿子，儿子的计税依据是 5 000 美元（假设未产生赠与税）。如果儿子以 30 000 美元卖出股票，他将获得 25 000 美元的资本利得。因此，赠与人（父亲）可以将一个潜在资本利得收益，转移给他假定处于较低税率档的儿子，假设此处不适用儿童税的规定。

然而，资本损失的处置适用不同的规则。在这种情况下，受赠人的计税基数是赠与人的计税基数与该财产在被赠与日的公开市场价值两者中的较小者。也就是说，资本损失不能转移给受赠人。因此，从所得税节税的角度来看，有较大账面损失的财产不适合进行赠与。此时，出售该财产，取得资本损失，赠与其他资产将会是不错的选择。

11.2.2 产生收入财产信托的赠与

除了无条件直接赠与，财产还可以信托的形式赠与——不可撤销的终生（生前）信托。对信托所得的课税已在第 10 章详述。如前所述，假定不是授予人信托，根据信托条款，信托收入如果向受益人分配，或累积计入信托本身，那么，该收入一般是应税的。因此，信托财产的收入可以这种方式进行转移。对于授予人信托，获得的收入是对授予人征税，而不考虑收入是分配给谁。因此，授予人信托不能作为收入转移的工具，但由于授予人支付了本应由信托受益人或信托资产支付的所得税，所以实际上，不可撤销的授予人信托的该方面特点给受益人带来了额外的免税赠与（免所得税）。

11.2.3 对未成年人的赠与

转移收入可能是对未成年人进行赠与的原因之一。然而，通常还存在其他的原因。对未成年人的赠与及具体操作将在第 27 章进行讲解。

11.3 非当前纳税带来的财富积累及延期纳税

考虑到诸多原因，延期纳税对纳税人是有利的。在将来，纳税人可能处于较低的纳税级别；那时，他们或许更加了解自己的财务状况；他们可能获得延期纳税带来的投资收益；他们不需要现在就支付税款；并且，在某些情况下，可能永远都不必支付税款。

11.3.1 合格退休计划与个人退休账户的递延税款积累

公司给予的各种合格退休计划、传统个人退休账户、行政补偿计划以及避税年金计划是人们进行延期纳税的几个重要方法。这些计划将在第13章、第14章以及第15章中进行阐述。

11.3.2 美国储蓄债券所得的延期纳税

在第7章中，我们探讨了EE系列和I系列的美国储蓄债券。这些债券的持有人可选择其债券增值的纳税时间。他们可以选择每年报告并缴纳作为利息收入的赎回增值税款，也可以选择什么都不做，从而延期缴纳债券增值的税款，直至债券到期或被赎回。由此可见，纳税人必然会选择延期纳税。

1989年12月31日后发行的EE系列和I系列债券可能还享有另一个税收优惠，即这些债券的应计利息可以用来支付纳税人的高等教育支出，纳税人的配偶或其家属的利息收入被排除在联邦所得税规定的纳税人总收入之外。合格的高等教育支出包括学费和杂费，用于合格学费项目的清偿收益也可以扣除。为了符合条件，纳税人须在支付高等教育支出的当年兑现债券；债券必须以纳税人或纳税人及其配偶的名义发行；债券发行时，纳税人的年龄须为24岁或以上；纳税人的申报纳税身份必须为单身、申报夫妻共同纳税的已婚者、户主或符合条件的带有被抚养幼年子女的未亡配偶。2009年该应计利息的允许扣除金额在某些收入档次呈现逐步减少的态势（例如，填写夫妻共同纳税申报单的已婚纳税人的修正调整后的总收入中的应计利息扣除金额范围为104 900美元到134 900美元，个人申报纳税人的则为69 950美元到84 950美元，以上金额已考虑通货膨胀的影响）。

11.3.3 挑选特定股票进行出售

假设投资者计划卖掉所持股份的一部分，此时税法允许投资者就其想卖出的特定部分进行挑选。例如，假设一个投资者拥有300股当前市价为每股50美元的普通股股票。这些股票是通过下述方式取得的，现在，该投资者想卖掉其中的100股：

100股是按照每股20美元的价格购于10年前

100股是按照每股50美元的价格购于3年前

100股是按照每股60美元的价格购于2年前

如此一来，根据投资者挑选出所卖股票的不同，会出现以下三种情况：取得资本利得，无利得无损失、取得资本损失。在未明确指定卖出顺序的情况下，税法假定先买进的先卖出（即"先进先出"）。通过对股票卖出顺序的选择，达到资本利得最小化或资本损失的目的，这对投资者来说往往是个不错的筹划方法。

同样的一般性原则在选择共同基金份额的兑现方面也同样适用。然而，具体规定会有所不同，请详见第 8 章。

11.3.4 人寿保险与递延年金保单价值增长额的递延（免税）

人寿保险现金价值 人寿保险现金价值逐年增长，且不受所得税的影响，但当保单退保变现，或被出售，或发生部分提款时，该"内部累积增长"会被课税。因此，当投资者计划从人寿保险现金价值提款时，要尽量使该所得不被课税。具体详见第 29 章。

递延年金现金价值 与上类似，不合格递延年金契约保单价值的增长目前不会被课税。所得税被递延了，直至年金的所有者开始从年金中收到定期付款、退保变现、发生非定期提款、用其获取贷款为止，或者直至年金的所有者死亡，该年金价值转给受益人为止。投资年金的讨论见第 17 章。

11.3.5 分期付款销售

对于各种财产（公开交易的股票或证券除外）而言，当售价在出售当年之后的纳税年度被支付时（如采用分期形式），出售方通常只就收到的分期付款额所含的利得纳税，而不是在销售的当年纳税，除非出售方选择其他方法。这就是分期付款的筹划方法。它能使未收回分期款项的课税递延，这部分内容在第 6 章已讲过了。

11.4 资本利得所产生的收益

正如我们在第 4 章所讲的，将直接拥有财产的收益作为资本利得来纳税，所产生的税收优惠是很明显的。

11.4.1 纳税及资本利得锁住问题

资本利得税的课征会导致一个问题，即投资者会因其出色的投资而被锁住在某只股票或其他财产上。这就会涉及到这样一种情况，即投资者高兴地发现他在股票或其他已增值财产上已经获得很多账面利得，但他却不敢将其卖掉，因为在执行交割获取实际利润时，需要缴纳数额较大的资本利得税。

这种锁住问题会对投资者产生不利的影响。投资者的投资组合可能过多地集中于锁定的股票或增值财产,可能极其缺乏多元化。如果市场下行,这可能会成为特别严重的问题。此外,可能存在比被锁定股票或财产更好的投资机会。再者,当投资者的个人情况已发生改变,且他们可以动用这笔钱时,为了不减少其子女和其他继承人的遗产收入,他们可能仍不敢卖掉股票并支付税款。假设存在直接拥有资产的锁住问题,让我们简要回顾一下投资者可能采取的策略。

11.4.2 避税策略

我们先一起来考虑一下投资者可以用来避免资本利得税的一些策略。

死时的递增基数 投资者可仅仅简单地持有增值财产——有生之年永不卖出——一旦他死亡,会获得一个与死亡当日该资产市场公允价值相等的递增所得税基数。因此,投资者可将其增值资产传给他的继承人并无须缴纳持有期至死亡日的资本利得税。但是,这意味着投资者即使需要也不能实现投资的多元化,他必须承担增值财产价值可能下跌的风险,直至死亡。

向慈善团体捐赠 正如我们在第 19 章所讲述的,投资者可将其部分或全部增值财产直接捐赠给慈善团体、慈善余额信托、集合收入基金、慈善遗赠年金,或者采用其他方式,不予实现资本利得。

税法中不予课税项目的使用 在主要居所出售的部分中,我们已经提到了这样一个不予课税项目。为鼓励小企业的建立与发展,新建小企业的股东(C 类公司的股东除外)所持本企业股票的出售或交换而所获资本利得的 50% 不予课税。为了符合不予课税项目的条件,出售或交换的股票必须是合格小企业股票。这意味着纳税人获得的必须是新发行的股票;该股票必须在 1993 年 8 月 10 日之后获得;纳税人持有股票的大部分时间内该公司必须致力于积极经营;股票发行时,该公司的总资产不得超过 50 000 000 美元。此外,股东在出售或交换之前,持有该股票至少五年。此外,每位股东的年度不予课税金额最多不得超过每年 10 000 000 美元或 10 倍于股东购买该股票所付金额(美元)中的较大者。然而,正如第 10 章所述,在替代性最低税制下,税收优惠项目金额仅限于不予计列项目的 7%。

11.4.3 税款递延策略（可能直至死亡）

税款递延策略是指延迟资本利得实现或确认的策略。如果延期时间足够长（直至死亡），那么就可以完全避开资本利得税，因为死亡时，该财产权利获得了递增基数（出自经济增长税收优惠法案）。

同类资产的交换 有关此类不确认利得的交易条款（美国联邦税法典的第 1031 章）的具体介绍详见第 6 章和第 10 章。

免税企业重组 免税企业重组的效果在于公司及其股东都无须确认该重组事项的资本利得或损失（假设交易中不涉及现金或其他财产，即额外资产），与此同时，股东所持旧（转让出去的）股票的计税基础转入新（转让进来的）股票或证券①。因此，如果新股票或证券以应税交易的形式出售，递延的利得或损失会被确认。

当然，如果一直持有新股票或证券直至死亡，它们现在就会获得递增基数。

案例

假设哈利·马丁内斯在五年前，以每股 10 美元的价格购买了 500 股 ABC 科技公司的普通股。在公开交易市场上，ABC 公司的普通股价格为每股 50 美元左右。然而，近日 XYZ 科技公司以每两股普通股（两股市价为 76 美元）换一股 ABC 公司普通股的方式，实现了与 ABC 公司的免税合并重组。因此，在这个免税重组中，哈利以其所持有的 500 股 ABC 公司的普通股换取了 1 000 股 XYZ 公司的普通股，该交换中，没有需要确认的资本利得，哈利新持有的 XYZ 公司普通股的课税基础是每股 5 美元（他原持有 ABC 公司普通股每股 10 美元的课税基础被转入并分至新的股票中——本例中是 2 换 1）。如果哈利后来出售他所持有的 XYZ 公司的股票，其资本利得或损失在确认数量（市价减销售费用）、课税基础（每股 5 美元）上会有所不同。原有 ABC 公司普通股的持有期间会被加到（简称上涨）XYZ 公司普通股的持有期间，用来确定计算资本利得时的 XYZ 公司普通股持有期间。

---

① 美国联邦税法典在第 368 章中给出了免税重组的 7 种类型。它们是：（1）法定兼并或合并，或 A 型；（2）收购另一家公司的股票，或 B 型；（3）收购另一家公司的资产，或 C 型；（4）对另一家公司进行资产转移，或 D 型；（5）资本重组，或 E 型；（6）公司性质、形式、组织机构的变更，或 F 型；（7）破产重组，或 G 型。每种类型都各有其特点和要求。相关讨论已超出本书范围，故在此不作赘述。

案例

假设六年前希瑟·罗森投资 100 000 美元开办了一家开发并销售计算机软件的新公司，即新电脑公司。她按照 C 型公司的要求组建了该公司，并持有该公司 100% 的普通股（全部为流通股）。她努力工作，开发了新产品，业务蓬勃发展，外部评估师（无公开市场）认为在持续经营假设的基础上，该公司价值 10 000 000 美元。然而，既然希瑟有了财富，她想要卖掉她的公司并全心全意地投入到计算机教育中，支持她社区内的弱势青年项目活动。

Megacorp 电脑公司，是一家规模较大，盈利颇丰，股息适中的上市公司，它想以 10 000 000 美元的价格收购新电脑公司。如果这是一个免税重组，希瑟要用其所持的 100% 的新电脑公司的股权换取价值 10 000 000 美元的 Megacorp 公司普通股，这样，交换中不需要确认资本利得，她所持有的 Megacorp 公司普通股的所得税课税基础为 100 000 美元。结果是，希瑟要用其非公开交易的、紧密持有的公司股票换取公开交易且分红派息的大公司股票。如果她需要资金，她还可以定期卖掉部分 Megacorp 股票（当然需确认资本利得），再或者她可用在本章介绍的其他技术，以避免资本利得的确认。

另一方面，如果我们回顾避税策略，不难发现希瑟所持的新公司股票是合格的小企业股票。因此，从纳税角度来看，如果她将股票出售给 Megacorp 公司并收取现金，那么她就可以扣除 50%（2009 年至 2011 年，被收购股票的资本利得可扣除比为 75%）的资本利得（实现的 10 000 000 美元 – 100 000 美元的调整基础 = 9 900 000 美元 × 0.5 = 4 950 000 美元的扣除金额）。这意味着希瑟总利得（9 900 000 美元）的实际税率为 7.5%（15% × 0.5 = 7.5%）。然而，在替代性最低税制下（AMT），税收优惠项目金额仅限于不予计列项目的 7%。

对冲股票"变现"的股票双限合约　该筹划技术较为复杂，旨在对冲增值股票价值的下降，递延资本利得，而后将股票变现，通过收取现金或与对冲股票市场价值的合理比例相等的其他投资等价物。

案例

假设荷马·凯利担任 Acme 公司的执行经理已有 30 年。现在他的职位是高级副总裁。这些年来，荷马通过股票期权的行权、参与其他股票计划、公开市场直接购买等方式，主要投资于本公司的股票。在过去的几年里，Acme 公司的股价大幅提高。结果是，荷马直接拥有的 Acme 公司股票现在的市场价值约 12 000 000 美元，占其总资产 90% 以上的比例。这些股票的成本仅为 900 000 美元。

然而，荷马担忧其投资组合过于单一以及 Acme 公司股价大幅下降的风险。因此，他采取了股票双限合约，而无须实际出售股票。假设 Acme 公司股票的当前市场价格是每股 70 美元。荷马可通过购买，比方说 Acme 公司股票为期三年的以现金结算的看跌期权，履约价格（期权价格）为每股 63 美元，并同时卖出，比方说，三年期以现金结算的 Acme 公司股票的看涨期权，履约价格为每股 77 美元[①]，以此来建立其股票双限合约。看跌期权的目的在于对冲荷马所持 Acme 公司股价跌破每股 63 美元的风险。另一方面，卖出看涨期权的目的在于获取期权费以冲减荷马购买看跌期权的成本。股票双限合约可以在连续的期间内不断更新。

股票双限合约有多种构建方式。通常的方式是零成本双限期权。在这种情况下，是用出售看涨期权的期权费收入抵消购买看跌期权的成本。另一个做法是收益型（或信用溢价）双限期权和借记双限期权。附有股票双限合约的基础股票的价值可通过几种方式转换为独立的投资基金（货币化）。例如，投资者可以预支股票，进行保证金交易，投资于独立投资基金的贷款收益。或者，投资者可以进行包括一个多元化投资组合的投资互换交易。

大量持有其增值股票的投资人可选用该类复杂交易。在既不出售股票又不确认资本利得的前提下，依据 1997 年《纳税人救助法案》中推定销售的规定，那些曾被用来对冲持股风险的其他筹划技术已淡出舞台，不再适用。股票双限合约仍是一个可行的技术策略，但在采用该策略时应注意不要与推定销售的规定相冲突。

交换基金　这是对所看好股票的资本利得的又一种复杂的递延技术。在这里，投资者将其增值股票给予有限合伙公司（交换基金），并换取该公司在基金中的产权。假定合伙企业可在市场上交易的有价证券不超过总资产的 80%，以该股票换产权的交换是免税的。其他投资者也会进行类似的交换，合伙企业也不断组建理想的投资组合。一旦组建起来，该基金可能采用被动式管理。

投资者将其增值股票的课税基础转入其所持有的合伙权益。如果作为合伙人的投资者持有该合伙权益至少 7 年，那么，该合伙企业可以免税的

---

① 有关看涨期权、看跌期权的内容详见第 6 章。

形式将其部分多元化投资组合分配给该合伙人（作为合作企业资产的分配）。这些资产的课税基础通常会转入到投资者手中的被分配资产中去。因此，一旦投资者清算合伙权益或终止合伙关系，投资者可以收到免税的多元化证券组合以及转入的课税基础。

另一方面，如果作为合伙人的投资者在7年内得到合伙资产的分配，该投资者通常负有纳税义务。此外，既然合伙企业作为独立实体，不论是否向投资者分配，其投资收益和资本利得都应征税。这就是交换基金被动式管理的原因之一。交换基金不是短期投资。投资的选择与管理权掌握在基金经理手中，而不是某个有限合伙人。交换基金会有前端费用（认购费）和年度管理费。

其他投资产品 有的投资者使用其他产品与策略来处置所持有的低税基、高增值股票。一种策略是投资者公开发行的可交换股票挂钩票据。这仅适用于非常大的企业集团发行的股票。

另一种策略是与证券公司签订预付可变远期合约（或可变交割远期合约）。然而，国税局已注意到此类合同的税务问题，并倾向于减少其使用。有关这种策略的详细介绍，本书就不作阐述了。

向员工持股计划出售股票 在某些情况下，紧密持股公司的股票所有者，可将部分或全部增值股票卖给本公司的员工持股计划，并递延资本利得，可能直到死亡。员工持股计划是合格的员工退休计划，其构架通常为员工股票红利计划，或股票红利计划与货币购买养老金计划的结合[1]。与其他的合格退休计划不同的是，员工持股计划必须主要投资（即至少为计划资产的50%）于雇主公司的证券。

杠杆型员工持股计划从银行、雇主或其他贷款人那里借得资金，并用该资金从公司或现有股东那里购买股票。雇主公司向员工持股计划注资，该资金是允许税前扣除的，这些资金可被员工持股计划用于偿还贷款本金和利息。所涵盖员工薪酬的高达25%的每个年度准予税收扣除的付款额可被用来偿还贷款本金；无限制部分则可用来支付利息。实际上，杠杆型员工持股计划用来购买雇主公司证券的贷款资金来源是准予税收扣除的雇主供款。

此外，向员工持股计划出售合格证券适用不确认所得条款[2]，根据该

---

① 合格退休计划的介绍详见第14章。
② 即《国内税法》第1042条款。

条款，如果在特定时期内（出售前 3 个月起至出售后 12 个月止），出售人获得等值的合格重置财产，那么，紧密持有合格证券①并且在向员工持股计划出售合格证券之前持有该证券至少 3 年的出售方可以选择不确认该证券出售所产生的任何资本利得。一般而言，合格重置财产是指国内经营公司的任何权益或债务证券。也可以不确认部分资本利得。出售方所获重置财产的课税基础与向员工持股计划出售的证券的课税基础一致。为了符合不确认资本利得条款的条件，该出售完成后，员工持股计划须至少持有流通在外股票份额或价值的 30%。

案例

我们依旧采用希瑟·罗森的例子。如果希瑟的公司，即新电脑公司，建立了杠杆型员工持股计划，她可以将其持有的 30% 的股票卖给员工持股计划。在本交易中，希瑟不会确认任何资本利得。她可以将该项出售收入投资于市场上国内运营公司的股票或债券（重置证券），这将为她的投资组合提供流动性与多样性。此外，她不必将其所有的公司股票都卖掉（甚至可以继续保持其控股地位）。出售完成后，员工持股计划只需拥有该公司股票的 30% 即可。不过，也存在一些限制条款，比如员工持股计划对合格证券在出售完成后 3 年内的处置会受限，当员工持股计划向出售股票的股东或向超过 25% 的参与该计划员工股东分配合格证券时也会受限。

合格小企业股票资本利得的延期　除了之前提到的资本利得的一半不予课税条款，还有一个不确认资本利得条款②，在该条款下，纳税人出售或交换持有超过 6 个月的合格小企业股票所实现的资本利得不予确认（比如延期），前提是纳税人在出售后的 60 天内用该出售所得资金收入购买其他合格小企业股票。所卖股票的课税基础转入新购入股票。这实质上是允许合格小企业的任一股东（C 类公司股东除外）出售一家小企业股票，并购买另一家小企业股票，以实现税收的递延。

11.4.4　出售策略

假设增值财产的持有人决定以应税交易的形式出售或交换财产。出售需求是存在的，因为持有人可能现在就想要现金以再投资或满足其他需要。持有人可能希望控制出售收入的再投资方式。此外，持有人可能没有

---

① 一般而言，合格证券是由国内公司发行的雇主公司证券，这些证券通常是不可在现行证券市场上交易的且同时符合其他条件（如紧密持有的公司）的非流通股。

② 详见《国内税法》第 1045 条款。

合适的不予课税项目，或可用的递延策略。况且，如果持有人预计整个市场将下行（比如熊市），出售而非递延，可能会是首选的策略。最后，如果投资者已有本年或前年转入的巨大资本损失，那么选择出售策略，这些损失就可用来抵消部分或全部来自应税出售所得的资本利得。

有利的资本收益税率　净资本利得的适用税率明显低于一般所得的适用税率。前面所述的递延策略几乎总会有各种要求、诸多限制或直接销售所没有的成本。因此，资本利得的税率越低，对纳税人出售增值资产并支付资本利得税的诱惑就越大。

分期收款销售　在分期收款销售的情况下，当收到款项时才确认资本利得的实现。每期确认的资本利得通过收到的付款额乘以毛利率来计算，其中毛利率为销售毛利除以合同价格。此外，分期收款销售对尚未支付的余额计息。分期收款金额中的利息部分作为出售方的一般所得课税。

然而，分期收款销售的方法也存在一些缺点。首先，出售方可能现在就需要收取全部现金价款。其次，还有其他需要考虑的税收因素，如现有的资本损失、暂停的消极活动亏损，以及折旧取回。此外，在分期收款销售中，出售方只是收到购买方为未来付款而开出的分期付款票据，因此，未来付款的安全性（信用风险）也是一个需要考虑的因素。

最后，并非所有的销售都符合分期收款销售的要求。例如，可在市场交易的股票或证券就不符合条件。

其他分期收款销售　我们之前提到过，除了直接收款销售，在采用分期支付购买价款时还存在其他的销售方式。自动抵消分期付款票据(Self-canceling installment notes，SCINs)就是其中的一种。为进行遗产的筹划，家庭内部之间通常会做这样一些安排。

11.4.5　各种规划方法的结合

当然，投资者不必只采取某一种策略，通常他们会结合使用多种规划方法。比如，他们可能会出售一些自己所持的增值股票并将该收益再投资，或将其中一部分慈善捐赠，或在家庭内部赠与，然后保留剩余部分。此外，如果他们的股票恰巧是在不同的时期以不同的税基取得的，他们可以将高税基的股票卖掉，并将低税基的股票赠送给慈善机构或自己留存。

第四部分
教育费用融资

第 12 章
教 育 计 划

本章目标

读完本章后，你应该理解以下要点：

- 估算教育支出的原则
- 对于教育安排的经济援助
- 教育支出的所得税抵免或抵减
- 教育支出规划的方法
- 合格学费项目（529 条款计划）
- 科弗代尔教育储蓄账户
- 教育筹资方面的其他安排

教育支出问题在近年来显得越来越重要，而且相关费用也在逐年增加，本章介绍了使用不同方法去分析、处理教育支出方面的相关问题。自从 2001 年的《经济增长与税收减免协调法案》和 2006 年的《养老金保护法案》通过后，这些方法中的其中几种已经变得愈来愈有吸引力了。

12.1 教育作为一个理财目标的重要性

对许多人来说，为教育支出进行理财渐渐成为一个日益增长并且愈发重要的理财目标，这其中有很多理由。一般情况下，教育支出会相当高，且涨幅超过通货膨胀率。越来越多的人去各种学院、大学、研究生院学习，也有一些人参加其他的教育项目。尽管每一个人选择的教育类型不尽相同，但这些教育支出是可以合理预测的。许多规划是对教育支出的"提前处理"。总而言之，参加教育计划可能使一个家庭在现有的经济条件下陷入巨大的经济负担，当然也可能在合理的规划下，一些经济方面的支持会起到很大作用。

12.2 教育支出的特性和增长

教育支出的多少取决于多种情形，这包括但不限于：

- 参加的教育项目的类型，举例来说，在大学或学院参加本科学习、研究生院（包括医学、牙医、法律、商业等）、社区大学、技校还有其他的项目。
- 课程年限。
- 上学的是本州居民还是非本州居民。
- 是公立大学还是私立大学。
- 有哪些可以申请的奖学金或者助学金的项目。
- 学生是否需参加一定的工作和抵学费的项目（比如在暑期实习或者参加校企联合培养项目）。
- 家里有多少个孩子或者待教育的人。

对于大学或者研究生院，费用主要包括学费、杂费、食宿费、书本文具费、交通费还有其他杂费。当然，通常在私立学校这些费用要比在公立大学要高。根据家庭的情况和意愿，教育费用可能还会包括私立中学费用和其他个人开销等。

在近几年，大学和研究生院学费增长很快，具体的涨幅每一年都有所不同，但私立学校的涨幅普遍要高于公立学校的涨幅。在做规划时，一般情况下，涨幅在 4% 至 5.5% 之间。

12.3 估算教育支出

虽然估算过程中包含了许多未知因素和假设，但对预期费用的一般估算已经有了一些基本的条理。为了粗略估算未来的费用以及所需资金数额，我们应该对以下内容提出假设：（1）计划参加的教育类型，教育时长以及当前阶段每年的净费用。（2）对于费用的平均年化复合增长率的估计。（3）距离开始上学还有几年。（4）为教育进行早期筹资的一系列投资的税后年化复合收益率。

案例

下面是一个关于估算教育支出所使用的基本原理的例子，假设大卫和玛丽·史密斯（都是 35 岁，并且不在自己的家乡工作）有一个一岁的孩子霍腾斯,夫妻两人希望孩子在17年后能够进入大学。为此,他们想要为4年的本科计划开始做资金上的准备,霍腾斯将来会以本地居民的身份上私立大学。假设现在大学本科生每年的学费是33 000美元(尽管有些私立大学学费可以高达50 000美元,甚至更高),对应的比较普遍的公立大学的学费大约在13 000美元。所以,在17年后,如果以现在的标准计价的话,大卫和玛丽将需要为霍腾斯准备大约132 000美元(4 × 33 000美元/年)。如果他们假设在未来的17年里,私立大学本科计划的学费每年要以5%的复合速度增长,这就需要在17年后准备302 546美元(也就是对应现值为132 000美元的以5%的复合增长率增长17年所对应的终值)[①]。进一步假设,为了这笔学费,将会同步有一笔投资,投资的年均复合增长率在6%左右(举例假设在529计划下这部分投资是免税的)。史密斯一家需要每年定投10 724美元才能够在17年后达到他们302 546美元的目标(也就是终值为302 546美元在年复合增长率6%下所对应的年金值)。

当然,这里也要做些不同的假设。例如,假设霍腾斯在暑期参加工作(或者参加学校的学习—工作联合培养项目),若以当前的美元计价,可能每年税后能挣得5 000美元(4年就是20 000美元),这样在规划上,未来132 000美元的目标就可以被削减到112 000美元(都以当前的美元计价)。还可以假设有奖学金或其他助学金,但对于一个1岁的孩子谈此问题为时尚早。最后,如果假设上的是研究生院的话,费用也将会有显著性的提高。

12.4 经济资助的考虑

许多学生去上大学或者上其他学校会得到不同形式的助学金。这些经济资助计划可能包括低息贷款、补助、奖学金以及参加校企合作项目赚得的收入。

申请经济资助计划的资格要求涉及学生以及父母的收入、资产和其他要素(比如正在供养上学的小孩的数量)。一般来说,一个学生的"经济缺口"主要是指上学的费用与家庭预计的教育出资的差额。这个家庭预计

---

① 这个数字可以用手持计算器或者在电脑上用计算终值的方法得出,详见第3章。

的教育支出是一个学生及父母在标准化参照表格中对应的期望支出①。

补助或者奖学金通常是按缺口去给的，而且不用偿还。比如，联邦佩尔助学金和补充教育机会赠款会把资助款给学校，学校再给困难学生。此外，还会有州内补助、州—联邦补助、预备役军官训练团奖学金以及其他类型的补助。

贷款包括低息贷款和补贴贷款，比如联邦大学里的帕金斯贷学金和斯塔福德补贴贷款，这些都是按照"经济缺口"给予的贷款。有些贷款不按照"经济缺口"为标准给的，类似斯塔福德非助学贷款，父母为本科学生贷款以及各种私人贷款项目。同样，学生可以从勤工俭学工作中挣得一些收入。当然，除这些经济资助外，还有奖学金收入。

12.5　为教育支出设立的减税政策

12.5.1　联邦收入税抵免

这就包括希望（Hope）奖学金抵税额和终身学习税收抵免。希望奖学金抵免主要是抵免学费（要从收入中扣除奖学金和奖学金补助）、对于纳税者和配偶要缴的一些费用，以及一个有资格的纳税人的子女大学前两年［指的是在 2009 年通过的《美国复苏与再投资法案》（ARRA）中说明的 2009 年至 2010 年的四年制大学］的费用。这同样适用于给大专学历或证书的职业技术学校的学费，而且适用于纳税家庭的每一个学生。对于一个学生来说，在每年的学费和其他费用中，抵免额是分段计算的，0 ~ 1 200 美元按 100% 抵免，1 201 ~ 2 400 美元按 50% 抵免（在 2009 年至 2010 年 ARRA 提高了限额）。学生必须参加超过半年学制的项目才有资格抵免相关税额。

终身学习税收抵免是一个给有资格的纳税人或其配偶的政策，主要针对这些人在上本科、研究生或者有资质的技术学校时期的学费和其他费用而设计的。每年每个纳税人只能使用一次，但可以每年都用，而且参加的项目学制可以短于半年。具体纳税返还抵免的额度是在学费和其他费用中 10 000 美元以内部分的 20%。

---

① 举例来说，家庭预计一年的教育支出（属于联邦学生资助计划里的免费申请内容）包括学生收入（要扣除特定的津贴）的 50%，学生个人资产的 35%，父母收入的 47% 以及父母资产的 5.6%。但是，父母的房屋资产和他们的养老资产不算在内。

对同一个人来说，希望奖学金抵免和终身学习税收抵免在一年内不能同时享用。但是，对于同一个学生，只要从州立合格的学费计划或者教育储蓄账户中获得的免税分配不足以覆盖同样的合格费用，那么这两种抵免的任何一种都是可以申请获得的。对于较高收入的纳税人来说，这些抵免就不再适用。

12.5.2 联邦收入税抵扣

学生贷款利息抵扣 学生贷款利息抵扣就是在支付"有资格的教育贷款"利息时，一种从总收入到调整后的总收入的减少额（例如，"一般标准之上"）。每年最高抵扣 2 500 美元，而且抵扣覆盖整个贷款期限。但如果调整后的总收入大于某个限额，该递减就不再适用。

高等教育费用抵扣 高等教育学费抵扣是在支付"有资格的高等教育学费"（之前也被称为"Hope credit"），对于总收入不大于某一个特定限额情况下，每年最高抵扣 40 000 美元。

对同一个人，希望奖学金抵税额和终身学习税收抵免在一年内也不能同时享用。同样，对于收入中用于教育储蓄账户或合格学费计划的费用或者是从美国储蓄债券中免税的利息不能再抵扣。

联邦税收入、赠与、罚款税 在以下几种情况下，合理的教育支出可以从纳税者的总收入中扣除（即免税或有税收优惠）：

- 从合格的学费项目中取得的收益，在本章后面会提及。
- 从教育储蓄账户里面取得的收益，在本章后面会提及。
- 第 7 章中提到的特定的美国储蓄债券的利息。
- 第 11 章中提到的由雇主提供的教育辅助计划中，每个受雇者每年 5 250 美元以内收入的部分。
- 在教育机构中接受学位教育，获得的奖学金或者助学金计划，这些奖学金、助学金用于学费、杂费、书费、文具费和仪器费用会被剔除在总收入之外。而食宿费、其他个人用品的费用以及完成一些规定内容（比如助教、助研的补助）所收到的钱都不能排除在总收入之外。
- 为了合理教育支出，在 59 岁半以前常规 IRA 的分配中即将到期的部分不会被征收 10% 惩罚税率，但这部分分配还是要按照一般收入缴纳税款，这会在第 15 章进行解释。
- 一个无限制的赠与税豁免用做学费的支出，并且直接付款至教育机构，将在第 27 章进行解释。

12.6　规划教育支出的策略

12.6.1　依靠经济资助和减税

如果经济资助和减税都能由理想转变为现实的话固然好，但是在规划中完全依靠这些又不现实，尤其是当人们还较年轻的时候，奖学金和补助也都是未知数。

一些勤工俭学项目会对学生很有用，并且在一些情况下可以通过把他们培养得更富有责任心来提升他们的实力。有些学校有校企联合培养项目，也就是一段时间全职上学加上一段时间全职上班。此外，很多学生在暑期要参加工作或者实习。所有这些都将从经济上帮助学生，但是过分繁重的工作实习会冲淡学习的经历，给学生带来压力。尽管如此，我们还是完全有理由假设一个学生可以通过参加暑期实习或者打工挣取一定的学费。像本章初所提到的，这些挣来的钱是可以用来估算教育支出的。贷款是经济资助的一部分，在下节里将会介绍。

减税总是很好，但实际操作过程中，只能解决一部分问题。通常情况下，减税局限于数量，局限于收入的合理性要求，或者局限于其他一些问题。在规划教育支出的过程中，最显著的税收优势就是当有合理的教育支出时，从合格的学费计划或者教育储蓄账户中获得的收入是可以从一般收入中剔除的，这在后面会详细介绍。

12.6.2　主要依靠借款

这种方法在近些年来变得日益重要。绝大多数（95%）的贷款来自于联邦支持计划，但也会有不少的私人贷款计划，尤其是对一些学校里的学生。最终，可以通过很多途径完成筹资工作，例如，按揭再贷款计划、房屋净值贷款、寿险保险单贷款、合格的退休计划贷款以及其他一些方法。

贷款最基本的问题就是未来要还本息（即使利率很低），当前，很多学生离开学校时还背着不少助学贷款的压力。父母可能会发现当需要为孩子筹钱交学费的时候恰好赶上自己也要为退休积累一些资本。出于同样的理由，从养老金账户里面借钱可能会弄巧成拙。这样，如果没有事先准备，借款可以算是个必要可行的方法，但这并不是最优的方法。

12.7　早期为教育支出进行筹资

这种方法近期广受重视，特别是在《经济增长与税收减免协调法案》中包含了一些极具吸引力的教育激励政策，这也被《2006 年养老金保护法案》永久采用了。作者的观点是，这是优先的主要策略。现在也为教育支出专设了许多计划，有一部分专为教育支出设计的，还有一部分计划从设计机理上显得更为普遍。总的来说，这些都需要一定的时间才能变得有价值，所以一个好方法就是尽早积累。

12.7.1　影响计划选择的要素

当评估一个计划时，会考虑很多要素，其中一些显然比别的更重要。评估几个计划的组合时也会用到这些要素：

- 计划的基本想法以及如何去设立。
- 合理性方面的要求，收入上限和出资限制。
- 可以筹资的各种教育支出。
- 计划出资的税务处理方法。
- 计划收益的税务处理方法。
- 计划分配的税务处理方法。
- 联邦遗产税，GST 税和在教育计划的所有人或受益人死亡时对于计划余额可能适用的州死亡税收法规。
- 可以出资的形式。
- 投资品选择和计划的灵活度。
- 计划的费用。
- 计划变更的可能性。
- 出资人如遇死亡或伤残时，若计划还未到期，如何保护计划延续。
- 与其他计划、奖学金或者减税政策的协调。
- 可能出现的对债权人的保护。
- 可能出现的未来教育支出的"冻结"情况。

12.7.2　合格学费项目（529 计划的部分）[①]

这些计划也是 529 储蓄账户（或储蓄计划）或者预付学费的计划（也叫做学费抵免或者学费资格计划）[②]。这就是合格学费项目或者 529 账户，截至目前，储蓄账户计划更受大家欢迎。

基本特点　预付学费计划是州政府运作的一个信托计划，就是美国公民[③]出资人通过现金的出资，从而有机会让指定受益人以当前学费价格在未来享受一个给定的时间长度的学习课程。投资这种预付费的基金通常由州政府来管理，并且一些州明确了不能担保计划的最终结果。通常，如果一个学生参加了一个私立学校或者州外的大学，除了像覆盖费用的范围有限这类问题（比如只能州内使用）以及不能锁定当前学费价格这种情况外，钱仍然会在计划内保留，并且可以在合格的高等教育支出中使用。

储蓄账户项目是由州政府运作的计划，美国公民可以用现金出资，积累的账户由这些公民所有，为指定的受益人提供合格的高等教育的费用。这个计划也是各州内的计划，一般由私营金融中介机构进行管理资金投资。后续讨论中的绝大部分都是通过储蓄账户项目处理的。

合格学费项目必须遵守 IRC 的 529 条款以及对应的税法要求，这样就可以在联邦法律范围内得到最大的好处。但是，这毕竟是每个州自己创设的产品，所以出资必须符合州内的一些特殊要求。这样，在参与 529 计划时，要兼顾考虑联邦和各州的相关要求。

出资条件和限制　除了一些计划有州内居民要求外，合格学费项目账户可以由任何一名美国公民为任何一个受益人开设，没有居住地、收入上限以及是否有能力创立或者出资一个计划方面的限制。这样，如果想建立529 计划的人们应该在州里广泛地了解各计划的产品，找出其中最具吸引力的。这些计划在很多方面都有不同，一个潜在的出资人可能会去考虑以下的要素：

- 假设出资人是州内居民，如果有州收入税，要考虑出资人税收处理

---

①　第 529 条款是在 1996 年的《小企业工作保护法案》中被添加进国内税法（IRC）的，并且已经修订和补充了许多次。一个最显著的补充就是《经济增长与税收减免协调法案》，而且是由 PPA 在 2006 年进行的一个永久性的补充。

②　在《经济增长与税收减免协调法案》中，预付学费项目（但没有储蓄账户计划）可以由有资质的私人机构（比如一些学院或者大学）进行创立和运营，但一定要符合 IRC 第 529 条款的相关要求。

③　有时这些计划参与对象被限制为州内居民。

方法和合理分配的方式。

- 投资品的选择方案。
- 投资经理是谁。
- 收取的费用，特别是投资方案每年的年费率。
- 是否像 529 计划一样灵活，比如能够自由变更到其他计划上，修改指定受益人以及其他的事情。
- 最大的出资额度（或者账户的价值）。
- 高等教育费用和覆盖到的学校。
- 州内抵免保护政策。依据联邦破产的法律，在一些特定的情形下，2005 年的破产滥用预防和消费者保护法案豁免了教育账户不在债权人索赔的范围。

529 条款要求合格学费项目采取措施去阻止发生出资额超过那些正常情况下一个受益者在合格的高等教育中的支出的事件。所以，计划会设定一个累计出资（或者是账户价值）最大值，在一个州里够一个受益者使用①。这个最大值从 100 000 美元到 280 000 美元不等，有时，根据受益者的年龄还有差别。

合理的高等教育支出 本质上，这笔费用可以从合格学费项目中获得免税，具体包括在有资质的教育机构上学的指定受益人的学费、杂费、书费、文具费和仪器费。如果是参加一个有学位或者一个有认证教育机构的证书的项目，并且项目中至少包括一半以上全日制的学习，食宿费也可能包括进来②。

一个有资质的教育机构包括认证的高等教育机构，可以提供学士的、准学士的、研究生的、专科学历的或者技校类的证书。像这样的机构有资格参加到教育部学生资助项目当中。

出资的税务处理 合格学费项目的出资并不是联邦收入税中可以减免的那类，但根据州法律，有些可以对州内居民进行一个限度内的减免。

关于联邦赠与税的问题，出资将被认定为一个由账户所有者向受益人进行的当前利益的完全赠与。这样，在 2009 年，出于对赠与税和 GST 税的考虑，出资限制了每个受赠者每年免税额度为 13 000 美元。

此外，为了鼓励在早期就进行出资，529 条款允许为了每年的免税额

---

① 各州会用这个州里最贵的学校最近 4 年至 5 年的合理支出决定该最大值。
② 预付学费项目可能不包括住宿费。

而"提前参与"。这说明了以申请每年免税额为目的，在某年的赠与额超过每年免税额时，一个账户拥有者可以选择将这种超额视为按比例分配到了五年。这样，在这个选定的某年里，一个人可以捐赠至多65 000美元（每年13 000美元的免税额度），一个结婚的人可以通过赠与分割捐赠130 000美元（夫妻每人65 000美元）给每个指定的受益人。

案例

假设加里和苏珊是一对夫妻，想要为他们的孙女翠西开启一个合格学费项目，翠西是指定受益人。加里有大量的财产，想尽可能多地通过出资使得自己能够占尽免税额度，并且能够控制在赠与税和GST税（翠西是加里的财产转移对象）的年度免税额内。假设苏珊想要进行赠与分割，加里会在第一年出资130 000美元到合格学费项目，并且选取一个五年的分配方案（假设这是在州的最大限度内）。这样，加里将会被认定在未来5年内每年有一笔26 000美元的赠与。通过赠与分割，可以认为这个等同于加里和苏珊每人每年进行了一笔13 000美元的赠与，这个数字也就控制在了每年的免税额度之内。

计划收益的税务处理　从合格学费项目中资产取得的收益并不会在当期被征收联邦收入税，如果这些收益被用来支付合理的高等教育支出（也就是一种合理分配），那么也不会因为收益分配而缴税。否则，收益在分配时会按照正常的收入被计税。

计划分配的税务处理　就像刚提到的那样，若取出计划里的资金用来给指定受益人支付高等教育支出，在联邦税制体系下，这些放到指定受益人或者账户所有者的资金不会被视为属于总收入，这也就意味着计划里资产的投资收益如果用于支付高等教育支出时将永远不用缴纳相关的联邦税。根据各州税法的要求，这些收益也可能免予被征收州收入税。

为了能够从联邦收入税中豁免，分配必须采用以下几种方式之一：（1）直接分配到有资质的教育机构中；（2）通过应付支票的方式分配给指定受益人和有资质的教育机构；（3）通过报销的形式将合格的高等教育费用分配给指定受益人，此处需要相关的支出收据；（4）分配给指定受益人，但指定受益人要书面证明自己会将此部分资金在一个合理的时间范围内用于合格的高等教育费用支出；（5）如果在必要情况下可以作为有资格的教育机构的一些特殊需求进行分配。值得一提的是，一个合理的分配应该是与支付合理高等教育费用发生在同一个税务年度。

如果取出来的资金没有用来支付高等教育支出（即一笔不合格的分

配），获得分配资金的人将会根据收入要素被征收一般收入税。从效果上看，如果是一笔不合格的分配，则原本应该被记为一笔长期资本利得的投资收益就变成了一般性收入。不合格分配的计税方式将按照 IRC 第 72 条款的年金准则处理（详见第 16 章），具体方法：首先，用总的账户余额减去投资部分（对于计划进行的出资）得到账户余额中的收益部分；其次，上面说的日历年年底账户余额中的收益部分除以那个时点整个账户的价值得到收益比率；最后，这个收益比率乘以所有的分配额就等于不合格的分配中需要上税的部分。

此外，联邦政府对于不合格分配中的收益部分要征收 10% 的惩罚税，但也有例外。比如：当受益人死后或者残疾后，这部分收益放入受益人的遗产时可以免除被征收惩罚税；也可能因为受益人获得了奖学金、津贴或者其他一些资金，但要注意的是收益分配不能超过奖学金、津贴或者其他一些资金。州内还可能会有对不合格分配的一个惩罚。

计划的余额中关于联邦遗产、GST 税收和赠与税的内容　在考虑联邦遗产税时，合格学费项目的余额不包括在死亡者的总遗产中。唯一的例外就是如果账户所有者选择一个有每年免税额的 5 年期计划，并且在这 5 年里去世，在这种情况下，按比例计算出剩余的部分将会被计算到死者的总遗产里。举例来说，假设未婚的玛丽·埃杜斯基在 2009 年为 529 储蓄账户出资 65 000 美元，并将她的外甥设为指定受益人，并且选择在未来 5 年按比例执行，此外，假设玛丽在 2011 年去世，在这个例子里，26 000 美元（在 2012 年和 2013 年）将要被计入她的总遗产中。

有趣的是，即便账户所有者可以直接决定什么时候出资以及如何出资进而作用到指定受益人（通常是合理的高等教育支出，但也可能不是），可以改变最终受益人，可以为他自己弥补上存款账户的余额，但账户所有者的总遗产免税额度仍然适用①。这也是除了赠与税、GST 税或遗产税之外，在生命期内转移资产具有一定灵活度和税收优惠的唯一财务和遗产规划工具。这使得 529 账户变成一个有威力的遗产规划工具，在后面将会具体说明。

案例

假设 70 岁的迈克·爱加利亚是一个鳏夫，有大量的遗产，并且交累进

---

①　这些权利会受到每个州内各计划的规则的制约，所以关于是否允许这些措施的灵活性方面，很有必要去检查并评估一下州内的计划。

收入税时可以达到最高的一级。他有 3 个成年的儿女还有 9 个孙子女。迈克自己没上过大学，但是他相信教育，并且想要为他的孙子女提供教育机会。迈克已经为他的儿女每年进行了免税额内的直接赠与，他同时也直接给孙子女一些支持，让他们上学前班、私立小学和中学，所有这些都是免除联邦赠与税的。

现在到了 2009 年，迈克决定开立 529 储蓄账户，认真地选择一个州里的合格学费项目，每一个孙子女都有一个账户，并且他们分别是这些账户的指定受益人。他决定出资 65 000 美元到每一个 529 账户并且挑选一个五年期计划对每年免税额进行使用。这就意味着他对每个孙子女的赠与将会在未来五年控制在每年免税额度之内，同时也会控制在这几年中 GST 税的每年免税额度之内（每一个孙子女都是迈克的资产转让人）。假设他能再活 5 年，这些赠与在计税时也会被认定为总遗产之外。

这样，作为一个账户的拥有者，迈克对账户有巨大的掌控力，他已经有效地将超过 500 000 美元（9×65 000 美元 = 585 000 美元）的资金免税地转移给了孙子女，并且还免去了当期计划的收益的收入税。举例来说，他可以直接决定如何、何时以及给什么样的有资质的机构，可以使得为指定受益人提供的合格的高等教育费用实现免收入税的分配。迈克也可以更改指定受益人[①]。更进一步地，在这个例子里，账户的拥有者——迈克可以通过任何理由为自己弥补 529 账户的资金。对账户所有者进行这样的一个退款会变成一个不合格的分配，然后收益部分要被征收一般收入所得税和 10% 的联邦惩罚税。即便如此，仍然可以对投资收益税进行税务递延，直到出现了不合格的分配。对于迈克不合格退款的真正"价格"是收益乘以 10% 的惩罚税率并且全部收益都要被征收一般收入所得税，尽管部分或者全部的账户余额可能被用来投资长期资本利得型的资产（例如股票）。

如果一个指定受益人去世了，529 计划账户余额将会包含在逝者的总遗产里。这是真的，虽然事实上受益人无法掌控这些计划。但是，指定受益人一般要求比账户持有人年龄要小，因此这不会成为一个主要问题。

出资的形式　合格学费计划的出资可以采用现金形式，因此，升值的财产不能放入这些计划里。

529 计划的灵活度　529 计划在其创立和操作中提供了相当的灵活性。

---

　　① 正如本章后续将要涉及的内容，只要新的受益人是原先受益人的"家庭成员之一"（由税法定义），但不能是原先受益人的更年轻一代人，满足以上这些，更改指定受益人仍可以有免税额的效果。

通常来说，一个美国成年公民可以开立一个账户并且成为账户的拥有者。没有收入限制，也没有参与资格的限制。更进一步地说，一些州允许"未成年统一转移行动法案"或者"给予未成年人赠与统一法案"账户的保管人使用账户里的现金为受益人开设529计划的账户。在这种情况下，529计划就必须遵守州立的未成年统一转移行动法案或者未成年人统一转移法案的法案要求。但是，这可能包括具有流动性的未成年统一转移行动法案或者给予未成年人赠与统一法案投资，从而引起资本利得税。一些合格学费计划也会允许信托、合伙制（可能是一个家庭有限合伙）、公司制或者其他形式的企业开立529账户。举例来说，现有信托计划的受托人可能会用信托里的现金去开立529账户，让这个信托计划成为账户所有人，然后让信托计划的受益人成为指定受益人。如果原有的账户所有者去世了，州内的计划可能会允许提名继承者成为这个账户的所有者。同样地，如果原有的账户所有者丧失行为能力了，一些合格学费计划也可能会允许提名继承者成为这个账户的所有者①。

提名和更改指定受益人 账户所有人可以提名并更改一个指定受益人。任何一个个体都可以成为受益人，包括账户所有人自己也可以。

如果账户所有人将指定受益人改变为有符合资质的原受益人的"家庭成员"，符合税法②的相关界定，就会被认定为一个合理的分配并且不用因此缴纳收入税。但是，如果新的受益人不是原受益人的"家庭成员"，这种更改行为将会导致后续被视为是一种对账户所有者的余额的不合格分配，需要相应征税。

此外，如果一个账户所有人提名了一个新的受益人，新受益人比原受益人要小一辈或好几辈（比如将新受益人变为原受益人的子女），在拟定的IRS监管规章下，这将会被认为是原受益人向新受益人的赠与，从联邦税的角度看，需要缴纳赠与税。如果新受益人比原受益人要小两辈或更多辈（比如将新受益人变为原受益人的孙子女），这也可以形成一个从原受益人向新受益人的GST税的转移。但是，如果将受益人变更为比原受益人

---

① 无行为能力的账户问题可以在代理人稳定的一般权利下，交由代理人处理。

② 出于这些考虑，税法规定"家庭成员"实质儿女或者儿女的后裔；前夫或前妻的儿女；兄弟、姐妹、同父异母哥哥（或弟弟、姐姐、妹妹）、同母异父哥哥（或弟弟、姐姐、妹妹）；父亲、母亲，或者父母的长辈；继父、继母；第一代堂（或表）兄妹；姐姐或弟弟的儿女（比如侄子、侄女、外甥、外甥女）；父母的兄弟姐妹（比如叔叔、阿姨）；女婿、儿媳、岳父、岳母、姐夫、妹夫、嫂子、弟媳；指定受益人的配偶或者以上这些人的配偶。以上这些都是潜在的新受益人。

的同辈或更年长的，则不会产生反向的税。

更换到其他的计划中 合格学费计划通常允许一个账户所有人从一个州的计划转移（更换）到另一个州的计划。实际上，这也就意味着更换到了一个新的计划（包括它的投资选择）。根据每个州的计划的规则，更换也可能是发生在同一州内部。如果受益人是不变的，在每12个月里只能变一次计划。但是，如果受益人改变了，可以随时更换。

投资选择和投资灵活性 529条款的要求之一就是无论是账户持有人还是受益人都不能直接或间接地看529账户的投资情况。但在实践过程中，这个看上去缺乏灵活性的要求可以从几个方面得到缓解。

首先，许多州内的计划根据最初开立账户时的要求，允许赠与者（账户所有人）从很广泛的投资品范围内选择一种或者多种投资品配置在他们的出资里。这些计划通常会提供所谓的"不同年龄段"资产配置方案，随着计划出资人年龄从年轻到老，选择不同比例的普通股、债券和货币市场基金。这些投资选择（无论是区分年龄段的产品还是不分年龄段的产品）通常放进一个共同基金，并且由外部投资中介机构为州进行管理。

其次，有效地从一个账户更换到另一个计划里的账户需要允许账户所有人为新账户改变投资品的选择。假设受益人不变，那么这样一个变更可以每12个月变化一次。如果在开户后，账户持有者愿意，他就可以通过改变计划合理地灵活地改变投资策略。如果是受益人变更了（遵守之前解释的税收规则），可以在任何时间内转换计划。

最后，IRS允许账户所有人每个日历年度有2次改变投资选择的机会，或者有2次在同一个信托计划内改变受益人的机会。一些计划允许将已有账户余额转移到其他州的计划中去。这也使得在不将一个账户转移到另一个账户的前提下，能够增加投资品的灵活性。同样地，合格学费计划通常允许未来的出资可以有不同的投资选择。

因此，尽管529储蓄账户所有人不能够选择单一的有价证券或者其他资产到他们的账户里（即便可以选择，也只能选择科弗代尔教育储蓄账户、未成年统一转移行动法案或者未成年人统一转移法案账户才行），根据不同州计划的特点，他们在各种共同基金，可能还有各种保本账户方面则有大量的选择余地。州计划在计划数量与所提供的投资选择方面有很大的不同。所以，在这些重要的要素下，选择州内的合格学费计划重点考虑：可供选择的投资品；从现有账户中更换投资策略的灵活度；选择什么样的金融机构管理这个投资基金；不同的基金和计划的过往绩效和费率。

合格学费计划账户不能允许账户里的资产为其他的贷款做抵押。

计划的费用　这里再次强调各州的计划在费用方面差距很大。有时，对于本州居民的费用要低于非本州居民。还可能有申请费、年费去覆盖项目的费用或者其他服务。但是，可能最重要的是资产支持投资基金的年费，具体来说就是账户资产价值的一个百分比[①]。这些资产支持的一个百分比的费用非常类似于共同基金的费率，而且这个费率根据投资品的选择而有较大差距[②]。在不同的合格学费计划里也会存在巨大差异。

与其他计划的协调以及关于经济资助的相关考虑　像前面提到的那样，一个人可以在同一年为同一个受益人同时出资到 529 账户以及科弗代尔教育储蓄账户中。当然，为了避免赠与税，这两笔出资必须控制在为受益人的赠与税每年免税额度之内。

当合理的高等教育支出发生时，首先要将奖学金或者助学金资助从总收入中和任何其他免税教育相关所得中扣除。然后，当考虑决定希望奖学金抵税额和终身学习税收抵免时，应从合理高等教育支出中进行扣除，剩余的合理费用可以从 529 账户中获得免税，也可以从科弗代尔教育储蓄账户中获得免税。如果从 529 账户中和科弗代尔教育储蓄账户中的出资总额高于这些扣减的费用，那么这些费用将从这两个账户的出资中分配。

出于联邦学生经济资助的考虑，529 账户会被认定为一个账户所有人的资产。因此，如果学生是账户所有人，那么 529 账户就是他或她的资产；但如果父母之一是账户所有人，那这就是父母用来确定家庭预计一年的教育出资（EFC）使用的资产。如果账户所有人是爷爷、奶奶或者其他亲戚，529 账户本身不会影响到经济资助的考虑。

捐赠者在死亡或者失去行动能力时对计划的保护　只有寿险和伤残险可以使用这个功能，所以，在出现出资人过早死亡或者伤残的情况，需要考虑使用一个保险计划来覆盖未来教育经费支出。具体见第 21 章。

可能发生的未来教育支出的"冻结"　这只有在预付学费计划中才会出现。

科弗代尔教育储蓄账户（Coverdell Education Saving Accounts）　科弗代尔教育储蓄账户属于税收优惠计划，其目的也是为了积累资金去支付教育相关费用，这些计划由经济增长与税收减免协调法案放开经营，并由

---

①　可以理解为一笔"打包的费用"，其中包括项目年费、投资基金年费等在资产支持方面的费用百分比。

②　实际上，由 QTP 提供的不同投资选择通常是投资到一个甚至很多个共同基金里的。

养老金保护法案进行了永久性规定。见第 15 章可以得到更多信息。

与 529 计划不同的是，科弗代尔教育储蓄账户有一些优势，但同样也有许多缺点。从科弗代尔教育储蓄账户里进行的免税分配既可以被用来支付合理的高等教育支出（529 计划有涉及），也可以被用来支付合理的小学和中学支出，从 K 年级到 12 年级（这部分不包括在 529 计划内）。这样，为上小学或者中学的受益人支付费用也变成了可能（包括参加私立学校），一个有资质的出资人可能想要考虑通过科弗代尔教育储蓄账户去以免税的形式支付学习费用。这也是除了 529 计划外，一个被用来支付合理的高等教育的方法。此外，科弗代尔教育储蓄账户所有者比 529 账户有更广的投资范围。最后，科弗代尔教育储蓄账户和 529 账户一样，不需要遵守个别州计划的规则。

从另一方面看，科弗代尔教育储蓄账户的一个主要缺点是每年每个出资人对每个受益人的出资上限为 2 000 美元。每年对每个受益人 13 000 美元（2009 年）的免税赠与可以放入 529 计划中，而且出资可以主要集中在前 5 年。另一个缺点是出资到科弗代尔教育储蓄账户有收入限制。还有一个限制因素就是规定了更换或者分配时受益人必须达到 30 岁，但 529 计划中就没有类似的要求。最后，有些计划没有但大多数 529 计划的一个显著优势就是给账户所有人一个随时取走账户余额的权利。唯一的提取成本就是要按照一般收入去缴纳税款并且要对收益部分征收 10% 的联邦惩罚税。这也就为 529 计划的账户所有人提供了一个不同寻常的理财规划范围。

12.7.3 早期筹资的其他安排

一些筹集教育费用的方法将在其他章节里重点介绍，下面仅进行简要的说明。

《统一转移给未成年人法》和《统一赠与给未成年人法》 这些保管关系方面的内容将在第 27 章进行详述。这些资产的保管人可以为受益人支付学费，也可以将钱分配给受益人，然后受益人再将钱用于那些用途。当然，支付的钱或者分配的钱也可以用做其他用途。

这种保管关系的优势在于出资可以以货代款（比如升值的证券），所以，任何资本利得均可能对未成年人征税；保管人可以有宽泛的投资范围；资产可以被未成年人或者为了未成年人使用（或者年龄未超过 21 岁的成年人），用于任何目的（比如旅游、置业或者经商）。另一方面，在这个账户里资产的收益会在当期向未成年人征税。除非投资在市政债券或者市政基金中，否则都要缴税。同样，账户必须在未成年人达到法定年龄（一般为21岁）后直接给他们，此后就会受到受益人的绝对控制。即使保管人在529账户投资了未成年统一转移行动法案或者未成年人统一转移法案基金，受益人也会在法定年龄取得529账户的掌控权。当然，原始的捐赠者无法再把基金里的钱拿回去了。

给未成年人的信托 这些内容将在第27章进行详细讨论。受托人会被授予权利去使用信托资产为受益人支付教育费用或用做其他用途。

这种信托管理关系的优势在于出资可以以货代款，受托人可以被赋予很大的投资权限；信托资产可以在信托条款下被受益人或为受益人用来做很多事。另外，信托资产的收益在以下两种情况将会在当期被征税：积累后放入了信托和当期支付给了受益人。除非信托财产投资的是市政类有价证券，否则无论哪种投资收益都不是免税的。同样，如果出现第2503（C）信托的情况下，资产在21岁必须直接给未成年人，除非受益人允许剩余的资产留在信托内。当然，如果资产已经被排除在了创设者的总遗产外，那么原有的创设者永远也不能取走信托里的资产了，创设者也不用为此缴收入税了。

正如前面提到的，一些合格学费计划允许受托人去为信托受益人用账户里的现金开设529计划。在这种情况下，信托是一个账户所有人，并且信托的受益人是指定受益人。受托人可以为受益人作出合理的分配，改变受益人或者直接取走放回信托资产。一个受托人要为信托受益人负有信托责任并公正合理地管理资产，所以，当受益人拥有一个以信托为所有者的529账户时，会有很多优势，很有吸引力，信托资产投资收益用于高等教育支出方面可以免税。另一方面，529计划只有现金可以出资，如果受托人卖掉了一个增值的资产去换取现金，这也会导致信托出现资本利得。同样的警告也适用于未成年统一转移行动法案或者未成年人统一转移法案账户持有的529计划。

美国储蓄债券赎回用来支付教育支出 这个内容在第7章美国储蓄债券中有过解释，这个免利息税可能在一些情况下是有用的，但是通常情况下，它不能算是一个完整的早期筹资的技巧。

现金价值寿险 这些保单通常包括了父母之一作为被保人或者所有者，如果被保者活着，保单会积累一个现金价值，可以用做教育费用的支出（通常通过保单贷款或者提取小于本金）；但如果被保者在教育开始或结束前去世或者伤残，死亡实收款（或者保单保费豁免优惠）会继续直到教育计划的完成。这种方法有效地运用了寿险保单的所得税优势，具体会在第 29 章提到。如果想要在遗产税上有优惠，还可以设立持有不可撤销的寿险信托。

个人资产或储蓄的使用　许多年来，人们通过简单的储蓄或者积累资产，无论单独使用自己的名字还是和配偶共同持有都是为了用这些钱去支付孩子的教育经费。这当然是一个简单和灵活的方法，而且有一些优势。所有人控制着资产和它们的使用权。如果教育计划没有实现或者没有符合父母（或爷爷奶奶）的满意要求，他们仍然会持有这些资产，也不需要使用外部金融中介去打理。

另一方面，这些资产的收入和资本利得都将使得资产持有者要缴税（除了刚刚讨论的美国储蓄债券和市政类有价证券的利息税豁免外）。如果采取这种方法，资产也不会从遗产税里的总遗产中被剔除掉。资产所有者如果直接支付学费就会有无限制的赠与税豁免额度，但是需要控制在支付费用的余额下每个受赠人的免税额度之内。

一个人或者一对夫妻进行资产积累的基本思路就是依靠投资策略和整体资产头寸配置。对于儿女或者孙子女，积累期会长一些，所以绩优股或者股票型基金可能会更合适。如果保守地看，一个平衡型的基金可能会更好。另外，一个人或者父母可能想要更安全的收益，那么他们可能会选择债券或者保本投资。

为达到投资税收最优的目标，可能需要一个投资级别的零息票市政债券，到期时间正好与学生上学时间相吻合。这就会使得那种投资于固定收益类的 529 计划变得更有吸引力，当然也要对每一个标的的收益率进行比较，在所有情况下，债券的投资收益都是免税的，债券投资到到期日的收益率是锁定的，所以用来让债券拥有者支付教育费用、进行赠与（可假定在每年免税额度内）或者简单地留着自己花（没有 10% 的惩罚税）也是很合适的。但是，如果在钱被用来进行教育支出或者其他需求之前，所有者就去世了，在遗产税的规定中，市政债券是记在他的总遗产里的。所以，真正需要比较的是零息票市政债券的锁定收益率、529 计划投资的收益率和科弗代尔教育储蓄账户的投资收益率，看哪个高。当然，如果只想进行权益类（如普通股股票）的投资，市政债券可能就不是一个可行的好选择。

12.7.4 合格学费计划的总体优势和为教育进行筹资的分散化处理方法

考虑到以上这些因素，在为教育做前期筹资这个方面的投资工具方面，很难去跑赢一个精心挑选的529计划，它可以有着灵活条款，有合理数量的管理良好的投资选择，并且有比较合理的费率和其他成本。这样一个或几个529计划可能是绝大多数教育筹资策略的核心部分。

但是，从大多数的理财规划经验讲，可以进行很多分散化的处理，在529计划的基础上，（如果有资格）可以同时拥有科弗代尔教育储蓄账户、《统一转移给未成年人法》、《统一赠与给未成年人法》或者为未成年人开设的信托。直接拥有的资产可以直接变现后使用。最后，在教育计划完成前，一些寿险或者伤残险的保单安排在发生捐赠者去世或者伤残的情况下也可以使用。

另外，一些评论家在争辩对于相对富有的捐赠人不能使用529计划这个问题。相反，他们认为给受赠者赠与的每年免税额度应该用其他方法处理。这样，当受赠者在大学学习时，在无限制赠与税免税额度内，学费可以被直接支付到教育机构里。

第五部分
退休计划、股票激励和其他员工福利

第13章
退休需求分析、社会保障和雇主提供的合格退休计划

本章目标

读完本章后，你应该能够理解以下要点：

- 退休计划中的退休需求和假设
- 蒙特卡洛模拟法在退休计划中的使用
- 预计和实际退休收入不足时的补偿方法
- 社会保障体系的特点和收益
- 关于何时开始领取社会保障退休收益的规划问题
- 合格退休计划的要求
- 合格退休计划的优势和限制
- 收益确定型计划和缴费确定型计划的特点
- 合格退休计划中对配偶财产的权利
- 向合格退休计划借款
- 合格退休计划的缴费和收益限制
- 合格退休计划下的行权
- 和社会保障的整合（允许差异）
- 上重下轻的退休计划
- 养老金计划、利润共享计划和储蓄计划的本质和特点
- 现金或延迟安排（401K 计划）的结构
- 股票红利计划和雇员持股计划的本质和特点
- 各种混合型合格退休计划的性质
- 自雇者退休计划的特点和用途（HR - 10 计划）

13.1 退休需求分析

13.1.1 退休计划假设

我们一般假设人们的经济需求在退休后会降低。这种假设在一定程度上可能是正确的。然而，退休后人们经济需求的减少可能被高估了。人们一般不希望生活水平在退休后有太大的变化。医疗上的花费，如长期的看护费用可能在退休后会有明显的增长。同时，人们可能会有退休后的旅行或其他娱乐计划。

此外，退休后人们可能需要在经济上支持已成年的子女或者孙子女，视退休后的情况而定。他们可能要资助子女，甚至其下一代的教育费用，或者是他们买房的首付。个人和他们的顾问还应考虑经济力量对他们退休收入计划的影响，比如通货膨胀和通货紧缩。退休计划按照惯例会考虑到通货膨胀，但是通货紧缩的可能性不应被忽略。

影响计划的另一个因素是一些人希望提前退休，而不是在通常的65岁。同时，预期寿命明显增长。例如，在过去70年里，出生时的预期寿命已经从大约47岁上升到80岁甚至更长。我们需要对退休者可能的退休期作出假设，这就必须考虑到单个退休者的寿命可能比统计上的预期寿命长很多。最后，即将退休或退休的人通常有给家人赠与或遗产以及慈善捐赠的安排。这些可以在人们在世时或去世后实行。因此，许多人希望为这些用途留出资产。

13.1.2 退休收入计划安排步骤

对退休收入的计划涉及许多问题，保证足够的退休收入是其中重要的一项。规划的步骤可概括为以下几点：

1. 计划理想退休年龄。
2. 确定退休收入的来源。
3. 规划达到理想退休年龄时（按来源）的预计退休收入。
4. 估算达到理想退休年龄所需的收入现值。
5. 从现在到理想退休年龄，如果预计存在通货膨胀，则相应调整所需的预计退休收入和达到理想退休年龄时可得到的退休收入。
6. 按照现值，对比所需的退休收入和预计可得到的退休收入，并对退休年龄前的通胀进行调整（如果需要的话）。

7. 在逐年的基础上对比所需的退休后收入和可得到的退休后收入（如需要，都对退休前后的通货膨胀进行调整），分析可得到的收入在退休时能否满足期望需求。

8. 正如后边可供选择部分提到的，通过对比退休需求，预测预计退休收入中出现的意外状况，补偿预计的现金流转不足。

9. 在如何及何时将来源丰富的退休收入予以支付的问题上，考虑参与者享有多大程度的决定权。

10. 时机恰当时，在退休规划中指定遗产受益人。

11. 根据情况定期审查和修改退休规划。

13.1.3　退休收入来源

退休收入的多寡通常取决于三部分：个人在工作期间积累资产的能力、政府计划和雇主计划。人们经常从这些来源中获得退休收入。

个人提供的退休收入　很多人在工作期间积累投资基金、个人退休金账户、个人非法定年金、人寿保险的现金价值以及工作期间的其他基金来保障退休生活。这些只是审慎的方法。

老年（退休）社会保障收入　社会保障非常重要的目的是提供一个可保证的收入底线，在这个底线上个人和他们的雇主去更好地构建退休收入。然而，遗憾的是社会保障被普遍地当做退休收入的主要来源。社会保障问题将在本章稍后部分有详细的论述。

雇主提供的退休计划　很多雇主制定了税收优惠的退休计划，在税法中被称做"合格的退休计划"。这些计划的主要类型将在本章论述。

13.1.4　退休期间的预期总体回报假设

这个重要的假设包括对个人或者夫妇两人退休资产收益率的估算。此估算取决于退休资产的性质（即是否清偿资本来提供退休收入，例如终身年金）和进行投资的资产分配。

直线收益与概率分析　在做此评估时，可以先确定目前得到的收益或者预计未来的收益（通常基于以往的研究结果），然后假定这一预计收益可持续到未来且没有显著变动。以此来将这些预计收益和退休期间的预计支出进行对比。这些预计收益可以被称为直线收益或者平均收益。

另一方面，概率分析将用计算机程序模拟数千种市场情景和各种资产分配策略来提高不同投资及退出计划的成功概率。对于从不同的资产类别及其相关资产中获得的年收益有各种不同的假设。这种方法也被称为蒙特卡洛分析。

案例

假设哈瑞和苏姗夫妇都 70 岁，正准备退休。他们拥有一个共同的投资证券组合，价值大约为 1 500 000 美元，还有养老金和社会保障福利。他们想知道在钱不被用完的情况下每年能从投资证券组合里安全地取出多少资金。他们的财务顾问告诉他们，根据蒙特卡洛模拟法，假定他们的投资证券组合包括 40% 的普通股股票、40% 的投资型债券和 20% 的现金等价物，如果他们从原始数额中提取 4%（假设每年均有 3% 的通货膨胀率）或者每年 60 000 美元（每月 5 000 美元），那么有 99% 的可能性在接下来的 25 年（直到他们 95 岁），他们的投资证券组合都不会被耗尽（即钱不会被用完）。另一方面，运用同样的假设，如果他们把提取比例提高到原始数额的 5% 或者每年 75 000 美元（每月 6 250 美元），只有 80% 的可能性该夫妇在 25 年后不会用完他们的钱。

此案例说明了通常所说的"4% 解决法"。这意味着 4% 的提取比例（该比例会持续增加以应对通货膨胀率），根据很多次蒙特卡洛模拟的结果，在一定假设下，退休者在一段很长时期内（25 年或者 30 年），不会用完钱的概率很高（90% 或者更高）。

然而，我们必须注意这些模拟高度依赖于它们内在的假设。而且，税收通常不被考虑在内。此外，极端的市场走势，或危机可能会严重地扭曲模型的结果。最后，这些模拟并不能保证模型预测的提取结果一直是正确的。它们不像人寿保险公司卖的终身年金或者一些人寿保险公司卖的保证最低提取收益。

终身年金（纯年金）和资本保护 此为退休计划中基本的权衡。退休收益中终身年金的支付从年金受益人在世一直持续到他的死亡，如果年金受益人有两位的话，以最后离世者的死亡时间为准（除去存活者的收益）。这包括清算受益人一生的资金（如清算终身年金花费）。这样做，受益人一生的收入就有了保证。并且他们的退休收入提高了（与仅投资有风险的证券相比），因为年金化包含了年金投资总额（如资本）的系统清算。因此，每一个年金给付包括投资收入和资本返还收益。

对个人财富进行终身年金化的方式有许多种，可能最普遍的是从人寿保险公司购买有关的终身年金，如第 17 章所述。而且，选择从养老金计划中取得终身收入，而不是一次性的付清方式，是一种终身年金化的表现。此外慈善遗赠年金也包括终身年金。

另一方面，退休者可以仅依赖他们实际的现有投资收入生活并保值他们的资本（投资证券组合）。这样，他们的资本将被完整保存，用于未来的投资机会、现金需求、紧急情况、继承者的遗产（遗赠动机）和可能的慈善赠与。

在很多情况下，选择多种方法的结合可能更为合理。例如，在之前讨论过的哈瑞和苏姗夫妇的案例中，当他们在70岁退休时，能使用资产中的500 000美元（考虑年金）向一家高收益人寿保险公司投保直接共同和最后存活者年金。这可以为他们提供8%的返利（每年40 000美元）。于是，他们便能存下1 000 000美元，然后依赖它的投资收入生活（或者把这笔钱应用于"4%解决法"）。

还有一种组合方法是哈瑞和苏姗夫妇在退休时保有他们的本金（1 500 000美元资产），使用投资收入或者部分本金作为生活费。然后，在他们退休后一些年，比如，当他们75岁或80岁的时候，对该状况重新进行评估，如果他们需要更多的退休收入，他们可以用部分本金购买支付到后死者死亡时为止的联合年金。随着他们年纪越来越大，在这一点上年金的回报会越来越高。

13.1.5　抵偿预计收入（现金流动）不足的方法

在做完退休分析后，人们可能会发现在他们的需求（理想）和他们目前或者预期的退休收入之间有一个缺口。填补这些空缺会带来一些困难的选择。

如果个人或者夫妇两人还未退休，可以选择如下方案：

- 提高为退休准备的储蓄。这要缩减目前的消费支出。有足够证据显示，近几年，美国人总体上为退休或者其他需求准备储蓄不足。
- 审查投资计划和资产分配，看是否能够在可承担的风险内提高投资所得。考虑到计划退休前剩余的时间，投资风险也应被评估。
- 如果可行，制定更多税收优惠的退休计划。
- 可能延迟计划退休时间（即延长工作时间）。
- 如果配偶一方没有工作但曾经有职业，他或者她可能要考虑重新工作。也就是说，再回到双收入的家庭。

然而，如果个人或者夫妇两人处于退休年龄或者已退休，可选择以下方案填补缺口，例如：

- 缩减退休期间的花费。例如，推迟计划好的旅行或者度假。也可以减少或者推迟给予子女或孙子、孙女的花费。还有其他一些不严重影响退休者生活方式的可行的方法。
- 如上所述，重新审视投资计划和资产分配。
- 如果可行，考虑延迟退休计划时间，或者夫妻一方或双方重新回到工作中，可以全职，也可以兼职。有时我们称之为"动态退休计划"。难题是在退休者想回去工作的时候，劳动力市场并不很愿意接受年长的工作人员，特别是经济萧条或衰退时期。
- 如前文所述，一个无风险的提高退休收入的方法是使用本金从高回报率的人寿保险公司购买即期终身年金。对于那些有慈善意愿的人，采取慈善赠与年金同样可行。然而，终身年金的缺点是本金无法被保存，而且任何的遗赠均会受阻碍。
- 个人或夫妇双方如果有条件，可以反向按揭他们的住房，如第 9 章中所述。这实质上把他们的房屋权益转变为收入流（类似于终身年金），但是他们中最后一人过世后继承人仍享有部分此权益的可能性。如第 9 章中所述，反向抵押贷款有一定的限制。

13.2　社会保障（联邦老年残障医疗保险）

在具体讨论个人提供退休收入、死亡保险、残疾保险以及健康保险的方法之前，有必要简要阐述一下在美国提供这些保险的社会保险体系——社会保障。

13.2.1　社会保障概述

社会保障福利大部分作为退休金发放，社会保障体系（或者老年残障医疗保险）实际上提供四种不同的保险：为范围内的劳动者和其符合条件的家属提供的老年（退休）保险；为范围内的劳动者的符合条件的未亡家属提供的遗属（死亡）保险；为范围内的工作者和其符合条件的受益人提供的残障保险；以及为范围内 65 岁或以上的人员和其他特定受益人提供的健康保险（医疗保险）。

13.2.2　覆盖范围、受益资格和社会保障税

几乎所有人都被涵盖在社会保障体系中，他们正在或者将要在工作年

限缴纳社会保障税。

涵盖人员　除被法律排除在外的一些特定人群外，在美国及特定领地工作的所有雇员和自雇者都覆盖在内。

保险状态　除了作为覆盖范围内劳动者，个人受益资格还取决于其在退休、残障或者死亡时具有合适的保险状态。有三类保险资格要求：全保险，近期保险和残疾保险。

如果劳动者拥有 40 个工作季度即可获得全保险资格。如果没有，其通过拥有规定的最低数量的工作季度也可以被全保。任何情况下都要求最低 6 个工作季度。

符合近期保险资格的劳动者去世前在 13 个季度中至少拥有 6 个工作季度，有资格获得养老保险或者残疾保险。

残疾保险资格是其中要求最严格的。劳动者在 31 岁或以上年龄残疾必须被全保，在其残疾前至少要拥有 40 个季度中的 20 个工作季度。

社会保障应税收入基础（被覆盖收入）和税率　被覆盖收入是指适用于社会保障税率（美国联邦保险税率），且在计算劳动者平均月收入以决定其基本保险总额时，通常作为最大值的收入。

对于雇员来说，他们从工作中得到的所有补偿金（到最高额）需要缴纳美国联邦保险税。对于自雇者来说，应税补偿包括个体经营的收入，实际上是指作为联邦所得税应税主体的非公司的工商业组织的纯收入。

社会保障应税基础（以及收益基础）多年来持续增长，从 1937 年至 1950 年每年 3 000 美元上升到 2009 年的 106 800 美元。对于医疗保险下的医院保险（HI）税，所有补偿都应课税[①]。这项税和收益基础的比例将在未来和美国年平均工资保持同比例增长。

2009 年对雇员征收的美国联邦保险税率是 7.65%。和对雇主征收的税率相同。对于自雇者，2009 年的税率是 15.30%；但是，美国联邦保险税的一半允许从总收入中作为所得税减除额，和在决定自雇者应税收入时，自雇者的税收减少为 7.65%（不考虑最大收益基础）。

基本保险金额和家庭最大保险金　社会保险补助金（不同于医疗保险）是以劳动者的基本保险金额为基础。而家庭最大保险金也是由其基本

---

① 从 1994 年开始，对于雇员的总应税收入，医院保险税率是 1.45%，对于自雇者收入，医院保险税率是 2.9%（包括在这里的 7.65% 和 15.30% 的总税率中）。那么，医院保险税率其实成为个人收入的额外税收，并且没有上限。它同时也要求每年对高报酬高管的不合格递延计划下递延部分进行价值评估。

保险金额决定，家庭最大保险金是支付给劳动者和其符合条件的家属的保险金总额。劳动者的基本保险金额通过把公式（根据领取保险金的资格年份而变化）应用于劳动者一定年数的平均月收入算出。

个人或者家庭社会保险金的计算较复杂，社会保障局提供的个人收入和保险金估计报表（社会保险报表）则可以帮助人们便利地进行个人规划计算。这些报表每年在劳动者生日前大约三个月被寄发（额外副本可从 www. ssa. gov/mystatement 处下载）。此外，社会保障局有一个用来帮助个人决定其保险金额的网站（www. ssa. gov/OACT/quickcalc）。

13. 2. 3 社会保障退休金

退休金 为了有资格获得退休金，劳动者必须达到 62 岁并获得全保险状态。在全额退休金年龄（也叫做社保正常退休年龄或 SSNRA），退休金和劳动者的基本保险金额相等。1937 年或之前出生的劳动者，他们的社保正常退休年龄是 65 岁。然后，从 1938 年或之后出生的劳动者开始，全额退休金年龄逐渐上升到 67 岁，也就是 1960 年或之后出生的人。在写这本书时，有资格获得社保金的全额退休年龄是 66 岁。被覆盖的劳动者可以选择在 62 岁提前领取退休金；不过，一旦选择提前领取退休金，其退休金将永久地减少。例如，在 66 岁社保正常退休年龄的退休者，如果从 62 岁开始提前领取退休金，只能拿到 66 岁全额退休金的 75%。劳动者也可选择推迟到 70 岁才退休，可以增加退休金。70 岁后，退休金也不再因推迟退休而增长。

退休者的配偶 退休者的配偶至少要到 62 岁才有资格领取基于基本保险金额的终身退休金。处于全额退休金年龄的符合条件的配偶得到的配偶退休金是被覆盖劳动者基本保险金额的 50%。同样，配偶最早能在 62 岁时开始领取缩减的退休金。在特定条件下，离婚的配偶也有资格得到退休金。

配偶有资格因为自身的工作经历获得社会保障退休金。在此种情况发生时，配偶能得到自己的退休金或者作为配偶的退休收益二者当中较高的金额，但不能同时获得。

退休者的其他亲属 社会保障退休金还适用于配偶抚养的子女以及退休者每一个符合条件的子女或者孙子、孙女。

关于计划何时开始领取社会保障退休金的问题 此为退休计划中重要的一项。如前所述，符合条件的劳动者及其配偶可在 62 岁提前领取退休金，或推迟到70岁（退休金额增长）。

何时领取退休金受一系列因素的影响。如果被涵盖的劳动者及其配偶想提前退休，比如62岁左右，并需要靠退休金生活，他们可能应该提前领取社会保障金（比如在62岁），即使金额会减少。这个差额应由其他退休金补足。同样，如果一个人健康状况不好（因而预期寿命缩短），提前领取退休金通常更好，虽然在这个决定里也应考虑到配偶的退休金。

另一方面，如果退休者停止工作并能负担推迟领取社会保障退休金，他们需要评估推迟到全额退休金年龄甚至到70岁的财务成果。此决定需考虑如下因素：

- 退休金差异的程度。例如，假设全额退休金年龄为66岁，数额为2 000美元每月，对应的62岁的金额为1 500美元每月（减少25%），然而对应的70岁的金额为2 640美元（增加32%）。
- 退休者的寿命。
- 预期的保障金的投资收益率和这些收入的税率。
- 预期的通货膨胀率。

根据这些因素，能够计算出"盈亏平衡"的退休年龄，推迟领取社保退休金的人（比如说，直到全额退休金年龄或者70岁）积累的预期收益是相等的，并在之后超过提前领取的人（比如说62岁）。政府网站提供了帮助人们（www. ssa. gov/retire2/delayret. htm）处理延期退休决定的工具。此外，在社会保障局的网站（www. ssa. gov）也设有一个"盈亏平衡计算器"用来计算盈亏平衡的年龄。

需要注意的是，一个退休者和其配偶可以分别提交申请，获取各自的退休金。例如，配偶一方可提前领取退休金，另一方则在全额退休金年龄领取配偶退休金（基于其工作的配偶在全额退休金年龄预期退休金的数额）。

领取社会保障退休金时的个人收入　目前，在全额退休金年龄后领取退休金不会减少别的符合条件的社保退休金。但是，如果选择提前领取退休金，劳动者的退休金作为个人收入会减少，直到达到标准退休年龄。

社会保障退休金里生活成本的增长　社会保障退休金是为数不多的自动随着生活成本增长而增长的退休项目之一。每一年当平均消费物价指数（CPI）增长时，所有的社会保障退休金（老年、遗属、残障）也随之增长。

13. 2. 4　社会保障遗属（死亡）抚恤金

某些工作的、残障的或者退休的死亡者的遗属可以领取抚恤金。该抚恤金基于劳动者的基本保险金额（PIA），以月收入的形式发放给符合条件的家属。此外，未亡配偶可得到一次性付清的 225 万美元的死亡抚恤金，如果没有未亡配偶，将发放给子女。

未亡配偶　处于全保险状态的未亡配偶可以领取遗属抚恤金，只要符合以下条件：未亡配偶超过 60 岁，或者未亡配偶是残障人士，并且至少50 岁。到达全额退休金年龄的未亡配偶的抚恤金的数额是死亡劳动者基本保险金的 100%，如果年龄未到则金额减少。

其他受抚养人士　死者的未婚子女（特定情况下的未婚孙子女）有资格获得子女月遗属抚恤金。该抚恤金为死亡父母基本保险金额的 75%，条件是 18 岁以下，或者 19 岁以下的小学初中学生，或者 18 岁到 22 岁的残障者。

此外，未亡配偶有资格领取死者基本保险金额 75% 的母亲或父亲遗属抚恤金，条件是未亡配偶需抚养 16 岁以下或者已满 16 岁未满 22 岁的残障子女。未亡配偶领取抚恤金的年龄没有限制。已离婚的未亡配偶也有资格享有该抚恤金。而且，未亡的 62 岁以上受其赡养的父母也有资格领取月遗属抚恤金。

对于其他的社会保障，有一个家庭最大抚恤金，适用于死亡劳动者的全部遗属从死者的基本保险金额中获得抚恤金。

13. 2. 5　社会保障残障抚恤金

社保残障抚恤金有两种：残障现金收益，发放给残障劳动者和其符合条件的受抚养者；冻结残障者的工资，来决定其未来退休金或遗属抚恤金。

劳动者残障资格的认定是其在医学上被确定身体或心理损伤导致无法从事任何有实际报酬的工作。该抚恤金发放给"任何职业"的残障者，并严格执行医疗保险标准。此外，在抚恤金发放前残障情况需持续 5 个月。残障 5 个月后，才可领取抚恤金，在损伤预计可持续至少 12 个月或者导致死亡，或者事实上持续了 12 个月的情况下。该抚恤金有 5 个月的等待（排除）期。

13.2.6 社会保障金税

1983 年的社会保障修正案引进了一个史无前例的概念——社会保障金税。

第一步，确定个人或者夫妻双方的抚恤金是否应缴税。这发生在当其所谓的"预缴所得"超过一定的基础数额时。预缴所得是下列各项的总和：（1）应付社会保障金的50%；（2）个人或夫妻双方为了缴纳联邦收入所得税（存在一定的增加）而调整后的总收入；（3）免税利息（来自市政公债①）。如果单个纳税人的预缴所得不超过25 000 美元，或对于共同报税的夫妻双方的预缴所得不超过32 000 美元，社会保障金免税。

第二步，如果单个纳税人的预缴所得超过已定的基础数额，但是不超过34 000 美元，或者共同报税的夫妻双方的预缴所得不超过44 000 美元，包含在总收入中的社会保障金数额是以下二者中较小的一个，即社会保障金的一半或超出基本数额的预缴所得的一半。

第三步，如果单个纳税人的预缴所得超过34 000 美元，共同报税的夫妻双方超过44 000 美元，包含在总收入中的数额为社会保障金的85%或者是以下各项的总和，取二者中较小的一个。（1）第二步中计算的数额或者单个纳税人4 500 美元或者共同报税的夫妻双方6 000 美元，取最小值；（2）单个纳税人预缴所得超过34 000 美元的数额的85%，若夫妻双方共同报税则为超过44 000 美元的部分的85%。因此，高收入纳税人缴税额高达社会保障金的85%。幸运的是，国税局表格和说明册中有一个帮助纳税人确定缴纳社会保障金税数额的表。

13.3 雇主提供的退休计划的特点

雇主提供的退休计划是用人单位全部员工福利计划的一部分。最重要的是合格退休金计划、利润共享计划和储蓄计划。此外，用人单位也可能有其他计划来援助其员工或者准备退休的员工，包括简易员工退休金计划、为非营利机构和特定用人单位提供的抵税年金计划、合格股票红利计划、合格员工持股计划、小企业雇员储蓄激励计划、非合格递延补偿计

---

① 个人或夫妻的定期调整后总收入和额外项目的总和，并且在这个公式中，他们免税的利息被称做修正的调整后总收入。

划，以及管理层补充退休计划。

13.3.1　合格退休计划

合格退休计划是税务术语，指在国内税收法规（Section 401［a］）中阐明的退休计划，如果它们符合无差别待遇和其他法律的规定则能享有特殊税收优惠。这些计划的主要资格要求如下：

- 必须有法律约束力的明确书面安排，并经员工同意。
- 该计划必须是员工或其受益人的独占收益。
- 该计划的本金或收入不得因其他目的而挪用。
- 该计划必须惠及所有员工，不得歧视高薪员工。
- 该计划必须符合特定的享受最低退休金的要求。
- 所有计划必须符合最低符合条件，覆盖范围和参与要求。
- 所有计划必须提供一定的配偶权益。
- 必须有特定的最小收益分配规则。
- 所有计划必须符合最低筹资标准。

本章中的合格退休计划包括：

- 退休金计划。
- 利润共享计划。
- 储蓄（或节约）计划。
- 现款或延付安排（401K 条款选项）。
- 股票红利计划。
- 员工持股计划（ESOPs）。
- 自雇者退休计划（HR－10 或基欧 Keogh 计划）。

13.3.2　合格退休计划的优点和不足

有些评论家称合格退休计划为"完美的避税项目"。虽然不可能有完美的避税项目，合格退休计划确实有显著的税收和非税收优点。

合格退休计划的优点如下

- 在税法范围内，雇主缴费可减免所得税。
- 即使雇主获得当前所得税减免，覆盖范围内的员工（称为参与者）不会因雇主缴费而从计划中获得应税所得，而是直到收益实际发放到了参与者或其受益人手中。
- 计划中的资产的投资收入并不缴纳所得税，直到这些收入被作为退休金支付。

- 员工能够用税前收入对一些计划进行缴费（即在工资扣除的基础上）。

- 在一定的条件下，发放给参与者（或其受益人）的一次性出资可以享有所得税优惠待遇。

- 一个特殊的祖父条款规定，计划参与者死后一定数额的应付款，可享受数额不限或者 100 000 美元的遗产税豁免，这取决于参与者（死者）于何时离开用人单位提供的服务。然而，一般现在合格退休计划的死亡抚恤金的遗产税免除已经不再存在。

合格退休计划的其他优点　除了这些税收的优点，合格退休计划还有以下非税收优点：

- 由用人单位支付计划（不同职工缴费的养老金计划）的全部费用，或者部分费用（用人单位与员工共同出资的计划）。

- 计划有计划外人员无法享有的优惠投资选择。

如果是用人单位与员工共同出钱的计划，员工通过工资扣除（无论税前或税后）来缴费也是一种方便的积累方式。

- 计划经常有相应的贷款条款允许计划的参与者从计划中借钱。

合格退休计划的不足　在参与者看来，合格退休计划存在以下不足：

- 在退休前离开用人单位的参与者的权益受限于计划的条款。计划的特定条款将确定何时和以何种方式从计划中领取保障金。

- 一些计划下的投资选择可能受限。

- 参与者从用人单位缴费中受益的权利由计划的既定享受退休权利条款决定。

- 合格退休计划中参与者的分配权受制于 1984 年退休权益法案关于对配偶财产权利（参见该法案中关于"对配偶财产的权利对合格退休计划的影响"的部分）的规定。

- 由于合格退休计划旨在为参与者提供退休收入，如果从该计划（或个人退休账户和某些其他计划）中进行过早的分配，除了正常缴纳收入所得税外，还将会被征收 10% 的惩罚税。提前分配将在第 16 章讨论，但通常指的是 59 岁半之前，并有一些例外。

- 相应地，因为这些计划倾向于为参与者及其配偶提供退休收入，而非税收递延的收入财富转移，从这些计划中获益的起始点（也包括从传统的 IRAs）应以参与者被要求的开始日期（RBD）为准，通常为 35 岁，在该起始日期开始时，至少最低的收益分配应被保证。这些最低分配规则将在第 16 章有更多的阐述。

- 为了征缴联邦遗产税（除了一些祖父条款的案例之外），从这些计划中得到的死亡收益包含在参与者总的遗产收入中，也就是 IRD 收入。因此，他们在死亡时要征收很重的赋税。

- 这些计划的构建、管理以及对资金中介（如银行或保险公司）和其他第三方服务提供者的选择，由雇主决定。

- 最后，如果没有诉诸劳资谈判，雇主能够调整或终止该计划未来的实施。

然而，总体上讲，合格退休计划的优势大大超出其可能的缺陷，因此，雇员通常被建议完全加入这样的计划。

13.3.3　收益确定型计划和缴费确定型计划

合格的退休计划可分为收益确定型计划和缴费确定型计划两类。在拟订这些计划时，这一区分是十分重要的。

"收益确定型计划"中的退休收益被视为一种特殊收益。这一收益可用美元表示或被计划中特定的规则决定。因此，收益确定型计划的核心在于其退休收益是特定的或固定的，而缴纳的费用是不确定的。大部分人关心的收益确定型计划类型是"收益确定型退休金计划"。

"缴费确定型计划"为每个参与者提供个人账户，来缴纳特定或不同的费用。该计划有时被叫做个人账户计划。累积的账户余额受缴费数额（雇主、雇员或二者皆有）、投资收入、账户资产中投资收益或损失，其他计划参与者账户中财产没收可能被分配到此账户中等因素的影响。参与者从缴费确定型计划中得到的退休收入，以其达到退休年龄时账户积累的收入或其他分配收益为基础，并取决于从计划中支取收益的方式。现金购买退休金计划，是缴费确定型计划的一种。本章讨论的其他类型的合格计划也是缴费确定型计划。一些雇员同时拥有收益确定型计划和缴费确定型计划。但是大部分雇员只有一种类型的计划，通常为缴费确定型计划。

13.3.4　婚姻权利对合格退休计划的影响

关于退休收益计划未覆盖的参与者配偶（也叫做非参与配偶或者 NPS）的权利，法律在此方面的规定有诸多显著变化。这些权利会很大程度地影响已婚者的退休和遗产规划。

《1984 年退休公平法案》（REA）　该法案旨在给予退休收益计划未覆盖的参与者配偶一定的遗嘱权，如果这些权利没有被覆盖的参与者放弃，并经其未覆盖的参与者配偶书面同意。退休法案一般通过两种遗嘱权形式保护未覆盖的配偶，一种是提前退休配偶收益，叫做"合格提前退休生存者年金"；另一种是退休后配偶收益，叫做"合格联合生存者年金"。

《退休公平法案》规则下的计划　《退休公平法案》适用于合格的收益确定型计划和现金购买年金计划。除非另有规定，《退休公平法案》也适用于合格的利润共享计划（包括储蓄）和股票红利计划。一般而言，如果要排除退休公平法案规则的适用，利润共享计划、储蓄计划或者股票红利计划下的参与者收益安排必须满足以下要求：第一，参与者死亡时，他或她的账户资产必须全额支付给他或她在世的配偶（除非该配偶同意将此权利以合适的形式转让给他人，正如接下来提到的情况）。第二，参与者不能选择终身年金的支付方式。第三，该计划未接受过退休金计划的转移支付。事实上，如果一项利润共享计划、储蓄计划或股票红利计划下的雇员想要以直接支付给配偶以外的方式获得死亡收益，该参与者配偶必须以合理方式同意指定其他受益人，否则配偶享有的《退休公平法案》权利就会生效。

需要注意的是，《退休公平法案》规则并不适用个人退休账户。

合格的提前退休生存者年金　它是一种为参与计划者在世配偶提供的终身年金，针对享有收益权的参与计划者在正常的退休收益期开始前去世的情况。如果参与者在达到该计划规定的可受领退休收益的最早年龄之后去世，他在世配偶的合格的提前退休生存者年金数额由该雇员终身收入的年金（假设该雇员在他去世的前一天已退休）和一半的配偶生存年金构成。

案例

假设玛丽·沃那克 56 岁，已婚，参与了一项退休金计划。该计划规定的正常退休年龄为 65 岁，但允许最早可在 55 岁时提前退休。玛丽的丈夫如今 58 岁，如果玛丽想在目前的年龄下退休，她和丈夫会每月可得到共同的 50% 生存年金，数额为 2 000 美元。基于这些事实，如果玛丽在她（尽管仍在积极工作）56 岁的时候去世，她的丈夫仍然在世，她的丈夫会得到每月 1 000 美元（2 000 美元×50%）的合格的提前退休生存者年金。

　　如果一个雇员在达到计划允许的最早退休年龄之前去世，计算会更复杂，但原理本质上是相同的。在本案例中，在世的配偶必须等到他或她逝去的另一半达到计划允许的最早退休年龄时才能开始受领 QPSA。

　　《退休公平法案》允许雇主对因 QPSA 费用增加的成本冲抵本来要付给参与 QPSA 雇员的退休福利。但是，雇主也可以自愿地不减少这一应付退休福利。

　　一个参与者可以决定放弃这些 QPSA 收益。如果仅针对 QPSA 权利，参与者可以在选择期（一般在参与者达到 35 岁时开始）内的任何时候做出。只有在参与者配偶在一名计划代表人或公证人的见证下，书面对其表示同意，该弃权才有效。规划中一个重要的问题在于参与者及其配偶是否应该选择放弃这些权利。在下一节我们将会对这一问题有更进一步的讨论。

　　合格的联合生存者年金　　《退休公平法案》也要求支付给已婚参与者合格退休计划的收益必须以合格的联合生存者年金的形式提供，除非参与者（在其配偶同意的情况下）选择放弃合格的联合生存者年金的形式，或者利润共享计划、储蓄计划或股票红利计划达到了排除《退休公平法案》规则的要求。合格的联合生存者年金是覆盖参与者终身的年金形式，除此之外，还有不低于 50% 的针对其在世配偶终身的生存年金或者超过 100% 的两人共同存活期间的应付年金的形式。

　　案例

　　假设亨利·沙利文现年 65 岁，已婚，参与了其雇主的确定收益退休金计划并将要退休。他的妻子同样 65 岁。我们进一步假设亨利没有选择放弃合格的联合生存者年金的形式，因此每月会获得总额为 6 000 美元的 50% 年金收入。基于这些因素，如果亨利先于他的妻子死亡，他的妻子余生会继续获得每月 3 000 美元（6 000 美元 × 50%）的年金收入。如果亨利的妻子先于他死亡，他会继续获得每月 6 000 美元的年金收入直至死亡。

　　和合格的联合生存者年金的权利一样，《退休公平法案》允许雇主对因合格的联合生存者年金费用增加的成本冲抵本来要付给参与合格的联合生存者年金的雇员的退休福利。举个例子，一项退休金计划允许在参与者及其配偶均达到 65 岁的情况下，仅对参与者本人扣除 10.7% 的年金（一种直线式终身年金）。但是，雇主也可以自愿地不减少这一应付退休福利。

一项计划的参与者，在其配偶以适当形式同意的前提下，可以选择在规定期限内（自退休收益期开始前 90 天）放弃合格的联合生存者年金。和合格的提前退休生存者年金一样，已婚的参与者及其配偶是否选择弃权是理财规划中的一项重要问题。

考虑弃权的一个原因是避免在夫妻共同存活期间退休收益的扣减。当然，如果雇主对其进行补贴，这一原因就不存在了，而该计划也许不会允许弃权。除了合格的联合生存者年金，一对夫妻也可能希望获得其他退休金，如来自退休金计划的一次性支付。此外，相对于直接支付给在世的配偶，如果计划中的死亡收益支付给诸如信托等机构更为合适，那么选择弃权也许是出于遗产规划的考虑。然而，对这些因素的权衡是以失去对在世配偶遗嘱权的保护为代价的。这其实是如何保护在世配偶这一更大的规划问题的一部分。解决这一问题的一个重要因素是已退休雇员人寿保险的数额，以此来对其配偶予以保护。

最后，如果想要弃权，参与者的配偶应考虑弃权与同意的条款及范围。例如，该同意是否可撤销？参与者能否指定任意受益人或更改受益人？或者当作出同意表示时，是否限定为指定的受益人？如果指定了某个信托基金，参与者将来能否变更信托受益人？

其他婚姻权利 大多数有关家庭关系的州立法律规定，退休收益计划或其他雇员收益计划未覆盖的参与者配偶在分居或离婚期间享有一定的婚姻财产权利。根据财产法律公平分配的原则，退休计划中的某些权利经常被视为"婚姻财产权"，并因此在夫妻分居或离婚期间受公平分配原则的制约。

通过向计划管理者提交一份"合格家庭关系声明"，这些婚姻和子女抚养权利就具有了法律效力。合格家庭关系声明由法院或其他有关机构签发，它规定了备选受益人对合格退休计划参与者部分或全部退休收益的权利。备选受益人可以是配偶、前任配偶、子女或参与者的其他亲属。假设该声明符合所有的要求，计划管理者必须恰当地将本应属于参与者的收益支付给备选受益人。

同样地，在设立夫妻共有财产法或相似法律的州，参与者在各种雇主提供的退休计划中积累的财产是夫妻共有财产，因此每人各拥有一半。

13.3.5 向合格退休计划借款

许多合格退休计划（尤其是利润共享和储蓄计划）包含允许参与者向

计划借款的条款。只要遵守税法的有关规定，这样的借款可不必缴税。

法律规定这样的贷款若要被视为非应税分配，其数额不能超过 50 000 美元或者参与者一半的既得给付现值中的最小值。然而，低于 10 000 美元的贷款自动地被视为非应税分配，不受该规定的制约。法律也要求贷款在五年内以至少每季度的频率不间断地清偿。该规则有一个例外，即如果贷款用于获得一个主要住所，可以不受该规则的限制。贷款必须在一个合理的期间内还清，同时收取的贷款利息必须合理。

13.3.6 合格计划中缴费和收益的限制

415 条款的限制　在这些限制性规定下（参见美国《国内税务法》第415 条），2009 年收益确定型计划中每年雇主提供的退休金收益不能超过195 000 美元（随通货膨胀增长 5 000 美元），以及参与者在连续三年最高补偿额基础上的年均补偿额。只有在参与者 62 岁之前退休的情况下，这种数额限制会有精算上的扣减。更进一步，2009 年，缴费确定型计划下每年的增加额不能超过49 000美元（随通货膨胀增长 5 000 美元）以及参与者的年补偿额。许多雇主规定，若根据正常收益规则得出的雇员收益超过了415 条款的限制，雇主将支付与无资助非合格退休计划（称为"超额收益计划"）间的差额。

401K 条款的局限　对 401K 条款计划有许多特殊限制，这将会在本章稍后部分描述。

可扣税员工缴费的局限　税法也对雇主或自雇者在特定年份对各种合格退休计划的缴费的可扣税数额作了限制。

收益确定型计划：这些计划每年的可扣税金额是该计划按照合理的融资手段以及雇主或自雇者采取的精算假设，计算出来的提供足额收益所需的总额。此外，雇主至少可扣减达到当年最低融资要求所需的金额。

这些规则总的效果在于，确定收益退休金计划（尤其是其后要讨论的允许差异）会使雇主或自雇者为年老或高工资的参与者提供相对较多的可扣税缴费。这会吸引封闭型公司的雇主员工或自雇者，因为他们通常年龄较大、工资较高，并有与其他员工相比更长的工作期。

但是，税法和《雇员退休收入保障法案》特别规定，雇主或自雇者必须满足收益确定型计划的最少资金要求。这意味着雇主无论经营好坏都必须向收益确定型计划缴费。因此，确定收益退休金计划为雇主或自雇者创造了利润共享计划所没有的资金刚性。

现金购买退休金计划：缴费确定型计划中，雇主每年缴费数额最多为支付给参与雇员工资总额的25%。同样，由于这些是退休金计划，无论盈利与否，雇主或自雇者每年都必须缴费。

利润共享和股票红利计划：对于这些缴费确定型计划，雇主每年缴费数额同样不能超过支付给参与雇员工资总额的25%。另外，利润共享计划中的缴费数额通常由雇主决定，因此，雇主可以在企业财务状况允许的条件下决定缴纳，在收益状况较差时决定不缴纳。因此，与现金购买退休金计划相比，利润共享计划中的雇主拥有更大的缴费灵活度。由于25%最大限额的规定同样地适用于两种类型的计划，大多数的评论者认为很少有雇主选择现金购买退休金计划。

其他计划：还有一些限制缴费数额的其他类型的退休计划，包括401K条款计划、雇员配款计划、公司员工持股计划、目标收益计划、简易员工退休金计划和各种类型的个人退休金账户。对这些计划的缴费限制将会在本章和随后的章节中涉及到。

符合计划要求的薪金 数额限制合格退休计划中对于参与者每年得到的薪金数额有限制（考虑通货膨胀指数，数额增加了5 000美元），这一限制将会在决定缴费或收益时被考虑进去[①]，这被称为"薪金限额"。2009年，这一限额为245 000美元。

13.3.7 合格计划下的赋益权

"赋益权"（Vesting）意味着参与者对来源于雇主缴费的缴费确定型计划的账户余额或收益确定型计划的应计收益，享有不可剥夺的受益权。无论参与者是否解除雇佣关系，都享有赋益权。

赋益权有几种不同的形式。立即赋益权或100%赋益权对参与的雇员来讲无疑是最方便的。然而，大多数的私人计划并不提供这两种。而另外一种形式则是延迟赋益权，最为常见。

法律要求合格退休计划达到特定的最低赋益权标准。对收益确定型计划来说，赋益的即时性必须至少满足两种最低标准中的其中一种：（1）参与者完成5年工作期限后的100%赋益权，叫做"悬崖式赋益"；（2）分阶段、分等级的赋益权：3年工作期限后的20%，4年后的40%，5年后

---

① 这种最大薪金限额同样适用于简易雇员退休金计划、避税年金和资源员工福利计划以及合格的退休计划。

的60%，6年后的80%，7年及更长年限之后的100%。对于确定缴费计划来说，关于雇主缴费有更多的快速最低安排，即3年工作期满后的100%"悬崖式赋益"，或者采用阶梯兑现收益，即2年服务期满后的20%，3年期满后的40%，4年期满后的60%，5年期满后的80%和6年及以上期满后的100%。

赋益权，尤其是悬崖式赋益，将会使工作时间较短的雇员得不到收益，这也许对覆盖封闭型公司所有者兼雇主的计划有利。

自然地，在雇员支付部分成本的缴费式计划中，在雇用关系终止时，雇员通常能够得到相应部分的返还（或获得延期收益权）。

13.3.8　与社会保障的整合（允许差异）

一般性考虑　"整合计划"指的是在决定收益或缴费时，将社会保障中的收益或缴费考虑在内。如今这一概念在税法中被称为"允许差异"。

允许差异（整合）规则对合格计划中收益或缴费超出处在或低于社会保障薪金水平（称为"整合水平"）的收益或缴费的程度作了限制。这些限制在收益确定型计划和缴费确定型计划中是不同的。然而，整合计划可能会导致收入高的雇员得到相对大的收益（如封闭型公司的持股员工）。当然，一项计划并不一定要同社会保障相结合。一些合格计划并无这样的整合，在这种情况下，差异允许规则也不适用。

收益确定型计划的整合　整合收益确定型计划有两种基本方式：超额方式和抵消方式。超额计划中达到社会保障整合水平的薪金的收益要少于超出该水平的薪金的收益。抵消计划中，计算退休收益时不考虑社会保障收益，之后社会保障收益的一定比例将会在退休收益中扣除。

缴费确定型计划的整合　缴费确定型计划的整合建立在缴费比例的基础上。一项计划要符合整合要求，其超额缴费比例（运用于薪金的出资比例超过计划的社会保障整合水平）不能超过以下任一项：（1）未超过整合水平的薪金缴费比例（基础缴费比例）的200%；（2）基础缴费比例+5.7%或者基础缴费比例加上一部分雇主支付给老年收益的社会保障税。

案例

为了阐释整合计划如何对一个小型企业雇主产生作用，我们假设阿伊沙·艾哈迈德是AA公司这一小企业的100%控股股东和CEO。阿伊沙每年的工资为260 000美元，其他三名雇员的年薪分别为60 000美元，

35 000美元和25 000美元。该公司对四名员工设立了合格的利润共享计划，其整合计划的缴费计算公式为社会保障工资基数（在本例中为整合水平）以内薪金的10%加上超出部分薪金（不超过薪金限额）的15.7%。按此公式计算的某一年的缴费额如表13.1所示。

表13.1　　　　　　　利润共享计划与社会保障结合的案例　　　　　　单位：美元

雇员	薪金（可用于计划计算的部分*）	基础缴费（基础缴费率［10%］×达到106 800美元整合水平↑的薪金）	超额缴费（超额缴费率［15.7%］×达到限额水平*的薪金［超过整合水平］）缴费总额	总缴费（包括基础缴费和超额缴费）
阿伊沙	245 000	10 680	21 697	32 377
A	60 000	6 000	—	6 000
B	35 000	3 500	—	3 500
C	25 000	2 500	—	2 500

注：* 2009 年的薪金限额是每年245 000 美元。因此，这是阿伊沙制订计划的缴费或收益的全部参考。

↑这是2009 年的社会保障应税工资基数。

13.3.9　上重下轻的退休计划

一些合格退休计划被称为"上重下轻"计划，这些计划必须满足一些特殊要求。这些要求旨在避免对某些员工的歧视，在将高额收益支付给所谓"关键员工"[1] 的同时保护低收入的员工。

一项计划被称为上重下轻计划的情形是，任一计划年度中，在利润共享计划下，关键员工累积的应计收益现值超过全体雇员相应价值的60%；在缴费确定型计划下，关键员工的账户总额超过全体雇员账户总额的60%。因此，比如说，假设表13.1中显示的缴费代表了所有计划内雇员的账户总额，则整合的利润共享计划是该年度的一种上重下轻计划。阿伊沙是关键员工，而其他人都不是。她32 377 美元的账户余额超过了所有计划内雇员账户总额的60%。一项被界定为上重下轻的计划还必须满足一些其他要求，包括一种最低赋益权安排以及非关键雇员在该计划年度内缴费和

———————

① 此处关键员工指的是企业管理者，他们每年得到的薪金高于415 条款针对收益确定型计划设定的美元限额的50%；或者是持股5% 以上的员工；或者持股超过1% 且2009 年年薪超过160 000 美元。

收益的最低额。

13.4　合格退休计划的监管

管理雇员福利计划的主要联邦法规为 1974 年通过的《雇员退休收入保障法案》。其涉及诸多方面，包括报告、披露、参与、赋益权要求、筹资标准、信托责任和禁止交易、反歧视规则、缴费和收益限制、收益增值、分配限制、配偶年金以及其他。对该法案中的部分规定进行监管的联邦机构是劳工部。然而，由于退休计划必须满足税法的有关要求，它也必须受到国内税务法的制约（这些税收规定也来源于《雇员退休收入保障法案》第二条）。因此，合格退休计划由国内税收署和劳工部联合管理。

管理退休计划和其他雇员福利的另一重要的联邦立法是 2006 年通过的《退休金保护法案》。该法案包含许多主题，包括最低资金要求、投资和信托规则、赋益权要求、分配计划、自动加入 401K 计划条款及其他条款。

另外，许多其他联邦法律管理或影响退休计划。例如，正如本章之前提到的，1984 年《退休公平法案》（REA）规定了合格退休计划的配偶权。

这些联邦法律优先于同样涉及雇员福利的州立法规。

13.4.1　信托责任问题

《雇员退休收入保障法案》针对管理雇员福利计划及其投资的管理人设立了个人行为标准（信托责任规则）。该管理人被称做《雇员退休收入保障法案》信托人，他们有权自由管理计划部分或全部的运营，并控制其资产。一项计划必须至少有一名指定的信托人，除此以外也可以有其他的信托人有权自由酌情处理计划事务。这些其他的信托人包括计划管理委员会（如果有的话）的成员、人力资源管理部门的雇员、管理计划日常运营的第三方服务提供者、计划中的信托人、投资顾问以及其他有权自由酌情处理计划运营的人。

另一方面，诸如律师、会计师和保险精算师之类的专业人员仅在其专业范围内行动时通常不被视为信托人。同样地，对计划制定有决策权的雇主也不是信托人。这些决策权包括诸如是否建立计划、收益篮子的性质、修改计划和是否终止计划。

信托人对计划、参与者及其受益人负有一定责任，这包括：

- 只代表计划参与者和受益人的利益采取行动；
- 谨慎地履行职责；
- 只要计划文件与《雇员退休收入保障法案》相符，就必须遵守；
- 使计划投资多元化；
- 仅支付合理的计划开支。

没有谨慎遵守这些责任规则的信托人要对计划负个人责任。他们要用个人财产赔偿因自己行为对计划造成的损失，还需返还因私自不当处置计划资产而谋取的利益。

然而，信托人可以采取特定措施使自己免予可能面临的责任。一种是仔细记录他们审慎履行职责的过程。另一种是遵守劳工部关于为企业提供投资选择（至少三种）的规定，这样雇员就可以在诸如 401K 计划这样的参与者主导型账户下进行多元化投资。在该规定中，因为投资决策由参与者自己做出，所以信托人可以免责。但是，信托人仍然负有亲自审慎筛选投资品种、投资人以及监督其表现的责任（或潜在责任）。另外，信托人可以雇用第三方服务提供者来执行信托职能，并签订协议由该第三方承担执行这些职能产生的责任。当然，信托人仍然负有审慎选择和监督第三方服务提供者的责任。最后，有一种叫做信托责任保险或《雇员退休收入保障法案》责任保险的险种，雇主可以购买从而对信托人的潜在责任进行补偿。

13.4.2　禁止性交易

信托人和其他与计划有关联的人员被禁止实施某些《雇员退休收入保障法案》规定的特定行为。与计划有关联的人称为"关系方"，包括雇主、工会（如果有）、计划信托人、服务提供者、特定财产拥有者、官员和关系方的亲属。除有例外，他们被禁止与计划做交易。具体来说，一些禁止性交易包括：

- 计划与关联方之间的买卖、交换或出租；
- 计划与关联方之间的借贷或信用延期；
- 计划与关联方之间提供商品、服务或设施。

还有单独针对信托人的其他禁止性交易。例如，信托人禁止使用计划中的资产谋取私利，禁止在与计划有关的交易中做双方的同时代理人，禁止收受与计划做交易的任何一方的贿赂。

《雇员退休收入保障法案》规定了一些禁止交易规则的例外情形。一种例外规定计划可以雇用服务提供者，只要该种服务必要且合同条款和支付的费用合理。另一种重要的例外是允许合格计划向参与者（通常包括一些关联方）提供借贷。然而，这样的借贷必须对所有的参与者有效，同时符合前面提到的一些其他要求。还有一种例外涉及受托顾问对计划参与者提供投资建议，这将会在本章稍后讨论到。

13.4.3　报告义务

《雇员退休收入保障法案》要求计划管理者为计划参与者、受益人和政府提供特定文件和报告。针对计划参与者和受益人，法律要求：

- 一项计划描述总结。该总结基本描述了该计划，并向参与者解释了他们在该计划下拥有的权利和责任。
- 一项资料调整总结。该总结向计划参与者和受益人通知计划的重大变更。
- 一项个人收益陈述，告知计划参与者有关他们既得给付收益和账户余额的信息。针对单一雇主计划，这样的陈述须在雇用关系终止时以书面要求提供。然而，一些雇主会自愿定期为参与的雇员提供这方面的信息。
- 一项年度报告总结，该总结概述了计划年报（5500 格式）（Form 5500）的财务信息，并每年向参与者提供。
- 一项封锁期通知，告知参与者计划暂停与参与者交易的时间（如计划变更记账人或投资选择的时候）。

《雇员退休收入保障法案》要求计划管理者向有关联邦机构（包括劳工部、税务局和 PBGC）提供有关计划特定信息及其运营情况的 5500 格式的年度报告。

13.5　退休计划的投资考虑

退休计划中的资产经常以信托基金管理。也可以通过保险合同提供退休收益。针对合格退休计划资产的投资，由《雇员退休收入保障法案》制定监管标准。

13.5.1　合适性与多元化

《雇员退休收入保障法案》要求对合格计划的资产进行"审慎投资"，同时要求多元化的投资种类。建立退休计划通常为一项长期工作，因此在投资政策中会假定一段较长的"投资期"。

这种针对退休计划投资的所谓审慎准则已演变为"审慎投资者标准"。法庭判决和劳工部规定已经确认了这一标准。正如第4章解释的，审慎投资者标准采用现代投资组合理论，考虑风险回报特征和整个资产组合的相关度而非单独的个人投资风险。

正如之前指出的，审慎投资和多元化可能是《雇员退休收入保障法案》信托人的信托责任。

13.5.2　个人账户［404（c）］监管规则

许多个人账户计划，如401K计划和利润共享计划，允许该计划的参与者或受益人在计划提供的一系列投资选择中做出与他们账户余额有关的投资决策。它们被称做"参与者主导计划"或"《雇员退休收入保障法案》404（c）条款计划"。

正如之前指出的，《雇员退休收入保障法案》在404（c）条款中规定，个人账户计划在符合劳工部有关规定的情况下，由于计划参与者个人主导而导致的投资损失，信托人不负任何责任，这被叫做"个人账户法规"或者"404（c）条款"。这些监管规定要求计划提供至少三种风险收益显著不同的投资选择，这样参与者就可以为自己选择一个合适的投资组合。如果该计划允许投资于雇主企业证券，这必须是一种额外的选择。雇主企业证券不能成为至少三种中的一种，因为它并不分散投资。另外，参与者必须被允许至少每季度更换一次投资选择。

13.5.3　受托顾问对计划参与者的投资建议

2006年《养老金保护法案》（PPA）的一条重要规定是允许一项新的禁止交易豁免，该豁免允许某些合格的"受托顾问"为401K计划和其他缴费确定型计划的参与者以及IRA受益人提供投资建议。这些投资建议可以专门针对这样的参与者而设计，也可以通过"符合条件的投资咨询安排"提供（即通过一个无偏误的电脑模型生成或提供不随着选定的投资种类而变化的统一收费）。因此，通过这一安排，雇主可以为这些计划覆盖的雇员提供个性化的专业投资建议。

13.5.4 合格计划中的雇主企业证券

在特定条件下，合格计划可以投资于赞助该计划的雇主企业的证券。雇主企业证券包括企业的股票和债务，但这样的投资通常涉及普通股。

雇主企业股票通常是参与者主导型计划（如401K）下的一种投资选择。雇主企业也可以将他们401K计划中的配款放入自己的股票中。因此，这些计划中部分雇员账户余额会被投资于他们雇主企业的股票上。在一些情况下，这种对雇主企业股票的投资数额是巨大的。

对于收益确定型退休金计划（和现金购买计划）来说，《雇员退休收入保障法案》一般禁止计划持有的资产中有超过10%的雇主企业证券。然而，在其他确定缴费型计划中，如401K计划和利润共享计划，只要计划允许这样的投资，通常就没有此类的限制。正如本章稍后提到的，股票红利计划和公司员工持股计划是为投资于企业证券而设计的。

2006年通过的《养老金保护法案》（PPA）要求对缴费确定型计划（如401K计划）中的企业证券进行多元化投资。对于投资于雇主企业证券的雇员缴费和选择性延期资金，计划参与者和受益人有权主导计划从他们的账户中撤离雇主企业证券并转移投资于其他品种。而对于投资于雇主企业证券的雇主缴费（如雇主配款），在企业工作至少三年的参与者或类似受益人拥有此主导权，有权从他们的账户中撤离雇主企业证券并转移投资于其他品种。

这些《养老金保护法案》增加的《雇员退休收入保障法案》和《国内税收法规》多元化投资规定，有利于计划参与者和受益人，使他们有权平衡（多元化）总体的投资组合，免予不当地将资金集中于雇主企业股票。股票期权计划、限制性股票、雇员股票购买计划和其他企业股票计划，加上许多雇员忠诚于公司股票，将其视为"好投资"的本能倾向，使得这种过度集中于雇主企业股票会在某些情况下产生问题。另一方面，应该注意到，在一个会计年度内，从包含有升值雇主企业债券的合格计划账户总余额中提取一次性分配收益会有税收优惠。这将在第16章讨论。但是，大多数情况下，这种可能的税收优惠是否会使过度集中投资于雇主企业证券的现象合理化，是令人存疑的。

13.5.5 无关联业务应税所得（UBTI）

前文已经说过一个合格退休计划的投资收益不在当年纳税范围内。个人退休账户亦如此。但有一个例外是如果个人退休账户（包括传统个人退休账户和罗斯个人退休账户）或该退休计划的投资中产生"无关联业务应税所得"（unrelated business taxable income，UBTI），那么无关联业务应税所得则是应纳税收入。

无关联业务应税所得产生于两种途径：一种是由免税信托或组织定期从事的无关联贸易或业务活动产生的净收益，另一种来源于借贷融资财产的收益。因此，如果一个个人退休账户或一项合格退休计划进行了一项无关联的贸易或业务，从其控制的一家公司获得一定的被动收入或者投资于从事该贸易或业务（包括第6章论及的有限合伙利益）的"管道实体"（比如合伙或有限责任公司），就会产生无关联业务应税所得。同样地，如果某项退休计划通过借贷获得财产进而产生收入，那么它就是借贷融资财产，其产生的收入则是无关联业务应税所得。借贷融资财产的例子有保证金账户（在第5章有描述），仅为个人退休账户提供的房地产按揭，以及在合格的退休计划中为其他财产提供资金的人寿保险贷款（个人退休账户不能投资于人寿保险）。低于1 000美元的无关联业务应税所得可扣除税收。

安排合格退休计划及个人退休账户的投资时自然应避免产生无关联业务应税所得。无关联业务应税所得实质上造成收入被征税两次——第一次针对该计划征收，第二次是当这部分所得作为分配收益发放时（来自罗斯个人退休账户的除外），针对计划参与者或受益人征收。

同样值得注意的是，无关联业务应税所得不仅适用于合格退休计划和个人退休账户，还适用于其他类型的免税实体。这些实体包括在第19章讨论的慈善机构及慈善余额信托机构。

13.5.6 合格退休计划拥有的人寿保险

一些合格的退休计划可能会，至少部分会用人寿保险合同（称为个人保险计划）筹集资金，其他的可能会通过为参与者购买人寿保险（或健康保险）的方式作为对计划的投资（个人退休账户可能不会购买人寿保险作为计划资产）。财政部的国内税务局监管条例规定这些人寿及健康保险的收益应是计划的附带目的，而不应成为计划的主要目的。养老金计划的主要目的是提供退休金；利润共享计划的主要目的是提供延迟补偿金。

国内税务局主要通过要求提供现期保险保护（即人寿保险的期限费用）的成本低于计划中所有收益的成本的25%，来决定人寿及健康保险是否为"附带的"。由于计划类型不同，保险合同不同，这项基本要求实施方式也不同。利润共享计划中如果参与者购买了普通的人寿保险（终生），那么每年的保险费用必须低于每位参与者年分配额的50%（原理是工作期间大约一半的普通人寿保险费用用于现期的人寿保险保护，即期限费用）。购买定期保险或其他种类保险的利润共享计划应满足上述25%的要求。对于养老金计划，若要满足偶然性死亡收益的要求，需出现以下情况：退休金收入类型的人寿保险中，达到指定退休年龄的被保险人每月上交10美元的退休收入将得到的死亡受益是1 000美元（如果金额更大的话，叫做保险准备金），死亡收益金额不得超过上述金额（被称为100比1规则）；或者死亡收益满足上述普通人寿保险的"少于50%"的要求。

按照100比1规则，全部由人寿保险或者年金合同提供资金的收益确定型计划被称为412（i）计划。它们以国内税务法的一项条款命名，该条款豁免了这些计划为满足最低融资要求而需要遵守的一定要求，否则最低融资要求本来是适用于收益确定型计划的。

合格退休计划中人寿保险的应用和其他相关问题将在第21章进行进一步的论述。

13.6　非合格退休计划

这指的是不符合税法规定的退休计划。比如，一些偏向于高薪员工的计划（这些计划有歧视性）。合格退休计划的缴费及收益都有薪金限额和其他限制，这逐渐造成雇主们为了高薪雇员的利益采纳不合格计划。本书第14章将会论及这些计划。

13.7　养老金计划

13.7.1　基本特点

养老金计划是雇主采用的一项合格的退休计划。该计划主要用于在员工或受益人达到退休年龄及退休之后向其提供绝对确定性收益。该计划可以通过以下两种方法提供绝对确定性收益。第一，提供固定的退休收益（收益确定型计划）。第二，雇主按员工薪金的固定比例代扣固定的费用（现金购买计划）。

养老金计划不允许雇主在员工退休、死亡、伤残、雇用关系解除或计划终止之前撤回缴费或缴费产生的投资收益。养老金计划的缴费不能由雇主自行决定。雇主应每年缴纳足够的费用，以确保养老金计划能够提供充足的收益。

13.7.2　何时支付退休收益

正常退休年龄　收益确定型计划中的正常退休年龄指的是计划参与者能够拿到全额退休收益的最早年龄。例如，正常退休年龄可能是 65 岁，通常假定满足一定的最短工作期限。一般雇员不会被要求在达到该年龄时退休，这只是能够获得全额养老金收益的年龄。

提前退休条款　许多收益确定型计划规定，在一定条件下，早于正常退休年龄退休的雇员，得到的会是折减后的收益。一些情况下，雇主为鼓励雇员提前退休，会为他们建立一项暂时提前退休计划（所谓的提前退休窗口），该计划会取消或降低"收益折减系数"。这是考虑是否接受该种计划的影响因素之一。

在缴费确定型计划中，提前退休可得的收益是雇员真正退休时积累的账户余额。该种计划没有提前退休收益折减一说。但是，退休后将没有缴费资金继续流入该雇员账户，收益实际上也减少了。

推迟退休　除了一些行政员工，雇主不能要求雇员在某个规定的年龄退休。因此，如果他们愿意并且有这个能力，大部分雇员可以在达到正常退休年龄后继续工作。这种情况下，合格的收益确定型计划必须继续增值收益，而合格的缴费确定型计划必须继续缴费，并在超过正常退休年龄后继续分配收益。

13.7.3　养老金计划的收益种类

退休福利　传统上而言，养老金计划用于给在保的员工或者是在保员工和共同年金受领者。对于已婚的员工，退休福利（年金形式）应按前述退休公平法案的要求支付。

除了终身收入，福利也可按其他方式支付。越来越多的计划让员工自己选择是否在退休时一次性获得全部福利。参与者（或其配偶）做该种决策时根据情况及一次性付款的自由度而定。但值得注意的是,很多情况下保证参与者及其配偶在死之前都能使用的终身收入,和社会保障一起为规划收入来源稳定的退休计划提供了强有力基础。这一问题将在第 16 章进一步论及。当然,对各种退休福利的选择权,必须遵守《退休公平法案》的规则。

雇用关系终止时的福利　这取决于计划中雇员赋益权的规定,前文有过探讨,此处不再赘述。

死亡收益　养老金计划通过多种方式提供死亡收益。其中一种是雇员以联合生存者年金或返还年金的形式获得退休收入。例如,如果一个已婚退休雇员为自己及其配偶选择了联合生存者年金,养老金计划实际上在该雇员先于其配偶死亡的情况下,为其配偶提供了相当于全额定期养老金收益的死亡保护。[①]

养老金计划也可包括"提前退休死亡收益"。这种收益可能在有人寿保险提供资金的计划下来自人寿保险收益,但主要来自《退休公平法案》要求的合格提前退休生存者年金(QPSA)。

伤残收入收益　在一些计划中,一种伤残保护的形式通过允许伤残者提前退休来实现。其他的养老金计划则提供一种与退休收入无关的独立伤残收入收益。

医疗费用收益　有时,养老金计划中积累的资产可用于支付退休雇员及其配偶和家属的医疗费用。

13.7.4　养老金计划收益规则

收益确定型规则　有时使用"定额公式"。这种情况下,达到退休年龄的所有参与者都将获得同等数额的收益。将收益与收入相关的规则叫做"定比公式"。这种规则下,退休金数量将按一定比例的员工年均薪金支付给达到退休年龄并完成最低工作年限的所有雇员。未达到最低工作年限的员工退休金则按相应比例予以削减。这一比例所适用的年均薪金可能是在参与该计划所有年限内员工的平均收益(事业平均方法),或者是参与该计划最后几年内平均收益(最终平均方法)。

将收益同工作年限而非收入相关的是"定额单位收益公式"。这种规

[①]　注意:《退休公平法案》要求至少一个联合的 50% 生存者年金形式(QJSA)。然而,如案例所示,参与者可以选择一项更慷慨的存活者收益(100% 生存者年金)项目。

则下，员工每满一年工作年限就会得到每月固定数额的福利。

另一个被广泛使用的规则是"定比单位收益公式"。例如，员工从一定年龄（一般是退休年龄）时起，可因其每年的工作获得数额为收入1.5%的终身年金。同样，该比例适用的收入是每年的收益（事业平均），或者退休前最后几年（比如5~10年）的年均收益（最终平均）。

13.7.5 养老金收益担保公司（PBGC）

《雇员退休收入保障法案》确立了"养老金收益担保公司"（PBGC）条款。建立这种公司为那些倒闭、资不抵债或无法继续维持退休计划的公司雇员和退休者提供保险。养老金收益担保公司为收益确定型计划的既得收益提供一定数额的保险。2009年，为65岁退休的雇员提供的这一数额最大为每月4 500美元，且以直线式终身年金的形式支付。这一最大额对其他符合条件的退休者有相应调整。

这一项目为在保的计划积极参与者、前雇员和退休者提供了额外的安全保障。但是，对于超过养老金计划担保公司提供的最大数额保护的养老金收益，没有相应的资不抵债保护。

养老金计划担保公司的资金来源于每个在保雇员缴纳的保险费，由维持收益确定计划的雇主支付。而许多人认为，如果养老金计划担保公司的损失（比如说在经济困难时期）超过它的资金来源，政府将会提供额外的资金支持。但是，这一资金支持并没有保证。

13.8 利润共享计划

13.8.1 基本特征

不同于养老金计划，利润共享计划将为雇员缴纳的费用金额建立在雇主所得利润的基础上，因此无法提供可确定数额的收益。但是，对这些计划的缴费并不要求存在现有或累积的利润。

利润共享计划是一种缴费确定型计划，在该计划下，缴费被分配至参与者的个人账户。这些个人账户存有投资收益，也可能存有来源于其他账户的由于雇员变动导致再分配的非既得没收款。

年缴费通常由雇主自行决定（自行决定的缴费规则）。但是，一旦缴纳该费用，就应按照一个提前决定好的、确定的规则进行分配（固定分配规则）。

利润共享计划的收益分配可以在以下法定情形实现：规定年限之后，达到特定年龄之后，退休后，其他雇用关系终止，或者诸如死亡、疾病、伤残、解雇等情况的出现。然而，一项特定计划的条款可以对这样的提款规定进行限制。

13.8.2　普通利润共享计划

许多利润共享计划仅仅将分配规则建立在参与者薪金的基础上。这将导致无论何种年龄，每一个在保的雇员需要缴纳同比例的缴费。这样的方式会偏向有利于较年轻的员工。

13.8.3　年龄加权利润共享计划

还有更为复杂计划，如基于交叉测试概念的非歧视目的的计划。[①] 交叉测试是国内税收署监管规则的规定，主要包括根据计划收益（如同收益确定型计划）测试缴费确定型计划的非歧视性，以及根据缴费测试收益确定型计划的非歧视性。然而，交叉测试一般适用于缴费确定型计划。

一项年龄加权利润共享计划将分配规则建立在年龄和参与者薪金二者的基础上。[②] 这些计划倾向于有较高收入的年老雇员（通常是封闭型公司的所有者兼员工）。然而，任一年的全部利润共享缴费不能超过所有薪金的 25%，同时，每一参与者得到的分配收益不能超过之前提到的 415 条款规定的限额。和一般的利润共享计划一样，年龄加权计划的缴费数额通常由雇主决定。

13.8.4　新型可比较利润共享计划

还有其他基于交叉测试的计划。这些计划是一种缴费确定型计划，但像收益确定型计划那样进行非歧视性测试。当前利润共享计划的分配不仅随着每位参与者的薪金和年龄而变换，也随着他们的工作分类而不同。可扣税雇主缴费的每年限额和年龄加权计划一样。其缴费也同样可以由雇主决定。

---

① 也存在年龄加权现金购买养老金计划，但是年龄加权计划通常被制定为利润共享计划。而且，年龄加权计划可能不会建立在国内税务署"安全港"规则的交叉测试基础上。

② 国内税务署规则允许带交叉测试的利润共享计划的分配以年龄、薪金或工作期限加权。这里的讨论假定以年龄和薪金加权。

新型比较计划的效果在于，在年老、工资高的雇员与年轻、工资低的雇员之间，收益分配会存在相当大的差别。然而，国内税务局现在对交叉测试计划设立了最低分配标准。

13.9　储蓄（节俭）计划

13.9.1　一般特征

该计划属于缴费确定型计划的一种，并在近几年大受欢迎，因为雇员们可以在税收上享受优惠，并且能够以此积累资金。该计划允许员工按其工资的一定比例自愿缴纳，并让雇主同样上缴一定比例的资金（称为"配款"），这一比例有最高限度。员工还可以选择缴纳额外的无配款的资金。

举例来讲，一项储蓄计划可能允许雇员每年缴纳其薪金的1%至6%，同时规定雇主在年底缴纳相当于雇员缴纳金额50%的费用。另外，雇员可能被允许缴纳额外的高达工资10%的金额，但这一金额无雇主配款。从技术上讲，储蓄计划是一种利润共享计划。规模稍大的企业经常会拥有一项养老金计划和一项独立的储蓄计划（通常带有401K条款的选择权），然而一些企业仅仅有一项带有401K条款选择权的储蓄计划。

13.9.2　参与者主导型账户

参与者缴费及由此产生的收益被划入每位参与者的个人账户。正如之前在"退休计划的投资考虑"部分讲到的，储蓄计划（也许还有其他种类的计划）允许参与者决定如何把自己的账户余额在雇主提供的计划的投资基金范围内投资，这已成为日渐普遍的现象。

不同的计划拥有不同的基金数量和种类。但是，正如之前指出的，它们必须包含一个合理的投资产品范围，以满足不同的投资目的。雇员可能对所有缴费均有投资的权利，但是通常一开始仅对他们自己的缴费享有此权利。雇主可能会将他们自己相应的缴款投入到雇主企业的股票基金。

13.9.3　税前缴费与税后缴费

雇员缴费可能来源于他们的税后收入（税后缴费）或者缴纳所得税之前的工资扣减安排（税前缴费）。雇员缴费若以税前为基础，则这样的计划被称为"现金或延迟安排"或者更通俗的"401K计划"（以处理现金或延迟安排的《国内税收法案》条款命名）。如今，大多数雇员缴费以税前为基础。因此，对许多人来说，"储蓄计划"和"401K 计划"这两种称呼几乎等同。

13.10 现金或延迟安排（401K 计划）

13.10.1 一般性特征

401K 计划允许被覆盖的雇员授权他们的雇主将他们工资的一部分扣除，上缴至一项合格的储蓄计划、利润共享计划、股票红利计划或现金购买计划。代扣的工资部分在当时不缴个人所得税。参与者选择延期缴税的数额被称为雇员选择性缴费、选择性延期或者税前选择性缴费，针对这些有特殊的限制规定。

13.10.2 401K 计划的缴费限制

在带有 401K 条款的合格计划中，对雇员和雇主的缴费至少有如下四种限制：

- 员工对所有参与的 401K 计划的税前选择性缴费有年度金额上限。这一限额（基础数额）2009 年为 16 500 美元（年通胀额为 500 美元）。

除了上述提到的年度金额上限，50 岁及以上的参与者可以在 2009 年缴纳额外的年度追加缴费，数额为 5 500 美元（年通胀额为 500 美元）。因此，50 岁及以上的参与者可以在 2009 年缴纳的选择性缴费金额为 22 000 美元（16 500 美元的基础数额加上 5 500 美元的追加缴费）。

- 选择性缴费有一项实际延期比例非歧视性测试，以高薪雇员和非高薪雇员缴纳的相对平均缴费为基础，该测试可能导致特定年度内对高薪雇员缴费数额低于上文提及的年度金额上限时的限制。然而，有些计划，雇主须为非高薪雇员缴纳特定的最低金额，并为这些缴费提供全额立刻赋益权（被称为"传统"安全港 401K 计划）。实际延期比例和实际缴费比例非歧视性测试并不适用于这些计划，那么对高薪雇员来说，其缴费数额限制仍为年度金额上限（加上任意追加缴费额）。
- 对相结合的税后雇员缴费和雇主配款来说，还存在实际缴费比例非歧视性测试。

- 普通的415条款同样适用于这些计划。

13.10.3 对401K计划的缴费限制

针对带有401K条款的计划中的缴费，有一些特殊限制。一般而言，税前选择性缴费的金额不会早于参与者或其受益者59岁半之前进行分配，除非雇用关系解除、死亡、残疾或者雇员遭遇特殊困难（如IRS规则的规定）。

13.10.4 罗斯401K账户

从2006年起，在计划允许的条件下，401K计划（和403B计划）的参与者有权选择将全部或部分的雇员选择性缴费（工资扣减额）纳入指定的罗斯账户。这一账户也叫做罗斯401K账户。每年缴纳至该账户的最大额为前文提到的雇员选择性缴费的年度金额上限加上任意追加缴费额。这一账户不像普通401K计划中的雇员选择性缴费那样有税收延期，而被当做雇员总收入当期缴税。然而，罗斯401K账户正如第15章提到的罗斯个人退休金账户一样，其中的投资增长收益免税，给予参与者和受益人的分配额也免税。该账户对参与者的收入和年龄也没有限制。

因此，参与者可以将他们全部的401K账户选择性缴费放入普通的401K工资扣减账户（没有缴费税，但在分配时被当做普通收入缴税）；或者在计划允许的条件下，将他们全部的选择性缴费放入罗斯401K账户（最初缴费时有税，其后进行"合理分配"时免税）中；或者将部分选择性缴费分别放入以上两个账户中。罗斯401K账户对高收入雇员很具吸引力，否则他们不会符合普通罗斯个人退休金账户的要求。

罗斯401K账户条款和其他某些养老金及退休计划收益条款是2001年通过的《经济增长税收优惠法案》中的一部分，法案中的条款定于2011年失效（除非再次得到批准）。然而，2006年通过的《养老金保障法案》将上述两条款设定为永久，因此不会失效。

13.10.5 401K计划的自动加入

2006年通过的《养老金保障法案》为401K计划提供了另一个免予非歧视性规则限制的安全港。如果401K计划包含了一项符合特定要求的"自动缴款安排"（也称为"自动加入安排"），它会被视为符合了延期安排和雇主配款的非歧视性规则，同时不受上重下轻规则的制约。

这种自动安排默认符合参与资格的雇员选择让他们的雇主代表他们缴纳特定的选择性缴费（工资扣减额），除非他们坚决反对这种缴纳方式或选择其他缴纳额度。这一安排（包括额外安全港）预计会导致更多的员工参与到带有这种自动缴费安排的计划中。

13.10.6 401K 计划的优势

税收优惠 雇员缴费以税前为基础，另外储蓄计划也拥有之前讨论过的合格计划的其他税收优惠。

系统性储蓄和投资 储蓄计划的另一吸引力在于使员工以相对较低的成本通过扣除工资来进行系统性投资。

雇主配款 对于带有雇主配款的储蓄计划，参与者的账户同时具有雇主配款和雇员自己的缴费，并同时享有二者的投资收益。

雇员投资选择 针对他们的缴费，参与者通常被给予一定数量的投资选择。因此，雇员能够将他们的计划投资和一般性的资产分配战略相结合。

资产分配战略中的节税变化 账户余额使参与者能够拥有内在的税收优惠，因为在计划的可选投资选择中改变资产分配时，不需要通过变卖或交换取得资本收益税优惠。

13.10.7 401K 计划的劣势

401K 计划的优势的确令人印象深刻。然而，正如任何一种计划工具，该计划同样拥有一些缺陷。

缴费的局限 正如刚刚讨论的，除了具有一般合格计划的限制外，401K 计划对于缴费有特殊的限制。

分配的限制 正如刚刚描述过的，关于分配也有限制。但是，这些并不繁重，因为参与者通常可获得计划贷款和困难时期分配。

参与者必须有能力负担其缴费 带有 401K 条款的储蓄计划通常规定雇主的配款取决于最初雇员的缴费。这意味着参与者必须从现有的工资中扣除一部分。一些人不能够或不会这样做。

分配收益分为普通收入和遗属收益（IRD） 在很多情况下，参与者在带有 401K 条款的合格退休计划中不用缴纳所得税。① 这是因为所有流入该计划的资金都不用缴纳所得税。因此，当最终进行收益分配时（这是最终必须进行的），一般要将其视为普通收入来上缴税收，无论该收益由参与者获得还是在其死后作为分配收益分为普通收入和遗属收益。② 当然，这种税收安排同样针对一般的合格退休计划。然而，撇开分配时需交纳的税收安排不谈，这些计划延期付税的结果通常远远好于税后投资于当前需缴税的资产。这一"延期的力量"将在后文进行详细描述。

一般而言，税收延期策略是积累资产的一种有效途径。本书多次讨论了这些类型的策略，然而本章的剩余部分我们将讨论传统 401K 计划中的延期。

13.11　税前缴费（投资）和税后投资（延期的力量）的比较说明

13.11.1　假定传统的 401K 计划拥有雇主配款

案例

为了说明以上原理，我们假设有一个雇员，名叫琳恩·罗斯，35 岁，每年收入 200 000 美元，可以参与一个带有 401K 条款的合格储蓄计划，或者对直接所有资产进行相似的投资（税后）。她将税前工资的 6% 放入储蓄计划中，然后雇主对其选择性缴费的每一美元配款 50 美分。假设琳恩选择将全部 6% 的工资扣除（为了简便起见，忽略该计划允许她在雇主提供配款的金额之外有额外选择性缴费的可能性），她的工资和缴费情况如下所示：

工资：	200 000 美元
选择性雇员缴费（6%）	−12 000 美元
应税工资	188 000 美元
流入到 401K 计划中的缴费：	
选择性雇员缴费（6%）	12 000 美元
雇主配款（0.50 × 12 000 美元）	6 000 美元

---

① 第 16 章解释了参与者如何算得他们在合格退休计划中的所得税基数。

② 该情况的例外是计划中的企业证券有未实现净增值（Net Unrealized Appreciation，NUA）且收益一次性分配（正如第 16 章描述的那样），或收入中扣除的遗产税用于支付 IRD 项目（正如第 10 章描述的那样）。

每年可用于投资的费用总额（税前）　18 000 美元

然而，假设琳恩不参与该计划，要将税后工资的 6% 投资于直接所有资产，同时她要缴纳最高 33% 的边际联邦所得税。[①] 以此假设为前提，她的工资和投资情况如下所示：

工资：　　　　　　　　　　　　　　　200 000 美元

应税工资　　　　　　　　　　　　　　200 000 美元

可投资于直接所有资产的资金数额

（12 000 × 0.67 = 8 040）　　　　　　8 040 美元

进一步假设琳恩能够从直接所有资产中获得 6% 的收益（视为普通收入进行缴税），而从 401K 计划账户获得同样的收益。因此，她从直接所有资产中获得的税后收益率为 4.02%（6% × 0.67 = 4.02%）。现在，为了便于说明此案例，假设琳恩在她 65 岁的时候（或者 30 年后）将她 401K 账户中的所有余额取出。[②] 因此，在 65 岁时（30 年后），两种情形下的税后状况如下所示[③]：

直接投资：

每年投入 8 040 美元（比率 4.02%）共 30 年　　452 433 美元

带有 401K 选择的储蓄计划：

每年投入 18 000 美元（比率 6%）共 30 年　　1 423 048 美元

减去琳恩在储蓄计划中的资金基础　　　　　　　　　0

作为普通收入的应税数额　　　　　　　　　1 423 048 美元

应纳所得税（33%）　　　　　　　　　　　469 606 美元

税后余额　　　　　　　　　　　　　　　953 442 美元

13.11.2　产生显著效果的原因

这些显著差异的产生源于以下三个因素：[④]

- 大额定期付款的延期付税作用积累——对比税前 120 000 美元和税

---

①　为了简便起见，州和地方所得税在该例中忽略不计。同样地，一些州对 401K 计划和其他计划项下工资扣除额的征税也予以忽略。

②　正如我们在第 16 章看到的那样，她通常不会这样做。相反，她宁愿推迟更长的时间。因此，实践中的延期相比于此处的会更有利。

③　为了便于说明，这里假设琳恩此时的工资仍为 200 000 美元，且她的边际联邦所得税税率是 33%。

④　明确这些因素是十分重要的，因为尽管它们都适用 401K 计划的安排，只有其中的一些适用其他的税收延期安排。因此，其他的安排将不如典型的带有 401K 条款的储蓄计划有吸引力。

后 8 040 美元（这代表了初始投资的税收延期。）

- 全部收益的延期付税作用积累——对比税前 6% 和税后 4.02%（这代表了投资收益的税收延期）。
- 雇主配款。

前两个因素代表了税收延期对于雇员收入的强大影响力。第三个因素代表可以延期付税的额外雇主资助。

13.11.3　对假设进行调整

然而，有观点认为雇主配款是增加的资金，并不能代表延期的力量。也有观点认为大多数投资者在选择投资直接所有资产组合时，不会全部投资于会产生当期应税普通收入的资产。他们的资产组合通常会包括普通股股票（或其他有极大增值潜力的资产）。因此，让我们改变一下假设：

- 没有雇主配款。
- 雇员将直接所有资产组合的 50% 投资于普通股股票（总收益为 10%，即 6% 的资产收益和 4% 的红利收益），另外 50% 投资于现有需纳税资产（如需纳税的债券或信用违约互换 CDs），收益率为 6%。
- 针对已实现的资产收益、红利和普通收入，税率分别为 15%、15% 和 33%。
- 由直接所有资产组合中得到的一半资产收益不需缴税，因为死亡时存在基数递增或其他原因。
- 同自有资产组合一样，401K 账户有相同的资产分配和平均收益（8%）。

这些新假设对税后直接所有的资产组合有利，而正如以下计算显示的，税前 401K 方法仍然产生了明显更好的效果。

直接投资：	
每年投入 8 040 美元（年收益率 6.49%＊）共 30 年	693 219 美元
带有 401K 条款的储蓄计划（没有雇主配款）：	
每年 12 000 美元（年收益率 8%）共 30 年	1 359 399 美元
减去琳恩在储蓄计划中的资金基础	0
减去计划中琳恩的基数	1 359 399 美元
减去所得税（税率 33%）	448 602 美元
税后余额	910 797 美元

注：＊指在已给出假设中，直接所有资产组合的税后总收益。

因此，假设在一个合理的长时间内存在延期和一致的假定，此例中税收延期产生的税后退休资金（尽管对分配额的税负相对较重）高出401K计划32%。

13. 11. 4　适合税收优惠的资产与应税账户

与应税账户中的投资收入相比，税收延期的效力（税收优惠账户，例如，401K计划）取决于以下一些因素。这包括：

- 延期期间的长度。期限越长，越能发挥税收延期对税收优惠账户的效力。相对较短的期限，也许不会产生多大的优惠，或者会有利于应税账户，这由环境所决定。
- 税率。边际税率越高，税收延期的优惠越大。
- 投资回报。假定的投资回报越高，税收延期越有效。
- 每种账户中资产的性质。这一因素在刚刚引用的调整假设的案例中介绍过。

然而，在实际的资产分配计划中，人们更愿意在税收优惠账户而非应税账户中持有各种不同类型的资产。这被称为"定位分析"，已经在第9章讨论过。

13. 12　股票红利计划和员工持股计划（ESOPs）

13. 12. 1　股票红利计划

除了雇主缴纳的费用不一定取决于利润和福利可以企业股票形式发放这两点以外，这种合格退休计划和利润共享计划相似。雇主可以以现金或股票的形式缴纳费用到股票红利计划。他们的缴费费率限制在工资的25%以内。

13. 12. 2　员工持股计划（ESOPs）

一般特点　员工持股计划是一种合格退休计划，它可以是一种股票红利计划，也可以是股票红利计划和现金购买退休计划的结合。员工持股计划不同于传统的股票红利计划，因为它主要投资于雇主企业。传统的股票红利计划可以投资购买雇主股票，但除非为了从该股票中分配红利，这不是必需的。然而，最重要的区别也许在于，雇主可以向员工持股计划提供担保或贷款，以使该计划获得企业股票，而传统的股票红利计划做不到这一点，因为根据雇员退休收入保障法案这会被视为禁止性交易。涉及这种债务的员工持股计划被称为"杠杆型员工持股计划"。

员工持股计划有一些特殊规定。例如，当一个参与者获得分红资格时，该计划要求红利以企业股票形式分配。尽管员工有权选择该种方式，分配也可以以现金形式支付。然而，如果员工获得的股票不能在成熟的市场轻易进行交易，员工有权以公平的市场价值将股票卖给雇主。法律也对分配时间作了规定，除非员工另有选择。另外，针对年龄达到55岁或参与时间10年以上的员工，还规定了一些特殊的多样性选择权。

将升值股票卖给员工持股计划　在特定情形下，一项员工持股计划为封闭型公司的股票买卖提供市场，也就是说，在股票持有者生前或死时的遗产中买入该种股票。这种方式在第11章中作了介绍。

13.13　混合型合格退休计划

这些种类的计划包括收益确定型和缴费确定型计划各自的一些特征。

13.13.1　现金余额计划

严格地讲，现金余额计划属于收益确定型计划，但结构很像缴费确定型计划。雇主按每位员工薪金的一定比例进行缴费，该比例通过精算确定，以确保计划中有足够的资金支付确定收益。所有参与者的缴费集中在一块，因此没有针对每个参与者的个人账户，这与缴费确定型计划相似。但是，每个参与者都有一个假定账户，固定比例（如4%或5%）的补偿金和利息每年会存入该账户里。但是此处的利息并非由计划中资产的回报得来的。

退休收益是账户运用该计划提供的死亡率和利息假设进行投资所产生的年金收入。因为是收益确定型计划，其受制于ERISA最低筹资要求和PBGC规定的规则及保费。

现金余额计划被一些大型企业采用，它往往脱胎于传统的收益确定型计划。相比于年老和工作期限较长的雇员，该计划一般对年轻和工作时间较短的雇员更为有利，而雇主的总体成本也会降低。该计划中的参与者收益一般一次性或分期支付。

13.13.2　退休金期权计划

另一种混和收益确定计划是退休金期权计划。在该计划中，收益一般被表示为最终平均支付额的一定百分比，该比例以每年的工作基点为基础，对年老和工作期限较长的参与者来说，该基点会更大。

过去，现金余额计划和退休金期权计划面临着参与者在法庭上对年龄歧视的指控。但是，2006 年的 PPA 规定，只要它们符合一定的要求，这些计划就没有年龄歧视的嫌疑，也未违背最小现值规则。

13.13.3　目标收益计划

从技术上讲，目标收益计划是缴费确定型计划的一种。但雇主每年向该计划缴纳的费用额以目标收益公式为基础（给定精算假设），该公式与运用在收益确定型计划中的公式属于同一类型。但是，雇主缴费额分配到参与者的个人账户，参与者的退休收益以每个参与者退休时积累的数额为基础。

13.13.4　基金补偿计划

这是另一种雇主同时拥有收益确定型计划和缴费确定型计划的混合型计划。本质上讲，参与者能够从收益较高的一种计划而非两种计划中获得退休收益。实践中，由收益确定型计划中得到的收益会被参与者缴费确定型计划中的账户余额扣除。

13.14　针对自雇者的退休计划（HR – 10 计划或基奥计划）

13.14.1　一般性考虑

1963 年以前，独资企业主或合伙人被允许为其雇员建立合格的退休计划，但作为资产拥有者的他们（即委托人）无法从这些计划中获得税收优惠。因为尽管他们积极地参与企业经营，却并非严格意义上的被雇用者。然而，1962 年通过的《自雇者个人退休纳税法》（也被称为 HR – 10 计划或基奥法案）及其后续的修订案，使非公司的企业主或其他自雇者被纳入合格退休计划成为可能。因此，一项 HR – 10 计划成为了一种正式安排，在这种安排下，自雇者可以为自己和其他符合条件的雇员设立税收优惠的退休计划。

税法规定只要当年自雇者有劳动所得，就将他们视为雇员，可设立或向合格退休计划缴费。此处劳动所得指的是一个人自我雇用的净收益，来源于其个人服务为赚取收入主要手段的交易或生意（包括专业型职业）。（注意资本也可能是创造收入的主要因素，而此途径得来的净收入仍然符合 HR–10 计划的目的）自我雇用的净利润一般由净营业收入减去经营的各项费用［包括 HR–10 计划的费用和以普通员工①（非雇主）为对象的其他可免税的员工福利计划的费用］。本质上讲，劳动所得是企业的净利润。

劳动所得是确定 HR–10 计划为自雇者缴纳多少费用的基础。但是，在计算劳动所得时，要将自雇经营税（社会保障税）的一半和自己对 HR–10 计划的缴费额从净利润中扣除。②

案例

作为例证，假设 45 岁的荷马·斯通是一名私营企业主，拥有两名普通法雇员。荷马是自雇者并实质上参与了生意的经营。企业年总收入和年营业支出（合格退休计划的费用除外）分别是 600 000 美元和 451 000 美元。假定荷马决定为自己和他的两名雇员采取一项合格的利润共享计划（HR–10 计划），他进一步决定将今年的缴费比率定为 15%。荷马的两位员工中，一位年收入是 35 000 美元，另一位是 25 000 美元。年底时，他们 HR–10 计划表呈现如下：

总收入	600 000 美元
总支出（合格退休计划的费用除外）	–451 000 美元
针对普通法员工的退休计划费用	（600 000 × 0.15） –9 000 美元
净利润	140 000 美元

荷马为自己缴纳的 HR–10 计划费用由以下决定：

$$\frac{利润 - 自雇经营税（社会保障税）的一半}{1 + 缴费比率} = 劳动所得$$

---

① 这些普通雇员被称为普通法雇员，他们不是企业的拥有者，在雇员收益和其他雇用事项上和其他雇员的地位一样。自雇者或许拥有也或许没有这类雇员。

② 这涉及一项更为复杂和循环的计算，接下来的例子会予以显示。这会导致代表自雇者在 HR–10 计划中的可扣税缴费拥有最大限额，而这实际上会比利润共享计划、股票红利计划和现金购买退休金计划的薪金限额低 25%。

在此例中是：即 $\dfrac{140\ 000 - 8\ 496}{1 + 0.15(即 1.15)} = 114\ 351$（荷马当年劳动所得）

那么，荷马今年对此计划的"缴费金额"为：

114 351 × 0.15（15%）= 17 153（美元）

正如计算的那样，缴费金额为劳动所得的15%，等同于自我雇用净收益的12.25%（17 153 ÷ 140 000 = 0.1225 或 12.25%）。

13.14.2 可扣税缴费

自雇者为 HR-10 计划缴纳的费用可从他们个人所得税申报表中的总收入一项扣除，得到调整型总收入。[①] 但对企业来说，该费用在计算营业净利润时并不能被扣除。因此，正如上述案例呈现的一样，荷马会将 140 000美元的营业净利润上报为个人总收入的一部分，但是他会将为 HR-10 计划缴纳的 17 153 美元从总收入中扣除，得到调整型总收入。这样，需要缴纳所得税的营业收入的净额为 122 847（140 000 - 17 153）美元。

尽管不包括 HR-10 计划，还应注意到自雇者可将为他们自己、配偶以及子女支付的全部医疗保险费从总收入中扣除，以得到调整后的总收入。通过 HR-10 计划调整的退休收益的原则同样适用于医疗保险费。但是，以自雇者（及超过5%的 S 类企业拥有者）为受益人的其他种类雇员收益（例如团体人寿保险和伤残收入保险）的成本不能被扣除。这对于自雇者及 S 类企业企业所有者不利。

13.14.3 谁能设立 HR-10 计划？

拥有收入的独资企业主可以设立自己的 HR-10 计划。他们也可以将普通法雇员涵盖入内。另一方面，他们可能没有任何雇员，是该计划覆盖的唯一人群。

一个自雇者可以拥有与其自雇的劳动所得有关的 HR-10 计划，同时他也可能是另一雇主的普通法雇员，被纳入到该雇主的合格退休计划中。

合伙企业可以为其合伙人和普通法员工设立 HR-10 计划。然而，合伙人若要参与这一计划，他必须从合伙企业的贸易或业务中获得劳动所得，并且他们个人提供的服务是企业该收入的主要来源。因此，仅仅对合

---

① 因此，无论纳税人是否分列他们的可扣项目，这些都是可扣除的。从税收的角度讲，这些可以在"线上"（above the line）扣除。

伙企业进行投资（例如大多数的有限责任合伙人）而不对企业提供个人服务，是不能参与到 HR – 10 计划中的。

合伙人的收入通常是其在合伙企业净收入中享有的份额，包括任何对合伙人的保证付款。由于税收原因，有限责任公司的股东通常被视为合伙人，默认按照清单打钩规则对他们进行征税。

公司的持股职工（不论 C 类还是 S 类企业）不是自雇者，不符合 HR – 10 计划的要求。他们被视为普通员工，纳入企业设立的合格退休计划。

最后，HR – 10 计划中一些自雇者会被分类为所有者兼员工。所有者兼员工指的是非法人的企业（个人独资企业）或拥有超过 10% 资本收益或利润收益的合伙人。

13. 14. 4　HR – 10 计划的种类

自雇者可以采取多种 HR – 10 计划。例如收益确定型计划、现金购买退休金计划、利润共享计划或者 401K 计划。基奥计划也可和社会保障相结合。

自雇者也可以采用简易员工退休金计划（SEP）和雇员配款计划（SIMPLE）。但是不能将这两类计划和其他退休收益计划（如 HR – 10 计划）并用。简易员工退休金计划（SEP）和雇员配款计划（SIMPLE）将会在第 14 章讲到。

13. 14. 5　与企业退休计划同等

1982 年之前，HR – 10 计划受到一系列合格企业退休计划所没有的特殊约束和限制。但是，1982 年《税收公平及财政责任法案》（TEFRA）几乎取消了所有这些针对 HR – 10 计划的特殊要求。

因此，HR – 10 计划一般拥有和针对企业雇员的合格退休计划一样的资格条件、分配限制（除了刚刚指出的）、雇员赋益权、与社会保障整合的规则以及其他计划要求。

第 14 章
其他企业养老金计划及职工福利

本章目标

读完本章后，你应该能够理解以下要点：

- 其他企业养老金计划的特点
- 非合格延期支付的性质、税务规定及规划
- 免税附加福利的种类和其他福利的税务规定

14.1 其他企业养老金计划

14.1.1 简易员工退休金（SEP）计划

基本特征 企业可使用个人退休账户或员工个人拥有的年金①设立简易员工退休金，企业缴费不得超过每个参与员工薪资的25%或49 000美元（2009年）（考虑到通胀的因素可以增加1 000美元）二者中的较小值。自雇者同样可为他们自己和员工（如果有的话）设立简易员工退休金计划。企业缴费可进行税收抵扣，员工可享受延迟纳税。对于自雇者，为自己缴纳的部分在税收申报中和HR－10计划的缴费采取相同的方式，可进行税收抵扣。

简易员工退休金计划的目的是为了减少HR－10及合格企业退休计划复杂的书面材料和监管规定的要求，便于企业和自雇者设立。和利润共享计划一样，简易员工退休金计划允许企业自由决定缴费。虽然法律中没有对企业规模的限制，但这些简单、低成本的计划主要吸引了规模较小的企业②。

严格来说，简易员工退休金计划不算合格退休计划，而是被界定为满

---

① 个人退休账户在第15章有详细介绍。
② 1997年致癌全案，员工数量为25人及以下的雇主可以建立薪资扣减SEP。然而，法律做了修改，1996年以后不能再设立薪资扣减SEP。

足简易员工退休金计划税收条件的普通（传统）个人退休账户（IRA）。对 SEP 的缴费不能转入罗斯个人退休账户（Roth IRA）。

参与要求　要使个人退休账户成为简易员工退休金计划，企业必须为满足以下条件的每个员工缴费：当年为企业工作，年满 21 岁，过去 5 年内至少在该公司工作 3 年，从 2009 年起当年来自此雇主的薪资至少为 550 美元（经过通货膨胀调整）。所有满足这些条件的员工都应该被简易员工退休金计划覆盖。

无差别对待要求　企业对简易员工退休金计划的缴费不能特别优待高薪酬员工或者自雇者。一般而言，企业缴费与每个拥有简易员工退休金计划的员工的总薪酬的关系应该是一样的。上重下轻的规定同样适用。简易员工退休金计划可与社会保障相结合。

不可剥夺缴费（立即受领权）　加入简易员工退休金计划的员工，对企业缴费部分享有即时且全额的受领权。而且，企业应允许员工在任何时间从他们的简易员工退休金计划—个人退休账户中提取任意的金额。员工个人拥有且支配他们自己的个人退休账户。

分配　一般而言，简易员工退休金计划的分配通常被视为员工的普通收入，和传统个人退休账户一样需要缴税。此外，提前领取需要缴纳 10% 的惩罚性税金，计划参与者必须按规定的开始日期领取简易员工退休金计划的分配，并按照第 16 章描述的最小分配规定进行。最后，员工不允许从简易员工退休金计划中贷款。

14.1.2　雇员配款计划

另一个鼓励小型企业和自雇者为他们自己和员工设立退休计划的办法是员工配款计划，雇员配款计划的理念最早在 1997 年被采用。这一计划实际上包括两种独立的计划类型：雇员配款计划—个人退休账户雇员配款计划—个人退休账户和雇员配款计划 401（k）计划。

雇员配款计划—个人退休账户雇员配款计划—个人退休账户计划　这一计划允许有参加资格的员工和自雇者选择以现金形式领取收入或薪资，或者根据合格工资扣减合约存到雇员配款计划—个人退休账户雇员配款计划—个人退休账户中。企业应选择仅对缴费的员工进行配款，或为所有合格员工缴费，不管他们是否选择缴费。企业缴费可进行税收抵扣，员工可享受延迟纳税。对于自雇者，为自己进行的缴费在他们自己的税收申报中也是可扣减的。

这些计划都是普通（传统）个人退休账户，满足税法要求后成为雇员配款计划—个人退休账户雇员配款计划—个人退休账户。每个参与者拥有自己的雇员配款计划—个人退休账户雇员配款计划—个人退休账户。

企业设立条件：要设立雇员配款计划—个人退休账户雇员配款计划—个人退休账户计划，企业必须拥有 100 名以上在上一年从企业获得至少 5 000 美元薪资的员工。

分配要求：合格的员工（和自雇者）可进行选择性（从工资中扣）缴费，可以是薪资的一定份额或者一个固定的美元数额。这些选择性缴费在 2009 年不能超过 11 500 美元（考虑通胀因素进行调整）。而且，年龄在 50 岁及以上的参与者可以从 2009 年起每年多交最高 2 500 美元（考虑通胀因素进行调整）的追加缴费额。

企业必须对选择缴费的员工进行配款或者对所有合格员工进行无选择性缴费。配款要求企业资助与员工缴费等额的资金，一般最高不超过员工薪资的 3%。企业配款同样不能超过前面提到的选择性缴费限定的美元数额。或者企业可以每年无选择性地按每个合格员工薪资的 2% 缴费，不管这个员工有没有进行选择性缴费。

和简易员工退休金计划不同的是，企业不能随意决定是否在某一年为雇员配款计划—个人退休账户雇员配款计划—个人退休账户计划缴费。员工的选择性缴费是合格员工的选择，企业必须在配款和无选择性缴费中选择一个。

参与者条件：在过去两年从企业领取至少 5 000 美元薪资，以及当年预计能领到 5 000 美元薪资的所有的员工（除了个别员工群体），都有资格加入计划。但是，和简易员工退休金计划不同，雇员配款计划—个人退休账户雇员配款计划—个人退休账户不受无差别对待要求和上重下轻规定的约束。

不可剥夺缴费（立即受领权，Immediate Vesting）：和 SEP 一样，参与者对其雇员配款计划—个人退休账户中企业缴费的部分享有即时且全额的受领权。而且，参与者有权在任何时间从雇员配款计划—个人退休账户中提取任意数额。

互斥计划要求：如果在任一年中，员工拥有一个合格退休计划、抵税年金计划、SEP 或政府计划（除非是一个 457 条款计划），且员工向这些计划缴费或从中领取收益，这个计划就不能被作为雇员配款计划—个人退休账户计划。这与 SEP 不同，有 SEP 的企业同时也可以有其他计划。

领取：在传统 IRAs 的情况下，员工雇员配款计划—个人退休账户的领取通常被作为员工的一般所得征税。而且，提前领取应缴纳 10% 的惩罚性税金且不允许向该计划借贷。但是，对雇员配款计划—个人退休账户来说，在员工加入计划的头两年，提前领取将处以 25% 的税金。两年期之后，惩罚性税金降低到 10% 的正常值。最小分配规定在这里同样适用。

滚存：对于参加计划年数少于 2 年的参与者，雇员配款计划—个人退休账户仅能滚存或转移到另一个雇员配款计划—个人退休账户上。但参与计划年数达到 2 年及以上后，员工可以将雇员配款计划—个人退休账户滚存到另一个 SIMPLE 计划、合格退休计划、TSA、传统 IRA 或 457 条款计划。

简单 401（k）计划　401（k）计划对于符合条件的雇主来说（和界定雇员配款计划—个人退休账户同样的方式）要成为简单 401（k）计划，就必须满足 ADP 无差别对待的测试要求（见第 13 章）。这些要求包括：缴费的要求，不可没收（立即受领权）要求，和雇员配款计划—个人退休账户一样的排他性计划要求。但是，雇员配款计划 401（k）计划一般同样遵守 401（k）条款计划中的其他资格和发放要求。

14.1.3　抵税年金计划

一个抵税年金计划，或者是 403（b）条款年金计划，指隶属于某一合格组织的员工与其雇主签订的一个协议，规定将员工收入的一部分（在税前基础上）存为退休金。

哪些员工合格　在公共教育系统或仅为慈善、宗教、科技或教育目的设立及运营的免税组织工作的所有员工都有资格参与。

合格员工每年可存入多少钱　抵税年金计划有两种缴费方式：企业额外为员工缴费（相当于增加工资）或按照员工与雇主签订的工资扣减合约（选择性延期支付）从工资中扣除。从工资中扣减是最常用的办法。工资扣减合约每年的选择性延期支付不得超过 16 500 美元（考虑通胀因素进行调整）。而且，415 条款对规定的资助计划的限制同样适用于 403（b）条款年金计划。并且，对于 50 岁及以上的参与者，自 2009 年起每年选择性延期支付的限制可通过追加缴费提高 5 500 美元。

分配的税收规定　计划参与者获得的收益按普通收入纳税。但是，抵税年金可以向传统个人退休账户、合格计划、457 条款计划及其他 TSA 计划免税转账和滚存。抵税年金计划同样受最小分配规定的约束，提前领取需缴纳 10% 的特许权税。抵税年金计划必须满足无差别对待要求。

14.1.4 非合格延期支付计划

延期支付计划指雇主延迟对员工今日提供服务的支付协议。这一计划通常是将延迟支付的所得存入为员工单独设立的账户中，未来在发生特定情况时由该账户进行支付。延期支付计划也可以是续薪的形式，延迟到退休后或其他形式的雇用终止后几年支付。这些计划被称为非合格计划，因为它们不能达到税法对合格退休计划的要求。它们通常只向一些企业的高管人员提供。

为什么选择非合格延期支付计划 对于一些没有合格退休计划的企业，它们会为某些选择的员工提供非合格计划。但多数情况下，雇主已经有合格计划覆盖大部分员工，但仍希望为一些特别关键的员工提供额外的福利。特别是因为合格计划对福利有限制，如薪资限额、415 条款的限制等。另外，高管们往往希望延迟收入，获得税前延期优惠。

计划类型 这些计划既可以由雇主发起设立，也可以由员工发起设立。当计划由员工发起时，这项计划有时也被称为延迟导向或储蓄型计划。在这些计划中，员工自愿同意其一定比例的收入被推迟支付。很多计划都是这一类型。另外，由雇主发起的计划往往被称为收益导向或为了留住员工的计划。

这些计划同样属于之前所描述的延迟型计划或补充计划，由雇主提供和支付，作为对高薪员工合格退休计划的补充。此外，还有遗嘱给付计划，通常以每年分期付款的形式为已故计划内员工的继承人提供福利。最后，还有为国家和地方政府以及非营利组织员工提供的 457 条款非合格延期支付计划。

非合格延期支付计划的税收政策 税法的两大原则或理论对非合格计划尤为重要，即推定收入原则和经济利益理论。在第 10 章中，我们已解释推定收入原则，即纳税人不应按照实际收入纳税，而应按推定收入纳税。例如，雇主设立信托基金，其员工有权在任何时候不受任何限制地提取这些资金或者获得收益。这个例子中，设立的信托基金就算为员工的推定收入，不是按实际提款的时间算，而是按信托设立的时间算。按经济利益理论，当货币价值可以被附加在薪资或收益上时，就可以对此征税。一个非合格福利计划只有在不违反这两个原则时，才能顺利地递延所得税。

在分析这些计划的税收规定时，这一计划是否被视为税收目的设立的基金极为关键。基金计划指预留出特定的资产，员工对其具有当期收益权。没有资产保证福利的计划就是非基金计划。如果一个计划是非基金计划，则收益所得税可以推迟到员工或其受益人实际领到福利时再支付。如果雇主只承诺支付由于特定事件（如时间的推移、雇用的终止、退休、死亡或伤残）延迟的数额（以及这部分数额累积的税前投资收入），这个计划通常不会受到推定收入原则的限制，因为延迟对于获得福利的人来说实际上是个限制。而且，如果计划没有基金保证，雇主债权人对其有权利，大多数税务机关都认为员工应该被视为未获得经济收益。因此，一个非基金延期支付计划通常能为一个员工提供延迟的累积账户结余，且员工拥有的对该账户的权利是不可剥夺、无条件和既得的，递延薪资和投资收益的所得税可延迟到实际取得时才缴纳。员工（或其受益人）在实际获得递延福利时纳税。

由于存在滥用非合格延迟支付和其他计划的情况，在2004年，美国就业机会创造法案的税法部分增加了409A条款。409A条款规定，当计划无法达到规定要求时，非合格延期支付计划参与者在该计划中所有递延的数额都应计入总收入。这一规定解决了分配可以从计划来、收益的加速、员工选择延期、递延时间和形式的变化、筹资原则等问题。因此，对409A条款所涉及的计划来说，符合条款条件、避免对递延金额的立即征税很重要。

对员工拥有特定资产所有权的基金计划，员工需要每年为基金增加的资产价值缴纳税款，除非员工对福利的权利受到实质性的威胁，意即员工很有可能再也无法收到计划福利。大部分非合格计划都是没有基金保证的。

非合格计划的担保措施和非正规融资　企业雇主有时通过一些非正规的融资安排获得资产以清偿这些计划下发生的债务。这些计划（常包括为参与计划的高管人员购买的人寿保险）由雇主持有、支配和提取，因此这些计划下的高管人员并没有获得直接的担保。雇主仍然不能保证其支付，除非该计划所包括的高管人员也是雇主的一般债权人。从减税方面看，这些"非正规基金计划"仍可被视为非基金计划。

近些年，如何为非基金非合格计划下的高管人员提供更大的安全保障成为人们越来越感兴趣的问题。其中一种担保措施是拉比信托（Rabbi Trust）①。拉比信托是一个不可撤销的信托，是雇主为了对选择的员工提供各种非合格退休福利而设立的。该信托规定，在特定情况下其资产将用于偿还雇主债务，但在雇主破产或无力偿债时，雇主的一般债权人仍对该资产有要求支付权。这意味着，尽管雇主将资产放在信托，这些资产并不会成为计划下员工当前的应税所得。因此，拉比信托可以为高管人员提供一部分担保，且依然能享受非基金计划的税收优惠。对于基金计划，担保措施有员工所有信托（有时被称为长期信托）、员工所有年金等。

对非合格延迟支付计划的规划 这些计划对高管人员和企业总裁比较有吸引力。因为高管们并不急需现在获得收入，且他们收到延迟收益时的纳税等级会比现在低。延迟支付计划的投资收益同样可以享受延期纳税优惠，且一些雇主为这些延迟支付金提供很有吸引力的投资机会。另一方面，担保一直是非基金计划的问题。它的重要性随环境而变化，在经济不好的时候显得更为重要。

在另一不同的领域，封闭型商业股份的出售可使用非合格延期薪资。比如，购买一家封闭型公司 C 时，与 C 公司员工签订非合格延期支付协议可以作为买入价格的一部分。延期支付对 C 公司可进行税收抵扣（间接对买者免税），因此买入价间接享受了税收优惠。否则 C 公司员工就需要为这些支付缴纳普通所得税。这样的安排往往较复杂，并且需要提前进行规划。

14.1.5 管理层退休补充计划

以《雇员退休收入保障法案》超额福利计划和管理层退休补充计划形式设立的非合格补充计划同样是为管理层设立的。《雇员退休收入保障法案》超额福利计划支付合格退休计划的最大允许额度（如 415 条款规定的限额）与员工所有福利（按照一个常规计划的福利公式计算）之间的差额。而且，通过设立管理层退休补充计划，可以提高高管人员的退休收入，高于根据基本退休计划的福利公式计算的预期收入。

---

① 这些信托之所以被称为拉比信托，是因为在当时的国内税收法下，这种信托的第一次应用是犹太人会堂为它们的学者（Rabbi）所创立的拉比信托。

14.2　其他员工福利

14.2.1　被抚养人照料协助

这一福利为指定的员工家属提供日托，包括受抚养子女、父母或配偶。《国内税收法》规定，如果这一协助是由满足一定条件的计划提供，每年不超过 5 000 美元的雇主对抚养人照料协助计划的支出可以不计入员工的总收入中。符合条件的支出包括用于儿童或老人日托中心、员工工作时请临时保姆、幼儿园、日间夏令营和家庭护士的支出。只有员工或员工及其配偶因为全天工作或全日制学习的支出才符合条件。这些支出通常也在税前基础上被灵活支出账户覆盖。

14.2.2　教育协助

员工的总收入不包括雇主通过符合一定条件的计划在员工教育协助上的支出（不超过每年 5 250 美元）。

14.2.3　金融和其他咨询服务

很多公司为公司高管提供量身定做的金融财务规划作为一项高管福利。在一些情况下，雇主会为更大范围的员工提供这样的理财服务。雇主可能同时为员工提供其他类型的咨询服务，其中一个受欢迎的类型是退休规划和咨询。

14.2.4　自助式薪资（cafeteria）（灵活福利）

基本特征　这些计划的特点将在第 22 章中描述，故在此不重复。

自助式计划的税收规定　《国内税法》第 125 条款允许员工在特定免税收益和非免税薪资中进行选择，但不能选择该计划是否按照推定收入原则作为课税交易。125 条款计划应满足无差别对待及其他特定的税法要求。实际上，这相当于推定收入原则将不适用于员工选择的免税收益，尽管他们本可以选择非免税收益（现金）。当然，如果员工实际上选择了现金支付，它就会被计入员工的总收入中。

14.2.5 免税额外福利

雇主可以为员工提供税法特别规定不计入员工总收入的多种福利和服务[①]。额外福利这一术语有时泛指除退休福利之外任何类型的员工福利。但是，在132条款规定的免税额外福利中，它特指法律规定的特定的福利，其描述如下。

免税附加福利的类型　免税附加福利包括：

无附加成本服务：对普通大众向企业购买的服务，企业免费或以低成本提供给员工。

合格员工折扣：对产品或服务可享受最多20%的折扣优惠。

工作条件附加：由企业为员工支付，且员工在税收申报时可作为营业开支抵扣税收的各种费用。这些支出项目可能包括专业会费，商业期刊的订购，商用汽车、飞机等，俱乐部会费，裁员转职协助和家用电脑。

小额福利：通常指数额较小、不经常发放、雇主不报账的项目，它包括了员工餐厅的餐饮和雇主提供的家属团体人寿保险。

合格交通福利：包括由雇主支付，每月不超过限额的通勤公路汽车交通费（如至少乘坐6人的汽车），通行费及合格停车费。这些福利同样包括雇主对这些支出的现金报销，员工如果选择免税的福利，就可以选择这些福利或者选择无推定收入的现金。

合格搬迁费用报销：指由雇主报销或支付的员工搬迁到新工作地点的支出，且该支出可作为员工的搬迁支出扣减税收。

专业运动设施：如果这些设施基本由员工、员工配偶和其受抚养子女使用，专业运动设施的使用就成为免税的附加福利。

其他福利：如果雇员为员工提供这些指定免税附加福利之外的其他福利，且我们之前讨论的各项员工福利依据其他法律条款可从所得中扣除，那么其他福利的价值通常会被作为报酬向员工征税。

---

① 《国内税收法》第132条款规定，"某些额外福利"可以不算在员工总收入中。在132条款之前，关于这些附件项目的税收状况有不确定性。

第 15 章
个人退休金账户和年金

本章目标

读完本章后，你应该能够理解以下要点：

- 个人退休金账户和年金类型
- 个人退休金账户转存和直接过户
- 决定办理不同类型的个人退休金账户
- 决定是否将传统个人退休金账户改变为罗斯个人退休金账户的税务因素和经济状况
- 将罗斯 401（k）账户余额转存至罗斯个人退休金账户
- 向家庭成员赠与财产，使他们尽早缴纳个人退休金
- 决定是否将个人退休金账户资金用于符合条件的首次置业费用或高等教育费用

对于很多人来说，个人退休金账户已经成为重要而有利的退休和财务规划工具。同时，由于税法的多次修订，它们已经变得极为复杂。下面是几种目前个人可取的个人退休金账户类型：

- 定期的（收入关联）传统个人退休金账户
- 转期传统个人退休金账户
- 无折扣传统个人退休金账户
- 罗斯个人退休金账户（收入关联）
- 罗斯个人退休金账户（转存自传统个人退休金账户）
- 配偶个人退休金账户
- 教育储蓄账户（教育退休储蓄账户）
- 简易员工退休金计划
- 员工储蓄激励匹配型个人退休金账户

简易员工退休金计划和员工储蓄激励匹配型个人退休金账户在第 14 章都讨论过。其他种类的个人退休金账户，我们将在本章讨论。

15.1 基本概念

在遵守某些条件和限制的情况下，个人退休金账户允许个人做出适合他们自己的有税收优惠的退休计划。个人退休金账户可以是个人退休金账户或者个人退休养老金。个人退休金账户可以根据书面信托条款办理（这种情况下，可称它为"信托个人退休金账户"）或者作为一个合乎国内税务局要求的信托机构的保管账户。国内税务局的资金存储在保管账户内。个人退休养老金是一种灵活的年金保险合同，可以是固定金额的年金，也可以是变额年金。

通常，对于个人退休金账户来说，其持有者的利息是不可没收的。而且，如果个人退休金账户作为贷款抵押，或者过户给他人（不同于离婚财产过户），对于贷款和过户的金额都有一定的分配额。因此，个人退休金账户通常不能为他人作担保或过户给他人。

15.2 个人退休金账户种类

目前个人退休金账户种类繁多，每一种都有不同的规定和限制。

15.2.1 定期的（收入关联）传统个人退休金账户

这些方案可以被称做传统个人退休金账户，定期个人退休金账户，或者前端个人退休金账户。这些方案只能用现金支付。

支付金额的性质和限制　个人可以根据他们的收入情况、婚姻状况，还有他们（及配偶）是否被包括在雇主提供的退休计划方案之中，通过所得税减免（从总收入到扣除各项应扣除项之后获得调整后的总收入）为个人退休金账户提供资金。首先，如果个人和其配偶（如果有的话）不被包括在雇主企业退休计划方案之中（如不是"有效参与者"），每年每位收入所得者都可以通过减免税收提供资金，2009年最高是薪酬的全额或者是5 000美元（考虑未来通胀指数，可以增加500美元）二者中的较小数。此外，在2009年，对于50岁或以上的个人退休金账户户主，每年的限额提高了1 000美元（与通胀指数挂钩）。

出于此目的，雇主退休计划包括合格的退休计划；联邦、州和地方政府计划；免税年金计划；员工养老金计划；员工储蓄激励匹配计划；还有一些其他计划。也是出于此目的，薪酬指的是作为员工赚得的薪水，自己做老板赚得的工资，或者生活费。

如果被包括到员工退休计划之中，受收入水平限制，该员工或许仍然可以通过税务减免支付传统个人退休金账户。对于提出联合返还的已婚（或符合条件的寡妇或鳏夫）纳税人来说，在2009年，出于联邦所得税全额减免目的，他们经过修改调整后的总收入（MAGI[①]）不得超过89 000美元。那么，对于经过修改调整后的总收入（MAGI）在89 000美元到109 000美元之间，减免额将逐步取消。对于单身纳税人或户主来说，如果全额减免，则经过修改调整的总收入（MAGI）限额为55 000美元，减免额范围为55 000美元到65 000美元之间。

最后，对于申请联合返还的夫妇，如果一方被包括在员工退休计划中，另一方没有，那么前者根据所述收入限制享受免税的个人退休金账户，后者根据经过修改调整后的总收入（MAGI）范围——2009年（全部与通胀指数挂钩）为166 000美元到176 000美元，可以享受税务减免支付个人退休金账户。

案例

首先，让我们假设一人名叫沃伦·威廉姆斯，35岁，单身纳税人。在一家大公司工作，有资格享受公司退休金计划方案。2009年，他的年薪为50 000美元（即其经修改调整后的总收入）。沃伦可以通过税务减免支付传统个人退休金账户，一年最高5 000美元，因为他参与雇主退休方案，他经修改调整的总收入每年少于55 000美元。但是，如果沃伦的薪水是75 000美元，他便不可以通过税务减免支付个人退休金账户[②]。

其次，如果沃伦在2009年的薪水（以及修改调整后的总收入）为60 000美元，处在规定年薪范围内，那么他可以部分支付税务减免个人退

　　[①]　对于传统个人退休金账户，修改调整后的总收入（MAGI）为调整过的总收入（AGI）加上任何个人退休金账户减免额和某些其他项目。因此，它本质上为此人或此夫妇的调整过的总收入（AGI）。

　　[②]　在后面的部分将会介绍罗斯个人退休金账户，沃伦可以通过非税务减免支付，或者通过免税支付罗斯个人退休金账户，一年5 000美元。因为2009年，罗斯个人退休金账户要求单身纳税者的收入范围为105 000美元到120 000美元。他还可以支付非免税定期个人退休金账户。

休金账户。① 因此，2009 年，沃伦可以扣除 2 500 美元后再进行支付②。

最后，如果沃伦在 2009 年的薪水（以及修改调整后的总收入）为 125 000 美元，由于超出规定年薪范围，他不能通过税务减免支付个人退休金账户。出于同样的原因，他也不可以支付罗斯个人退休金账户③。

案例

再举个例子，假设彼得·施密特和玛丽·施密特是一对夫妇，他们申请要求联合所得税返还。彼得 42 岁，为一家公司员工，有资格享受 401（k）养老金计划，2009 年工资为 100 000 美元。玛丽在一家小公司工作，2009 年收入为 60 000 美元，公司没有退休金计划。假设他们在 2009 年经修改调整后的总收入为 160 000 美元。这种情况下，由于彼得是员工退休计划的有效参与者，而且两人修改调整后的总收入超出了已婚人士收入的规定范围，彼得不能通过免税支付传统个人退休金账户。但是，由于玛丽不享受雇主退休计划，而且两人修改调整后的总收入处于已婚人士收入规定范围，根据对于已婚人士不享受退休计划，但其配偶享受此方案的情况，玛丽可以通过减免税政策支付传统个人退休金账户，金额为 5 000 美元。④

申请者要求　任何有薪水的个人，年龄不到 70 岁半时，都有资格通过所得税减免支付传统个人退休金账户。当然，正如刚才所述，如果他或她（或其配偶）有一方享有雇主退休计划，可能会限制其参与免税个人退休金账户计划。而且，雇主在他们的授权方案中可能允许员工自愿支付单独账户或年金，以便达到传统个人退休金账户或罗斯个人退休金账户要求。这些被称做雇主计划中的个人退休金账户。

纳税规定　通过所得税减免支付传统个人退休金账户时，在遵守上述

---

① 计算公式为：减免税百分比 $= \dfrac{\text{修改调整后的总收入（MAGI）} - \text{可以使用的钱数}}{10\ 000\ \text{美元（或者在收入规定范围内的其他数额）}}$（收入规定范围最低限制）

② 由于站在个人角度，罗斯允许用最低为报酬的全部或者这一年从任何资金中扣除的 5 000 美元，来支付传统个人退休金账户，他也可以支付罗斯个人退休金账户 2 500 美元，而且罗斯规定的薪水范围为 105 000 美元到 120 000 美元。

③ 稍后会提出，在这种情况下，沃伦仍然需要在不减免税务情况下，向传统个人退休金账户支付 5 000 美元。

④ 还会发现，彼得和玛丽（作为她可减免个人退休金账户的替代选择）每人都可以支付罗斯个人退休金账户 5 000 美元现金（两人是 10 000 美元），因为享有雇主退休计划并不影响参加罗斯计划的资格，而且他们的修改调整后的总收入（MAGI）低于罗斯计划规定范围（2009 年，对于已婚人士提出联合返还的，要求总收入范围为 166 000 美元至 176 000 美元）。玛丽不可能用她的 5 000 美元既支付可免税传统个人退休金账户，又支付罗斯个人退休金账户。

的限制条件下，该个人或夫妇享受本期收入税收减免。此外，个人退休金账户中的投资收益增长，在当期不征税。但是如果提款的话，所有金额都像普通收入一样需要交税。

而且，传统个人退休金账户户主59岁半之前的分配都被认为是提前分配，需要付额外10%的惩罚性税金，除非有例外情况。这包括户主死亡或失去劳动能力时的分配；支付免税医疗保险金；失业人员支付健康保险费；为户主、户主配偶或子女、户主孙子或孙女或其配偶支付符合条件的高等教育费用①；符合条件的首次置业人士的购房费用（一生最高为10 000美元限额②）；作为一系列实质等额的至少一年一次的定期支出的一部分，以满足户主生活或有生之年的需要，或者户主及户主指定受益人共同的生活或有生之年的需要。需要注意的是，即使其中有一种例外适用时，分配仍然需要作为普通收入征税。

当个人退休金账户户主死亡，出于联邦遗产税收目的，个人退休金账户中的任何余额都会被归入其遗产总额中。账户余额在个人退休金账户户主死亡之日，可以支付给指定受益人（或多个受益人）。受益人指定的性质将会影响个人退休金账户资产的税收状况，详见第26章的解释。对于各种个人退休金账户，这都是通用的。但是，对于可以减免税金的传统个人退休金账户，正如在第10章所述，账户余额对受益人来说也是IRD。第16章将会讨论针对这些问题的规划。

必需的分配额 传统个人退休金账户户主必须在其达到70岁半后的生日的第二年的4月1日之前采用应税的分配额。这就是所谓的"要求的起始日期"（RBD）。在此日期之后，需要采用每年一定数额的最小分配额。在第16章将会介绍这些最小分配额的计算方法和规划方法。人们通常有多个传统个人退休金账户，包括本章要讨论的收入关联的个人退休金账户，和下章将要涉及的转存的个人退休金账户。国内税务局要求每个个人退休金账户都要单独计算最小分配额，然后合计计算，再从任何一个或多个个人退休金账户中提取。这些也是户主去世后，个人退休金账户余额中要求的最少税金。自然地，个人退休金账户户主可以在"要求的起始日期"

---

① 符合条件的高等教育费用包括高等专业教育学费，书本费，学生生活用品开销，住宿费。这些经过许可的费用通过免税的奖学金，研究院职位补助，助学津贴的发放而减少。

② 这些是个人作为首次置业人士，为了主要的住宅而接受或使用的分配方式以获得符合条件的费用，这些人可以是个人、其配偶、任何子女，孙子女，或者个人或其配偶的被继承人。对于此种用途，首次置业人士是在获得主要住宅前的两年时间内，对于主要住宅没有所有权利益的个人。

（RBD）前提取分配额，数目可以大于最小分配额。

15.2.2 转存传统个人退休金账户

这些是从合格的退休计划，减免税养老金计划，457 条款的政府递延薪酬计划中接受合格的转存分配额的传统个人退休金账户。这些转存分配额可以是现金形式，或财产形式（例如来自合格的分红或者储蓄计划的雇主的股票）。反过来，也可以是从个人退休金账户转存至合格计划，减免税养老金方案，或者 457 条款计划的方案。

资格要求 任何个人，无论他们现在是否有报酬（收益），收入，或者无论他们是否享受雇主退休计划，均可以建立一个可以转存的个人退休金账户，享受转存分配额。

纳税规定 转存的个人退休金账户，目前对于转存分配额的数量，没有任何本期收益的税务政策。因此，举个例子，假设玛丽·莱维，40 岁，在她的有条款 401（k）可选方案的企业雇主合格储蓄计划中的账户余额中有 400 000 美元（即这 400 000 美元最终需要交税）。她将离开现在的公司跳槽到另一家公司。她可以选择将账户余额（符合延期交税条件）中 400 000 美元的部分或全部转移到自己的可转存个人退休金账户，没有任何本期收益的税收会适用于此交易①。如同其他的传统个人退休金账户，转存的个人退休金账户被视做普通收入需要交税，在同样的条款约束和例外情况下，提前分配需要交 10% 的罚金，包含在用于联邦遗产税收目的的遗产总额内，被视做继承的收入。

必需的分配额 正如其他传统个人退休金账户，可转存的个人退休金账户受上述最小分配额的约束。

15.2.3 不免税的传统个人退休金账户

当个人或其配偶享受雇主退休计划时（也包括下一章要讲的罗斯个人退休金账户的收入限制），由于免税个人退休金账户对于可减免税收的支付额有收入限制，因此，有可能对传统个人退休金账户进行非减免税的支付。这里的支付额相当于，对于没有可享受税收减免的收入限制时的支付额，与个人退休金账户和罗斯个人退休金账户可减免税的支付额之间的差

---

① 如果新雇主允许，她也可以选择将全部金额转移到新雇主退休方案之中，或者转移到减免税养老金方案或者 457 条款方案。

额。为了支付分配额，不减免税（税后）的支付额指的是个人退休金账户的户主按照合同需要投入的资金，这将会免缴所得税。但是，出于这种目的，所有个人拥有的传统个人退休金账户都被视为合同，而且一年中的任何分配都被视做一次分配。因此，这份假想合同中的任何非减免税（不应纳税）的部分都被看成是从传统个人退休金账户的分配额中按比例的一部分，即使个人退休金账户中的分配额实际上几乎或全部都是非减免税的支付额。这被称做"咖啡中的奶油原则"（即支付额全部混在了一起）。当户主的个人退休金账户没有或只有很少的不可减免税的支付额时，账户中的免税分配额也会相应减少。这些税后支付额可以转存到另一个个人退休金账户，但不在雇主退休计划中。

非减免税的个人退休金账户支付在税收方面的唯一优点是，账户中投资收益和资本收益的积累，无须对本期收益收税。但是，如果进行分配，这些收入和资本利得就会按照普通收入征税。

15.2.4　罗斯个人退休金账户（Roth IRAs）

一个关于个人退休金账户的较新观点是，罗斯账户没有税收减免，但是分配时可以免税。

支付的性质和限制　个人可以基于他们的收入和婚姻状况对罗斯账户进行支付。参与罗斯账户与这些个人是否参与雇主企业退休计划方案无关。赚取工资的个人支付罗斯个人退休金账户时，其支付上限是薪酬100%的金额或与收入关联的传统个人退休金账户中相同支付金额限制中的二者中较小值。对于50岁或之上的户主也有同样的限制。以上所有罗斯金额限制都与2010年开始的通货膨胀挂钩。

罗斯退休账户的收入限制（逐步淘汰范围）是个人或户主修改调整后的总收入MAGI①为105 000美元至120 000美元之间，2009年（与通胀指数挂钩）提出联合申请的已婚人士的总收入MAGI在166 000美元至176 000美元之间。一年之内，同一个人支付传统个人退休金账户时，年度金额限制也会减少。

资格要求　任何有薪酬（薪水或应纳税的生活费）的个人和那些总收入在规定范围内的人，有资格支付罗斯个人退休金账户。罗斯账户可以

---

①　这是传统个人退休金账户规定的总收入MAGI键入任何可减免的个人退休金账户支付额和任何从传统个人退休金账户转存到罗斯个人退休金账户后所得的收益（下一章将要讨论）。

在70岁半之后支付。员工个人退休金账户和员工储蓄激励匹配计划个人退休金账户都不可以支付罗斯账户。但是，一旦资金用于支付传统个人退休金账户，根据相关规定，这些资金可以转移到罗斯个人退休金账户中。

第13章已经介绍过，401（k）计划和403（b）年金计划允许员工选择把他们自己可选择的延期支付全部还是部分定为税后"罗斯支付金额"（指定的罗斯账户）。在这种情况下，员工为这些罗斯延期支付缴纳所得税，但是这些项目资金会增长，并且分配时免税。任何401（k）计划和403（b）计划参与者，不管收入如何，都可以支付"罗斯支付金额"。根据转存的规定，这些401（k）计划和403（b）计划账户可以免税转存到罗斯个人退休金账户。

纳税规定 由于要征收所得税，支付罗斯个人退休金账户的金额不会减免，但是账户中的投资收益和资本利得是免税的。罗斯个人退休金账户的分配额（不管是与收入有关或者从传统个人退休金账户转存而来），只要是符合条件的分配额，都不会包括在计算联邦所得税的总收入中。一个符合条件的分配额是纳税年度至少五年后个人所得的金额。纳税年度指的是个人首次支付罗斯个人退休金账户或者转存如罗斯账户的年份。由于个人死亡或者残疾，或者是首次置业人士分配额，59岁半或之后，个人便可领取分配额①。因此，一个符合条件的罗斯分配额必须经过上述的5年检验和引发事件的检验。如果达不到以上要求，便是不符合条件的分配额，之前未征税的投资收益将被征税。即使在这种情况下，但是，非税务减免的支付金额被假设先支付，因此直到全部不符合条件的分配额（来自所有的罗斯账户）超过总支付额时，才会征税（与"混了奶油的咖啡"原则相反）。如果一个分配额是应征税的，提前分配需要征收10%的税收罚金。

指定的罗斯账户也有相似的符合条件（不应纳税的）和不符合条件的（应纳税的）分配额。但是，当参与者首次支付此指定的罗斯账户时，并没有首次置业人士触发事件和五年期。

作为规划，接受超过总支付金额的不符合条件的分配额是不明智的。事实上，作为一个总体的规划策略，将资产存放在罗斯账户和传统退休账户中尽量长的时间，并从罗斯投入中的收益免税和传统账户收入延期纳税增长中获取最大利益是最明智的。这就是第16章要讨论的"延伸个人退

---

① 和第327页脚注②定义方式一样。

休金账户"概念。

就像传统个人退休金账户情况一样，当罗斯个人退休金账户户主死亡，根据联邦遗产税规定，账户中的所有余额都被纳入其遗产总额中。户主死亡之日，账户余额便可支付给账户中指定受益人或多个受益人，这将会影响账户的遗产税情况。但是，不同于传统个人退休金账户，对于受益人来说，账户余额不像继承的收入一样是应纳税的。

强制的分配额　在罗斯个人退休金账户户主一生中，没有强制性的分配额。没有必需的起始日期，也没有必需的最小分配额。这是罗斯账户相对于传统个人退休金账户和合格的退休计划的主要优势，后两者在户主70岁半时都有强制性分配额。在罗斯户主死亡后，适用于传统个人退休金账户的最小分配额规则也适用于罗斯账户受益人（见第16章）。

对于指定的罗斯账户参与者情况有所不同。因为指定的罗斯账户是合格的退休方案的一部分，最小分配额规则（对于计划合格的要求）必须适用于指定的罗斯账户参与者。但是，当有资格这么做时，通过将指定的罗斯账户转存到罗斯账户，指定的罗斯账户参与者便可以避免适用最小分配额规则。

15.2.5　罗斯个人退休金账户（转存自传统个人退休金账户）

转存性质和限制　传统个人退休金账户余额可以由户主转存到罗斯账户，假如户主的总收入（不管是单身或者是提出联合返还的已婚个人）在转存年份不超过100 000美元[1]。但是，自2010年起，此100 000美元的数额限制将被废止，任何传统个人退休金账户户主，不论收入如何，都可将传统账户资金转存到罗斯账户。任何数目都可以通过转存实现分散，避免只在一年或几年内被作为普通收入而积聚。

传统个人退休金账户户主获得分配额，然后在60日内将此金额转存入罗斯账户，或者将此金额从传统个人退休金账户的受托人或保管人那里转存入罗斯账户的受托人或保管人那里，而户主实际上没有获得分配额（受托人之间的转存）[2]。使用任何以上办法，此转存金额都要像普通收入一样纳税。

---

[1]　正如第327页脚注②所述，修改调整过的总收入（MAGI），不包括从转存本身得到的收益。而且，出于转存合格目的，修改调整过的总收入（MAGI），不包括传统个人退休金账户中的必需的最少分配额。这对老年人出于遗产规划原因，做上述转存或许有所帮助，他们没有其他收入来源，使收入一年超过100 000美元。

[2]　可以看到，这些方法同合格的退休方案中使用的转存和过户方法，还有传统个人退休金账户中使用的减免税的个人退休金账户一样。但是扣缴税款规定不同，第16章将会解释这一点。

资格要求 上文已经提到过 100 000 美元的总收入限制。自 2009 年起，此数额限制不再适用。员工养老金个人退休计划可以转存入罗斯账户。户主首次参与任何员工储蓄刺激匹配计划个人退休金账户之日的两年后，账户资金可以转存。根据 2006 年的 PPA，目前合格的退休计划可以直接转存入罗斯个人退休金账户中。

纳税规定 出于联邦所得税用途，转存入罗斯个人退休金账户的传统个人退休金账户中的应纳税部分在转存年份便被视为总收入。从其他没有税收优惠的资产中纳税，以使个人退休金账户中的全部金额在免税的基础上增长，通常情况下更可取。当转存的应纳税部分受定期联邦所得税约束时，不需要因提前分配而征收 10% 的税金。

案例

让我们继续玛丽·莱维的例子。她直接从合格的储蓄计划中将账户余额 400 000 美元转存入传统可转存个人退休金账户中，10 年后（2010 年）账户余额为 700 000 美元。此时（由于 100 000 美元的数额限制不再施行），她决定将传统个人退休金账户资金转存入罗斯账户。因此，这 700 000 美元将会被加进她的总收入中。如果她增加的收入部分税率是 35%，那么增值税便是 245 000 美元（700 000 美元 × 0.35）。假设从其他来源支付这些税额（以使 700 000 美元在罗斯账户中免税增长），她实际上将会失去交完 245 000 美元税金后未来的税后收益。分析转存时，这一点必须考虑到。当玛丽去世时，任何账户余额都会计算入总遗产中，而不是个人退休金账户中。

强制的分配额 上文已经提到了罗斯个人退休金账户强制的分配额。

15.2.6　配偶个人退休金账户

对于提出联合返还的已婚人士，在一个纳税年度中，当夫妻中有一方没有报酬（或者报酬少于另一方），有工作的一方可以为无工作的另一方支付个人退休金账户（配偶个人退休金账户），也可以支付自己的个人退休金账户。一年中支付每个个人退休金账户的最大金额为工作一方支付金额 100% 的较少的那个项目（减去某些项目），或者按照上文所述的支付金额限制。配偶个人退休金账户可以是传统个人退休金账户或者罗斯账户。

案例

假设山姆·约翰逊和玛莎·约翰逊夫妇分别为 52 岁和 48 岁，他们提出联合返还，山姆的年薪为 150 000 美元。他是雇主合格的储蓄计划的积极参与者。玛莎在家工作，没有报酬支付个人养老金。在这种情况下，2009 年山姆可以给自己的罗斯养老金账户支付 6 000 美元（5 000 美元的定期金额，因为他已经超过 50 岁，还有 1 000 美元的金额用于赶上他人），另外他在这一年可以给玛莎的配偶罗斯账户支付 5 000 美元。这是因为他们修改调整后的总收入（MAGI）少于罗斯账户对于已婚夫妇年薪的淘汰范围。对于玛莎，另外一种选择就是，山姆可以向她的传统可减免税配偶个人退休金账户支付 5 000 美元，原因是如果夫妻一方（山姆）享受雇主退休计划而另一方（玛莎）无法享受，那么他们的修改调整后的总收入（MAGI）少于年薪淘汰范围。山姆不能为自己支付可减免税的个人退休金账户，因为他享受雇主的退休计划而且他们的修改调整后的总收入超出了年薪的淘汰范围。

15.2.7 教育储蓄账户（教育个人退休金账户）[①]

支付金额的性质和限制 根据某些收入限制，任何个人（无论他们是否有收入）均可为每个受益人向教育储蓄账户每年支付最多 2 000 美元。收入限制在单身人士的 MAGI 是 95 000 美元到 110 000 美元之间，提出联合申请的已婚夫妇的 MAGI 是 190 000 美元到 220 000 美元之间。罗斯账户的年薪淘汰范围操作方式与此类似。上文讨论的其他各种个人退休金账户限制之外，还有每年 2 000 美元的限制额。

资格要求 除了合格的个人，公司和其他实体也可以支付教育储蓄账户，在这种情况下，刚才提到的收入限制不再适用。

纳税规定 支付给教育个人退休金账户的金额是不可以减免税的，而且，相应地，符合税法的提款也不应纳税。投资收益的累积免税。为了符合免税的提款条件，受益人提款的金额必须不超过合格的教育费用[②]。对于超出的部分，受益人将对未纳税的投资收益按照比例纳税，还会接受 10% 的税款滞纳罚金。

转存和必需的分配额 当教育个人退休金账户受益人超过 30 岁，他或她可以将其中未取出的任何数目的金额（在分配金额的 60 日内）转存至受益人家庭另一成员的教育个人退休金账户中。也可以在 30 岁之前转存。

---

① 这与上文提到的个人退休金账户在概念上的不同之处在于，它们是为提供教育基金设计的，而不是针对退休设计的。它们起初被称做"教育个人退休金账户"，但是现在它们的正式名称为"教育储蓄账户"。本书中，教育个人退休金账户即是教育储蓄账户。

② 这些包括小学和中学教育费用（1 年级至 12 年级），还有合格的高等教育费用，例如：学费，书本费，生活用品费，器材费，食宿费及其他项目。这些经过许可的费用通过免税的奖学金，研究院职位补助，助学津贴的发放而减少。

如果 30 岁之前没有转存，剩余的任何资金都会被分配给受益人，未纳税的投入收益将作为普通收入纳税（包括 10% 的税款滞纳罚金）。

教育储蓄账户的支付金额受赠与税的约束，2009 年的数额上限是 13 000 美元（已婚夫妇分别赠与，总额可以是 26 000 美元），每个受赠人每年根据遗产税法合法的免税额与通货膨胀率指数挂钩[1]。在受益人转存至受益人账户情况下，只要受益人是同一辈分（例如是兄弟，姐妹），将不会收取遗产税。但是，当一个后位受益人是前位受益人的下一辈分时（例如前位受益人的孩子），将会收取赠与税，但有每年的免税额。

教育个人退休金账户与 529 条款计划的用途相同——为教育花费提前准备资金。（529 条款计划在第 12 章涉及）但是，前者没有后者灵活，支付限制额更低，还有收入淘汰范围限制，而且当受益人到 30 岁时，还需要分配资金。对于这些个人退休金账户，合格的教育费用范围更加广泛，它们包括合格的小学和中学教育开支，还有合格的高等教育开支（529 条款计划只覆盖高等教育开支）。因此，根据不同情况，个人可以综合运用两种途径，每年向教育个人退休金账户支付 2 000 美元，向 529 条款计划支付 11 000 美元（2009 年），将 13 000 美元作为每年的免税额赠与受益人。然后，教育个人养老金计划可以免税用于小学和中学私立学校开支（若需要的话），如有必要，529 条款计划对于合格的高等教育开支是免税的。

15.2.8 个人退休金账户转存和直接过户

另一种转存至个人退休金账户的方法是，从个人退休金账户接收的资产在 60 日内部分或全部转存至同种类型的个人退休金账户。对于这种转存方法，目前还没有征收即期所得税，这叫做个人退休金账户转存至个人退休金账户。个人退休金账户的部分或全部资产分配给户主，然后户主将这些资产转存至另一个人退休金账户。按这种方法转存的次数一年只可以一次，而且所有权同样被转移至新个人退休金账户。

另一种途径是个人退休金账户直接过户。在这里，一个个人退休金账户资产直接从一个计划发起人过户至另一个计划发起人，而不经户主之手。在这种情况下，一年中没有过户的次数限制。

15.2.9 提供个人退休金账户的金融机构

许多金融机构向公众提供个人养老金方案。一些机构提供自主的个人

---

[1] 第 27 章将讨论礼品税每年的免税额。

退休金账户。事实上，户主在五花八门的投资方案中具有完全控制的选择权。另一方面，在这些自主方案中，户主也对自己的投资选择全权负责。

15. 2. 10　个人退休金账户投资

各种资产都可以投入养老金账户。可以通过金融媒介投资或者个人通过自主的个人退休金账户投资。但是，人寿保险和一些特定的应收账款则不是个人退休金账户的合格投资品。

15. 3　个人退休金账户的规划问题

15. 3. 1　决定是否开立个人退休金账户

最基本的问题是是否支付个人退休金账户。如果一个人有资格通过减免税支付传统个人退休金账户或者非减免税支付罗斯个人退休金账户，有很多益处。

对于可减免税的传统个人退休金账户，支付金额和投入收益都在税前，因此户主有权对这两者延期。

对于罗斯个人退休金账户，投资收益的免税增长及其长期性使其和传统个人退休金账户一样或更有吸引力。在特定环境中哪一种方案是首选，这个问题很复杂，下一部分将会有所讨论。

对于非减免税传统个人退休金账户，情况不是那么明朗。其唯一明确的优点是投资收益可以延期付税。

15. 3. 2　决定是否开立传统个人退休金账户还是罗斯个人退休金账户以及是否转存资金至罗斯账户

当然，一个人如果只有资格开立其中一种，问题就解决了。但是对于很多有资格开立两种账户的人来说，很不幸运，这个问题没有明确答案。

它可以分成两个小问题解决。第一个问题是，一个有资格开立这两个账户的人应该开立哪一种账户。第二个问题是，一个拥有传统个人退休金账户的人是否应该转存资金至罗斯账户。

可减免税的增长和免税增长基本对等　分析这些问题时，在一开始就提到下面的这些会对大家有所帮助。如果一个人投入一笔钱或支付一系列资金，在延期付税的情况下增长，然后在一段规定日期之后交税（如在传统个人退休金账户），这是一种方式；另一种方式是按照要支付的金额总数先交税，减免税，以及在同一时期内免税增长（如罗斯账户），两种方式的结果是一样的。假设两种情况的利息率和税率一样，其结果可能在一定程度上和我们直觉相反，让我们通过这个转存的例子解释。

案例

假设亨利·彼得诺夫斯基 50 岁，享受 33% 的联邦所得税等级，拥有一个账户余额为 100 000 美元的传统个人退休金账户，计划转存至罗斯个人退休金账户。再假设他可以获得税前 8% 的投入返还和 5.36% 的税后返还（8% ×0.67 = 5.36%）。首先，我们应该假设亨利在传统个人退休金账户里的资金以 8% 的年均复利报酬率，20 年后 70 岁时，他将所有钱取出①。然后，他以 33% 的利率为这积累的余额 466 096 元支付所得税。②结果，20 年后，他养老金账户的税后收益为 466 096 美元 ×0.67 =312 284 美元。另一方面，如果我们假设亨利将他的传统个人退休金账户资金转存至罗斯账户，根据账户实收款项付所得税③，可以使 67 000 美元的余额在罗斯账户中以 8% 的年均复利报酬率免税增长，20 年后 70 岁时将余额免税取出，亨利在 20 年后的税后收益是一样的（在罗斯账户中 100 000 美元 ×0.67 =67 000 美元，20 年中以 8% 的利率增长为 312 284 美元）。但是，注意达到这个等值效果的基础假设是，对于两种情况来说，投资收益、税率，以及这段时间开始和结束时，延期纳税和免税的资金增长是一样的。

但是，正如我们在脚注③和之前陈述的，为个人退休金账户转存实收款项付税不是个可取的计划④。因此，让我们把前面的例子改为假设亨利将传统个人退休金账户中的整整 100 000 美元转存至罗斯账户，然后用其他非减免税资产交付这 33 000 美元应付税金。在这种情况下，罗斯账户中资金以 8% 的利率在 20 年内免税增长至 466 096 美元。用于转存税金的 33 000美元本应在这段时间增长，但是税后年平均利率为 5.36%。20 年

---

① 作为计划，他通常会在一段时间之后取出这些钱，以在尽可能长的时间维持延期付税。我们做出这个假设的目的仅为了说明和解释。

② 而且现实是，如果他将这个数目纳入一年的收入中，纳税等级会增加到最大临界率。但是我们是为了比较才做这个税率的假设。

③ 正如之前提到的，从传统个人退休金账户的实收款项中纳税是不可取的。最好使用其他没有税收优惠的资产来纳税（即使借钱来纳税）以使总目（在这个例子中是 100 000 美元）可以持续免税增长。为了比较，这里也给出了相反的假设。

④ 相应地，一个人通常应该全额支付收入关联的罗斯个人退休金账户，即使不减免税。涉及之前的纳税金额的钱，一定来自于其他没有税收优惠的资金来源。本质是一样的。

后，平均利率为 5.36% 的 33 000 美元将变为 93 762 美元。因此，如果我们从罗斯账户余额中扣掉这些金额，我们用 466 096 美元 – 93 762 美元（税后的税金积累额）＝372 334 美元便是罗斯账户的余额。

此分析表明了罗斯账户的固有优势，不管是转存账户还是收入关联账户。过去的税金（或减免金额）实际上在罗斯账户内免税增长（以 8% 的利率），如果在别的账户内它会以 5.36% 的税后利率增长。只要以上假设是不变的，罗斯账户总是很有优势。

但是，罗斯账户的一个更大的固有优势是，强制分配规则在户主生前不适用，但是，此规则适用于传统个人退休金账户。因此，在前面的例子中，在 70 岁半时，亨利必须从传统个人退休金账户中获取分配额——然后为它们交税。从那时起，那些资金便不在个人退休金账户里了，假设它们被重新投资了，只能赚取所假设的 5.36% 的税后收益[①]。另一方面，在罗斯账户里的资金可以保持原封不动，继续赚取 8% 的免税收益直到亨利去世（这时与受益人相关的最小分配额规则将会适用）。

选择哪种类型的个人退休金账户的因素　考虑到前面描述的罗斯个人退休金账户的固有优势，选择这种账户类型还要考虑其他因素。首先，让我们考虑选择收入关联的罗斯个人退休金账户或收入关联的传统个人退休金账户。

支付时的税率和分配时的税率（假设的）之间的关系：正如刚才举的例子，除了罗斯账户固有的优势使人们倾向于选择它们以外，同样的税率导致了一样的结果。支付比分配更低的利率使罗斯账户具有优势。相反的情况则使传统账户更有优势。但是，人们可能很想知道一个人怎么会有信心预测 10 年、20 年、30 年、40 年，甚至更多的年份之后的税率呢？作者也无从得知。甚至很难说，多年之后的退休期间的所得税税率会比工作时期的所得税税率低得多。

个人退休金账户分配资金前的时间长度：只要考虑到前面所述的基本相等关系，就没有什么差别。但是，这段时间越长，罗斯账户的固有税收递延的优势就越明显。

个人退休金账户资产的投资回报率：至于考虑到基本的等效性，只要对于两种个人退休金账户假设了同样数目的投资收益和税率，这个因素便是中立的。但是，高利率增加了罗斯个人退休金账户固有的免税优势。

---

① 第 16 章将讨论合格的计划和个人退休金账户的最小分配额原则。

对于退休收益（或去世之前）的个人退休金账户资产需要：这缩短了延期纳税时间，因此减弱了罗斯账户的固有优势。

个人退休金账户资格和筹措资金：这两种个人退休金账户的资格和资金支付规则不同。并且，由于支付传统个人退休金账户的所得税应税收益享受减免，从资金流动的角度，每年全额支付传统个人退休金账户比支付罗斯账户容易。

考虑到从传统个人退休金账户转存资金至罗斯账户，刚才提到的决定因素在本质上都是相同的，除了它们的相对重要性不同。还有其他一些因素决定是否转存资金。

为转存筹措资金：这涉及到为传统个人退休金账户支付所得税。在转存的当年对于转存的金额数目来说，全部税收到期。对于纳税人来说，这可能会造成资金流出和枯竭问题。

因为转存，户主应付的税率：从转存而来的增加的收益可能使户主——纳税人进入更高的所得税等级。转存时税率相对于分配时可能会提高，这将更有利于持有传统个人退休金账户。但是，转存的数额经过几年的分散可以减弱这个因素。而且，在某些情况下，户主做时间换算，在那段时间，他们应纳税的收入和税率相对来说都比较低。

财产赠与，让家庭成员也支付个人退休金账户

父母或者其他人或许希望赠与孩子们或其他家庭成员财产，这些家庭成员已经可以赚钱，可以让他们为自己的个人退休金账户存钱。这个账户可以是罗斯个人退休金账户，因为对于低收入的纳税者，税务的减免相对的微不足道。正常来说，每年每个受赠者的遗产税年度免税额为 13 000 美元（与通胀指数挂钩），因此不会产生应纳税的财产。

15.3.3　投入个人退休金账户资金

另一个需要规划的事情是如何投入个人退休金账户资金。首先，个人退休金账户投资应该符合总体资产配置策略。其次，从税收的角度来说，第 9 章讨论关于影响投资方式的因素，也适用于这一需要规划的问题，至少涉及传统个人退休金账户时是这样的。

主要的区别涉及罗斯个人退休金账户。因为罗斯账户的分配额是免税的，罗斯账户内的所有投资收益，在户主生前或者户主去世后对于受益人来说，都是免所得税的。这一点的影响对于户主去世时直接拥有的资本资产原则上基本是递增的。因此，在这个基础上，与传统个人退休金账户相比，罗斯账户可以产生长期资本收益的资产能产生更大的利益。但是，从税收的角度，直接持有长期资本利得资产更可取。

15.3.4　使用个人退休金账户用于合格的首次置业人士的分配或者高等教育的开支

之前提到过，提前分配要征收 10% 的税金，但用于以上两种用途的传统个人退休金账户分配额则不受这一点约束。但是，它们像普通收入一样，需要交纳常规的税金。而且，在罗斯账户中，首次置业人士分配额是合格的免税分配额。尽管如此，在传统账户中提取的这些分配额，要么是延期付税的资金，要么是免税资金，都将会导致本期税金。因此，如果可能的话，最好用其他资金来满足这些需要。

15.3.5　指定个人退休金账户受益人

在下一章对于个人退休金账户和合格的退休计划中的这个问题，将会有更广泛的讨论。

15.3.6　为个人退休金账户规划分配额

第 16 章也会讨论怎样为个人退休金账户和合格的退休计划规划分配额。

第 16 章
规划从退休计划中获取分配额

本章目标

读完本章后，你应该能够理解以下要点：

- 影响退休计划收益的规划因素
- 关于退休计划收益的联邦所得税法
- 为一次性付清的分配额做计划
- 为将资金转存至一个个人养老金账户或者另一个合格计划做规划
- 提前分配和不充分分配的罚金
- 必需的起始日期和最小分配额规则
- 为指定计划受益人和特定的受益人做规划
- 参与者或户主死亡之后的最低分配额规定
- 为转存至配偶账户做规划
- 为非配偶继承的个人养老金账户做规划
- 退休计划收益的联邦遗产税
- 为在各种情况下获得分配额做规划，例如在退休前的工作期间，退休前不再受雇的情况，在退休期间，在参与者或户主死亡时
- 怎样利用"可延伸个人养老金账户"法
- 把退休收益当做终身的年金收入的利与弊

第 13 章和第 14 章描述了各种合格的退休计划和其他雇主提供的计划，第 15 章讨论了个人养老金账户。本章将要讨论怎样从这些计划中获取收益，何时获取收益。

个人或者夫妇可能需要规划在以下一种或几种情况下从这些计划中获得收益：

- 当参与者——员工仍然在被雇用期间（即在服务中）
- 如果在退休前，一个参与者不再受雇于前雇主
- 退休时
- 参与者或者户主死亡时

16.1　影响计划的大体考虑

16.1.1　计划福利的目标

这些可能包括以下几点：

- 为个人及其配偶（如果有的话）或他人提供稳妥的终身退休收益。
- 为投资提供资金。
- 在延期纳税或免税基础上尽可能长期地积累资金，以传给继承人。
- 在延期纳税或免税基础上积累资金，当受到未来的条件限制，为未来把资金作为退休收益或者规划遗产时，提供最大程度的灵活性。
- 避免税款滞纳罚金，减少其他税款，以达到最大程度的可行性，并与其他目标相一致。
- 为保护债权人利益，将资金保存在合格的退休计划中（可能是个人养老金账户中）。

16.1.2　计划赋予的权利

个人和其投资顾问必须参考他们的参与者计划的条款，以确定他们的权利和利益。一些情况下，一个参与者或者个人养老金账户户主可能想采取一定的行为，但是如果计划的文件不允许，就不可以。

16.1.3　现有资源和收入需要

如果需要用收益来提供现在的退休收入，他们必须能够提供足够的收入。另一方面，如果有其他充足的资源或者收入，规划面就会更广一些。

16.1.4　健康状况

这一点可能会从几个方面影响计划。例如，一个健康状况较差的人，如果有其他选择的话，不会愿意把退休收益作为终身养老金，或者可能会选择有充足的遗属抚恤金的年金形式。

16.1.5　关于资金管理的几点考虑

人们对于管理退休收益的资金的想法和能力不同。一些分配方法需要接受者积极管理（例如转为自主的个人养老金账户或者一次性付清的分配），另一些不需要（例如获取终身年金）。考虑的另一个方面，可能涉及退休计划资产所在的金融机构（资助机构）的偿付能力。如果个人或夫妇对这一点比较关心，他们可能愿意将退休资金转移到更加稳妥的可转存个人养老金账户。

16.1.6　所得税延期缴纳

作为一个总的原则，只要可以延期缴纳所得税（或者可以免税增长，如在罗斯个人养老金账户中），参与者和个人养老金账户户主往往想将他们的退休资产存在合格的退休计划或者个人养老金账户中。通常这让我们在纳税方面感觉良好，但是会与其他因素背道而驰，例如需要当前的退休收入。

16.1.7　避免惩罚性税金

有两种惩罚性税金，合格的退休计划和其他退休计划或者个人养老金账户可能会收取：提前分配会收取 10% 的税金，不充分分配会收取 50% 的税金（即违背最小分配额原则）。这些惩罚性税金将会在本章的后半部分讨论。当考虑到退休计划分配额时，应该永远避免 50% 的罚金，尽可能避免（或减少）10% 的罚金。

16.1.8　满足 1984 年出台的《退休公正法案规定》（REA）

第 13 章已经讨论论过，在一个合格的退休计划中，除非他们经过其配偶知情同意后被参与者放弃，已婚参与者必须根据《退休公正法案规定》缴纳其收益。而且，在一个合格的利润分享计划中，储蓄计划中或者股份红利计划中，除非配偶同意放弃，一个已婚参与者要么满足《退休公正法案规定》而免税，要么根据此法案付税。此法案不适用于个人养老金账户。

16.1.9　关于遗产规划的几点考虑

在一些情况下，对于遗产规划的考虑在决定怎样处理合格的计划和个人养老金账户抚恤金时变得比较重要。

16.1.10　保护债权人

退休计划的参与者和户主可能发现自己破产了，或者债权人向他们索赔。特别是在经济困难时期，例如写这本书的时候。这种情况下，债务人要考虑两个层面的问题。第一是根据联邦破产法，其资产是否包含在破产财产之内，另一个就是根据州法律，这些资产是否属于扣押财产。

2005年联邦《破产滥用预防和消费者保护法》（BAPCPA）在某些方面阐明并扩展了对于退休计划资产的债权人保护。根据联邦法律和州法律，合格的退休计划［例如抚恤金、分红、401（k）和股利分红计划］对于债权人索赔享有完全豁免权。当合格的退休计划收益转存至个人养老金账户时，《破产滥用预防和消费者保护法》在联邦破产程序中，对于转存个人养老金账户资产提供无限制的债权人保护。这个联邦无限制豁免权也适用于员工个人养老金账户和员工储蓄刺激匹配计划个人养老金账户。

根据《破产滥用预防和消费者保护法》，常规的传统和罗斯个人养老金账户（即那些户主创立和支付的账户）在联邦破产程序中，在总计限额1 000 000美元以内享有豁免权（除非破产法官允许更多，如果"正义的利益也是这么要求"）。但是，对于个人养老金账户的债权人保护，在州破产，抵押物品或者扣押等方面取决于州法律的规定。许多州制定法律保护个人养老金账户资产免受债权人索赔，但是保护的程度有所不同。

16.2 对于符合条件的计划和个人养老金账户的收益进行征税

对于合格的计划和个人养老金账户的收益进行征税是一个复杂的话题。在这里只讨论基本原则。

16.2.1 对于分配额征收的联邦所得税

对于合格的退休计划和传统个人养老金账户支付金额的联邦所得税制的基本原则是：对于来自计划中之前没有纳税的付款金额部分（即雇主支付金额，税前员工支付金额，可减免的个人养老金账户支付金额，计划资产的投资收益），当它们最终从计划中支付时，此付款金额应向参与者（或户主），或者其受益人征税。但是，对于已经纳税的资金的付款金额部分（通常是税后员工支付金额和非减免税的个人养老金账户支付金额），当它们最终作为收益支付时，应该从总收入中排除。另一方面，罗斯个人养老金账户中合格的分配额是全部免交所得税的。

合格计划中的定期收益 企业员工通常从死亡利益退休金计划中，以定期终身收益的形式为其自身或夫妇两人获取利益。他们有时也把固定缴费计划的账户余额作为终身收益，或者通过分期付款给他们获取固定的金额或者经过固定的年份。作为一个基本原则，定期分配受养老金税制约束（在《国内税收法》的第 72 章节）。但是，一些特殊条款也适用于合格的退休计划。

根据一般养老金规定，任何养老金或分期付款账户的应纳税部分，是排除了计划中员工自己的净投入部分（成本基础），如果有这部分付款的话。通过计算年金起付日的排除比例，然后用定期分配额乘以这个排除比例。这就是不纳税或被排除的数目。排除比例是年金领取人在方案中的净投入部分（成本基础）除以其从计划中获得的预期回报。

但是，对于从合格的退休计划和减免税养老金中获得的终身年金和分期付款资金，是否适用特殊的规则，取决于年金支付何时起始或将会起始。根据最新规定（有时它也被认为是改良过的简化的一般规则），当年金起始日期在 1997 年 12 月 31 日之后时①，每一笔年金付款的不应纳税部分，决定于合同中年金的投资（如果有的话）除以联邦附录中的一个因数，这个因数取决于单个领取年金者的年龄，或当年金支付给两到多人时，这几人的年龄的总和。对于定额的分期付款账户，月付款数作为除数。

案例

假设玛丽·瑞丽是一个死亡利益年金计划的参与者，几年来，她支付了32 500美元的税后资金。她 65 岁，丈夫 68 岁。玛丽今年退休，在她去世之前，她和丈夫将会获得一个联合的 50% 生存者终身年金，每月 3 000 美元。如果她丈夫去世比她晚，他将在其去世之前每月获得 1 500 美元（即合格的联合年金及幸存者年金 QJSA 形式）。在这些假设的基础上，玛丽每月可以从她的年金收入中扣除 125 美元。用她合同中（32 500 美元）的净收入除以联邦附录表中的 260 便得到这个数字②。其余的（每月 2 875 美元）将作为普通收入需要纳税。

根据年金规定（一般年金规则和适用于合格计划的特殊规定），领取年金者通常只能免税重新获得其在合同中的投资净额。之后，所有未来的

---

① 当年金起始日期是 1996 年 11 月 18 日之后，1998 年 1 月 1 日之前时，或者在 1986 年 1 月 1 日之后，1996 年 12 月 19 日之前时，或者在 1986 年 7 月 1 日或之前时，将适用其他规则。这方面有很多改变，这些都是过渡性的规则。而且，年金起始日，当领年金者年龄为 75 岁或之上时，这个简化的规则不再适用，除非有少于五年的保证金。

② 当夫妇总年龄为 130 岁到 140 岁之间时适用；在此情况下，总年龄为 65 + 68 = 133 岁。

付款都应全部纳税。因此，在前面的例子中，当玛丽免税重新收回她的32 500美元本金后，每月全部3 000美元的退休金对她来说便是总收益。但是，如果玛丽和她丈夫在免税收回32 500美元本金之前死亡，对于他们之中去世较晚的那个人，未收回的数额将在最终的所得税申报表中实现减免税收。

个人养老金账户的分配　正如合格退休计划一样，传统个人养老金账户户主可以免税重新收回合同中（不可减免的支付金额）的任何投资金额，而其他分配额作为普通收入应该纳税。对传统个人养老金账户中的部分分配额纳税时，应适用第72章节的一般年金规定。所有个人拥有的传统个人养老金账户根据此规定都被看做一个合同。分配额中任何可排除的部分，来自于户主合同中的投资净额除以合同中的（个人养老金账户余额加上特定调整）预期回报，然后乘以分配额的部分（如果有的话）。余数是总收入。如同合格计划，户主只能免税收回其本金。罗斯个人养老金账户中合格的分配额免除所得税。

方案或合同中的投资净额（本金）　员工在合格退休计划中的投资净额可能包括以下内容：

- 对于此计划的任何税后员工支付金额。
- 此计划提供的对于员工的任何纯人寿保险保障的全部短期费用，而且员工之前已经纳税。
- 任何员工已经偿还的计划贷款数额，而且员工之前已经纳税（例如，不符合免税计划贷款要求的贷款金额）。
- 任何雇主支付金额，出于某些原因，之前员工已经纳税。

然后，员工必须从这个数目中减去之前从此计划中获得的任何减免税的分配额和任何未偿还的计划贷款。结果即是员工在此方案中的投资净额。

传统个人养老金账户户主在合同中的投资是任何非减免税的支付金额。

参与者和户主没有本金的计划　很多情况下，参与者和传统个人养老金账户户主在计划或合同中没有投资（本金）。因此，实际上，许多计划中的分配额都像普通收入一样应纳税。

一次性付清的分配额　许多年金计划，和几乎所有的分红、储蓄、股份分红计划允许参与者或他们的受益人一次性获取他们的分配额。

一次性付清的分配额的定义：一次性分配额是计划参与者或其受益人

从一个合格的退休计划中的员工的整个账户结余或计划中的收益获取的，它是接受者在一个税收年度内获得的分配额。分配额的发放必须有特定的触发事件，如员工年龄达到 59 岁，员工离职，包括退休或者死亡。（对于自雇者，触发事件为年龄达到 59 岁，死亡或者残疾。）

为了决定整个账户余额或计划收益中是否有分配额，雇主为员工保持的同一种类型的所有合格计划必须一起看成是一个计划。出于这种原因，所有的年金计划都是一类计划，所有的利润共享计划是另一类计划，所有的股票红利计划是第三种计划。例如，假设雇主为其员工准备了死亡利益年金计划和储蓄计划，约翰·琼斯拥有这两种计划。他要退休了。他决定从年金计划中获得终身养老金，将储蓄计划中的全部账户余额作为一次性付清的分配额。

一次性付清的分配应纳税的数额：为了决定一次性付清分配额的应纳税的数额，应该从总分配额中扣除一些款项。这些款项可能包括：

- 员工自己的税后支付金额（减去之前任何非纳税的分配额）。
- 包含在一次性付清分配额中的雇主有价证券中未实现的净增值（NUA）（即有价证券在分配时的公允价值和它们在计划中的成本或者其他本金的差额）。一些合格的退休计划，特别是利润共享计划，储蓄计划，股票红利计划和员工持股计划，可以至少投资一部分的计划资产在雇主有价证券（例如，雇主的普通股）中，将这些有价证券作为一次性付清分配额的一部分分配给员工或其受益人。当这完成后，员工或受益人可以扣除雇主有价证券在此计划中升值的数额[①]；但是，当在此计划中被支付或购买（一个转移基数）后，被分配人手中的雇主有价证券的所得税基数是它们的价值。[②]
- 包括在员工收入中的任何人寿保险的短期费用。
- 包括在员工总收入中的任何计划贷款的偿还金额。
- 计算在一次性付清的分配额中的任何年金合同中的保险精算价值。

一次性付清的分配额的决定因素：如果一个参与者决定获得一次性付清的分配额，他或她仍然必须决定是否对于应纳税的数额（可能会有一些

---

① 由雇主支付引起的有价证券中未实现的净增值（NUA），和雇主和任何员工的支付收入，通常来说仅在一次性付清的分配额中是不包括在内的。对于任何分配额，由员工支付引起的雇主有价证券中未实现的净增值（NUA）都不包括在内。

② 雇主有价证券的接受者可能选择放弃排除有价证券中未实现的净增值（NUA）。

税务优惠）立即支付所得税，或者直接将部分或全部分配额直接转存至传统个人养老金账户，罗斯个人养老金账户（无法递延税收），或者是可以接受这种转存的另一个合格计划。

许多人选择对一次性付款额通过转存进一步推迟纳税。本章的后半部分将讨论这种选择。但是，在一些情况下，获得一次性付清分配额和立即纳税更有优势。这些情况包括：分配额相对较少；对于在 1986 年 1 月 1 日时大于或等于 50 岁的个人①，10 年远期平均和资本利得待遇适用于过渡期规则；或者当分配额的大部分都是由大量升值的雇主有价证券组成时（包括有价证券中未实现的净增值 NUA）。在有价证券中有未实现的净增值时，应该转存部分计划资产而不是雇主有价证券，正如在本章后半部分将要讨论的。但是，必须得记住提前分配征收 10% 的惩罚性税金的规定也适用于应纳税的一次性付清的分配额。

对于 1986 年 1 月 1 日之后，年龄为 50 岁或之上的员工一次性付清的分配额的税收缴纳选择：这些选择包括：（1）在当前的所得税税率下，把整个应纳税的数额作为普通收入缴纳税金；（2）使用以前的 10 年求平均值法，此方法适用 1986 年普通收入所得税税率；或者（3）对应纳税数额的 1974 年的部分支付统一的资本利得税，对剩余的数额使用 10 年平均值法。

包含雇主有价证券的一次性付清的分配额：正如已经解释过，在一次性付清的分配额中，雇主有价证券中未实现的净增值（NUA）不会对接受者立即征税。分配的有价证券中，参与者的本金和他们在计划中的本金一样。因此，当参与者随后卖出有价证券时，未实现的净增值（NUA）和任何后续的利益或损失都受资本利得税约束。未实现的净增值（NUA）被看做是长期资本利得，而任何后续利益或损失根据参与者从分配开始拥有有价证券的时间，或者是长期的或者是短期的。参与者去世时，未实现的净增值（NUA）的所得税基数没有递增。相反，对于死者（被继承人收入 IRD）的计划受益人来说，它被看做是收入，受益人以一次性付清的方式接受有价证券，或者按照参与者的意愿接受有价证券。当受益人或继承人卖出有价证券时，被继承人收入 IRD 将作为长期资本利得从而得以实现。

因此，以一次性付清方式获取雇主有价证券的优势在于，在有价证券

---

① 在特定情况下，还有 5 年转存平均规定。但是，在 1999 年之后的纳税年度，此规定已被废止。

卖出前（参与者或其继承人都可卖出）未实现的净增值（NUA）的税金是可以延期支付的，未实现的净增值（NUA）也从普通收入转换成长期资本利得。但其代价是，分配额的一部分必须立即纳税，税率是普通收入的税率。

一次性付清的分配额，或者直接转存至传统个人养老金账户，是否是最好的，取决于各种情况。能够提供最好的税后结果的决定因素包括：

- 分配额中的雇主有价证券部分。
- 未实现的净增值（NUA）部分。
- 分配额中应纳税资产和是否进行了部分资产转存而不是雇主有价证券转存。
- 当投资有价证券和其他资产不包括在计划内时，怎样对它们投资，税后盈利率如何。
- 当前所付税收的税后机会成本。
- 对于在雇主有价证券被卖出前被持有的时间和在卖出时的资本利得税率的假设。
- 传统个人养老金账户的延期纳税时间。
- 罗斯个人养老金账户中是否有任何计划利益。
- 对于提前分配额10%的惩罚性税金是否应用于一次性付清的分配额的应纳税部分。

这确实是个复杂的分析。投资顾问可能会使用电脑程序帮助大家做决定。

案例

假设玛丽·约翰逊，60岁，被一家发展迅速的XYZ公司雇用了很多年。她是公司401（k）储蓄计划的参与者。她在此计划中的总账户余额为685 000美元，而且她在此计划中没有投资（本金）。所有她雇主的支付金额都投资在XYZ公司普通股中（雇主有价证券）。玛丽的可选支付金额被平均分给了XYZ公司股票和债券基金。XYZ公司股票公开交易，在这几年中增值迅速。目前，玛丽资产负债表中的XYZ公司股票价值为575 000美元，对于此计划（此计划买价或支付方案时的金额）的总本金为120 000美元。其余的110 000美元投入了债券基金。

玛丽今年将要退休。如果她把储蓄计划（XYZ公司提供的唯一的利润共享型的计划）中的账户余额一次性提取出来，如果她处在35%的扣税等级，那么在分配额中她潜在的应纳税数额为：

一次性付清的总分配额	$ 685 000
减去：	
员工的投入（本金）	0
雇主有价证券中未实现的净增值（NUA）（$ 575 000 – $ 120 000）	
	– $ 455 000
潜在的应纳税数目	$ 230 000

假设玛丽计划将在雇主有价证券之外的（即债券基金中的 110 000 美元）分配额中可能要纳税的金额转存至传统个人养老金账户，以进一步推迟对此金额的纳税（部分转存）。因此，她必须将 120 000 美元（XYZ 公司股票中的本金）作为普通收入纳税。她计划从其他没有税金优惠的资产中支付此笔税收。因此，等形势明朗，玛丽将会直接拥有 575 000 美元，加上 120 000 美元（她必须纳税的计划本金）的所得税本金，还有账户余额为 110 000 美元的传统个人养老金账户。她将从其他资产中支付 42 000 美元税金（$ 120 000 乘以 0.35）。当然，XYZ 公司股票可能会升值也可能会贬值。玛丽可以在生前卖出或转让这个股票，或者一直持有传给继承人。但是，玛丽去世后，未实现的净增值（NUA）本金也不会递增。

作为一种选择，玛丽可以将 685 000 美元账户余额转存至传统个人养老金账户，而没有当期的纳税义务。然后，当她需要资金时，她可以从个人养老金账户中取出，或者继续推迟纳税直到她必需的起始日期 RBD（70 岁半）到来时。但是，个人养老金账户中的所有分配额将作为普通收入纳税。玛丽也可以将账户余额的一部分或全部资金直接转存至罗斯个人养老金账户，然后为转存的金额纳税。

直接转存或在 60 天内转存至个人养老金账户或另一个符合条件的计划　这可以通过参与者的雇主转存全部或部分合格的分配额至传统个人养老金账户（或者需要交纳现行税金的罗斯个人养老金账户），或者转存至另一个可以接受这种转存的符合条件的退休计划（或减免税的养老金计划 TSA），或者将分配额付给参与的员工，员工在接受分配后的 60 天内，将全部或部分分配额转存至个人养老金账户或者另一个符合条件的计划中（或者减免税的养老金计划 TSA）。

出于此目的，一个有资格转存的分配额是一个合格的退休计划（或者是减免税的年金计划）中存入员工的所有或任何部分的余额中的任何分配额；它不包括大体上等于员工一生（或平均寿命）中，或者员工和其指定受益人的一生（或平均寿命）中由定期支付产生的分配额，或者是 10 年或更多时间的规定期限内产生的分配额，或者是用来满足最小分配额规则的分配额。不论员工年龄如何，都可以直接转存分配额，任何数额的合格分配额均可，可以转存的数目不受任何数量上的限制。这种转存也没有触发事件要求。在计划中员工余额的任何部分或全部数额都可以成为有资格转存的分配额。此分配额可以转存至传统个人养老金账户，罗斯个人养老金账户（受现行税法约束），或者是符合条件的方案或减免税的养老金计划（TSA）中，或者是包含任何员工税后支付金额的合格计划中，条件是此计划允许分别追踪他们的税后支付金额和收入。

对于本应该纳税的而又直接被转存的分配额，不应该立即纳税（除非转存至罗斯个人养老金账户），只有当从传统个人养老金账户或其他计划中支付给员工或者其受益人时，才应该纳税。但是，对于有资格转存的分配额有一个20%的强制性扣缴税款的要求，除非接受者选择直接转存分配额。因此，60天内转存需要支付20%的强制性税金，而直接转存不需要。直接转存比60天内转存具有明显优势。

在一个符合条件的退休计划如403（b）或其他合格计划，已故参与者的配偶接受从此计划中转存的合格的分配，作为受益人，他或她也可以直接将分配额转存至他或她个人拥有的个人养老金账户或者是另一个其参与的符合条件的退休计划，减免税的养老金计划，或者457条款计划。除了已故参与者的活着的配偶，没有其他受益人可以使用此计划的死亡福利享受转存的待遇。

但是，2006年养老金保护法案为符合条件的计划，减免税的养老金计划和457条款计划中已故参与者的非配偶受益人提供了一个不同的但是重要的转存条款。这些受益人（包括对于非配偶受益人被指定为计划受益人的信托的受托人）能直接转存（从受托人到受托人的转存）此计划的死亡福利到受益人创立的个人养老金账户，代表非配偶受益人接受此福利。此个人养老金账户在已故参与者名下，但是使非配偶受益人受益（继承的个人养老金账户）。因此，非配偶受益人并不拥有此个人养老金账户，同已故参与者配偶在配偶个人养老金账户转存中的情况一样。但是，一旦此计划的死亡福利被转存至继承的个人养老金账户中，账户保管人或托管人将会允许按照非配偶受益人的预期寿命支付其分配金额，或者根据本章后半部分将要解释的最小分配额规定，按照已故者剩余的预期寿命支付其分配金额。

对于提前分配的罚金　为了阻止退休之前从有税金优惠的退休方案中

提款，税法对于 59 岁半之前获得的分配额的应纳税部分，强加了额外的 10% 的特许权税，受一些免责条款约束。10% 的罚金是除了常规的所得税之外还应缴纳的税收。

对于符合要求的退休计划，除了达到 59 岁半的条件之外，对于罚金征收的另外一些例外情况包括：

- 员工死亡时或之后的分配。
- 由于员工残疾引起的分配。
- 实际上大体等于员工一生或预期寿命内（或者是员工和其受益人的总的寿命或预期寿命）的定期津贴的付款。
- 员工 55 岁之后不再受雇于原公司的分配额。
- 员工可减免医疗费用的分配额。
- 根据符合条件的家庭关系顺序（QDROs）对于个人（替代的收款人）的分配额。
- 一些其他的分配额。

此 10% 的罚金适用于符合条件的退休计划，减免税的养老金计划（TSA）和个人养老金账户。注意，个人养老金账户的免责条款与以上所述有些不同。减免税的养老金计划（TSA）在例外情形方面也些不同。

规定的起始日期（RBD）和最小分配额规定　税法规定，参与符合条件的退休计划、传统个人养老金账户、可减免税的养老金计划（TSA），和 457 章节计划的个人，必须满足某些最小分配额规定。有三个因素决定必须分配的最小数额：规定的起始日期，估值日期计划中个人养老金账户户主或计划参与者的利益数额，根据美国国税局《统一寿命表》，对于员工或户主的年龄，获得规定的分配额的最短时间。当户主或参与者的配偶是计划受益人时，适用特别的规则。遵守这些规则非常重要，因为在给定年份里实际获得的分配额，和根据最小分配额规定本应获得的分配额之间的差额将征收 50% 的罚金。这被称做对于不充分的分配额的罚金。

规定的起始日期（RBD）：符合条件的退休计划中对于参与者的分配额，规定一般必须起始于个人达到 70 周岁半的第二年的 4 月 1 日，或者个人退休年份的第二年的 4 月 1 日（但是，这个退休日期仅当参与者拥有计划出资雇主不多于 5% 的股份时才适用），取两者中较晚的一个。户主获得的传统个人养老金账户中的分配额起始日期，必须不晚于户主达到 70 周岁的第二年的 4 月 1 日。

规定的起始日期之前的分配额：在规定的起始日期之前，能否根据参与者或个人养老金账户户主的判定获取分配额。

利益数额和估价日：对于符合条件的个人账户计划（例如，利润共享计划和 401（k）计划），计算最小分配额的收益是，在分配（经过一定调整）年度之前的一年的最后一个估价日的计划账户余额。对于传统个人养老金账户，账户收益是在分配年度之前的一年 12 月 31 日的账户余额。

规定的起始日当天或之后，以及死亡之前的最小分配额规定：一旦个人养老金账户户主或计划参与者达到规定的起始日期，他或她必须每年从计划中获取最小分配额。[①]

对于规定的第一个分配年度的最小分配额（其利益不是作为终身年金支付的）等于将户主或参与者在计划中的收益，除以根据户主或参与者在每个分配年度结束时的年龄从《统一寿命表》中得出的分配时间（或者可用除数）。例如，对于 70 岁的人，时间（除数）为 27.4，对于 71 岁的人，为 26.5[②]。这被称做重新计算。参与者或户主和已故者的配偶作为直接受益人使用这些除数。它的重要性在于当个人年龄逐渐变大，除数也逐年变小。它不是按照整年变小的。因此，总有某个除数，所以计划的余额永远不会完全耗尽。这一点减缓了分配，进一步使其延期。

初次分配后的几年内，就像之前的一年，最小分配额是由户主或参与者在计划中的利益，除以根据当年年末户主或参与者的年龄得出的合适的时间（除数）。根据美国国税局《统一寿命表》，一直到 115 岁及以上的年龄都给出了分配时间[③]。这些时间一般随着年龄的增大而减小。例如，对于75 岁的人，时间为 22.9，对于 85 岁的人，时间为 14.8。除了将要指出的例外情况，在个人养老金账户户主或计划参与者一生中，指定不同的受益

---

① 著此书时，作为政府经济刺激计划的一部分，最小分配额规定已于 2009 年搁置。

② 正如之前提到的，在个人养老金账户户主或符合条件的计划的退休参与者达到 70 岁之后的那一年的 4 月 1 日（规定的起始日期）首次进行分配。然后，70 岁之后的每年 12 月 31 日之前都要进行分配。这意味着如果参与者将分配额推迟到 70 岁之后的一年（4 月 1 日前），将会领取双倍的分配额。例如，假设霍华德·施瓦兹（Howard Schwartz）2006 年 2 月 2 日达到 70 岁，他拥有一个传统个人养老金账户。如果他在 2007 年 4 月 1 日领取首次分配额（因为规定的领取首次分配额的时间为 2006 年），他也可以在 2007 年 12 月 31 日领取分配额。然后，至少在随后的每一年，他必须在 12 月 31 日前领取分配额。这可能需要一些计划，因为由于更高的所得税税率和高税金，在某些情况下，一年领取两次分配额会导致 70 岁之后的那一年意想不到的应纳税收入。因此，在这些情况下，比较明智的做法是在达到 70 岁当年领取初次分配额，将应纳税的收入分散开。这个决定取决于个人情况、税率和两年内的预期收入。

③ 这个《统一寿命表》是以总的预期寿命（在性别为中性的基础上）为基础的，对于员工或户主和一个假设的比其年轻 10 岁的个体受益人，起始年龄为 70 岁。

人不会影响用来计算最小分配额的时间（除数）。

另一方面，个人养老金账户户主或计划参与者死亡后，任何剩余账户余额必需的最小分配额是由指定受益人决定的。

刚才提到的例外情况是，当户主或参与者指定比他们小10岁的配偶为唯一主要计划受益人时。在这种情况下，只要他们都活着，他们每年实际的总预期寿命可以被用来计算必需的最小分配额。这会产生比国税局统一寿命表中更低的必需的最小分配额。

确定收益计划和最小分配规则：对于收益可以按照终身收入支付的确定收益计划，为了满足最小分配规则，在规定的起始日期或之前执行，在参与者或者当其配偶为指定受益人时，他们共同在世时或一人在世时，他们每年至少获得平均支付金额。[①]

案例

这时候，解释这些规则在一般情况下的适用可能会有帮助。假设马丁·威尔夏和莎拉·威尔夏为夫妇，马丁八年前退休，当时他62岁，莎拉57岁。莎拉是个体经营的顾问工程师，马丁是一家大公司的经理。自从马丁退休，他们从社会保障中得到的收入富足有余：来自马丁的收益确定的年金计划中，对生者的一个联合的和50%的生活费；证券投资组合的本期收益率；还有莎拉仍然在做的咨询工作。马丁也参与了可选401（k）计划的合格储蓄计划（他没有付出成本本金），他退休时，里面的账户余额为280 000美元。莎拉和马丁有一个儿子和三个孙子，准备以后留给他们尽可能多的资产。

马丁退休时将储蓄计划中的280 000美元余额都转存到传统个人养老金账户，并指定莎拉为受益人[②]。在过去的八年中，此个人养老金账户平均总年回报率为8%。

2005年12月31日（估价日）的账户余额为518 260美元（这个例子中我们把它四舍五入为518 000美元）。

马丁2006年2月1日达到70岁，莎拉2006年3月5日为65岁。2007

---

① 如果指定受益人是配偶之外的其他人，则必须遵守死亡利益（MDIB）附带的某些最小分配额规定。对于确定时期的担保，也有一些特别法。

② 注意，不像符合条件的储蓄计划的情况，《退休公平法案》（REA）不适用于个人养老金账户；因此，马丁指定任何他想指定的人作为个人养老金账户的受益人。在这种情况下，他决定指定他的配偶。这样符合条件的计划和个人养老金账户都有优惠。但是，这也意味着，在户主去世后，配偶对资金拥有完全掌控权。在计划时，这一点也要考虑到。某些情况（婚姻状况，上次婚姻的儿女等）决定了其重要程度。

年 4 月 1 日为马丁的规定的起始日期，2006 年是他的规定的首次分配年度（70 岁半）。2006 年首次获得的必需的最小分配额是，由股价日（前一年的 12 月 31 日）的个人养老金账户余额的 518 000 美元，除以统一表中 70 岁对应的除数（2006 年年末马丁的年龄），即 27.4。注意，莎拉的年龄没有影响除数，因为她没有比马丁小 10 岁及以上①。因此，2006 年的最小分配额是 18 905 美元（518 000 美元 ÷ 27.4），2006 年 12 月 31 日（假设 2006 年全年的总回报率是 8%）的账户余额将会是 540 535 美元（518 000 美元 + 41 440 美元投入回报 − 18 905 美元最小分配额）。第二年（2007 年）的最小分配额将会是 20 398 美元（540 535 美元 ÷ 26.5），2007 年 12 月 31 日的账户余额将会是 563 380 美元（540 535 美元 + 43 243 美元投入回报 − 20 398 美元最小分配额）②。

这个过程在马丁的一生中都会继续。在不同的假设条件下，电脑程序将会展现这一点。金融机构（例如，马丁个人养老金账户的保管人）通常为他们的顾客进行计算。根据投资收益，账户资金通常在规定的起始日期之后仍然继续增长，直到随着除数不断减少，它也开始减少，因此规定的最小分配额也日益增长。

指定的受益人：一个指定的受益人是被参与者或户主指定的任何确定的个人，以接受其死亡后账户内剩余的利益。受益人可以是任何个人或多个人。但是，如果参与者已婚，并指定了其配偶之外的任何人，如果《退休公平法案》（REA）适用于此方案，必须遵守《退休公平法案》（REA）完全弃权和配偶同意的规定。

如果参与者或户主指定多个受益人，拥有最短预期寿命的个人被认为是特定的受益人。假设受益人他们自己是可以明确的，参与者或户主也可以通过明确情况或分类，指定特定的受益人或多个受益人，如参与者的孩子们。

由于关系到多个受益人的规定，当一个个人养老金方案有若干受益人时，一个有用的规划技巧是要求账户保管人或受托人将此账户分成若干分账户或分支个人养老金账户（在原始个人养老金账户内），每一个受益人

---

① 但是如果我们要改变条件，假设莎拉 2006 年 50 岁，那么除数将会基于《美国国税局联合的和最后幸存者表》中每一年他们实际的总期望寿命。对于夫妇俩，一个 70 岁，另一个 50 岁，除数为 35.1。当马丁和莎拉在世期间，这个除数每年都要重新计算。

② 根据最小分配额规则，马丁可以推迟首次分配额至 2007 年 4 月 1 日，但是由于第 352 页脚注①给出的原因，让我们假设他每一年领取的分配额正如那年 12 月 31 日领取的一样。

拥有一个分账户。那么每一个受益人都是其分账户的特定的受益人，其预期寿命将会支配最小分配额。这种规划方法将会在本章后半部分有所讨论。

可以指定信托为受益人，以接受计划参与者或户主去世后账户内剩余的任何利益。在此种情况下，成为责任信托受益人的个人，倘若信托符合一定的要求，根据最小分配额规定，可以被看做是特定的受益人。这些被称做透明信托，并且：

- 根据适用的州法律，它们必须是有效的。
- 在参与者或户主死亡时，它们必须是不可撤销的或依据条款将变为不可撤销的。
- 信托受益人必须是个人，并且从信托工具中可以明确其身份。
- 信托工具的副本必须提供给计划管理人或个人养老金账户托管人，或者必须提供描述受益人地位情况的清单。

另一种信托被称做"管道信托"，个人信托受益人可以被看做特定的受益人。管道信托如同"穿透信托"一样，除了受托人必须将其从退休计划中接受的任何分配额分配给个人信托受益人这一点例外。这就意味着受托人不能像"穿透信托"一样，在信托中累积计划分配额。

成为"指定受益人"的意义是，无论是直接被指定为受益人或者作为"穿透信托"的受益人，在参与者或户主去世后，特定的受益人的预期寿命可能被用于确定规定的最小分配额。关于参与者或户主去世后适用于最小分配额的规定，将在下一部分讨论。

也有不是"指定受益人"的计划受益人，例如慈善团体，不是穿透信托，或者是参与者或户主的财产。在这种情况下，不使用预期寿命，而且任何剩余的账户余额必须在参与者或户主死亡后五年内付清（即"五年规定"）。而且，如果多个受益人中，一些为指定的受益人，但有一到几人不是，那么将没有人被看做是指定的受益人。例如，如果账户余额为1 300 000美元的个人养老金账户户主指定一个慈善团体为100 000美元的受益人，指定她的3个孩子为平等的受益人接受账户余额，由于慈善团体不是特定的受益人（即使孩子们是），户主去世时，任何人都不会被看做是指定受益人，"五年规定"将会适用。

但是，有一条规定比较有用，即指定受益人的身份不需要最终确定，直到参与者或户主去世后的第二年9月30日。这一点的重要性在于，可以在户主或参与者去世后及第二年9月30日之前采取计划，出于延期纳税目的，以产生最合适的指定受益人（们）。这种行为可以包括一名或多名受益人弃权（第 26 章将讨论弃权问题）；对于一些受益人（例如慈善团体）的总分配额（现金支出）；对于多个特定的个人受益人，建立分账户。例如，在上一个自然段的案例中，可以在 9 月 30 日之前付款给慈善团体 100 000 美元（即现金支出）。然后，在 9 月 30 日，只剩下指定的个体受益人，他们的预期寿命将会被用来计算最小分配额。

但是，这不表示，例如，已故户主或参与者的遗嘱执行人可以在户主或参与者去世后，指定一个或更多新的指定受益人。户主或参与者应该在生前指定其受益人（们）。这些计划行为只可以处理已经存在的受益人的指定情况。

户主或参与者去世之后规定的起始日期之前的最小分配额：这种情况下，规定的最小分配额取决于，已故者配偶是否是唯一主要的指定受益人（直接指定的或者作为信托的唯一指定受益人)[①]，其他个人而非配偶是否是指定受益人，或者没有指定受益人（例如，一个慈善组织或死者遗产被指定为受益人）。

当已故者配偶是唯一主要的指定受益人时，规定的最小分配额可能起始于户主或参与者去世后的第二年 9 月 30 日。

或者如果已故者活着，其达到 70 岁那年的 12 月 31 日，选二者中较晚的一天。已故者在计划或个人养老金账户中的利益，可以在配偶的预期寿命内每年支付给配偶一定的数目，根据《统一寿命表》重新计算。配偶死亡后，任何剩余的金额每年会以一定的数额算入配偶的遗产中，或者按照其去世时的预期寿命，付给之后特定的受益人，从那以后，每年都减去一年。

当除了配偶之外的人是指定受益人时（例如，孩子们），规定的最小分配额必须起始于户主或参与者去世年份的第二年的 12 月 31 日之前。然后，计划中或个人养老金账户中已故者的利益，在户主或参与者去世后使用《单人寿命表》，可能在指定受益人预期寿命中每年支付前一定的数额，并自此之后每年减去一年。

对配偶为指定受益人和配偶以外的其他人为指定受益人的相关规定涉及预期寿命分配额选择。这个选项要求在受益人预期寿命（即在上一年年

---

① 当配偶可以从个人养老金账户或方案中取出所有分配额至信托时，他/她就是唯一指定的受益人。

末的账户余额除以分配年度的预期寿命数字）中每年获取一定的分配额。这可以是一段相当长的时间，引起长时间的所得税延期缴纳。例如，根据美国国税局《单人寿命表》，年龄为 40 岁者，预期寿命为 43.6 年，年龄为 50 岁者，预期寿命为 34.2 年，年龄为 60 岁者，预期寿命为 25.2 年。

另一方面，当受益人不是指定受益人时，另一个不同的规定将会适用。在这种情况下，计划中已故者的全部利益，在户主去世年份之后第五年的年末必须全部分配给受益人。这就是所谓的"五年规定"，很明显，这样比预期寿命选择提供延期纳税的机会要少得多。

户主或参与者去世后，规定的起始日期之后的最小分配额规定：这些规定和刚才描述的规定很相似，但有一些不同。当已故者的配偶是唯一主要指定受益人时，规定的最小分配额必须开始于户主或参与者去世后的第二年的 12 月 31 日之前。然后，计划中或个人养老金账户中已故者的剩余利益可能在配偶的预期寿命期间，每年以一定的数额支付给配偶，每年根据《统一寿命表》重新计算。在配偶去世时，处理方法同去世后规定的起始日期之前一样。

当除了配偶之外的人是指定受益人时，最小分配额起始于户主或参与者去世之后的第二年的 12 月 31 日之前，并且在户主或参与者去世后，使用《单人寿命表》，在其预期寿命期间，指定受益人可以每年以一定的数额获得计划余额，自此之后，每年减去一年。

当受益人不属于指定受益人时，户主去世后的第二年的 12 月 31 日之前必须开始分配。但是，这种情况下，应该依照《单人寿命表》在户主或参与者去世那一年，按照已故的户主或参与者的年龄计算出的预期寿命，将计划余额支付给某人，至此之后每年减去一年的预期寿命。

至于之前讨论的最小分配额规定，需要注意的是，个人养老金账户协议，或者符合条件的计划条款可以明确说明"五年规定"或者预期寿命选项是否适用。作为一个经验问题，符合条件的退休计划经常要求，已故者计划余额立即支付给受益人，或者在"五年规定"情况下，几乎不允许延期纳税。另一方面，个人养老金账户协议，通常允许选择预期寿命选项。因此，如果一个符合条件的计划的参与者去世，指定受益人（通常是这种情况）希望延期纳税，将已故者的账户余额转存至受益人的个人养老金账户更令人满意。如果指定受益人是已故参与者的配偶，她/他总是可以将账户余额转存至其个人养老金账户。幸运的是，2006 年出台的《养老金保护法案》现在也允许配偶之外的指定受益人直接将符合条件的计划的账户余额转存至受益人继承的个人养老金账户，因此能够使用受益人的预期寿命。

指定的受益人能够直接或间接被指定为符合前面所述要求的"穿透信托"中可以明确的受益人。如果信托不符合这些要求，"五年规定"或者以户主或参与人年龄计算的预期寿命规定将会适用。但是，如果配偶的信托被指定为受益人（即使配偶是信托中指定的受益人），在大多数情况下，配偶不能将计划利益转存至其个人拥有的个人养老金账户或将此个人养老金账户视为其个人所有，如果已故者的配偶被指定为个体的受益人就可以这么做。

只针对已故者配偶的转存选择：当已故者的配偶是符合条件的计划或个人养老金账户唯一主要指定受益人时，根据刚才所述规定获得分配额的一个替代选择是，将账户余额转存至配偶个人拥有的传统个人养老金账户或将已故者的个人养老金账户看做配偶的个人养老金账户一样对待。这种情况下，最小分配额规定适用于配偶个人拥有的个人养老金账户，所以不需要到配偶个人必需的起始日期（RBD）（配偶年龄为 70 岁时）就可以获得分配额。这或许是一个很有吸引力的替代选择，特别是如果配偶比参与者年轻的话。配偶也可以转存至罗斯个人养老金账户（如果有资格的话），之后从罗斯个人养老金账户中延期分配直到配偶去世。

然后，我们假设配偶指定了，例如，一个或多个孩子（们）为配偶个人养老金账户（也可以是传统或罗斯个人养老金账户）的指定受益人（们），可以使用《单人寿命表》，在指定受益人（们）的预期寿命期间，可以每年支付其个人养老金账户余额中一定的金额，自配偶去世之后每年减去一年的时间。这可以允许长时间的延期付税或资金免税增长。这就是"延伸个人养老金账户"的概念。

而且，如果个人养老金账户的指定受益人是已故户主的配偶，已故者的配偶可以选择承接此个人养老金账户，把它看做自己的账户一样对待，或者转存至另一个个人养老金账户，就如已故者的配偶是原始创立人一样。在上述任何一种情况，正如配偶拥有的个人养老金账户的情况，最小分配额规定适用于个人养老金账户。因此，对于传统个人养老金账户，规定的起始日期为已故者配偶年龄为 70 岁时。罗斯个人养老金账户分配额在已故者配偶去世之前不必开始分配，就像刚才提到的，应该支付给特定的受益人。

对于配偶之外的受益人的直接转存选择：前面已经解释过，2006 年

《养老金保护法案》现在允许配偶之外的特定受益人直接将已故参与者符合条件的退休方案中，减免税的养老金账户，或者457条款方案中的账户余额转存至此受益人继承的个人养老金账户。已故户主的个人养老金账户的配偶之外的受益人也可以把它看做是继承的个人养老金账户对待。

16.2.2　联邦遗产税

符合条件的退休计划，减免税的养老金账户，传统或罗斯个人养老金账户，或者相似的计划中的任何死亡福利的完全价值，都可以包含在用于计算联邦遗产税的已故者的总遗产内。对于死亡福利应支付给（或者直接支付，或者通过符合条件的信托机构）已故者配偶的部分，它们符合成为配偶扣除额的条件，然后在总遗产成为应纳税遗产之前，从总遗产中扣除（参见第26章）。

拥有大量遗产需要联邦遗产税计划的已婚人士可能想让符合条件的计划和个人养老金账户死亡福利符合配偶扣除额条件。也许有人会说，这些财产利益通常都符合条件，因为它们一般都是减耗资产。也就是说，任何时候需要支付分配额（除了罗斯个人养老金账户）给已故者的配偶时，都要履行它们本身固有的所得税纳税义务，这样配偶去世时个人的遗产也会进一步减少。这种计划符合总遗产中的任何通过继承得到的收入（IRD）款项。

有几种方法可以使这些死亡福利符合配偶扣除额条件，包括变成应支付的金额：

- 作为受益人，已故者的配偶一次性领取全部金额时①。
- 死亡福利成为联合终身和生存者年金，除参与者和其配偶之外，在夫妇两人中的最后一人去世前，没有人能接受任何支付金额。
- 死亡福利对于一个信托机构来说符合成为配偶扣除额的条件。

涉及计划这些问题的方法，将在本章的最后一部分讨论。

16.2.3　隔代财产转移（GST）税法

在某些情况下，符合条件的计划或个人养老金账户死亡福利可能会受

---

① 另一个解决方法是指定配偶为受益人，然后，在参与者或户主去世后，配偶可以选择放弃（符合作为一个有效的弃权者的税法要求）部分或全部计划利益，这些利益便进入非婚姻信托或其他信托机构。如果已故者配偶出于遗产计划原因想要这么做的话，这实际上允许已故者配偶投资非婚姻信托或礼品。在《经济增长税收优惠法案》（EGTRRA）生效后，这个方法尤为有用。

隔代财产转移税的约束。隔代财产转移税将会在第 26 章充分讨论。

16.3 规划符合条件的退休计划和个人养老金账户中的分配金额

怎样规划这些福利，是一个很广泛的话题。这里只会讨论一些最突出的问题。在这个过程中，我们将问题分为参与者（或户主）在工作期间的情况、退休前离职的情况（换工作或失业）、退休的情况和死亡的情况。

16.3.1 在工作期间

计划参与者可能在工作期间会面临若干问题。其中一些问题已经讨论过。至于怎样在工作期间，从符合条件的计划中获取现金，可能有以下选择：

- 使用计划的贷款。
- 工作期间提现的可能性。当在某些情况下，可能会允许提现时，它们已经失去了大部分吸引人的地方。

16.3.2 退休前离职的情况

针对既得的符合条件的计划利益，可能有以下几种选择：

- 如果允许的话，将既得的利益留在前任雇主计划中。但是，个人对于利益的权利就会取决于计划的条款了。
- 获得一次性的支付金额。在下一部分，将充分讨论这一点。
- 选择直接转存至个人养老金账户，转存至新雇主的符合条件的计划中（如果这个计划接受这种转存），或者转存至另一个有这种资格的计划。这一点也将在下一部分充分讨论。

16.3.3 退休时

而且，前任员工（以及其配偶，如果有配偶的话）面临许多需要规划的问题。至于退休时的符合条件的计划利益和个人养老金账户利益，在下一部分将会讨论这些可能的选择。

接受定期养老金收入（以及选择何种养老金形式） 一些计划将退休利益的获得，设为终身年金或者联合终身和生存者年金。在这个领域，主要有两个问题需要规划：是否将利益作为终身收入还是作为一次性付清的金额（如果可以的话），如果想将其作为终身收入，所需要选择的年金形式。

终身年金收入的优势：

- 终身的收入保障。这是退休金计划的其中一个基本的目的。而且，如果选择联合终身和生存者年金形式，对于退休的员工，或个人养老金账户户主以及其配偶来说，终身的收入都有了保障。这个计划给予他们收入的时间，不会短于他们的寿命。
- 退休者从退休金计划中，或根据资方养老金投入计划，能够保证相对高的终身年金率。另一方面，也可能会出现相反的情况。在每一种情况下，必须根据计划中的年金收入与税后一次性付清的支付金额带来的利益对比进行评估，这个因素必须要考虑到。
- 对于已婚的退休者，这是《退休公平法案》（REA）（一个符合条件的联合终身和幸存者年金（QJSA））托管的退休金计划的利益形式，除非员工放弃，并且其配偶以合适的方式表示同意。
- 一些员工自愿选择终身年金利益随着通货膨胀率的增长而增长。如果一次性获取这些利益，那么未来所做的调整将不会生效。
- 退休者可能需要最大的可得利益，以使退休在财政上是行得通的。
- 关系到一次性付清的支付金额，退休者及其配偶不需要再做任何投资决定了。

*终身年金收入的限制性：*另一方面，终身年金可能会有一些缺点。

- 最重要的一点可能是年金风险或者死亡风险，因为退休的员工或其配偶死亡将会导致一定的资本损失。因此，个人或夫妇，在做这个决定时，可能想估算在保守的情况下，对于一次性付清的支付金额，他们能保证什么样的税后投入产出。作为另一种选择，他们可能会估算他们在世时的回报，以及他们去世后，他们的受益人从转存的个人养老金账户中得到的利益。
- 终身年金收入本身缺少灵活性（投资，取款等）。
- 缺少一次性付清的支付金额可能会有的税收优惠，特别是如果支付金额包含增值的雇主保障（未实现的净增值 NUA）。
- 退休者及其配偶将会长期依赖于金融机构（养老金信托机构或者生命保险公司）的财政情况。另一方面，借助于他们自己的投资（来自于一次性付清的支付金额）或他们自己的个人养老金账户（来自于可以转存的个人养老金账户），他们可以很容易地改变投资或金融媒介。他们或许也可以将可以转存的传统个人养老金账户改变为罗斯个人养老金账户。但是，退休金津贴保证公司为破产计划中的确定收益年金收入提供一定程度的保护。

- 如果退休者健康状况欠佳，终身年金计划不是一个好的选择。

决定使用何种年金形式：假设一个要退休的员工及其配偶，已经决定将他们的退休利益的一部分或全部作为终身年金（或者在分期付款中），他们现在必须决定在规划给出的年金种类中选择一种使用。这就是所谓的选择年金形式。以下是根据符合条件的退休计划可供选择的各种年金形式。在第 17 章和第 21 章，将会对它们进行充分的讨论。

- 单人（或一人）终身年金。
- 联合终身年金，对于第二个领年金者，提供50%的幸存者利益。这是前面描述过的最小的符合条件的联合和幸存者年金（QJSA）。
- 其他联合终身和最后一个幸存者年金形式。
- 具有不同偿还特征的终身年金。
- 在一个固定的时间或者有固定数额的支付金额。

在选择年金形式时，另一个需要规划的重要问题是，幸存者将会获得多少利益（如果有的话）。做这项决定的一个因素是，由于符合条件的联合和幸存者年金（QJSA）（或者生者对死者名下财产的其他享有权）对于幸存的配偶的保护，单人终身年金将会减少多少。这个保险精算的减少数额，根据计划的不同而有所不同，但是当当事人更年轻时，减少程度通常更少。下面是一个企业年金计划的金额减少因数的例子。

退休时的年龄		符合条件的联合和幸存者年金（QJSA）形式下，单人终身年金减少的百分比
计划参与者	配偶	
55	55	7.5%
60	60	9.0%
65	65	10.7%

一般来说，除非有其他渠道或已经存在的人寿保险来保护幸存的配偶，否则接受符合条件的联合和幸存者年金（QJSA）形式，或者甚至如果选择终身年金，使用更大的幸存者百分比来保护幸存的配偶，可能都是合

理的。当然，如果一个特定的雇主资助了符合条件的联合和幸存者年金（QJSA）形式，就没有其他选择了。

获得一次性付清的支付金额，并且立即缴纳一定税金 以下是选择这种方法的一些原因：

- 最主要的原因是，如果有一些优惠的所得税政策，例如在雇主证券中有未实现的净增值（NUA）方面的税收优惠（前已详述过），还有可能的过渡性税收规定。

- 获得分配额之后，参与者得到了对于资金（税后）的完全的投资权和其他控制权。

- 参与者及其配偶可能感觉目前的所得税税率相对较低，它们在未来可能会提高。但是，这种猜测和估计是不确定的。

- 在某些情况下，收益确定的养老金计划可能提供相对宽松的一次性支付金额选项。

- 把较小的金额作为一次性支付的金额，可能会比较方便。

直接转存至可以转存的个人养老金账户 这种转存对于个人养老金账户好处多多。

- 对于传统个人养老金账户，不需要缴纳现行的所得税。

- 对于转存数目的投资收益、实现的和未实现的资本收益，继续以延期付税或免税的形式积累。

- 个人养老金账户户主一般可以决定何时从个人养老金账户中提取现金。但是，户主必须遵守最小分配额规定。

- 一个传统的个人养老金账户户主（或者他/她幸存的配偶）在一段时间之后将传统个人养老金账户转为罗斯个人养老金账户（即延期纳税）。

- 户主对个人养老金账户拥有支配权，如果户主选择，可以通过很多投资工具管理账户的投资。此外，如果户主选择终身年金，他或她可以一开始就对这个个人养老金账户进行设置，或转为人寿保险公司个人退休年金。

- 一个作为受益人的幸存的配偶可以承接这个个人养老金账户，把它看做自己的账户对待，而不需要缴纳任何现行税款。

- 《退休公平法案》（REA）不会适用于个人养老金账户。因此，从计划参与者的角度来看，在某种程度上，《退休公平法案》（REA）可能会引起遗产规划的混乱，没有此规定的限制可能是一个有利条件。另一方面，从参与者配偶的角度来说，有此规定的限制更好，否则会失去《退休公平法案》（REA）的保护。事实上，根据不同情况，这并不是一件矛盾的事。

- 目前可以从符合条件的计划或减免税的养老金账户直接转存至罗斯个人养老金账户。
- 在某些情况下，收益明确的年金计划可能会提供相对自由的有资格转存的分配额。

将利益留在前雇主计划中 如果计划条款允许，可以这么做。如果计划有特别优惠的投资选择或其他特点，会更有吸引力。根据不同的州法律，对于符合条件的计划比个人养老金账户，可能也会有更加有力的债权人资产保护规定。另一方面，计划条款将会继续适用于退休者的账户，《退休公平法案》（REA）规定也会适用。

退休时获取计划利益的通常考虑 不幸的是，对于这个重要的决定没有适合的答案。在很大程度上，这取决于每个问题的因素和情况。但是，下面的这些基本原则可能会有帮助：

- 针对许多退休者，对于个人或夫妇至少提供基本水平的终身收入保障还是比较明智的。
- 如果一次性支付金额的特殊税收优惠（例如，一大笔高幅度升值的雇主有价证券，包含大量的未实现的净增值 NUA）在特定的情况下非常重要，参与者可以考虑获得一次性付清的支付金额，并且立即支付一定的税款。
- 如果一个退休者想灵活的、易于控制的、而且持续的所得税延期缴纳，通常可以转成可以转存的传统个人养老金账户，然后取款或者转换，这样做一般没有任何损失。
- 如果一个传统个人养老金账户户主想要和其继承人的财富以长期免税或延期纳税的形式增长，假若户主能够承担（或筹集资金）转换或转存所需要缴纳的税款，应该考虑转成罗斯个人养老金账户或直接转存至此账户。
- 通过多种方法获得退休计划收益可能更有好处。例如，个人或夫妇可以从明确利益的年金计划中获得终身退休收入，然后将资方养老金投入计划的账户余额直接转存至个人养老金账户。

16.3.4　符合条件的计划和个人养老金账户下的死亡福利

死亡福利种类 退休之前和退休之后都可能会有丰厚的死亡福利。

退休之前的死亡福利可以包括：

- 符合条件的提前退休幸存者年金（QPSA）（根据《退休公平法案》（REA）规定）。
- 确定缴款型计划（DC）和个人养老金账户的账户余额。
- 意外人身保险作为符合条件的计划的一部分时。

退休之后的死亡福利可以包括：

- 符合条件的联合和幸存者年金（QJSA）（根据《退休公平法案》（REA）规定）或者其他幸存者利益。
- 确定缴款型计划（DC）和个人养老金账户的任何剩余的账户余额。

指定死亡福利的受益人的策略　这个选择确实是户主或参与者遗产规划的一部分。如果主要受益人是个人，当其早于户主或参与者死亡时，通常才应该指定替补的受益人领取利益。在下一部分将会给出关于受益人的详细说明。

户主或参与者配偶直接控制权（完全控制权）：这是最普通的选择，这个选择提供了很多好处：包括配偶将符合条件的计划中的死亡福利转存至其拥有的传统个人养老金账户中，或者承接已故者配偶的个人养老金账户作为自己的，因此可以延期缴纳所得税；有资格获得联邦遗产税配偶减免额，因而可以延期缴纳遗产税；对于符合条件的计划而不是年金方案，可以拥有《退休公平法案》（REA）规定的豁免权。另一方面，户主或参与者去世后，其幸存的配偶便被给予了对死亡利益的完全控制权。对于个人、家庭（例如，第二次婚姻）或者遗产规划方面的原因，在某些情况下，这可能是很难被人接受的。

在一些情况下，可以使用的一个规划技巧是，指定配偶为主要受益人，并且指定信托机构（出于遗产税目的，可以略过配偶的遗产——第28章将会说明的非配偶或贷款保护信托）为替补受益人。然后，户主或参与者去世后，幸存的配偶可以决定是否作为特定的受益人领取死亡福利或者将它转存到自己的个人养老金账户，或者在户主或参与者去世后的9个月内放弃部分或全部死亡福利[①]，将弃权的部分转到信托，这样可以避免对死者遗产配偶扣除额的过分限制，减少遗产税。这个决定依赖户主或参与者去世后的情况。当然，这个方法也给了幸存的配偶对死者账户的完全控制权。

---

① 第26章会阐述合格的权利声明格式。

除了配偶之外的个人或多个人直接控制权（例如，子女）：正如之前指出的，如果指定了多个受益人，户主或参与人去世后，用于获得最大所得税延期缴纳的有用的规划技巧是，将一个个人养老金账户分成若干个个人养老金账户，或者请求个人养老金账户保管人或托管人将一个个人养老金账户分成分账户或分个人养老金账户，每一个账户都有一个受益人。然后，每一个受益人的预期寿命将会支配其个人养老金账户或分账户的最小分配额。

案例

假设海伦·史密斯去世了，在她的401（k）计划中，留给她丈夫弗兰克1 000 000 美元，并指定其为账户的主要受益人。海伦去世后，弗兰克决定将账户余额转存至他自己的传统个人养老金账户中。史密斯家有3个孩子：汤姆、苏珊和玛丽。弗兰克想指定他们的3个孩子为他个人养老金账户的平等的受益人。进一步假设两年之后，弗兰克不幸死于一场交通事故，当时他的个人养老金账户中的余额为1 200 000 美元，他去世这年，子女们的年龄分别为：汤姆55岁，苏珊52岁，玛丽38岁。

如果弗兰克只是指定子女们为他个人养老金账户平等的受益人，拥有最短预期寿命的55岁的汤姆将被当做指定的受益人，整个个人养老金账户余额将会按照汤姆的29.6年的预期寿命每年支付给受益人一定的金额（根据《单人终身表》计算，逐年减去一年时间）。这意味着，整个账户余额将会在30年内分配给所有的受益人，因为自此以后，29.6年的预期寿命每一年过去都要减去一年。另一方面，如果弗兰克将他个人的养老金账户为每个受益人（每个人约400 000 美元）分成单独的个人养老金账户（或分账户），每一个孩子自己的预期寿命（作为指定的受益人）将会支配其最小分配额，这个最小分配额开始于他们的父亲去世的那一年。汤姆的预期寿命为29.6年，苏珊为32.3年，玛丽为45.6年。结果是可以大量地延迟纳税时间（大约为16年，或者在此案例中，为最年轻的受益人延迟了56%的时间）①。

符合联邦遗产税配偶扣除额条件（婚姻信托）的信托：这是在配偶一生中，为幸存的配偶提供利益的信托机构，然后配偶去世时本金将会传给

---

① 可能值得注意的是，如果是罗斯个人养老金账户（转存自弗兰克的传统个人养老金账户）的话，弗兰克去世后，这些原则和结果大体相同，除了弗兰克不需要在生前获取最小分配额，因此他去世时，账户的余额会更多，受益人获取分配额时也会免税。在户主去世后，罗斯个人养老金账户会受最小分配额规定约束。

其他人。这个利益（信托本金）符合联邦遗产税配偶扣除额条件，因此将会推迟遗产税缴纳期限。而且，如果这个信托机构符合之前描述的条件，幸存的配偶，作为信托机构的受益人，考虑到最小分配额规则，将会被看做特定的受益人，可以按照配偶的预期寿命，根据其年龄，在每个分配年度（即每年都重新计算）从计划利益或个人养老金账户利益中，支付一定的金额。但是，必须同时符合最小分配额规定和配偶扣除额条件。而且，将符合条件的计划余额转存至个人养老金账户，或将个人养老金账户看做是其个人所有，通常对于幸存的配偶来说并不可行，因为他/她不会是完全的受益人。此外，将不会有《退休公平法案》（REA）豁免权，因此配偶将不得不赞同符合条件的计划的适当的形式。

不符合联邦遗产税配偶扣除额（非婚姻信托，信用保护信托，迂回信托）条件的信托：本质上，这些信托机构的本金根据联邦遗产税法，属于已故者的遗产，但是，这部分遗产税被包括在可以运用的信用额度中（统一信用）。出于遗产税规划原因，计划的福利可能必须支付给这样一个信托，通常因为在户主或参与者去世时，遗产中没有其他足够的资金来源支付这样的信托。但是，一般来说，使用符合条件的计划，减免税的养老金方案，或者传统个人养老金账户的死亡福利来支付非婚姻的信托机构不那么有吸引力，因为他们都是通过继承获得的收入（IRD）款项。（关于配偶扣除额规划，更详尽的讨论，请参见第 28 章。）请注意之前提到的将这种非婚姻信托机构作为替补的受益人的做法。

慈善团体或慈善信托（CRT）：当参与者或个人养老金账户户主有慈善倾向时，这就成为一个令人关注的可能性了。慈善团体被指定为受益人后，免付所得税，因为慈善团体是免纳税的，而且由于遗产税慈善扣除额，避开了联邦遗产税。因此，可以避免户主或参与者去世时，通过继承获得的收入（IRD）款项需要缴纳常规的重税。慈善信托将在第 19 章讨论。

如果慈善信托被指定为受益人，幸存的配偶可以做非慈善收入受益人，因此可以终身接受一定收入（或者是单一信托，或者是年金信托数额）。这笔收入应该纳税。配偶去世后，本金将会属于慈善团体。遗产税中的个人慈善信托、人寿保险——受保护的、不可撤销人寿保险信托可能被用于收回对这个家属的慈善税收赠与数额。

正如之前提到的，税收规定帮助指定慈善团体成为计划中死亡福利的至少一部分受益者。这是因为在户主或参与者去世的第二年的 12 月 31 日之前，可以不必最终确定特定的受益人。因此，当指定慈善团体，个人或信托时，在那个日期之前可以支付慈善团体的利益（"现金支出"），剩下个人或个人信托受益人作为特定的受益人，在其预期寿命期间支付其最小分配额。当然，如果户主在其生前将此个人养老金账户分成单独的账户或分账户将会达到同样的目的：一个指定慈善团体为受益人，另一个指定个人为受益人。

其他信托：在特定情况下，参与者或户主（可能为单身）可能想指定其他信托为受益人。

参与者或户主的遗产：这个指定规划看起来没有多少规划的优势。

第 17 章
个人投资年金合约

本章目标

读完本章后，你应该能够理解以下要点：

- 年金的基本目的
- 个人年金的种类
- 支付年金费用的方式
- 年金合约的当事人
- 年金的积累阶段和分配阶段
- 年金的投资回报
- 年金的费用收取
- 年金的提取
- 年金的互换
- 年金的支付选择
- 非合格年金的最低保障收益和最低保障收益人
- 死亡年金收益
- 非合格年金的联邦所得税
- 非合格年金的联邦不动产税
- 使用人寿保险的现金价值来提供退休收入

本章涵盖了所有作为投资品销售给公众的个人年金。它们对很多人来说，已经成为了一种主要的金融产品。这些合约之所以被称做非合格年金，是为了与第 13 章中雇主提供给员工的合格退休计划来进行区分。

17.1 年金的基本目的

从传统意义上来说，在其支付阶段，终身年金（或即时终身年金）包括个人支付给保险公司的一定金额（称为年金对价，或保费），以换取一项保证，即保险公司在个人（也称为年金领取方）生命存续期间，将保证一系列的定期付款。因此，任何终身年金的基本目标都是为了使年金领取方在生命存续期间定期获得收入。

然而，现代个人年金合约允许以各种不同的方式支付累积资金（即现金价值）。事实上，目前几乎没有个人年金以终身收入的方式支付。为了避税，非合格年金的另一个目的在于提供一种投资工具，这种投资工具能够实现自身的内部收益增长，并且能够使所得税递延支付，直到收益从年金中分配出去。

理论上，因为年金的购买金额（即本金）在投资者的生命期间是分期偿还的，因此终身年金的收益与其他投资工具的回报率相比应该相对较大。因此，每一个终身年金的支付都包含一部分的本金偿还和一部分的投资收益。当终身年金被保险人去世，年金对价就将全部清偿（除去一小部分退还金），并且完全没有（或几乎没有）遗留资产给他们的后代。这在终身年金里有时候也被叫做死亡风险或年金风险。它在所有的终身年金中都存在。

17.2　个人年金的种类

个人投资年金可以通过以下几种方式分类。

17.2.1　谁决定投资并且承担投资风险

一个基本的问题是，到底是年金持有者还是保险公司进行投资决策和承担投资风险。

固定收益年金　在这些年金中，现金价值的积累是一个由保险公司承诺的固定的数额，且保险人支付事先规定的利息率。投资的授权和投资风险都是由保险公司承担。这些年金背后的资产被用来投资于保险公司所拥有的一般资产，所以它们也被认为是投资组合产品。在极端情况下，保险人可能无法清偿到期债务，而固定收益年金的持有者将会成为这些保险人的一般贷款者。

可变年金（VAs）　这种类型的年金持有者可以从一系列不同的投资基金或者附属账户中选择他们想要支付的年金费用。在合理的期间内，这些持有者还可以自由地将他们的年金分配和现金价值从不同的附属账户中转移。

这些附属账户多为保险公司管理。它们并不属于保险人一般资产，而是保险人保有的一个或多个独立账户的一部分。这些独立账户由投资公司组织起来（通常作为第 8 章描述的单位投资信托）。他们的投资结果只代表他们自身。因此，可变年金的现金价值取决于它们特殊附属账户的表现，或者取决于年金持有者对现金价值的分配。所以投资风险在于年金持有者。

独立的账户也并不从属于保险公司的贷款人。因此，它们并不存在任何不被保险公司偿付的风险。可使用的附属账户依附于特殊的合同。然而，年金持有者通常有很多投资选择。该可变年金也适用于累积价值被当做变动退休收益的情况。在这种情况下，投资基金的现值就转换成退休收入单位（通常称为年金单位），并且年金被保险人按月收到年金单位的收入。这些年金单位的价值取决于基金的投资表现。这也是一份年金的一种支付选择。

综合年金计划　个人年金可以赋予年金持有者选择权，他们可以选择投资于他们的年金固定收益基金（稳定收益资金），也可以投资于一个或多个变动收益基金，或者同时投资于固定和变动收益账户。

权益指数年金　从技术上来说，它们是将最低保险公司保证收益与股市指数现金价值的利息收益结合起来，属于固定收益年金。

案例

权益指数年金举例：某人会支付 100 000 美元作为权益指数年金的递延费用。这项政策保证了最低收益，假设是本金的 90%（即 90 000 美元），以固定的利息率（假设为 3%）增加。权益指数年金的价值不会低于该最低保证收益。此外，如果高于该最低保证收益率，那么在一段时间内，通常为 5 年，将会支付权益指数（假设为标普 500）增加数额的一个固定百分比（政策不同该百分比也不同，这里我们假设为 85%）。这个权益指数增加的百分比被称为参与率。所以，如果标普 500 指数在过去 5 年的增长率为 80%（或者平均年综合收益率的 12.47%），指数增长的利息收益即为 68 000 美元（80% 指数增长 ×85% 参与率 ×10 0000 美元 =68 000 美元），且权益指数年金的累积价值将会是 168 000 元（该数额比这段时期内的保证收益价值更大）。年金可以持续更久的时间。但是，如果标普 500 股指有下降趋势，那么权益指数年金持有者仍然能够获得最小保证利率下的最小保证现金价值。这只是解释该项原则的一个案例。权益指数年金的设计特点可以千差万别，并且在收益总额方面也有很大不同①。

保险公司权益指数年金的模式效仿银行发行的与市场挂钩的大额可转让存单，我们在第 7 章已做描述。但是因为 EIAs 属于年金范畴，因此内部增长并不需要立即纳税，这也是跟大额可转让存单的不同之处。但是，大额可转让存单由 FDIC 承保，而 EIAs 并没有。

17.2.2　支付年金费用的方法

浮动费用年金　这些合同允许年金持有者自己决定何时支付这些期间费用。费用可以随持有者的意愿随时终止或者更改。这个方法也可以被认为是递延浮动费用年金。

单一费用年金　这个合同以单一整体的支付方式购买。这种单一费用可以在情况有利的时候提前支付（也称为递延单一费用年金，或者 SP-DA），或者也可以在年金开始支付之前支付（也称为即时费用年金）。

17.2.3　年金的支付何时开始

递延年金　正如我们所提到的，递延年金是收益经过未来几年之后才可以支付的年金。它们基本上都会包括一段时期之后的资本的递延所得税增长。

即时年金　另一方面，即时年金的收益在被购买时即可以得到。当某人打算在他退休之后就开始收到一笔固定收益时，那么他在退休时就可以购买即时年金。

年金起始日　它的名字的含义是指年金的支付何时开始。在税法规定下，它是指收到年金的第一期（以月为例）的第一天。

17.3　年金合约的当事人

年金合约的当事人有年金持有者、年金被保险人、受益方以及发行该合约的保险公司。在绝大多数情况下，年金的持有者和被保险人是同一人。年金持有者是指拥有某一年金合约规定权利的机构和个人。年金被保险人是指他的预期寿命通常决定年金支付的时间和数量。也就是说，被保

---

①　保险公司本身可以通过使用它们收到的费用来购买固定收益债券的组合给这些项目融资，并且可以弥补权益指数年金的保证收益部分，然后通过购买股指的期权或者其他期权来弥补股票指数的收益部分。

险人的寿命决定了需要支付的年金收入。而受益方通常指年金合同中的个人或者机构，他们的名字要签署在合同里，并且在年金持有者或者被保险人死亡之后取得收益。如果受益人是年金被保险人的后代，他在税法里是允许作为新的持有者来处置年金的。保险公司则是发行年金合约的人寿保险公司。

17.4　年金的阶段

个人年金分为积累阶段和分配阶段。在积累阶段，年金获得资金注入，此时这是资金积累机制。法律或者税法并没有限制年金能获得的年资金流入量（或者单一费用）。但是该资金的流入是需要纳税的。

在分配阶段，持有者从年金获得收益或者支付。分配可以根据持有者的意愿进行，除非有某些限制性因素。首先，如果在合约规定的较早年限进行分配，大多数年金会减少退保手续费。退保手续费在经过一段时期之后就不收取了，例如 10 年或者更短的时间。但是，年金通常都允许持有者撤回，在这期间如果有超过 10% 的现金价值就不用缴费。其次，个人年金如果在 59.5 岁之前提前分配，就需要交纳 10% 的惩罚税收，当然也有一些例外。最后，年金合约通常注明了收益必须开始的最大年龄。然而，该年龄可能会比较大，例如 85 岁甚至 95 岁。但对于非合格年金，税法上并没有明确规定。

17.5　年金的投资收益

决定是否购买年金或者购买哪一种年金的重要因素包括年金投资的预期收益（相对于投资风险）以及费用支出（包括直接费用和间接费用）。投资收益将在本节进行讨论，费用支出将在下节内容讨论。

17.5.1　固定收益年金的投资收益

对于这种类型的年金，保险公司在合同中会明确规定它将支付的现金积累的利息率。该利息率（或者几种可替代利率）是由发行方所保证支付的，叫做收益保证。这段时期根据不同的发行方和年金合同可以发生改变，从 1 年到 10 年不等。当收益保证期间结束后，发行方可以设定它将在以后期间支付的月利率或者年利率。该利率是现时收益率或者现时贷款利率，可以由发行方增加或减少并且通常低于初始贷款利率。然而，固定收益年金有最低保证利率，发行方不能规定在那之下的利率。同时，现时利率如果低于某一水平，那么一些年金将会设定一些保护利率或者保护条款，年金持有者可以撤回年金的所有资金或者以某一利率转换成另一种年金。因此，最低保证收益和保护利率向年金持有者提供了防止现时利率下跌的一些保护措施。然而，最近几年一些新政策已经大大降低了保证收益率，或者将保证收益率与某一指数挂钩。

现时利率通常适用于所有年金，无论收益什么时候被支付或者收到。换一种说法，存在一种现时利率，它是由发行方根据自己一般的投资组合收益来设定的。这也可以叫做投资组合利率产品。一些发行方将他们的现时利率与外部市场利率挂钩（例如美国国债利率），因此随市场条件而发生变化。这些年金有时候被称做利率指数年金。发行方至少要使用一种货币方法来决定现时利率什么时候支付。

对于固定收益年金，客户将会需要关注年金的现时收益历史数据。然而，发行方的声誉和财务评级也是非常重要的，因为正是发行方的财务能力支持着合同的履行和收益的支付。购买者不能被异常的高初始收益率（可能是诱惑性利率）影响。首先，发行方在收益保证期限之后将会降低该利率（期限可能相对会很短，例如1年）。其次，发行方的财务能力可能无法保证支付如此脱离市场条件的高利率，这可能会降低发行方的财务能力。

固定收益年金是一种保证本金的投资产品，在利率上升的时候会比较受欢迎。这是因为它们的现金价值是固定的，所以当利率上升时将不会下降，这一点与债券的价格不同。除此之外，最近几年，一些发行方也会在新的年金合同中加入根据市场价值调整的条款（MVAs），当市场利率上升时年金的价值将会下降，当市场利率下降时年金的价值将会上升。此外，现时贷款利率将会上升，因为发行方在他们的投资组合中获得的收益将会增加，并且由于竞争的存在将会迫使他们增加现时利率来维持年金的销售。

另一方面，在外部经济的利率下降时期，情势逆转也会发生。现时利率将会下降，但是他们的现金价值将会保持不变。而债券的价格将会由于利率的下降而上升，除非被赎回。因此，因为没有人能够预知未来经济状况，多样化的资产分配策略对于多数人来说还是十分必要的。

17.5.2　变动收益年金的投资收益

变动收益年金的投资收益则取决于附属账户或者年金资产分配的表现。因此，一个潜在的购买者需要评估发行方（或者其他投资经理）以往在某一合理时期内（如10年或20年）在独立账户的投资表现，如同当购买投资公司股份或者变动收益寿险产品所需要进行的评估。客户还需要评估包含在投资选择内的附属账户的种类。一些年金比其他年金有更多和更好的选择。

17.5.3　权益指数年金的投资收益

权益指数年金根据它们的设计风格而相差很多。这对它们的收益回报有很大影响。一些可以相应影响回报率的特点包括：使用的权益指数，参与率，权益指数收益的上限，基于权益指数的利率如何计算方法，最低现金价值保证（有时也被称做保证最低会计价值，最低保证利率，以及可能的开户费用）。一系列权益指数被用于年金。在某一权益指数年金运用的权益指数至少包括某些投资策略。例如，如果使用广泛应用的指数如标准普尔500股票指数，就预示着一种指数投资策略。参与率的变化范围也很大。在之前的例子里，我们假设了85%的参与率，但是实际上参与率可以从55%到高于100%不等。权益指数的利率有一系列的计算方法。之前的例子使用了点对点方法。其他方法包括阶梯法，高水/低水法，以及棘轮法。

为了分配资产，权益指数年金应该考虑权益类投资，因为预期通常是股票指数利率高于保证最低会计价值。然而，权益指数年金可能会比其他权益类投资更低，例如直接持有股票或者股票资产，这是因为参与率有可能低于100%，并且可能存在利率上限，且权益指数（例如标普500）在指数中并不包括股利分配。它们只是股票市场价格的指数。

17.6　年金的费用支付

费用支付分为两大类：销售费或者退保手续费，这两类通常都是年费。

17.6.1　销售费用

有时销售费用是在年金购买时直接从购买价款中扣除的，这也叫做前端费用。然而保险业中的主流并不是在个人年金中推行前端费用；如果超过某一数额（通常是年金价值的年 10%）被撤回或者在购买后的某一时期内（例如 7 年或者 10 年）退回，则使用退保手续费。理论上，这是一种附带的递延销售费用，但是它被广泛称做为尾随佣金。尾随佣金通常是年金价值的递减百分比数额，并且在不同的发行方之间是不同的，通常在第一年为 7% 或者 8%，然后逐年减少直至 0，例如到第 10 年的时候。尾随佣金通常会让年金持有者在手续费退还期间不再倾向于交换或者退保。不过，有些变动收益年金并不收取任何销售费用或者退保手续费，也不会强制征收销售费用或者收费。这些可以叫做无佣金或者低佣金合同。它们和无佣金或低佣金的共同基金类似。

17.6.2 定期费用支付

固定收益年金通常并没有单独注明的年费（除非可能有一些小额维护费）。发行方通过其对年金价值所支付的当前利率和其所投资证券组合的投资收益之间的利差来覆盖费用支出。因此，对于固定收益年金，通常并没有前端费用或者单独收取的年费，但是存在退保手续费（后端费用）。

变动收益年金的支付与固定收益年金有所不同，通常会根据合同的累积价值收取年费，无论是否存在任何销售费用或退保手续费。年费通常分为两大类：合同费用（保单收费），该费用并不会因为附属账户或者挑选账户的变动而不同；以及基金或者投资组合运营费用（资金收费），该项收费会因账户不同而不同。合同费用是保险类型的费用和行政费用。它们包括了死亡率和支出风险费用（M&E），包括了行政费用、销售费用、标准化的死亡收益风险收费，以及保险人的利润。资金收费是投资管理费用以及管理某些附属账户的行政费用，在费用率方面和共同基金类似。这两种类型的收费通常用一项资金的平均净资产比率来表示。此外，年金持有者购买的保证最低收益也是需要支付费用的，保证最低收益稍后将会在这章进行讨论。

这些年费在影响变动收益年金的回报率时的作用是很显著的。年金的支出风险费用可以从资产的 0.50% 到 1.65%（或者更多）不等，而年资金费用则会根据不同的附属账户而变化，通常会比货币市场和国内债券基金低，且比增长型股票、契约和国际基金更高。平均来看，总的综合性年费可能会是资产的 2.10% 及以上。然而，正如我们刚才提到的，不同的变动收益年金的综合性年费可能会差别非常大。这是考虑购买变动收益年金的一个重要因素。

17.7 提款和贷款

个人年金通常允许在任何时候从现金价值中提款，但是必须在撤回期支付一定的退保手续费。一些年金还允许贷款，但是贷款的现象并不常见，因为贷款被认为是需要扣税的分配方式。对于 1985 年 1 月 18 日以后发行的年金合同，59.5 岁之前任何数额的提款（或者贷款）将会由于过早地分配而支付 10% 的惩罚性税款，当然也有特殊情况。除了达到 59.5 岁，其他例外情况就是个人的残疾或者死亡，如果款项是在领取人生命存续期间，或者收益期间，或者是年金及其受益人的联合预期寿命期间而进行的均匀支付，以及购买的是即时年金。

17.8 年金的交换

根据《国内税法》第 1035 条款，年金合同可以在免税的情况下与其他年金合同交换。所以如果某个年金持有者对服务、收益或者他的个人递延年金不满意，他可以在不支付任何即时所得税的情况下换成另一种年金合同。然而，这样的交换可能会催生尾随佣金。

17.9 固定或变动收益年金的支付选择

根据政策不同，年金收益可以以预先规定数额或者某一独立附属账户的变动年金单位数额支付。固定收益年金通常提供预先规定的支付数额，而变动收益年金则由持有者自己选择是变动数额还是固定数额支付。

17.10 年金支付方式选择

支付方式在不同的年金合同之间是不同的，但是一些基本的选择包括全部或部分累积价值的现金撤回，固定期间或固定数额的分期支付，纯粹的寿险年金，联合的寿险或遗族年金，以及各种有偿还特征的寿险年金。

17. 11　年金死亡收益

个人年金基本作用是资本积累和清偿工具，年金持有者可以指定一个或多个受益人，当持有者在收益支付完之前死亡的情况下，受益者可以领取累积价值，然而值得注意的是，在该年金死亡收益中并不存在寿险。个人年金合同通常允许年金持有者或者受益方自由挑选一种或多种死亡收益的支付方式。

与变动收益年金相比，标准化的死亡收益年金持有者获得的收益要大于根据保单投资的数额（减去任何提款），也大于保单的现金价值。这就意味着如果附属账户或者账户（例如普通股账户）的现金价值应该减少至低于持有者在合同中的规定（净费用的支付），则必须存在等于这两者差额的死亡率风险因素。这对于正在衰退的市场来说是十分重要的。一些变动收益年金的合同有别的条款来增加死亡收益，其中一条就是逐步累进的死亡收益。因此，死亡收益每隔一定的时间间隔（例如每五年）就会以那时的现金价值进行重置。从那以后，死亡收益将不得小于这个数额；或者，对于有些年金，不能小于最高的重设数额（较高的死亡收益）这一固定数额。其他的条款则通过事先约定好的年比例（例如5%）来增加死亡收益，而且通常会有额外的资产支持的比率收费来提高死亡收益。消费者需要判断与单纯购买寿险相比，对于死亡保护而言，这些额外的收费是否值得。并且，年金持有者在合同中规定的基础（通常为费用的支付）的不同以及死亡收益（标准化的或提高后的）对受益人是否免税也是值得注意的方面。从另一个方面来看，寿险的死亡收益对受益人是免除所得税的。一旦年金支付开始，任何死亡收益都要依据之前所选择的支付方式。

《国内税法》要求1985年1月18日之后发行的合同都是需要纳税的（根据《国内税法》第72条款规定），合同在年金持有者死亡的规定上需要满足某些特定的分配条款。如果持有者在年金开始之前死亡，根据合同规定的该持有者的所有收益都必须在该持有者死亡5年之后分配。但是如果持有者的死亡是在年金开始日当天或者之后，并且是在其所有收益被分配之前，那么留存的收益必须至少在分配方法用于持有者死亡的时刻被分配。然而，在这两项规定下，如果部分或者全部的持有者收益在受益者整个生命存续期间分配，或者是在不超过受益者生命存续期间的一段时期内分配，并且这样的分配是在年金持有者死亡一年内进行，那么该部分将被作为已在分配开始当天完成来处理。更进一步，如果已死亡年金持有者的后代是受益人，则将该后代作为未来时期内的年金持有者。

17.12 变动收益年金下的保证最小收益

非合格变动收益年金通常会增加一系列保证最小收益条款。很多保险公司提供这种服务，且其在变动收益年金持有者之间是非常流行的一种做法。该条款以及该条款的费用在不同发行方之间会相差很大，且在发行方对公众的销售之间存在很激烈的竞争。发行方会在变动收益年金在这些条款的累积价值上增加独立的年收费比率。然而，在这种方式下，保险公司正在减少保证收益，并且根据不同的股市状况和经济环境增加它们的资产基础的收费。

17.12.1 保证最小死亡收益

对于变动收益年金来说，标准化的死亡收益（由一部分 M&E 风险收费支持）是典型代表，并且该种类型的年金可以为独立的资产基础收费提高死亡收益。

17.12.2 保证最小存活收益

与保证最小死亡收益不同，保证最小存活收益能够在被保险人的生命存续期间保证各种形式的退休收益，并且可以再分类为保证最小累积收益、保证最小收入收益、保证最小提款收益，或者这几种保证收益的综合。①

保证最小累积收益 这些条款通常用来保证变动收益年金的价值将会以某一比率增长，无论持有者的附属账户或账户的投资表现如何。如果持有者不提取资金的话，这可以通过定期的形式（例如按季度）锁定投资收益。所以，这种收益方式可以保证收益（因为被锁定了），即使附属账户的价值下降了。

另一种形式是在某一时期内，例如 10 年，保证购买费用（年金条款）将会以保证的比率增加，例如 5% 甚至 7%。同样的结果也可以通过保证收

---

① 发行方通常使用财务避险工具来试图保证自己不受与该金融产品相联系的股市下跌的影响。

益基础将会在一定年限之后翻番达到。这些保证将会使变动收益年金合同有一个实质性的价值累积（即现金价值）。这是由年金持有者选择投资的附属账户的表现所决定的，年金的收费和其他交易一样，合同规定的一种或多种收益基础将会与实际的现金价值不同，可能更多也可能更少。

保证最小收入收益 这种收益通常会基于确定的收益基础而保证一个未来终身年金收入。保证最小收入收益通常适用于变动收益年金在某一时期生效后（例如 10 年），并且要求年金化。因此，终身年金的原则适用于保证最小收入收益开始后。

保证最小提款收益 发行方保证被保险人可以撤回某一比率之内（例如在 55 岁时是 5%）的现金价值，只要被保险人还存活着。这一比率可以随着被保险人的年龄增长而增加。但是，提取后留存下的累积价值对于被保险人或者被保险人死亡后他的继承人来说已然是可以动用的。也就是说，保证最小提款收益并不需要年金化，而且年金一旦购买之后即可生效。

17.12.3　年金合同的长期护理条款

这些保险条款将会被作为附加条款添加到年金或寿险合同中。年金合同的长期护理条款保险的内容将会在第 23 章叙述。

这个方法的重要性在 2010 年之后大幅增加，因为 2006 年的 PPA 为 2009 年 12 月 31 日之后的这类综合型合同（年金或者寿险和年金合同的长期护理条款）提供了显著的税收优惠。根据 2006 年的 PPA，一个综合型合格年金合同的长期护理条款的现金价值的收费将不会考虑联邦所得税的收入总额。这表示，年金保费（或寿险保费）造成的内部税收递延可以用来支付 LTC 费用，且免除税收。在这种情况下，年金合同（或者寿险保费）的所得税基础将会因为这类免税收费而减少。然而，该税基调整的效果可能会递延 LTC 的税负很长一段时间，因为较低的税基将会引起免税年金合同的大幅增加，而这类合同将会在以后期间的某一时间点进行分配时纳税。

17.13　个人年金的承销

和寿险不同（将在第 21 章讨论），个人年金合同通常并不需要发行合同的保险公司提供任何医疗选择。被保险人的过早死亡将会在收益上有利于保险人。

然而，一些保险公司在医疗方面承销即时寿险年金。这种情况下，保险公司需要考虑潜在被保险人的医疗状况，并且需要为身体健康状况欠佳的被保险人提供更好的寿险年金率。

17.14 非合格年金的税负

非合格年金的税负较为复杂。这里我们只阐述一些最基本的原则。

17.14.1 联邦所得税

年金持有者合同的投资（合同中规定的所得税税基）等于该持有者的收入溢价减去免税分配的部分。因为这部分已经在税后支付，所以当收益已经从年金中支付后，持有者（或者他死后的受益者）在取得这部分收入时可以免税。

积累阶段（内部积累） 年金合同的投资收益可以在没有所得税收或损失的情况下增加或减少。这是著名的年金现金价值的税收递延内部积累，并且也是个人非合格递延年金的主要优势之一。对于变动收益年金来说，持有者可以在年金的附属账户之间自由转移其现金价值，而且不必考虑资本利得税收目的的销售或交换。

非自然人持有的年金 之前提到的税收递延原则并不适用于 1986 年 2 月 28 日以后非自然人持有递延年金的情况。这包括公司、慈善信托和某些其他团体持有的递延年金。当合同被非自然人持有，《国内税法》该合同并不能当做《国内税法》第 72 章的规定下的年金对待，并且所获得的收入（内部积累）需要作为持有者当年取得的普通收入纳税。然而，该条款并不适用于持有者死后持有的不动产、合格退休计划持有的年金、TSAs、IRAs、即时年金，以及信托和其他团体作为自然人代理商持有的年金。

年金支付（定期分配） 根据《国内税法》第 72 章的一般性条款，该费用需要纳税①。根据该项规定，固定收益年金的持有者需要从合同中决定他投资的预期收益率（年收益乘被保险人的预期寿命），并且需要从他的总收入的每一份年金费用中扣除近似的比率。该比率即扣除比率。变动收益年金的扣除数额是由持有者根据被保险人的寿命投资来决定的。

---

① 这是第 16 章所叙述的关于合格退休计划分配的一般性概念，不适用于非合格年金的特殊合格计划除外。非合格年金只有在通常的年金条款中才需要纳税。

对 1986 年 12 月 31 日之后开始的年金来说，该扣除将会持续到持有人合同中的投资完全弥补，这之后年金的费用就需要全部纳税。对于这之前开始的年金，该扣除即使在持有者的投资弥补之后也会继续存在。如果持有者或被保险人在免税之前死亡，则存活下来的人可以免除最后一期的所得税。

不以年金形式收到的金额分配 《国内税法》第 72 章同样阐述了不以年金形式收到的金额分配。这包括年金起始日之前的不定期分配，例如现金提取、贷款和退保等。

退保：如果一个年金合同完全以现金的形式退回，那么退回现金价值和合同中注明的投资金额之间的差额将要在退保当年缴纳一般性所得税。除非情况特殊，该策略并不被广泛使用。

现金提取：如果 1982 年 8 月 13 日之后发行的年金发生部分提取，那么该部分提取的年金视为免税投资收益的纳税目标，且将要一直缴纳所得税直到该投资收益结束。一旦内部积累结束，之后的提取将被视为年金的投资回报，可以免税。该项规定以利息优先概念列示税收，且与通常从寿险合同中的未修正捐助合同（MECs）的部分提取相反。对于 1982 年 8 月 13 日当天或之前发行的非合格年金，部分退保者在例如寿险合同等该类合同投资时被优先考虑不征税。

贷款：从所得税的角度考虑，贷款被视为年金的分配，因此和部分撤回一样是需要纳税的。这也与非 MECs 的寿险保险作为政策性贷款以及合格退休计划中的贷款相反。

年金的赠与：对于 1987 年 4 月 22 日以后发行的年金合同，未经充分考虑的年金转换（例如年金的赠与）将会从所得税角度对待，因为持有年金的转换者已经获得了不作为年金发放的一笔金额，该金额等同于该笔赠与当时的现金价值和合同中投资的差额，且需要作为持有年金的转换者当时按一般性收入纳税。因此，年金的赠与通常将会带来针对免税赠与内部积累的征税。因此，虽然寿险的赠与通常由于遗产规划等原因被投资者青睐，但递延年金的赠与并不具有吸引力。该项原则不适用于配偶之间，也不适用于离婚夫妻之间的赠与年金。

死亡：当年金持有者死亡后，根据第 10 章中所阐述的原则，年金累计价值和遗产投资收益之间的差额将会授予受益人。从年金中支付的收益将作为一般性收入。因此，在之前描述过的分配规则许可的条件下，在某一时期内延长税收的效应是一种可取的策略。

作为这些规则的后果，我们可以看到，递延年金的内部积累将会在以下几个时点被征收一般性所得税：获得定期收益、退保、部分分配、贷款、赠与、死亡。并且，除了死亡的情况例外，所征税收不能转嫁于他人。

过早分配的惩罚性征税　对于 1985 年 1 月 18 日之后发行的非合格年金合同，任何于 59.5 岁之前需纳税的已提取金额将必须缴纳 10% 过早分配的惩罚性税收。但也有一些特殊情况已经在本章的前半部分阐述。

17.14.2　联邦遗产税

出于联邦遗产税目的的考虑，所有的递延年金的死亡收益总额将会被包含在已死亡持有人的遗产总额中。但是，根据 IRD 规定，在支付以遗产为税基的联邦遗产税时，该部分税额可以作为受益人的所得税扣除。

17.15　其他个人年金安排

慈善年金赠与　该种赠与一部分是慈善机构的捐赠，一部分是由慈善机构提供的年金条款。我们将在第 19 章中详细叙述。

17.16　使用寿险价值提供退休收入

正如在第 21 章所解释的那样，大部分寿险公司根据合同规定或者惯例，允许保单所有人或者死亡受益人自行选择结算方式。已退休或即将退休的保单所有人如果认为他们已不再需要寿险提供的保护，则可以以他们选择的方式使用全部或部分寿险的现金价值。根据《国内税法》第 72 章的规定，提供该种选择权的寿险的现金价值（或者死亡收益）需要纳税。

另一方面，正如我们在第 21 章和第 29 章中叙述的那样，保单所有人可以选择不退回保费，但是保留以其他方式提取现金的法律权利。并且，还有一种选择方式是保留全部寿险来满足各种不同的需求。例如，向活着的配偶或其他人提供保护。

最后，根据《国内税法》第 1035 章，寿险合同可以免税转化成年金合同。

第18章
员工股票薪酬计划

本章目标

读完本章后，你应该能够理解以下要点：

- 员工股票薪酬计划的类型
- 股票期权激励计划的要求及税务处理
- 员工股票购买计划的要求及税务处理
- 投资于雇主公司股票的合格退休金计划
- 涉及员工股票薪酬计划的一般税法条款及第83（b）选择权的适用要求
- 非合格股票期权的性质及税务处理
- 限制性股票的性质及税务处理
- 其他基于股票的薪酬计划的性质
- 各种股票期权计划的条款
- 期权的行权、估价及期权估价模型（如布莱克—肖尔斯期权定价模型）
- 员工股票期权计划和其他股票计划的考虑事项

员工股票期权和其他股票计划在公司中已使用多年，税法中有各种条款均与此有关[①]。大多数时间里，股票期权的授予对象仅限于或主要是高级管理层。然而，近几年来，一些公司采取了涉及范围更广的股票计划，涵盖更多的管理层，甚至大多数的全职员工。当然，许多公司也有涵盖所有员工的股票购买计划。

[①] 在不同的时期，享有税收优惠的股票期权被称为限制性股票期权和合格股票期权。这些特殊的计划现已停止使用。目前享有税收优惠的股票期权被称做股票期权激励计划。

18.1　计划的种类

在下面的分类中，我们将员工股票计划分成法定计划和非法定计划。法定计划，是指那些根据税法专门税收优惠条款设立的，但也必须满足优惠特定条件的计划。另一方面相反，非法定计划不依赖于任何特殊税收优惠，受一般税收原则约束。

法定计划

股票期权激励　股权激励的出现依据于《国内税收法典》第 422 条中的 1981 年经济复苏税法。雇主可以自行决定对部分员工实施股权激励，对象通常是某些高管人员，因此，股权激励在本质上是差别对待的。

股权激励的条件：股权激励计划需要满足很多要求。例如，期权的期限不能超过 10 年；期权价格必须高于或等于期权授予时的股票价值；期权持有人在被授予股权的两年内或转换成股票（如行权之后）的一年内不得进行处置；期权必须是不可转让的（死后遗赠或继承除外）；员工在一年内首次行权所得股票的最高价值不得超过 100 000 美元（按授予日的价值计算）。

员工的税务处理：股权激励计划的主要税收优惠是员工在授权日或行权时一般不需缴纳所得税。然而，正如在第 10 章提到的，为实现个人最低税负，股票期权行权的利得（如股票行权时该股票的公允市场价格和行权价格之差）可作为调整事项。此外，员工只有在出售期权计划中所获股票时才需纳税，出售的所有收益均作为资本利得纳税。资本利得是行权价格（股票收入所得的计税依据）与股票出售日的公开市价的差额。

案例

假如在 2003 年，劳拉·约翰逊获得了以每股 20 美元（股票当时的市场价格）行权价格（执行价格）购买她公司 1 000 股普通股股票的权利。股票期权的期限是 10 年。劳拉在授予日没有任何联邦可征税的收入。假设在未来的 2007 年劳拉用现金行权，用 20 000 美元购买了公司 1 000 股普通股 ［1 000 股×20 美元/股 = 20 000 美元］。此时，即 2007 年，股票的市场价值是 50 美元每股，得利是 30 000 美元（1 000 股×（50 美元－20 美元）= 30 000 美元）。劳拉在股票期权行权时没有任何的常规收入，但是她有 30 000 美元替代性最低税调整事项。然而，请记住如果该事项通过调整纳税额得到替代性最低税，由于第 10 章中讲到的最低税收抵免，其差额在未来的几年内通常会被征收。劳拉 1 000 股股票常规收入的课税基数是其初始成本（购买价格）20 000 美元，或 20 美元/股。

现在假设在 2009 年劳拉以每股 80 美元的价格将 1 000 股全部卖掉。此时劳拉实现了长期资本利得每股 60 美元，或总计 60 000 美元［1 000 股 ×（80 美元/股 - 20 美元/股）= 60 000 美元］[1]。而且，如果劳拉在她的有生之年没有卖掉而是一直持有股票直到她死去，之前的课税基数就会成为递增基数，由此增加的收益将永远不会被征税。

公司的税务处理：一般原则是当员工从股票期权计划中实现所有薪酬时，公司会以支付报酬的相同金额来抵扣企业所得税。在股权激励计划中，如果一个员工从来没有实现其薪酬，那么公司就不能抵减企业所得税。

员工股票购买计划

基本特征：这种期权安排让所有满足一定资格条件的全职员工都能购买雇主公司的股票，通常是以折扣价购买。行权价格不得低于授予日市场价的 85% 或者行权日市场价格的 85%。许多公司在计划中把最大折扣价作为行权价格。

参与该计划的员工同意从工资中扣留一定的预计金额，并将其作为行权基金，用于支付期权有效期末的行权支出。如果员工不打算行权，该计划会将扣留的资金返还给员工，通常附带利息。

员工股票购买计划不是差别对待的，因为他们不能偏向于公司高薪酬的高级管理人员。事实上，持有公司股票 5% 或以上的员工是不能被授予这样的期权的，并且这些计划中的股票（取决于期权授予数）的最高年值是 25 000 美元。

员工的税务处理：如果满足《国内税收法》第 423 条的要求，对员工来说，在员工股票购买计划授予日或行权日将没有总收入。但要想获得这项优惠的税收待遇，员工在期权授予的两年内或行权后的一年内不得进行处置。如果这样的处置发生了，那么员工应将行权时的股票市价与行权价之差作为普通薪酬收入在该处置年度纳税。

对于两年或一年的持有期后（或直到死亡）的股票处置，当行权价格

---

[1] 请注意，本例中已满足 ISO 的持有要求（比如，授予两年后或行权一年后）。然而，如果某期权违背了 ISO 的具体要求，该期权将被作为无条件股票期权，本章稍后再做讲述。

达到授予时市场价格的85%到100%时，员工（或其遗产）需按照市场价格与行权价格的差额和市场价格与处置或死亡时价格差额的较小者，作为一般收入来纳税。由于出售而得到的剩余利益在员工的有生之年是资本利得。员工死亡后，其遗产的课税基数成为递增税基，价值增加的部分永远不会被征税。

许多公司都已经实施了员工股票购买计划。尽管一个公司的计划未必如税法允许的那样自由，但在很大程度上是自由的。因此，符合条件的员工，如果具备了参与其中的财务能力，通常会被建议参与这些股票购买计划。如果员工确实不想持股，他可以出售并获利（假设股价能使员工当天立即行权而获利）。

公司的税务处理：在员工股票购买计划中，公司在期权授予日或行权日不能获得企业所得税的减免。

投资于雇主公司证券的合格退休金计划　我们在第13章和第14章讨论过这些计划。股票分红计划允许对公司股票的投资，也允许将股票分发给参与者。员工股票期权计划必须主要投资于公司股票。401（k）条款的保障金计划允许大部分的员工账户余额投入到公司股票中。公司证券的可能发行计划在第16章已讲述。

18.2　非法定计划

18.2.1　监管股票薪酬计划的一般税法原则

一般规定　因为没有特殊的条例来监管这些计划，其解释参照收入相关的法律条例——一般适用第61条款的规定和特殊适用第83条款规定。第61条款仅是联邦所得税总收入的广泛定义。更重要的是第83条款，它解决了与服务绩效相关联的财产转移的税务处理问题。

第83条款实质上规定，为实现激励而转移给个人的财产的公开市场价值（减去为取得财产而付出的成本）应当包括在他第一个可纳税年度的总收入中，在第一个可纳税年度中，他基于该项财产的权利是转让的，或不存在重大损失风险。重大丧失风险是可能存在的，例如，当员工不得不待在公司许多年以此获得完整的所有权或财产权利时。实际上，阻碍拥有该项资产的所有重大情况一旦移除，被授予者的财产（减去任何支付的成本）就应该纳税。

第 83 条款（b）的选择权条款 无论如何，作为一个重要部分，第 83 条款（b）规定，提供服务的人（如员工）可选择在 30 天内转换，并将该转换财产所得（减去为取得财产而付出的成本）计入其总收入中，即使存在以下情况：基于该项财产的权利不可转让，或易受财产重大损失风险的影响，并而根据第 83 条款规定，在这种情况下该财产转移是没有应税义务的。以上内容被称为第 83 条款（b）选择权条款。这能成为一个重要的规划工具。

然而，如果有人选择使用了第 83 条款（b）条款，将其转换财产的价值包括在他的总收入里，但随后该财产被没收（因为某些原因，比如员工未能为公司服务规定的期限），那么，没收不会带来税收抵减。此外，未经财政部长同意，本选择权不能撤销。另一方面，当重大没收风险消除时，就不存在纳税义务。当然，在通常情况下，没有人愿意在规定时间到期前就提前纳税。

另一方面，如果当前市价相对较低，预期未来股价会大幅上涨，且预期服务年限超过了（财产被没收的风险期）规定期间，那么，因服务绩效而得到财产的个人（比如，获得公司限制性股票的某高管）就会使用第 83 条款（b）的选择权，即选择按当前相对较低市价承担纳税义务。这诚然会涉及很多的假设条件，并在很大程度上取决于环境的变化。但如果目前股价很低，并预期会上涨（比如公司起步阶段的情形），那么此时唯一可能的风险将是当前税收支出。

如果员工使用第 83 条款（b）的选择权，并在当期按规定纳税，那么，公司将会因该项职工薪酬支出而得到相同数量的企业所得税抵免。第 83 条款（b）选择权的影响稍后将与限制性股票一起进行阐述。

18.2.2　现行股票分红

一些公司用非限制性股票支付部分的员工薪酬。在这种情况下，员工能得到相当于股票公开市场价值的薪酬。另一方面，公司经常以现金支付一部分红利，以限制性股票（如员工需为公司提供至少一定时间的服务）支付另一部分红利。这种情况下，此规则同样适用于限制性股票。

18.2.3　非合格股票期权

基本特征 这些股票期权不符合实行股权激励的条件，因此以刚讨论过的一般原则为基础来纳税。相应地，非合格股票期权的条款由当事人决定，且对于一年内可行权的股票数量没有限制。因此，无论是对公司还是对员工，非合格股票期权都更具有弹性。正如股权激励计划一样，它们只授予给特定的员工，因此，该计划是差别对待的。非合格股票期权作为一个薪酬机制通常比股权激励更流行和普遍。尽管没有法律规定，但非合格股票期权通常以授予日公开市场价格的 100% 授予期权，期权期限是 10 年左右。

员工的税务处理　通常在授予日无应税事项（或应税总收入），因为税法认为其价值不容易被确定。[①] 另一方面，一旦期权行权（并将股票转移给员工），员工得到的一般报酬收入就需要缴纳联邦个人所得税，其缴税数量为行权时股票市场价格与执行价格的差额，即利得。员工行权所得税基础是行权时股票的市场价格。这是因为员工只支付行权价（成本基础）给公司，这样在其总收入中就包含了作为报酬的剩余股票价值部分（利得）。如此一来，如果员工立刻出售股票（对于非合格股票期权没有两年或一年的持有期限制），产生的资本利得或损失数量为零，因为实现的收入额等于该股票调整后的基准。

案例

让我们继续回到劳拉·约翰逊的例子中来阐述这些原理。如果我们假设在 2003 年，劳拉被授予了一个非合格股票期权而不是股权激励，其他情况不变，那么税务处理如下所示。在期权授予日，劳拉是没有总收入的。然而，若劳拉在 2007 年将她的非合格股票期权行权，那么，当年她将获得 30 000 美元的一般报酬收入。[②] 劳拉的 1 000 股股票的所得税基础是 50 000 美元，或 50 美元/每股（每股 20 美元的成本基础和每股 30 美元的已缴税利得基础）。

现在当劳拉在 2009 年以每股 80 美元的价格卖掉其所持的 1 000 股阿珂姆公司的普通股时，她将实现每股 30 美元的长期资本利得，或 30 000 美元［1 000 股 ×（80 美元/每股 − 50 美元/每股）= 30 000 美元］，所以，对于非合格股票期权来说，股票期权的总收益将仍然是 60 000 美元，其中 30 000 美元是一般薪酬收入，30 000 美元是按最高 15% 的税率征税的长期资本利得。

---

① 当然，员工股票期权不在场内或场外市场交易，或许不能被转让，通常情况下在授予时不能行权。

② 请注意，替代性最低税负制度在此处不适用，因为 30 000 美元的利得应作为常规收入所得纳税。

公司的税务处理　在期权行权时，公司将会因员工实现报酬收入获得企业所得税的抵减。

18.2.4　限制性股票

基本特征　限制性股票计划是关于公司授予员工（或为公司提供服务的人员）股票或股票期权的安排，但股票的所有权易受到具有大量的没收风险的影响，例如员工未能为公司服务一定年数，或公司没有实现特定的利润目标。这些股票可以在不同的情况下提供给员工。它可能是总薪酬组合的一部分，用来吸引员工继续跟随公司一起努力。它也可能是诸如前面提到的奖金计划的一部分。为了达到推迟纳税的目的，某些情况下，无条件股票期权行权时所发行的股票可能是受限制的股票。

员工的税务处理及第 83 条款（b）选择权条款　正如前面所解释的，当员工对股票的权利首次不存在重大没收风险或可转让时，员工获得一般薪酬收入。总收入是以股票的公允市场价格减去员工的任何成本计算得出。然而，根据不同情况，有人或许会考虑第 83 条款（b）选择权（之前已讨论过）。考虑到这个选择权的存在，获得限制性股票的员工必须作出一个计划详尽的决定。

案例

为了解释这些原理，让我们假设约翰·温特森是一家大型公司的信息技术总监。最近，他以前的大学同学邀请他加入一家新设立的公司（XYZ. com），该公司拥有一些在信息技术领域非常优异的新产品。XYZ 公司提供薪水较少，但它最近刚上市，可提供给约翰包括无条件股票期权和 10 000 股的限制性股票在内的待遇（条件是约翰要为公司服务至少 3 年）。约翰不用为这 10 000 股的股票付任何费用。此时 XYZ 公司的普通股市价为每股 2 美元。

假设约翰在 2006 年接受了这个提议，却并没有行使第 83 条款（b）的选择权。首先，约翰接受的 10 000 股限制性股票没有形成任何总收入，因为它易受重大没收风险的影响。让我们更进一步假设，3 年之后（即 2009 年），约翰仍在 XYZ 公司工作，且其股票表现良好。2009 年的每股价格为 20 美元。当在 2009 年重大没收风险消除时，约翰将有 20 万美元（10 000股×20 美元/股 = 200 000 美元）的一般薪酬收入。他这 10 000 股股票的所得税计税依据是 200 000 美元，或每股 20 美元。

现在我们改变一下条件并假设，约翰在 2006 年 10 000 股股票转让给他的 30 天内行使了第 83 条（b）的选择权。那么他在 2006 年将会以 20 000美元（2 美元/股 × 10 000 股 = 20 000 美元）作为一般薪金收入纳税，10 000 股的计税依据是 20 000 美元，或者 2 美元/股。如果约翰 3 年后（即 2009 年）仍在 XYZ 公司工作，那么此时重大没收风险已消除，他对股票的权利将不再受限。他将不会再有进一步的收入。另一方面，如果约翰 2 年后离开了 XYZ 公司，他将丧失对这 10 000 股股票的权利，且不能为此获得任何的税收抵免。实际上，他将失去他在 2006 年为 20 000 美元的一般收入所支付的税额。

现在我们假设约翰为公司服务到 2009 年，并在两年后（即 2011 年）以每股 30 美元的价格卖出了这 10 000 股股票。如果他在 2006 年没有行使第 83 条（b）的选择权，他将实现 100 000 美元的长期资本利得收益（已实现的 300 000 美元 – 200 000 美元的已调整税基 = 实现的 100 000 美元收益）。实际上，他将从 10 000 股限制性股票中获得 300 000 美元的总收益（包括 200 000 美元的一般薪金收入和 100 000 美元的长期资本利得收益）。另一方面，如果约翰在 2006 年行使了第 83 条（b）的选择权，他将获得 280 000 美元的长期资本利得（已实现的 30 000 美元金额 – 20 000 美元的调整基础 = 实现的 280 000 美元利得）。在这种情况下，他从 10 000 股限制性股票中也会获得 300 000 美元的总收入，但此时该收入被分为 20 000 美元的一般薪酬收入和 280 000 美元的长期资本利得收益。此外，如果约翰在有生之年没有出售这 10 000 股（或所有的）股票，他仍可以考虑用第 11 章讲述的方法来尽可能得规避资本利得税。最后一点，如果他未出售或处置其股票，在他死亡时将会得到一个递增基数。但如果该股票的市场价格下跌或者变得一文不值，那么不行使第 83 条（b）的选择权会让约翰处境更好。

公司的税务处理　同样，当员工实现总薪酬收入时，公司将会获得企业所得税的抵减。这发生在重大没收风险被消除或者是行使了第 83 条款（b）选择权时。

18.2.5　其他基于股票的计划

这是一个复杂的领域，此处仅就部分计划进行简单描述。

股票增值权（SARs）　这是为选定的员工所保留的反映公司股票一定期间内增值情况的账户。当高管人员行使股票增值权时，增值部分通常是以现金形式支付，并要以此纳税。

虚拟股票 这是为选定的员工保留的但通常反映一定数量公司股票总价值的账户。虚拟账户的价值随股票价格的变化而变化，并在某一时点以现金的形式支付给高管人员。然而，该账户中却不存在真正意义上的股票。

绩效股或基于绩效的股票期权 在这种情况下，选定的员工被授予股票或股票期权，这些期权的授予依赖于一定的公司标准或其他绩效指标的实现。

18.3 股票期权计划的相关规定

18.3.1 期权的等待期

这是在期权授予之后和员工行权之前必须经过的持续的雇用期间。在股票期权计划中通常有等待期的要求。等待期的期限要求不同，但是一般是 2 年到 4 年。

18.3.2 期权的转让

传统上，员工股票期权是不能转让的，除非持有该期权的员工死亡。这部分期权也不能被出售或者赠与。成为激励股票期权的条件之一就是该期权不能转让（除非按遗嘱或无遗嘱分配），且必须是在员工有生之年由本人行权。

对于非合格股票期权是没有相应的禁止条款的。但在过去，公司实际上不允许他们的非合格股票进行转让。然而，近年来，一些公司已经修改了他们的股票期权计划，在公司同意的情况下，允许非合格股票期权的持有者将非合格股票期权转让给他的家庭成员，家庭成员的信托，或者是和这些成员共同组建的家庭有限合伙。

18.3.3 期权或有事项的影响

股票期权计划通常拥有一定的没收条款以防因各种原因导致的雇用关系终止，期权持有者（或其财产继承人）的行权通常有一定的时间限制，比如退休（如 3 年到 5 年）、长期残疾（如 3 年到 5 年）、死亡（如 1 年或 2 年）、自愿终止雇用关系（如 3 个月），或者其他原因。有些期权计划还规定了期权权利的自动丧失，比如期权持有者与前雇主的竞争对手存在雇用关系或其他联系的情况。在这种情况下，如果期权持有者打算跳槽到一个竞争性的公司，那么，在终止雇用关系之前，他就应该以有利的方式（如货币）行使期权。

18.3.4 行权

股票期权通常以多种方式行权。

现金行权 期权持有者通过向公司支付行权价格，获得转让给他的股票，以进行现金行权。对于非合格股票期权，公司还会要求在纳税收入中扣缴联邦、州和当地的所得税以及联邦社会保险税（FICA）。期权持有者必须以现金形式支付行权价格（以及所涉及的税款）。

股票互换行权 该计划中，行权价格的支付可通过以下方式来实现，即将员工先前已拥有的和行权价格等值的股票转移给公司，并将期权股票转移给期权持有者。

案例

假设阿莫德·巴斯特行使了非合格股票期权，并在股票市场价格为每股 50 美元时，以每股 20 美元的行权价格购买了 1 000 股 ABC 公司的普通股。在此之前，阿莫德就已经通过其他期权的行权拥有了 ABC 公司的普通股。在股票互换行权中，阿莫德可以将他之前拥有的 ABC 公司的 400 股普通股交付给公司来支付本次 20 000 美元的行权价格〔（1 000 股×20 美元/股）／50 美元/股＝400 股股票〕。假设先前拥有的 400 股股票对于阿莫德有每股 10 美元的所得税计税依据。用 400 股已有的股票交换 400 股新的期权股票没有实现任何可确认的利得，而且为了获得资本利得收益，新的股份和以前拥有的股份具有相同的持有期。这是因为，正如在《国内税收法典》第 1036 条所规定的[①]，以公司普通股置换相同公司普通股是免税的。

用来交换的原股票（每股 10 美元）的所得税计税依据将会转入到新的 400 股期权股票中。新期权股票的剩余部分被视为以现金行权。收到的股票的公开市场价值（600 股×50 美元/股＝30 000 美元）减去为该股票发生的所有现金支出（本例中为零），其差额是给阿莫德的一般薪金收入，且这 600 股中他的所得税计税依据应该是每股 50 美元（或者是 30 000 美元），这也是他这次的全部收入。公司可能要求现金交易或允许用于持有的本公司股票进行交换。在这个例子中，期权持有人用已经拥有的相同公

---

① 此处详解及税法条款请见第 10 章。

司的股票来支付部分新的期权股票。与现金行权相比，这就降低了期权持有人在公司中持股票数量的地位，这也解释了这种情况下可以授予换新期权（随后将会讨论到）的原因。

非现金行权 这种行权方式可以通过一个股票经纪人实现，该股票经纪人按行权价格从公司购买股票，然后在公开市场上卖出足够的股票来弥补购买价格、经纪佣金、小部分的边际收益，最后将剩余的股票交付给期权持有人。

换新期权 当员工用先前已有的公司股票来支付股票的行权价格时（即股票互换行权），换新期权是授予员工另外的期权。换新期权通常是用相同数量的股票来支付行权价格（或许加上代扣所得税的股票数量，如联邦政府、州、地方收入所得税和社会保险税），其期权期间为已行权基础期权的剩余期限。

当存在换新期权时，潜在期权的股票互换行权对期权持有者很有吸引力。现在让我们再次使用前面阿莫德·巴斯特的例子，假设 ABC 公司的期权计划提供了换新期权。在这种情况下，如果阿莫德行使的基础期权原本有 10 年的期限，阿莫德在授予日四年后，进行了我们之前所讨论的股票互换行权，他可能被授予一个 400 股的 50 美元/股（即股票现在的公开市场价值）的 6 年期（已经行权部分的剩余期限）的换新期权（为简单起见，不考虑用于扣交税款的股票）。

比起现金行权以及不附换新期权的股票互换行权，阿莫德现在的处境更好。在现金行权中，他将直接持有 1 400 股 ABC 公司的股票（先前拥有的 400 股和 1 000 股行权所得股票），但是为了行权，他必须拿出 20 000 美元。在不附换新期权的股票互换行权中，阿莫德直接持有 ABC 公司的股票（期权股票）将减少到 1 000 股。然而，在附换新期权的股票互换行权中，他仍将直接持有 1 400 股 ABC 公司的股票（1 000 股直接拥有的期权股票和 400 股换新期权股票），且不必动用他的其他资产或现金储备来行权。这是因为阿莫德已经被授予了一个新的期权（即换新期权），该期权本身就是有价值的。

18.4 股票期权的估价

这是一个复杂的事情。基于员工股票期权在许多方面与公开交易的股票以及第 5 章中讨论的其他期权都不一样，因此，对员工期权的估值变得更加复杂。实际上，员工股票期权被视为一种对雇主公司股票的看涨期权。

人们可能出于各种原因，关注员工股票期权的估值。员工想要知道这些期权到底值多少，因为期权已经成为许多薪酬安排的重要组成部分。出于第9章所阐述的员工资产配置计划的考虑，这些期权也需要进行估值。在某些情况下，员工可能会放弃现金薪酬来换取股票期权，如此一来，为了评估这个交换是否可行，他们当然想知道这些期权的价值。最后，出于遗产规划的目的，可能需要对员工股票期权进行估值。

18.4.1 可交易的期权

公开交易期权的市场价格通过财经媒体和其他渠道很容易得到。当然，员工股票期权不是公开交易的，确定的市场价值不是很容易能得到。

大部分可交易期权的持续时间相对较短，比如几个月。而我们只需要知道市场怎样评估与基础标的股票价格相关的较长期选择权的价值，就会注意到市场对长期期权的溢价。长期期权（Leaps）是指较长期的公开股票交易选择权。例如，在某个时点，一个关于某公司股票30个月的看涨期权的执行价格为115美元，而当前该股票的市场价格是94.0625美元（比如该看涨期权处于虚值状态），该看涨期权的价格是每股40美元，或是基础股票市价的42.5%。

一般而言，公开交易的长期期权的价格随基础标的股票特征和市场条件的变化而变化。唯一可以确定的是，市场自身会就长期期权形成一个可供参考的价格，即使在它们没有内在价值时。那么可以明确的是，长期期权的市场价值（和经济价值）可以很大。

18.4.2 内在价值

正如在第9章和第10章所提及的，股票期权的内在价值是基础标的股票当前市价与执行价之间的差额。例如，如果一个员工被授予一个行权价为每股25美元的10年期无条件股票期权，当基础股票的市场价格是每股25美元时，授予日期权的内在价值是零美元。正如我们刚刚谈到的可交易期权，内在价值不能反映期权的公允价值或经济价值。事实上，正如我们在下一部分将要展示的，如前所述，长期期权的经济价值可能是非常巨大的。

18.4.3 期权定价模型

人们已经开发了大量的模型（数学分析系统）来计算期权的公允价值或经济价值。最广为人知的或许是布莱克—肖尔斯期权定价模型。该模型是基于以下六个因素来决定期权的经济价值的。[①]（我们正是按照以下因素的相关解释来对员工股票期权估值的）

- 期权行权价格（执行价格）。
- 基础标的股票的当前市场价格。
- 期权寿命期内的无风险利率。
- 股票的预期股利收益。
- 期权的预期寿命。预期寿命是员工在行权前实际期望持有期权的时间期限。它可能短于期权计划中的最长期权期间。
- 基础标的股票市价的预期波动。这通常是模型中最重要的部分。预期波动越大，时间价值收益越大（见脚注[①]），期权价值越大。波动性可通过对过去期间股价变动的历史标准差来估计。

案例

为了解释期权的公允价值，我们继续先前提及的非合格股票期权内在价值的实例。使用刚刚列举的因素，我们假设非合格股票期权每股行权价格为 25 美元，基础标的股票的当前市场价格是每股 25 美元，无风险利率是 5%，预期股利收益率是 0，假设期权预期寿命是 10 年，基础股票价格的预期波动率是每月 20%。在这些假设条件下，布莱克—肖尔斯模型将得出每份期权的公允价值为 19.75 美元。这相当于基础股票现行市价的79%。当然，如果假设期权的预期寿命缩短了，那么期权的公允价值也将降低。例如，如果预期寿命是 1 年，公允价值将会变成每份期权 7.24 美元。大多员工股票期权的预期寿命长于一年或更多。在期权定价模型中，可以用软件系统计算期权的公允价值。

通过以上讨论，我们可以确信，授予员工的股票期权的经济价值（公允价值）可能是很大的。然而，我们也必须认识到，如果基础股票的实际市场价格下降或低于行权价格，这些期权的实际价值可能永远都达不到授

---

① 隐藏在这些期权定价模型后面的概念是，期权的公允价值（一般说来，公允价值是一种工具，指在一个设定的时期，允许但不必以预先安排好的价格买卖一项资产的手段）由两部分构成：内在价值和时间价值。期权的公允价值会因期权持有人能从未来价格的有利变动中获利（即波动性）而上升，与此同时却不必承担资产实际所有权的跌价风险。

予日的公允价值（由某个期权定价模型得出），甚至可能是零。

有时，当某股票的价格降低，许多高管人员的股票期权价值"在水下"（即股票的市场价格低于行权价格，期权处于虚值状态），雇主公司将会根据股票当前市价重新定价该期权以使两者相等（比如取消旧的虚值期权，以股票当前市价发行新期权）。不过，这是一个有争议的策略。

18.5 关于股票期权和其他计划的警示

尽管员工股票期权和其他股票薪酬计划已经成为了许多员工的福利，甚至对于部分员工来说十分丰厚，但关于期权的警示也随之而来，如下所示。

18.5.1 有上升也会有下降

尽管当公司股价上涨时员工股票计划十分具有吸引力，但当股价下跌时情况就刚好相反。这听起来有些老套，可是有些员工或许没有真正理解这个道理。他们往往根据股票期权和其他计划的账面收益高估了自己的财务实力。

18.5.2 一些员工也许没有意识到期权的真正经济价值

问题的另一方面是一些员工可能在分析方面遇到了困难，没有真正理解他们的期权或其他股票权利的经济价值。

18.5.3 过度集中于雇主公司股票的风险

尽管员工在这些期权计划具备吸引力时常被建议参与其中，但是，他们也应该注意对过度集中问题的处理，假定他们想要一个合理的多样化投资组合的话。

18.6 关于股票期权和其他股票计划的考虑事项

这些事项可以归纳为以下几个方面：
- 是否参与员工股票购买计划。这取决于计划的条款与公司的股票。通常，这些计划对员工是有利的，且参与员工是否获得股票是灵活的。

- 行权时间。这会是一个复杂的问题。在行权前员工可以尽可能长的持有未行权期权。在这种情况下，他可以从基础标的股票价格上涨超过期权行权价格的部分中受益，而不需要实际提供资金，并延迟了所得的纳税，直至非合格股票期权行权为止。如果股价在剩余期权期间上涨，这将很有吸引力。如果一般薪酬收入的所得税率预期在未来会降低，这仍很有吸引力。但是，如果担心股票价格的可能下跌且在期权剩余期限内不会恢复，那么最好现在就行权并尽可能快地出售股票。同样，如果说过分集中于公司股票是一个问题，事实经常如此，那么，非合格股票期权的行权和股票的立刻出售能够成为有效的税收补救方法，这是因为无论如何，薪酬收入都将在某一时刻被确认，而立刻出售时因行权时的价格等于公开市场价值，因而不会形成资本利得收益。

- 是否通过突破股票激励期权的限制条款（如行权后一年内不符合条件的股票出售行为），将激励期权转化为非合格股票期权。为避免替代性最低税问题或预期股价大幅下降时，这种情况可能就会发生。这种情况下可以采用替代性最低税中立的计划方法。员工在行权后不按照规定的处置条款出售足够多的由员工股票激励所得的股票，如此一来，他的常规税负就等于替代性最低税。

- 如何行权（包括换新期权的可用性）。

- 对于限制性股票或其他计划，是否使用第83条（b）选择权条款。

- 如果计划允许，是否把期权股票当做限制性股票。这样有利于在非合格股票期权行权时推迟收入的确认。

- 如有可能，奖金以及其他薪酬是否能采用股票期权的方式。

- 面对可获更多股票的可能有利条款时，如何保持投资的多样化。

- 关于股票计划的财产遗产规划行为。如若规划允许，这可能包括赠与非合格股票期权的行为。然而，我们应仔细分析这种赠与。由于遗产税的原因，未行权的实值非合格股票期权的临终前行权（如"临终行权"）也可能包括在内。

第六部分
慈善捐赠

第 19 章
慈善捐赠技术

本章目标

读完本章后，你应该明白以下要点：

- 与慈善捐赠有关的税收基本原则
- 捐赠增值资产的好处
- 部分（或剩余）资产慈善捐赠的性质
- 剩余资金慈善信托的类型和税务处理方法
- 人寿保险在剩余资金慈善信托中的使用
- 集合收入基金的特征
- 慈善年金的特征和税务处理方法
- 部分资产利益的捐赠
- 以土地相关利益（比如地役权）作为捐赠物
- 向慈善组织廉价出售
- 使用少数人持有的股票作为捐赠物
- 指定慈善机构作为符合条件的退休计划和传统个人退休账户的受益人
- 将人寿保险作为捐赠物
- 如何规划慈善捐赠的时机

慈善捐赠已经成为个人财务和遗产规划的一个重要组成部分。大多数捐赠直接体现为现款的形式。不过，许多时候，也有人捐赠增值资产。另一方面，通过研究并选择各种复杂的捐赠技术，捐赠人不仅仅能够获得助人为乐的满足感，还能够从中获得实质性的税收减免和其他收益。

19.1　基本税务原则

19.1.1　所得税抵扣

向一个符合条件的慈善机构捐赠，捐赠人能够在应上缴的联邦所得税中予以法定抵扣。不过，这种抵扣存在一定的年度上限（如下所述），而且还存在逐步取消的规则（如第 10 章所述）。

19.1.2 所得税抵扣的年度上限

关于所得税每年可以抵扣的上限方面存在复杂的规定。[①] 捐赠数额取决于捐赠的财产类型、慈善机构类型、纳税人的捐赠基础，以及运用这些比例限制的顺序规定等诸多因素的影响。以下对这些规定进行简单阐述：

捐赠基数 一个纳税人的捐赠基数就是他的调整后总收入，尚未扣除法定可冲抵的各种运营损失。

现金捐赠 向教会、教育机构、医院、医疗研究机构、政府单位以及财政资金支持的各类组织等通常所谓公立慈善组织给予现金捐赠[②]，所得税抵扣的年度上限是捐赠人捐赠基数的 50%。向上述以外慈善组织捐款，所得税抵扣年度上限为 30%。

具有长期资本利得的捐赠资产 向公立慈善组织捐赠无形资产（比如股票、债券）或者实物资产（比如房地产），这些资产一旦出售将产生长期资本利得。在这种情况下，所捐赠资产的公允市场价值可以税前抵扣，但是年度抵扣上限为捐赠基数的 30%。[③] 如果向其他符合条件的慈善组织捐赠这类具有长期资本利得的资产，年度抵扣上限为 20%。

私人基金会 通常而言，向私人基金会捐赠，法律允许的抵扣金额不超过捐赠人在这项资产上的应税总额。不过，存在这样的例外情况：如果向这些组织捐赠公开交易的升值股票（符合一定条件），那么捐赠人可以股票的公允市场价值全额抵扣所得税。

具有短期资本利得的资产 向公立慈善组织捐赠那些不会产生长期资本利得的资产（比如持有期不超过 1 年的股票或者为了销售而储备的存货），可用于抵扣的金额上限为纳税人在这项资产上的应税总额，年度抵扣上限为捐赠基数的 50%。

---

① 虽然对于慈善捐赠抵扣联邦所得税的额度有上限，但是对于联邦赠送税和联邦不动产税的抵扣没有限制。对于这些税种，对任何合格慈善机构的捐赠都是完全抵扣的。

② 某些私营组织和非营业的支持性组织也包括在内。这些组织在 IRC 的第 170 条款中有详细描述。

③ 纳税人也可以选择把抵扣额限制在捐赠的长期资本利得资产的所得税基数（非公允价值）内。如果做了这个选择，每年的扣减上限就是捐赠基数的 50%。然而，通常情况下，这种做法的效果很有限。

个人实物资产　如果捐赠人将一项升值的实物资产（比如艺术品）捐赠给需要使用这些资产的公立慈善组织（比如艺术博物馆），可用于税前抵扣的金额是这项资产的公允市场价值，而年度抵扣上限为捐赠基数的30%。另一方面，如果获赠的慈善组织职能和捐赠资产没有直接关系，那么税前抵扣的上限是捐赠人在这项资产上应纳税总额，年度抵扣上限为捐赠基数的50%。

慈善抵扣额度的递延　某一年由于超出年度抵扣上限而未使用的慈善抵扣额度可以递延到未来五个年度使用。不过，在这五个递延年度内，抵扣额的使用受税法规定的一定顺序规则的约束。

19.1.3　捐赠资产尚未确认资本利得的情况

如果某人将某项升值资产捐赠给慈善组织，该捐赠人则尚未兑现或者确认有关的资本利得。相应地，如果该捐赠人可以用这项资产的全部市场价值用于抵扣应缴税金，实际上潜在的资本利得完全是免税的。更进一步来说，如果一个慈善组织或者一个慈善余额资金信托决定出售其获得的某项升值资产，这时候原捐赠人仍然相当于没有兑现资本利得。同样地，因为捐赠资产是免税的，慈善组织或者慈善余额资金信托相当于也没有兑现资本利得。

19.1.4　向慈善组织捐赠资产获得的赠与税和遗产税抵扣

对于那些向慈善组织的捐赠，如果符合一定的条件，当捐赠行为发生在捐赠人在世之时，可以抵扣联邦赠与税；当捐赠行为发生在捐赠人去世之后，可以抵扣联邦遗产税。这些捐赠金额同样也可以抵扣隔代资产转移税收。

19.1.5　报告制度和估值要求

价值超过 250 美元的捐款捐物需要慈善组织给予书面承认。捐赠人可能也不得不对于超过 250 美元和 500 美元的捐赠留下其他记录。更进一步，如果针对某一项资产或者类似的一些资产（货币和公开交易的证券除外）捐赠申请的税前抵扣金额超过 5 000 美元，作为捐赠人的纳税人必须从具有资质的评估师那里获得合格的资产评估报告，同时还要附上本人税收申报单的概要。

19.2 规划技术

19.2.1 增值资产捐赠

对许多人来说，捐赠长期来说具有资本利得的增值资产，比如普通股，是一项非常有意思的技术。通常来说，这些捐赠物可以其公允市场价值在税前抵扣，前提是捐赠人不能兑现任何资本利得。

案例

假定玛丽·维特康姆长时期持有一只增长公司的普通股，这只股票已经升值很多。她可能想要处理掉一部分股票，从而使自己的资产组合更加分散化。同时，她已经习惯每年向她常去的教堂捐赠大约 3 000 美元。如果这次她向教堂捐赠价值 3 000 美元的股票（而不是现金），那么从个人避税的角度看，可以说是非常明智之举；与此同时，教堂也得到同样的捐款（减去卖出这些股票的必要费用）。

让我们作一分析。假设玛丽购买这只股票的原始成本是 300 美元，而她与其丈夫收入处于 33% 的联邦所得税等级上。我们来比较向慈善组织直接捐赠股票和将股票卖掉后再向慈善组织捐赠同等额度现金所造成的税收负担的不同。

相比而言，直接捐赠股票带来的净效果是实现了节税，节省的额度等于卖出股票时应缴纳的资本利得税。当然，这种效果只有在纳税人进行任何形式的慈善捐赠时才会发生。

	出售股票和捐赠现金	直接捐赠股票
股票市价	$ 3 000	$ 3 000
初始成本	- $ 300	
资本利得	$ 2 700	
向慈善捐赠额度	$ 3 000（现金）	$ 3 000（股票）
税收抵扣	- $ 990	- $ 990
	$ 2 010	$ 2 010
资本利得税（假定按 15% 征收）	$ 405	—
纳税人实际交易成本（税后）	$ 2 415（＝捐款 $ 3 000 + 资本利得税 $ 405 - 税收抵扣 $ 990）	$ 2 010（＝捐物 $ 3 000 - 税收抵扣 $ 990）

总体比较选择 2 比选择 1 成本降低 $ 405（＝资本利得税为 $ 405）

出现资本损失的资产 从另一方面看，如果一个投资者持有的资产存在尚未实现的资本损失，那么上述效果则完全相反了。也就是说，对捐赠人而言，先卖掉股票然后再向慈善组织捐赠现金，在税务上显得更加明智一些。采用这种方式，捐赠人就能同时获得资本损失和慈善捐赠带来的双重税收抵扣好处。

19.2.2 部分（或剩余）资产的慈善捐赠

一种越来越流行的捐赠方式是捐赠人将自己资产的未来利益捐赠给慈善组织，但却为自己或家庭暂时保留这些资产的当前利益。上述方式通常利用向慈善组织捐赠资产的剩余价值来实现，也就是说，在某一段时间内或者捐赠人以及相关的一两代人在世期间，这些捐赠资产的利益归捐赠人所有；此后，这些资产利益则归于慈善组织所有①。在做退休规划和遗产规划时，这种捐赠方式很有吸引力。不过，税法规定只有在符合某些条件时才能使用这种捐赠方式：捐赠资产为个人住宅或农场的剩余利益，捐赠载体为慈善余额单位信托、慈善余额年金信托或者集合收入基金等。

将个人住宅和农场的剩余利益作为捐赠资产 捐赠人可以将这类实物资产进行慈善捐赠，但同时保留在自己或者自己和配偶两人有生之年居住或使用这些资产的权利。捐赠人可以用住宅或农场的残值的贴现价值在缴纳所得税时进行抵扣。这种捐赠剩余价值的途径并不需要建立一个规范化的信托计划。不过，在土地上的整治措施（比如修建建筑物）带来的相关价值需要在计算慈善抵扣前予以扣除，于是这种方式就不再像乍一看时那么有吸引力了。

慈善余额单位信托 通常而言，一个慈善余额信托是指捐赠人（也即信托计划的委托人）创造一个正式的不可撤销信托计划，并将自己的资产投入这个信托之中，作为慈善赠物。慈善余额信托有两种类型：一种是慈善余额单位信托，另一种是慈善余额年金信托。这一小节先讨论慈善余额单位信托，下一小节再讨论慈善余额年金信托。

连续慈善余额单位信托：在这种模式下，捐赠人以增值幅度较大的资产为基础创设了一个不可撤销的慈善信托计划。借助这一信托计划，捐赠人（或者是捐赠人和另外的受益人，或者是捐赠人去世后的受益人们）每

---

① 也有以其他方式把部分财产赠与慈善机构。这些包括慈善优先信托，慈善机构获得最初收入的利息部分，然后由一个非慈善受益人获取剩下的利息，以及和慈善机构共有的所有权。这些方式将在本章下文阐述。

年将从信托资产产生的收入现值中索取一定的比例（不少于5%、不超过50%），这个期限可以是受益人的一生，也可能是不超过20年的一个固定区间。如果信托资产实际产生的收入不足以达到规定的比例限额，那么就需要动用信托本金。

附带补充条款的净收入慈善余额单位信托：连续慈善余额单位信托的一个变化模式就是附带补充条款的净收入慈善余额单位信托。在这种模式下，非慈善性受益人从信托中获得的收入为以下两者中的较小金额：信托本金的某个比例（比如5%），信托计划当年实际收益。如果某一年份，受益人获得的收入低于事先设定的比例，那么有关差额可以累积结转到未来年度，一直到未来某一年信托计划的实际收益超过了5%比例收入再行补充，这就是所谓的补充条款。对捐赠人或者捐赠人的配偶来说，附带补充条款的净收入慈善余额单位信托相当于提供了一种延迟的退休计划。

案例

假定哈里·伯仁和他的妻子艾米现在都是55岁，身体健康，外出工作，都希望在60岁（即5年后）时退休。过去几年，哈里已经投资了一些公开交易的股票，现在市值为1 000 000美元（哈里的所得税基准是400 000美元），这些股票当前收益率为1%。哈里和艾米也有其他资产以及退休金。但是他们感觉到退休后可能需要更多的收入，而当前的收入他们又花不完。他们倾向于做点慈善。

于是，哈里决定设立一个附带补充条款的净收入慈善余额单位信托，将价值1 000 000美元的增长股票投入其中。这些信托计划将从两人均在世一直到两人都去世为止，定期向哈里一家支付一定的收入（信托计划的实际收益和信托本金5%两者中的较小者）。等到两人全部去世后，这些信托本金将转赠给他们的犹太教堂（一个公益慈善组织）。这个信托计划也设计有一个补充条款。

在此信托计划设立当年，假定哈里和艾米所能享受的慈善捐赠所得税抵扣额为250 000美元[①]，这部分金额对应的是将来转赠给慈善组织的资产余额的现值。需要注意的是，由于对这里抵扣的年度限额的要求，他们可能在当年并不能够用尽这些额度。

表19.1列示了哈里和艾米将来可能获得的支付额度，以及附带补充条

---

① 这个价值取决于哈里和艾米单一信托生命周期内的收入利息，而利息又取决于假定的死亡率表和利率水平。死亡率表由美国国税局公布，并且每10年调整一次。利率则是按照第7529条款规定的相应月份的利率水平。

款的净收入慈善余额单位信托中的补充条款如何发挥作用。这里假定信托计划在5年内持有增长股票，之后卖掉股票改为投资高收益的创造收入的资产。① 在买卖过程中，信托计划没有取得任何资本利得，这些交易是免税的。这带来的结果是有关收入一直延迟到两人退休才实现。基于这些假设，5年内，他们从附带补充条款的净收入慈善余额单位信托获得的年度收入将从15 735美元增加到110 146美元。

表19.1 一个假想的附带补充条款的净收入慈善余额单位信托运作过程

年份	信托资产价值（起始年）*	拟支付的单位信托数量（本例设为5%）	信托计划年度实际收益*	需要从以后年份补充的赤字	受益人实际获得的收入
第一年	$ 1 000 000	$ 50 000	$ 10 000	$ 40 000	$ 10 000
第二年	$ 1 120 000	$ 56 000	$ 11 200	$ 84 800	$ 11 200
第三年	$ 1 254 400	$ 62 705	$ 12 544	$ 134 976	$ 12 544
第四年	$ 1 404 928	$ 70 246	$ 14 049	$ 191 173	$ 14 049
第五年	$ 1 573 519	$ 78 676	$ 15 735	$ 254 114	$ 15 735
第六年	$ 1 573 519	$ 78 676	$ 110 146	$ 222 644	$ 110 146
第七年	$ 1 573 519	$ 78 676	$ 110 146	$ 191 174	$ 110 146
第八年	$ 1 573 519	$ 78 676	$ 110 146	$ 159 704	$ 110 146
第九年	$ 1 573 519	$ 78 676	$ 110 146	$ 128 234	$ 110 146
第十年	$ 1 573 519	$ 78 676	$ 110 146	$ 96 764	$ 110 146
第十一年	$ 1 573 519	$ 78 676	$ 110 146	$ 65 294	$ 110 146
第十二年	$ 1 573 519	$ 78 676	$ 110 146	$ 33 824	$ 110 146
第十三年	$ 1 573 519	$ 78 676	$ 110 146	$ 2 354	$ 110 146
第十四年	$ 1 573 519	$ 78 676	$ 110 146	0	$ 81 030
第十五年	$ 1 602 635	$ 80 132	$ 112 184	0	$ 80 132

注：*这里假定，前5年信托计划投资一种增长型普通股（每年收益为1%、资本增长12%）；从第6年开始，信托计划开始投资一些分散的债券组合（包括国库券、投资级的公司债、高收益公司债）。债券组合年均收益率为7%、无资本增长。当然，我们也可以设定其他各种各样的投资假设，但这对结果不会有实质性的影响。

假定在这一年，信托计划在这一年卖掉了股票，转买债券。因为是免税的，所以这一交易没有给信托计划带来资本利得，同样也没有给哈里和艾米带来任何资本利得。

---

① 然而，在信托文件中对受托人能否投资信托资产并没有限制。一般预期受托人会理解交易的本质和相关方的目的。

从表19.1可以清晰地看出，信托计划的投资策略对结果的影响至关重要。不过，从增长型股票预计获得的收益并非确定无疑。同时，在卖掉增长型股票之后，信托管理人也可以采用一种更加分散化的资产配置策略，比如构建一个债券和收入导向型股票组合，从而让资产组合在获得一定收入的同时也能够保证较多的资本增长。这里可能存在的一个问题是，当期产生的会计收入是否足够多，从而让补充条款发挥作用。一些投资顾问建议在信托计划中加入一些延迟年金、合伙关系等设置；另一个办法是，可以考虑将资本利得作为会计收入处理。

净收入慈善余额单位信托：这里，非慈善性受益人实际从信托计划中获得的收入为两者中的较小值：事先设定的信托本金的某个比例，信托计划当年实际收益。不过，这一信托计划就没有补充条款了。

翻转单位信托：这是连续慈善余额单位信托的另外一种变型。在这种模式下，捐赠人通常把一些增值潜力大但流动性差的资产（如封闭公司的股权或者房地产）投入给慈善余额信托。起初，慈善余额信托按照附带补充条款的净收入慈善余额单位信托，但是当托管人将升值资产变卖后，这个信托计划就翻转成为一个连续慈善余额单位信托。这种模式的好处是，在升值资产变卖前，单位信托计划仅仅需要向非慈善性受益人支付每年实际产生的会计收入。另一方面，到了变卖后，受益人将被确保每年能够获得信托本金一定比例的收入，即使某些年份实际收入低于这一比例亦如此[1]。按照有关规定，国内税务局允许采用翻转单位信托这种模式。不过，"翻转"的转折点必须是一些客观的事件，比如受益人达到某个年龄，或者流动性不好的资产被变卖。同时，在翻转后，托管人只能向受益人支付信托本金固定比例的收入，不能将翻转前一些应计收入在翻转后予以补充。

慈善余额年金信托 慈善余额年金信托从本质上说与慈善余额单位信托应用同样的概念逻辑，两者略微不同的地方在于年金信托的非慈善受益人定期会获得一个固定的收入额度（比如不低于本金的5%，同时不超过50%）。所谓本金是指初始投入信托的资产的起始价值。在收入的支付形式上，慈善余额年金信托并不像慈善余额单位信托那样存在诸多变型。

慈善抵扣的额度 捐赠人将资产投入一个慈善余额信托后，当前可以

---

[1] 这是翻转信托和净收入慈善余额单位信托的区别。在净收入慈善余额单位信托中，如果会计收入低于信托收入部分，那么只有会计收入会被支付给非慈善受益人。

获得的所得税抵扣额等于将来转移给慈善组织的剩余价值的精算现值（以捐赠人捐赠资产行为发生时为准）。现值的计算依赖于慈善余额信托的类型，对非慈善性受益人的不同支付方式，支付的期限（取决于受益人的年龄、使用的生命表），以及捐赠行为发生当月（或者由纳税人自己从先前的两个月任意选择的一个月）的第 7520 条款规定的利率。

如第 3 章所解释的那样，在处理有关联邦税务问题时，第 7520 条款利率[①]通常被用于对某一段时间段的年金、生命利益、其他利益、剩余利益和继承利益进行估计的参照利率。联邦政府每月都出版和更新这一利率，该利率实际上是联邦中期利率的 120%[②]。

第 7520 条款利率实际上是国内税务局假定一般资产通常可以获得的收益率。政府部门公布的表格中也会对其他有关的估值参数进行规定。计算机软件可以用于帮助财务顾问在规划慈善余额信托、其他慈善捐赠方式以及资产配置时计算资产价值。

非慈善性受益人纳税问题　从所得税的角度看，非慈善性受益人从一个慈善余额信托获得的收入可以分成四个层级进行缴税。慈善余额信托计划当前或者累积获得的收入可能形式多样，但在向受益人分配这些收入时首先第一层级被当做是普通收入，第二层级是资本利得，第三层级是其他收入（比如免税收入），第四层级是资本金的返还。

这意味着，如果一个慈善余额信托计划从自有资产上获得了一笔普通收入或者获得了任何资本利得（比如卖掉升值的资产），那么这个信托计划并不认为是获得了任何应税收入，因为这种类型的信托是免税的。但是如果信托计划获得的这些收入被用于分配给非慈善性的受益人，这些收入就将被作为应税收入处理。因此，如果一个慈善余额信托计划卖掉了升值幅度较大的资产并将收益支付给了某些非慈善性的受益人，那么这些受益人必须缴纳相应税收。这就是为什么有时候慈善余额信托被称为是分期付款的销售替代。

捐赠给慈善组织利益的最低限值　有关税法规定，采用慈善余额信托模式时，最终留给慈善组织的利益必须达到一定的下限值。首先，当捐赠人将一份资产设立慈善余额信托时，拟留给慈善组织利益的精算现值至少应该达到资产价值的 10%，此即 10% 测试。其次，对慈善余额年金信托而

---

① 这个利率在美国国内税务法则的第 7520 条款中有规定，第 3 章会详细介绍。

② 每个月，联邦中期利率是在市场上流通的剩余期限在 3～9 年的债务工具的平均市场利率的基础上制定的。

言，在慈善组织尚未获得任何利益之时，信托本金消耗殆尽的概率不能超过5%，此即5%测试。在享受有关税收抵扣政策时，这两条标准是必须遵守的。实际上，这些标准意味着，如果慈善组织可获得的利益一开始就是忽略不计的，那么就不能设立慈善余额信托。值得庆幸的是，相关税法还规定：当一个慈善余额信托达不到10%的标准（或者别的某些标准）时，可以给予调整改变。

人寿保险和慈善余额信托　在非慈善受益人去世后应该转移给慈善组织的价值，可以利用人寿保险的形式来实现。如果捐赠人自己是非慈善收入的受益人，那么人寿保险保的正是自己的生命。如果捐赠人以及自己的配偶是非慈善收入的受益人，那么应该购买联合终身人寿保险，只有当夫妻两人都去世时，才会给付。这些保险通常由一个不可撤销的人寿保险信托来购买和持有（第29章对这种信托有专门的描述）。所需人寿保险的额度取决于不同的具体情况。举例来说，测算的基础可以是，如果没有设立慈善余额信托，一旦被保险人去世，整个家庭将失去什么（税后）。

比较慈善余额单位信托和年金信托　如前所述，这是两种不同性质的慈善余额信托。取决于不同的环境和条件，每一种都有自己的优点。

案例

假定约翰·西尔弗是一个名为增长公司的企业的执行董事，今年65岁，正在计划不久后退休，他的大部分资产是增长公司的升值潜力大的股票（现在每年收益率是1%）。约翰的妻子林恩，今年也65岁了。两人有3个成年的孩子和6个孙子孙女。约翰愿意向自己的母校进行一笔捐赠，当年他正是靠着奖学金从这所大学毕业。

方案之一，约翰将自己价值600 000美元（他的所得税基础是100 000美元）的股票投入到一个慈善余额年金信托计划中，这个信托每年将向约翰和他的妻子支付7%的本金一直到两人全部去世。这样，西尔弗夫妇每年将从信托计划中收到42 000美元（600 000美元本金×7%）；即使信托计划本身的价值或涨或跌，夫妇两人每年收到的金额都不会改变。如果信托计划实际年度收入小于应付的42 000美元，信托本金将被用于支付其中的差额。在夫妇两人全部去世后，信托计划剩下的余额将立即转移给事先指定的大学。当前，西尔弗夫妇可以将来捐赠给大学的信托资产余额的精算现值为基础抵扣一定额度的所得税。最后要强调的一点是，西尔弗夫妇将升值股票资产捐赠给慈善余额年金信托时，没有获得任何资本利得；而慈善余额年金信托因为是免税的，因此也不会获得任何资本利得。

　　方案之二，约翰将同样的资产投入到一个慈善余额单位信托计划中，这样每一年夫妇二人获得的收入都是信托计划实际价值的7%。因此，如果信托资产升值了，两人年度收入也就水涨船高；但是，如果信托资产减少了，两人年度收入也将减少。于是，做一个非常简单化的比较，在资本不断增长的情况下，单位信托比较划算；在资产价值持续减少的情况（比如经济衰退或萧条）下，年金信托比较划算。当然，两者还有其他诸多不同之处，比如使用附带补充条款的净收入慈善余额单位信托和翻转单位信托。还有一点是，当信托计划已经建立后，捐赠人仍然可以向一个单位信托计划追加投入，但是不能向一个年金信托追加投入。

　　关于不可撤销人寿保险信托的进一步说明　现在假定，西尔弗夫妇决定将价值600 000美元的增长公司股票投入到一个连续慈善余额单位信托（该信托每年支付收入占信托资产价值的7%）。同时假设他们能够获得的所得税减免总额是155 382美元，考虑到每年抵扣额度不超过调整后总收入30%的现值，这一总额度将在几年内分摊使用。还假定他们处于35%的联邦所得税等级（出于简化的考虑，这里忽略任何州和地方所得税），他们由此获得的节税额度约为54 384美元（155 382美元×35%）。

　　我们可以进一步假定，这个信托计划将增长公司的股票卖掉，将其中50%资金投资到收入型股票、50%资金投资到投资级的公司债上。这个资产组合的收益：股利收益率5%，公司债利息率（需缴税）7%，股票资本增长3%（忽略信托有关的费用）。不过，当这个单位信托计划每年向西尔弗夫妇支付7%的信托资产（信托计划本金为600 000美元，第一年的支付额度为42 000美元）时，有关缴税情况如下：债券利息作为普通收入、股利按规定都必须缴税，其他的收入则按照资本利得缴税。除了支付给西尔弗夫妇的部分外，信托计划每一年的剩余收入将计入信托计划的本金中滚动投资。这样一来，西尔弗夫妇第一年实际获得收入为信托本金的5.25%，即31 500美元（600 000美元×5.25%）。年度实际支付额度随着信托本金的增加而增加，减少而减少。夫妇两人全部去世后，信托计划剩下的本金将转移给事先指定的大学。

　　另一方面，假定西尔弗夫妇没有将持有的股票捐赠出去，而是自己保留这些股票或者卖掉股票投资其他金融产品，以应付两人在世这段时间的退休开支。这种情况下，剩余资产将留给自己的孩子。现在，我们假定，西尔弗夫妇计划卖掉价值600 000美元的股票，将扣除资本利得税后的净收入全部用于购买上述50%股票和50%债券的资产组合。

这一决策将使他们支付 75 000 美元的资本利得税（应纳税金 600 000 美元 – 100 000 美元税基 = 500 000 美元 × 15% = 资本利得税 75 000 美元）。这一决策的好处是，两人退休后的资产组合更加分散、收入较为稳定，而不是过于集中在增长公司的股票上。

卖掉股票后，西尔弗夫妇最终得到 525 000 美元的收益（忽略销售费用）可用于再投资。假定采用上述同样的资产配置策略，所有的投资收入和资本利得都支付给夫妇两人，相应地，两人每年获得的税后收入为 525 000 美元的 5.67%，也即 29 767 美元。

现在，假设西尔弗夫妇预期寿命都为 85 岁，即他们可以再活 20 年。在两人在世时，假定 525 000 美元的所有投资收益都用于支付两人的退休开支，那么在两人都去世后，投资基金余额仍然为 525 000 元。这笔资产仍然面临着缴纳高额遗产税的负担，假定夫妇两人中最后一个去世的人相应的联邦遗产税的税收等级为 45%，那么即使不考虑其他的税收，仅联邦遗产税估计就会将遗产削减到 288 750 美元，这一额度也是在采用慈善余额单位信托情况下最终将捐赠给慈善机构的金额。

因此，下面可以对西尔弗夫妇在不同投资决策情况下的年度退休收入进行比较：

将股票资产每年捐赠 7% 给慈善余额单位信托	
从 CRUT 可获得的税后年度收入	31 500 美元
创设 CRUT 获得的税收节省（$ 54 384 × 0.0 567 = $ 3 084）[①]	3 084 美元
实际获得的总收入	34 584 美元
卖掉股票后夫妇两人自己再投资	
税后年度总收入	29 767 美元

通过比较可以清楚地看到，使用 CRUT 能够让西尔弗夫妇在退休后的有生之年每年获得更多的税后收入，同时也能够让他们向自己母校进行慈善捐赠。不过，这种做法的另外一个后果是，不能将遗产余额留给自己的子孙了。

西尔弗夫妇可能觉得在 600 000 美元之外的其他资产足以让自己的子孙后顾无忧。不过，他们也可能不希望看到在他们过世后，后代失去太多。在这种情况下，西尔弗夫妇可以构建一个标的为 288 750 美元（如果

---

① 假设税后总回报率与留存净资产相同。

他们愿意，标的可以更大）的不可撤销的人寿保险信托，通过这个信托来购买、持有并成为一种联合终身人寿保险保单的受益人。这样一个保单（被保险人年龄均为 65 岁、身体健康）所需缴纳的保费每年可能为3 000 ~ 4 000 美元。西尔弗夫妇每年向人寿保险信托缴纳这笔资金后，托管人就可用于缴纳保费。西尔弗夫妇的子孙最终将从这个信托计划受益。

对慈善余额信托的一般性考虑　可以看到，慈善余额单位信托或者年金信托的设立，是一项复杂的法律和金融交易，捐赠人需要专业顾问的帮助。通常而言，这些安排只有在捐赠资产金额较大时，才较为实用。捐赠人是可以成为所设立的慈善信托计划的托管人或者共同托管人的。不过，在这种信托模式下，捐赠人必须以受托人的身份来行事。信托协议也将包括这样一项条款：允许捐赠人将最终获得资产余额的慈善受益机构调整为另外一家合格的慈善组织。

集合收入基金　将剩余资产捐赠给慈善组织的最后一种方式是通过一些由较大慈善组织管理的集合收入基金来实现。这种基金的特征是：出于提高投资效率的目的，许多捐赠人的捐款被合并在一只基金旗下统一管理。从这个角度看，这些集合收入基金类似于一种慈善组织运作的共同基金。为了满足不同捐赠人的差异化投资需求，一些大型慈善组织往往同时管理几只投资目标不同的集合收入基金。

如同先前描述的慈善性剩余资金单位信托和年金信托一样，捐赠人可以将增值资产的一部分用于慈善捐赠，从而避免了增值部分被征收资本利得税，并立即获得一部分所得税抵扣，而且在有生之年或者一段时间内能够获得一项收入。不过，就集合收入基金而言，一个捐赠人往往获得该基金某一额度的份额（份额大小取决于基金的现值以及捐赠人的捐赠数量）。除此之外，借助这些管理良好的基金渠道，捐赠人还能获得投资分散多元化的优势。

捐赠人或者其他人每年能够从集合收入基金获得的收入，取决于这只基金的实际年度投资回报。因此，一个潜在的捐赠人或者其投资顾问，在向某只集合收入基金捐赠前，应该仔细调查这只基金的过去和当前的投资回报状况，以及这只基金的投资目标。这种尽职调查的思路，非常类似于一个人在投资共同基金或者别的金融中介时的做法。

在向一只集合收入基金捐赠前，捐赠人并不必须单独创设一个信托计划。因此，仔细挑选基金的技术，对于即使仅仅捐赠较少款物的捐赠人来说，也是非常实用的。当然，在非慈善性收入利益到期后，投入集合收入基金中的资产将转为慈善组织所有。这个时候，捐赠人仍然可以利用人寿保险（如果捐赠人是可保的话）来应对可能的损失对其家庭造成的负面影响。

19.2.3 慈善捐赠的其他形式

慈善年金 这与先前几节讨论的类型有所不同。慈善年金是由一家慈善组织向潜在捐赠人（也即未来的年金领取人）以某一价格销售的，销售价格往往高于由商业性保险公司销售的同类型年金价格。这一差异决定了捐赠人可以根据自己去世后年金的预测残值，来申请所得税抵扣。捐赠人的年龄不同，慈善组织不同，年金给付金额也会跟着不同。许多慈善组织使用美国慈善年金理事会推荐的利率对年金进行定价①。正常情况下，如果没有某种慈善捐赠动机，没有人会考虑这种年金。

慈善年金是由慈善组织保证的一份合约。因此，捐赠人有必要在选择慈善年金之前，对相应慈善组织的财务稳健状况进行考察，就像在购买商业年金之前需要对发行相关产品的人寿保险公司的财务稳健状况进行评估一样。

慈善年金按照一般的年金规定进行纳税。每次年金给付，都有部分免征所得税，剩余的部分则要征收所得税。慈善年金也可以使用合适的资产来购买。在这种情形下，资本利得中留归慈善组织那部分是免税的。资本利得的其余部分则在年金给付时按比例进行征税；事实上，对这部分资本利得的征税被延迟了。

捐赠不可分割资产的部分利益 这种形式涉及了让慈善组织成为某项资产的共同所有人。举例来说，一个捐赠人将一件艺术品的一半利益捐给慈善组织，而自己保留另外一半利益。其中，慈善组织获得的利益可以用于当前的所得税抵扣。但是，《2006 年养老金保护法案》对这类捐赠行为附加了一些新的条款要求，从而降低了这一捐赠策略的吸引力。

符合条件的保护性捐赠或地役权捐赠 这些类型的捐赠涉及将房地产有关的保护性地役权捐赠给符合条件的慈善组织或政府。粗略地说，地役

---

① 理事会是由一些慈善机构赞助形成的组织。慈善机构销售慈善年金时可以自愿使用理事会推荐的利率。这些年金利率设计的初衷是一旦年金领取人去世时，慈善机构可以获得大约 50% 的回报。然而，一些慈善机构使用的年金利率是为了使慈善机构获得更大的回报（因此年金领取人回报较低）。这可能是潜在的年金捐赠人在购买慈善机构的慈善年金之前，会进行核实的关键点。

权（并不是由于土地相邻而产生的权利）是一项对他人土地的个人化的利益或者使用权利。有关税法规定，对这些类型的捐赠行为可以适用一般的所得税抵扣规定以及免交资产税或赠与税的一些规定。

符合条件的保护性捐赠是指，完全是出于保护的目的，将符合某种条件的房地产相关利益捐赠给一个合格的组织（政府或者公益性慈善组织）。按照这一定义，符合条件的房地产权益包括对相关房地产所做的限制，也即将这项资产的永久使用权利授予他人①。

所得税抵扣：在捐赠人在世期间，符合条件的保护性捐赠的实际价值可适用慈善捐赠税收抵扣规定。捐赠价值（例如保护地役权）等于一项房地产在授予地役权前后公允市场价值的差额②。

遗产税减免：遗嘱执行人可以从死者留下所有遗产中扣除一定额度的附带有保护性地役权的土地价值，用于免征联邦遗产税。此项额度占相关土地价值的比例不超过40％，对应的总减免金额上限是 500 000 美元。地役权在捐赠人生前或死后均可设定。

另一方面，符合条件的保护性地役权必须永久性转让。这带来的结果是，减少了相关资产的使用价值以及将来的销售价值。

向慈善组织廉价出售 有时捐赠人不愿意把拟捐赠资产的全部价值都给予慈善组织。捐赠人可能以低于公允市场价值的价格（即廉价出售）的方式将资产卖给慈善机构。这样一来，从税务处理角度看，对增值资产的廉价出售行为就被切分为两个部分：一是捐赠部分（这是免税的）；二是销售部分（这是应纳税的）。最终捐赠人应缴纳的实际税金取决于销售部分基于公允市场价值应缴纳的税金扣除捐赠部分的税收减免得到的净值。

附带赎回条款的封闭公司股票的捐赠 捐赠人有时持有那些升值的封闭公司股票，对这些股票并没有现成的市场可交易。有时，股票持有人在将这类股票捐赠给慈善组织的同时，捐赠人和慈善组织之间有一种默认的共识但不是法律义务，即在捐赠完成后，相关公司将向慈善组织赎回这些股票。这种做法的结果是：捐赠人捐赠了资产；他或她可按照捐赠股票的公允市场价值获得所得税减免（在没有实现资本利得之前）；封闭公司以现金赎回慈善机构手中的股票，但是对作为慈善捐赠人的股东则不带来任

① 其他符合条件的房地产相关利益是指捐赠人拥有房产的所有权益，而不是少数权益或剩余收益。

② 如果正好有类似地役权的大量销售记录，那么会采用这种算法计算价值。但是，这种销售或记录可能无法获得。

何税收上的影响；最终慈善组织获得资金，这也正是这些组织通常希望得到的。这类技术有时也被称做慈善组织回购。

指定慈善机构作为符合条件的退休计划和传统个人退休账户的死亡受益人　如果某个捐赠人希望在自己去世后进行一笔慈善捐赠，那么从税务的角度来看，比较好的一个办法是，指定一家慈善组织作为自己固定缴费退休计划或者传统个人退休计划账户余额的部分或者全部受益人。作为对比，如果将这些账户下可支付的死亡利益给予非慈善性质的受益人，将被课以重税：首先，这些账户所有者的遗产将缴纳联邦遗产税（以及可能的州死亡税）；然后，这作为死者相关收入（可以用于抵扣部分遗产税），在由受益人获取时，还需要缴纳联邦所得税[①]。不过，如果这些死者相关收入转移或者留给慈善性质受益人，上述税负都将可以免除。因此，一个人可以利用死者相关收入的规定来实现慈善捐赠目标；同时使用非死者相关收入的规定，来进行非慈善性质的赠与或遗赠[②]。

以人寿保单为慈善捐赠物　有时，捐赠人将以自己为被保险人的人寿保单捐赠给慈善组织。如果捐赠人将潜在所有风险事件发生后的受益人捐赠给慈善组织，那么这笔捐赠是可以抵扣税金的，抵扣额等于保单在捐赠发生时的价值，加上捐赠人未来继续缴纳保费时带来的附加捐赠金额。

慈善优先信托　这种信托亦被称做慈善收入信托或者慈善前端信托，其结构与之前描述的 CRAT 和慈善余额单位信托恰好相反。在一个优先信托中，在规定的期限内，慈善组织每年会收到信托资产带来的相关收益，可能是年金化的收益（这就是慈善优先年金信托），也可能是固定比例信托单位的收益（这就是慈善优先单位信托）。过了规定期限后，这个信托的剩余收益则转为由一些非慈善性的受益人享有，比如捐赠人的家庭成员。这类信托可以由捐赠人在世时以生前信托的形式订立，也可以按照捐赠人的遗嘱以遗嘱信托的形式订立。

慈善优先信托对符合下面情况的捐赠人比较有吸引力：捐赠人希望作出一定额度的慈善捐赠，而捐赠人的家庭暂时又不需要从相关资产里获得必需的收入；同时，捐赠人又能够获得较大额度的赠与税或资产税抵扣，抵扣额等于捐赠给慈善组织现金流的现值。

举例来说，哈里·卡特先生离过一次婚，目前为二婚，但是他希望生

---

① 这种 IRD 安排的性质在第 10 章中有阐述。
② 通过养老金计划做相关捐赠的安排会在第 16 章阐述。

前赠与他前妻的两个孩子各 1 000 000 美元。现在，这两个孩子均已成年，事业很成功，暂时不需要卡特先生的资金支持。卡特也愿意给当地一家医院捐赠些款物。除了上述 2 000 000 美元外，卡特还有其他足够的资产来支持自己与现任妻子的生活。在这种情况下，卡特可以创设一个生前慈善优先年金信托，投入资产为 2 000 000 美元，每年收益为 7%（即每年利息 140 000 美元）。前 10 年的利息都捐赠给医院，之后的利息和本金则平分给两个孩子。捐赠给医院的十年现金流的现值（按第 7520 条款规定的贴现利率为 6%）将是 1 030 412 美元。卡特可以将 1 030 412 美元用于抵扣赠与税，而按照联邦政府赠与税规定，需要缴税的捐赠现值为 969 588 美元（2 000 000 美元 – 1 030 412 美元）。① 需要指出的是，如果信托计划实际投资收益率高于法定贴现率（6%），那么最终留给其子女应纳税的金额将是低估的，捐赠人家庭将从中获益，（例如，每个成年子女将在 10 年中获得超过 969 588 美元的一半）；不过，反之亦会发生对卡特子女不利的情况。按照脚注①说明的那样，最终卡特实际上并不需要缴纳赠与税。

19.2.4 慈善捐赠的时机

捐赠人可以在一生任何时点或者去世之后进行捐赠，这完全取决于本人意愿。不过通常而言，从节税的角度看，在生前进行捐赠可能更好一些，因为捐赠人可以捐赠物价值抵扣个人所得税，而且按照联邦遗产税法有关规定，捐赠物价值（减除所得税抵扣额）可从应缴遗产税的财产中扣除。作为对比，去世后进行捐赠则只能够获得一种联邦遗产税减免了。当然，捐赠人在制定捐赠决策时，不会只考虑税收这一因素。

---

① 卡特需要填写纳税申报书。不过，假定卡特之前从来没有过赠与行为，他适用的免税捐赠金额是 100 万美元，这时候卡特实际上是不需要缴纳任何赠与税的。不过，这次捐赠将消耗掉卡特一生的大部分免税赠与额度，之后如再有生前赠与行为或者去世后分配遗产，则需要缴纳相关税金了。

第七部分
保险规划和风险管理

第20章
保险基本原理与保险人选择

本章目标

读完本章后，你应该能够理解以下要点：

- 个人风险管理的本质
- 保险的本质和风险的汇聚
- 购买保险时的高额损失原则
- 使用免赔和其他成本共享机制来控制保险成本
- 选择保险人应考虑的因素
- 选择代理人或经纪人应考虑的因素
- 关于财务规划师的基本知识

对大多数人来说，保险提供了一个实现个人财务目标的重要手段。这一章将讨论保险领域的一些基本概念，以及评估和选择保险公司应考虑的一些因素。

20.1　个人风险管理

风险管理一词通常意味着识别风险暴露因素，而后考虑选择备用的应对风险措施。商业企业通常使用这些方法来管理风险。个人也可以采用类似的途径来管理个人的风险因素，此即个人风险管理。

任何风险管理项目的逻辑起点都是识别一个人可能遭遇的风险因素。这一点并不像看起来那样容易。举例来说，一个企业家在国内雇用了一个工人，该企业家在支付员工福利方面可能承担什么样的责任，整个雇用环节有可能出现什么风险？同样，如果一个人在一家公司的董事会或者一个本地组织的管理机构工作，那么他能否以个人身份为该组织的一些行为承担责任呢？一个人要为诽谤、诋毁、侵犯隐私以及其他一些"故意的"侵权行为承担什么样的责任？一个人还可能承担什么样的商业或者职业责任呢？诸如此类风险因素在个人风险管理过程中都要予以识别和评估。

基本的风险管理技术包括以下几种：规避风险、预防和控制损失、有计划地自担、转移风险。保险是转移风险机制中最为重要的一种。本书第七部分将讨论各种各样的保险类型。

20.2　保险基本原理

20.2.1　风险汇聚

并非所有风险都是可保的。不过，许多潜在的严重风险事件带来的损失可以通过保险合同转移给保险人，而保险人通过将这些风险集合起来，能够较精确地计算必要的保费进而向投保人收取作为补偿。其背后的理论基础是第 2 章讨论过的大数定律。从本质上说，保险是去除或者减小一些风险事件给个人或企业所带来财务负担的一个工具；通过这种机制，损失可以在许多可能遭遇风险事件的个人或企业间分摊。这也就是汇聚的概念，也是保险的精髓所在。

20.2.2　高额损失原则

另一个基本原则是，在买保险时候，投保人应该将重点放到那些可能会给个人或家庭的财富造成彻底摧毁或者实质性消耗的风险事件上。有时这条原则被称为高额损失原则。值得注意的是，潜在的损失的严重性，而非其频率，是决定是否投保的关键因素。

20.2.3　运用免赔额和其他成本共担机制

无论何时只要可行，在制定保险规划的时候，就应该考虑使用免赔额。运用免赔额往往会让被保险人受益，因为这种机制会让投保成本降低相当大的幅度。所谓免赔额是指，一旦风险事件发生，第一笔较小的损失（比如 500 美元为限）由被保险人自己负担，超出这个限额之上的其他损失才由保险人承担赔付责任。其他种类的保险合同中也可以见到类似原理的应用，比如在保险人承担责任之前留下一段免责期或者等待期，让投保人自担风险。尽管免赔机制让投保人承担一些较小的损失，但同时也避免让投保人承担由保险人处理这种索赔所需的极高管理费用负担。

20.3　如何选择保险公司

投保时面临的一个非常实用的问题就是如何选择保险公司。有时候，一旦你选择了一个经纪人或者代理人，他们就会帮你选择保险公司；或者，你也可以通过各种保险购买服务工具（比如互联网）来解决问题。尽管有这些因素存在，被保险人还是应该主动挑选一家不错的保险公司，以对自己负责。同样地，财富管理专业人士在做这项工作时候，也应该细致地做好尽职调查工作，特别是应该顺应相应的经济大环境。

一开始就应该注意保险公司的选择不应该只考虑其组织形式——是股份公司，互助公司，还是互惠制，具体形式参见第 2 章。取而代之的是，在评估保险公司优劣时应该考虑其财务稳健程度、所提供服务的范围和质量、保单或保障的类型、针对某一类保障类型所收取的保费。

20.3.1　财务稳健程度

一般考虑　保险公司的财务稳健程度对被保险人和他们的财富管理咨询顾问来说至关重要。不过很不幸，对大多数普通人来说，评估一个保险公司的财务状况非常困难。

买保险的人往往基于对各个州保险监管程序的信任而对保险公司的优势和稳健性抱有信心。尽管各个州对保险公司应该满足的财务条件存在不同的要求，但是一旦在一个监管较为有效的州，某一家保险公司被许可销售保单，那么这在一定程度上暗示这家保险公司是比较稳定、财务也比较健康的。在这方面，纽约州常常被作为一个典型例子。

保险公司的财务评级　可能最广泛应用、也比较容易获得的衡量保险公司财务稳健状况和赔付能力的办法是各类保险评级机构所作出的评级。评级公司有很多，但被广泛引用的主要是三家公司的数据：贝斯特（A. M. Best）、穆迪（Moody's）和标普（Standard & Poor's）。还有另外两家也不错：惠誉（Fitch）和威斯研究（Weiss Research）。不过，这些评级机构的评级方式存在差异，标准也不统一。这就带来了一个问题：同一家保险公司在不同的评级机构那里可能获得几种不同的评级。

从实践的角度看，保险公司的评级可能是大多数保险消费者唯一能够获得的关于保险公司财务稳健状况的信息。在从一家保险公司购买保险之前，消费者应该查验这家公司是否被一家或几家评级公司评级过；如果评级过，财务稳健性等级又如何。同样，消费者还应查询这家公司的评级最近是否被调减过；如果有，原因又是什么。

通常来说，财富管理咨询顾问在向客户推荐一家保险公司之前，一定要细致地研究这家公司的财务评级以及其他指标。

虽说不同评级公司的评级指标并非一一对应，但是将三家主要评级公司的评级等级列举出来进行比较还是有助于购买保险决策的。表 20.1 按照从高到低的次序，将三家公司的评级等级列举出来（需要说明的是，同一行对应的等级并不代表完全相同的含义）。

表 20.1 三家公司的评级等级

穆迪	标普	贝斯特
Aaa	AAA	A + +
Aa1	AA +	A +
Aa2	AA	A
Aa3	AA -	A -
A1	A +	
A2	A	B + +
A3	A -	B +
Baa1	BBB +	
Baa2	BBB	B
Baa3	BBB -	B -
Ba1	BB +	
Ba2	BB	C + +
Ba3	BB -	C +
B1	B +	
B2	B	C
B3	B -	C -
Caa	CCC	D
Ca	CC	E
C	D	F

州保险保证基金 当被保险人或者索赔人由于投保的保险公司出现偿付能力问题而不能得到偿付时，州保险保证基金能够对其部分损失给予补偿。目前所有州都建立了分别覆盖人寿保险公司和财产责任保险公司的保险保证基金。

对保单持有人和索赔人来说，在保险公司出现偿付问题之时，保险保证基金能够提供非常有用的保护。但是这些基金能够提供的保护额度有限，而且并非所有情况下都能给予保证。因此，对买保险的人来说，完全依赖保险保证基金来应付保险公司出问题的情况，看起来就不够审慎了。第2章对这些保证基金有深入的介绍。

关于保险公司财务稳健程度的其他考虑因素　没有一定之规，可以指导消费者选择财务健康的保险公司。目前所能提供只是一些被经验证实可能有帮助的考虑因素。

- 对挑选一个保险公司来说，非常有帮助的一点是它曾经被至少两家独立的评级公司评过级，而且这些评级最好是一致的、稳定的，而且处于较高的等级。究竟多少是可以接受的最低评级，很难回答，但是简单判断可认为处于前三档的评级是较好的；除非这家公司能够给出充分理由，否则一旦被评为三档之下，那么就要小心谨慎了。

- 同样有价值的是保险公司开展业务所在州的监管状况。在像纽约州这样地方，监管机构能够实施强有力而富有成效的监管，保险公司的质量就相对有保证一些。

- 保险消费者还应该仔细分析保险公司面对负面或者正面新闻冲击时可能出现的财务压力。

- 如果一家保险公司的产品和费率看起来让人难以置信，那么事实很可能就如同你所担忧的那样。因此，如果一家保险公司提供的合同条款、定价和投资回报率较大偏离了同行业可比公司同类产品的正常水平，那么你真的应该小心了。

- 着眼于财务稳健性的角度出发，一家在较长时期具有较好而且稳定的财务记录的保险公司显然更具吸引力。不过，需要声明的是，这一判断并不是绝对的。过去曾经有好几家历史悠久、声誉不错的保险公司突然之间就出人意料地（至少是出乎保单持有人的预料）出现了财务问题。

- 一旦一家保险公司财务状况趋于弱化，那么被保险人或者保单所有人就应该评估是否应该与这家保险公司解除部分合同，还是将保险关系转移到另外一个更稳健的保险公司那里。按照美国国内税收法第1035条款的相关规定，符合规定条件的保险关系转换是免税的。

20.3.2　服务

保险客户期望保险公司提供的服务涉及方方面面。通常而言，理赔服务的水平，体现为处理理赔过程的快速程度和是否公平，这是一个主要的考虑因素。

其他一些服务也是很重要的。举例来说，在人寿保险领域，寿命和健康保险需求分析以及遗产分析等服务非常重要；在财产责任保险领域，风险分析和保险调查等服务就必不可少。

20.3.3　保障范围

保险公司提供的保险合同覆盖范围是一个重要因素。一些保险公司可能提供更为广泛的保单组合，而另一些则不同。同样，一些保险公司的保单在覆盖范围、价格因素等方面具有优势，而另外一些公司的保单则在其他方面具有优势。

20.3.4　价格因素

对投保人来说，价格无疑是非常重要的。尽管如此，对价格的关注从来不应该高于对财务安全性的考虑。一个不稳定的保险公司能够提供的保险保障水平，不管其相应价格如何，都是可疑的。如果由于保险公司配套服务较少而使得某一保单收取的保费价格较低，那么保险客户就要评估服务因素对其有多么重要。

20.4　选择保险代理人或经纪人

一个潜在的投保人应该怎样来选择一个不错的保险代理人或者保险经纪人呢？（保险代理人和保险经纪人的区别已经在第 2 章予以解释。）一些应考虑的因素包括以下几个方面：第一，代理人或经纪人的从业时间有多长、展业范围有多广；第二，他们是否被认为是某个专业产品线的专家；第三，他们主要是做个人客户、商业客户还是泛泛地什么都做；第四，他们是否从事销售调研和资产分析；第五，他们能否基于对投保人面临的风险状况和保险需要的细致分析而提供一揽子的保险组合；第六，他们是否代表着一家或者几家信誉良好的保险公司；第七，他们是否持有下文将提及的各类相关的从业资格认证。

20.5 了解财务顾问

了解一个财务顾问的信息似乎要比研究一家保险公司更难一些。不过，从某个财务顾问获得的从业认证情况，可以推断他的从业经验以及对自己职业的基本承诺。作为一个优秀的从业人员，他应该获得了注册财务规划师（Certified Financial Planner，CFP）、注册人寿保险承保员（Chartered Life Underwriter，CLU）、特许财务顾问（Chartered Financial Consultant，ChFC）、注册员工福利专家（Certified Employee Benefit Specialist，CEBS）、特许财产责任保险承保员（Chartered Property Casualty Underwriter，CPCU）以及其他一些类似的从业资格认证。要想得到这些认证，保险从业人员必须遵照相应的程序，并通过一系列覆盖范围极为宽泛的考试科目，包括：保险与风险管理、法律、经济学、社会立法、金融、投资、会计、税法、遗产规划、员工福利、管理学等。虽说许多有能力的从业人员并没有持有这些认证，而这些认证本身并不总是意味着高素质，但是保险消费者在决策之时还是应该了解 CFP、CLU、ChFC、CEBS 和 CPCU 这些认证的价值和意义。

第 21 章
人寿保险和社会保障

本章目标

读完本章后，你应该能够理解以下要点：

- 寿险保障来源
- 社会保障遗属给付
- 个人寿险的种类
- 定期寿险的本质和应用
- 保本现金价值的终身寿险的种类和应用
- 万能寿险（UL）和变额万能寿险（VUL）
- 万能寿险和变额万能寿险的不终止保证
- 第二死亡人和其他联合寿险保单
- 购买寿险的多样化选择
- 寿险的税收定义
- 一次缴清（趸交）的人寿保险
- 寿险保单中的重要条款
- 现金价值和不丧失价值条款
- 寿险保费的分红和使用
- 寿险保费的结算选择
- 个人寿险保单的补充条款和给付
- 个人寿险保费的本质和分红
- 寿险的受益人设计
- 为寿险保费融资
- 变额万能寿险的私人配售
- 现金价值的寿险作为资产配置的一部分及内部回报率（IRR）的计算
- 寿险的承保
- 团体人寿保险

- 购买多少人寿保险是合意的
- 人寿保险贴现交易的本质

本章主要讲述各种人寿保险以及在寿险规划时需要考虑的因素。

21.1　寿险保障来源

寿险保障来源可分为个人购买的寿险、雇主发起的给付计划和政府发起的给付计划三种。

21.1.1　个人购买的寿险

在个人寿险中，个人申请保险并确认可保，保险公司就可以签发一份个人寿险合同。这是人寿保险最常见的形式。近年来，随着寿险品种的多样化及寿险在财富转移中的作用，个人寿险的平均保费规模开始迅速地增长。

21.1.2　雇主发起的人寿保险

这种保单是雇主为其员工提供的，大部分都是团体人寿保单，是员工福利计划的一部分。

团体人寿保险　团体寿险一般是由雇主提供部分或者全部的保险费，也不需要证明员工的可保性。每个员工的保险金额是由一些给付公式计算得到的。

批发人寿保险　这种保险介于个人寿险和团体寿险之间，一般用于规模太小而不能购买团体保险的团体。团体中的每个人都会被签发一张个人保险单，这当中可能会存在一部分个人包销。

团体万能寿险　这是个人万能寿险和变额万能寿险的团体形式，由员工支付所有的保费[1]。

21.1.3　联邦政府发起的人寿保险

社会保障提供了遗属给付，虽然不能看做是正式的人寿保险，但在本质上是一种死亡给付。下面将会详细讲到。在不同时期，联邦政府也为在

---

[1]　个人万能寿险和变额万能寿险在本章后面会详细阐述。

军队服役的人安排了人寿保险。

21.1.4　社会保障遗属给付

社会保障给付和社会保障体系在第13章已经讲过，本章的重点是在工作的工人、残疾人和退休者死亡后，对其遗属的给付。这些给付是基于被保险人的基本保险额确定，按月发给被保险人的家属。

遗属　如果完全被保险工人的遗属年满60岁或者伤残且年满50，她（他）就可以得到遗属给付。如果配偶达到了完全给付的退休年龄，那么给付是PIA的100%。较年轻的寡妇或鳏夫，其遗属给付会减少。另外，如果已经离婚的配偶和死者结婚10年以上，或者有满足要求的待抚养的小孩，那么也可以获得相同的遗属给付待遇。

其他待抚养人　未婚子女也可以获得死亡员工的遗属给付。给付额是死者PIA的75%。给付条件是子女未满18岁，或者未满19岁且是一名小学或中学生，或者年龄大于18岁但在22岁之前伤残。

除外，如果死者的配偶有16岁以下（或者16岁以上但在22岁之前伤残）的子女需要照看，那么配偶有权获得PIA的75%的月给付。离异的配偶一般也有同样的权利。而且，62岁及以上需要赡养的父母也可以领取基于死者收入的给付。

和其他的社会保障给付相同，死者所有家庭成员基于死者收入的给付有一个家庭最大限额。

21.2　个人寿险合同的种类

过去有三种传统的人寿保险合同：定期寿险、终身寿险和生死两全寿险。但是，近年来新出现了大量新型的、复杂的人寿保险。当一个人需要购买人寿保险时，首先要考虑的是购买什么类型以及从哪个保险公司购买。要作出这个决定，投保人也需要考虑许多因素。

一方面，投保人是否完全或大部分依靠定期寿险来获得保险保障。如果是的话，投保人会通过其他投资渠道来进行投资和储蓄，而不会购买很多可以积累现金价值的人寿保险。这种方法的缺点在于定期寿险的保费会随着年龄的增加而增加，到某个年龄时，被保险人可能会放弃继续投保。当然这时候被保险人可能在非寿险投资账户中已经积累了一些资金。不管怎样，相对于终身寿险，定期寿险都是满足暂时寿险需要的好方法。

另一方面，如果投保人想要购买可以积累现金价值的寿险合同，他应该考虑将一些有现金价值的寿险或者终身寿险加入到保险组合。"定期还是现金价值"一直是寿险的一个争论问题。事实上有些人这样解决这个问题，购买短期的定期寿险满足短期需要，购买有现金价值的保险合约来满足长期需要。这是一种分散化的解决方法。

假如一定要购买一些现金价值的人寿保险，那么下一个问题就是决定谁来作出投资决策以及承担投资风险。一种方法是购买具有保证现金价值及最小回报率的寿险，这样投资决策和风险都由保险公司来承担。另一种方法是现金价值的投资决策由保单的持有者决定，这样投资风险就由保单持有者承担。

再次假定投保人要购买现金价值寿险，另一个需要考虑的问题是应该选择固定保费还是浮动保费：在固定保费合约中，保费由保险人提前根据被保险人的年龄、性别、是否吸烟和保险种类来确定，在整个保险期限内都不会更改；在浮动保费合约中，保单持有人可以在一定限度内决定缴纳保费的多少，只要还可以维持保单有效。

因此，消费者在购买寿险时面临着下面的选择：

I. 定期寿险

II. 现金价值或终身寿险

a. 保本保单

i. 传统现金价值人寿保险（固定保费）

ii. 浮动保费保单（万能人寿保险（UL））

b. 变额保单

i. 变额人寿保险（VL）

ii. 变额万能人寿保险（VUL）

21.2.1 定期寿险

定期寿险为一段时期提供保险保障。如果保险期内死亡发生，受益人将得到保险的保额，否则不会发生任何给付。定期寿险没有任何的现金价值，因为只提供死亡给付，因此相对于同样年龄购买的终身寿险，每份定期寿险的保费要低于 1 000 美元以上。

购买定期寿险需要考虑的因素 虽然定期寿险的概念非常简单，市场上还是有几种不同的保险合约。不同的保险公司提供的保费也不相同，所以购买定期寿险时多加比较，例如通过互联网、代理人或经纪人，可以节省一定的保费开支。

年度续保定期寿险（ART） 对于此种保单，保费会随着年龄的增加而增加，当投保人较年轻时，保费非常低，而随着年龄的增大，保费会迅速增长。

定额定期寿险 此类保单在一定期限，比如10年、15年或20年、30年内保持不变，而在保单期末续保时，保费将会增加。

再投保定期寿险 如果被保险人在一定的保险期限比如10年之后，必须重新进行身体检查和可保资格认证，保费也会增加到一个新的水平（通常和相同年龄的新投保者的保费相同）。但是如果投保人没有提交新的体检证明或者没有通过可保要求，续保保费的费率将会大幅增加。由于这种重新定价的条款，每份再投保定期寿险的保费会比其他定期寿险的价格低1 000美元以上，但是也给保单持有人带来了很大的风险。

保额递减型 这种保单的保费随着时间递减。例如为房屋抵押贷款还款提供保障的抵押贷款保护保险。有时该类保险也用来满足家庭的需要，当小孩较小时，需要较多的保险；而当孩子长大可以独立时，则需要较少的保险或者随着投资账户的资金增加，对人寿保险的需求也会降低。

可续保和可转换寿险 许多定期寿险在某个年龄之前都是可续保的，不需要被保险人出示任何的可保证明。

定期寿险也都是可转换的，也即保单持有人有权在某一特定的转换期内将定期寿险转为其他保额的终身寿险，不用出具任何的可保证明。该条款对于被保险人非常有价值，因为被保险人之后可能会变得不可保或低于保险要求。

保费结构 定期寿险有确定的费率和不确定的费率两种。

确定费率是指每个年龄的费率在保单签发时就已经确定，之后不能更改。一般来讲，随着被保险人年龄增大，保费都会增加。但是保费随年龄的变化也是在保单签发时确定。不确定费率的保单在开始时有一个较低的费率，之后保险公司会根据自己的经验增加或降低保费，保费的增加有一个最高限额的限制。有些定期寿险是红利给付型的，有些不是。

定期与终身人寿保险 保险公司现在开始提供结合了定期寿险和终身寿险的人寿保单。这些保单也被称为混合保单。这些保单的目的是为投保人降低保费的同时提供一定的现金价值。"定期"在混合保单中的意义会随着保单的持续而逐渐降低。但是，也有一些保单，名义上是终身寿险，但是保单中的现金价值增长非常缓慢，以至于它们和定期保单没有很大的区别。这样的保单也称为类定期保单。

21.2.2　现金价值保险或终身寿险

终身寿险指的是在人寿保险中设计了包含现金价值的保险合同。传统上来说，终身寿险合同的现金价值积累是因为采取了均衡缴费而不像定期寿险那样随着年龄的增长增加保费。终身寿险中现金价值的定期增长又被称为投资内生息。

21.2.3　保本现金价值保险

保本人寿保险有各种不同的类型。保单的现金价值由保险公司投资并且成为了总体资产的一部分，因此这些保单也被称为组合保单。由于保单的现金价值是保险公司总资产的一部分，所以当保险公司陷入财务困境时，其债权人有对保单现金价值的索赔权。

21.2.4　传统的（固定费率）现金价值保险

这些保单的保费是固定的，在被保险人购买保险时，保险公司就会根据被保险人的年龄、性别及是否吸烟来确定费率[①]。如果保单的保额很大，保费率也会适当降低。

传统保单类型可分为分红型保单（支付红利）和非分红型保单（不支付红利）。如果是分红型的，保单的总保费在分红前是固定的，而最终的成本受到分红多少的影响（红利是不确定的）。由于分红的不确定性，比较不同保单的优劣非常困难。

保单的总保费在保单签发时确定，保单的现金价值也会根据保单内的表格增长。但是，费用（纯保费、索赔费用和利息）不是分别列出的，因此这种保单也称为捆绑型合同[②]。

这种保单实质上是预先支付费用的。因为开始几年保单的现金价值很低或者远远低于支付的保费，这些减少的现金价值实际上反映了保险公司的费用。因此，如果保单持有人在持有保单几年后退保，实质上会有金钱损失。

---

① 任何寿险保单的保费都会受到被保人的健康和独特的承包因素的影响。因此，相比标准保单，不满足保险公司标准保单要求的次标准保单要支付更高的保费率。另外，次标准保单的保费率可能比不受欢迎的标准保单更低。

② 这是与非捆绑型保险相对的，例如本章后面介绍的万能寿险。

下面是几种传统的、固定保费的人寿保险合同。目前为止，最常见的是终身人寿保险合同。

终身人寿保险 该保单为被保险人提供终身保障。保费的支付方式分为三种：（1）普通终身寿险，被保险人终身支付保费；（2）限期支付保费的终身寿险，被保险人在一定期限内缴清保费，比如 10 年、20 年或 30 年，或者到某一固定年龄；（3）趸交保费的终身寿险，被保险人一次性缴清所有的保费。

两全保险 两全保险为被保险人在某一固定的期限内提供保险保障，比如 10 年、20 年或 30 年，或者到 65 岁等。如果被保险人在保险期限内没有死亡，保险公司在期末支付保单面额给被保险人。两全保险不满足税法中关于人寿保险的定义，因此在美国并没有太大的意义。

修正的人寿保险 保单最初几年的保费比在剩余期限中的保费要低。

分级保费人寿保险 保险合同和修正的人寿保险类似，只是保费逐年增加的时间较长，直到保费增加到最大值。在逐年增加时期内，保单不含或者含有很低的现金价值。

家庭收入附加条款保单 如果被保险人在保险期限内死亡，保险公司会向受益人进行给付。给付金额为被保险人死亡时家庭收入的一定比例，给付时间为预计家庭收入的持续期限。在给付期结束后，保险公司给予受益人相当于保额的给付。

家庭赡养保单 同家庭收入附加条款保单相同，只是被保险人死亡后的家庭收入时期是事先声明的年数。

家庭保单 该保单包含了所有家庭成员的保险保障。

21.2.5 当前假定终身寿险或利率敏感型终身寿险

这种保险是传统终身寿险和万能寿险的结合。该保单设定最初的保费，然后根据新的精算假设和保单的积累额定期修改（由保险公司重新计算）。同时该保单会保证最低利率和最高的保费要求。

保单的目前积累账户（现金价值）是由保险公司的现有经验决定的。上一年的现金价值 + 保费 + 上一年现金价值的利息 − 费用 − 死亡费用 = 今年的现金价值。其中死亡费用是费率乘以保险保障金额，保险保障金额 = 保单面额 − 现金积累价值。

21.2.6 万能保险（UL）

一般特点 万能寿险的主要特点是具有相当大的灵活性，以及各种费用因素相互可区分。这种保单会设立一个现金价值账户（或积累账户），保单持有人缴纳的保费和产生的利息都会计入到账户中，定期寿险的保费（如死亡保费）和每年费用也会从账户中扣除。这种将现金价值和死亡给付分开的方式称为分离的传统人寿保险或开放式设计保单。

保费支付　保费是由保单持有人自行决定，但在购买保单时有一个最低的起付额，之后保单内的现金价值必须足够支付死亡费用和其他费用。保险人还会设置最高保费额。

死亡给付　万能寿险有两种死亡给付可供选择：A 和 B。在 A 选择中，死亡给付不变，因此随着现金价值的增加，纯粹的死亡给付减少。在 B 选择中，死亡给付等于保单持有人在保险购买时选择的纯粹死亡保障加上保单的现金价值。因此，B 选择下，纯粹死亡保障保持不变，所以随着现金价值的增加，死亡给付也随之增长。保单持有人需要根据自己对死亡保障和投资的需求来选择合适的给付方式。相对于 A，B 提供更多的死亡保障。最后，保险公司允许保单持有人增加或减少自己的死亡给付，不过，在增加死亡给付时需要提供个人的可保证明。

利息　万能寿险会为保单中的现金价值支付利息（通常是按月支付）。保单中会规定保证的最低利息，保险人可能支付高于当前信贷利率的利息。实际支付的利率根据保单规定的不同有以下几种主要的确定方式。第一种是组合利率，由保险人根据投资组合的表现确定的利率，也是最常用的利率。第二种是新货币利率，保险人根据保单保费的缴纳时间来确定利率。第三种方法是利率指数化，以市场利率为参考确定保单利率，比如设定为长期企业债的某个百分比。这种保单也称为指数化利率寿险。最后，一些保单根据股票指数确定利率，比如标准普尔指数。这种保单也称为股票连结型万能寿险。

万能寿险保单对现金价值未来的利息回报通常是基于对利率的某些假设作出的。其他人寿保单同样如此。投保人需要注意这些长期假设，因为没有人能够确切知道 10 年、20 年或 30 年后的利率水平。消费者也需要注意保单当前的利率水平、保险人过往支付的利率和保证的最低利率。一般而言，保险人的偿付能力和声誉是投保人要考虑的重要因素。

死亡保险费　根据被保险人的年龄和保险保障，保险费会按月从现金价值中扣除。保险保障等于被保险人的死亡给付减去现金价值。万能寿险保单会规定保证的最高死亡保险费。保险人有权利提高（不超过最高保费）或降低保费要求。

费用 保险人会从保费或保单的现金价值中扣减费用支出。一些万能保单是先期支付费用，费用在保单的第一年扣减或者在之后收取较低的费用。还有一些不支付先期费用。有些万能保单还会要求后期佣金，在保单后期退保或转换时支付费用。后期佣金费用一般会随着保单生效期的增长而降低，到某一年减少为 0（比如 10 年或 15 年）。还有一些保单先期费用和后期佣金都会收取。

在任何时候，保险公司都可以从投资回报和支付给被保险人利息的差额中支付销售和管理费用。这也使得万能保单和传统终身寿险保单的比较变得困难。传统的终身寿险从最初的保费中扣除费用，因此保单最初没有或者有很低的现金价值，但是之后支付的利息却很高。万能寿险可能没有先期费用，但是利率相对较低。

现金提取 由于万能保单不是捆绑式的，它们允许保单持有人在保单有效期内从现金价值中提取现金。但是，每次取现都会减少保单的死亡给付，而且会有一定的手续费用。其他的传统保单一般不允许部分提取现金。

目标保费 对于万能寿险保单而言，保险公司一般会基于对精算和利率的假设来提供目标保费，每年的缴费水平可以保证保单持续有效。但该保费并不是强制的或保证保单可保的，只是根据利率作出的预测。

不过保险公司确实有这样的保单条款，只要被保险人支付特定的保费，保单就不会终止。这样的保单称为不终止保证的万能保单，之后会详细讨论。

不同保险公司提供的万能寿险保单差别可能会非常大。当前利率、保证利率、利率的计算方法、死亡保费、其他成本的性质和金额等，这些都是投保人需要考虑的因素。

21.2.7 变额保单

一般特点 和保证收益或固定本金的保单不同，变额保单允许保单持有人在保险公司的各种投资的子账户中分配保费和现金价值。而保单死亡给付也由子账户的投资表现决定。因此，投资风险也由保险人自己而不是保险公司承担。

投资账户 变额保险的子账户实质上是保险公司提供的共同基金账户，它们和保险公司的一般投资组合是相互分离的。保险公司会提供相当多的不同投资目标的子账户供被保险人选择。被保险人也可以选择投资于保险公司的一般投资组合。这些子账户很像是一组共同基金，管理共同基金的投资公司也会为保险公司提供这样的子账户①。

设计变额保险的主要目的是允许保单持有人将其资金投资于更有竞争力的股票市场或平衡基金市场，以抵御通货膨胀，维持甚至提高保单的购买力。但是，不同保险公司子账户的投资表现差别可能很大。而且，和其他投资公司类似，保险公司子账户需要经过相当长的时间才能看出其表现究竟如何。保单持有人可以采用一些在其他投资上的投资策略。

资产重置 变额保险的一个明显优势就是允许保单持有人在保单提供的子账户之间进行资产重置而不用缴纳所得税。

案例

假设诺曼·李在几年前购买了一份变额万能人寿保单，保费为150 000美元，死亡给付为1 000 000美元（A类型给付方式）。他将现金价值投资了股票市场，现在的价值为400 000美元。诺曼开始担心他在股票市场上投资过多，因此决定将一部分资金转入到该变额保险的投资级债券账户中。该转换没有涉及资产的买卖或转换，因此不需要缴纳资本所得税。而且，如果诺曼对可变万能寿险子账户的投资管理不满意，他可以将保单转换成另一个保险公司的寿险保单，根据国内税收法规第1035条款的规定，该转换也是免税的。当然，任何相应的解除保险费用也都是免税的。因此，可变万能寿险保单持有人在更改自己的资产配置时有很大的弹性②。

变额保单包括变额人寿保单和变额万能人寿保单两种。

变额保单 变额保单是固定保费的保单，这一点和传统的固定保费人寿保险非常相似。但是，变额保单的现金价值和死亡给付是由投资的子账户收益来决定的。变额保单有一个最低保证死亡给付。变额人寿保单现在已经不常见了。

变额万能保单 变额万能人寿保单现在是变额人寿保单的常见形式。

---

① 然而，由于税收的原因，这些变额寿险和变额年金的子账户不能等同于面向公众的共同基金。

② 作为对比，如果这些投资资金没有在变额寿险（或变额年金）的子账户中，而是在一个家族共同基金（第8章有介绍）的账户中，那么从一个共同基金（比如股票基金）转移到另一个共同基金（比如以投资级债券为投资标的的基金），那么在这种情形下，会导致出于税收目的而转移投资资金，从而引起税收增加或减少。在这种情形下，当前确认的资本利得有 $ 250 000（$ 400 000（已实现）− $ 150 000基数调整 = $ 250 000资本利得）。当然，如果诺曼直接持有股票和债券，而不是通过家族共同基金，那么盈余是相同的。另一方面，如果交易出现亏损，更划算的方法是继续持有资产在共同基金中，或继续直接持有，因为当诺曼计算那年的所得税时，可以用亏损抵扣收入，最多每年可抵扣 $ 3 000。第10章和第11章详细介绍了这些税收概念。

它结合了万能保单和变额保单的概念。保单持有人可以选择自己要投资的子账户，现金价值也由投资的账户表现来决定。死亡给付有两种选择方式，选择 A（水平死亡给付）和选择 B（固定死亡保障金额＋现金价值）。因此，变额万能寿险给了保单持有人最大的弹性选择即现金价值的投资方式选择和保费支付方式选择。

变额万能保险的费用收取　变额万能保险的费用很关键。第一是销售费用，根据保费的多少支付。也有的保单收取后期佣金，如果被保险人要退保，就需要交纳退保费和递延销售费用。和万能保单一样，后期佣金会随着保单的期限的增长而逐渐降低，一般 10 年或 15 年之后就会降低到 0。

第二是需要缴纳投资管理的年费。管理费用根据账户的不同而有所不同。一般来说，股票账户费用为 1.2%，债券账户费用为 0.8%，货币市场账户费用为 0.5%。这些费用是子账户投资的费用，也称为基金或账户费用。

第三是根据保单资产按年收取的死亡率相关支出的风险费用（或者定期收取）。这部分收费用来支付管理费用和提供保险公司的利润。死亡保险和费用的风险收费一般为 0.6% 到 1.0% 或更多，因保险公司不同而有所差别。有时也别称为保单费用或合同费用。

第四是管理费用。被保险人每个保单缴纳固定的管理费用或者保费的百分比。还可能会有保费收入的税收。

不同保险公司每年的总费用不同，但每年大致是保单资产的 1% 到 2.5%[①]。这些费用还是相当可观的，因此消费者在购买这种保单时要多加比较。

死亡费用　除了上面所讲的费用，变额万能人寿保单每年还要收取保险成本费用，即死亡费用。和万能保单一样，保险成本费用是为被保险人提供的死亡保障的费用。费率会随着被保险人年龄的增加而增加。

21.2.8　万能人寿保险和变额万能人寿保险的不终止保证

从上面的讨论中我们知道，对于传统的终身寿险，只要按时交纳固定的保费，保单就不会终止，保证的现金价值也会不断增长。如果保单是参

---

① 这个资产的比率和共同基金的管理费率比较类似，后者已在第 8 章中阐述。然而，这种比较不是完全合适的，因为共同基金不提供人寿保险的服务，并且一些变额保单的期间费用是用于寿险覆盖率的制定或管理（尽管不是实际的短期成本）。考虑到这种对比的局限性，可比共同基金的费率一般要低于变额寿险管理资产的费用占比。

与红利分配型的，被保险人还可以得到红利支付。

但是，在万能保险和变额万能保险保单中，保费是弹性的，根据被保险人支付的保费、现金价值的投资表现以及上面讲到的变额万能保险保单的各种费用、被保险人自己从保单中提取的现金等，保单有可能在被保险人死亡前终止。

因此，保险公司现在开始在万能保险和变额万能保险保单中提供不终止条款，保证只要被保险人满足一定条件，保单就不会终止。该保证条款也被称为次级保证条款。

许多保险人都会为万能保险保单提供不终止保证条款，只要保单持有人每年按时支付规定的保费。保证期限有很多种，可能到被保险人100岁、121岁或者保障终身。不同保险人提供的保费和缴费期限也不相同，有的要求支付到某一固定年龄，也有的要求终身缴费。保险人会对该不终止条款收取额外保费。

最初的不终止保证严格规定保单持有人必须按时交纳保费，不然，该条款就会作废。但是，之后的万能保险的不终止保证条款设计了无形账户，该账户是一个假设账户，只要无形账户有价值，不终止保证就不会失效，即使被保险人没有按时交纳保费。

相对于传统的人寿保险，"无失效率"保证万能保单的保费较低，但是"无失效率"保证万能保单不保证现金价值，而传统人寿保险是保证现金价值的。

一些保险公司销售含不终止保证的变额人寿保单，关于该条款的保费不受保单所投资账户的影响，该保单也成为"无失效率"保证变额万能保单。和"无失效率"保证万能保单一样，保险合同会规定保费额、保障期限以及保费交纳的期限。

在"无失效率"保证万能保单和"无失效率"保证变额万能保单中，现金价值可能增加也可能减少，这取决于保单的投资回报、保费支付额以及每年的死亡费用和其他费用等。现金价值甚至可能会降到不足以支付保险公司要收取的费用甚至降低到零，这种情况下保险人也不能终止保险，只能自行支付该部分成本。

案例

哈里·夏皮罗是一位房地产商，今年55岁。他有大量的房产，可能死后要支付很高的遗产税。由于他的资产是非流动性的，哈里希望购买一份额外的2 000 000美元的人寿保险以保障遗产的流动性和实现保护的目的

（如第29章所述）。哈里现在身体健康，他的保险顾问建议他购买一份"无失效率"保证万能保险保单，含有终生保证期限，保费是每年25 000美元，支付期到100岁。哈里决定购买一份这样的保单，因为他最关心的是能够以一个水平保费获得终身的死亡保障，现金价值的积累不是他要考虑的重点问题。

21.2.9 第二死亡人或联合寿险保单

在之前所讨论的保险中，被保险人都只有一个，而第二死亡人或联合寿险保单则是以两个人的生命作为保险标的，以第二人死亡作为给付条件。这样的保险一般适用于丈夫和妻子共同投保。和同类的以一个人的生命作为保险标的的保单相比，第二死亡人或联合寿险保单在同样的年龄、性别和保险金额的条件下，保费要低得多。

购买第二死亡人或联合寿险保单需要考虑的一个因素是该保单是否允许保单所有人将其拆分为两个或一个以一个人的生命为保障的人寿保险。多数保单都允许进行这样的拆分，因为在家庭离婚或者不和、遗产法改变或者家庭遗产计划改变时，该条款非常重要。

21.2.10 第一死亡人或联合寿险保单

这种保单以两个或者更多人的生命为保险标的，给付条件是被保险人中第一个死亡发生。被保险人可以是丈夫和妻子，也可以是其他人，比如遵从买卖协议的封闭公司的所有人。例如，夫妻两人都在外工作，两人的收入都需要用来供养家庭，因此，无论谁的去世都会给家庭带来损失，需要购买联合寿险保单来获得保障。又如，封闭公司的三个股东为了防止其中一人死亡给企业带来损失，会同意为彼此购买人寿保险，而联合寿险保单就是一个很好的选择。联合寿险保单允许将保单拆分为两个或者更多个的个人人寿保险。联合寿险保单是以第一个人的死亡作为给付条件的，当第一个人死亡后，保单允许幸存的被保险人继续持有保险，可以是个人人寿保险或者以其他剩余的被保险人组成的新的联合寿险保单。

21.2.11 私募人寿保险

变额保险产品被法院认为是证券投资，因此在向公众出售时必须满足证券法的规定。正如在第2章提到的，这包括在证监会的登记注册，遵守联邦政府和州政府的证券法和州政府的保险法的要求。但是，如果证券作为私募股权投资出售的话，就不用遵守这些监管的要求。私募人寿保险就是这样一种标准化的变额万能人寿保险，仅出售给一些高资产人群（比如有经验的投资人或国内销售的合格投资人）。这样的保险产品不需要在证监会或其他证券监管机构注册，可以作为国内私募基金或者离岸私募基金销售。其子账户的投资范围有很大的选择，比如有对冲基金、私募股权、商品基金等。保险产品的定价也有很大的弹性。

21.2.12　人寿保险的内部收益率

从前面的讨论可以看到人寿保险有各种不同的保单和现金流类型（保费、分红、现金价值和死亡给付），对这些保单的回报率进行比较非常困难。在第9章曾提到过，人寿保险应该被认为是可用来做资产配置的一种资产类别，这样就很有必要评估一下人寿保险在转移资产方面的有效性。在分析保单未来的现金流和内部收益率时，假定一个较长的时间更为合理。

案例

约翰·罗玛今年40岁，身体健康，不吸烟，是一个成功的商人。他想要购买一份人寿保险为自己的家庭在自己死亡后提供保障，或满足自己退休的需求或可能的商业需求。约翰得到的建议是购买一份最高评级保险公司发行的1 000 000美元的分红型终身寿险，然后用分红购买再额外的保额。

但是，约翰想要知道该保险在满足自己需求方面的有效性如何。他的保险顾问根据目前的保费、保证的现金价值和分红做了一份未来现金流的预测。根据预测估计，如果约翰在65岁退保的话，内部收益率为4.0%，如果80岁退保，内部收益率为5.6%（忽略了收入所得税影响）。如果约翰持有保单到死亡，假如80岁死亡，那么预测的内部收益率为7.5%。

因此，约翰如果在25年或40年后退保，4.0%或5.6%的稳定回报也是相当可观的。但是，如果约翰不需要将现金价值用于退休或其他目的，将保单持有到被保险人死亡显然是更好的选择。其他的保单可能会有不同的结果，比如，"无失效率"保证万能保险保单持有到被保险人死亡比中途退保会有更好的回报率。但是，必须注意所有的预测结果都是基于长期的假设作出的。

21.2.13　购买人寿保险时的分散化策略

市场上会有各种令人眼花缭乱的寿险产品，还要注意保险人当前的财务稳健性，因此，保险顾问一般会建议投保人，尤其是购买大额寿险的投保人，通过选择不同的寿险产品和不同的保险公司来分散化其寿险投资。这其实是运用了投资中的分散化策略。

案例

简·奥尔森是一位单亲妈妈，有两个小孩。简现在有一份高薪工作，且事业前景很好，前途光明。但是她所在的较小公司只提供了 50 000 美元的非参与型团体定期寿险。根据简的计算，如果她发生意外，为了给孩子提供生活费用和教育费用，她至少需要 1 500 000 美元的人寿保险。为了满足剩余 1 450 000 美元的寿险需要，她可以购买 650 000 美元的优先定期寿险（她身体健康状况良好），可以立刻得到低成本的保障。该保险还需要是可更新和可转换的。简还可以从另一家寿险公司购买 400 000 美元的分红型传统人寿保险，保费预先确定，且可以积累现金价值。保单的分红可用来购买额外的保险保障或增加现金价值。简还可以在第三家保险公司购买 400 000 美元的变额人寿保险，然后将其投资于该保单的子账户中。在做投资决策时，简应该考虑整体的资产配置。

该案例只是为了说明购买保险时的分散化策略。没有所谓的正确模型可以适合每一个人。根据个人或者夫妻的需要、保费支付能力、风险的容忍度、对保单的弹性和一些保证条款的需求程度以及投资理念等因素，保险顾问会推荐不同的保单产品。

分散化投资也有一些缺点。第一是过于复杂，第二，如果某些人寿保险的保额很大的话，保险公司会提供一定的费率优惠，第三是消费者有时希望能够遵循同一个策略去购买保险。但是，从资产配置的观点来看，对于购买大额保险的投保人，分散化投资显然是一个更好的策略。

21.3 人寿保险的所得税定义

21.3.1 人寿保险的税收优惠概述

人寿保险合约对保单持有人和受益人都有很多的税收优惠。第一，寿险的死亡给付对受益人来讲是免除收入所得税的。第二，变额保险中现金价值的增长或者更改投资子账户而获得的收益也是免税的。第三，由寿险保单做担保的贷款在税收处理时被认为是贷款而不是应纳税的分配。第四，人寿保险的提早分配（59 岁之前的分配）不需要缴纳 10% 的税收罚金。第五，依据保单允许的部分退保（提现），可以被看成是保单持有人在保险合同中的投资（所得税的税基）而先获得免税，然后从保单中的潜在投资收益中再行缴纳税收①。第六，一个人寿保单可以转换为另一个人寿保单或年金，根据国内税法第 1035 条款的规定，该转换过程也是免税的。

21.3.2　人寿保险的一般税收定义（国内税法第 7702 条款）

要得到该部分实质性的税收优惠，1984 年 12 月 31 日之后签发的保单必须满足州立法中关于人寿保险合同的规定，而且必须满足国内税法第 7702 条款规定的两种选择性测验中的一种。第一种是现金价值积累测验，第二种是指导保费和通道测试。

21.3.3　修正的生死两全保险

生死两全保险是为了满足税法关于寿险的规定而出现的一种保单，于 1988 年 6 月 21 日或之后进入市场，但是它不满足法律中七年付保费测试的要求。七年付保费测试是指如果一个保单在前七年的任何时间点上的累积保费超过已付费的保单在七年之后的纯水平保费之和，那么这个保单将不满足七年保费付费测试要求。该定义非常复杂，实际上是说，如果保单的保费交纳速度快于假设的七年缴费的人寿保单，那么它就是修正的生死两全保险。

和人寿保险合同相比，生死两全保险最大的不同就是保单丧失了部分税收优惠。由生死两全保险做抵押获得的贷款被作为可征税的分配，对于提前分配需要缴纳 10% 的税收罚金，从生死两全保险中获得的分配被作为首先是从保单中获得的投资收益（因此是应纳税的）；然后，作为保单持有者的投资的回报免受免税的待遇②。

在 1988 年 6 月 21 日之前签发的同类保单可以不被认为是生死两全保险，通常是"祖父级"的保险，享受其他寿险的税收优惠，除非保单发生过重大改变。当然，只要寿险满足七年保费测试，不论什么时候签发，都不会认为是生死两全保险。大部分的保单都不是生死两全保险。

---

①　寿险保单的所得税情况将在第 29 章中讨论。同时，如下章所述，其中的部分税收优势不适用于修正的生死两全保险合同。

②　这些所得税规则同样适用于定期（非合格）的年金合同，如在第 17 章中所阐述的。因此，实际上，税收制定者把部分非合格的年金所得税政策应用于寿险中的修正的生死两全保险合同。

21.3.4 趸缴保费保单

该保单相当于投资类型的寿险产品。保单持有人一次性支付所有保费。变额人寿保险、万能人寿保险和变额万能人寿保险都有趸缴保费保单。当然，这些保单都是生死两全保险（"祖父级"的保险除外）。

21.3.5 人寿保险合同

在进行寿险规划时，一些重要的保单条款需要特别注意。下面会一一进行说明。

21.3.6 一些重要的保单条款

转让 寿险合同都是可以自由转让的。转让形式有两种。一种是绝对转让，保单的一切所有权都转让给另一方。比如绝对转让适用于将保单转让给不可撤销信托，以避免联邦遗产税；另一种是抵押转让，保单作为贷款抵押只有一部分权利进行了转让。

宽限期 宽限期一般是保费到期后31天。在宽限期内，虽然保费尚未支付，保单也保持有效。

不可争条款 根据不可争条款，当保险已经生效一段时间（称为抗辩期，一般为两年），保险人不能再以申请人的任何错误、隐瞒或者错误陈述而拒绝索赔。

自杀条款 如果被保险人在保单签署之后两年内自杀，保险人只需退还保费。两年之后，自杀就是可保风险。

复效条款 保单因拖欠保费失效后，在一定时间内，通常是三年，保单持有人可以使之复效，只要提供可保证明及缴清拖欠的保费即可。

保单贷款条款 此条款赋予保单持有人借入小于或等于保单现金价值的贷款（从技术上讲是预付款，因为它不需要偿还）的权利。贷款利率会在保单中声明或者按照标准定期修改。对于期限较长的老的保单，利率一般会在5%至6%之间，对于最近的保单，利率有的达到8%。如果保单生效期已经达到某个期限或者贷款额低于现金价值的某个百分比，贷款利率可能会更低。贷款利率也可以以净息差为基础表示，比如保单回报率的1%至2%之间。

该条款使保单持有人在不退保的情况下从保单中提取现金以满足财务需求，而且可以不用避免收入所得税（MEC两全保险除外）。

另一方面，保单贷款条款的一大缺点是被保险人死亡时的未偿贷款会减少死亡给付。而且，个人支付的贷款利息是没有税收减免的。

最后，许多保险公司会在保单中加入直接确认条款。根据该条款，对于有贷款的保单，保险公司会自动扣除一部分的分红和现金价值的利息。

自动垫缴费条款　如果保单持有人在保费到期时没能按时缴纳保费，保险公司会自动垫交保费，只要保单中有足够的现金价值，保单就不会终止。垫交的保费作为给保单持有人的贷款。

指定受益人　寿险保单的投保人有权选择保单受益人。在最初的选择后，投保人有权更改的受益人是可撤销受益人；在最初的选择后，不可更改的受益人是不可撤销受益人。不可撤销受益人相当于保单的共同拥有者。可撤销受益人保单应用更为普遍。一般情况下，投保人应该指定第二或可能的受益人，以免第一受益人在被保险人之前死亡。

保单所有权　寿险保单通常会在合同的首页表明保单的所有者。保单所有者是指在法律上拥有执行该合同所有权利的个人或者实体。保单所有者可以是被保险人或其他人或者是其他实体（比如信托的受托人，公司，合伙企业，或其他的商业实体）。人寿保险的保单可以在被保险人生存期内以赠与或者销售的方式转给他人。

21.3.7　现金价值和不丧失价值条款

人寿保险合约要求包含某些不丧失价值条款。这些条款一般包括现金解约价值、减额缴清保险和展期选择权。

现金解约价值　根据州不丧失价值的法律规定，在缴纳保费三年之后，保单产生了不可丧失价值，那么保单通常就有现金价值。许多传统的终身寿险在第二年年末就会提供一些现金价值。对万能保险、变额万能保险和一些利率敏感性终身寿险保单，在第一年就会有现金价值。

如果保单所有者选择得到现金解约价值，保险保障也会就此终止。而且，解约的现金价值超出保费的部分被认为是投保人的收入，如何处理也需要财务和税收上的一些策略。如何在不解约的情况下提取保险合同现金价值会在第29章进行详细讨论。

减额缴清保险　该条款允许保单持有人用现金价值购买一份减额的缴清保险。如果减额的保险是合意的，而且投保人无意再继续缴纳保费，该条款是很好的选择。如果保单是分红型的，投保人还可以继续得到分红。

展期保险　不丧失价值的选择允许将现金价值用来按照原保额购买一

份缴清保险。原保额不变，但是保险期限变短。

21.3.8 保单红利的使用

分红型保单向投保人支付红利。投保人可以选择红利支付的形式，称为红利选择权。

红利选择权的种类 红利选择权一般包括现金红利、红利用于支付下期部分保费、红利留在保险公司累计生息、用于购买额外的缴清保险或者用于购买一年期定期寿险。

现金红利经常用于缴清保单的保费。在退休期，红利可以作为退休收入的一项来源。将红利用于支付下期保费则是一个简单方便处理红利的方法。

增额缴清保险红利选择也是一种常见的红利选择权。增额缴清保险有自己的现金价值，而且本身也是分红型的。另外，它们的现金价值增长也不用缴纳收入所得税。许多保险公司也会提供一年期定期寿险的选择权，但通常会将可购买的定期保险限定在保险单现金价值的金额以内。

消失保费保险（快速支付计划） 对于分红型的人寿保单，该计划是指用保单的分红或者终止增额缴清保险的现金价值去支付保单的保费。如果一个保单生效的时间足够长，可以用保单当前的分红来支付保费；如果保单的分红不足以支付保费，那么可以用以上购买的增额缴清保险的解约现金价值来填补缺口。保单的久期取决于保险公司的分红水平，而分红水平并没有保证。

必须强调的是，快速支付计划和缴清保险并不相同。对于缴清保险保单，保单中的累积价值等于保单面额的一次性纯保费，保单会一直有效而不需要再次缴纳保费。分红型和非分红型保单都可以缴清保费。

21.3.9 给付选择权

当人寿保险给付发生时，被保险人或者受益人可以选择不同的给付方式，而不是一次性得到所有现金。这些给付的方式称为给付选择。给付选择包括利息支付、固定金额给付、固定期限给付和终身给付。保单持有人在购买寿险时必须选择保险金的给付方式，一次性得到所有现金、选择一个或多个给付选择权或者将其委托给一个信托。关于这个问题在第29章中有进一步的讨论。

利息给付选择权 人寿保单中保险公司支付给受益人保证的利息，比如 3% 或 4%。此外，大部分保险公司支付额外的、不保证的基于公司投资收益的利息（称为额外收益）。保单受益人还享有受限或不受限的现金提取权，以及改变给付形式的权利。

固定金额选择权　固定金额选择权提供给受益人定期的固定收入给付，一直到保险金额用完。每次的支付都包含部分本金和部分利息。保险公司支付给受益人接近其投资收益的利率，同时保证最低利率。

固定期限选择权　该选择权和固定金额选择权类似，只是支付的期限是固定的，每月的给付额根据情况相应变化。

终身给付选择权　被保险人或受益人终身获得给付。相当于用保险金额购买了一份终身年金或配偶终身年金。

21.3.10　个人寿险合同的附加寿险给付

通过附加寿险条款可以增加基本寿险合同的保险给付。

保证可保条款　该条款允许保单持有人在规定的时间内购买额外的保险而不需要提供可保性证明。该选择权需要缴纳额外的保费。

双倍赔偿　该条款也被称为意外死亡保险给付。如果被保险人因意外事故死亡，保险公司会提供双倍（有时是三倍）死亡赔偿金。从经济角度来看，该条款似乎并无正当理由。

保费豁免条款　该条款规定如果被保险人在某个特定年龄之前全残，一般是 60 岁或 65 岁，就可以免交伤残期间的保费。保单的价值会按照伤残者缴纳了保费的方式继续积累。有的保单需要为该条款缴纳额外的保费，也有的会直接包含在基本保单之中。

伤残给付条款　一些寿险公司允许伤残的收入作为额外的优惠被放入终身寿险保单中。

长期护理条款　该条款需要缴纳一定的额外保费，它为被保险人提供长期的中高级家庭护理、看护、居家护理给付。长期护理保险会在第 23 章进行更详细的说明。正如在第 17 章所讲的那样，2006 年 PPA 规定，对于 2010 年以及之后的组合保单（如组合人寿保险或年金和长期护理保险），从寿险或年金的现金价值中提取的用于缴纳长期护理保险费用的部分不计入所得税的应税收入。但是，这些费用也会减少寿险保单的价值。

加速死亡给付条款　如果被保险人身患重大疾病、处于疾病晚期或是某种特定情况（比如需要永久地居住在养老院），提前死亡给付条款允许其在死亡之前，领取部分或全部的死亡保险金。这样的给付会减少保单的死亡给付和现金价值。该条款不需要额外的保费支付。

其他条款 人寿保险中还有其他各种条款或选择权。比如通过增加保费提供死亡给付和现金价值、一次性支付的选择权、儿童的保险条款、定期寿险条款、更改保费支付的选择权和更改被保险人条款等。

21.4 寿险的规划和使用

21.4.1 寿险的保费和分红

根据保额大小确定费率 许多保险公司都会根据签发保单的保额多少来确定费率。保额越大，费率会越低。在实际中，也有保险公司规定最低保单保额。

女性的费用较低 女性的死亡率低于男性。现在的寿险公司都会给女性提供更低的费率，有时候男女的费率差别会相当明显。

保单分红 分红型保单通过保单分红的方式退还保单持有人部分保费，分红的多少没有保证，根据保险人的实际死亡率、投资回报和管理费用而决定。保单分红不计入保单持有人的应纳税收入，但是会减少保单的收入税基。

对于分红型的终身寿险计划，分红也会随着保单持续期的增长而增长。但是，保险公司会根据经验来增加或减少整体的分红额。

21.4.2 受益人指定

保单持有人有权指定保单受益人。大部分的保单持有人还会保留更改受益人的权利。考虑以下指定的保单受益人："被保险人的妻子，休·史密斯，如果在被保险人死亡时生存，则为保单受益人，否则将受益人平等地指定为被保险人死亡时尚且生存的其合法的子女。"休·史密斯为保单的第一受益人，而她的子女为或有受益人。指定第二或有受益人是为了以防第一受益人或者或有受益人在被保险人死亡之前已经离世。另一方面，如果保单持有人不是被保险人，那么保单持有人也可以指定为受益人。

被保险人也是保单持有人可能会希望设立一个信托作为受益人，为他的家庭代为管理死亡收益。这样的信托通常是在被保险人生存时与信托签订合同建立或者通过遗嘱建立。有时，被保险人也会指定一个人作为第一受益人（丈夫或妻子），而将托管人作为或有受益人，这种信托也被称为或有寿险信托。

21.4.3　如何安排寿险计划

关于怎样购买人寿保险、如何指定受益人、如何安排以合理避税以及寿险如何为遗产或企业提供流动性等，这些问题非常重要而且复杂，在第29章将进一步讨论。

21.4.4　寿险融资

寿险融资是指部分或全部借款缴纳一般寿险保单的保费。通常是由不可撤销寿险信托来安排的，具有高净值资产的客户作为委托人和被保险人。委托人可能通过对不可撤销寿险信托的赠与来支付利息。

保费融资的方法有多种。他们一般都要求完全担保，保单的现金价值作为贷款的担保物。贷款者有时还需要出示其他抵押品或者私人贷款保证。

贷款的利息视为个人利息，不会在联邦收入所得税中减免。因此，当贷款利率比保单现金价值的回报率低时，这种策略才是有效的。但是，这种方法也会出现问题，尤其是当整体经济中利率上升较快的时候。因为这种贷款通常是短期的，需要定期与借款人重新协商，和其他任何用短期融资来支付长期投资的方法一样，这种策略风险极大。

21.5　次标准风险

许多申请人如果不满足保险公司在标准费率上的要求，还可以在所谓的次标准基础上获得保险。随着保险承保的提高和改善，越来越多过去不可保的申请人现在也可以在合理的费率上买到保险。而且，随着承保条件的改变，现在处于次标准风险的被保险人可能之后变为标准风险的被保险人，这样的话可以要求保险公司重新保费的厘定。

如果处于次标准风险，投保人应该多比较一下不同保险公司的产品。声誉较好的寿险公司在某些承保条件上可能有所不同，投保人根据自己的条件可以找到费率较低的保险产品。

21.6　非医疗人寿保险

非医疗人寿保险指的是普通的人寿保险产品，只是在申请的时候不需要提交体检证明。这种保险在不同年龄群中签发的数量也不相同，年龄较小的人群签发的保单更多。超过某个年龄后就不能购买非医疗寿险保单。

21.7　不可保的人应该采取什么措施

首先，应该检查一下能否消除或者减少不可保因素。其次，应该了解更多不同保险公司的产品。再次，寻找不需要提供可保性证明的保险，比如团体保险，可以作为员工从雇主那里获得。其他的团体或协会可能会检查属于它的成员可否通过它们获得团体保险。但是，团体保险可能至少需要一部分个人的承保。记住，非医疗保险对于个人而言，也是可获得的。最后，个人有时可以符合购买保证可保寿险的要求，这样保险公司就不能够拒绝团体成员的投保申请。

21.8　团体人寿保险

大多数人是通过雇主获得团体人寿保险的，该保险一般为定期寿险。

21.8.1　团体定期人寿保险

该保险为员工在职期间提供纯粹的保险保障（无现金价值）。如果员工离职，该保险会在雇用关系结束 31 天后终止，期间员工可以选择将该保险转为个人终身寿险合同。该转换权会在之后讨论。在某些特定情况下，团体寿险会在员工退休后持续，不过保额会降低。

21.8.2　可选择的团体保单

雇主会提供多种不同的团体寿险计划供员工选择。这样的福利安排一般会要求员工先签订一个基础的福利计划，然后才能获得在其他更多团体福利计划中选择的权利。可选择的团体保单一般会包括不同水平的团体定期团体寿险，同样自选计划也会含有不同的团体寿险。

21.8.3　其他团体计划

团体万能人寿保险　该计划由员工自愿选择参加，自愿决定购买保额的多少以及愿意缴纳的计划中储蓄部分的保费。投保的员工可以提取保单的现金价值，进行保单贷款，在员工离职后，也可以直接向保险公司缴纳保费。该保险的保费是由员工用自己的税后收入缴纳的。

遗属收入计划 另外一类的雇主—雇员团体计划是在员工去世后，为其提供月给付以维持依靠其抚养的亲属们的生活。

21.8.4 转换权

在某些条件下，被保险的员工有权将团体定期寿险转换为个人终身寿险，转换后的保额不能超过之前团体寿险的保额。一般情况下，员工可以在离职后的 31 天内，将团体寿险转为标准费率的个人终身寿险而不需要提供可保证明。对于健康状况不好甚至不可保的人来说，这是一个很有价值的条款。

21.8.5 退休后的保单

现在一些团体寿险计划会提供一些退休后继续持续的保单。

21.9 多少人寿保险是合适的

这个问题是最让消费者感到困惑的，不幸的是，没有人能正确地回答。很明显，它取决于保险想要达到的目的。

遗产规划和商业保险需求 为了遗产的流动性和保护遗产的目的，需要购买寿险的数量取决于遗产的多少，遗产缩水的潜在可能，其他流动资产和遗产安排，以及个人整体的遗产安排，这将在第 29 章进行解释。个人或家庭购买寿险可能还有其他的目的，比如可能建立一代信托，将家庭财富转换为慈善性剩余信托或其他慈善捐助目的。

为商业目的购买的寿险金额，取决于购买者的企业目标、相关的企业价值和采取的商业计划，第 31 章会详细解释。寿险也经常用于企业的员工补偿计划。需要的寿险金额则由补偿水平、相关的补偿计划等因素来决定。

家庭保护需求 在被保险人死亡时保护其家庭成员是寿险保单的传统功能。为达到这个目标，多数有家庭或个人责任且有一定收入的人都会需要人寿保险。已经有几种方法可以计算为保护家庭所需的保额①，下面会讨论一些主要的估计方法。

估值的正当性：在讨论具体的估值方法之前，我们注意到近似估值是被普遍接受的，原因如下：第一，未来是不确定的，家庭需求、可获得的资源以及其他因素都很难估计。第二，随着社会的变化，家庭结构和需求也会不断变化。第三，投资回报也是不确定的。第四，通货膨胀也是不可预测的，会影响到人们的需求。第五，定期寿险的保费很低，尤其是对寿险需求很高的年轻人。所以即使在需求估计时略微谨慎，保费的成本也不会增加很多。

购买任意保额的保险：消费者有时会购买任意保额的保险，而不去考虑他们实际的需求。这不是一种理性的规划寿险的方法。当然，如果有保险需求，有保险总比没保险要好。

收入乘数：这是一种相对粗略的估计方法。该方法建议消费者购买其年收入的 6 ~ 10 倍的保险。具体的乘数根据其家庭状况和需求决定。该方法非常简单，但只是大致的估计。

收入替换和现金需求方法：该方法是一种更加完全和复杂的估计方法。估值的目标是得出如果夫妻单方去世，所需要的可以置换死者收入的金额。计算过程第一步要从个人的年收入开始。

第二步，如果夫妻双方都有工作，将其分开，然后估计如果一方死亡，需要其收入的多少百分比来继续维持生活。一般是 70% 到 80%。估计时一般是考虑死亡后一些支出会降低，但另一些支出会升高（比如孩子抚养费用）。

第三步是一方死亡后，家庭现存的可用收入来源。这些来源包括未死亡一方的收入，社会保障遗属给付，投资收入，遗属抚恤金及其他收入来源。

第四步是从总收入中减去某些现存收入来源，比如说是为了消除家庭财务赤字而涉及的收入来源。

第五步是将家庭财务赤字转换为需要的一次性付款的资本以满足收入替换要求。这是比较困难的一步，不同的财务顾问可能会使用不同的方法。有些财务顾问提出，只有足够的必需资本来替换财务赤字直到家中最

---

① 关于这一主题的精彩讨论见《马克基尔的人寿保险》，爱德华·E. 格雷斯著（美利坚大学 1994 年出版）。

小的子女完成大学教育。另外一些财务顾问提出，这项资本基金应该在活着的配偶的预期寿命期间或其他期限内被使用完毕。但是，本书作者支持的方法是简单的资本化收入方法，它使用保守的利率来反映估计的通胀。这种方法假定资本基金在活着的配偶在世期间不变，并在配偶去世后传给子女或其他人。这种方法更为保守，可能需要更多的人寿保险，但它是建立在未来不确定性和不可预期的需要可能将上升的基础之上。

第六步，当一个人死的时候就需要现金。这包括紧急状况下的现金、抵押和其他债务清算资金、教育资金等，取决于当时的情况。

第七步，合并一次性付清的个人收入的替代需要和现金需要，然后将个人的其他资产和目前的人寿保险从总需求中扣减，就能决定个人需要的新的人寿保险的数量。

同样的分析对于每个参与其中的人都应该重复。每个人都应该分别被考虑，因为他们有不同的收入、资源和可能不同的需要。

如果配偶中一方在家而另一方在外工作，这种分析适用于在外工作的配偶。然后，如果在家的配偶死亡时，就需要照顾子女的费用和其他费用。这将提供在配偶生活期间需要的人寿保险数量。

幸运的是，通常这对于消费者来说，不需要他们亲自计算人寿保险需要。寿险销售人、经纪人、保险公司和其他的财务顾问经常有电脑程序用这种方法（或类似方法）或下文中提到的程序方法来为消费者提供推荐方案，计算他们需要多少人寿保险。

程序或需要方法：在过去的很多年，该方法都是市场上的主流估值方法。该方法更加详细，考虑了家庭收入现金流的时间变化[1]。但是，现在该方法已经不再像以前那么流行[2]。

人生价值方法：该方法计算个人对其家庭的经济价值。它在1924年出现在一位保险教育先驱的著作中，之后获得推广。但是，该方法已经很多年不在实践中使用，所以不再详细解释[3]。

---

[1]　例如，当年轻的孩子达到18岁或19岁时，社会安全生存收益就会停止，直到配偶达到60岁（或者可拥有所有收益的年龄），才会重新开始。这通常被称做社会安全缺口或封锁期。

[2]　这方面的完整论述和相关方法可阅读《人寿和健康险》，第13版，小肯尼斯·布莱克（Kenneth Black，Jr.）和小哈罗德·斯凯博（Harold D. Skipper，Jr.）（普伦蒂斯霍尔出版社2000年版）。第5版也同样适用。

[3]　如果要了解这种方法是如何应用的，可阅读布莱克和史基伯写的第5版（参见脚注[2]）。

21.10　保单贴现交易

保单贴现交易是指将寿险保单以一个明显高于保单现金价值的金额卖给第三方。对第三方来讲，这样的交易在经济上是可行的，因为交易的被保险人健康状况糟糕，期望寿命一般只有 7 年到 8 年。

通常情况下，寿险保单收购公司会发起交易，然后将购买到的保单组合卖给投资者。这样，投资者（从被保险人的早逝获得利益的人）并不知道被保险人是谁。

对于进行贴现交易的保单，通常要求被保险人必须是 60 岁或 65 岁以上，保单有效且保险公司声誉良好。寿险保单收购公司一般会要求卖方提供被保险人医疗方面的信息，以评价保单的价值。这和保险公司在决定是否签发保单时的行为正好相反。如果满足要求，保单收购公司提供给保单持有人高于保单现金价值的价格，获得保单，然后继续支付保费直到被保险人死亡，最后保单收购公司就可以从保险公司获得死亡给付。

这种保单的购买行为其实是有规避联邦所得税的考虑从而进行价值转移。因此，在国内税法的第 101（a）条款下，保单的死亡给付不是税收减免的，应纳税收入为死亡给付减去保险公司的支出（购买价格加上支付的保费）。这是一个关于价值转移规定的例子，将在第 29 章中进一步阐述。

对于保单持有人的卖方，收购公司的支付价格减去保单中的支出（支付的净保费）是应纳税收入。因此，卖方所得为收购公司支付的金额减去这次交易支付的税收。当然，如果保单持有人退保，他会得到的日常收入等于保单的现金价值（较低数额）与为保单支付的保费的差额。另一方面，如果保单持有人同时也是被保险人，持有保单直到死亡（可能在费用支付上进行融资），他的受益人会获得所有的死亡给付（面值），并且不计入所得税。因此，保单持有人要做的决定是卖掉保单或者持有到死亡。这是个非常有争议的话题，多数进行寿险贴现交易的保单都为万能寿险或定期寿险。

案例

彼得·恩派尔德，今年 65 岁，刚刚因为身体状况不佳而从阿伯尔公司退休。他拥有一份 5 000 000 美元的万能寿险保单，含有 600 000 美元的现金价值。彼得已经为这份保单支付了 500 000 美元的保费，他认为自己退休后需要更多的收入而且不想继续支付保费，因此决定卖掉该保险。彼得的财务顾问联系了多家寿险保单收购公司，并且提交了彼得的健康体检情况之后，收到了几份报价，从 700 000 美元 到 1 100 000 美元不等。彼得决定接受 1 100 000 美元的报价，将自己的寿险保单卖给该公司。该寿险保单交易是等价有偿的交易，寿险保单收购公司支付给彼得的金额（1 100 000 美元）和彼得为保单付出的保费（500 000 美元）之间的差额是彼得的应纳税收入。

第 22 章
健康和伤残收入保险

本章目标

读完本章后，你应该能够理解以下要点：

- 健康保险的来源
- 个人伤残收入保险保单的特点
- 社会保障的伤残收入
- 雇主提供的伤残收入保险的特点
- 雇主提供的伤残保险和个人购买的伤残保险的税收待遇
- 医疗给付的种类
- 医疗给付
- 雇主提供的医疗费用给付的本质
- 团体健康保险持续权利
- 健康保险终止的规划策略
- 个人健康保险保单条款
- 健康储蓄账户和健康偿还安排

本章要学习的是两种传统的健康损失，包括伤残收入损失和医疗费用支出。另一种与之相关的损失——医疗护理支出，将在第 23 章讲到。

22.1　健康保险保障的来源

22.1.1　社会保险

提供健康给付的主要社会保险项目包括联邦社会保障体系的伤残收入保险、联邦健康保险计划、各州和联邦政府的劳工补偿法、职业外的暂时性伤残收入以及不属于社会保险的社会保障项目。

22.1.2　团体保险

在美国，团体保险是一种主要的提供医疗给付的方式。通常是由雇主为员工安排这样的医疗保险给付安排。

22.1.3　个人保险

个人保险保单是个人为了自己或者家庭成员与保险人签订保险合同。

22.1.4　特许经营和协会的团体寿险

特许经营健康保险结合了个人保险和团体保险。通过与雇主或者其他实体的合作安排为员工或其组织成员签发个人保单。协会的团体寿险和特许经营健康保险类似，不同之处在于它一般给专业组织或者同业协会的成员签发保单。

22.2　伤残收入保险

22.2.1　影响伤残收入保险的一些特征

给付期限　指的是支付伤残者的最长期限。给付期通常用几周或者几个月来表示，或是到某一确定的年龄，或是终身给付。一般而言，给付期限越长，对被保险人越有利。

被保风险　伤残的风险一般是事故或者事故和疾病。

致残原因　致残的风险一般是事故致残或事故和疾病致残，事故致残保单的给付只限定在某一范围，因此要尽量避免此种保单，应该购买涵盖了事故致残和疾病致残的保单。

免责期间　免责期间是指被保险人在伤残之后和获得伤残给付之间的时间。例如，对于一个30天免责期的伤残和疾病保险，如果被保险人发生保单定义中的伤残，他必须等伤残发生30天之后才能开始领取保险给付。

伤残的定义　对于伤残的定义是该保险中一个重要的条款，它决定了一个人被认定为伤残的条件和开始给付的时间。伤残定义也有所不同，有的是基于个人能否履行自己的职业责任，有的是基于个人能否维持以前的收入，也有的同时考虑了这两种情况。

基于个人能否履行自己的职业责任，目前还在使用的有三种不同的定义——"任何职业责任","自己的职业责任"和所谓的分开定义。

正如人们所想的那样,"任何职业责任"指的是被保险人完全失能而不能从事任何工作。这是很严格的定义,现在则倾向于把完全失能定义为被保险人完全不能从事任何适合他所受的教育、训练水平以及经历的有报酬的职业。从消费者的角度来看,"任何职业责任"是最小自由的一种定义。

"自己的职业责任"则将个人不能履行和自己职业相关的任何职责定义为全残。在某些保单中,全残被表述为个人不能履行自己原来的职业或者专长中的重要职责。从消费者的角度来看,"自己的职业责任"是最自由的一种定义。

分开定义是上面两种方法的结合。看下面的例子。

"全残"意味着被保险人完全不能从事任何适合他所受的教育、训练水平以及经历的有报酬的职业。但是,在伤残初始的 60 个月中,如果被保险人不能从事他以前的职业且未任何有报酬的工作,保险公司会将其认定为全残。

这个定义,事实上是将"自己的职业责任"应用到了保单开始的一段特定的时间——上面的例子中是 60 个月——然后将"保险人应该可以从事的任何职业"的定义用于给付的剩余阶段。

另外一个经常使用全残的定义是被保险人由于事故或者疾病致残造成的收入损失比例。它可能被用做伤残的唯一定义,也可能是职业责任被用作伤残的基本定义,然后依据收入损失来决定保单的伤残支付额。

22.2.2　社会保险的伤残支付

伤残支付　社会保障的伤残给付主要分为两种:第一是伤残现金收入给付,第二是冻结伤残工人的职务来决定他未来的退休或者生存给付。

一个有资格的员工被认定为伤残的条件是他必须有医学上确定的严重生理或心理损伤以至于不能从事任何实质性的有报酬的工作。这相当于伤残定义中的"任何职业责任",而且受到健康保险的严格规定。其次,伤残必须持续五个月才能开始领取给付金,五个月后,伤残的状况预期将持续至少十二个月或预期会导致死亡,或者已经持续了至少 12 个月,伤残者才能得到给付。这就相当于有五个月的免责期间。

社会保险每月付给伤残工人以及其所抚养者伤残给付是由工人的被保工资决定的。

22.2.3 劳工补偿给付

这些法律都只提供工作中的事故致残或疾病致残，所以在制订健康保险计划时不要过于依赖劳工补偿法。

22.2.4 雇主提供的团体伤残保险

作为员工福利计划的一部分，团体保险一般提供两种形式的伤残保险：短期伤残保险和长期伤残保险。

伤残支付 短期伤残保险具有以下特点：基于收入水平按周给付；相对较低的最大给付额；较短的免责期间；较短的最大给付期，13周、26周或52周。

长期伤残保险（通常被称为LTD）适用于更加严重的长期伤残。长期伤残保险具有以下特点：给付额为收入的某个百分比（比如基本工资的60%）；相对较高的最大月给付额，比如 $3 000，$5 000或者更多；相对较长的免责期间，比如90天或5个月；对伤残采用分别定义；更长的最大给付期，5年、10年或者到某一特定年龄，比如66岁或70岁。

协调给付 大多数的长期团体伤残保险都包含协调给付条款。在该条款下，伤残者其他的伤残给付将会影响到该团体伤残保险的给付额。因此，在伤残保险计划中，对该条款需要特别加以注意。协调给付条款并不是统一的，但是如果伤残者获得了社会保险保障给付、州政府伤残给付或者雇主提供的其他薪水或给付，他们一般都减少长期团体伤残的给付额。不过如果是非雇主提供的个人伤残保险，团体保险计划的给付额就不会减少。

案例

假设哈里·斯马特有一个不出资长期团体保险计划，该计划的给付额为工资的60%，最高5 000美元，免责期间为5个月，给付期到65岁。不幸的是，哈里生病致残，并且符合保险计划中的全残定义。哈里的基本年薪是125 000美元，大约每月10 416美元。60%的给付额为每月6 250美元，高于计划中的最高给付额。因此，五个月的免责期后，哈里每月可以从该团体保险计划中得到5 000美元。但是，哈里的社会保障伤残给付为2 800美元，根据协调给付条款，这2 800美元要从5 000美元减去，团体保险计划最后只会付2 200美元。注意，如果哈里购买的是个人伤残保险，该给付就不会从团体保险的给付减去。

保险终止 被保险员工的团体伤残保险一般都会在员工离职的时候终止。当员工退休时，雇主就会终止他的团体保险或者不再为之支付保费。与团体人寿保险不同的是，团体伤残保险终止的员工不能将其转为个人伤残收入保险。

给付税收 根据税法规定，因个人伤残或者疾病而获得的伤残给付或者健康保险给付不计入联邦所得税的应纳税收入，除了给付是因为雇主支付保费且该保费并未计入到员工应纳税收入的部分。因此，来自个人伤残保险的给付不计入应纳税收入，员工从雇主提供的伤残计划获得给付，但保费由员工支付的部分不计入应纳税收入，但是，由雇主支付保费，但是保费未计入到员工的应纳税收入部分的伤残收入保险给付需纳入应纳税收入。所以，在上面哈里·斯马特的例子中，哈里的长期团体伤残收入保险给付要计入哈里的应纳税收入中，因为雇主支付的全部的保费支出。但是，如果哈里自己花钱购买了一份个人伤残收入保险，那么它的给付是不会被征税的。

22.2.5 个人伤残收入保险

保险需求 尽管团体伤残收入保险在不停地增长，人们仍然需要个人伤残收入保险，原因如下：不再提供团体保险的团体中或者还未获得团体保险的资格；团体保险在金额或期限上不够充分；一些人不想完全依赖雇主的保险计划；个人保单可能用于某些必需的商业健康保险中。

伤残给付 个人保单在被保险人全残（有时是半残）期间的一定期限内提供月给付。个人伤残保险需要注意的是它的可保风险、最长给付期、伤残的定义、免责期以及给付金额。任何的个人健康保险都需要注意的是它的可续保条款。当然，费用也是一个重要的考虑因素。不同的保险公司保费的价格也有所不同。个人保单中有只保意外事故致残的，也有既保意外事故致残也保疾病致残的。正如前面所说，相对于只有事故致残的保单，保护自己免受两种致残的风险非常重要。

现在有很多不同给付期的保单可供选择，较短的有 6 个月，较长的则有支付到被保险人 65 岁或 70 岁，甚至是终身给付。被保险人应该根据需求选择合适的给付期。如果被保险人需要永久的保护，那么可以考虑较长给付期的保单，给付期到 65 岁或 70 岁，或者终身给付，承保风险包括事故或疾病致残。如果购买给付期较短的保险（经常是为了节省保费），那么给付有可能在退休期来临之前用完，而这时候退休金还未开始发放。

如果保险公司使用伤残的分别定义，那么使用"自己的职业责任"定义伤残的期限越长，对被保险人越好。当然，如果全部的给付期都使用"自己的职业责任"定义伤残，就更有利于被保险人。

保险的免责期也有不同的选择。事故致残的免责期从零到一年或更多，而疾病致残的免责期从七天到一年或更多。消费者在选择合适的免责期时有几个因素需要考虑：

- 和其他伤残收入保险的协调。在伤残的初始阶段，可能有他的伤残给付可以使用。比如雇主提供的非保险型续薪计划（病假工资计划）。
- 其他收入来源。例如，为各种应急事项准备的应急资金可以在伤残时维持较短的期限。
- 成本节约。相对较少的提高免责期一般就可以节省较多的保费。

保险金额 在限额范围内，申请者可以选择他们想要申请的保险金额。这取决于保险人需要和想要获得的保障，以及他们的支付能力。当然，这还取决于被保险人愿意签发给个人多大金额的保单。保险人在签发个人伤残收入保险时，一般会受到承保限额和参与限制的规定。承保限额是指保险人签发给个人保单的最大月支付额。参与限制是指一个保险人每月要支付的所有保险的最大金额（也即保险人只能签订部分的保单）。除此之外，为了避免过度保险，保险人限制签发给个人的伤残收入保险金额以保证被保险人所有的伤残给付不超过个人收入的某个比例。

这些承销规则都会限制消费者可以选择的保险金额。但是，由于各个保险公司都会有不同的规定，所以消费者或者他们的咨询师还是可以通过比较不同的保险公司来买到自己满意的保险金额。

补充保险给付 下面是一些更为重要的保险给付：

- **保费豁免** 该条款自动包含在多数个人保单中，寿险保单中也有这样的给付。
- **部分伤残给付** 该给付可以作为伤残保险的一部分，但经常是作为保险合同的选择性附加条款，需要缴纳额外的保费。如果被保险人遭受部分伤残使他的收入降低（比如至少降低20%），部分伤残给付会支付全残给付的一部分。收入的减少触发保险的给付。很多保险公司只会在全残之后支付这部分的给付。
- **保证可保** 该条款是指在保单规定的每年特定的期限，被保险人可以购买特定的额外伤残保险而不需提供可保证明。

- **生活成本调整** 该给付按照生活成本的增加提供给付水平，条件是伤残给付持续了某个特定期限，比如一年。生活成本调整作为一种补充保险，在被保险人伤残之前可以购买，以补充发生伤残后的收入福利。
- **社会保障补充保险** 如果被保险人伤残且没有社会保障给付，该补充保险提供了额外的给付。该保险非常有用，因为社会保障对伤残的定义比多数个人保单要严格，所以某些伤残可能满足个人保单的给付要求而不满足社会保障的给付要求。
- **意外死亡和断肢保险** 这和寿险中的双重给付类似。而且，和寿险一样，购买此类保险的逻辑上存在很大争议。
- **意外事故的医疗费用补偿、住院给付和其他医疗费用给付** 这些给付一般被加入到伤残收入保单中。
- **提高基本伤残收入的给付** 一种类型是家庭收入型的给付，提供递减数量的伤残收入保险。另一种是变额给付，它允许保险在最初的给付期内给付可以变化以和其他伤残给付进行协调。

协调给付 一般情况下，不管个人有没有其他的伤残收入来源，个人伤残保险的给付不会减少。但是，保单合同中可能会有某些与其他保险相关的条款，但现在的保险人一般都不会再采取这种做法。另外，大多数的保单承保 24 小时的伤残风险，也就是说职业和非职业的伤残保险人都会给付。

保单终止 后面会解释到，如果保单含有不可撤保和续保保证的话，只要被保险人继续缴纳保费，保单就会一直持续，直到某一个特定年龄，比如 65 岁。有些保单会允许被保险到 65 岁之后继续续保，只要满足一定的续保条件或者保险人同意续保。通常的续保条件是被保险人仍然从事付薪职业。保单还会有一个终止年龄，比如 70 岁或者更大，超出这个年龄，在任何条件下保单都会被终止。

给付税收 如前所述，从个人购买的伤残收入保险中所获得的给付是不包含在联邦所得税的应纳税收入中的。

22.2.6 其他伤残给付

团体人寿保险伤残给付 团体定期人寿保险中会有一些伤残保险的保单条款。最常见的就是保费豁免条款，该条款为伤残的员工离职后在伤残期内继续提供团体定期人寿保险。

退休金计划的伤残给付　退休金计划可能包含一些伤残给付条款，例如：

- 一些退休金计划允许员工全残或者永久残废的员工在某些条件下提前退休。
- 一些退休金计划为满足某些特定要求的全残或者永久残废的员工提供单独的伤残给付。
- 许多退休金计划允许全残或者永久残废的员工保留既得退休金的权利。
- 一些退休计划会提供一种类似保费豁免或者社会保障体系中的伤残冻结期。该给付使得伤残的员工在伤残期内的养老金账户得以继续积累。

22.3　医疗费用保险

22.3.1　管理医疗计划和服务付费式医疗计划

现在许多人面临的一个问题就是在选择医疗费用保险时，选择传统的付费式医疗保险计划（FFS，也称为补偿性医疗计划）还是选择管理医疗计划。在每一种保险计划类型中，他们还有几种不同的选择。

服务付费式（保赔）计划　这是一种在保险限额内向被保险人支付医疗费用的补偿机制。他们允许被保险人决定何时从何人那里得到何种形式的医疗服务，然后在保险限额内支付他们认为合理且惯常的费用。他们不会试图控制医疗服务的来源或使用。现在大部分的服务付费式计划都用于大额医疗费用保险，还有一些可能会有更多的限制。

管理医疗计划　管理医疗计划包含许多不同的健康保险安排。不过，该计划的基本思想是不仅要为医疗保健融资，还要组织医疗服务，甚至在某种程度上，控制医疗服务的使用。因此，医疗服务的提供者（医生、医院、药房等）会同管理医疗计划签订合约或者受雇于该计划，甚至在不同程度上被计划所控制。

管理医疗计划的种类　管理医疗计划有很多不同的种类，主要的计划种类如下：

传统的健康维持组织：传统的健康维持组织是最初的管理医疗计划。在该计划下，被保险人从参加传统的健康维持组织的医生中挑选一个初级保健医生，该医生会负责被保险人的医疗保健服务以及决定是否应该接受专家诊治、住院护理或其他医疗服务，当然，这些医疗服务一般都是由参加了传统的健康维持组织的医疗机构提供。

有几种不同类型的传统的健康维持组织，它们一般都有以下特点：

- 综合的保险给付，尤其是在预防医疗服务上，比如理性的身体检查、健康婴儿保育及接种。
- 几乎没有成本共担（免赔额或者共保）。
- 不需要填写索赔表格。
- 一般只赔付计划内提供的医疗服务。
- 只在有限的区域内提供医疗服务。
- 提供的覆盖范围经常是低成本的保险计划。

优先供应者组织：优先供应者组织和医疗服务的提供者签订合同组成一个网络。提供者同意按照事先商议的折扣费率向优先供应者组织的被保险人（比如员工）提供医疗服务。被保险人可以选择组织内医疗服务或者通过服务付费保险使用组织外的医疗服务。但是由于更高的成本共担或者较低的给付，被保险人一般都不会选择服务付费计划。

自选医疗计划：自选医疗计划结合了传统的健康维持组织和传统的服务付费计划。被保险人选择计划内的医生为其提供基本的医疗服务及决定其是否应该接受计划内的专家或其他医疗服务。但是，被保险人可以自行选择计划内（没有免赔额或共保及给付范围更广）或者计划外的医疗服务，计划外的医疗服务通常有更高的免赔额或共保，较低的给付以及必要的书面索赔申请工作。

消费者可选择的范围　许多管理医疗计划和付费医疗计划可供消费者选择。员工福利计划通常也循序员工从一个或更多传统健康维持组织、优先供应者组织或付费医疗计划中进行选择。

消费者也可以购买个人的传统的健康维持组织或者补偿性医疗保险。此外，参与了政府医疗保障计划（通常是收费的服务项目）的人也可以从医疗护理选择项目（本章稍后将讨论）中选择保单。

选择保险计划的决定因素　对很多人来说，选择付费医疗保险还是管理医疗保险可能不是一个简单的问题。下面是一些消费者在做决定时需要考虑的因素：

- 给付范围（包括对预防医疗的给付）。
- 成本共担要求。

- 医疗服务选择的限制。
- 管理医疗网络的规模和名声。
- 消费者目前的医生是否在管理医疗计划内。
- 对不受限制的医疗服务选择的偏好。
- 医疗计划的成本。
- 医疗计划的区域限制。
- 医疗计划的弹性（如自选服务计划的可用性）。

22.3.2 医疗费用给付种类

医疗费用的给付有很多种，下面是一些常见的种类。付费式医疗保险或者管理医疗计划都会一般都会提供这些保险给付。

- 住院费用给付。
- 外科手术给付。
- 医生诊费给付。
- 实验室和诊断费用。
- 处方药给付。
- 牙科保险。
- 预防医疗服务。
- 其他一些基本给付。

22.3.3 大宗医疗费用保险

大宗医疗保险和综合医疗保险是付费医疗保险对被保险人面临大额医疗费用时的保护。

可保损失 计划承保各种医疗费用支出，而不限制病人必须住院。计划中会说明只有通常、合理且符合惯例费用才能得到给付。因此，如果保险人认为某项医疗费用超出该地区通常的治疗费用，保险人会减少给付金额。

最高给付额 医疗计划通常包含一个总体的最高限额，从 10 000 美元到 1 000 000 美元不等，甚至更多，还有一些计划没有最高限额。如果被保险人的给付金额达到某个确定的额度（比如 1 000 美元），提交了可保证明且重新开始工作一段时期，保险限额就会恢复到原来的最高限额。还有些保单会自动恢复到最高限额。

免赔额 大宗医疗费用的免赔额一般为 200 美元、300 美元、500 美元或者更多。

共保　大宗医疗费用保险一般会要求被保险人支付超出免赔额的部分费用，一般是20%，保险人支付剩余的80%，这就是共保条款。但是，大多数计划也会含有止损条款，它限制被保险人自己可保费用支出中自己支付的最高限额，比如每年1 500美元。如果被保险人支付的金额达到了止损限额，该计划就会在保险限额内支付100%的可保费用支出。

超额大宗医疗费用保险　一些保险公司会签发个人或者团体的超额大宗医疗费用保险。当个人其他医疗保险都已达到限额或者被保险人已到达很大的免赔额时，超额大宗医疗费用保险会支付超出部分的医疗费用。

22.3.4　政府医疗保障

65岁及以上的老人主要依靠政府医疗保障计划来支付医疗费用，尽管他们可能还有来自前雇主的退休健康保险、个人的补充健康保险或者所谓的政府医疗保障管理医疗计划。个人保险计划经常会有协调给付条款，因此它不会同政府医疗保障计划重复①。政府医疗保障计划一开始包含两个主要部分：A部分，住院保险和B部分，补充医疗保险。它们都是服务付费式类型，后面会有更详细的说明。

之后，政府又立法增加了新的C部分（可供选择的政府医疗保障计划），后来又增加了D部分（政府医疗保障处方药保险），这些也会在本章之后的内容中予以说明。

住院保险　几乎每个65岁及以上的老人都有资格获得住院保险，它提供了以下几种主要的给付（到2009年）：

- 住院保险一个给付期提供最多90天的住院治疗。在开始的60天内，除了1 068美元的免赔额，住院保险支付其他所有的可保服务费用。从第61天到90天，免赔额变为每天267美元。
- 如果病人在90天后仍然住院，还可以使用60天的终身储备。住院保险支付所有的可保服务费用，免赔额为每天534美元。
- 医院住院封闭期之后，住院保险支付最多100天的高级护理。前20天支付所有的费用，之后的80天每天的免赔额是133.50美元②。

---

① 在联邦法律下，对于在职员工和他们超过65岁的配偶，雇主的健康计划比医疗计划更重要。对退休员工和他们的配偶，医疗则成为最重要的，并且通常雇主也会这么做。

② 所有这些免赔额或成本分担条款都会根据医疗费用的变化进行周期性调整。一些我们称为免赔额（因为它们的作用）的条款在技术上被称做社会保障的共负保险。

- 住院保险提供参与家庭健康机构（如参与访问护士服务机构）基于兼职的、间断的无次数限制的健康访问。
- 住院保险提供一定的临终护理服务。

附加医疗保险　这部分的社会保障是自愿的。住院保险的被保险人会自动获得附加医疗保险部分的保障，除非他们自己拒绝。附加医疗保险的赞助是通过参加该计划的超过65岁以上的个人和联邦政府的缴资。在每个日历年度，附加医疗保险一般支付超过135美元免赔额后80%的合理的医疗费用。以下是附加医疗保险提供的几项主要给付：

- 医生服务。
- 不限次数家庭护理。
- 其他医疗和健康服务，例如诊断检查。
- 门诊物理治疗和职业治疗服务。
- 参与医院的所有门诊服务。

不在政府医疗保险保障覆盖中的费用（医疗保障缺口）　关于政府医疗保障是否应该填补这些缺口以及如何填补也是一个颇有争议的话题。下面是一些主要的除外项目：

- 病人不能自理时满足病人日常需要的疗养护理，如帮助进食、洗浴和帮助服药等。
- 住院保险和附加医疗保险的成本共担条款（比如免赔额和共保）。
- 超出住院保险期限天数的住院和高级家庭护理费用。
- 例行身体检查和预防。
- 眼镜和眼睛的常规检查。
- 助听器和听力的常规检查。
- 整形手术（因意外事故需要立刻治疗的除外）。
- 常规的足部护理和整形鞋。
- 普通的补牙和牙科服务。
- 超出社会保障保险认为合理的医疗费用。
- 医院的私人护理或者高级护理设备。
- 私人病房或者高级护理设备（治疗必需的除外）。
- 美国之外的医疗服务。

补充医疗　在社会医疗保险之外，人们可能会购买其他的个人或团体保险作为补充。^① 这些保单（称为补充医疗保险或缺口保险）是标准化的，一般由保险公司经营。目前一共有 10 种允许的标准保单。

所有这 10 种标准保单都包含一个核心的给付计划。该给付计划包括附加医疗保险中 20% 的共保额，医院保险中第 61 天到第 90 天每天的共付额，超出住院保险 90 天后额外 365 天的住院给付，以及超出每年 3 品脱血液后的费用给付。有一种标准保单只有该核心给付计划，而其他九种标准保单除了该核心给付计划外，还会有一个到多个可选择的保险给付。

除了上面的标准保单要求，在 1991 年 11 月 1 日之后登记购买社会医疗保险 B 部分的人可以获得 6 个月的开放登记期。在该登记期内，如果投保人要求购买保险，那么保险人不能因为他们健康状况或索赔历史而拒绝承保或收取更高的保费。开放式登记期为那些健康状况较差，想要在社会医疗保险外获得医疗缺口保险的人提供了保障。

社会医疗保险的健康维持组织　一些健康维持组织和医疗保健融资机构有合同安排。在该合同安排下，传统的健康维持组织的使用者可以通过传统的健康维持组织获得社会医疗保险的给付，传统的健康维持组织也可以为补充医疗保险提供额外的医疗服务。

社会医疗保险的保费　社会保障的受益者不需要为 A 部分（住院保险）缴纳任何保费，但是需要为 B 部分（补充医疗保险）支付保费，该保费近年来在不停地上涨。而且，现在 B 部分的保费会随着个人或已婚夫妇的计税收入而增加。但是，符合条件的人还是应该购买该保险，因为成本相对于提供的保障还是非常值得的。

小部分 65 岁及以上的人没有获得社会医疗保险的资格，他们可以通过支付一定的保费自愿购买 A 部分（住院保险）和 B 部分（补充医疗保险），也可以支付较少的保费只购买 B 部分的补充医疗保险。

社会医疗保险 + 选择计划　1997 年的平衡预算法在社会医疗保险中增添了 C 部分（社会医疗保险 + 选择计划），从 1999 年 1 月 1 日开始生效。在该项目中，社会医疗保险的收益人每年都可以选择他们想要参加的医疗计划。首先，社会医疗保险的受益人如果已经登记了原来的社会医疗保险（住院保险和补充医疗保险）、原来的补充计划或者社会医疗保险的健康维

① 一个雇主可以为退休的前员工和通常包括他们的配偶提供持续的医疗费用覆盖。当退休的前员工和他们的配偶（如果包括在内）超过 65 岁，并且被医疗保险覆盖，这个退休员工的健康保险就不如医疗保险，也就不如补充医疗保险。一个有着合适的退休健康保险的退休前员工和他或她的配偶是否需要补充医疗保险，是不一定的，要取决于具体的环境。

持组织，他们可以继续保留原来的计划。但是，对于以下人群，他们也可以直接选择 C 部分的保险计划而非 A 部分计划和 B 部分计划：获得了 A 部分保险的资格、已经登记了 B 部分的保险或者刚获得 A 部分和 B 部分的保险资格。

社会医疗保险 + 选择提供了两个选择。一个是医疗管理计划。这些计划包括传统的健康维持组织，供应者支持组织（和健康维持组织类似，不过是由健康护理的供应者组织的），健康维持组织的自选医疗计划和优先供应者组织。这些计划能够提供额外的给付，但也需要缴纳额外的保费。

第二个选择是传统私人服务付费计划。在该计划下，受益人可以选择医疗服务的供应者，但是医生的费用可能高于计划提供的费用，受益人必须自己支付之间的差额，这部分被称为差额负担。在原来的社会保险计划中，如果医疗服务的提供者接受了社会医疗保险的偿还，他们就不能收取差额费用，即使不接受医保的偿还，他们收取的费用也不能高于某个限额。如果受益人选择了传统私人服务付费计划，社会医疗保险会向 PFFS 支付保费，而传统私人服务付费计划向受益人提供社会医疗保险的给付和其他一些额外的给付。受益人自己可能也要支付一定的保费。

社会医疗保险 + 计划中的规划事宜 在选择传统的医疗保险计划和医疗保险计划 + 选择时，一些重要的因素必须多加考虑：

- 额外服务和给付的获得，比如门诊处方药物、视力保健、定期身体检查。
- 受益人的共担费用。
- 医疗服务提供者的差额收费。
- 受益人需支付的额外保费。
- 保险的地理限制。

医疗处方药物险 医疗处方药物险是社会医疗保险的 D 部分，资格要求是只要获得其他社会医疗保险即可。很多保险公司和医疗优惠计划都提供该保险。

人们可以在第一次获得社会医疗保险的时候购买该保险，也可以在之后的每年 11 月 15 日至 12 月 31 日购买。但是，如果延迟购买的话需要支付较高的保费。但是也有例外，每月的保费及支付的药物在不同的计划中也不尽相同。

该计划的免赔额每年为 295 美元，295 美元和 2 700 美元之间的花费，需被保险人需要支付一定的共保额。超过 2 700 美元的部分由被保险人自已支付。但是，当被保险人的支付总额超过 4 350 美元时，超出的部分就由重大疾病险保单来支付。

22.3.5　员工补偿

员工补偿法规定雇主需要为员工的工伤医疗提供无限额的医疗给付。其他的计划一般都规定这部分支出为除外责任。

22.3.6　雇主提供的医疗费用给付（团体福利）

在美国，个人医疗费用支付的一大部分是由雇主为员工建立的团体健康保险来提供的。因此，制定医疗保险计划的第一步就是确定团体保险可以应用的范围。

被保险人　团体保险计划为员工和他们的家属提供保险。家属的定义非常的重要，因为保险计划可能需要对某些家属作出特别的安排。如果员工的家属已经有了其他保险，该计划也允许员工放弃家属保险。团体保险计划会为此提供财务方面的激励，而员工也可以将其看做是一种节省成本的方法。

保险给付　团体保险提供给任何事先陈述的给付。和个人单独购买保险相比，团体的方式使得保险能够以更低的价格提供更多的给付。

协调给付　大多数的团体保险都会有协调给付条款，以确定支付被保险人的所有团体保险的支付顺序以及确定所有支付不超过所有支出的100%（或者某个特定的比例，比如80%）。这就避免了不同团体保险对同一个被保险人医疗支出的重复给付。但是，多数情况下，团体保险和个人保险之间没有协调给付。

保险终止　员工的团体健康保险会在员工离职后终止，而家属的保险会在员工离职或者家属的身份改变后终止。

团体健康保险持续权利　统一综合预算协调法案要求雇主在员工或依赖其生活的家属（配偶或者待抚养的孩子）发生资格丧失事件后，继续为其提供雇主医疗保险计划，而不需要他们提供任何的可保性证明。资格丧失事件包括雇用终止、工作时间减少、员工死亡、离婚或合法分居、子女达到满足要求的年龄上限等。

持续的保单和原来的团体健康保险条款是相同的。根据资格丧失原因的不同，该持续期一般为 18 个月或 36 个月。留在计划中的被保险人需要选择他们保单的持续期，并且一般会被要求缴纳相当于团体费率 102% 的保费。① 当持续期终止后，被保险人可以选择是否参加健康计划的转换，这在团体保险计划中也可以获得。

健康保险的可移植性　联邦政府为保护员工及其家属权益的另一项措施是 1996 年制定的健康保险可移植性和可说明性法案。这项法律限定了团体保险计划中任何的既存病况条款的使用，并且要求雇主和健康保险人信任以前的保障。

例如，玛丽亚·埃尔南德斯是作为 ABC 公司的员工参加了它的团体健康保险，她 12 岁的儿子作为家属也在该团体健康保险计划下。不幸的是，她的儿子有先天性心脏病需要定期治疗。玛丽亚刚得到了 XYZ 公司的一份很好的职位。XYZ 公司也有团体健康保险，该保险有 12 个月的既存病况条款。玛丽亚担心如果她换工作，根据新公司的团体保险规定，她的儿子会失去 12 个月的保险。事实上，玛丽亚完全不用担心这个问题，根据健康保险可移植性和可说明性法案的规定，XYZ 公司的保险计划应该完全信任 ABC 公司保险计划中的 12 个月免责期。所以，在 XYZ 公司的保险计划中，不会有预先存在的排除条件适用于玛丽亚的儿子。

健康保险可移植性和可说明性法案也禁止团体健康保险计划根据健康状况对员工和依赖其生活的人实行歧视，不能因此而排除或者削弱对其提供的保障或收取更高的保费。这里的健康状况包括医疗状况、索赔经历、病史、基因信息、可保性证明和一些其他的因素。在上面的例子中，XYZ 公司不能因为玛丽亚的儿子有心脏病而要求更严格的可保条件或增加保费。

退休职工健康保险　一些雇主会为退休员工及其家属继续提供健康保险。该保险一般都会有一定的年龄限制和工作时间要求。因此，员工在决定退休时，一定要考虑是否会影响到他们的退休职工健康保险。

退休后，一旦员工和其家属达到 65 岁就可以获得社会保障医疗保险。退休职工健康保险和社会保障医疗保险之间有协调给付条款，所以不会有重复给付。社会保障医疗保险作为基础保险，而退休职工健康保险计划则是对它的补充。

退休和未退休员工需要考虑的一个问题是提供退休职工健康保险的雇

---

① 在 2009 年的美国恢复和再投资法案（联邦刺激计划）下，如果合格的个人自愿终止，保费可以临时地减少 65%。一个合格的个人是指在 2008 年 9 月 1 日到 2009 年 12 月 31 日期间成为 COBRA 的合格受益人，并且不是高收入群体。对于保费的减少，员工被提供了可退税的信用。因此，联邦政府实际上为他们付了税。

主是否有可能在将来修改或取消这些给付。因为雇主一般保留了修改或者取消给付的权利。不过，许多雇主，尤其是大公司的雇主，已经持续提供了很多年这样的健康保险计划。

医疗保险保单终止后的规划策略 团体医疗保险终止后，一个人可能选择的计划如下所示：

- 立刻获得其他团体医疗保险。
- 到 65 岁获得社会保险医疗保障，幸运的话，本人（可能还包括他或她的配偶）还可以获得退休职工医疗保险。
- 本人继续选择原来团体健康保险。这种情形下，本人可以在 CO-BRA 持续期结束后获得转换权。
- 本人（和依赖其生活的家属）可以在团体健康保险结束后转为个人保险，而不需要证明可保性。正如刚才所讲，转换权在 COBRA 持续期结束后也会获得保留。
- 购买新的个人健康保险来代替终止的团体保险。根据健康保险可移植性和可说明性法案的规定，在某些条件个人不需要证明自己的可保性就可获得保险。

雇主提供的自助福利计划或弹性福利项目 一些雇主为员工提供多种不同的福利项目，员工可以从中选择不同的福利种类和水平作为自己的一揽子福利。这种福利方式被称为自助计划或者弹性福利计划。[①]

雇主会分配给员工一定的美元限额，用来购买公司提供的一些福利计划。这些福利计划包括一个或多个健康保险、团体寿险和伤残收入保险。如果一个员工的花费超过了分配的美元限额，他的工资就会相应地在税前抵扣。相反，如果员工的花费低于他的美元限额，那么差额部分就会放入到薪水或某些退休计划中。如果雇主提供了充分多的计划可供选择，这样的计划也称为完全弹性计划。雇主有时也会提供一些非常有限的福利计划。

另外一种更加限制的弹性福利计划是医疗费用弹性支出账户。员工可以选择从税前收入中划出部分金额（有最高金额限制）放入该账户，以支付不被雇主福利计划覆盖的医疗费用支出。但是，员工一定要注意在医疗费用弹性支出账户中放入的金额，因为如果一年中的医疗费用少于医疗费用弹性支出账户的金额，员工就会失去剩余部分。这就是"不用即废"原则。医疗费用弹性支出账户计划的好处在于通过该账户医疗费用可以税前

---

① 由于这些计划被国内税收法的第 125 条款所允许，它们也被称做 125 条款计划。

支付。除此之外，还有为员工家属提供的医疗费用弹性支出账户计划。医疗费用弹性支出账户可以作为完全弹性福利项目的一部分使用，也可以单独使用。

22.3.7　个人健康保险

市场上很多个人和家庭健康保险可供选择。有的保险承保范围很广，有的保险承保有限的损失。因此，在购买保险时需要进行认真的评估。

被保险人　私人健康保险保障的对象包括被保险人、其配偶及其需要抚养的人。

保险给付　私人健康保险可以提供和团体健康保险相同的保险给付，只是不像团体保险给付那么慷慨。

协调给付条款　因为个人可以自由地从不同的保险公司购买不同的医疗保险，还可能拥有团体保险或其他社会保障给付，因此在损失发生时会有各种来源的医疗给付。这并不一定是坏事，但是如果仔细规划可以避免购买不必要的保险以节省保费。私人保险一般不会包括协调给付或者比例分配的条款，但是会通过承保条件来避免超额保险。

保险终止　个人保险会在被保险人或其配偶满65岁或获得社会保障保险资格时终止。当然，社会保障补充保险不会被终止。

22.4　私人健康保险条款

在购买私人健康保险时，一些保单条款非常重要。

22.4.1　可续保条款

可更新和续保条款指被保险人有权利在一个保险期限结束后继续购买保险。该条款通常被分为下面几类。第一种是保险人可以选择是否撤保（或者更换保单），该方法现在不再采用。第二种方法有时采用的是带条件的可续保（或者仅因为公开说明的原因不能续保），保险人选择是否撤保受到一定的条件限制。比如特许经营或协会的团体保险，保险人无权拒绝续保，除非被保险人退会或者不再积极从事该职业，或者保险人拒绝为某个团体的所有成员续保。

更为常见的是保证续保条款。该条款规定被保险人在很长一段时间内有权续保，比如到65岁或者终身。在此期间内，保险人不能单独对保单作出更改。如果保险人保留了更改费率的权利，那么保险人也只能更改整个同类投保人群的费率，而不能单独更改某个个人的费率。

对于 1997 年 6 月 30 日之后签发的保单，HIPAA 要求在医疗费用保险中，保险人给予保单持有人保证续保的权利。虽然费率可能会增加，但是保证续保的权利对保单持有人仍然是有利的。保险人只能在某些特定的条件下才可以拒绝续保。现在保险人也签发具有保证续保条款的伤残收入保险。

最后一种类型是不可撤销和保证续保。当合同条款中单独使用不可撤销时，指的就是不可撤销和保证续保。该条款给予被保险人权利，在相当长的时间内，比如 65 岁之前，只要按期缴纳保费，保单就持续有效。保险人无权对保单作出任何更改。不可撤销保单和保证续保保单的区别在于不可撤销保单不能对费率作出更改，而续保保单可以更改整个保单人群的费率。

毫无疑问，保单中的可续保保证越多，保费也会越高。假设消费者可以在这些可续保条款中选择，他们对此的支付意愿又是多少？一般情况下，选择不可撤销保单最好，但如果这类保单不存在，可选择购买保证续保保单。

22.4.2　既存病况

个人健康保险一般不会支付被保险人在保单有效期之前既有病情的医疗费用。而团体健康保险计划会为既存病况支付费用或者附加既存病况除外条款来满足 HIPAA 的要求。

但是，个人健康保险必须包含特定抗辩时效条款，该条款规定，如果保单已经持续有效 2 年到 3 年，那么保险人不得拒绝被保险人因既存病况引起的索赔，除非该病种在保单中明确表示除外。许多州对既存病况条款还有更多严格的规定。

22.4.3　一般条款

特定抗辩时效　除了用于既存病况条款，特定抗辩时效还用于下面情形。如果保单持有者在获得保单时有错报或者漏报，只要不是故意的欺诈性的骗保，那么在获得保单 2 年到 3 年之后，保险人不能因此而认为保单无效或者在发生损失时拒绝赔付责任。这和人寿保险中的不争议条款类似。

474

宽限期 和人寿保险类似，个人健康保险对被保险人的保费支付给予一定的宽限期。

通知和证据要求 保单要求被保险人在发生损失需要在一定的期限内提交书面的索赔申请，并且提供发生损失的证据。

22.5 健康储蓄账户和健康偿还安排

健康储蓄账户（HSA）和健康偿还安排（HRS）是消费者导向的健康计划，目的是给予消费者更多自由，自己能够更加有效地管理医疗费用支出。该计划的理念是鼓励消费者谨慎消费以节省医疗费用开支。消费者被提供账户以用于医疗费用支出，本质上，这些账户都是确定给付型的健康计划。我们上面讲到的医疗费用弹性支出账户就是该计划的一种形式。

该理念最初发展形式是在 1977 年建立并在之后进行试验的 Archer 医疗储蓄账户（MSA）。但是，2003 年 12 月 31 日之后就没有再建立过新的 Archer 医疗储蓄账户。

22.5.1 健康储蓄计划（HSAs）

总则 健康储蓄账户是继 Archer 医疗储蓄账户之后的又一个医疗计划，于 2004 年被《医疗保险处方药、改良和现代化法案》采用。该计划背后的理念是允许个人或者代表个人的雇主每年存入一定数量的钱，建立基金或者托管账户来来支付医疗费用。而这部分钱是免税的。

资格获取 为了获得 HSA 的资格，个人必须具有高免赔额的健康计划，没有其他的健康保险，没有参加社会保障医疗保险，不能再作为家属在他人的纳税申报单上进行申报。符合资格的已婚夫妇应单独开户。

高免赔额健康计划 高免赔额健康计划必须有很高的年免赔额和一定自付限额。2009 年，个人保单年免赔额至少 2 000 美元，至多 3 000 美元，自付额每年至多 4 000 美元。对家庭来说，年免赔额至少 4 000 美元，至多 6 050 美元，自负额每年至多 7 530 美元。这些数额都会根据通货膨胀调整。

缴费限额 2009 年 HSA 每年的缴费限额个人为 3 000 美元，家庭为 5 950 美元，不会因为健康计划的免赔额不同进行调整。55 岁及以上的老人从 2009 年起可以每年追加 1 000 美元的缴费。这些限额也会根据通货膨胀调整。缴费可以由个人、雇主或者家庭成员缴纳，缴费必须为现金形式。

HSA 的税收待遇 HSA 的税收待遇非常优惠。如果是个人缴费，缴费额从税前收入中抵扣。如果是雇主缴费，则从雇主的税前收入中抵扣。账户拥有者还可以对 HSA 中的钱进行投资，投资收益也是暂时免税的。如果 HSA 被用来支付个人、其配偶或者家人的医疗费用，那么该部分支出也是免税的。如果用做其他目的，则会被征税，而且会有 10% 的罚金，除非是因为伤残、到了 65 岁可以使用社会保障医疗保险或者死亡。

HSA 金额转移 目前，HSA 的拥有者可以从 HRA 和医疗费用弹性支出账户中的金额一次性转入到 HSA 账户中。这些转移不作为缴费处理，因此不受到 HSA 缴费限额的限制。HRA 和医疗费用弹性支出账户的该条款计划到 2011 年 12 月 31 日到期。

个人从 IRA 账户进行一次性的金额转移也是允许的，但该转移视为缴费，所以受到 HSA 缴费限额的限制。

HSA 账户的使用 从 HSA 账户支付合理的医疗费用支出是免税的。但是，这些合理的医疗费用指数不包括健康保险的保费，但也有例外，比如 COBRA 持续保险和合格的长期护理保险。另外，如果个人获得了医疗保险，任何的健康保险保费（除了医疗缺口保险）都计为合理的医疗费用支出。因此，也可以用 HSA 中的税前收入进行给付。而该账户的其他支出都需作为一般收入缴纳税收，并且可能面临 10% 的惩罚性税收。

死亡 当 HSA 的拥有者死亡时，如果其配偶为指定受益人，那么其配偶就可以拥有该账户并且可以将其当做自己的账户使用。另一方面，如果除配偶外的其他人为受益人，那么账户余额会支付给受益人，该支付额会计入到受益人的税前收入中以征收联邦收入所得税。

HSA 账户金额还会计入到死者的财产中征收遗产税。但是，如果对受益人来说该遗属给付是普通收入（例如对非配偶受益人），对受益人来说，这也是个 IRD（遗属收益）。

规划问题 在某些情况下，HSA 是非常有吸引力的健康计划和财富积累手段。如果 HSA 拥有者及其家庭成员健康状况良好，医疗费用支出合理，那么该账户由于税收递延和投资收益免税能快速增长。当拥有者到了可以获得社会保障医疗保险的年龄，他不能再继续为 HSA 缴费，但是账户余额可以用来支付社会保障医疗保险不会覆盖的医疗支出，这部分支付也是免税的。同样，HSA 也可以在税前支付长期护理保险的保费。

当然，HSA 拥有者必须支付高免赔额医疗保险的保费。但是，该保险可以为被保险人支付超过免赔额或自付额的非预期的或灾难性的医疗费用支出。

但是，如果员工有雇主提供的很好的健康保险，那么他就没有获得 HSA 的资格。

22.5.2　健康偿还安排（HRA）

HSA 是雇主为员工设立的账户或者基金以支付员工合理的医疗费用支出。本质上，HRA 是确定缴费型健康计划。雇主的缴费和医疗费用的支出都是税收减免的。而且，和其他员工福利计划一样，合理的雇主缴费被认为是一般且必要的开支。

和医疗费用弹性支出账户 S 不同的是，员工 HRA 如果在年底有余额的话不会作废，相反，这些余额可以累积到下一年甚至是员工离开原来的公司。HRA 的余额不能取现，但是可以在 2011 年 12 月 31 日之前一次性转入到个人的 HSA 账户中。

本章目标

读完本章后，你应该能够理解以下要点：

- 看护风险的实质
- 长期看护险的构成要素
- 人寿保险下能够获得的长期收益
- 长期护理保险收益的税务处理
- 对长期看护来说，医疗补助和个人健康保险的险种并不全面
- 医疗补助的实质和资格要求
- 作为看护风险源头之一的医疗补助
- 资产转移与申请医疗补助的资格
- 其他医疗补助计划的技巧

在第 1 章中，我们曾经对有关长期看护或看护风险的实质问题进行过概述。这个问题在近年来吸引了越来越多关注的目光。

23.1 风险的实质

长期看护可能会是一个财务性灾难。比如，你的一位亲人需要良好的护理设施，平均花费就要达到每天 200 美元（或更多），或者每年 73 000 美元，而这仅仅是支付给护理院护理的费用。这笔费用通常可以作为联邦收入税上的法定列举扣减项目而在税务上得到一定减免①。然而，即使是

---

① 纳税人为他自己、配偶或受赡养人支付的医疗或口腔的费用，是可以列举扣减的（例如，从调整后总收入扣减得到应纳税收入，如果纳税人列举他的扣减额），最多不超过调整后总收入的 7.5%。在 1996 年出台的医治保险携带和责任法案（HIPAA）下，合格的长期护理服务的未偿还费用可以被纳入医疗护理，且根据国内税收法的医疗费用条款是可以抵扣税收的。合格的长期护理服务一般是为长期病患者或残疾人提供的护理或服务。本章后面会详细介绍。

有税务减免的情况下，这样大数目的开支对很多家庭来说仍然是一个财务灾难。当然，不同程度的护理可能会让你花费少一点钱，但这个数目仍然是非常可观的。

可能处于这种财务风险下的对象当然包括需要这种看护服务的人及其配偶。但也可能包括子女，孙子女，其他家庭成员及其配偶——他们都可能面临父母、（外）祖父母以及其他亲密的人需要这种看护或长期护理服务的情形。

具体运用何种程度的长期看护服务要依具体情况和当事方的需求而定。以下便以需要的看护程度为序由高到低地进行了列举：

- 高级护理服务。这些护理机构有着足够提供每日高级护理和康复性服务的人员和设备。
- 中级护理服务。这种护理机构可以提供基础的护理服务，但若需要的话，也可以提供高级护理和康复性服务。
- 普通护理服务。这种护理机构是可供居住的提供基础看护的服务，它们并不具备高级护理的服务条件。
- 成人日托服务。这种护理机构提供不供居住的护理服务。
- 居家护理。这可能包括由合格的居家护理中介或其机构提供的服务。

23.2　基本规划方法

能够防范该风险的财务规划方法有如下几种：
- 购买长期看护（LTC）保险。这包括提前规划和为该花费预留资金。
- 规划成为政府福利的合格申请者，实质是医疗补助。
- 其他与长期看护需求有关的规划决定。

23.3　长期看护（LTC）险及其他安排

长期看护险是对长期看护风险进行超前保险投资的主要手段。

23.3.1　长期看护险来源

- 购买长期看护险的个人。

- 通过集团计划购买长期看护险的个人。
- 作为人寿保险与年金保险合同的附加险的长期看护险。
- 从退休人员服务社区（CCRC）计划中购买的保险。

23.3.2 风险实质综述

长期看护险通常会在初始的几天等待期过后为合同项下包含的服务提供一个具体的每日补偿数额或每日偿付利益（日收益），且设有特定的收益上限。在这种合同下，对于启动保险的时间通常会有多重解释，但收益一般是在被保险人无法进行保险单中规定的一定数量（通常是2个或3个）的日常生活活动（ADLs）后开始给付的。日常生活活动的例子有吃饭、洗澡、穿戴、接受医疗、如厕、移动和行走。

被保险人通常可以选择免责（等待）期间的长度，最大日收益及最大终身收益。长期看护保险单通常会提供可供选择的通胀保护，保证可保性以及其他选择性给付。保单上通常会有免缴保费的条款。当长期看护险是为员工集体设保的形式时，保险通常是自愿的，员工一般也需要支付全部费用。当长期看护险是人寿保险合同的附加险形式时，这个收益可能是也可能不是人寿保险的面额。

23.3.3 涵盖的服务（看护程度）

长期看护险保单中可能涵盖的服务包括高级护理，中级护理，普通护理以及其他普通看护，居家看护，家庭护理，成人日托，临时看护和临终看护。很多评论者指出购买者购买涵盖服务相对广泛的保险得到的保护会更好一些。这种保险应不仅包括护理院服务，还应包括普通护理，居家护理，居家看护以及可能的成人日托护理。这是因为很多人在条件允许的情况下，更愿意接受普通护理而非机构性的护理。

23.3.4 能够提供的收益额

长期看护保险单对于其涵盖的看护服务会提供一个具体的日收益数额。被保险人通常会面临选择日收益额范围的一个选择（比如从50美元到300美元，甚至更多的日收益），以及随着收益额增大而增多的保险费。

日收益可能会因看护程度的不同而有所不同。另一方面，如今很多长期看护保单对不同程度的服务都提供同样的日收益额，这对于购买者来说更有利一些。

在选择收益额这个问题上，购买者应当在恰当的保护与保险费用间进行一个权衡。当然，其他财力安排（比如一个投资基金）可能也会影响这个抉择，但多数人在这个问题上都倾向于不去不合理地耗尽他们的财力，尤其是因为他们并不清楚将来他们可能需要多久的看护服务。他们通常会选择将自己的财产留给他们的配偶，孩子以及其他继承人。

日收益额有两种方式来计算。第一种是在保险单规定的日收益额上限下，给付实际发生的花费，这也叫做"费用补偿保险单"；第二种是给付保险单中规定的日收益额，而不论实际发生的花费为何，这也叫做"每日定额给付保险单"。相应的长期看护险税务处理也因采取上述的哪一种形式而有所不同。

23.3.5　最大收益额

长期看护计划通常有一个最大的终身收益限额。这个最大限是指总时间的最大限（多少日或多少月）或者是保险人对被保险人终身支付的最大数额。此外，有些保险计划对每个住院期间，看护期间或生病期间都做了最大限额规定，这对于被保险人来说不是什么受欢迎的规定。少数保险单上会有不设限额的受益期间。

被保险人通常需要在几个最高限额间做一个选择。总的来讲，似乎选择最长期的（或最大）的收益会更好一点，哪怕这样做的话花费也会更大。被保险人不可能知道他或她在将来可能需要多长时间的长期看护。

23.3.6　免责期间（等待期间）

等待期间是指在长期看护险开始起算之前的几个连续的住院或看护日。大部分长期看护险都有这样的等待期间，从15日到100日（或更多）不等。长期看护险的保险单上通常会给购买者多个等待期间的选择，对于选择更长等待期间的购买者通常会给予减少保费的优惠。另一方面，购买者需要考虑省下的保费是不是与潜在的收益损失对等。

23.3.7　启动保险（或收益）的情形

现代的长期看护险的保险单通常会对保险单范围内符合规定的投保人进行定义。这叫做"丧失能力人群定义"或"启动保险的情形"。以下就列举了可能的可选启动保险情形：

- 投保人不能够进行名单上列举的日常生活中一定数量的活动（通常

是两个或三个）。

- 投保人有认知障碍，通常意味着一个人智力的减损或彻底丧失。这可以通过医疗证据和标准测试来检验。比如患有像老年痴呆症或帕金森综合征这样的器质性大脑障碍①。
- 一个医师能够证明投保人出于医疗的必要性而需要长期看护护理服务。这种可选择的定义可能对于被保险人来说更慷慨一些，因为他或她的个人医师可能证明的是福利需求。

大部分保险单都允许前两种定义中的一种存在，但有的保险单也会列出三种以供选择。这三种都列出的情况对被保险人来说更有利一些。

23.3.8 持续性（或可续保）条款

购买者应当寻求购买那种至少承诺可续保的个人长期看护保险，这在前面的第22章已有相应的解释。长期看护保险通常并不是不可取消的。当长期看护保险是以团体形式购买的时候，记得查看当团体保险合同终止的时候，被保险人与保险公司是否有继续签订保险合同的权利以及其权利的具体内容。

23.3.9 年龄问题

保险公司通常会限制长期看护保险的销售对象的年龄段，一般的年龄范围是50岁到80岁。一旦确认了，长期看护保险通常会持续终身。

23.3.10 个人保险核保的范围

个人和团体计划几乎经常需要对每个申请者的资质进行核保。较大的团体计划可能会允许在保险批核的基础上不去考虑个人资质选择问题。

23.3.11 保费与非丧失价值

长期看护保险的保费通常取决于这样的因素：被保险者的年龄，性别，最高收益期间，等待期间，每日收益额，任何通胀保护或其他可选利益，可能还会涉及发行保单的州。保险费率通常是同等的，根据被保险人在签订保险合同时的年龄而定。也就是说，除了在可续核准保单下，可能

---

① 美国保险监督协会在长期看护险的示范法案中要求，长期看护要覆盖保单生成后发生的老年痴呆症、帕金森综合征和其他的脑组织损伤疾病。个别州的保险法律可能遵守或不遵守这种示范法案。

对全部类别的被保险人提高保险费率外，随着被保险人的年龄增长，保险费（自签订保险合同时的年龄起）是保持恒定的。提早购买长期看护险的好处在于能够在被保险人的终身适用较低且恒定的保险费。而且，在他或她变老的过程中也可能变得不可保。

长期看护险保单中可能会包含非丧失价值。若他或她在保单生效后一段合理期间之后停止支付保费的话，非丧失价值仍能够提供给投保人以持续的利益。非丧失价值的形式可能为每日减额缴清保险或指定期间同样每日收益的扩展期间保险。长期看护险保单通常不提供现金价值。

23.3.12　人寿保险和年金保单下的收益

这些长期看护险的附加险提供的收益与刚刚讨论过的长期看护险保单的收益实质上是同类的。它们是组合的合同，并从 2010 年起提供在第 17 章和第 21 章中提及的税务优惠。

23.3.13　长期看护险的税务处理和死亡提前给付

因为联邦收入税的原因，若被保险人身患绝症，在人寿保险合同下附加的死亡提前给付在总收入中会被扣除。因此，应证明一个身患绝症的人的疾病或身体状况在合理期待下能够导致其在 24 个月内死亡。同样在总收入中被扣除的还有当被保险人是长期疾病患者时，人寿保险合同下附加的死亡提前给付。我们会在下一段中对"长期疾病患者"予以界定。

关于长期看护险合同的联邦收入税的地位问题，税法在纳税上将合格的长期看护险合同视为意外与健康保险。"合格的长期看护险合同"是指只提供"合格的长期看护服务"保险并满足其他特定要求的保险合同[①]。"合格的长期看护服务"是指依据一个有许可证的医疗从业者提供的护理计划而对一个"长期疾病患者"进行的，包括必要的诊断性、治疗性、治愈性、医治性、镇静性、康复性、维护性的服务以及个人护理服务。一个"长期疾病患者"是指因为丧失身体机能或类似程度的残疾，或因严重的认知损害而需要实质性监护，从而不能够进行至少两项日常生活中活动[②]的人。实质上，一个合格的长期看护险合同在税务上会为提供给长期疾病

[①]　例如，合同必须被保证可继续的，不能有解约退还金，或者重复医疗福利，并且要满足美国保险监督协会公布的长期看护示范法案的消费者保护条款和监管规定。

[②]　日常生活活动包括吃饭、如厕、移动、洗澡、穿衣服和自制。这 5 种活动中至少要有两种应用于长期看护保险合同中，它才能被看做是合格的。

患者的个人看护和服务提供税务优惠，也就是给那些定义为不能进行至少两项日常生活中活动或有着严重认知损害的那些人以税务优惠[①]。

这个从合格的长期看护险合同中获取的税务优惠如下：

- 因联邦收入税的原因，获得的收益将从总收入中扣除（或部分扣除）。不超过实际发生花费的定期付款（比如日收益额）是完全免税的。当收益的确超出了实际发生的花费时（比如它们可能是定额型长期看护险合同），2009 年从总收入中能扣除的上限为每天 280 美元的收益[②]。

案例

假设玛丽·多奈丽是一个合格的长期看护每日限额型保险合同下的被保险人。这个合同可以提供每日 300 美元的日收益额。另外，假设她变得无法进行 6 项日常生活活动中的 2 项（在她的保险单下是可以启动保险收益的）并且在一个合同项下涵盖的护理院中接受护理，每日的长期看护服务花费为 200 美元。在这个案例中（2009 年），因她的 280 美元的花费而收到的每日 300 美元的定额收益在联邦税务处理时，会将这项收益排除在玛丽的总收入之外，多出的每天 20 美元将算在玛丽的总收入内。因此，从合格的长期看护每日定额收益保险中获得的收益会以刚刚描述的那种方式进行免税。另一方面，从合格长期看护费用补偿型保险中获得的收益将是全部免税的，因为这种保险仅仅支付实际发生的花费。

- 雇主支付的由雇主提供的合格长期看护险支付的保险费通常会在员工的总收入中被排除。

- 最后，正如本章第 478 页脚注①中注释的那样，对于面向纳税人、纳税人的配偶或者与纳税人有人身依附关系的人提供的合格长期看护服务，其未偿付数额可能会以个人医疗服务的名义而在税务上可以扣减。此外，根据被保险人的年龄制定的，具有特定上限[③]的合格长期看护险的保费也同样可以以医疗费用的名义在税务上进行扣减。但需要特别注意的是，医疗费用（包括长期看护险的花费和保费）仅仅在纳税人列举其扣减时适用，且仅当年总医疗费用超过纳税人 AGI 的 7.5% 时适用。

---

① 请注意，出于税收目的，绝症患者不被认为是长期疾病患者。
② 这个扣除的数额会根据通胀调整，基于消费者物价指数中的医疗护理部分的变化，乘以10 倍。
③ 在 2009 年，这个年度的上限范围从不超过 40 岁的 320 美元到超过 70 岁的 3 980 美元。

23.4　针对长期看护的医疗补助计划

假设一个人没有通过长期看护险对长期看护的风险做好足够的提前准备，另外一种策略就是去寻求政府的项目来规避这种风险——主要是医疗补助项目。这种方法有各种不同的技巧并有可能的缺陷，我们将在本部分对此予以探讨。2005 年的《削减赤字法案》（DRA）对这一领域的投资计划有着重大的影响。这部法律总的来说，使得人们获得与看护风险对等的医疗补助更难了。

23.4.1　医疗补助、私人健康保险与长期看护风险

真的不能指望医疗补助与私人健康保险（除长期看护险外的）能够覆盖长期看护风险。最有可能覆盖长期看护风险的医疗补助收益——高级护理和居家护理保险——仍然是有限的。比如，医疗补助护理保险只适用于在经过连续 3 天以上必要的住院治疗后，在出院的 30 天内，为获取高级护理设施的高级护理或高级康复性护理，且必须有医师证明该病人需要这种高级护理。上述的诸多要求会将很多护理院和不同程度的护理服务排除在外。另外，医疗补助仅仅包括最多 100 天的高级护理院的护理，且在第 21 天到第 100 天时的费用应合并支付。医疗补助居家健康护理保险仅仅适用于业余时间或断断续续的护理，对象仅为足不出户的病人，且应有医师证明其需要此种护理。

总的来说，医疗补助是用来为急性病症而非长期护理提供保险的一种形式。但是，从医疗补助中仍可以获得有限度的保险，且当有真正需要的时候，也应该进行仔细检查后才可获得。

除了长期看护险之外的私人健康保险，通常都特别排除了医疗护理的费用。这包括补充性医疗计划保单，只是用来弥补医疗补助的缺口，而不是用来将其扩展到包括长期看护险的福利。但是，在医疗看护中，各种形式的可以获得的私人健康保险均应该在可行的程度上被使用。

23.4.2　医疗补助

医疗补助是一个联邦—州公共援助（福利）项目，目的是给特定需要的人群提供一个广泛的医疗费用福利。这个项目的整体标准是由联邦政府设定的，但具体的资格要求及提供的福利在各州间都有所不同。因此，在

进行医疗补助规划的时候要咨询接受人所在州的具体要求。

总体上的资格要求　为了满足接受医疗补助的要求，接受者必须是合格范围内的申请者且必须满足一定财务要求的人。这些财务要求包括财力（资产）限制以及收入限制。有些州对一个人可能有的资产和可能得到的收入进行了双重限制。其他的州只是对获得资格的资产进行了限制。但是，即使在那些对于收入无限制的州，实质上，一个医疗补助的接受人在受到医疗补助之前，仍需对他此前受到的护理院服务支付他或她所有可能的个人收入，获得的医疗补助只会为其给付之后的剩余费用。联邦监管规章将这种收入广泛地定义为"……你收到的，以现金或其他任何能够用来满足你对食物，穿戴和居住需求的形式"。这种财力限制因州而不同，但一般来说为 2 000 美元到 3 000 美元的非豁免资产。

提供的福利　医疗补助涵盖的服务非常广泛，且除了个别例外，不要求接受人提供任何合并支付、免赔或共同保险的承诺。医疗补助不仅包含对于急性病的看护保险，也包括实质上对长期看护的保险，比如不设限的护理院看护以及居家健康服务。

23.4.3　什么样的资产和收入在决定医疗补助资格时会加以考虑

配偶双方会被考虑　在决定医疗补助资格时，配偶一方或双方的非豁免资产会被考虑进来。比如，一方配偶可能会在护理院接受日常护理，但另一个可能会在社区外独立生活。我们称在护理院中的一方为"接受机构护理的配偶一方"（该人可能会寻求接受医疗补助的资格）；但另一个却仍在大众社区中独立生活，我们称为"社区中生活的配偶一方"（或健康的配偶一方）。这种情况下，在"接受机构护理的配偶一方"提出申请时，审查其当时财产是否超过医疗补助财力限制要求这个问题上，配偶双方的非豁免资产都会被考虑进来。这叫做"配偶一致性原则"。

但是，这个一般性陈述也存在着可能提供规划机会的几种例外情形。首先，"社区中生活的配偶一方"的资产仅在"接受机构护理的配偶一方"最开始申请医疗补助的时候会被算进来一次。这就像是给申请当时的"社区中生活的配偶一方"的财产拍了一张快照。因此，在申请日之后，"社区中生活的配偶一方"获得的非豁免财产就不会计入"接受机构护理的配偶一方"的财力限制了。

其次，"社区中生活的配偶一方"可以保留（在不构成财力的情况下）

更大的最小限额或保留上限下的一半夫妻总非豁免资产。而且，州也可以提高最低限额到最高限额的程度。① 因此，在"社区中生活的配偶一方"无须贫困潦倒，"接受机构护理的配偶一方"也可以有资格申请医疗补助。

再次，"社区中生活的配偶一方"无须影响另一半的申请资格便可以保留其自己的收入。因此，很好的方式就是将收入转移给社区生活的一方，比如通过购买年金的形式（需要遵守一定的条件）。

最后，"社区中生活的配偶一方"可能保留一部分医疗补助接受者的收入，这取决于"社区中生活的配偶一方"的费用以及联邦制定的两人家庭收入的贫困率高低。

作为信托受益人财力来源的信托资产或收入　对于由不是医疗补助申请者或其配偶设立的生前信托②，以及由任何人设立的遗嘱信托③来说，任何需要支付给受益人的信托财产或收入或者任何受益人有权利撤销的信托资产或收入，都会在审查医疗补助的申请资格时被当做受益人的财力或收入。因此，一个规划技巧可能是运用一个非潜在医疗补助申请人或其配偶设立的全权信托，或者是他（她）或者他（她）的配偶的全权遗产信托。

对于由医疗补助申请者或其配偶（作为授予者）为其两者之一的利益而设立的生前信托来讲，假设受托人可充分运用其自主权作出有利于医疗补助申请人或其配偶的管理的话，任何受托人可能支付给医疗补助申请者或其配偶的信托资产或收入都将会在审查授予者——受益人的申请资格时被算作其财力或收入。在这个规则下，可适用的信托资产或收入都默认为是可以由申请者或其配偶获取的，而无论受托人事实上有没有支付给他们任何财产。这便是"医疗补助资格信托"，这样的信托不能被用于帮助申请医疗补助。但是，任何人设立的全权遗嘱信托及其他人设立的补充性需要信托不是医疗补助资格信托，因此也不会导致受益人申请医疗补助资格时其资产或收入被算入在内。

合格退休计划和作为可获取资源的个人退休账户　合格的退休计划，比如401（k）计划，通常不会在审查医疗补助资格时被算入财力范围内，通常并不要求医疗补助申请人进行清算，即便他或她有能力这样做。另一

① 在无须影响另一半医疗资格的前提下，社区中生活的配偶一方可以保留在他或她名下的最小或最大的额度也是随着通胀而调整。健康的一方也可以保留新增的资产，取决于夫妇的收入和开销。
② 生前信托是委托人在世时设立的。它们通常通过信托契约创立。
③ 遗嘱信托是根据委托人或设立人的遗嘱，在他去世后设立的。

方面来看，个人退休账户和退休计划对于个体经营者（HR－10 计划）来说可能会被当做可获取的财力，因此必须进行清算，且在获得支付护理院服务的医疗补助之前必须用来给付。所以，在做规划时，一个潜在的医疗补助申请者若能将其合格退休计划保留在前雇主那里的话，他或她将其合格退休计划的余额转存在个人退休账户里或许不是什么好主意。

豁免资产　有一些属于医疗补助申请人（或其配偶）的资产在审查医疗补助资格的时候不会被计算在内。比如，豁免资产可能为一个申请人的主要住宅（房屋资产净值限为 500 000 美元或 750 000 美元）。在特定情况下，政府可能在该房屋上设立抵押来抵销护理院的花费。此外还有其他情形的资产也会在审查时被豁免。拥有这样的豁免资产，或者能够将非豁免的资产转化为豁免资产，就提供了医疗补助计划的可能性。

转让资产　由申请人或其配偶无偿转让的特定资产（赠与）会让这些赠与物的价值被计算在申请人的财力范围内，并可能最终使得申请人在一段时期内与申请医疗补助无缘。因此，为了合理的财务规划，若希望自己的财力最终能在医疗补助资格要求的财产限下，则对家庭成员或其他人（非申请人的配偶，因为无论如何他们的资产也是被认定为是共有）的财产转移必须符合特定的规则。我们会在下一部分对这些规则分别进行讨论。

23.4.4　资产转让和医疗补助资格

需要长期居家看护的人（或家庭）可能希望尽可能多地将他们的资产转移给他们的家庭成员，以使他们自己能够有资格申请医疗补助。另一种可选方案（假设没有长期看护险的话）是几乎花光他们全部的非豁免财产支付护理费用，直到他或她能够符合医疗补助资格的财力限制为止。在这种情况下，在这个人死后其资产可能就所剩无几了。但是，政府为这种财务规划设定了特定的规则和可能的保障。

回溯性规则与规划技巧　由一个潜在的医疗补助申请者或其配偶在所谓的"回溯期"作出的，低于公平市场价（赠与）的资产转让会被归回该申请者自身的资产，并可能导致该申请者暂时丧失申请医疗补助的资格。2005 年的《削减赤字法案》中规定的回溯期为申请医疗补助的前 60 个月。在这段回溯期内转移非豁免资产（不包括接下来要说的财产转移豁免的情形）而导致暂时失去资格的，其失去资格期的计算方式为无偿转让的资产价值除以该州私人护理的平均月费用。根据该法案的规定，任何这样的失去资格期都从该申请者若不是被惩罚本可以享有资格之日起算（即当该申请者的资产被耗尽到财力限下之时）。

涵盖资产转移的医疗补助计划可能被用于以下情形：有足够的资产（或保险）以至于对医疗补助的申请可以拖延到 60 个月的回溯期终止后。

案例

假设 72 岁的乔治·威尔森已经离婚并在他名下拥有 500 000 美元的非豁免资产。他需要在护理院进行普通日常护理。他没有长期看护保险。这个护理院每日的费用为 150 美元，或者大约每个月 4 500 美元。在他子女的敦促下，乔治将大约 230 000 美元的非豁免资产转移到他子女和其他人的名下，并为回溯期保留了大约 270 000 美元的资产（全部用完）用于支付护理院的护理费用（每个月 4 500 美元 ×60 个月 =270 000 美元）。在 60 个月的回溯期终止后，乔治申请了医疗补助。转移给他儿女的财产不会被算做是他财产的一部分，因为这部分财产在回溯期之前就已经转移了（在申请医疗补助的 60 个月前）。他实质上没有非豁免资产，因为在过去的 60 个月里，他已经将其资产全部用于支付护理院的护理及其他服务了。因此，他在那一刻就是合格的医疗补助申请者了，之后的护理院护理费用将由医疗补助来支付①。

财产转移豁免　上述的规则并不适用于特定的财产转移。这些被豁免的财产转移有时可以提供财务规划的机会。

23.4.5　转移财产以获得医疗补助资格时需要注意的情况

转移财产来获得医疗补助资格的策略是有利有弊的。为满足医疗补助的要求，一个申请者必须实质上让他或她自己变得穷困潦倒（豁免资产或其他讨论过的技巧除外）。这有几层含义：首先，这可能引起代际间的矛盾。需要护理服务的年长父母可能不愿意实质上放弃其全部的人生积蓄，而子女可能希望父母会至少保留一部分财产给自己或自己的下一代。其次，若接受机构护理的人身体状况提高很快，能够返回社区生活，那么怎么办呢？有些人提出，由医疗补助支持的护理院护理可能不如自己付钱寻求的护理质量好。这种对享受医疗补助的病人的歧视是非法的，但这种观

---

①　如果乔治在这期间有收入，他可能必须先把收入用完，才能获得医疗补助，这要取决于各州法律，他也有可能没有资格获得医疗补助。同时，如果乔治在申请医疗补助时有无组织的（社区的）配偶，她的非免税资产（超出之前讨论的豁免额）也会在认定乔治的资格时被考虑进去。

念可能仍然存在。最后，医疗补助的覆盖面虽然广泛，但仍有局限。

更进一步，当在世捐赠被用来作为获取医疗补助的手段时，针对在世捐赠的一般注意事项（在第 27 章中会有更全面的讨论）也是适用的。尤其是，若一个年长的人在低所得税的基础上捐赠了其全部资产（例如给了他的子女）然后就去世了，若其子女是在其父母去世时从父母那继承的，那么这个资产在受赠者子女的手中并没有加大累进的所得税。另一方面来讲，在世捐赠的一般性好处也同时适用。这主要取决于特定情况中的具体事实。

最后，很清楚地可以看到政府的政策并不支持将资产或财力转移以满足医疗补助的资格要求。这可以从 2005 年的《削减赤字法案》中清楚地看到这一点。

因此，对于提前准备医疗护理风险的个人或家庭来说，例如是通过购买充足的长期看护险，这些谨慎因素需要充分考虑。通常较好的方式来应对长期看护风险就是购买保险。当然，对于一个已经处于晚年的或者是不可保的人，且需要家庭护理，那么医疗补助规划可能是唯一可行的替代方案。

23.4.6 医疗补助计划技巧综述

我们看到，一系列技巧可以帮助一个人成为合格的医疗补助申请者，并同时为其家庭留存资产。一种可能性就是将非豁免性资产转换为具有灵活性的豁免性资产。比如，现金和可转让资产（如证券）可以被用来付清房屋上设置的抵押，甚至可以购买一处住宅。也可以购买其他豁免性资产。而且，可以先转移非豁免性资产到一个社区中生活的配偶名下（财产转移豁免者），于是在社区中生活的配偶可以实现资产数额最大化而无须使这些资产被算在接受机构护理的配偶名下，从而避免影响接受机构护理配偶的申请资格。

另一个技巧是在一方配偶申请医疗补助之前转移房产（或其他豁免性资产）到社区中生活的配偶名下。一旦这个接受机构护理的配偶成功申请了医疗补助，社区中生活的配偶就有卖掉房产或其他豁免性资产的自由，而这并不会影响到接受机构护理的配偶的医疗补助资格。

另外，可以由在社区中生活的一方配偶提供收入，因为其收入不会算在申请医疗补助资格的接受机构护理申请者一方的名下。一种方式是社区中生活的配偶购买年金合同，且其收入费用不会超过社区中生活配偶一方的预期寿命。这种年金在审查医疗补助资格时可能不会算做资产的一部分，而一般会看做是社区中生活配偶一方的一种收入来源。一个潜在的医疗补助申请者也可能会用豁免性转移的方式在可能的程度范围内将其非豁免性财产转移给其他合格的家庭成员。

正如之前解释的那样，一个常见的规划技巧是在 60 个月的回溯期开始之前将一个潜在医疗补助申请者非豁免性财产的一部分转移到其家庭成员（非申请者的配偶）名下。

最后，也有些人会在他们的遗产计划中考虑其他家族成员的医疗补助资格问题。比如，假设一个潜在的社区中生活的配偶一方有他或她希望在其死后留给其可能会接受机构护理的配偶的资产，那么该拥有财产一方的配偶可能会将该资产设立一个遗嘱信托，并将其配偶设为唯一的全权受益人，而非彻底地将资产留给其配偶（这可能会剥夺其配偶申请医疗补助的资格）。其他家庭成员也同样可以用信托形式授予受托人广泛的信托权利，从而使得可能需要申请政府资助福利的人受益。

第 24 章
财产和责任保险

本章目标

读完本章后，你应该能够理解以下要点：

- 财产和个人责任风险的本质
- 综合个人责任保险
- 屋主保单的种类和屋主保险的例子
- 重置成本财产保险
- 特别责任限额
- 屋主保险的除外责任
- 汽车保险
- 汽车保险中的被保险人
- 伞状个人责任保险的主要特征
- 董事及管理者责任保险
- 职业责任
- 商业责任保险
- 员工补偿和其他雇用责任
- 洪水风险和保险
- 保险投资性财产
- 投保以信托或其他权益形式存在的财产

购买合适的财产和责任保险对于规划个人财务安全非常重要。尤其是当人们变得更加喜欢诉讼且索赔意识越来越强的时候，一份好的责任保险更是非常有必要。

24.1 财产保险

基本的财产保险有两种：指定险保单和一切险保单。指定险保单承保保单中列明的指定类型的风险（引起的损失）。常见的例子包括屋主－2型，屋主－3型，屋主－6型和屋主－8型保单，以及特定的住房保险（例如DP－1和DP－2）。

　　一切险保单承保一切可能造成被保险财产损失的风险事故，但不包括保单中列出的除外风险事故。因此，除外条款在决定一切险保单的真实覆盖内容方面就显得非常重要。一切险保单比指定险保单承保的范围要广，但是保费也更高一些。常见的一切险保单类型有：屋主－3型保单，个人动产保险（例如皮草、珠宝、艺术品、邮票收藏和相机等的保险）和机动车车辆损失综合险。

　　保险类型及金额的选择　接下来的问题就是应该购买什么样的保单？这个问题一般是通过保险专业人士对客户的保险需求进行调查得到。

　　一旦决定了购买哪种类型的保险，保险金额也必须马上确定。被保险人一般希望自己的保险限额（包括每次责任限额）能够覆盖一切可能的被保险财产和各种处于风险中的财产的损失，包括有足够的限额以满足屋主保单中的重置成本条款。

24.2　个人责任风险

　　个人资产和收入的一个更大的潜在风险是因个人的疏忽或者其他的法律责任引起的诉讼所造成的损失。巨大的责任判定和赔偿在今天变得越来越普遍。当一个消费者开始审视自己所面临的责任风险时，首先就会想到下面一些常见的风险类别：

- 汽车的拥有、租赁和使用风险。
- 房屋的拥有和租赁风险。
- 职业责任风险和商业活动风险。
- 董事和管理责任的风险，如公司、信用社、学校理事会或者其他各种组织的管理活动。
- 雇主责任风险。
- 船舶或者飞机的拥有、租赁和使用风险。
- 其他一些个人活动的责任风险。

上述各种责任风险都可以通过各种责任保险保单来得到保障。我们首先要讲的是个人综合责任保单，该保单一般是作为屋主保单的一部分一起购买，但也可以单独购买。

24.2.1　个人综合责任保险

日常的非商业活动包含各种可能引起法律责任赔付的风险。主人的狗咬伤了邻居，旅行者跌倒在了门前的步行路，或者一个开球中挥棒开球却击中了另一个高尔夫球手——所有这些事故都会导致责任事故赔付。

个人综合责任保险（使用责任保险第 2 章节中的屋主保单加以说明）承诺代表被保险人①支付所有其法定义务应该支付的损失，包括人身伤害和财产损失，只要该支付不超过被保险人的保险限额。保险公司同样向被保险人承诺保障保单中的任何诉讼，即使这场诉讼毫无根据、虚假甚至是欺诈。但是，一旦保险人在一次索赔中支付的保费达到了责任限额，保险人的责任就会结束。这也是购买足量保险限额的一个重要原因。

上面陈述的保险协议受到一些重要的除外条款的限制。例如，该保险不适用于以下情况：

- 商业活动或者职业行为（这些风险有专门的责任保险，但是一些保险人也支持为这些屋主提供有限的保障）。
- 汽车、大型船舶和飞行器的所有权、维护和使用（这三种的风险暴露都可以通过购买相应的保单获得保障）。
- 伤害或者损害是由被保险人的故意行为（一些侵权行为可以通过购买伞状个人责任保单来进行保险，这在本章的其他地方会讲到）。
- 可获得劳工补偿法给付的人身伤害。
- 被保险人在任何未成文的协议或合同以及商业合同或协议下承担的责任。
- 由被保险人租用、占用或者照管的财产，但有火灾、烟熏或者爆炸引起的财产损坏除外；被保险人自己的财产受到的损坏或对保险人自己造成了人身伤害。
- 因受控物品、犯罪活动、传染病和一些其他的被保险人的特定活动引起的人身伤害和财产损失。

除了基本的责任保险，个人综合责任保险也会保障第三者的医疗费用和财产损失。医疗费用保险承诺支付人身伤害发生在三年以内的、非被保险人发生的必要的医疗费用，这些医疗费用包括合理的诊费、手术费、牙

---

① 被保险人包括被保险人本身，居住在他家里的亲戚或其他人满足 21 岁以下并且受他照顾，以及某些学生。

医费用等类似的相关费用。支付条件是受害人在被保险人的允许下位于承保区域，或者虽然不在承保区域，但是伤害是由被保险人、被保险人的常驻员工或者被保险人拥有的动物造成的。注意该条款并不是基于被保险人的法律责任。他人财产损失保险承诺在特定条件和保险限额内支付由被保险人造成的其他人的财产损失，该条款也不考虑被保险人的法律责任。

24.2.2 责任限额

个人综合保险提供的人身伤害保险和财产损失保险的保险限额是单次事故限额，意思是一个责任限额，比如 100 000 美元、300 000 美元或者更多，适用于一次保险事故中，而不考虑受伤人数或保险事故次数。医疗保险支付则是基于每次事故每个人的保险限额。

24.3 屋主保险

在财产和个人综合责任保险中加入一些其他的保险（例如个人盗窃险），或者在某些情况下将它们列入到一切险保单中组成的一揽子综合保险称为屋主保险。

24.3.1 保单类型

屋主保单基本上有六种保单形式，如表 24.1 所示：

表 24.1

屋主保单 2 号（HO – 2）	提供扩展指定险的财产保险。
屋主保单 3 号（HO – 3）	建筑物的敞口保单和个人财产的扩展指定险。
屋主保单 4 号（HO – 4）	只提供个人保险的扩展指定险保单；租户使用。
屋主保单 5 号（HO – 5）	综合形式的为所有可保财产提供敞口保险。
屋主保单 6 号（HO – 6）	为个人财产损失和使用损失提供保险（扩展形式），特定的公寓单元内的住房保险，其业主在联合协议中有保险责任，公寓和房屋共同拥有人使用。
屋主保单 8 号（HO – 8）	比 HO – 2 保单更多限制的建筑和个人财产保险，过去经常为可能不满足保险人对其他屋主保单承保要求的房屋提供保险。

屋主保单包含一套标准的保险单，可以通过保险批单来进行修改，增加保险金额、扩大保险范围或者修改限制条件。表 24.2 给出了 HO – 3 房

屋保险的保障范围和限额。①

表 24. 2

第一部分	财产保险	
A	住房	＄ 500 000（被保险人选择或保险人推荐）
B	其他结构	＄ 50 000（住房保险的 10%，可以增加）
C	位于世界任何地方的（没有列出的②）个人财产	＄ 250 000（住房保险的 50%，可以增加，也可以减少到 40%）
	在被保险人的不在保单中列明的住宅中的个人财产	＄ 25 000（C 险保险限额的 10%，但不能低于 ＄ 1000）
D	使用损失（包括增加的额外生活成本）	＄ 100 000（住房保险的 20%）
第二部分	责任保险	
E	个人责任	＄ 300 000 每次
F	对其他人的医疗赔偿	＄ 1 000 每人

24. 3. 2　重置成本条款

适用于保单 A 和 B 部分（住房和其他结构）的重置成本条款对被保险人是有利的，因为只要维持一定的保险限额，被保险人住房和其他结构的任何损失都可以得到赔付（但不包括个人财产，除非被保险人购买额外保单为个人可置换财产提供重置成本保险），而且此赔付是以维修的总成本或损坏财产置换部分的总成本来计算，不减去免赔额和折旧。如果没有此条款，屋主保险保单持有人在财产丢失和损坏时，只能得到实际现金价值的赔付。实际现金价值一般定义为新的重置成本减去房屋从建成或者崭新时到现在的折旧。注意，不管房产的市场价值升高还是降低，它都在折旧。

但是，被保险人必须持有与房屋价值相关的足额保费才能得到重置成本条款的好处。特别是屋主保单假设，如果被保险人在建筑物上的投保额至少等于其重置成本的 80% 时，该建筑物的任何可保损失才会按照全部修理成本或置换成本来赔付，且不减去折旧，直到达到保单的免赔额。但是在保险投保额小于重置成本的 80% 时，该保单提供的赔付较少。因此，维

---

① 房屋所有者的保单通常有相同的形式，但是在某些州和某些保险人使用的保单存在差异。

② 没有列出的是指财产被保险人拥有或使用，但是没有在保单中专门指明或列出。我们在后面会看到，有时需要在单独的列表中列出某些有价值的财产，以完全覆盖。

持足够的保险金额来满足 80% 的要求非常重要。

除了这种标准的置换成本条款，一些屋主保单也会通过批单加入置换或维修成本保护条款，在该条款下，如果被保险人同意保险公司根据对房屋的估价调整 A 保险的住房保险限额（和保费），一旦发生了超过保单中保险限额的损失，保单就会自动提高房屋的责任限额到当前的重置成本水平（B、C、D 保险的限额也会相应地按照比例提高）。除此之外，如果被保险人遵从批单中的条款，房屋和其他结构的损失都会按照重置成本来赔付。这个批单使被保险人免除了不能正确估计保险额来满足重置成本的标准要求的担忧，因此极有价值。责任保险批单也有一个额外的限额规定。

另外，在很多州，被保险人可以在屋主保单的基础上购买抵御通货膨胀的批单，该批单会定期自动地将保险限额提升一部分。最后，被保险人可能会购买个人财产重置成本批单，使得在某些条件下，将重置成本保障扩展到个人财产部分（C 保险）。

24.3.3 特别责任限额（次限额）

在财产和责任保险计划中要考虑的另一方面是特别责任限额。特别责任限额用于屋主保险下的某些特定财产，下面就是一些重要的特别责任限额（次限额）：

- 200 美元总限额，限于现金、银行票据、金条、黄金（金器除外）、白银（银器除外）、白金、硬币、奖章。
- 1 500 美元总限额，限于证券、账册、合同、契约和其他类似财产、邮票（包括集邮财产）。
- 1 500 美元总限额，限于各种类型的水运工具，包括拖船、日常设备、装置及甲板上的引擎或马达。
- 1 500 美元总限额，限用于非水运的拖车或半拖车。
- 1 500 美元总限额，限于因珠宝、手表、宝石及次等宝石、皮具等被盗窃造成的损失。
- 2 500 美元总限额，限于因枪械失窃造成的损失。
- 2 500 美元总限额，限于因银器、镀银器、金器、镀金器和锡器失窃造成的损失。
- 2 500 美元总限额，限于存放在居住房屋内，但主要用于商业目的的财产。

因为特别责任限额的存在，为某些财产安排额外的保险计划非常有必要。可以通过在屋主保险中加入列举式个人保险批单或者购买的单独的个人物品流动保险单。常见的安排单独保单的财产包括珠宝、皮具、相机、乐器、银器、高尔夫设备、枪支、艺术品、邮票和硬币。

24.3.4　除外责任

要对个人责任风险进行合理规划，需要分析屋主保单中的除外责任以确保没有暴露的风险。下面是一些应进行重新审视和评定的除外的潜在责任风险：

- 机动车辆责任（可通过购买机动车辆责任保险）。
- 水运工具责任，小型的船舶除外。除外的水运工具责任，可能需要购买船舶或者游艇保险。
- 飞机的风险事故。
- 失败的专业服务。
- 被保险人的大多数商业行为。
- 除了被保险的房屋之外的被保险人拥有或者出租的任何其他房屋。
- 被保险人有义务提供员工补偿给付或者确实进行员工补偿给付的情况。
- 人身伤害或者财产损失在预料之内或者是保险人的故意行为。
- 人身伤害或财产损失是由受控物品导致的。
- 其他需要考虑的财产和责任保险。

24.3.5　适用性

4 型保单是为租户设计的，而 6 型保单是为公寓单元业主设计的。屋主保单 2 型、3 型、5 型、8 型是为自有住房提供了保险保障。季节性的居住且并未出租的房屋被认为是自住房屋。

24.3.6　保费

屋主保单的保费是基于各种不同的因素计算的，可能会因被保险人的不同而不同。保单通常对财产损失保险有一个免赔额，提高免赔额可以降低保费。

24.4　汽车保险

24.4.1　汽车保险的保单

个人汽车保单通常提供以下保险：

A 部分　责任险（包括人身伤害和财产损坏责任险）

B 部分　医疗费用赔偿险

C 部分　未投保车辆驾驶者险（或投保不足车辆驾驶险）

D 部分　车辆损失险（包括非碰撞险、碰撞险、拖车及人工费和交通成本）

大约有一半的州都实行了某种形式的无责任汽车保险，这会使一部分汽车交通事故不再进入过失责任的范围。签发给这些州的汽车保单包括了合适的无责任批单或保险。这些无责任给付又被称为个人人身伤害保护（PIP）、基本赔偿给付或其他名称。受到伤害的被保险人从他们自己的保险公司那里获得给付，而不需要向保险公司证明该伤害是由于他人的疏忽造成的。根据各州法律的不同，受伤者起诉过失方的权利可能受到限制。一些州采取了所谓的无过错选择类型保险计划。在这些计划下，被保险人可以自动放弃一部分起诉的权利，作为回报，他们可以获得较低的汽车保险费。对被保险人来讲，这是一个可以考虑的成本节省的措施。

个人汽车保单（PAP）的保险协议承保被保险人因对汽车的所有权、维修、对自有车辆和非自有车辆的使用所引起的责任。经常使用的保险保单，像个人汽车保单，使用的是单一责任限额，它对一起事故中所有可保责任提供一个总的限额，而不管受伤的人数多少和单独的财产损失数目。

例如，下面是一些 PAP 责任限额的例子：

＄300 000 每次事故　责任保险（人身伤害和财产损失）

＄5 000 每次事故每个人　医疗赔付保险

＄30 000 每次事故　未投保的车辆驾驶者保险

实际现金价值　碰撞险和非碰撞险（有＄100 免赔额）

每个批单的个人伤害保护　根据法律规定

未投保车辆驾驶者保险一般会为未保险或肇事逃逸的车辆驾驶员造成的人身伤害提供一个最小的限额。被保险人也可以购买投保不足驾驶者保险，当对方驾驶员有正当的责任保险但是限额不足以支付全额被保险人法定的可索赔损伤金额，投保不足驾驶者保险就会支付被保险人余下的损失。

下一个保险是为自己的车辆投保的财产保险（也叫做车辆损失险）。非碰撞险（或综合险）提供除了碰撞之外的一切险的保险，补偿是基于实际现金价值的。碰撞险也是基于现金价值签发的保单。一般而言，碰撞险和非碰撞险都有一定的免赔额。最后，此处引用的说明性限额，保单中包含一个强制性的州无责任保险批单。在没有汽车无责任法律的州，这样的保险批单是不存在的，即使它们会提供外州的无责任保险。

24.4.2 被保险人

在个人汽车保单的责任险中，下面这些被认定为被保险人：

- 记名被保险人（也即保单声明处列出的名字），居住在同一居所的配偶，所有和个人汽车保险保单中的任何车辆和拖车的所有权、维修和使用相关的家庭成员（通过血缘、婚姻、领养与被保险人有关系的人并且长期居住在记名被保险人家里的人）。
- 任何使用被保险人被保险的汽车的人。
- 任何对被保险人使用被保车辆过程中的行为或者疏忽负有法律责任的个人或者组织。
- 任何和被保险人使用任何非被保车辆过程的行为或者疏忽负有法律责任的个人或组织。

除外条款在定义一个保险合同的保障范围时总是非常重要。下面是个人汽车保险一些重要的除外责任条款：

- 被保险人自有的或运输的财产损坏。
- 被保险人租用、使用或者照管的财产。
- 雇用期间对员工造成的伤害；但是这个条款不适用于国内的员工，除非员工的薪酬福利可以被要求给予员工或者员工可以得到。
- 由于被保险人拥有或者驾驶的车辆用于载人或者载物以赚取收入引起的责任。但是，该除外条款不适用于正常的分摊车费的合用行为。
- 拥有、维护或使用任何车轮少于四个的摩托车或者自行车导致的责任（这种风险需要购买额外的责任保险）。
- 拥有、维护或使用记名被保险人或其配偶拥有的装备齐全或供其日常使用的未保险车辆导致的责任。
- 拥有、维护或使用记名被保险人家庭成员拥有的、装备齐全或供其日常使用的非被保险人保险的车辆引起的责任。然而，该除外条款不适用于记名被保险人及其配偶。

- 没有合理的理由相信得到授权的条件下使用车辆。

24.4.3 汽车保险的保费

汽车责任保险的费率一般是由以下四个因素决定的：驾驶者的年龄和性别，汽车的用途，停放地点，以及驾驶者的驾驶记录。车辆损失险一般受汽车的购置成本和使用年限影响。随着使用时间的增加，汽车的现金价值会因随之降低，车身损失险的保费也会下降。但是，在汽车使用到某一阶段，被保险人取消碰撞险或非碰撞险可能是更经济的方法，因为汽车的剩余价值可能比降低后的保费还要低。

将个人责任保险限额提高到一个更保险的程度的成本相对较低。没有什么简单的计算公式可以计算出被保险人究竟应该购买多少限额的责任保险，这个问题一般是通过比较增加的更高责任限额和所引起的成本增加额来决定的。当然，责任限额的问题也可以通过购买足额的超额责任保险或者伞状个人责任保险保单来解决，本章的后面将描述这种保险。

不同保险公司的汽车保险保费差别可能会非常大，因此，保险购买者可以通过比较各个保险公司的保单来为自己省下可观的费用支出。当然，正如我们在第20章所讲到的，保费并不是唯一要考虑的因素。在车身损失险中，提高免赔额是一个降低费用的主要方式，但此举并未得到充分的利用。

24.4.4 其他类型的保单

到目前为止，我们讨论的都是个人汽车保险。许多家庭和个人都会购买该保险。但是，一些保险人（包括一些更大的保险机构）也会使用自己的汽车保险保单形式，而不是这种统一格式的由美国保险服务局起草的个人汽车保险。

除此之外，还有一些针对不同用途来制定的其他种类的汽车保险。例如，商业汽车保险是商务车辆最常用的保险。

24.5 其他财产和责任保险

24.5.1 伞状个人责任保单

个人对更高的责任限额和更多的保护的追求使人们发明了个人超额责

任保险、巨灾责任保险或者称为伞状责任保险。它是一种超额保险，所以必须以例如汽车保险和屋主责任保险这样的基本责任保险为基础。很多伞状保单都有一个 1 000 000 美元的最低保险限额，不过更高保险限额的保单也可以买得到。事实上，一些保险人非常愿意给那些拥有巨额财富的人承保具有极高保险限额的伞状责任保单。

很多保险人都签发伞状个人责任保单，但是这个保单并没有标准化。伞状个人责任保单被设计在基本保险限额用尽后开始担负赔偿责任。例如，假设约翰·多遭遇了一场机动车事故，由于他的疏忽，理查·罗受到了极严重的伤害。陪审团认为约翰应该就其对理查造成的伤害赔付 500 000 美元。约翰购买了一次索赔限额为 300 000 美元的汽车保险，约翰认为这个免赔额已经绰绰有余。但不幸的是，在这次事故中，约翰还要自己支付剩下的 200 000 美元。如果约翰购买了 1 000 000 美元的伞状责任保险，这个超额保险就会替约翰支付剩余的 200 000 美元。

除此之外，伞状个人责任保单为多种风险载体提供保险，这就使它的保险范围有了重要的扩展，例如：

- 承保财产损失责任：被保险人丢失了由自己照管、保管或者控制的其他人的财产。
- 在全世界范围承保（没有国界限制）。
- 承保一些指定的个人伤害索赔，包括诽谤、诋毁、非法拘留、非法闯入、隐私侵犯、恶意起诉等诸如此类的行为。

如果这些延伸的风险没有基本保险保单时，伞状个人责任保单就会规定一个免赔额，这个免赔额一般是 250 美元或者更多。

对大多数人来讲，不管他们认为自己富裕与否，都应该考虑为自己买一份伞状个人责任保险。虽然发生灾难性索赔的概率极小，但是一旦发生，就会给当事人的财务带来毁灭性的伤害。而这样的风险人们是承受不起的。更重要的是，伞状个人责任保险的保费并不会很高。而且，伞状个人责任保险会允许被保险人购买和原来相比更低限额的保单，从而被保险人可以通过降低现有保单的限额节省保费。

24.5.2　董事和管理人员责任保险

法庭现在更倾向于将责任归于公司的董事、管理人员以及与公司职责服务相关的其他组织。这样的趋势刺激了针对此类风险的保险需求。董事和管理人员责任保险承保一切不当行为，包括失职、忽视、过错、错误及误导性的陈述、疏忽等。

对于在各种不同的董事会上担任董事和其他面临此类风险的人，会面临着潜在的灾难性损失。尤其是在近些年，随着对公司监管的关注增加，这种损失的潜在风险更大。因此，对于受邀担任董事的人应该认真询问公司和相关的组织为他们提供了什么样的保护。这些组织有时会同意保护这些董事和管理者，然后自己购买董事和管理人员保险，有时也会直接为董事和管理者购买此类保险。另外，一些个人超额责任保险也会承保被保险人因自愿参与非营利组织的董事而引起的人身伤害和财产损失。

24.5.3 职业责任保险

专业人员在他们的职业或商业行为中会遭受因可能的或被声称的错误和疏忽所引起的诉讼，而此类索赔和诉讼在其他个人责任保险里是除外不保的，因此许多专业人员需要购买职业责任保险来寻求保护。

要承保这些职业责任风险需要各种专用的责任保单。这些保单一般都是基于索赔发生制来签发的，这就意味着可保事件必须发生在回溯期内且在保单有效期内向保险公司报告和索赔。

本章讨论的其他责任保险都是基于事件发生制，即可保伤害或者时间必须发生在保单有效期内，但是向保险公司报告和索赔可以发生在保单有效期内或者失效之后。

从被保险人的角度来看，事件发生制比索赔发生制更受欢迎。

24.5.4 商业责任保单

在某些时候，高管或者员工会因自己某些代表雇主的活动而遭到起诉，可能被指控人身伤害、财产损失或者对他人造成个人伤害。商业责任保险（例如普通商业责任保险）一般都会广泛地定义被保险人，从而将高管和职员包括在内，只要他们的行为是在工作的职责范围内。如果一个人觉得自己可能会有商业责任的风险，那么他或者他的顾问最好查看雇主的责任保险。

24.5.5 员工补偿和其他雇用责任保险

美国所有的 50 个州、哥伦比亚特区和联邦政府颁布了《员工补偿法案》，规定对受到工伤或者职业病的员工进行给付。这种风险可能看起来和个人风险管理没有多大关系，但是某些州将家庭或者临时员工纳入到员工补偿法案中，因此，根据各州立法的不同，一个人可能必须或者自愿地为这样的员工购买员工补偿保险。

个人，尤其是拥有大量财产的富人可能面临的另一个风险是雇用行为责任风险。比如声称受到各种就业歧视的职工的索赔等。对于某些被保险人，保险人会将雇用行为责任保险纳入到个人伞状责任保险中。

24.5.6 投资性财产

个人拥有或者管理的投资性财产面临着和前面讨论的相似风险。屋主保单一般只限于自住房屋，因此需要商业保险来提供必要的财产和责任保护。

24.5.7 以托管或其他实体形式持有资产的财产和责任保险

对于高净值客户来说，拥有托管的房屋或者其他房地产、家族有限合伙企业、家族有限责任公司的相关利益是非常普遍的事。例如我们即将在第 27 章讨论的合格个人住宅信托就是这种情况。在这种情况下，有多个有相关利益的被保险人牵涉其中，且应该购买足额的财产和责任保险。例如，一个实体（例如一个信托）可能拥有某项房产，但是住在房屋内的可能是也可能不是实体的受益人。个人风险管理应该注意有额外的保险批单或者保单使得所有可保利益的财产和责任风险得到保护。

24.5.8 洪水保险

屋主保险不承保洪水或者泥石流造成的财产损失。在许多地区，这是非常重大的风险。多数情况下，个人洪水和泥石流保险的唯一来源是国家洪水保险计划，该计划是一个联邦政府项目，但是购买该保险则需要通过私人的保险代理人、经纪人和一些保险公司。

24.5.9 财产和责任保险人的类型

财产和责任保险的保险人通过不同的方式来销售保险，这些方式都会有一定的成本分摊。在这种意义上，保险人包括独立代理人（代表好几家保险公司的独立保险代理人和经纪人销售保险产品）、专属代理人（只代表一家保险公司销售保险产品）和直接承保代理人（通过保险公司的员工或者邮件来销售保险产品）。除此之外，保险人也可以根据他们的组织形式分为股份保险公司、相互保险公司及互惠合作社等。

第八部分
遗产规划

第 25 章
遗产规划原则

本章目标

读完本章后，你应该能够理解以下要点：

- 遗产规划目标
- 财产所有权的各种形式
- 婚姻财产权利的性质
- 婚前协议以及其他有关婚姻权利规划的考虑因素
- 遗产的性质
- 联邦遗产税中应税总资产的含义
- 处理遗产的原则和步骤
- 遗产规划中信托的性质和种类
- 创建信托的原因
- 受托人费用的性质
- 选择受托人和信托所在地
- 如何改变不可撤销信托
- 信托期限、禁止永久继承规则以及现代的代际信托
- 信托资产投资原则
- 统一谨慎投资者规则
- 各种信托支付选择

遗产规划是指一个人为了他（她）的家庭或者其他人，将其财产从一代人转移到另一代人时进行的安排。在我们的税务导向型经济中，税负最小化经常是进行遗产规划的重要动机。然而，节税并不是遗产规划的唯一目标，也不应当过分强调。

25.1 遗产规划目标

下面是一些具体的遗产规划目标，其中一些或全部适用于大部分人：

- 决定谁是遗产继承人或者受益人，以及每个人将获得多少。
- 为财产所有者的家属提供充足的财务支持。
- 尽量降低遗产转移成本（遗产税、管理费用等），这与财产所有者的其他目标并不矛盾。
- 规划遗产继承人或者受益人接受遗产时的方式。这常常涉及他们是直接还是以信托的方式接受遗产，如果是以信托的方式接受遗产，那么信托条款、条件、期限以及受托人应该如何安排。
- 在遗产中保持足够的流动性资产以满足需要。
- 在面临税收和管理费用而造成的损失时，规划各种可能的遗产安排（例如不可撤销人寿保险信托），这将为遗产继承人或受益人保护遗产。
- 决定由谁来处置遗产，这涉及如何选择执行人或者共同执行人。
- 规划如何分配遗产。遗产处置方法在下一节进行概述。
- 规划如何处置持有的封闭公司的商业利益。
- 对任何慈善捐赠进行规划。

25.2 财产处置方法

下面简要介绍财富如何转移给他人的方法。

1. 生前转移

A. 生前赠与

直接赠与

以不可撤销信托的形式（生前信托）

代保管

B. 行使指定受益权

C. 行使委托权

D. 除去赠与慈善机构后遗产的非慈善受益人

E. 家庭内部买卖

2. 死后转移

A. 遗嘱转移

直接赠与

以信托的方式（遗嘱信托）

B. 无遗嘱转移分配（不推荐）

C. 为受益人购买人寿保险

为个人购买人寿保险

直接购买

提供给付选择权

人寿保险信托

D. 为合格退休计划、避税年金和个人退休账户指定受益人

未亡配偶

其他个人

信托

慈善

E. 指定其他类型受益人（例如非合格年金和非合格递延补偿）

F. 可撤销生前信托

G. 生前联合共有权

H. 其他安排（例如在适用统一死亡遗产转移法案的州，安排死后遗产转移）

25.3 财产和财产权益

一般来说，财产是指任何可以被占有的东西。基本上，有两种形式的财产：不动产和动产。不动产（或房地产）指的是土地以及被认为是土地一部分的附属物，除此之外其他形式的财产就是动产。动产可以是有形的，具有实物形态，拥有物质实质，例如汽车、珠宝、艺术品、古董等；也可以是无形的，没有物质实质实物形态，例如股票、债券、银行存款、人寿保险单等。

25.3.1 产权形式

完全所有权 人们以自己的名义完全或者唯一拥有，并且在生前可以处理这些财产。可以卖掉它，可以进行抵押，或者把它送人。如果愿意，也可以在很大的范围内，通过遗嘱将财产转移给自己的继承人。

共同所有权（对财产的并行权益） 这种情形发生在两个或者更多的人同时对一宗财产拥有所有权。下面介绍了一些很重要的共同所有权形式。

生前联合共有：生前联合共有权的典型特征是如果其中一个财产共有

者死亡，那么根据法律规定，全部产权将自动归属其他所有者。这就是生前联合共有权的含义。例如，约翰和他的妻子玛丽对他们的住宅拥有联合共有权，如果约翰死亡，那么玛丽将自动拥有这栋住宅（以玛丽自己的名义）。与此类似还有约翰和他的女儿苏珊对一些投资性房地产拥有联合共有权。联合共有权可以在任何两人之间存在，不过更常见的是夫妻之间，有时候父母和孩子之间也存在。在联合共有权人生前，如果其中一个根据债权人要求，或者向法院诉讼要求分割财产，而卖掉他的权益，就会破坏联合共有权，此时当事人将以分权所有的形式拥有财产。

完全共有：在一些州，这种产权形式存在于夫妻共同拥有财产时，它与联合共有权很相似，但是有一些差别，完全共有权只存在于夫妻之间。另外在许多州，除非双方有约定，否则生者将享有对死者财产的所有权。

这种形式的财产所有权可以保护一方免受另一方的债务纠纷，不过也有例外，比如欠缴所欠的政府税收。在一些州，这种债务保护会有所差异。因此，完全共有形式持有财产是资产保护规划的一个方面。

不管是联合共有权还是完全共有权，都不会一成不变。共同所有人可以分割他们的财产。另外，如在联合共有权（不是完全共有权）中提到的那样，一个单独的联合共有人可以把共同所有分割为分权共有。共同所有权的利弊在第30章进行讨论。

其他共同权益：也存在一些其他类型的共同所有权，包括共有银行账户、一些共有经纪账户以及共有的政府储蓄债券。

分权共有：这种共有权与上述类型的主要区别是在一方死亡时，分权共有方没有自动拥有其财产的权利。

案例

假设约翰和他的兄弟弗兰克以普通共有的形式均等拥有一处投资性房地产，如果约翰死亡，他拥有的那一半财产将根据他的遗嘱由他的继承人继承。同时，弗兰克仍然拥有他的一半。普通共有权对于财产的权益比例可以不同，比如约翰和弗兰克可以分别拥有75%和25%的比例，但是联合共有权和完全共有权通常是各方拥有相同相等的权益。

夫妻共有财产　美国有八个州（亚利桑那、加利福尼亚、爱达荷、路易斯安那、内华达、新墨西哥、德克萨斯和华盛顿州）实行夫妻共有财产制。另外，《美国统一婚姻财产法》（UMPA）支持夫妻双方各自拥有婚姻存续期间所得财产的一半，当然也有一些例外，这也称之为婚姻财产。威斯康星州实行《统一婚姻财产法》。尽管婚姻财产和夫妻共有财产有一些技术上的不同之处，但二者实质上是一样的。最后，阿拉斯加州允许夫妻双方选择一些财产作为婚姻财产。

其他的州称之普通法州，在这些州，上述的产权形式都存在。不过，即使在这九个夫妻共有财产或者婚姻财产州，夫妻拥有财产的情况也是千差万别。

一般原则：在夫妻共有财产州，夫妻可以拥有共有财产，也可以拥有个人的独立财产。不过这些州的法律并不相同，个人独立财产通常来源于：夫妻婚前各自拥有的财产，夫妻各自继承或者被赠与的财产，夫妻在这些州定居前已拥有的财产，以及夫妻使用个人独立财产所购买的财产。这些财产在这些州仍然是个人独立拥有的，夫妻可以单独进行处置。从独立财产中获得的收入可以是独立，也可以是夫妻共有的，这与所处的州有关。

另一方面，夫妻共有财产通常包括：定居于夫妻共有财产或者婚姻财产州后，夫妻在婚姻存续期间所获得的收入。夫妻任何一方都拥有共有财产的一半。在夫妻双方都活着的时候，可以由相关法律决定谁来管理控制共有财产。然而，夫妻任何一方在临死前，他的遗嘱只能处置他所拥有的那一半财产。

不过，即使在那些没有实行夫妻共有财产制的州，夫妻也可以拥有共有财产。如果一对夫妇在夫妻共有财产州居住过，并且在此期间获得了共有财产，那么就会发生这样的情况了。即使这对夫妇迁移到一个普通法州后，这些财产仍然是共有的。不过，如果一对夫妇迁移到一个夫妻共有财产州，他们居住在普通法州时获得的财产并不会变成共有的。

夫妻共有财产法一般假定居住在这些州的已婚夫妇拥有的所有财产都是共有财产或者婚姻财产，而不考虑这些财产实际上如何，除非夫妻双方对这些财产签订一份界定协议，或者有证据证明这些财产是个人独立拥有的。因此，如果共有财产和独立财产混合在一起，且没有足够的证据表明哪些财产是独立的，那么法律就会把所有混合在一起的财产认定是共有财产。如何界定共有财产（比如界定哪些财产是夫妻各自独立拥有的）并不重要，如果情形已经如此，那么这些财产就会被认定为夫妻共有财产。

配偶或者未来配偶双方可以对他们现在拥有的或者未来将获得的财产签订一份协议，以界定这些财产是共有的还是独立的。所有夫妻共有财产州和婚姻财产州都认可这些婚前或者婚后协议。当然，这些协议必须符合法律的规定（婚姻协议将在本章后面进行讨论）。

规划问题：如何规划夫妻共有财产是一个很复杂的问题，而且也超出了本书的范围。然而，需要指出的是，夫妻迁移到普通法州后，拥有共有财产存在一些优势。可能最重要的优势是在联邦所得税方面，即使去世配偶只拥有共有财产的一半，但是所有共有财产的课税基数都递增为配偶去世时的价值。而其他形式的财产权益，只有先亡配偶所拥有的财产才会有递增基数。从联邦遗产税的方面考虑，夫妻共有财产会自动在配偶双方之间均分。每一方配偶只拥有不可分割的一半权益，因此可能会有一些零散权益扣减。

25.3.2　其他财产权益

遗产规划也常常涉及其他形式的财产权益。下面的案例可以说明这些权益。

案例

假定 A 立下遗嘱，将他的财产以信托的形式委托给 XYZ 银行进行投资，如果他的妻子 B 死于他之后，那么在 B 活着时，将净收益分给她。在 B 死后，或者 B 死于他之前，财产将直接均分给 C 和 D（A 的成年孩子）或者他们的后代。

法定权益和公平权益　上面的案例中，在 A 死后，XYZ 银行在技术上成为遗产信托的合法所有者。然而，根据信托协议条款，银行必须履行受托人权利。在这个信托中，银行以受托人身份行事。B、C 和 D 拥有公平权益（或者受益权），因为信托是为他们而成立的。

终身权益、期限权益和剩余权益　财产终身权益使拥有者终生有权获得来自于全部或部分财产或财产运用使用所产生的收益，或者其中一部分财产或财产运用所产生的收益。与此类似，期限权益是财产所有者可以在一段时间内获得这些收益。剩余权益（或剩余权益受益人）是指在终身权益或期限权益结束后所剩余的财产权益。在上述案例中，B 拥有这份信托财产的终身权益。C 和 D（或者在他们死后，他们的后代）拥有剩余权益。终身权益通常以信托的形式存在，但是也有一些合法的非信托形式的终身财产。

此外，信托可能会在一段时间内给与赠与授予人（信托创建人）一份收益或者使用权益、年金权益或者单一信托权益，之后才是留给其他人的剩余权益。这也称为授予人保留收益信托、授予人保留年金信托以及授予人保留单一信托①。

现在权益和未来权益 现在权益是指权益拥有人可以立刻享用这些财产。而未来权益是指权益拥有人在未来某个时刻才可以享用财产，或者此时这些财产是在他人而不是权益拥有者的掌控之下。在上述的例子中，A死后，B拥有信托财产收益的现在权益，她可以从现在起，有生之年一直享用财产收益。C和D拥有未来权益，他们的权益只能在B死后才可以实现。我们在第27章将看到，现在与未来权益的概念对于赠与税规划很重要。

指定受益权 指定受益的权利是指给予某人（受赠人）权利或者权利（称为权利的受赠人），使其决定谁会获得权利限定范围内的遗产（称为权利目标遗产），有时候会附带一定的限制条件。基本目的不是为了避税的指定收益权，会推迟作出选择财产收益对象的决策，直到对环境更了解之后才会行使指定收益人权利。这项权利也经常由于遗产税和隔代转移税的原因而授予，稍后将对此进行解释。有几种形式的指定受益权，下面将一一进行说明。

一般权利： 一般权利是指把遗产指定给某人的权利，包括受赠人对遗产的权利，受赠的遗产，受赠人的债权人，或者受赠遗产的债务。这种权利基本上相当于拥有这项遗产。根据联邦遗产税法，如果受赠人拥有对遗产的一般权利，那么遗产将纳入其遗产总额中。

特别权利或者受限权利（非一般权利）： 这种权利只允许遗产受赠人将遗产（包括遗产以及相关债务）指定给特定人，且不能是受赠人自己。如果受赠人只拥有对遗产的有限权利，遗产将不会纳入受赠人遗产总额中。

如何指定遗产： 如果拥有一般权利或者有限权利的受赠人只能在临死时指定遗产，这是立遗嘱的权利。通过订立契据指定遗产的权利受赠人只能在生前行使。指定遗产最广泛的权利是立契据或者立遗嘱，或者两者皆可。

服务于确定目的的权利： 如果指定遗产的权利必须服务于某一确定目的，比如用于医疗、教育、基本生活费或者赡养，根据联邦税法，它不是

---

① 请注意，年金信托和单一信托和第19章中涉及的授予人保留年金信托（CRATs）和授予人保留单一信托（CRUTs）中的概念是一致的。其含义本质上是相同的，除了在CRATs和CRUTs的案例中，剩余收益留存人是非慈善主体（例如，家庭成员），而对于CRATs和CRUTs，剩余收益留存人是慈善机构。

一般权利。那么此项权利将不纳入受赠人的遗产总额中。这一点在构建信托时很重要。

25.3.3 遗产中的婚姻权利

随着社会变迁以及其他因素的影响，遗产中的婚姻权利日渐成为一个重要的话题。1984 年的退休权益法给予未参加合格退休计划的配偶（合格退休前生存者年金）和（合格联合生存者年金）权利，这在第 13 章已经说明过，这里就不再赘述。

配偶的特留份额 除了一些特定的例外，人们可以通过遗嘱把遗产留给他们愿意的任何人。不过，有一个很重要的例外，在大部分普通法州（支持个人独立财产），丈夫或者妻子的遗嘱不能剥夺其未亡配偶在遗产中的法定特留份额。这也称为配偶反对遗嘱权。选择反对遗嘱并非否定遗嘱的效力，只不过未亡配偶可以拒绝遗嘱指定给他（她）的遗产份额，而选择法律给予的特留份额。

在以前，未亡配偶放弃遗嘱而得到一个强制份额的权利只适用于死者的遗嘱认证遗产（后文将进行定义）。但是，美国的《统一遗嘱法典》（UPC）将此项权利增至死者的"扩大遗产"。扩大遗产包括遗嘱认证遗产和一些没有经过遗嘱认证的遗产。有些州实行了这个规定。在 1990 年，《统一遗嘱法典》又进行了修订，遗产特留份额条款发生了巨大的变化。法典将上述之外的其他财产和未亡配偶的个人独立财产纳入到"扩大遗产"的范围，并且将特定份额的比例与婚姻长短挂钩（在 5% ~ 50% 之间）。美国许多州已经采用了此项新规定。这样各州对于特留份额的法律千差万别。

为了避免配偶将来拒绝遗嘱，人们往往会签订婚前协议或者是婚后协议，约定各方放弃或者部分放弃对彼此财产的法定权利。最后，注意一点，除了一个州之外，在美国其他州，子女们对父母遗产没有类似特留份额这样的权利。

离婚时的婚姻权利 对于离婚时婚姻财产的分配，美国实行了公平分配法。根据该项法律，法庭可以用公平的方式分割婚姻财产，而不论这些财产实际掌握在谁手中。

婚姻财产包含什么，各州存在差异，但是婚姻存续期间配偶双方获得的所有财产一般都会包含在内，除了个别例外。例如，配偶的婚前财产、获赠或者继承得来的财产可能不包括在内。然而，如果这些财产与婚姻财产混合在一起，而且没有充分的证据进行识别，那么所有的财产都会被认为是婚姻财产。如果赠与的财产是被放在一个不可撤销信托中，那么信托本金在受益人离婚时通常就被认定为是豁免财产（赠与财产）（即它不受离婚的影响）。类似的还有在家庭有限合伙企业的财产，以有限合伙权益的形式赠与出去的。另外，为了规避公平分配法以及其他相关法律的影响，人们普遍在婚前签订婚前协议，约定离婚时财产应如何分配。

婚前协议 由于种种原因，婚前协议正逐渐变得普遍，几乎所有的州都认可。但是，协议条款在各州不尽相同。美国有将近一半的州采用了《统一婚前协议法案》（UPAA）。该法案要求婚前协议书必须采用书面形式，并经夫妻双方签字确认，而且法案支持协议书涵盖许多问题，包括分居、离婚、死亡以及其他可能的事情发生时的财产处置。婚前协议在结婚后才能生效。根据惯例，在婚前协议中约定一方同意放弃退休权益是无效的。如果配偶没有参加合格退休计划，必须给予其应得权益。通常，需要对双方当事人的财产和和义务进行充分、公平和合理的披露。

规划注意事项 婚姻会使配偶一方拥有对方财产的某些婚姻权利，这在本章和其他章节已经有所介绍。然而，因为遗产安排、退休计划或者其他原因，配偶双方可能会愿意放弃或者更改这些权利。回忆一下本书介绍的婚姻协议各种形式：

- 参与合格退休计划的配偶豁免退休权益法权利以及没有参与的配偶书面同意该项豁免。
- 签订婚前和婚后协议约定配偶去世后如何划分遗产。
- 签订婚前和婚后协议约定离婚时如何划分财产。
- 签订婚前和婚后协议对共有和个人独立财产进行约定。

25.4 何为遗产

25.4.1 遗嘱认证遗产

遗嘱认证遗产是指当某人死后由其遗产代理人（如果立有遗嘱即为遗嘱执行人，否则为遗产管理人）处理分配的财产。因此，遗嘱认证遗产也就是死者遗嘱指定的财产，包括：

- 死者个人名下直接拥有的财产。
- 死者分权共有的财产权益。

- 支付给遗产的收益。
- 婚姻财产的一半。

有时人们会争论通过遗嘱转移遗产并不理想。这未必正确，要视情形而定。不过，这种方式也确实存在一些缺陷。例如：

- 会延迟处理遗产。
- 遗产管理费用（如执行人的费用、受托人的律师费等）会依据遗产的规模来收取。
- 会有债务纠纷。
- 遗产安排会被公开。
- 不满意的继承者会质疑遗嘱的有效性以获得更多。
- 有时，根据遗产的性质和所在州的情况，遗产税会增加。

另一方面，绕开遗嘱认证转移遗产并非遗产规划的最好方法。有时候，避免不采用遗嘱认证而节约的费用需视情况而定，有时候并不可观。此外，一些被广泛提倡避免遗产认证的方法，比如通过可撤销生前信托的形式，也存在自身的费用（见第30章）。其他方式（例如联合共有）也存在问题（见第30章）。因此，避免遗嘱认证的利弊并非一个简单的问题，需要仔细评估。

大部分人会拥有遗嘱认证遗产。首先，人们临死去世时完全拥有的财产必须全部通过遗嘱认证。许多人一生中会有很多方式拥有财产，其中一些是遗嘱认证遗产，而另一些不是。另外，被继承人希望遗嘱执行人拥有足够资产偿付债务、支付费用、缴纳遗产税，所以也需要遗嘱认证遗产（特别是流动性好、易变现的资产）。

25.4.2 联邦遗产税中的应税遗产总额

根据税法确定遗产总额，并由此计算应缴纳的联邦遗产税，如果有的话。虽然这里提到了遗产总额的计算，但是第26章给出了更为详细的说明。

25.4.3 州遗产税价值

在美国，大部分的州都有死亡税。一些州有继承税，对通过继承获得的财产征税。更多的州是遗产税，对死亡去世时遗留给他人的财产征税。还有一些州继承税和遗产税都有。

25.4.4 继承人的遗产净额

对大多数人来说，遗产净额可能更有意义。遗产净额是指遗产总额支付死亡费用（债务、索赔要求、管理费用以及税收）后剩余的部分。

案例

下面以乔治·埃伯和他的妻子玛丽为例来说明上述的这些概念。乔治和玛丽有三个孩子，分别为22岁、18岁和14岁。下面列出了乔治的资产清单。乔治名下拥有价值1 500 000美元所在公司的股票，这是他参与公司员工股票购买计划和执行非法定股票期权获得的。他的名下还有价值40 000美元的其他上市公司股票、100 000美元的共同基金、40 000美元的货币市场基金以及30 000美元的个人有形资产。乔治和玛丽联合共有他们的主要住宅，价值680 000美元，尚余180 000美元的按揭贷款未还；他们的夏季度假住宅估值500 000美元，不过还需偿还30 000美元按揭贷款；他们共有的储蓄和支票账户内有100 000美元。除了这些按揭贷款，乔治还欠40 000美元的银行贷款和10 000美元的其他个人债务。

乔治的老板给他购买了500 000美元的团体定期人寿保险，玛丽是该保险的第一受益人；乔治参与的一个合格分红计划，会有600 000美元的收益；参与的符合401（k）条款的合格储蓄计划，会有1 000 000美元的进账。乔治死后，分红和储蓄计划的收益也支付给玛丽。最后，乔治个人购买的人寿保险，在乔治去世后的总收益有800 000美元。该保险纳入乔治的遗产中。

乔治的遗嘱规定，如果他去世后玛丽还健在，则把所有的遗产留给玛丽；否则，他的孩子将平分遗产。乔治和玛丽一直住在普通法州。综上，乔治的财产权益汇总如下：

乔治名下的财产：	
公司的股票	1 500 000 美元
其他上市公司股票	40 000 美元
共同基金	100 000 美元
货币市场基金	40 000 美元
个人有形资产	30 000 美元
合计	1 710 000 美元
乔治和玛丽联合共有的财产：	
主要住宅	680 000 美元

续表

乔治和玛丽联合共有的财产：	
夏季度假住宅	500 000 美元
银行账户	100 000 美元
合计	1 280 000 美元
乔治拥有的寿险保单：	
团体定期寿险总收益，支付给玛丽	500 000 美元
个人购买寿险总收益，纳入遗产内	800 000 美元
合计	1 300 000 美元
养老金计划收益：	
分红计划死亡给付死后支付，支付给玛丽	600 000 美元
储蓄计划死后支付，支付给玛丽	1 000 000 美元
合计	1 600 000 美元

基于以上事实，如果乔治今天去世，他的遗嘱认证遗产为 2 510 000 美元，包括乔治名下拥有的 1 710 000 美元财产以及 800 000 美元寿险保单收益。除此之外的资产将归玛丽所有。

再次假设乔治今天去世，他的应税遗产总额计算如下（遗产总额的具体内容将在第 26 章详细解释）：

乔治名下财产	1 710 000 美元
乔治和妻子玛丽联合共有财产的一半（\$ 1 280 000 ÷ 2 = \$ 640 000）[①]	640 000 美元
乔治购买的人寿保险死亡时的给付额	1 300 000 美元
养老金计划的收益	1 600 000 美元
合计	5 250 000 美元

在这个案例中，由于不受限制的遗产税配偶扣除额，乔治在去世时将无须支付遗产税。然而，如果乔治的遗产不满足遗产税配偶扣除条件，可能会更好，原因在第 28 章将详细解释。最好只有适当数额的遗产满足配偶扣除条件。否则，在玛丽随后死去时，将会承担超额的遗产税负。也可以假设乔治去世时无须缴纳州遗产税，那么乔治可以留给家庭亲人的遗产净额估算如下：

---

① 夫妻联合共有财产的一半包括在他的总资产中，直到有一个人去世。这被称为部分利益准则。

总资产和死亡给付（包括共有财产和退休资产）①	5 890 000 美元
减： 乔治的债务（包括全部住房按揭贷款）	260 000 美元
葬礼支出和遗产管理费预计	55 000 美元
预计要支付的联邦遗产税	0
预计要支付的州遗产税	0
遗产总额扣减额合计	−315 000 美元
留给家庭的遗产净额	5 575 000 美元

25.5　遗产处置

当一个人死亡时，其遗产如何处置？这取决于他是否留下有效遗嘱。人们应当为自己确立有效遗嘱。

25.5.1　无遗嘱遗产的分配

如果死亡时没有立下遗嘱，那么将根据适用的州法律分配遗产，由法庭任命的管理人处理遗产的分配。被继承人没有指定继承人或者管理人的情形应该可以避免。关于无遗嘱遗产分配的法律在州之间并不相同。未亡配偶优先有权要求获得她或他的应得遗产份额②。然后，剩余的部分将按照除配偶外法定的继承顺序进行分配。

25.5.2　无遗嘱遗产分配存在的问题

我们发现人们通常会立遗嘱，否则将产生很多问题。

- 不立遗嘱最重要的问题是被继承人无法决定遗产分配，遗产分配要按照各州相关法律进行。
- 无遗嘱遗产分配后，受益人将立刻获得自己的份额，而不论他们是否有能力管理。对于未成年受益人，必须为他们指定监护人。转移继承遗产也不能采用信托的形式。
- 被继承人无法选择遗嘱执行人。

---

① 退休资产将会为受益人（案例中是玛丽）带来收入，因此会导致所得税（见第 10 章）。然而，根据她的年龄，这个税收可以被递延，因此这里不认为收入"缩水"了。

② 请注意，这和配偶有权选择对抗遗嘱的情况不同。在那种情况下，存在一个有效遗嘱。

- 未亡配偶的遗产份额可能不够大而无法充分利用遗产税配偶扣除额，遗产税额会增加。另一方面，也可能因为未亡配偶的遗产份额太大而无法进行有效遗产税收规划。

25.5.3　按遗嘱分配遗产

遗嘱是人们去世时对如何处置自己遗产的合法可行的声明，以及其他各种事项所进行的安排。遗嘱只有在立遗嘱者死亡后才会生效，而且在其生前的任何时候都可以修改或者撤销。因此，遗嘱只有在制定者去世后才确定下来。遗嘱必须符合联邦和州的相关法律才能合法有效。有效遗嘱对于丈夫和妻子进行全面的遗产规划很重要。

25.5.4　遗产处置步骤

遗产代理人（遗嘱执行人或者无遗嘱时的遗产管理人）如何处置遗产呢？指定遗产代理人或者管理人后，下一步就是执行问题了。处置遗产所需要的时间可以很长和差别很大，从不足一年到很多年。执行步骤如下：

- 汇集归属于遗产的财产（遗嘱认证财产）。
- 妥善保管，确保遗产在管理期间的安全。
- 对遗产进行临时管理。
- 支付所欠遗产债务、税和管理费用。遗嘱通常会含有税收条款，明确哪些权益将缴纳遗产税。
- 遗产管理的会计核算。
- 将遗产净额分配给相关继承人。

为了履行以上职责，遗嘱执行人有权从遗产中扣除适当的数额作为报酬。有时候，个体执行人会放弃报酬，下面将对此解释。

25.5.5　选择遗嘱执行人和共同执行人

遗嘱执行人可以是单个人（如立遗嘱者的配偶、兄弟姐妹，或者已成年的孩子，可以信赖的朋友等），也可以是职业执行人（如银行、信托公司、律师）或共同执行人（如未亡配偶和一家银行）。被继承人也可以指定家庭成员、遗产继承人作为遗嘱执行人或共同执行人。然而，执行人的职责很复杂，耗时日久，技术性很强，还要对错误疏漏负责。因此，许多人通常会指定专业人士来执行遗嘱，或者和家庭成员一起共同执行，并付给专业执行人一定的相关费用。执行人费用可以在应付联邦遗产税的遗产中缴纳前扣除，也可以在死者最后进行所得税申报时扣除，可以任选一种。

如果某单一个人（如一位家庭成员）被指定为执行人或者共同执行人，并且是遗嘱指定的继承人，那么他可以放弃执行人费用。执行人费用对于个人是普通收入，将从遗产中扣除。然而，他可能并非唯一的遗嘱继承人，这时就必须仔细考虑是否要放弃收取执行人费用了。

执行人在管理和处置遗产时通常会有律师提供咨询。律师费也将从遗产中扣除或者在死者进行所得税申报时扣除。律师一般代表执行人而非遗嘱指定的继承人。因此，继承人有时候会需要自己的法律顾问。

25.6　信托在遗产规划中的作用

著名的法学家奥利佛·温德尔·霍尔姆斯曾经说过："不要把信任托付给钱，而要把钱托付给信任的人。"在美国的税收和遗产计划中，信托占据着非常重要的位置，在第 10 章已经介绍了所得税信托。如前面介绍的，信托是由某个被称为信托授予人、创建人或委托人所建立的一种信任委托安排①；在信托中，被称为受托人的个人、公司或组织对授予人所委托的财产拥有法定的所有权。受托人为信托受益人持有并管理资产，这在技术上称为信托本金的财产，而获得信托利益的人则被称为信托受益人。且受益人对信托财产有衡平法上的信托所有权。

25.6.1　信托的种类

信托的种类很多，从信托的成立方式和成立时间而言，最重要的有生前信托、遗嘱信托和保险信托。生前信托是授予人在活着的时候为授予人本人或其他人的利益而创建的信托，信托契约中的条款包含在授予人生前一直执行的信托契约中。遗嘱信托根据一个人的遗嘱所创建，该遗嘱在授予人去世后才生效。遗嘱信托的条款是授予人遗嘱的一部分。保险信托是一种特殊的生前信托，其本金包含部分或全部的被保险人生前的寿险保单和被保险人去世后的寿险收益。

生前信托可以是可撤销的，也可以是不可撤销的。可撤销信托就是授予人对信托条款保留取消或修正权利的信托。而在不可撤销信托中，信托

---

① 信任委托是指，个体或公司在委托关系范围内的事情处理上，代表他人的利益采取行动。

创建者对信托条款不保留取消或者修正的权利。在美国，大多数信托都是由一个人作为授予人而创建的，而在有些情况下，也会有两个或者更多的个人创建联合信托。

25.6.2　创建信托的原因

在美国，信托对理财和遗产规划很重要，下面列出了一些创建信托的常见原因和目的：

- 允许受托人在信托存续期间为了创建人、创建人家庭或者根据信托条款的其他人的利益，来自主处理信托财产。
- 将信托作为一种持有家族财富的工具，以便使家族财富能从一代人传承到下一代人（也可能是在几代人之间传承）。
- 可以保护创建人或依赖其供养的人对付来自家庭成员、朋友、配偶、前任配偶、准配偶等人的善意或者非善意的要求或恳求。
- 向未成年人进行给予或者遗留财产的一种方法。受托人可以为了未成年人的利益来管理财产，直到未成年人长大能够自己管理这些财产时为止。
- 在有些情况下，当信托受益人的身体、精神或者情绪不佳，使其不能管理财产的时候，信托可以保护信托受益人免受自己的伤害。
- 信托可以保护受益人不受其债权人的请求。如果一份不可撤销信托中包含了禁止受益人转让、授予或者损害信托财产的挥霍条款，那么受益人的债权人对信托财产通常都没有请求权。相应地，信托财产可以作为赠与财产，不属于信托受益人的当前配偶（或者未来配偶）的婚姻财产请求范围。这些都是建立信托的重要原因，但非直接原因。
- 由上述两个原因可以很自然得出，信托特别是长期信托的创建人有时会在信托契约中提出要求以鼓励对信托受益人作出创造性或有益于社会的行为。这些要求通常包括，学历要求、工作要求、将信托财产的分配和受益人的劳动收入挂钩、从事公益活动（可能收入较低）、照看家庭成员、婚姻开销以及若干个条件的组合等。这些要求旨在避免受益人寄生于信托，而无一技之长。拥有类似要求的信托常常也称为激励信托。
- 特殊需求信托是为残障受益人而创建，同时也不会使之失去获得政府福利（比如医疗补充计划，见第 23 章）的资格。特殊需求信托只能用于补充受益人在政府福利计划之外的需求。比如，如果受益人的特殊需求信托提供了更高级的医疗服务，那么他将不能再申请政府的医疗计划。

- 在创建人活着的时候，为其他受益人或者创建人自己提供专业的投资和理财服务。根据谨慎投资人规则，信托也可以通过共同基金为创建人进行分散投资。
- 可以在所有者死亡后管理其企业权益，直到这家企业被卖掉或者所有者的继承人能够接管这家企业时为止。
- 为建立节税计划提供一种工具。
- 在美国的最近发展中，一些州允许授予人将资产置入不可撤销信托，从而保护他们不受未来债权人的请求。如果这种类型的信托是在这些州建立的，通常称为资产保护信托或者陆上信托。如果是在国外建立的（有一些国家会修改法律吸引类似的业务），通常称为离岸资产保护信托。类似的债权人保护措施将在介绍代际信托时进一步讨论。

25.6.3 受托费用

与执行人一样，受托人可以对他们的工作收取一定的报酬。在美国，专业受托人所收取的费用差别很大。一般都以信托本金的价值为基础来确定，但会设一个最低年度费用。受托人也可能会根据信托的全部本金分配额来收取佣金费用。下面这个例子是一份个人信托所收取的年度佣金费用表：

信托本金价值	单独管理信托投资组合时	全部投向受托人自营的共同基金时 *
50 万美元及以下	0.9%	0.55%
50 万至 100 万美元（含）	0.9%	0.45%
100 万至 200 万美元（含）	0.70%	0.35%
200 万至 400 万美元（含）	0.60%	0.25%
400 万美元以上	0.50%	0.25%
最低年度费用	3 000 美元	1 500 美元

注：*因为《统一谨慎投资者法案》允许受托人谨慎地转委托进行信托投资，所以美国现在允许信托资产投向共同基金。然而，受托人获得的佣金比例降低了，因为共同基金也将收取一定的投资管理费用（见第 8 章，本章也会进一步讨论）。

因此，如果一份单独管理信托的本金是 500 000 美元，每年的投资收益是 25 000 美元，那么根据上面的费率表，受托人每年的费用是 4 500 美元（500 000 × 0.009）。这相当于本金的 0.90%，相当于收入收益的 18%。

25. 6. 4　受托人和信托所在地的选择

在美国的个人信托中，受托人可以是个人、公司或者其他在法律上能够拥有财产的团体或组织。受托人可以是一个，也可以是两个或者多个共同受托人。例如，共同受托人可以是两个或者多个个人，也可以是一家公司与一个或者多个受托人。信托的创建人或者信托的受益人也可以成为受托人，但当创建人（或者创建人的配偶）或者受益人是受托人或者共同受托人时，必须要仔细考虑如何避免出现税收问题。

受托人的选择是一项很重要的决策，而且这种选择通常都会落实到一个人或一家（信托）公司受托人。个人受托人（或者多位个人受托人）可以是信托的创建人、一位家庭成员、一位值得信赖的朋友、一位律师或者其他某个人。创建人也希望继续作为受托人来管理财产，比如确定投资策略。但在这种情况下，在规划信托的时候就必须仔细考虑，以避免未预计的税收。个人受托人可能会决定不收取任何费用。还有一个情况是，个人受托人与信托受益人的关系可能很密切，这样就要比公司受托人更能满足受益人的要求。最后，在管理信托财产的时候，个人受托人可以从律师、投资顾问、理财规划师以及类似的人士那获得专业的帮助。

另一方面，选择公司受托人也有其他的好处。一般公司受托人是专业的资金和财产管理者，因此，他们可以提供这些领域的专门技术和服务。同时，个人受托人可能会死亡、辞职或丧失行为能力，而公司受托人则能提供持续的管理服务。相应地，公司受托人没有偏见，不受家庭压力的影响。在出现信托财产管理不善的情况下，公司受托人还可以从财务上承担损失的责任。另外，如果个人受托人拥有对信托收入或本金的自由处置权，而且他（她）本身又是信托受益人的话，那么这位受托人可能会被认为是信托本金的所有人，需要缴纳联邦遗产税和联邦所得税的信托本金的所有人。而对于公司受托人来说，则不存在这样的情况。但是，周密规划的个人受托人或者受益人（比如符合可确定标准时），通常都不会带来这些税收问题。最后，公司受托人也可以与一位或多位个人受托人作为共同受托人来管理信托财产，从而将两类受托人的优势结合起来。

在美国，一份个人信托安排中也可以规定，根据信托受益人、授予人或者某个其他人的要求，罢免公司受托人，而由另一家独立的公司受托人来取代。因此，在信托中可以确定这样一种机制，以便在一家公司受托人（或者其他独立受托人）的服务令人不满意时，用另外一家公司受托人（或者其他独立受托人）来替换。

信托所在地通常指的是信托所处的州或国家。一般而言，信托所在地的法律支配着信托的建立和管理。大部分的信托位于信托授予人的居住地。然而，不断增长的趋势是将信托建立在或者转移到可以利用优惠法律的州或国家，而不再是授予人的居住地。这些地区的法律可以允许建立代际信托（称为代际信托司法辖区，这些地方没有禁止永久权规则继承），拥有更强大的债权人保护规定（通常也称为国内资产保护信托司法辖区），而且对信托收入不收所得税或者税收很低。

25.6.5　改变不可撤销信托或实现其灵活性

一般情况下，授予人不能取消或者修正不可撤销信托。然而，如果情形需要的话，也可以授予其他某些人改变不可撤销信托或其管理的权力。

其中一种方式是定向信托，授权受托人在某些事项上遵从相关专业顾问的建议，例如投资决策时遵从投资顾问的建议，分配信托资产时遵从信托分配顾问的建议。另一种方式是任命某一位不从信托中获得收益的人作为信托保护人，并给予修改信托条款的权力。这项权力可以是有限的，比如仅能修改信托行政管理的权力，也可以比较广泛，比如允许信托保护人对信托条款进行实质性的修改，允许替换受托人或其他人，允许更改信托所在地，允许终止信托以及其他权力。这些权力可以设置为发生特定事件时被触发，比如遗产税的取消或开征，或者信托授予人丧失行为能力等。显然，如果授予人拥有法律行为能力，那么其可以更改自己的遗嘱从而更改自己的遗嘱信托条款，也可以更改可撤销生前信托的条款。在美国各州，定向信托和信托保护人获得的待遇并不相同。

仍然还有另外一种方式，那就是给予一位独立受托人广泛的修改信托的权力。例如，为了受益人的利益，独立受托人可以终止现存信托，并将信托资产分配到其他信托。独立受托人也可以拥有改变信托所在地的权力。不过，给予信托灵活性也会产生一个实际问题，那就是应该选择谁做信托保护人或者拥有广泛权力的独立受托人。这个选择很难，且需要认真考虑，因为对于信托授予人的家庭或其他受益人而言，选择何人或者信托制度如何设置对他们影响相当大。

25.6.6　信托期限

在美国，一些信托的期限相对较短，比如只到一位未成年孩子年满一定年龄（如30岁或40岁）。有些信托的期限则是受益人一生，这种信托提供终身权益或终身遗产。但近年来，在美国的有些州中出现了一些新的信托，这类信托没有期限限制，从理论上可以永远持续下去。这类信托通常被称为代际信托或者无期限跨代信托。

在美国老的信托普通法中，由于公共政策的原因对信托期限作了限制，即被称为禁止永权久财产恒继规则。该规则规定，一项财产权益必须不迟于（如一份信托必须终止）：权益创建时一个人或多个人的生命期（通常指信托文件中所规定的受益人的生命期）加上21年及妊娠期。这一普通法的规则被引进了美国许多州的法律中。因此，在这些州中，这一规则仍然限制着该州所创建信托的期限。

然而，近年来，部分州实施了1993年颁布的《统一禁止永久权法定规则》。在这些州中，最长期限是下面两个值中较长的一个：传统的限制期限或者90年；且在这些州中可以改变不符合这一规则的权益。

但在这领域中最大的发展在于，有几个州最近修改了其法律，允许在这些州创建无期限信托（即代际信托）。这实际上是全部或部分突破了非永久性规则，实质上就是开始允许信托可以持续到永远。其中部分州还允许这类信托免交州所得税和资本利得税。同时，有些州还给予授予人、债权人保护以免受未来债权人的索赔请求。这种对授予人、债权人保护在各州存在一些差别，而且与该州是否实行某些法律有关。代际信托可以避免所有未来的遗产税和隔代转移税，因为这种信托永远都不会到期[①]。代际信托也可以无期限地对受益人提供债权人的债务请求权保护和婚姻请求权保护（债权人防范、离婚防范）。这类信托有时也被称为家庭银行。

另外，有些美国人考虑到，将财产无期限地锁定在信托中并不是一个明智的选择。后辈们应该能够主宰他们自己的命运，即使是在财富转移成本更高时也应该如此。同时，允许代际信托的法律，特别是那些允许对授予人提供债权人保护的法律，都是新近颁布实施的，还没有经过实践的检验。这类信托也会导致长期信托管理费和受托人费用。最后，由于代际信

---

①　当然，在信托设立时要纳税——授予人在世时要缴纳赠与税或者在授予人遗嘱下的遗产税。授予人也可能把部分或全部的隔代转移税豁免额应用于信托，这样信托在未来就会免除隔代转移税。如果不是这样，隔代转移税就要应用于纳税收入。第26章会详细介绍对隔代转移税。

托所具有的特征和复杂性，它们一般只适用于富裕家庭。

25.6.7 信托资产投资

在美国，信托契约可以规定如何投资信托资产。授予人可以在信托条款中确定投资策略，一般受托人必须遵循。但信托通常会允许受托人在遵循信托所在州法律的前提下自主投资。

《统一谨慎投资者法案》 目前，美国许多州都采纳了 1994 年颁布的《统一谨慎投资者法案》（有的州在采纳的同时则做了一些细微的调整）。这一法律也适用于信托投资。该法案的实质是谨慎投资人规则[①]，其内容是：在给定的环境和信托目标，并将投资组合当做一个整体来考虑的情况下，受托人应该小心谨慎、有技巧进行信托投资。该法案还将现代投资组合理论运用于信托投资，规定必须评估整个投资组合（而不仅仅是某类资产）的整体风险与收益之间的关系。事实上，在美国没有哪类资产本身属于禁止投资的对象，但必须要根据它们与整个投资组合的风险结构之间的关系（如与投资组合中其他资产的相关程度），来评估投资工具。

虽然法律通常要求投资分散化，但在某些情况下，低分散化投资也许是更好的选择。受托人也可以谨慎地委托投资，他们会适当地选择共同基金进行投资。前面已经提到过，如果信托机构投资于它们自营的共同基金，共同基金也会收取费用，因此受托人费用就会比较低。除非授予人在信托契约中作出其他明确的规定，否则一般都遵从于《统一谨慎投资者法案》。

总收益信托 一般信托收益会指定付给受益人，这些收益包括利息、分红、租金或其他来自于信托资产的收入，但是不包含已实现的资本利得（除非信托条款有规定）和本金分配。这些年来，这个体系存在的实际问题是，多年来普通股股票股息率在持续降低。因此，如果信托投资想追求更高的合理总收益（如将大量资产投资于普通股股票），受益人的年收入将降低，受益人显然不会满意。另一方面，如果信托投资主要为了获得利息（如重要投资债券），那么将会限制信托本金的增长，剩余权益人也将不会满意。

有人提出解决这个两难问题的方法是总收益信托，也即受益人每年收

---

① 谨慎投资人规则首先于 1992 年在美国法律协会《信托法重述》（第 3 版）中第 227 条款中宣布。

人的一部分将从信托本金中支付。从而，受托人进行投资时只需考虑总收益，而无须平衡两方的利益。要做到这一点，一个方法是制定法律允许受托人可以自主调整利息和本金，只要能平衡信托受益人和和剩余权益人的利益。1997 年修改的《统一本金和利息法案》加入了受托人的这种调整权利（公平调整）。在写这本书时，该法案已经在美国很多州实施。

另一种方法是制定法律允许受托人将提供收益信托转变为单一信托。单一信托允许受托按照本期信托本金（每年重新计算）的固定比例(3% ~ 5%）向本期受益人分配收入。美国国税局规定上述的"可以公平调整信托和单一信托"符合遗产税配偶扣除额和某些隔代转移信托的要求。

第 26 章
转移税制度

本章目标

读完本章后，你应该能够理解以下要点：

- 《经济增长与税收减免调整法案》对赠与税、遗产税和隔代转移税的影响
- 赠与税和遗产税可用抵税额（统一抵税额）和可用免征额的计算
- 联邦赠与税应税转移的含义
- 财产赠与的方法
- 赠与税免征与扣除额
- 赠与税配偶扣除额
- 夫妇间的赠与财产分割
- 何时必须进行赠与税申报
- 赠与财产评估与一些扣减项
- 《国内税法》第 14 章对于财产评估的影响
- 联邦遗产税的构成
- 遗产总额包括什么
- 联邦遗产税配偶扣除额
- 联邦遗产税慈善性支出扣除额
- 遗产总额的价值评估以及特殊用途评估
- 何时必须申报及支付遗产税（包括根据《国内税法》第 6166 款进行的分期支付）
- 联邦隔代转移税的构成
- 联邦隔代转移税的豁免及排除
- 应税转移的类型
- 联邦转移税制度未来可能的变化

本章将概述美国联邦转移税制度，如本书已经提到的联邦赠与税、遗

产税和隔代转移税。在该税收制度下，每一代在转移财富时都会被征收一种转移税，包括生前赠与、死亡转移以及隔代转移。这也可以称为统一转移税制度。

26.1 《经济增长与税收减免调整法案》的影响

正如第 2 章提到，2001 年颁布的《经济增长与税收减免调整法案》将极大地改变转移税制度。根据该法案，赠与税、遗产税和隔代转移税将有所变化，但在 2009 年之前会保留。2010 年，遗产税和隔代转移税将会完全取消，仅保留赠与税。然而，根据日落条款，2011 年之后将会恢复 2001 年的统一转移税制度。大部分评论员认为 2011 年之前（可能在 2009 年）将会重新立法，统一转移税制度不会恢复，但是现在没人可以确定这一点。

在本章末尾处，将会对 2011 年前可能发生的税制变化进行讨论。这些变化包括：遗产税继续保留，继续执行现行的 3 500 000 美元转移税免征额和 45% 的税率，以及允许将已故配偶未使用的统一抵税额转移给在世配偶。

26.2 可用抵税额（统一抵税额）和可用免征额

税法在 2009 年提供给每个人一次性 1 455 800 美元的可用抵税额（统一抵税额）①。此抵税额可用于减少或消除任何死亡时应支付的联邦遗产税。统一抵税额允许一个人将一大笔财富转移给其他人而免收联邦遗产税。这一笔抵用金额称为可用免征额。

我们来看这个制度的计算方法。比如，在 2009 年一名后代拥有一笔 3 500 000 美元的应税遗产额。应用统一转移税率表格（这里不展示），我们可以计算出这笔财富的暂定税额为 1 455 800 美元。一笔 1 455 800 美元的可用抵税额可以完全抵消这笔假设的暂时税额，故是这笔可用抵税额创造出了一笔 3 500 000 美元的可用豁免额。除非有新的税法改变免征额，不然在 2011 年这笔免征的税额将恢复到 1 000 000 美元。就像我们在第 28 章

---

① 可用抵税额和统一抵税额的含义是相同的。在实践中，它们经常可以互换使用，在本书中也通用。

所看到的，一大笔配偶扣除额计划旨在有效利用配偶双方的可用抵税额。可用抵税额和可用免征额不考虑通货膨胀。

统一抵税额——可用免征额制度同样适用于赠与税制度。2009 年及以后的联邦赠与税可用免征额是 1 000 000 美元。赠与税在 2010 年没有被废除。但是，根据《经济增长与税收减免调整法案》的日落条款，所有的转移税规则，包括赠与税，要恢复到 2001 年的形式。赠与税免征额不考虑通货膨胀。

26.3　联邦赠与税

很多人并不知道有联邦赠与税。它适用于生前财产的所有权转移并针对捐赠者征收。如果法律需要，捐赠者必须进行赠与税申报。

26.3.1　什么是赠与税的应税转移

赠与税是建立在任何个人财产转移的基础上，并且只有个人会被征收赠与税。术语"赠与"在国内税收法案《国内税法》中并没有详细定义，但它被解释为未全面充分考虑下的财产转移。作为一项应税赠与，其转移必须是完全的。这意味着捐赠者必须放弃足够的财产控制权，使其不再受捐赠者的意志支配，并且捐赠者不能再控制它的处置。比如，捐赠者如果只把基金存在一个与他/她的孩子绑定的联名银行账户或者联名经纪账户里，并且具有单方面提取所有资金的权利，那并不是完全的赠与。因为捐赠者可以简单地提取全部资金并恢复财产。从另一方面来说，如果他/她的孩子事实上确实提取了他/她的自己的一半（或者更多），那么这时候这笔钱就是一笔完全的赠与。

26.3.2　赠与的方法

以下是一些常用方法：

- 完全赠与。受赠人可以立即拥有赠与财产的占有权，使用权和享用权。
- 不可撤回生前信托赠与。受赠人是信托的受益人。
- 监护安排赠与。受赠人是符合未成年人统一转移法案或者统一赠与法案的，由监护人管理财产的未成年财产接收者（这些法案将在第 27 章叙述）。

- 与捐赠者一起作为联名所有人接受财产。在这里，捐赠者以与受赠人联名的形式赠与他/她之前拥有的财产或者基金。
- 为了支持权力拥有者之外的其他人，终生自愿行使、放弃或终止某项一般权力的约定。① 这里，赠与财产从权力拥有者给到其他当事人。然而，税法规定，权力拥有者生前权力的终止只可被认为是权力的放弃（还有应税转移），该权力只针对可被指定的财产超过5 000美元或者资产累计总价值的5%的部分，而不论权力是否得到满足。这意味着，比如赋予一个信托受益人每年撤回限定信托资产5 000美元或者5%的权力（一般权力），每年的权力在年底失效（终止）。这种撤回权的终止不会导致它的拥有者（信托受益人）对其他信托受益人的应税转移。这可以看成一种50%对50%的权力。这是遗产规划中非常重要的一个概念。
- 其他赠与。

26.3.3　免征与扣除额

大多数人给出的赠与不会缴纳赠与税。这是因为联邦赠与税有免征额与扣除额来适用于联邦赠与税。

每个受赠人年度免征额　在2009年，每个捐赠者每年可以免税赠与13 000美元的财产给每个受赠人（考虑通货膨胀，有1 000美元的上升额度），人数取决于捐赠者的意愿。每年免征额限度之内的赠与不会造成捐赠者统一抵税额的减少。每年都有一笔颇为可观的金额作为免征额。举一个更极端的例子，在2009年，一名捐赠者可以每年给出13 000美元的现金或者证券给每一个人，比如12个人（也许是其孩子或者孙子/孙女），一共156 000美元的赠与，这完全不会减少其统一抵税额。因为这个原因，把赠与在一段时间内分开给一个或者更多的受赠人，可以使赠与额度维持在每年的免征额之内。必须记住的是，每年的免征额适用于一年内捐赠者给予受赠人的所有赠与。因此，如果一个捐赠者在一年内已经给予了一名受赠人几笔小一些的赠与，这会占用免征额度，捐赠者再赠与13 000美元

---

① 正如在第25章中所阐述的，一般权力的约定只存在于权力所有者可以以有利于他自己、他的债权人、他的财产或者他债权人的财产的方式行使权力的时候。上述的规则适用于1942年10月21日以后设立的约定。对于那个日期之前设立的一般权力，行使权力会导致持有人的转赠，但是没有行使或主动放弃这种权力不会被认为是权力的行使，所以就不属于纳税项目。因此，在1942年10月21日之前的少数案例中，一般权力的所有者应该不会行使权力，从而避免行使权力带来的财产转移税。

给同一名受赠人，就会面临税收了。

每年免征额的当前利益要求 每年免征额只适用于有当前利益的财产的赠与，（受赠人有对财产立即占有、使用和享有的权利）而并不适用于有未来利益（受赠人在未来拥有对财产的占有、使用和享有的权利）的赠与。比如，完全赠与是对财产全部价值的当前利益的赠与，因为受赠人可以对财产不受限制的立即使用，占有和享用的独自所有权。但是，当赠与是以信托的形式给予时，这个问题就变得更复杂了。它决定于信托的条款。

案例

假设一项不可撤回的信托提供给受益人年度收入，持续 15 年（强制性的收入），在此期末，所有款额的本金要完全支付给受益人或其后代（作为剩余权益的受益人）①。进一步假设艾米（作为授予人）把一笔价值 13 000 美元的常规股票普通股转移至信托。这笔来自于赠与财产强制性收入的当前价值现值是受赠人的当前利益，因其有着对这一系列收入可以对 15 年收入现金流的即刻占有、使用和享用的权利。此价值适用符合每个受赠人的每年年度免征额。从另一方面来说，剩余利益的当前价值现值也是一项未来利益（其对财产的占有，使用和享有将持续推迟到 15 年后），不适用每年年度免征额。假设一个 7.2% 的利率（第 7520 条款的利率已在第 3 章中解释），15 年的收入利益的当前价值现值是 0.647566（64.7566%），相应的 15 年期末剩余利益的当前价值现值是转移到信托的款额金额的 0.352434（35.2434%）。因此，在此例中，可用每年免征额抵用的当前利益赠与额是 $ 8 418（$ 13 000×0.647566），不能用每年免征额抵用的未来利益是 $ 4 582（$ 13 000×0.352434），这笔钱是艾米此年的应税赠与。

然而，如果我们把这个例子改变一下，由信托提供规定允许受托人可以累积收入，或者在 15 年间由受托人酌情决定在此 15 年的区间内支付给受益人（自由支配收入条款），没有一项转移是当前利益的赠与。因为受益人不能无限制的即刻占有，使用或享用这一系列收入现金流（受托人可以自主改变）或者本金（15 年后才支付剩余利益）。因此，艾米没有每年

---

① 假设为了更好地说明案例，这个信托不适用于任何特殊的年度免征额条款。换句话说，这可以被称做 2503（b）条款的收入利益信托。其他可以使用年度免征额的周期性赠与将在第 27 章中阐述。

年度免征额，当年支付给信托受益人的全部 13 000 美元转移是一项应税赠与①。

用于教育和医用花费转移的无限免征　这项重要的免征是对每个受赠人年度免征额的补充。它从应税赠与财产中扣除以个人名义（要求与捐赠者没有特殊关系）支付给教育机构②的任何数目的费用所有金额，比如此人教育或者培训所需的学费（书籍、食宿费用等不算在内）。它同样扣除了以个人名义支付给任何个人或公司的医用护理费用。这些是制订财产赠与计划时很有用的免征项。

案例

假设盖里想帮助他 21 岁的孙女上医护学校，他可以直接支付给医护学校每年 40 000 美元的学费，并在受赠人每年免征额度下给他的孙女每年 13 000 美元③的赠与。他也可以为孙女向服务提供商支付医疗费用（包括健康医疗保险费用）④。这些赠与都不需要支付赠与税，因其符合教育和医疗费用的免征额，并且适用受赠人每年免征额。

在比较赠与税免征额和隔代转移税时这点很有用，我们会在这章后面讲到。在这里，盖里的孙女是隔代转移税的"隔代转移对象"（她比转移者——她的祖父年轻了两代甚至更多），盖里给她的赠与是直接隔代转移。然而，因其适用每年免征额以及教育和医疗费用转移免征，这些直接隔代转移是完全免税赠与，同时它们也免征隔代转移税。但是，考虑信托形式的每年免征赠与时，就更复杂了。隔代转移税在这些赠与上增加了一些特别条件，我们稍后讨论。

联邦赠与税配偶扣除额　当已婚人士相互提供赠与，通常可以适用无限制的联邦赠与税配偶扣除额。它一般与无限制联邦遗产税配偶扣除额相类似，我们在这章其他地方和第 28 章会讲。它通过应税赠与发生时捐赠者

---

　　① 读者将在下一章节中看到，把转移财产到信托认定为当前价值现值的一种重要方法是给予受益人从转移的财产中提款的权力。这种可以行使的权力允许持有人（受益人）直接获得转移的财产，从而使赠与成为可以获得免征额权力的当前价值。这是使用克罗米权力背后的原则。如果可能的话，捐赠人通常想让赠与符合被捐赠人年度免征额。

　　② 这种目的的教育机构通常会保持稳定的教师和课程，并且有正规注册的学生，会在教育活动的场所参与学习。可以看到，这种定义下的组织范围很广。是否包括护士学校或者其他的入学前项目，取决于具体的实际情况。

　　③ 我们在本章后面将看到，如果盖里在他赠与时已经结婚，他可以和他的妻子分开赠与，实际上他们一共可以每年赠与不超过 $ 26 000 给每个受赠人（此案例中是他的孙女），直接以现金或者升值证券的形式，因为他们的孙女的资本利得税率可能要低于盖里夫妇。

　　④ 事实上，他可以做类似的赠与给他的儿子、女婿和其他人。

应税转移的扣除来操作，从而允许配偶间的赠与免收联邦赠与税。

给美国公民配偶的赠与：在允许扣除之前，提供给美国公民配偶一方的赠与必须证明其符合配偶扣除的条件。使其符合条件的方法会在第 28 章讲到。

给非美国公民配偶的赠与：这些赠与以不同方式处理。在 1988 年 6 月 13 日之后的赠与无法用配偶扣除额来抵消。不过，在 2009 年有一笔特殊的 133 000 美元的赠与税，每年免征额适用这样的转移。这项每年免征额适用于当前利益向非公民配偶的转移。若配偶一方成为美国公民即可使用配偶扣除额。这笔每年免征额也考虑通货膨胀的影响。

联邦赠与税慈善性支出扣除额 如第 19 章所讲，对于合格法定的慈善赠与可以适用一笔无限制的慈善性支出扣除额。

26.3.4 夫妇间的赠与财产的分割

婚姻夫妻双方可分割分担任何一方婚后进行的财产赠与。也就是说，如果配偶一方提供给第三方赠与，需缴纳税款，假如配偶另一方在纳税申报中同意该捐赠方配偶的赠与税申报，那么赠与的一半由捐赠方配偶操作捐赠，另一半可以由另一方配偶来操作捐赠。假设，例如丈夫希望在一年内将以他名字拥有下的价值 26 000 美元的普通股股票赠给他的成年女儿。如果妻子同意赠与，26 000 美元的赠与可以认为是 13 000 美元由丈夫赠与，13 000 美元由妻子赠与。两笔赠与都在 13 000 美元的每年免征额之内，因此不需支付税款。

选择分割分担赠与财产，配偶双方都必须是美国公民或永久居民。并且，如果赠与分割分担是选择在一个特定的年份进行，当年配偶任一方所进行的全部所有赠与都必须全部被分担分割。但是，对于下一年和之后的每一年，他们可以决定是否需要分割分担他们的赠与。

26.3.5 谁应缴纳赠与税和谁必须申报

捐赠方应缴纳任何需要支付的赠与税。有时候，一笔赠与在受赠人愿意支付赠与税的情况下发生。这被称为"净赠与"。由受赠人支付的税款从赠与财产的价值中扣除来决定计算应税赠与。当捐赠者当前利益的转移超出了每年免征额和其他免征额时，他或她必须进行赠与税申报[①]。捐赠

[①] 这是美国国内税收法 709 表中的美国赠与（和隔代转移）纳税申报单。

者也必须对所有未来利益转移进行赠与税申报，以及夫妇间发生分割分担赠与时也进行申报①。

26.3.6 赠与财产的估值

一般原则 从联邦赠与和遗产税的角度来评估利益的一般原则很明确。一笔转移的价值等同于转移完成时赠与财产（减去任何受赠人进行的任何支付）的公允价值。这个公允价值通常是一个买家和一个卖家之间转手的价格，中间没有强买强卖且双方对相关事实均充分了解。这被称为愿买愿卖测试。如果已有一个成熟的市场，比如对于股票、债券，在有组织的交易所内买卖的商品，或者对于共同基金权益份额，资产很容易估值②。从另一方面来说，对于流动性有限的资产如封闭型公司的权益、家庭有限合伙的权益、房地产、艺术品和古董等来说，应税捐赠人与美国国税局之间就可能会存在估值分歧和谈判。

估值折价和溢价 根据愿买愿卖测试，有些财产权益的价值也许会低于其基本价值，这是由于这些权益的法律和经济本质决定的，其缺少控制权或者市场流动性。相应地，另一些财产权益的价值也许会高于其基本价值，这可能是因为这种情况，如由于商业企业存在的持续经营价值（商誉因素）或由于权益持有方控制了企业或者财产（控制权溢价）。

在此提及的估值是一个复杂的问题。然而估值折价对于遗产规划来说很重要，并且是那些类似家庭有限合伙赠与利益规划技术的基础，我们在第27章会涉及这些内容。在捐赠者（以及他们的顾问）和美国国税局之间关于估值折价依然会有不同意见。有时候会产生分歧，妥协甚至诉讼。一些常见的估值折价和溢价以及其他估值概念稍后再罗列。

由于缺乏流动性而折价 这种用其他方式计算得出的价值折价，说明了封闭型公司的权益没有稳定现成的市场，因此很难卖出去。这点相比公开交易的证券来说，对于意愿买家吸引力不够大。同时，封闭型公司也许会对所有者将权益卖给外部人施加限制条件。这种折价也许首先会在估值过程中使用。

缺少控制权而折价（少数权益折价） 少数权益的所有者不能控制该实体的经营。这导致了这些权益对于意愿买家来说吸引力不足。在估值过

---

① 当分开赠与由于在年度免征额内，从而免予纳税时，就可以用简易格式的纳税申报单。

② 对于公开上市的股票和债券，价值是估值那天出售的最高价和最低价的平均值。对于共同基金，它是估值那天的出价或赎回价。

程中，它可能会由于缺少流动性而进行折价。

控制权溢价　从另一方面来说，能够控制实体的权益价值或许会比计算得到的价值有溢价。

零散权益折价　这种权益的估值折价可能发生，因为只有部分权益（一般是房地产）被转移，因此少数权益的所有者通常必须和其他的所有者们一起来处理财产或者必须支付分割费用。于是，意愿买家购买零散权益时出价通常会低于相应比例财产的价值。

批量折价　这种折价适用于大批量公开交易证券资产的转移。这种折价的原因是由于大批量的销售可能会降低证券的正常市场价格。

终生财产，长期利益，剩余利益，继承权和特定年金的估值　如第 3 章所指出，这些利益的转移是根据与联邦政府每月公布的利率（《国内税法》第 7520 条款利率的规定）相关的因素来评估的。

26. 3. 7　美国《国内税法》第 14 章对估值的影响

制定美国《国内税法》第 14 章是为了纠正一些已出现的涉及家庭成员之间财产转移评估的滥用。尽管如此，在符合第 14 章的规则下，仍然存在可以获得可观财产规划利益的赠与规划技术。

简要回顾一下《国内税法》第 14 章第 2701 条款，它适用于公司股票（普通股股票）或者同类的合伙人利益赠与的估值冻结技术。使用此技术，年长的家庭成员向晚辈赠与的同时可以保留高级股票（如优先股）或者同类的合伙人权益。除非保留下来的优先权益满足一些特定需求，否则根据第 14 章，这些财产的转移税为零。因而，从税收角度，这实质上结束了估值冻结技术的使用。

第 2702 条款适用于赠与人保留一定的信托权益，然后将剩余权益转移给一名家庭成员的信托形式的财产转移。除了一些特例外，赠与人保留的权益通常估值为零，信托本金的全部价值被分配给赠与的剩余权益。因而，那些例外对于规划尤其重要。它们是个人住宅信托，合格个人住宅信托，赠与人保留年金信托，GRUTs，以及对非折旧财产保留的长期权益。当这些例外中某一项适用时，授予人的保留权益需用美国国税局 IRS 的表格来估值，并且只有置入信托财产的价值和授予人保留权益的差异部分，对于该家庭成员来说才是应税转移。第 27 章将会阐释这些例外所带来的各种规划可能性。

第 2703 条款对于期权协议、获取财产的权利增加了一些特定条件，对于家庭成员间使用和销售财产进行了限制，以保证它们是善意协议。这些条件适用于商业买卖协议，将会在第31章讲到。

最后，第2704条款适用于当公司或者合伙企业某些投票权或清算权失效时对于价值的影响，权益拥有者以及他或她的家庭成员在权利失效前后控制该公司或合伙企业。

26.4 联邦遗产税

有人说除了死亡和税收，没什么是确定的。现在我们要处理这两者。联邦遗产税是当人死亡时，将财产移交给其他人时所征收的特许权税。在这一点，我们应该描述联邦遗产税的本质。在第27章到第29章将讨论如何规划减少或推迟缴纳联邦遗产税。

26.4.1 联邦遗产税的构成

遗产总额（下面列出包括的项目）

减：特定的遗产处置扣除额（如遗产管理花费；葬礼花费；遗产索赔费；遗产总额中包含的未偿还抵押或其他有价值财产的负债，未减少的抵押或者负债；以及遗产处置时发生的意外损失）[①]。

注意：遗产总额减去这些扣除项等于我们所谓的调整后遗产总额。这些数仍可用来确定公司股票的符合第303条款的赎回，和第6166条款的遗产税分期付款等类似的合法事项。它的修订条款同样也可被用做其他用途。

减：配偶扣除额（为了符合配偶扣除额的条件，这个数可能是移交给在世配偶遗产总额的全额，也就是百分之百）。

减：慈善支出扣除额。

等于——

应税遗产

加：调整后应税赠与财产（1976年后应税赠与财产，代替了而非遗产总额中包含的部分）。

等于——

初步税收基准，并适用统一转移税率确定——

得到基于初步税基的联邦遗产税

减：1976年后应税赠与财产的赠与税抵税额（当前税率下）。

---

① 遗产管理费可用于遗产收入的纳税申报或遗产纳税申报。如果遗嘱执行人选择收入纳税申报，那么就不能在遗产总额的纳税申报中扣除。

等于——

其他抵税额应用之前的联邦遗产税。

减：可用抵税额（统一抵税额）。

减：其他抵税额。

等于——

应付的联邦遗产税

应注意的是，从应税遗产增加任何 1976 年后的应税赠与，达到初步税收基准（统一转移税率在此适用），然后扣除任何 1976 年后应付赠与税抵税额，是用一笔生前赠与来增加死亡遗产以适用统一移转税的等级。目前，扣除各种减项后的遗产税率实际上维持在平均 45%。

26.4.2　什么是遗产总额

遗产总额是决定一份遗产该支付多少遗产税的起点。总的来说，它包含以下几点。

死亡时所拥有的财产　任何死者以自己名下拥有的财产或者权益或有利益关系的财产（如死者在普通公共或共同共有财产的租赁所占份额），在其死亡时都计入到死者的遗产总额中。

死者生前的人寿保险　遗产总额包括死者生前的寿险保单收入，如果死亡时继承者拥有寿险保单所有权（对事件的所有权）或者寿险保单收入支付给遗产。它还包括死亡三年内寿险保单的收益。

共同共有　在这种情形下，第一联合所有者死亡时的总遗产包括：夫妻共有财产的二分之一的财产价值（零散利益原则），或者与夫妻之外的其他人共有财产时全部的财产价值，除非可以发现活着的所有权人出资购买了财产（考虑提供规则），而该财产从来没有被死去的所有权人作为礼物赠与。

指派的一般权利　死者死亡时指派财产的一般权利也属于死者的遗产总额。从另一方面来说，一项特殊的或者有限的权利不会引起持有人的遗产总额变化。

年金　这一项包括在死者遗产总额内支付的给共有年金受益人的精算价值，在死者死后将会收到。例如，它可能来自于共有的最后幸存者年金形式。它同样包含了死者死亡时尚未收到的支付给受益人（年金账户结余）的权利。这些幸存者的福利可能来自于各种合格的退休计划，传统的或者罗斯个人退休账户①，非法定年金，TSAs 以及非法定延期偿还计划。这些福利，不只是从罗斯个人退休账户来，还从 IRD 来。从另一方面来说，如果在一个人死亡时年金终止支付，并且其后终止对其他可以支付给幸存者或受益人的事物的支付（如终身年金），死者的遗产总额中不会有任何东西。

可撤回转移　如果一个人转移财产但是在死亡之日时，他拥有改变、修订、撤回或者终止财产享有的权利，这些财产的价值被算在他或她的遗产总额之内。如果死者在死亡三年内放弃这项权利，这些财产依旧被算在遗产总额内。不管该人行事能力（如作为受托人）如何，也不管其独自行动或者必须与人合作，上述说法都适用②。这意味着，如果不可撤回信托的授予人有更换信托受益人、受益人收到财产总额或者受益人受益时间的权利，那么该信托条款适用并且信托本金是他或她的遗产总额。同时，授予人死亡时撤销生前信托的权利也适用。

不可撤销生前信托的授予人经常希望能保留至少一部分对信托的控制权，通常通过作为受托人来实现。授予人可以是受托人，而受托人可以在没有不利的遗产税影响的情况下行使信托投资和其他信托管理事务的特定权利。然而，必须注意的是授予人或授予——受托人并不能使他或她死亡时信托本金的收益使用权成为其遗产总额的一部分。从另一方面来说，对信托本金和收入无限制酌情分配的权利以及其他事务可以赋予独立受托人或共同受托人（与授予人不相关且不隶属于授予人）手上。同时，在不将财产计入授予人的遗产总额的情况下，不可撤回信托的授予——受托人拥有控制信托本金或控制信托受益人收入的权利，如果该项权利受限于一个确定的标准（例如受益人的健康，教育，生存或维系）。更进一步，假如新的受托人不是授予人本人，也不服从授予人或与之有关联，则授予人有权利免除受托人身份并指定新的受托人或公司受托人。这样不会导致信托财产被计算到授予人的遗产总额里。

生前保留遗产的转移　这是另一种导致生前转移被计算到死者的遗产总额之内的情况③。遗产总额包括所有死者通过信托或其他方式转移的、或死者生前保留的、或死亡时不能确定时期的、或任何在死者死亡时尚未

---

① 由于罗斯个人账户的收益免予联邦所得税，他们要缴纳在去世的所有者的遗产总额的联邦遗产税。

② 《国内税法》第 2038 条款是关于可撤回和类似的转移。

③ 涉及生前保留遗产的转移的内容在《国内税法》第 2036 条款中。

结束的对于转移财产及收入的占用或享有的权利。这个条款（美国国税局
2036a 条款）同样适用于死者单独或与其他人一起拥有的指定财产或收入
受益人的权利。事实上，当一个转移者（如信托授予人）转移财产并在生
前保留指定受益人的权利时，财产价值在死亡时被计入转移者的遗产总额
内。这同样适用于转移者生前已经转移了控股公司股份，但是仍然保留投
票权利的情形。

案例

假设苏珊·史密斯，65 岁，很健康，用她生前收入转移了 100 万美元
的股票和债券至一项不可撤销信托里。当她死亡时，信托本金会以相同份
额分配给她的两个孩子或者其他继承人。苏珊在 20 年后 85 岁时去世，此
时信托本金价值为 300 万美元。因为苏珊在转移财产中保留了生前收入
（生前遗产），当她死亡时 300 万美元的信托本金被计入苏珊的遗产总额。

死亡时生效的转移　遗产总额同样包括死者在其生前转移的财产的价
值。此时死者只在生前可对财产的占有和享用在死亡后已无法改变，并且
死者在对超过 5% 的财产价值中保留有应继承利益。

死亡三年内的转移　通常来说，生前赠与的财产不在捐赠者死亡时的
遗产总额之内。不管死亡时间和赠与时间多么接近，都是这样。然而，有
一些例外。我们知道如果有一笔生前转移，转移者保留了或拥有规定死亡
时转移财产的特定权利或利益（如保留生前遗产的转移，转移在死亡时发
生，转移不可撤回），这笔转移财产的价值就在遗产总额之内。另外，一
个人死亡三年内转移寿险保单将导致全部的保险收入计入保险人的遗产总
额。还有，放弃转移财产的保留权利或权利也不会使其被算在遗产总额
内。正如之前所说的，死亡三年内财产转移计入遗产总额。最后，遗产总
额包括死亡三年内死者或其配偶因赠与而支付的赠与税。这被称为总赠
与税。

合格可终止型利息财产信托中的配偶扣除额　一种使财产符合联邦遗
产税配偶扣除额的方法是以 Q - TIP 信托的形式将其交给尚存配偶。之后，
合格可终止型利息财产信托中的财产会计在尚存配偶在其死亡时的遗产总
额中。但是，尚存配偶需要支付从合格可终止型利息财产信托得到的财产
的遗产税。

26. 4. 3　遗产总额之外的财产

遗产总额中的财产包括死者作为美国公民或永久居民时所处置拥有的

财产或财产利益。换句话说，只有美国国税局记录在案的财产才在遗产总额中，否则就不是。

出于遗产规划目的，我们往往关注如何将财产不纳入遗产总额或如何巧妙地使用遗产税扣除额和抵税额。规划者对人们死亡时利用经济优势不将财产包含在遗产总额内的方式感兴趣。从这方面来说，当财产以不可撤回信托的形式给予受益人时（生前信托或遗嘱信托），受益人可获得实质性的权利和权力，或是对信托本金和收入拥有支配权，但是受益人去世后本金不计入其遗产总额。这些被称做准所有者权利或是免税所有权等价物。这些免税的利益和权力如下：

- 受益人终生（或多年）对信托收入受益的权利。
- 在独立受托人允许下，受益人可以是获准分配信托本金的准许被分配人。
- 受益人拥有指定信托本金的特殊权力。
- 受益人拥有为其健康、教育、生存或维持等确定标准而花费信托本金的权力。
- 受益人每年上限为 5 000 美元或总额的 5%（其中较高者）自由撤回权。当受益人死亡时，最多只有那些当年能撤回的款额包含在受益人的遗产总额内。在此有许多复杂情况，但是如果需要，对于受益人来说，他们可用。

当然，不是所有这些非遗产应税利益和权力需要由授予人给予信托受益人。然而，他们只在需要的时候才可用。

26. 4. 4　联邦遗产税配偶扣除额

对已婚的遗产所有者而言，这通常是一个重要的税收延期工具。第 28 章会介绍它的规划使用。

转移给美国公民配偶　配偶扣除额作为死者遗产总额的扣除额，用来抵消应税遗产所产生的联邦遗产税收，并允许配偶之间无限制的转移。然而，死者的遗产总额必须传递给他或她的尚存配偶时，配偶扣除额才会生效。我们会在第 28 章讲到。

转移给非美国公民配偶　移交给非美国公民的财产的处理方法不同。转移可以用一笔现存配偶非公民信托，即合格国内信托来实施。此信托需配偶达到一些特定的条件，并符合配偶扣除额要求。第一个配偶死亡时（美国公民或永久居民），可以从遗产总额扣除。它适用于尚存配偶生前和其死亡时信托本金的分配。来自合格国内信托应税财产的应包含在第一个配偶遗产总额中，并需要缴纳遗产税。

26.4.5 联邦遗产税慈善性扣除额

此扣除额与赠与税慈善性扣除额平行。其无限制，从遗产总额计算应税遗产时进行扣除。

26.4.6 州遗产税的联邦遗产税扣除额

这是扣除包含在遗产总额内的州遗产税。

26.4.7 可适用的抵税额（统一抵税额）

这种抵税额之前已讨论①。

26.4.8 其他抵税额

还有其他若干个减少联邦遗产税的抵税额。它们以下列优先顺序排列。

赠与税抵税额 此抵税额是为了扣除包含在遗产总额内的 1977 年之前应税赠与的赠与税。

国外遗产税抵税额 这是为了扣除美国公民或永久居民用于支付国外政府的遗产税。

早期资产转移税抵税额 当继承人或受益人在死者死亡前两年或死后 10 年内死亡，继承人或受益人从死者处收到的同样需要支付遗产税的抵税额减少。这笔抵税额是用来补救在较短时间内需付几次税的影响。抵税额度依赖于两次死亡的时间间隔。

26.4.9 遗产总额的价值评估

一般原则 评估应交联邦遗产税的财产和财产利益的一般原则，除了一些特殊规定外，基本与赠与税的情况相同。其价值一般就是遗产总额在死者去世那天的市场公允价值，或者是死者去世 6 个月后执行人选择价值评估那天的市场公允价值。市场公允价值是由之前所说的愿买愿卖测试决

---

① 请再次注意扣除额和抵税额的区别。扣除额是从一个可能纳税的总额中扣减，得到应纳税的基数（例如从遗产总额中减去夫妻抵扣和慈善抵扣，得到应纳税总额）。抵税额是税收本身的抵减（例如联邦遗产税的抵减额）。显然，抵税额比扣除额更有价值。

定的。

备选评估日 如果遗产的价值从死亡时开始下降，遗嘱执行人可能会选择这个日期①。如果选择该日期，所有财产都必须在那天被评估。此选择只能在遗产总额和应支付的遗产税减小时实施。现行的死亡时递增收入税基准在实际估价日适用。因此，若选择备选评估日，财产纳税基准会低一些。如果选择备选评估日，而且财产在死者死亡后 6 个月内被处置，那么财产就在处置日被评估。

评估折价和溢价 之前就赠与税讨论过的一些评估折价和溢价同样适用于联邦遗产税。

特殊用途评估 特殊评估条款（《国内税法》第 2032A 条款）适用于位于美国的由死者或其家庭成员经营管理用于农业或私人持股企业的不动产（合格不动产）。这项规定允许死者的遗嘱执行人根据目前的用途（例如作为农场或私人持股企业的一部分），而不是它们可能的最佳用途（作为住房开发土地或工业园区）去评估这些财产。通常来说，不动产的公允市场价值是基于最高或最佳用途的。在 2009 年，相比最高与最好用途评估价值的减少不能超过 1 000 000 美元（考虑通货膨胀有 10 000 美元的增量）。要使特殊用途评估可行，需要满足一系列条件。然而，在合适的环境下，它能够有效地减少遗产税。

26.4.10 纳税申报和纳税

一般原则 当需要申报联邦遗产税②时（通常是作为美国公民或永久居民的死者的遗产总额超过了可用免征额度，需要纳税申报），基本原则是必须申报并要在死者死亡 9 个月之内缴纳税款。但是，通常国税局会给予 6 个月的延期来完成申报。因此，实际上遗嘱执行人在死者死后会有最多 15 个月的时间来进行遗产税申报。国税局同样也同意延期支付税款，但这需要遗嘱执行人具有不能按时支付税款的合理理由。

选择分期支付私人持股企业的财产遗产税 《国内税法》第 6166 条款允许遗嘱执行人选择 10 年分期平均支付私人持股企业的财产利益的遗产税，并且从税收开始到期 5 年后开始。这可以实际上使支付过程持续 14 年

---

① 从历史的原因来看，备选评估日会包含在法律中，是因为在 20 世纪 30 年代大萧条开始时，很多遗产的价值从遗嘱人去世后开始急剧下跌，一直到交税日，以至于遗产的价值甚至低于应缴纳遗产税。

② 遗产税申报表格在国内税收法的 706 表。

之久。前 4 年只需要支付利息。然而，在 2009 年，遗产税利率对于最初需延期缴纳税收的 1 330 000 美元财产（考虑通货膨胀有 10 000 美元的增量）只有 2%，但是除此之外，财产余额的利率是国税局的滞纳利率的 45%。此利率利息不能作为遗产管理费用的一部分，不能减少扣除①。这种分期付款选择需要若干条件，但是第 6166 条款对于私人持股企业的所有者很有吸引力，如果他们满足要求的话。

税款分摊和税收规定 美国国税局规定由死者遗产的遗嘱执行人支付联邦遗产税。然而，联邦和各州的分摊法规允许遗嘱执行人从遗产总额中获得的利益缴纳一部分遗产税，而不是用遗嘱认证遗产来分担。

遗产所有人在其遗嘱或其他文件里可以无视这些分摊法规，指明遗产税从哪些遗产中支付。这被称为税收条款或规定。否则，遗产税可能会减少遗产所有人不希望被减少部分的利益。举例说，通常能使配偶扣除额生效的财产不宜用来支付遗产税。否则，它会以一种循环的方式相应地减少配偶扣除额并增加遗产税收②。同样，遗产税也不宜以合格的退休计划或个人退休账户余额来支付。因为那样就会减少未来收入延期纳税（或免税增长）。比如说，税收条款可能明确指定以剩余不符合配偶扣除额的遗嘱认证遗产来支付的遗产税。当然，遗嘱认证遗产中必须有足够的流动性资产来完成支付，否则税收将会从其他地方扣除。这是提供足够遗产流动性的问题。

26.5 联邦隔代转移税

26.5.1 基本概念

这种税收的理论是，当每一代人的财富转移到下一代都应该征收联邦转移税。隔代转移税可以应用于财产进行代际转移时发生的税收直接跳过、应税终止或者应税分配，这些都可被归结为应税转移。除某些特例外，这个税法本质上主要应用于财产转移的过程中跳过一代，而这代人不适用遗产税或赠与税。

---

① 请注意，用于支付联邦遗产税而筹集的债务的利息或应付利息可以作为遗产管理费用抵扣，取决于具体情况。这就提供了计划的可能性。

② 在同等约定原则下，应该没有税收分配给配偶抵扣的财产，因为这不会产生任何的遗产税。

按照通常的规划，隔代转移税的缴付可以避免。这是因为隔代转移税率通常等于联邦遗产税率的最大值并且在最初转移时赠与税或遗产税仍需缴付。避免隔代转移税可能牵涉如何使遗产转移免除或不受隔代转移税的制约，如在本节最后所述，或者遗产转移不跳过中间一代人。

26.5.2 跳过对象

跳过的对象是一个自然人，且比财产转移者年轻两代或以上。因此，一名转移者的孙子或重孙将是跳过对象[1]。跳过对象也可以是一种信托，即所有利益将被跳过的一个人或一些人所持有（若没有人持有此信托的利益，则在任何时候该信托都不可被分配给一个非跳过人）。本质上，这说明信托的专有对象是一个或多个跳过人（如一个孙子或者孙子及其子女后代）。

26.5.3 转移人

转移人是既定承担转让税收的人。它也是赠与税下转让的捐赠者以及遗产税下转让的已故者。界定转移人是非常有必要的，由此才能计算代数以便决定该税收是否有隔代转让的情况。

如果转移是由信托的原转移人进行的，并且信托本金已经纳入受益人的总遗产（比如受益人拥有在他死亡时分配信托本金的一般权利），则隔代转移税下的转移者将发生改变，受益人将变成新的转移者。这是因为转移没有跳过受益人的遗产。这对于规划如何避免隔代转移税尤为重要。

但是，当财产以合格终止型利息财产信托的形式（已婚夫妇的一种信托，允许设立人的生存配偶在生前从信托财产受益，而信托财产在生存配偶死亡后，最终转给信托设立人所指定的受益人）被一方配偶通过给予或者遗留的形式给到另一方，在此允许使用配偶扣除额。在这种情形下，第一个死亡配偶的遗嘱执行人可以选择该配偶被认定为隔代转移税信托本金的转移者。这就是所谓的反向合格终止型利息财产信托选择。然而，在经济增长与税收减免法案下，对于2004年及其以后，隔代转移税终身豁免等同于可适用的遗产税免除额，因此反向合格终止型利息财产信托选择对于规划的重要性逐渐减小。

---

[1] 代际是根据直系的后裔（父母，儿女，孙子女等）确定的，从转移者的爷爷辈开始，如果那个人不是直系的后裔，就通过比转移者年轻的岁数确定。在这个非直系后裔的规则下，如果一个人比转移者小37.5岁以上，他就是跳过对象。

26.5.4　不受隔代转移税支配影响的隔代转移

因通常要避免隔代转移税，知道哪种隔代转移能躲避税收尤其重要。

隔代转移税的豁免　每个执行隔代转移的人（即转移者）被允许有一个总累计的豁免，即在转移者的生前或其死亡时，该豁免可分配给其他的应税转移。在《经济增长与税收减免调整法案》下，对于 2004 年及其以后，隔代转移税的终身豁免额将等同于遗产税可适用的免税额，且不考虑通胀因素。隔代转移税率也等同于联邦遗产税率的最大值。

分配部分或全部的个人隔代转移税豁免到其他应税转移可以使人们部分或全部免缴隔代转移税。对豁免进行适当的规划分配，将使隔代转移税完全免除（如分配豁免额等同于相同价值的转移额），而不是只做部分免除的转移。例如，假设在 2009 年，祖母设立价值 500 000 美元的不可撤销信托为其成年孙子提供生活收入，其余则留给孙子的后代。祖母即为转移人，信托为跳过对象。这是一个直接跳过（如从一个直接的转移人到一个跳过对象），因为转移受应交赠与税支配（祖母作为捐赠者），且信托为一个跳过对象。如果祖母把她拥有的 3 500 000 美元隔代转移豁免额的 500 000 美元分配给此项信托，则在这里将全部免征隔代转移税①。

在法律所界定的生前直接跳过（正如前所述）和"间接跳过"的案例中，如果可用，税法则自动分配转移者的豁免额以使转移完全免税，除非转移者采用其他方法。对于确定的转移者某些转移，豁免也可以逆向分配。但是，一个转移者可以通过纳税申报决定分配形式。某种分配可通过公式表达。例如，这样一个公式可能可以计算分配给一个隔代信托的最大数额或份额，那也就是说，对于孙子，可使纳入比例包含率（见脚注①）不超过零。在经济增长与税收减免调整法案后（随着其增加了隔代转移税的豁免额），这样的公式规定应当被修正被审查，以使其不会导致投入一

---

①　任何隔代转移税的计算都是比较复杂的。技术上，隔代转移税率应用于应纳税金额（例如，这里 $ 500 000 直接跳过），成为适用率，是联邦遗产税乘以包含率的最大值。包含率是 1 减去适用比率。使用比率是由转移财产的价值除以任何联邦或州的死亡税率以及任何慈善扣减（案例中是 $ 500 000）除以分配给纳税转移者的隔代转移税免除额（案例中也是 $ 500 000）。这样，适用比率是 1（$ 500 000 ÷ $ 500 000 =1），包含率是 0（1－1（适用比率）=0）。最大的遗产税率乘以零等于零，即适用率，以 $ 500 000 乘以零等于零隔代转移税。当然，如果没有免除额分配给纳税转移者，适用率是最大的联邦转移税率；如果分配的要低于转移财产价值，适用率会大于零，但是低于最大比率，取决于分配的百分比。然而，如文中所述，大于零的包含率不是一个好的计划（要支付隔代转移税）。

个隔代信托的额度相比转移者原本预期的要大得多。

每个受赠者的年度免征 直接跳过（如直接转移者到跳过对象）使得一个受赠人将全部免除赠与税，因为每个受赠者年度免征额也不计在隔代转移税内。例如，在 2009 年，如果祖父分别给他的三个成年孙子 26 000 美元（或者总共为 78 000 美元），并且祖父和祖母（其妻子）同意分割分担赠与，则所有的赠与将包含在年度赠与税免征额内，也同样可以免除隔代转移税。

但是，如果赠与是信托形式，情况将更为复杂。对于 1998 年 3 月 31 日后的直接隔代转移，即使他们符合年度赠与税免征（例如通过克莱美权力，详见第 27 章），他们也将不能免缴隔代转移税，除非信托能提供规定，作为受益人单一跳过对象终身是信托收入或者本金的唯一准许接收者，并且拥有信托的权益，从而信托本金将包括在受益人的全部遗产中（假设信托在其死亡前并未终止）。实际上，对于一个信托来说，这意味着如果符合年度赠与税免征，也将被免除在这基础上的隔代转移税，那么信托只可以有一个跳过受益人而且只可跳过一次（通常只有一代），因为信托本金（及其收入）必须在受益人生前支付或者包括在其死后的总遗产中。如果需要跳过一代以上，转移者将必须分配部分免除额给信托。

教育和医疗花费转移的无限制免除 相似地，为跳过对象直接支付给教育机构的学费或直接支付的医疗费用可以无限制转移。若其在生前发生就可以免除赠与税，同时也免除隔代转移税。这种扣除额适用于信托的应税分配（在之后定义），还有转移者生前的彻底转移。

祖父信托 当隔代转移税制度在 1986 年被大幅度修正时，一些特定存在的信托不受约束并免除隔代转移税收。这些是 1985 年 10 月 25 日或之前创立的不可撤回信托和 1987 年之前去世的人建立的某些不可撤回信托或遗嘱信托。

26.5.5 隔代转移税的种类（应税转移）

直接跳过 这些是应交赠与税或遗产税的直接给跳过对象（符合跳过对象要求的一个自然人或信托）的财产利益转移。这些应税额是受让方（跳过对象）收到财产的价值，隔代转移税必须由转移者支付[1]。

应税终止 应税终止是指因死亡，时间流逝时效终止，放弃权力或存

---

[1] 除了来自信托的直接跳过，这种情形下是由受托人支付税收。

在于信托内的财产利益引起的终止；除非在此类终止之后，一个非跳过对象立刻占有财产利益，或者在此终止之后，信托分配从未向跳过对象进行分配，包括终止分配。转移税的应税数量是应税终止发生时的财产价值，允许一定的费用会减少其价值。所有的隔代转移税必须由受托人支付。

案例

假设约翰逊夫人是一个寡妇，并拥有相当可观的一笔遗产，有两个成年孩子，一个儿子和一个女儿，他们每个人又有两个孩子。她的儿子和女儿在事业上都非常成功，并且他们和他们的配偶都通过自己的努力积累了一大笔财产。因此，约翰逊夫人决定按照她的意愿将自己的剩余遗产（净遗产）兑换为等值信托，给予她的每个孩子。这些信托条款指明，信托收入将支付给其子女以及他们的后代，或在独立信托人的单方面裁决下，全权决定累积在信托中（收入是否分配或者累计）。在每个孩子死亡时，其信托本金将以同样的份额完全转移给其后代（约翰逊夫人的孙子或孙女）。这会成为隔代信托（假定当转移发生时，约翰逊夫人的儿子和女儿仍然存活，即当约翰逊夫人死亡时），其孙子或孙女将是跳过对象。

假定现在，约翰逊夫人去世了，留下一笔价值 8 000 000 美元的剩余遗产（扣除其遗产中债务、支出费用和联邦遗产及其他死亡税后），那么每个孩子将拥有信托中 4 000 000 美元的资金。此外，假设 20 年后，她的儿子死亡，他的信托本金增长到 9 000 000 美元。儿子死亡后，其信托权益会有应税终止，而且之后将引起信托本金等值公允市场价值的隔代转移。

在这种情形下，约翰逊夫人的执行者在她死后应该最好将孩子的信托分为两个或两个以上的信托（根据遗嘱权力执行），并且将约翰逊夫人的隔代转移税豁免额适当充分地分配给一个或多个信托，以便使信托能完全免除隔代转移税。这样，每个孩子应该就能被给予其他（非免除的）信托本金的一般指定权力或被直接给予财产。

应税分配 任何分配都可从信托到达一个跳过对象。应税数额是受让方（跳过对象）所收到的财产价值，减去一定的费用。被转移人——受让方应缴纳隔代转移税。例如，若在前例中，信托在约翰逊夫人死后被创建，且向其子孙的分配不用于教育和医疗费用，这就是一个应税分配。

26.5.6 遗产税包含期

当个人进行一笔生前转移并保留一定的财产利益，从而若其立刻死亡，财产被计入遗产总额时，将不能使用隔代转移税的豁免额，直到其死后财产被计入遗产总额的时期（遗产税包含期）结束前期为止。此规则会影响保留收入或使用权益的赠与时，隔代转移税豁免的使用。例如，如果祖父设立一个 10 年的合格个人住宅信托（第 27 章中提到），然后指定他的孙女作为继承人 10 年后来接收此住宅，在他死前或 10 年期末（二者较早者），他通常不能为此信托分配任何豁免。

26.6　可能的遗产税变化

如本章之前所述，很多评论员认为，为避免遗产税的废除，或由于《经济增长与税收减免调整法案》落日条款的后果和其他原因，在 2010 年之前遗产税制度会有一些变化。当然，这样写本书撰写时，没有人能确认会有变化，尤其是税法立法区域，但是以下变化很有可能发生。当然，其他变化也可能会发生。

26.6.1　不废除遗产税，可用扣除额和税率

遗产税（和隔代转移税）将不会在 2010 年废除，可用扣除额可能会保留在现今的 3 500 000 美元（相应的统一抵税额为 1 455 800 美元），并且遗产税率上限可能仍然为 45%。

26.6.2　配偶之间未使用的统一抵税额的可转移性（可调动性）

为简化遗产规划，法律的改动是非常有可能的，以允许在一方配偶死亡时，任何未经使用的统一抵税额被转移给尚存的配偶和加入到他或她自己的统一抵税额中。无论谁先死亡，这将非常有效地给予婚配双方一笔共 7 000 000 美元的可用扣除额度。这将避免配偶之间纯粹为了遗产税的原因对免税信托和配偶间的赠与的需要，从而每个配偶的遗产均能充分利用统一抵税额，如第 28 章所述。

第 27 章
生前赠与和家族内部转让技术

本章目标

读完本章后，你应该能够理解以下要点：

- 生前赠与的优势和局限性
- 向后代赠与的方法
- 配偶之间赠与的税务处理和赠与税配偶扣除额
- 拥有剩余使用权或利息收入的剩余权益的赠与
- 合格个人住宅信托的性质和应用
- 赠与人保留年金信托的性质和应用
- 家庭有限合伙企业的性质以及家庭有限合伙企业或其他实体在作出赠与时的作用。它们和作出赠与的其他一些实体的应用
- 家庭内部的出售行为是一种遗产规划方法
- 出售给不完全产权赠与信托
- 用来购买自动废除的分期付款票据的销售收入
- 家庭内部借贷是一种财产规划方法

生前赠与是一项重要的遗产财产规划策略。这种策略有税收和税收以外的优势。然而，生前赠与并不是一件纯粹的好事，有很多限制因素和警告问题需要考虑。本章还会阐述向家庭成员出售财产和向家庭成员贷款的一些方法。

27.1 给非慈善受赠人的生前赠与

27.1.1 生前赠与的好处

生前赠与在适当的条件下，是一种有吸引力的节约遗产税（和节约消费税）的方法。这和在去世时的遗赠财产相比，有以下一些好处。

年度赠与不用纳税　每个受赠人年度赠与免征额度内的和直接支付的学费及医疗费用的无上限免征额都不用缴纳赠与税，也不会被包含在捐赠人的总财产下。类似的直接转让也不用缴纳消费税；信托中的转让人如果满足这类信托的要求，则也无须缴纳消费税。大量的财产都可以通过这种方式避免缴纳全部的转让税。

赠与后的财产升值避免缴税　财产赠与在未来可能会升值，在捐赠人财产中，这部分升值的财产也能避免缴税。

财产赠与中的收入转移　应纳税收入和赠与财产中已实现与已确认的资本利益会由于收入税的原因转移给受赠人，并且受赠人还需缴税。

成本降低的遗嘱认证花费　通常来说基于遗嘱认证的遗产管理费用将会减少。

减少州遗产税的减免　同样，可以免除州遗产税。

任何已缴纳的赠与税都从总财产中移除　对在去世三年以前进行的赠与来说，由捐赠人缴纳的赠与税不包含在捐赠人死亡时的总资产中。另一方面，如果需要撤销财产税和消费税，或者如果死亡时财产低于免征额，那么已缴纳的任何赠与税也不会减少财产税或消费税。实际上，在这些不太可能的状况下，已缴纳的任何赠与税对财产所有者和他或她的继承人来说，都是一项损失。

赠与税是免征税，而遗产税是含税　这其实是论证上述一点的另一种方式。这种方式的理念是由捐赠人支付赠与税，而且全部赠与属于受赠人（免征税）；同时，应纳税遗产的执行人需要缴纳遗产税，只有余额归继承人（含税）所有。实际上，遗产税是按税收本身的要求支付的，而赠与税却不是这样。

在某些情况下，需要考虑到估值折价　依不同情况情况而定，第 26 章介绍的估值折价可能是可以运用的。当然，估值折价可以被看做是以联邦遗产税为目的的，但是估值折价额一般和生前赠与有关系。

非征税个人利益　最后一点，捐赠人可以在生前享受由其慷慨带来的所有个人和家庭的好处。当然，当受赠人很需要赠与财产的时候，也可以现在就收到赠与财产。这种非征税的重要性是由个人情况因素决定的。这些个人情况包括捐赠人的年龄和健康状况、财产数额、年龄、教育需要和其他的一些需要，还有潜在受赠人的婚姻状况，以及其他一些个人的考虑因素。

27.1.2　关于生前赠与的一些限制因素和警告

没有人能预测未来　捐赠人必须谨慎的考虑，到将来可能没有赠与财产的情况下，他们也能维持生活，特别是在退休后。设想如果他们的健康状况每日愈下怎么办？如果他们发现自己身处昂贵的看护机构，而没有足够的长期护理保险怎么办？如果股票骤然下跌怎么办？如果利率骤减或骤升该怎么办？如果职业生涯遇到了困难或经济萧条，目前的资产或固定的一些收入来源干涸又该怎么办？

由经济增长税收优惠法案造成的不确定因素和潜在的移转税改革　考虑到移转税制度未来的不确定结构，在长期可用的遗产税中，10 000 000美元的免征额通常不包括赠与税额和不确定的最大移转税率，这可以被看做是"提前免税"的较好方案。

婚姻状况　如果捐赠人正在考虑分给配偶财产，那么，如果他们分居了，或离婚了或住在一起或遇到了婚姻挫折，会发生什么状况？在某些情况下，这可能会是个问题；在另外一些情况下，这不是个问题。同样地，其他一些潜在受赠人（例如：孩子）的婚姻状况可能会影响他们接受赠与的方式和时间。例如，人们一般不会希望一份赠与财产最后落入受赠人的前配偶手中（例如：通过合并婚姻财产的形式）。

流动性的考虑因素　如果赠与人的财产有流动性问题，那么赠与人应该在赠与流动资产时谨慎行事。另一方面，有很多规划方法可以使财产具有流动性。此外，计划使其遗产依据例如第6166条款或第303条款享受税务优惠的私人持股企业的所有者，应当注意他们不能捐赠过多的私人持股企业的股票或其他商业利益，否则他们的遗产将无法符合这些有利条款的要求。

控制因素　封闭性持股公司股票（或其他商业公司利益）的持有人应该考虑他们是否正在通过股票赠与削弱他们对公司的管理权。有时候，一个拥有控制权的人想在自己的有生之年放弃对家庭成员的控制权；然而，他们经常做不到这一点。

对受赠人施加个人影响力　一些家庭成员经常会因为太快或永久的拥有对太多财产而受到伤害。这是个人问题，这也是由参与人的个性和性格决定的。当然，为未成年人提供赠与时，赠与人很难知道受赠人将会变成什么样的人或他们会和什么样的人结婚。

赠与税可能需要马上支付　庞大的赠与会超过可用的免税额，也会用完赠与税的统一抵税额，这是事实。实际缴纳的赠与税不仅包括已经提到的不确定因素，也包括已缴纳赠与税的资金的时间价值受到的损失。

赠与资产贬值后，税款可能会增加 显而易见，当赠与资产升值后，从资产总额中减去赠与资产后来升值的部分，这样资产才有使用优势。如果赠与资产价值下跌了，那么赠与税就应该早被支付了，统一抵税额发挥了更大的价值，这个价值会比资产总额除去的价值大。

没有递升的死亡赠与财产计税基准 因此，受赠人在死亡时会失去目前递升的计税基准，在接下来的出售或财产交易中，受赠人可能会面临更大的资产收益（或较低的资产损失）。然而，这个问题会造成什么影响将会取决于很多因素，包括受赠人会用赠与财产做些什么，捐赠人的年龄，和财产税与资本收益税之间的关系。

27.1.3 针对生前赠与的一些观点

评论人建议，在这种不确定的税收环境中，通常由于前面提到的各种原因而进行生前赠与的人应该继续这样做。然而，这一般应该在不引发赠与税的情况下进行。因此，生前赠与的数额应该在年度免征额、学费与医疗费用的免税额范围内。使赠与不需要缴任何赠与税的转让技巧也是有可能实现的。这些方法包括"优惠归零"的出让人保留年金信托，向不完全产权赠与信托进行出售，家族内贷款和自动取消的分期票据，本章下文会讨论这些问题。最后一点，赠与有望在可用的免税额范围内进行"打折"，例如合格个人居住信托和家庭有限合伙的赠与，这些可能都是符合逻辑的策略。

27.1.4 向未成年人赠与时要注意的事项

人们常常想向未成年人赠与——例如，子女或孙子女。由于受赠人是未成年人，因此，未成年人一般不能在他们尚未成年时（通常不到18岁）适当的处理财产，一些特殊的安排就是为了这些赠与。捐赠人可能也想等到未成年受赠人比较成熟并有经验管理财产时才把赠与财产的管理权交给未成年受赠人。最后一点需要指出，有些捐赠人希望进行跨代的赠与。

27.1.5 向未成年人赠与的方案

直接赠与 有些类型的财产可以方便的直接赠与给未成年人，例如储蓄存款、美国储蓄债券系列和以未成年人人身为标的的人身保险。但是，其他一些财产中的直接赠与可能会引起一些问题，因为在管理财产方面，局外人通常不愿意和未成年人合作，因为未成年人在法律上是不够资格签合同的。当然，捐赠人也可以为未成年人指定任命一位法律监护人，但是这种监护关系往往会很死板，也会很昂贵，捐赠人一般会偏好其他方法。因此，在为未成年人构建实质性的、长期的赠与方案上，直接赠与这个方法并不是一个实用的方法。

《统一向未成年人移转（赠与）法案》 （UTMA）针对未成年人统一移转法案，或原来的针对未成年人统一赠与法案是一个为未成年人提供证券赠与和其他财产赠与的一个受欢迎的方法。各个州以及哥伦比亚地区已制定了这类法律。一般来说，这类法律规定了各类财产的登记，包括证券和经纪账户、寿险保单、年金合同，共同基金、货币市场账户和其他一些"谨慎行事"的成年人为未成年人的财产担任监护人名义进行的投资项目[①]。例如，根据特定州的针对未成年人统一移转法案的规定，一位父亲可能会把股票给他未成年的儿子，并让这个孩子的姑姑做该未成年受赠人的监护人。

这种安排从技术上说创设了一位监护人，而不是一个信托。这种监护关系的实施应依据其设立州的法律，捐赠人不能改变这些条款。赠与财产是由监护人持有的，监护人负责了未成年人的利益进行管理、投资和再投资。监护人可以把赠与财产或从财产中获得的收入用来为未成年人谋取福利（包括支付教育费用），或者由监护人全权决定是否可以对其进行存储。当为未成年人谋利的财产及其收入未能花费完时，监护人应当在被监护人成年的时候将未花费完的财产交给或支付给被监护人，依据法律规定，这通常是指被监护人达到 21 岁时。如果未成年人在成年之前就去世了，那么这些财产和收入就必须成为他或她的遗产。因此，这种方法一个可能的劣势就是以前的未成年人在成年前财产及其收益累计的强制性分配。

针对未成年人统一移转法案简化了针对未成年人的赠与。不需要安排正式的信托协议。未成年人是需要缴纳收入和资本收益税的，除非按照法律规定收入是用来满足维持未成年人生活的法律义务。当然，即使监护人可能会为未成年人积累一些收入，捐赠人也可以充分利用赠与税的年度免征额。因此，继续之前讲到的那个例子，依据州针对统一移转未成年人法

---

① 旧的为成年人统一赠与法案限制合格的资产为一个特定的清单，例如证券、人寿保险和年金合同以及现金。

案的规定，如果一位父亲在 2009 年给他儿子价值 13 000 美元的股票，那么这 13 000 美元的赠与税会享有年度免征额，因此就不会产生需要纳税的赠与。而且，这部分赠与财产会从捐赠人的资产总额中扣除。然而，如果当未成年尚未成年之前就去世了，捐赠人充当着监护人的身份，那么财产就会成为捐赠人资产总额中的一部分，因为捐赠人兼监护人将会利用保有的权利来进行转让，目的是改变或修正转让财产的受益情况（详见第 26 章）。

2503（c）条款规定的针对未成年人的信托 依据法案中这一条款的规定，捐赠人可以充分利用未成年人信托中的赠与税的年度免征额。因此，如果一位父亲在 2009 年移转给未成年儿子 13 000 美元的不可撤销信托，未成年儿子作为受益人，并且该信托满足 2403（c）条款的规定，则这全部的 13 000 美元将满足年度免征额的资格要求。

为了获得这种好处，2503（c）条款要求，第一，在受托人长到 21 岁之前，受托人可为了或代表受益人的利益花费信托的收入和资金。第二，当受益人 21 岁时，仍在信托下的剩余财产必须分配给受益人，或由受益人使用。这可能是一个劣势，因为捐赠人可能希望推迟受益人 21 岁以后的财产分配，或者是让受益人分期得到财产，例如 25 岁时得到三分之一，30 岁时得到三分之一，到 35 岁时得到最后的三分之一。

信托可以在受益人 21 岁后继续存在，条件是受益人在成年后有权（即使只是在一个受限制的时期）获得直接财产和任何信托累积的财产收入。信托条款可能会给予受益人在 21 岁后一个短期的权利，希望受益人不会行使这个权利，然后不可撤销信托便可以继续存续到原授予人在信托条款中规定的时期为止（这对于针对未成年人统一移转法案下的赠与来说是不可能的）。第三，如果受益人在 21 岁之前死亡，信托财产必须归到受益人的遗产名下，或听从受益人的分配。捐赠人的资产总额通常不包括赠与财产。

然而，既然受托人必须有在未成年人 21 岁之前为其花费信托本金或收入的自由裁量权，授予人（捐赠人）不能是受托人，因为针对未成年人统一移转法案下的赠与适用同样的遗产税原则。等未成年人 21 岁后，如果信托继续存续，信托条款可能会有所改变。如果信托对收入进行了积累，并分配给受益人，那么信托的收入和资本利得依据联邦收入税都是需要纳税的[①]。

---

① 如果信托收入是累积的，且信托是需要缴税的，那么针对没有收入来源的 18 岁或以下的未成年人以及 24 岁以下的学生的儿童税就不适用。由于保管财产产生的收入需要对未成年人征税，儿童税适用于未成年人统一移转法案（UTMA）下的赠与。请注意，由于承担法律责任而用于支持未成年人生活的信托收入，也要对承担责任的人征税。

常规信托的使用 对未成年人的赠与可以通过常规的不可撤销信托进行，这种不可撤销信托有时也被称为2503（b）条款规定的信托，如同可以为任何人提供的信托。信托可以让委托人——捐赠人在州的信托法律规定的范围内设定信托条款。除了2503（c）款规定的信托外，其他信托不必在受益人成年后就让他们使用资产，或者说在很多情况下，其他一些信托可以冻结资金数年（甚至数代）。当捐赠人规划一项实质性的生前赠与计划时，经常想使用长期的（甚至是隔代的）信托。

一个现实的问题是，如果一个正式的信托必须建立，并且取决于赠与的规模与信托的条款，捐赠人将有可能不能充分使用赠与税的年度的免除额。这是因为，没有所谓的克莱美权力（Crummey Power），只有赠与给信托的一部分才（或者是没有赠与）可能被看成是对受赠人的赠与（信托受益人），并且只有目前的利益才满足年度免除额的资格要求。

如果信托的条款要求信托收入的累积或者受托人为了一个或多个受益人支付信托收入（如播撒或分散权力），对任何特定的受益人而言，对信托的赠与将没有一部分会被作为目前的利益。如果信托要求将其收入分配给一个或多个信托受益人，每个赠与都只有一部分可以作为目前利益的赠与（由强制性收入利益进行度量的部分），剩余部分将作为将来利益。这在第25章中进行了说明。但是，强制性的收入要求可能不适合提供给未成年人的长期信托。而且，这意味着，2009年的13 000美元（按通货膨胀指数调整）的年度免除额将永远无法使信托的全部年度赠与获得免征。

拥有"克莱美"权力的常规（2503［b］条款）信托 著名的"克莱美案"① 最终被美国国税局所接受，为财产规划人提供了信托赠与问题的可能解决方案，从而使得全部赠与（有一定的最高限额）将成为一个符合当前利益的赠与，从而有资格享受年度免征额。这种解决方案包括在信托中拥有一个"克莱美"权力。

不可撤销信托条款可能会每年都给信托受益人或每个受益人（不管有多年轻）非累积权利来提取他或她的年度赠与里的份额，这个提取份额的最高限度相当于年度免征额；或者说，如果把分开的赠与也考虑到，那么提取的份额的最高限度就会是年度免征额的两倍。这种提取权通常在一年内的短期内有效，比如30天内。

---

① 由于克莱美权力被如此普遍使用，且在财产规划中广泛讨论，关于克莱美案引用见Crummey v. Commissioner, 397 F. 2d 82 (9th Cir. 1968), rev'g 25 T. C. M. 772 (1966)。

这种提取的权力就是"克莱美权力",这项权力能保证每年的信托赠与免征额能因"克莱美权力"而让每个受益人得到最大利益。这是因为每个受益人都能通过提取份额来立即拥有、使用或享用他的赠与财产。但是,虽然"克莱美权力"的目的是为受赠人提供一个年度免征额,但是它也必须是一个实际权力而不是一个虚幻的权力。因此,权力持有人——信托受益人——必须在合理的时间段内(常为 30 天)拥有可提取的权力,他们必须被告知拥有这样的权力,并且信托中必须有一定的资产来满足行使"克莱美权力"的需要。

从技术上讲,"克莱美权力"的提取权通常是指定财产遵守提取的一般权力。如果这些权力不是在提取的规定期限内行使的,并且也不是积累的,那么这代表了指定财产遵守提取的一般权力的失效。这被称为"年度失效权力"。税法规定,每年每个受益人年度失效的权力不能超过 5 000 美元或者不能超过财产的 5% 的较大值,在这种情况下,已经实施的权力不是权力的释放,权力的释放可能是要纳税的。被这种所谓的 5 000 美元和 5% 的权力所覆盖的份额通常是指"失效的保护数额",而在这部分限额以内不会给权力持有人带来任何形式的赠与或遗产税。然而,对权力持有人(例如受益人)来说,一年之内失效的财产数额超过 5 000 美元或本金的 5% 的较大值,将被认为是指定一般权力的释放,将导致权力持有人向其他信托受益人提供的赠与需要纳税,并且当权力持有人死亡时,根据信托条款的规定,这部分赠与会包含在权力持有人的总资产下。

解决此问题的方案是把"克莱美权力"的年度金额限制在 5 000 美元或资产的 5% 的范围内,即使这可能比年度免征额还要少。另一个方法就是不限制"克莱美权力"(从而因此获得全部年度免征额),但是,需要考虑到刚才提到的赠与税和遗产税问题。赠与税问题可以通过让权力持有人拥有超过失效数额的指定证明权力而得到解决,但是他的遗产税问题却仍然存在。当然,如果提取权力在信托存续期间是累积的,并且在指定的提取期间没有(除非因超过每年 5 000 美元或总资产的 5% 的较大值而失效)行使,这些权力就不会失效,称为"悬挂权力"。这里提到的全部年度免征税额每年都可以被使用,但是超过提取的权力将会留给受益人。这些权力已被一些财务顾问规提出建议。

因此,拥有"克莱美权力"的常规不可撤销信托可能会产生有利的后果。它们可能会导致信托因所得税目的而发生改变或积累,也会导致捐赠人因遗产税原因把信托财产从资产总额中扣除,一般来说,由于赠与税享有年度免征额，这也会导致赠与不用缴税。根据确定的标准或根据受托人独立的酌处权，受托人也被授予为受益人分配收入和资金的自由权。因此，受益人可以因教育需求或其他方面的需求得到资金。最后，这种信托能在受益人成年后继续存在许多年——或者依据信托建立者的意愿，在受益人的有生之年使用信托。因此，如果信托满足消费税年度免征额的要求或者委托人把足够的消费税的免征额分配给信托使其获得豁免，那么这种信托可能是隔代信托。

所得税注意事项 依据针对未成年人统一移转法案的规定，信托的收入或来自为未成年人持有的财产的收入，用来免除父母抚养未成年人法律义务的资金是需要由其父母来缴税的。条款规定的父母抚养义务是由他们所住的州法律规定的，这也会因父母情况而有相应的变化。

27.1.6 配偶之间的赠与

在配偶（在受赠人配偶是美国公民的情况下）之间有一个联邦赠与税的不受限制的婚姻扣除额。因此，配偶之间的赠与是免税的。

27.1.7 保留使用的剩余赠与利益或利息收入

我们在第26章中可以看到，第14章中的国内税收法案有效地限制了提供给家庭成员剩余利益中的信托赠与，转让人（捐赠人）有信托利益，而且转让人会把信托利益过户给以下类型的受让人。

个人住宅信托（PRTs） 在这些不可撤销信托的规定下，捐赠人把个人住宅设在转让信托下，自己保留使用权，并占有住宅一段时期，在这段时期结束后，住宅归后代所有。这种个人住宅信托不能持有其他财产，而且不能在存续期限内出售住宅。因此，个人住宅信托不太灵活，一般情况下，人们就会选择使用合格个人住宅信托。

合格个人住宅信托（QPRTs） 这些不可撤销信托规定，捐赠人把个人住宅（或者说一个主要居所或捐赠人的另一个居所）转让给信托，在信托中保留一个利益条款（例如有权使用或并占有住宅一定年限时间的权利），在条款规定的期限快结束时，捐赠人为家庭成员提供一个信托剩余利益。实际上，捐赠人会把他或她的个人住宅分给家庭成员，但是捐赠人会保留一段固定年限时间的居住权。

这样做的目的是把住宅捐赠出去，希望它能作为较小的赠与税价值不计入捐赠人的资产总额。赠与税价值是住宅的市场公允价值减去在规定年限中的使用价值，这是根据第 7520 条款规定的利率计算的；如果在条款规定的年限中，捐赠人突然死亡，那么偶然发生的复归权益的精算价值经常会被保留给捐赠人，这部分价值也应该被减去。当然，任何在死后升值的赠与都从捐赠人的资产总额中被扣除了。这样做的结果是大幅度地减少了住宅转让给家庭成员（例如子女）时的税收成本，但是仍然允许捐赠人使用住宅一段时间（甚至更长，这需要有恰当的规划）。

捐赠人保留使用权并占有个人住宅一段时间（一段时期的利益），例如 10 年或 15 年。占有的时期越长，保留的利益价值就会越大，应纳税赠与的剩余利益价值就会变得越小。然而，如果捐赠人在规定的时期范围内死亡，那么财产的总价值将会被转移至他或她的资产总额中，这个转移有一个保留利益，并将不会在他或她死亡前失效。因此，这个时间段的选择通常是捐赠人期望的寿命长度。这当然永远都不能确切地知道。当捐赠人在规定的时间范围之前就死亡，那么捐赠人常常在遗嘱中保留他们的分配合格个人住宅信托的权利（或者这个权利会转移到他或她的查验遗产下）。这是一个偶然发生的复归权益，这个权益有精算价值，它也减少了应纳税赠与的价值[①]。为了得到合格的个人住宅信托的全部税收利益，捐赠人必须避免在规定的时期范围内死亡。然而，即使他或他死了，捐赠人也不会处于更糟糕的处境，这是和他或她没有创立合格个人住宅信托的情况相比的，而且业主一直都有住宅的使用权直到死亡。

假定捐赠人在规定的时间范围内一直活着，那么住宅的剩余利益将会被转移给合格个人住宅信托的一个或多个受益人，或者以信托形式一直存在。如果捐赠人想在规定的时期结束后继续拥有住宅的使用权，那么捐赠人可以和剩余利益的所有人或者和继续持有信托权益的受托人以公允的市场租赁价格协商签订租约。做为一个规划事项，这经常是一个有吸引力的方法，这个方法提供了当规定的时间范围结束后，住宅将继续由不可撤销信托的捐赠人使用。这种由捐赠人支付的租金对其他人（因为它是以所得税为目的的捐赠人信托）来说是一项不用纳税的收入，不是赠与（假定他们会影响租金的市场公允价值），实际上这会在他或她死亡后从捐赠人的

---

① 技术上，这种或有的复归权益也降低了固定期限的收益（比如说，10 年），因为现在收益是赠与人寿命与固定期限之间的较短者。然而，期限收益和或有复归权益的合计价值会持续高于单独的固定期限利息。保留或有复归权益在合格的个人住宅信托和个人住宅信托下是允许的，但是对于合格的收益是不适用的（如捐赠人保留信托（GRATs））。

资产总额中扣除出来①。

合格个人住宅信托最主要的劣势就是家庭成员不会在捐赠人死亡后获得累进的所得税税基。

合格个人住宅信托的说明 假定 65 岁的阿莱克西亚·李·史密斯自己的名下有一个价值 500 000 美元的公寓，这是她的主要住所，她在乡下还有一个价值 300 000 美元的公寓。阿莱克西亚已经为两座公寓还清了贷款。她的公寓的计税基准是 100 000 美元，乡下房屋的计税基准是 125 000 美元。随着时间的推移，这些财产已经以每年 5% 的复利率增值了。已婚的阿莱克西亚有个 30 岁的女儿，按预计，阿莱克西亚和她的丈夫预计应缴纳最高的联邦遗产税，而且之前两人都没有做过任何应纳税的赠与。他们想在离世之前一直拥有这两栋公寓的使用权直到死亡。

假定阿莱克西亚把每个公寓都放到单独的合格个人住宅信托的名下，而且继续使阿莱克西亚作为不可撤销信托的受益人。在这些合格个人住宅信托下，阿莱克西亚保留着住宅 10 年使用权（或者直到她死后），而且保留着在 10 年期限内如果她去世了，她的住所依照她的意愿进行传承。阿莱克西亚还进一步和受托人达成协议，即她可以在以后的 10 年时间里以市场公允租金价格承租她的两栋公寓或其中一栋公寓。在 10 年的时间里，阿莱克西亚将会提供额外的现金出资给合格个人住宅信托，以用来支付一些财产费用（房地产税、保险、维修费等）。

在这些情况下，假定第 7520 条款规定的税率和实际价值可以使用，阿莱克西亚将会把剩余利益设计成以下混合应纳税赠与：

住宅价值	$ 800 000
10 年的保留期利益	−351 520
偶然的复归权益价值	−148 880
应纳税移转和赠与（剩余利益的价值）	299 600
临时的赠与税	$ 87 664
已使用的可使用信贷额（统一信贷）（总额是 345 800 美元）	−87 664
联邦应纳赠与税	0

另一方面，如果阿莱克西亚只是保留这些住宅的所有权直到去世（比如到 80 岁），财产继续以每年 5% 的复利率增值，那么这些财产就会归到

---

① 如在第 10 章中所述，这种有缺陷的捐赠信托是可撤回的信托，捐赠人被看做信托资产本值的所有者，是出于所得税的目的考虑，而不是遗产税目的。

她 1 663 000 美元的资产总额中①。

捐赠人保留的年金信托 一个捐赠人保留的年金信托是个不可撤销信托，这个信托会在特定时期内（年金期间）向捐赠人支付一个固定金额（或者是一项美元金额或者是一个已经转让给捐赠人保留的年金信托的财产市场公允价值的固定百分比）。然后，剩余的信托本金将被分配给一个指定的信托受益人（通常是家庭成员）或者分配给他们作为剩余利益所有人的信托。年金期限一般是固定的年限。如果捐赠人在年金期限里死亡，那么剩下的年金就归到他或她的遗产下或也可能归他或她的配偶所有。因为捐赠人保留的年金信托在第 2702 条款的规定下是合格的利益，所以年金价值是由第 7502 条款规定的税率所决定的，而不是被看成是零利率。任何财产都可以向捐赠人保留的年金信托提供资金。这些财产通常包括公开市场的证券、房地产、私人持股企业的股票、合伙利益和其他的一些财产形式。捐赠人保留的年金信托通常就是捐赠人信托。

当捐赠人保留的年金信托被设立之后，应纳税赠与，如有，就会通过财产的公允市场价值减去捐赠人保留的年金利益来计算。因此，年金花费的越多，保留权益价值就会越大，赠与税价值就会越小。实际上，目前设定高标准的年金价值从而使得建立捐赠人保留的年金信托和剩余利益的清算价值，因此，使赠与税价值成为零，或者严格意义上说使其价值很低是可能的。这指的是归为零的"捐赠人保留的年金信托"。在适当的情况下，这种捐赠人保留的年金信托经常被称为"沃顿捐赠人保留年金信托"。

然而，年金支付金额会回到捐赠人手中，并且潜在地加入了他或她的资产总额。如果捐赠人的寿命超出了年金期限，那么捐赠人保留年金信托中的剩余财产就会从他或她的资产总额中扣除，这部分剩余财产没有赠与税成本。另一方面，如果捐赠人在年金期限内死亡，那么捐赠人保留的年金信托本金就会部分或全部归到他或她的资产总额中。因此，对于合格个人住宅信托来说，年金期限通常是捐赠人的预期寿命期限。因为由于税务原因，捐赠人保留年金信托通常完全是捐赠人信托，捐赠人缴纳的是信托收入税，而不是年金支付税。

捐赠人保留年金信托的经济原理主要是投资。如果捐赠人保留年金信托的资产收益超过了第 7520 条款中用来计算年金利益的费率（有时称为

---

① 当然，如果阿莱克西亚的丈夫比她晚去世，她的财产则可以获得配偶的扣减额，但是价值最后会体现在她丈夫的应纳税财产中。

预设回报率），那么捐赠人保留年金信托将会对捐赠人的家庭有利。因此，捐赠人保留年金信托经常是由有望增值或有望高收益的资产来提供资金的。如果捐赠人保留年金信托的总收益和第 7520 条款中的利率一样或略小，那么捐赠人保留年金信托的总收益实质上是虚假的。因此，假定有一个"归零的捐赠人保留年金信托"，即使总收益比第 7520 条款中的费率还低（或呈现负值），那么年金支付仅仅会耗尽捐赠人保留年金信托本金，这样其他的家庭成员就什么都得不到了。然而，即使是在这种情况下，损失的部分（即建立捐赠人保留年金信托的成本和其管理费用）也会很少，因为捐赠人会要回他或她的财产，也不用缴纳赠与税[1]。所以，一个"归零的捐赠人保留年金信托"可能很有吸引力，特别是考虑到当前移转税的不确定性。

归零的捐赠人保留年金信托的说明 假设 65 岁的约翰·马科维茨身体健康，有巨额的财产，并拥有大量的雇主股票，而且数额也在随着时间增加。约翰决定把这价值 750 000 美元的股票转移给一个不可撤销信托（捐赠人保留年金信托），这个信托在接下来的 10 年时间里会每年支付 106 783 美元的年金。如果约翰不幸在这 10 年时间内死亡，那么剩下的年金就会归到他的遗产名下。当年金期限一到，他的儿子哈里就会得到信托本金。而且，假定当信托建立后，在这 10 年期间，每年普通股的总收益是信托资金的 10%，第 7520 条款的利率（预设回报率）是 7%。

考虑到第 7520 条款的利率是 7%，106 783 美元的年金将会恰好使捐赠人（赠与哈里）的保留年金信托的剩余利益价值等同于零（或者"归零"）。因此，在设立该信托时不需要有纳税赠与。然而，捐赠人保留的年金信托资金（普通股）实际上产生了 10% 的总收益（理论上比第 7520 条款利率要高 3 个百分点）[2]。因此，当 10 年的年金期限结束，价值 243 463

---

① 在 1993 年的沃顿案例中，奥黛丽·沃顿分别转移超过 1 亿美元的沃尔玛股票给 2 个捐赠人保留年金信托（一共超过 2 亿美元）。捐赠人保留年金信托是 2 年周期，第 1 年支付沃顿夫人信托本金价值的 49.35%，第 2 年支付 59.22%。在 2 年期末，捐赠人保留年金信托的任何资产都会给沃顿夫人的女儿。如果沃顿夫人在 2 年的期限中去世，任何剩余的年金支付会成为她的财产。这些年金支付会使捐赠人保留信托的价值清零。国内税法主张捐赠人保留信托不能被清零，因此沃顿夫妇做了应纳税的赠与。税务法庭全体一致地反对其主张，认为捐赠人保留年金信托实际上可以被"清零"。Est. of Walton v. Comm., 115 TC No. 41（2000）. 然而，在实际的沃顿情景中，支付给沃顿夫人的年金已经耗尽了信托的资产价值，没有任何剩余资产给她的女儿。

② 如第 3 章所述，在评估剩余收益、期限收益、终身财产和其他收益价值时，国内税收法实际上假定这些利益背后的资产能获得第 7520 条款的收益率。然而，他们的实际收益率可能比这个收益率高或低。

美元的年金信托将归哈里，而且没有任何移转的税收成本。

捐赠人保留的单一信托　除了向捐赠人支付的定期金额是由信托每年资产的市场公允价值的固定百分比来计算的之外，这种信托和捐赠人保留年金信托很相似。

特定有形资产中保留的定期利益　捐赠人可以在几年内保留不折价的有形资产（例如绘画、其他一些艺术品或者是一些净地）利益一段时间，剩下的利益归家庭成员所有。定期利益的价值减少了赠与价值。

家庭有限合伙的使用或提供赠与的其他法人实体　很多年以来，财产所有人把财产分配给不同类型的法人实体，例如合伙，私人持股企业，以及最近分配给有限责任公司，所以资产可以为了家庭成员的利益而得到管理。在一个实体中，很多家庭成员可以享受到利益，但是通常情况下，只有某些特定的家庭成员在控制着这些实体。有限合伙①是由一个或多个家庭成员控制的，这种企业中如果全部的有限合伙人都是家庭成员，通常称为家庭有限合伙，经常会被作为一个实体，并作为讨论的基础。但是，有限责任公司②也是因此目的而使用的。

基本概念　家庭有限合伙可以有很多种使用方法。然而，年长的家庭成员或其他一些家庭成员（如母亲、父亲或双方）会持有一个传统的观念，就是设立一个有限合伙，年长的家庭成员可以为这个有限合伙进行财产出资（例如：不动产、非公开上市场企业的利益或公开市场的有价证券）以换取普通合伙利益和有限合伙利益。年轻的家庭成员可以向有限合伙进行较少的出资（如现金）以换取一个较小的有限合伙利益③。因此，一旦有限合伙成立，年长成员（例如母亲）有一个普通合伙利益，也有一个实质性的有限合伙利益，而其他一些合伙人（如子女）会有较小的有限合伙利益。在这个例子中，母亲和孩子是合作关系，也是合伙人，这个合

---

①　有限合伙制是至少有一个普通合伙人（对合作实体有控制权，且对合伙实体承担无限责任）的合伙制关系，且有一个或更多有限合伙人（不控制合伙实体，且对债务承担有限责任），且在州法律的要求下成立和注册。这些和其他形式的企业组织将在第 31 章中描述。

②　有限责任公司是在州法律下产生的更新的企业组织形式。所有的州都有限责任公司的法律。它们是介于公司和合伙企业之间的交叉形式。在所得税方面，它们不会重复纳税（像合伙企业），而在有限责任和企业控制权上，又像公司。它们正成为流行的企业组织形式。

③　要成为合伙企业，实体必须有至少两个合伙人，且至少有一个是普通合伙人。

伙拥有所有出资的财产①。作为普通合伙人，母亲拥有有限合伙的管理权。有限合伙人没有这种管理权，他们的利益也缺乏市场性，这是由有限合伙的利益的性质所决定的。

普通合伙人对合伙债务有无限连带责任，包括侵权法律责任。然而，当一个或多个的个人充当普通合伙人时（在我们的例子中是母亲），普通合伙人也可以是其他由个人或多个个人联合拥有的另一个管道实体（如一个 S 公司或者一个有限责任公司），这样就没有一个人能拥有控制性的利益②。这种管道实体（见第 31 章）通常会避免使实体的个人所有者避免承担超出其在企业实体投资中的个人责任。

如果合伙人——通常是年长的家庭成员——向合伙出售增值财产，那么为了合伙利益而进行的交换就不会有资本利得税。相反，出资的合伙人会从其合伙中得到一个转移基数。

当家庭有限合伙形成后，年长的家庭成员通常会向年纪较小的成员或设立的信托作出有限合伙利益的部分或全部赠与。这些有限合伙利益的赠与价值通常是对合伙资产的价值份额进行实质性打折后的价值。

家庭有限合伙的目的

家庭有限合伙可以有很多课税和非课税目的，例如以下所列出的。

家庭财产管理：普通合伙人（或有限责任公司的管理成员）对合伙资产的管理享有控制权，因此也就能集中并高效地管理家庭财富。

在财务上要对年轻的家庭成员进行指导：还有一个相关的目的可能就是为更有经验的家庭成员提供一个机会，让他们在商业和财务上参与并培养一些经验不足的家庭成员。

以征税为目的获得实质性的估值折价：正如在本章和在第 26 章提到过的那样，实质性的估值折价通常可被看成是为了减少赠与税和财产税。折价是基于缺乏对有限合伙利益的控制以及有限合伙利益的缺乏市场性决定的。

---

①　因此，合伙人（此案例中是母亲和子女）拥有合伙企业的利益，合伙企业本身也拥有资产的价值。合伙人在合伙企业的利益不仅受按资产净市场价值（清算价值）的股权的比例影响，也受合伙协议规定的合伙人的权利和责任影响。这些权利和责任决定了合伙人获得合伙企业资产和运营的利益的能力。因此，在家庭有限合伙中，有限合伙人的利益价值会低于按股权比例分摊的合伙企业净资产市场价值，因为有限合伙人控制合伙企业事务和分配利益方面的权利都受到限制。

②　也可以有100%个人所有的 S 型公司。同时，很多州的法律都允许单个成员的有限合伙企业。

　　债权人保护：家庭有限合伙协议可能会限制有限合伙人把合伙利益当做抵押品来分配或抵押。另外，即使一个有限合伙人的债权人违背了合伙利益，在修订后的统一有限合伙法（详见第 31 章）的规定下，一般情况下，一个债权人能得到和利益相持的财产扣押令。这实质上赋予了债权人一个权利，即能接受有限合伙人的任何形式的合伙分配（分配通常是由普通合伙人来控制的）。

　　婚姻索赔的防护：同样地，如果一个有限合伙人遇到了婚姻问题，一般情况下，根据离婚财产协议规定，所有的前任配偶都可以得到利益，或者说公平分配受让人在有限合伙中的利益（或者可能是一个有限合伙的利益），这种情况下也同样受普通合伙人的控制。而且，一般情况下，一个有限合伙的利益容易被被看成是非婚姻的赠与财产。

　　家庭有限合伙的局限性　这些安排很复杂，并且是用相同的资金建立起来的。家庭有限合伙通常是用于大量的财产利益。而且，在规划和起草这些协议书时要小心谨慎，这样才不至于违反各种法律规定，从而导致不必要的税务后果。在起草这些协议时需要有能力的法律顾问。最后一点，人们必须清楚地认识到美国国税局和其他一些机构都在严格的监测家庭有限合伙。因此，在做这些安排时一定要谨慎。

　　案例

　　假设 60 岁的亨利·张拥有一栋有利可图的公寓，净公允市场价值是 4 000 000美元，在他个人名义下，调整基数是 800 000 美元。亨利在 56 岁时和特雷西结婚，他们一起拥有相当大数额的资产。但是两人先前没有做过任何形式的应纳税赠与。他们有两个都已成年的孩子，四个孙子。亨利已经决定向他的孩子们提供大量的生前赠与从而在财力上给他们帮助，并交给他们一些房地产生意，但是他想控制对财产的管理权。他还想把相当规模的赠与放到他自己和特雷西的可用免征额下。特雷西想把生前赠与进行分割。因此，亨利决定把公寓转让给家庭有限合伙，以换取 1% 的普通合伙利益和 97% 有限合伙利益。每个孩子都为 1% 的有限合伙利益出资了小份额的资金或有价证券。

　　当家庭有限合伙建立后，亨利直接提供给他的两个孩子每个 42.08% 的有限合伙的收益，并把这作为给孩子们的赠与。由于缺乏市场可交易性，赠与的价值假定有 20% 的折扣；由于缺乏控制的衔接，赠与的价值假定有25%的折扣。这些折扣是由一个独立的评估机构来评估的①。

4 000 000 美元　　　　　公寓的公允市场价值（没有考虑小数额的资金和可出售的证券）

−40 000 美元　　　　　按比例计算，合伙资产潜在的1%的普通合伙利益价值（40 000 000 美元×0.01）

39 60 000 美元×0.80　　由于缺乏20%的流动性折价

3 168 000 美元　　　　缺乏流动性折价后的价值

×0.4208　　　　　　一年内给每个孩子提供的有限合伙收益

1 333 094 美元　　　　缺乏控制（小数额）折扣前的价值

×0.75　　　　　　缺乏25%的控制的折扣

999 821 美元　　　　提供给每个孩子的有限合伙利益价值

2 000 000 美元　　　复合的可用免征额（假定亨利和特雷西分割赠与）

因此，没有可支付的赠与税了，但是亨利和特雷西已经使用当前赠与税的可用信贷额（345 800 美元）。

提供完这些赠与后，亨利有1%的普通合伙利益和15.84%的有限合伙利益。因此，由于这些实质性的价值折扣，亨利已经给每个孩子转让了有限合伙利益下的1 683 200 美元（0.4208×4 000 000 美元）资产，同时他和特雷西当前仍拥有以赠与税为目的的可用信贷额。亨利仍通过这1%的普通合伙利益拥有对家庭有限合伙的控制权。

27.2　家庭内部出售

本章前半部分讲述了赠与问题——无偿的转让。这部分将会讲述在家庭成员之间或家庭成员与其他家庭成员信托之间因为完全和充分的考虑而出售时使用的一些规划方法。

27.2.1　向不完全产权赠与信托出售

基本概念　这种方法和调整为零的捐赠人保留年金信托的形式不同，但目标基本一样。在一个典型的情况下，年长家庭成员（是捐赠人）可以

---

①　这些折扣的数额可能受很多因素的影响，例如家庭合伙企业协议，家庭合伙企业中的基本资产（例如，更多的固定资产；更少的证券资产），家庭合伙企业的分红历史，以及其他因素。发表的研究成果和公开市场的数据通常是决定这些折扣的出发点。

建立一个所谓的不完全产权赠与信托（详见第 10 章），这种信托是以联邦收入税为目的的捐赠人信托（即本金被看成是由捐赠人拥有），但如果捐赠人在规定的期限内死亡，那么因为联邦遗产税原因，这种信托资产不会包含在捐赠人的资产总额中。然后，捐赠人会向信托出售增值的财产，以获得生息的期票利益，这种期票将在信托期限结束时到期。在这种情况下，任何剩余的信托资金（当期票本金和利息到期支付给捐赠人后）将会支付给信托受益人（通常是捐赠人的家庭成员）。

如果期票利息率至少等于合适的可用联邦费率①，并且期票的本金（面值）和出售给信托的财产价值相等，那么捐赠人从交易中获得的就是不纳税赠与。这是出售，不是赠与。当然，由于是出售给捐赠人信托，出售增值的财产就不会有收益了，因为收入税就像是捐赠人在向自己出售财产一样。如果捐赠人在信托期限范围内死亡，那么因联邦遗产税原因，不可撤销的信托资金就不会被包含在他或她的资产总额中，这是由于捐赠人还没有对保留权益作出赠与（例如，对捐赠人保留年金信托来说就是如此）或保留任何可能引起包括在资产总额中的权力或权利。实际中，一些规划师建议把额外资产包含在信托资产中从而避免遗产税问题。然而，期票的价值会在捐赠人死亡时被包含在总资产额中。

如同捐赠人保留年金信托一样，向有不完全产权赠与信托出售基本上是一种投资行为。如果向信托出售的财产总收益超过了给捐赠人的期票利息（适当的可用联邦费率），那么当一些贷款和利息支付后，一些资产将继续留在信托，信托会使信托受益人受益，而且没有任何转让的税收成本。如果总收益等于或少于适当的可用联邦费率，那么在期限结束时，信托内就没有财产了，捐赠人的家庭也就什么都得不到。但即使是这种情况，捐赠人并没有什么实质性损失。

案例

假定 65 岁的保罗·奥尔森身体健康，有一份相当规模的遗产，想在他的生前让他的成年儿子和女儿受益。然而，他不想做任何的应纳税赠与，而且他已经向他们提供了年度免征税赠与。保罗决定建立一个期限为 10 年

---

① 可用联邦费率的相关条款是国内税收法的第 1274（d）条款。正如第 3 章中所述，有 3 个：少于 3 年的短期费率，3~9 年的中期费率以及 9 年以上的长期费率。回忆到第 7520 条款费率（用于捐赠人保留年金信托和其他估值）是中期可用联邦费率的 120%。（他们在这里的语境下同样被称为最低可接受费率。）与出售给清零的捐赠人保留年金信托相比，这是出售给有缺陷的赠与人信托的优势。

的不可撤销的不完全产权赠与信托，他的两个孩子是受益人。然后，他向信托出售价值 1 200 000 美元的普通股股票（这是他很多年前花了 200 000 美元购买的）以换取价值 1 200 000 美元的期票，这个期票每年（或每年向保罗交 72 000 美元的利息）产生 6% 的利息（长期 AFR 可用联邦费率）。在 10 年的信托期限结束后，保罗可以得到期票的本金和任何形式的应计利息。保罗已经注意到，在过去 15 年时间里的股票总回报，每年股票的平均复合利益已经超过 12%。

在这种交易中，保罗并没有认识到，出售时任何的资本利得都不会导致任何的应纳税赠与，而且如果他在 10 年期限内死亡，这些信托资金将不会归到他的资产总额名下，原因如上所述。如果我们假定在 10 年期限内，向信托出售的股票实际上已经有了一个平均年度复合率，这个年度复合率是总收益的 10%（即比"最低回报率"的 6% 多 4 个百分点），当贷款本金和利息已经出售给保罗后，大约 764 996 美元的股票价值将仍然在信托中，而且在 10 年的期限结束后，这些数额将在没有任何转让税的基础上被分配给他的孩子们。另一方面，如果总收益等于或少于"最低回报率"的 6%，那么他就不能为信托和他的孩子们留下任何财产。

27.2.2 分期付款销售

在这种情况下，出售人处理其合格资产的全部的收益是为了进行定期支付。除了针对家庭成员之外，这种销售和分期付款销售基本相同（如第 10 章所述）。购买人必须在规定的时间内进行分期支付，而不管出售人能否活到分期销售规定的时间期限。

27.2.3 分期付款期票的自动废除

在这种分期付款的安排下，出售人处理他或她的合格资产的全部的收益是为了在较短的分期付款期限内或生前能进行年度支付。换句话说，如果出售人在分期付款期限内死亡，那么期票就会被废除，而且也不用对出售人的遗产进行分期支付了。这最终会使买方受益，买方有可能会是一个家庭成员。当然，去世的卖方资产总额中的期票不再有价值。但是，考虑到分期交易，在销售时支付期限必须比出售人的预期寿命要短。另外，为了避免应纳税赠与，取消需要支付充足的费用，通常采取较高的出售价格形式或更高的分期付款利息形式或同时采用这两种形式。

27.2.4　私人年金销售

这里所讲的是，出售人处理他或她的资产的全部收益是为了得到买方的无担保承诺，即给出售人提供年度收入——因此就有了私人年金条款。除了这是由家庭成员而非保险公司提供的之外，这就像是一种商业终身养老金。因此，当出售人死后，年金支付也就停止了，他或她的资产总额也就不再包括这部分（除了先前收到的年金）。但是，最近一项由美国国税局提议的条例要求在出售私人年金时要缴纳财产收益税。因此，私人年金收益就不会有延期了。这有望从根本上减少这种策略的使用。

27.2.5　其他出售安排

这些安排可能包括为了获得现金而进行的剩余利益出售、为了分期付款期票的自动废除进行的剩余利益出售和对财产购买的分割。

27.3　向家庭成员贷款

这可能是向家庭成员转让大量财富而不用提供应纳税赠与的另一种方法。在这种情况下，一个年长的家庭成员可能会为了家庭成员（比如孩子或孙子）的利益建立一个不完全产权赠与信托，借钱给信托，并因为贷款从信托那里收到期票。期票的面额和贷款的金额相等，承担的利息为合适的可用联邦费率，所以捐赠人不会再提供赠与。期票在信托期限结束时才到期。如果捐赠人在信托期限间死亡，那么期票的价值就会被归到其资产总额中，但是信托自己却不能归到资产总额中。

至于捐赠人保留年金信托和向不完全产权赠与信托进行出售，这些贷款安排都是一种投资行为。如果受托人投资的贷款资产总收益超过了"最低预期回报率"（期票利率或可用联邦费率），当贷款和利息支付后，一些资产仍归信托所有，这些资产会在信托期限结束时归信托受益人所有，而且也没有转让税。但是，如果总收益等于或少于合适的可用联邦费率，那么在信托期限结束时，信托和受益人就什么都得不到了。如果不出售，例如，在前面案例中，保罗·奥尔森向他的不完全产权赠与信托贷款了120万美元，长期可用联邦费率为6%，时间是10年，信托资产已经赚得了总收益的年均复合利率的10%，那么他的孩子将收到的利益和前面的阐述相同。

　　当然，人们也可以向其他的家庭成员直接贷款，这样做是期望收益会超过支付的利息。这些贷款可以在每年的免除额内或更大数额范围内被豁免（视做赠与）。

第28章
配偶扣除额规划、遗产规划和遗产流动性

本章目标

读完本章后，你应该能够理解以下要点：

- 联邦遗产税的配偶扣除额在遗产规划中的性质
- 配偶扣除额策略的组成部分包括：规划配偶扣除额所用的份额——"最佳配偶扣除额"
- 规划可以使每个配偶能够使用统一抵税额
- 财产如何能满足配偶抵扣的要求
- 为配偶扣除额提供资金的方法
- 遗产规划的概念
- 规划制定合格可终止型利息财产信托
- 使用合格的免责声明
- 资产总额终身豁免的分配
- 决定在什么情况下减少遗产管理的费用
- 比较估价日期
- 需要有足够的遗产流动性
- 估算遗产的流动性需要
- 提供遗产流动性的方法

28.1 配偶扣除额规划

对于拥有潜在的、足够大的遗产并需缴纳联邦遗产税的遗产所有人或配偶来说，正确使用无限制的配偶扣除额是遗产规划中一项至关重要的决策。

28.1.1 使用配偶扣除额来节省遗产税

配偶扣除额的基本理念是允许已婚的遗产所有人为活着的配偶留下尽

可能多的不用缴纳遗产税的遗产[①]。但是，这种为活着的配偶留下的遗产必须在配偶死亡后被包含在活着的配偶的遗产总额中。用税收专业术语说，这些指的是有资格充当配偶扣除额的过户凭单。因此，采用配偶扣除是延迟缴税的一个基本方法。

除了延迟缴税的方法，还有一个通过配偶扣除额规划来节税的方法是夫妻双方充分使用财产中或终身赠与中的统一抵扣额。这意味夫妻双方的遗产可以获得一定量的遗产税豁免权，而且这种遗产税的豁免权还可以转给他们的孩子或其他家庭成员。因此，这种税收豁免权经常在信托中，可以避税，并且还可以转给他们的孩子们或其他人。但是，活着的配偶可以在（非婚）避税信托中获得即将是遗产所有人（见第 26 章）的一部分或者全部的权力。另一方面，由于税收或其他原因，活着的配偶的避税信托权利可能受到较多的限制。

更进一步，可以预期活着的配偶将可以在豁免的范围内消费并获得终身赠与[②]，也可以进行慈善捐赠或者进行其他的规划活动，从而使得活着的配偶从已亡配偶那里得到的配偶扣除额就不会落到活着的配偶的遗产总额里。留给活着的配偶的婚姻分享额将在一定程度上影响上述行为。

28.1.2 配偶扣除额策略的必要组成部分

这些组成部分包括决定有多少（如有）配偶扣除额可以使用；不管夫妻双方谁先去世，确认每个配偶可以使用他或她的可用信贷金额；决定财产是如何获得配偶扣除额资格的（例如：通过什么媒介或通过哪种方式）；决定应该提供多少的婚姻分享额。这些问题很复杂，所以本书只列出了基本要素。本章所用的例子只是为了进行解释说明。

28.1.3 配偶扣除额规划的总体目标

在很多情况下，夫妻首先都想要确定活着的配偶余生（有时还称为"活着的配偶的一生"）的财务安全问题，然后再规划传给下一代的最大财富额。但是，如果夫妻双方都有数目不菲的资产和丰厚的收入，他们将会

---

① 配偶扣除额这个概念最初是出现在 1948 年的税收法案里，目的是使普通法州和共有财产法州规定的已婚税务情况相同。当时的最大扣除额是资产总额调整后的一半。1981 年的经济复苏税法规定，扣除额不再受限制。

② 有吸引力的规划在这里指的是活着的配偶要为孩子或孙子孙女们直接支付学费和/或者医药费，还要在他或她的配偶扣除额里范围内进行免税的年度赠与。

更加重视传给下一代的财富额。有些情况,如二次婚姻,夫妻双方都有从上次婚姻中留下的儿女和孙子女,这种情况下夫妻双方可能会首先想到把财产(或财产的大部分)留给他们自己的儿女和孙子女。夫妻双方的目的自然会影响他们的配偶扣除额策略。

28.1.4 可以使用多少(如有)配偶扣除额

乍一看,由于配偶扣除额不受限制,已婚的财产所有人可能会试图把他们所有的资产都直接留给他们的配偶。这种情况有时被称为"证明'我爱你'的遗嘱"。然而,由于税务原因,在需要支付遗产税的情况下,一般而言,最大扣除额就无效了。这会导致财产会超过配偶扣除额的资格要求,也会使财产税收额更大。在决策有多少的配偶扣除额可以使用时,本书会通过下面的例子[①]指出一些常见问题。

遗产小于可用的豁免额 在有些情况下,夫妻双方加起来的遗产总额比可用的豁免额还少,财产可以全额(或更少的金额)留给不受遗产税影响的配偶。例1中,假定哈里·卡特调整后的财产总额(财产总额减去债务和各项开支)是2 000 000美元,他的妻子玛莎调整后的财产总额是1 500 000美元。他们各自的遗嘱是把所有的遗产都直接留给对方(相互遗嘱)。如果哈里在2009年死亡,那么他的遗产状况如例1所示[②]。

例1

调整后的财产总额	2 000 000 美元
配偶扣除额	−2 000 000 美元
(按照哈里遗嘱的要求,留给玛莎)	
应纳税遗产	0 美元
遗产应纳税额	0 美元

就现状而言,如果玛莎较晚去世,去世时拥有相同的统一抵税额,她的遗产情况应是:

调整后的财产总额	1 500 000 美元(在她自己的名义下)
	2 000 000 美元(从哈里那里继承的)

---

① 在这些案例中,为简单起见,州遗产税和联邦遗产税扣除额被忽略了。这也可以假定为管理费用被看做是遗产税申报的扣减额。

② 在所有的这些案例中,为了简化说明忽略了两位死者的财产增值或贬值的情况。这也可以假定活着的配偶没有再婚,而且也没有开特定的宴会招待他人。而且,遗产税可以被假定为没有被废止,适当的信贷金额(统一抵税额)在未来的时间里仍然是145 580美元。这些假设和第6章讲到的遗产税法可能发生的变化相一致。

	3 500 000 美元
配偶扣除额	0 美元
应纳税遗产	3 500 000 美元
暂定遗产税	1 455 800 美元
可用信用额度	– 1 455 800 美元
遗产应纳税额	0 美元

如果玛莎先去世，遗产税收情况不变。

避免过分限制配偶扣除额　一旦丈夫和妻子合起来的遗产超过了可用豁免额，较好的纳税方法就是要满足小于最大的允许扣除额。这是因为对于财产所有人来说，在统一信用额度下，没有税收优惠可以使自己一部分的财产有资格免税。然而，当活着的配偶去世后，如果先去世的配偶使自己的遗产具有扣除的资格，那么就会出现不利税率。这是因为所有以合格的方式转让给活着的配偶的财产将会被包含在去世配偶的财产总额里，除非他或她在生前消费掉了或换成了免税物品。正如上文提到的，当全部或"大部分"的财产具有了资格，它指的就是一项超过配偶扣除额资格的遗产。这在很多情况下都会发生。

所有给配偶的财产：让我们用和例 1 相同的事例，经过调整，哈里有 4 500 000 美元的资产总额，玛莎有 2 500 000 美元的资产总额，但除此之外，他们依然有相互遗嘱。在这种情况下（例 2），如果哈里在 2009 年死亡，他的财产情况如例 2 所示。

例 2

调整后的资产总额	4 500 000 美元
配偶扣除额	– 4 500 000 美元

（给玛莎的财产，这是根据哈里的遗嘱要求）

应纳税遗产	0 美元
遗产应纳税额	0 美元

但是，如果玛莎较晚死亡，那么她的遗产情况就会变成这样：

调整后资产总额	2 500 000 美元（在她自己的名义下）
	4 500 000 美元（根据哈里遗嘱继承的）
	7 000 000 美元
配偶扣除额	0 美元
应纳税遗产	7 000 000 美元
暂定遗产税	3 030 800 美元

可用信用额度	– 1 455 800 美元
遗产应纳税额	1 575 000 美元

注意，之所以有这样的税收是因为可用信用额度只能用在两人中的一人的遗产中（活着的配偶的遗产）。如果玛莎比哈里先去世，这种税收情况还是不变。然而，大家可能观察到，如果在哈里死后，未使用的统一信用额度能转到玛莎的遗产下，那么遗产税可能会被大幅度的免除。这就是第 26 章提到的在配偶之间发生的统一信用额度的可能"转移"变化。

过多的共同财产：假定拥有享有权的联合业主哈里和玛莎调整后的遗产总额是 7 000 000 美元。[1] 在这种情况下（例 3），如果哈里在 2009 年死亡，那么他的遗产情况如例 3 所示。

例 3

调整后的资产总额（0.5 × 7 000 000 美元）	3 500 000 美元
配偶扣除额	– 3 500 000 美元
应纳税遗产	0 美元
遗产应纳税额	0 美元

如果玛莎死亡的时间较晚，她的遗产情况将会是：

调整后的资产总额（根据法律规定为 7 000 000 美元）	
	7 000 000 美元
配偶扣除额	0 美元
应纳税遗产	7 000 000 美元
暂定遗产税	3 030 800 美元
可用信用额度	– 1 455 800 美元
遗产应纳税额	1 575 000 美元

如果玛莎比哈里先去世，情况不变。

遗产包括合格退休计划或个人退休账户死亡福利：这类超标可以发生在人们在拥有大量遗产的退休计划或指明配偶是受益人的个人退休账户上。在这种情况下，计划的死亡福利将会在计划参与者的遗产总额中，但它符合配偶扣除额的条件。因此，计划参与者的遗产可能会超标。

---

[1] 这当然不像是真实情况。但是，这种假设可以帮助阐明活着时拥有过多共同财产的问题。

减少到零（零税率）的公式条款 这种遗嘱或可撤销生前信托①中的条款是用来规定活着的配偶转让财产的，如果活着的配偶拥有足够多的遗产，那么活着的配偶就可以以此避免缴纳先死亡配偶的遗产税（或者把要缴纳的税收减少到最低值），在给指定继承人转让遗产时，这个条款也有所规定，转让给继承人的遗产不具有资格充当配偶扣除额。这常常会导致先死亡配偶的遗产不用纳税。

这种条款还规定了例如遗产中的最小份额，当这部分最小份额被包含在资产总额中，而这个资产总额已经转给了遗嘱查验遗产外的或遗嘱其他部分或信托外的活着的配偶，那么这部分最小份额就有资格充当配偶扣除额，而这会使先死亡配偶的遗产不用纳税或者税率减少到最低值；在考虑了遗产总额中的扣除额（除了这个配偶扣除额之外）和计算遗产税时允许使用的信用额度之后，将会传递给活着的配偶，而转让给活着的配偶的财产是有资格充当配偶扣除额的（例如，直接转让或用婚姻信托的方式）②。还有一点需要指出，剩余的遗产一般和可用的豁免额相等，这部分剩余的遗产会通过某种方式进行转让，但没有资格充当配偶扣除额。因此，这部分遗产会归给例如非婚姻信托这类的信托，在这个信托下，活着的配偶可能会（也可能不会）得到死者生前的一部分或全部的遗产，当活着的配偶死亡后遗产才会给他的孩子或其他人。这部分遗产可能也会被直接支付给其他的家庭成员。这个信托或赠与下的财产不会被包含在活着的配偶死亡后的遗产总额里。任何国家遗产税（和其他非扣除额）可能是通过非婚姻信托或税法条款规定下的赠与来支付的。这种使用婚姻信托和非婚姻信托（有时被称为 A 信托和 B 信托或者婚姻和家庭信托）或婚姻赠与或非婚姻赠与的可用份额以满足充当配偶扣除额的条件是常用的方法。

为了阐述零税率公式条款，让我们回到例 2 中的事例，把哈里·卡特在遗嘱里或可撤销信托里遵循的零税率婚姻策略除外。在这种情况下（例4），如果哈里在 2009 年去世，他的遗产情况如例 4 所示。

例 4

调整后的资产总额　　　　　4 500 000 美元

---

① 请注意，这种准则条款或其他的婚姻抵扣条款可以是一个人的遗嘱或可撤回生存信托（在第 30 章中有阐述），它们中任何一个都可以是所有者去世时处置财产的主要工具。没有哪个工具比另一个工具有优势。

② 在如何为配偶扣除额提供资金方面，这是剩余财产里的一小部分婚姻赠与额。本章下文会有更多关于"婚姻赠与类型"的阐述。

配偶扣除额　　　　　　　　　−1 000 000 美元

（依据公式的规定，这部分将归给婚姻信托或赠与，或者归到遗嘱或信托外的具有资格的配偶扣除额中）。[1]

应纳税遗产　　　　　　　　3 500 000 美元

（这包括转让、信托或赠与下的应纳税遗产）

暂定遗产税　　　　　　　　1 455 800 美元

可用信用额度　　　　　　　−1 455 800 美元

遗产应纳税额　　　　　　　0 美元

如果玛莎延后死亡，她的遗产情况将会是：

调整后遗产总额　　　　　　2 500 000 美元（在她自己的名义下）

　　　　　　　　　　　　　1 000 000 美元（从哈里遗嘱继承的或信托外的资产作为婚姻赠与或者满足遗嘱或信托外的遗产）

　　　　　　　　　　　　　3 500 000 美元

配偶抵扣额　　　　　　　　0 美元

应纳税遗产　　　　　　　　3 500 000 美元

暂定遗产税　　　　　　　　1 455 800 美元

可用信用额度　　　　　　　−1 455 800 美元

遗产应纳税额　　　　　　　0 美元

如果死亡顺序如例 4 显示的一样，那么双方死亡后都没有遗产税。这和例 2 和例 3 的情况形成了对比，例 2 和例 3 中卡特的遗产超过了配偶扣除额的标准，在活着的配偶去世时应缴纳的遗产税是 1 575 000 美元。从例 4 中可以看出，假如有个正确的规划，如果夫妻两人调整后的遗产总额加起来等于或小于他们可用的豁免额加起来的金额数，那么双方可能在死后就没有应缴遗产税了。当然，如果遗产很多，比如哈里的可用资产总额是 10 000 000 美元，那么等到持有他的遗产的配偶去世时，还是会有一

---

[1]　这就是配偶扣除额的总额（遗嘱查验财产和非查验财产），在这种情况下，零税率会出现。如果 450 万美元的可用资产总额被包含在哈里的遗嘱查验财产下（例如以他自己的名义），那么婚姻信托或他的遗嘱下的婚姻赠与会包含 1 000 000 美元。然而，一般情况下，每份遗产都会有几项非查验财产。因此，如果我们假定哈里的可用资产总额在 401（k）账户上包含 600 000 美元（有资格充当配偶扣除额的非查验财产），玛莎被指定为受益人，哈里自己名义下有股票、债券和剩余的不动产，那么在 401（k）账户上的 600 000 美元账户余额将直接归玛莎所属，400 000 美元会包含在婚姻信托或遗嘱规定下的赠与中。配偶扣除额仍然是 100 000 美元，但是这包括 600 000 美元的非查验财产和 400 000 美元的查验财产。方案条款里的措辞自动地调整了非查验财产的婚姻遗产，这部分非查验财产有资格充当配偶抵扣额。

些应纳税遗产。大家可能还注意到，如果未使用的统一信用额度在夫妻双方之间可以相互转让，正如第 26 章提到的，婚姻信托（赠与）和非婚姻信托（赠与）策略（最佳婚姻）可能对纯粹是以省去遗产税收为目的的婚姻来说不再是必要的。在这种情况下，每个配偶应给他（她）的配偶留下尽可能多的财产（直到数目达到配偶扣除额的最大值），先去世的配偶的遗产下的未使用的统一信用额度将会被转让至后来去世的配偶的遗产名下。即使是在这种情况下，可能也没有因为免税原因而建立婚姻和非婚姻信托。

　　然而，如果例 4 中的死亡顺序反过来（例如：玛莎比哈里先去世），那么在哈里去世后就会出现遗产税，即使玛莎留下遗产只是为了将哈里的遗产转让他人（例如，转让给他们的子女，他们的子女拥有和受益人相同的权利，这样当哈里去世时，全部资产就不会包含在他的遗产总额里了）。想解决这种情况，可以让哈里给玛莎终身赠与，这样可用的信用额度就能免税了，而不管是谁先去世。大家再分析一下，允许夫妻之间的统一信用额度"可转移"的法律可能会发生变化，如果此项法律通过，就会解决夫妻之间没有终生赠与这样的问题。

　　在"最佳婚姻"下的活着的配偶的身份　特别是当经济增长税收优惠法案出台后，统一信用额度增加了，一个关于零税率的公式条款的问题是这些条款可能会导致过多的财富流入避税信托（绕道或家庭信托），和转让给活着的配偶（通过信托或直接受让）的财富相比，这些可能大部分是给了子女或其他人。这不一定是个问题，要分情况讨论。

　　有个例子可以帮助说明此问题。现在假定哈里和玛莎以前都结过婚，每人都有一个在上次婚姻中所生的孩子。他们现在还有一个在这次婚姻中所生的孩子。大家再假定哈里拥有大部分资产（4 000 000 美元），而玛莎只有 200 000 美元。现在假定哈里有一个标准的零税率公式条款，条款规定他的遗嘱在两方信托下建立：一个是玛莎的婚姻信托，一个是避税信托（"家庭信托"），此信托主要是对哈里的孩子们有利。当哈里去世后，在方案的规定下，零税率遗产是归婚姻合格可终止型利息财产信托的，剩下的归非婚姻家庭信托，这样是为了充分利用现存的可用免税额。

　　在这种情况下，如果哈里在 2009 年去世，公式条款应该如下所示：

调整后的资产总额	4 000 000 美元
配偶扣除额（通过婚姻信托）	− 500 000 美元
应纳税遗产	1 455 800 美元

| 统一信用额度 | – 1 455 800 美元 |
| 遗产应纳税额 | 0 美元 |

因此，只有 500 000 美元属于玛莎（信托），3 500 000 美元属于家庭信托财富。

大家也要注意，除了经济增长税收优惠法案外，如果遗产价值大幅度贬值，例如在经济萧条时期，这类问题也会出现。

本章给出了一些解决此问题的建议。这些建议有：

- 在避开信贷信托方面，给活着的配偶各种权利或权力。例如，配偶可以成为收入受益人（强制的或自由选择的），可以给配偶一些受限制的权利来认定信托资产，如果被分配的财产限制在确定的标准范围内，可以让配偶当信托人，或者可以让配偶有一些其他的权利，在活着的配偶死后，这些权利不会导致资产成为他或她的遗产总额里的一部分。
- 在避税信托方面使用美元部分的最高限额。
- 提供一个最低限度的婚姻遗产（直接方式或信托）。
- 使用三个信托：配偶的婚姻信托，不含合格可终止型利息财产信托的配偶避税信托，还有为儿童或其他受益人提供的传统的避开信贷信托。
- 为活着的配偶提供遗产（直接方式或信托），并由配偶（本章下文会有阐述）为非婚姻家庭信托提供一个可能的免责。
- 为可替代信托（婚姻和非婚姻）提供遗嘱执行人或利用信托人的权利来选择资助金额。
- 如果统一信贷额度的"可移转"性有了立法的条款，那么夫妻双方就不需要将婚姻信托和非婚姻信托区分开。

每个方法都有它的利与弊。在财产所有人死亡后，上述方法使配偶或其他人的最后决定权大小都不一样。当然，这取决于家庭环境因素，不需要再做什么。

遗产的均等化或税率公式条款的均等化 遗嘱或信托里的可替代条款是用来平均配偶的遗产的，或是在配偶去世后用来平均夫妻双方的遗产税率。这决定了配偶去世时的遗产税率和活着的配偶死亡时的税率，但双方的遗产总额的合并税率可能较低。然而，就目前来看，这个方法不会再有吸引力了，因为遗产税率一直都比豁免额要高出 45%。

28.1.5 为每个配偶规划

在规划如何合理利用配偶扣除额时，一个常见的步骤是先假定两个配偶相继去世，再决定应缴税款（如果有的话），然后再评估每个配偶去世时财产的贬值情况。大家能在每个配偶去世后对遗产清算和未亡者对收入的需要作出评估。最后把死亡次序颠倒过来，再重新进行一次分析。这通常被称为"假设的遗嘱认证"。在这种情况下，大家有可能会发现还需要进行一些改进。

28.1.6 如何使财产具备配偶扣除额的资格

有很多方法能使财产转给活着的配偶来充当配偶扣除额，但活着的配偶必须是美国公民[①]。而规划如何使财产才能有此资格可能将造成相当大的差别。

直接赠与或遗赠 这是最直接的方法，此方法能使活着的配偶享有独有权，同时此方法也使财产得到了更好的管理。

和配偶拥有共同的所有权（生者对死者名下的财产拥有享有权） 财产由配偶共同持有（生者对死者名下的财产拥有享有权）会在一定程度上使财产被包含在已故配偶的遗产总额下（通常占一半）。需要再次指出的是，活着的配偶有独有权，而且配偶去世后可以完成对财产的控制。

支付给活着的配偶的或为了他或她的利益支付给合格信托的人寿保险金 人寿保险金是包含在已故配偶的资产总额名下的，而且可被当做一次性资金支付给受益人——活着的配偶，或者需要在配偶有完全的撤回权利规定下作为一种结算安排，或者只有作为生前收入才能支付给受益人。当然，接收人寿保险金的信托自己本身必须满足要求，这项人寿保险金才能进行支付[②]。

其他可以支付给活着的配偶的受益名称 这可以包括很多情况。可能最重要的是合格的退休计划和个人退休账户。

下一个项目包括为活着的配偶留下或为活着的配偶提供信托财产，这

---

① QDOTs 用来指向非公民配偶进行的转让行为（见第 26 章）。

② 可能上文已经提到过，如果个人财产将受制于联邦遗产税的约束，更有利于减少税收的方法是拥有自己为被保险人的人寿保险，并且被不可撤销的人寿保险信托（ILIT）所有并且可支付给它，如第 29 章中所述。这就使人寿保险金需要从夫妻双方的资产总额里撤出来，为了使他们的孩子、孙子或其他的 ILIT 的受益人获益，人寿保险金成了信托的一部分。

样信托财产就有资格充当配偶扣除额。

委任信托的一般权力 在 1981 年经济复苏法案出台之前，这是使信托资产满足配偶扣除额资格的一个传统方法。为满足委任信托的一般权力要求，所有的信托收入至少每年都必须支付给活着的配偶，活着的配偶在任何情况下都必须有一个对信托资金进行指定的一般权力，使得配偶在生前或死亡后（例如，由他或她的遗嘱执行）的任何时候都能使用这笔资金。

合格的可终止型利息财产信托 这可能是目前世界上最常见选择的婚姻信托。要使作为合格可终止型利息财产信托的资产有资格充当配偶扣除额，那么所有的信托资金应该至少每年一次支付给活着的配偶，没有人有权指定其他人是财产受益人，除了已故配偶生前的活着的配偶。但是，最初的财产所有人（或其他人）可以制定对信托财产的最后处置权利，但是这种权利需要在活着的配偶死亡后才能生效。由于满足要求的信托开始转变为合格的可终止型利息财产信托，所以已故配偶的执行人必须作出可撤销选择，及时地进行纳税申报①，这样整个信托或只是特定的一部分（一小部分或按占全部信托资产某一百分比的数量）就可以成为合格的可终止型利息财产信托了。在继承人死亡后，信托可能被执行人分为两个或多个独立的信托，其中一个是合格的可终止型利息财产信托，另一个不是。

在活着的配偶死后，合格的可终止型利息财产信托的资产被包含在活着的配偶的资产总额中。然而，由于各种需要支付的额外遗产税，活着的配偶有权从合格的可终止型利息财产信托那里得到补偿，因为合格的可终止型利息财产信托财产被包含在遗产中，除非活着的配偶坚决放弃了补偿权利。

遗产信托 在这个案例中，信托收入可以用来支付给活着的配偶，或者按照受托人的决定，作为信托资产积累。当活着的配偶死亡后，依据他或她的遗嘱规定，信托本金和任何积累的收入都应支付给活着的配偶，和活着的配偶自己可查验的遗产一起，作为即将被分配的遗产。遗产信托就是在这些情况下得到应用的。

---

① 正如第 26 章提到的，遗产税的纳税申报必须是在继承人死后的 9 个月内申请，但是可以有 6 个月的延期保证。因此，依情况而定，执行者可能在继承人死后会有 15 个月的时间来决定是否使一些或全部的信托有资格充当配偶扣除额。这为事后规划提供了机会，这也是合格的可终止型利息财产信托的一个重要的优势。

拥有慈善信托的配偶是单一信托或者是年金信托受益人 如果慈善信托在捐赠者生前就被建立起来，那么在捐赠者死后，慈善信托能使活着的配偶的生前年金信托或单一信托收益（假定没有其他的非慈善受益人）有资格充当配偶扣除额，慈善信托也可以为捐赠人提供终生优惠，这在第19章提到过。如果慈善信托是根据遗嘱的规定在捐赠人死后建立的，这时情况还是一样的；但是和合格的可终止型利息财产信托相比时的情况除外，这时的慈善人被称为是拥有剩余财产的人，而且这也是种使信托利息充当配偶扣除额的有效方法。

选择方法时需考虑的因素 为配偶和家庭进行规划是很重要的。

控制问题：依情况而定，一个已婚财产所有人可能希望在死后甚至是活着的配偶死后仍保留对婚姻财产最后的处置权。这是可能的，原因有以下几种：这是他们的第二次婚姻，他们的孩子都是在第一次婚姻中所生的；出于对他或她的配偶资金管理兴趣或能力的关心，或者出于对别人施加给活着的配偶的要求的关心；出于对"自私的"新配偶可能有上次婚姻中的孩子的关心；或者出于对其他一些因素的关心。

使财产具有配偶扣除额资格的惟一方法就是使用合格的可终止型利息财产信托，这个方法会使原财产所有人拥有控制权①。拥有合格的可终止型利息财产信托的先去世配偶可以在活着的配偶去世后指定财产的受益人，或者财产可以仍然由这些受益人托管。虽然委托人可以得到酌处权去给活着的配偶分财产，但是活着的配偶生前的收入利益只限制在合格的可终止型利息财产信托范围内。

另一方面，从活着的配偶的角度看，他或她需要对直接的婚姻赠与，联合所有权（虽然这可能会引起超标的问题），和直接的受益项目等婚姻财产审判庭最大程度的控制。

财产管理：如果财产需要管理，信托就是个明智的选择。

债权人和婚姻保护：同样地，带有节俭花费的信托条款通常可以保护信托本金不受活着的配偶的债权人的影响。一个婚姻信托一般也保护婚姻财产，防止新的配偶可能对活着的配偶的婚姻财产提出权利要求。

活着的配偶可能的残疾：再次，依情况而定，如果活着的配偶变成有生理或心理上的残疾，那么信托（也可能是合格的可终止型利息财产信

---

① 有慈善信托的活着的配偶作为非慈善单一信托或者年金信托受益人也可以给出这种管理措施，但是在这种情况下，财产必须在活着的配偶死后归慈善机构所属。

托）看起来很适用。

死后遗产规划的可得性：合格的可终止型利息财产信托有自己的优势，正如本章第582页脚注①所解释的，先去世配偶的遗产执行人能在规定的延长时间里（这可以是在配偶去世后延长15个月）申请遗产税的及时返还，如果有遗产税的话，但是需要在遗嘱规定的合格信托里申请，只有合格的可终止型利息财产信托才能满足此要求，获得这种待遇。这样就可以让执行人可以在第一个配偶死后很更好地作出决定，这个时候的情况往往会比遗产规划文件撰写时的情况更为明了。这种延后的选择只有在合格的可终止型利息财产信托下才有可能延期，因为只有在这种情况下执行人才需要作出一个确定的不可更改的选择①。

经济增长税收优惠法案之后的灵活性：经济增长税收优惠法案之后，对于遗产规划的灵活性的需要使得合格的可终止型利息财产信托看起来更加具有吸引力。执行人可以在财产所有人死亡后依据情况而定作出充分的、局部的或不是合格的可终止型利息财产信托选择。

在这方面，有一种方法就是所谓的"单一资金的合格的可终止型利息财产信托"。在这种情况下，遗嘱或可撤销信托规定，在遗产所有人去世后，全部的剩余遗产要放在单一的合格的可终止型利息财产信托名下。因此，执行人可以选择部分或全部的合格的可终止型利息财产信托，或者是不做任何选择，这都是适当的，取决于那时候的情况。

28.1.7　如何为婚姻赠与提供资金

这是配偶扣除额策略的最后一部分。这部分基本上讲述的是处理将要用到的婚姻赠与类型。这是个复杂的领域，本书不对此做详细讲解。本书只针对此问题作出简要概述。

婚姻赠与的类型　有两种基本的配偶扣除额赠与方案。一种是现金婚姻资产，在这种情况下，配偶赠与被看成是一笔现金（或者是一种被分配的资产价值）。另一种是部分的婚姻份额，这种情况下的婚姻赠与被看成是遗产的一部分。这部分的计算数额是配偶扣除额所要求的，可获得的资产价值的衡量尺度是为配偶扣除额所提供的资金。

提供资金的顺序　对现金婚姻资产来说，一个方法就是为了遗嘱或可

---

①　然而，正如"死后遗产规划"一部分所讲述的，在去世配偶的遗嘱或可撤销的生前信托的规定下，活着的配偶可以根据他或她的婚姻利益免责声明来作出相应的调整。

撤销信托，把现金遗产或赠与给配偶（例如，直接付给活着的配偶或婚姻信托），剩下的归避税（绕道）信托或赠与所有。这可能就是婚姻的事前剩余遗产。假定遗产价值在分配时估值，这就会使婚姻赠与额被冻结，使活着的配偶的资产从死亡之时到分配期间避免贬值。另一方面，如果在这期间，资产出现升值，这就会使升值的部分归避税（绕道）信托或赠与所有，在活着的配偶去世后，这部分不会归到活着的配偶的遗产总额里。任何这种升值都会归绕道信托或赠与所有。

　　对遗嘱或可撤销信托来说，另一个方法就是使现金遗产或赠与归到非婚姻信托或赠与里（例如，归信托下的受托人所有），剩余部分归婚姻赠与或信托所有。上述情况会有相反的效果。实际上，在死亡之日和分配之日期间的资产增值或贬值的数额归夫妻两方所有。这个方法被称为反向现金、剩余婚姻财产或前端避税等其他名称。

　　资金的价值或股份　一个现金额的方案可以使用以下遗产估值方法，这是为婚姻赠与或婚姻遗产提供资金时使用的方法。其中一个方法是真实的现金赠与，在这里资产分配的价值是在分配时进行估值[①]。因此，举例来说，人们可以有一个零税率、真实价值的、关于现金的婚姻公式条款。另一个是公平的有代表性的方法，在这种情况下，资产通常是在遗产税价值下估算的价值（例如，它们的价值是死亡时的价值），用来提供婚姻和非婚姻赠与的资产公平地代表了每个的增值和贬值，增值和贬值是从死亡之日到分配之日期间发生的[②]。最后需要说明的是，始终有一个最小值的现金赠与或遗产存在。在这种情况下，每个提供资金的遗产的估值是遗产税价值或分配时的价值的较小值。

　　另一方面，一个部分婚姻份额方案可以使用两种不同的方法来为婚姻和非婚姻份额提供资金。其中一个是按比例分配资产，在这种资产里，婚姻份额在遗产中按比例分配。另一个叫"精挑细选"方法，部分婚姻份额

---

　　① 纳税申报中的配偶扣除额被看成是死亡时的遗产价值。这些也是指遗产中的遗产税价值。但是遗产在死亡时间和分发时间里会增值或贬值（例如：当它们被用来为婚姻遗产或信托或非婚姻遗产或信托提供赞助时），这段时间可能是从死亡时开始算起。这是本章的一个基本问题。

　　② 这个方法是源自众所周知的美国国税局的税收程序64－19。在这个税收程序里，美国国税局解决了让人担心的问题，这个问题就是如果死亡时的遗产被用来资助婚姻赠与，执行者就有可能在不合比例的财产中分配婚姻赠与或信托，这个不合比例的财产已经在从死亡到分配这段时间里贬值了。因此，当活着的配偶死后，婚姻赠与可能会减少。然而，如果通过合理的有代表性的方法，即从死亡时开始，把财产的一部分作为婚姻赠与，这样让人担忧的问题就得到了解决。如果资产是在分发时（进行真实评估价值时所用的方法）开始评估，那么就不会出现上述问题了。

方案可以使用这种方法，但是资产可以作为整体或部分来分给婚姻和非婚姻份额。

28.2 死后遗产规划

实际上，这意味着遗产规划在继承人死后不一定会一成不变，但是，有了合理的遗产规划，在继承人死后，遗产规划可能会在某些方面为了顺应环境的改变而作出更好地调整。以下是一些常见的死后遗产规划方法。

28.2.1 设立合格可终止型利息财产信托

正如前文所提到过的，遗产的执行人要设立确定的合格可终止型利息财产信托，及时地申请遗产税退回，从而使得其适用的配偶扣除额生效，这些需要做的事项使得死后的配偶扣除额规划具有了相当大的灵活性。

28.2.2 合格的弃权声明的使用

一般考虑　税法允许人们放弃领取财产或财产利益的权利，否则在人去世后，人们就得在国内税法的规定下通过执行合格的弃权声明来领取财产了。弃权声明也可以用于终生赠与和消费税的目的。当人们需要对财产利益做一个有效的弃权声明时，那么人们就可以当做财产从没有转给他或她（例如：他或她可能会比财产的转让人先去世）。因此，如果声明人（做弃权声明的人）比继承人先去世，那么放弃的财产利益就归遗嘱或国家法律规定的人所有。

为了避开联邦遗产税的合格的弃权声明有几项要求，具体如下：

- 一个合格的弃权声明必须是书面且不可撤销的，而且没有资格拒绝接受财产的利益。
- 一个合格的弃权声明必须是及时的。这必须是被原转让者（或者他或她的合法代表人）所接受的，且必须在以下两个日期中较迟的一个日期的 9 个月以内，即转让者创造弃权声明中的收益或发表声明者 21 岁生日那天[①]。

---

①　为共同财产的免责声明提供一些特定的规则是很重要的，因为共同财产可以作为配偶扣除额超标财产的源头。

- 声明人不能接受利益，或任何形式的优惠。
- 被声明弃权的财产必须传给活着的配偶或其他人所有，而不是声明人所有。被声明弃权的财产归活着的配偶所有是很重要的（即使他或她是声明人），因为这意味着配偶可以对部分或全部的婚姻遗产弃权，按照遗嘱传给避税信托，而且被弃权的财产也会从避税信托那里得到福利（不是拥有处理资产这种特殊的权利，这种资产不受明确标准的管辖）。
- 因此，遗嘱或可撤销信托应该有一个明确的规定，规定如果财产收益被拒绝认领应该采取什么措施。弃权声明放弃认领的可以是所有利益或一部分利益，也可以是一定数额的现金。

案例

艾哈迈德和他的妻子阿依莎在私募股权和咨询公司工作，夫妻双方在不同的公司工作。他们有三个孩子。他们都希望把遗产留给活着的配偶，如果活着的配偶也去世了就把遗产留给孩子。然而，他们想让未亡者能够作出节省税收方面的决策，他们知道遗产税的法律中有一些不确定因素。因此，艾哈迈德和他的妻子阿依莎已经制定了互惠遗嘱，这个遗嘱规定，如果活着的配偶没有申请弃权声明，双方就把所有财产直接留给对方；否则，财产将以信托的平等份额分配给他们的孩子。

假设艾哈迈德2009年死亡，当时阿依莎56岁，身体健康，工作顺利。他死后，艾哈迈德的可用资产总额是 5 000 000 美元，阿依莎的是 4 000 000美元。由于艾哈迈德的遗产超过了充当配偶扣除额的标准，而阿依莎觉得自己有足够的财产，所以她就决定在艾哈迈德死后的 9 个月时间里申请拒绝接受他的价值为 3 500 000 美元的部分可用资产。根据艾哈迈德遗嘱（非婚姻遗产）的规定，这个金额（2009 年的免税额）会归他们的两个孩子所有。剩余的 1 500 000 美元会直接作为婚姻遗产归阿依莎所有，而且这部分资金也有资格充当配偶扣除额。因为使用了合格的弃权声明，一个超标的遗产通过死后遗产规划被调整为利税率为零的婚姻遗产。

28.2.3 终生免税的可用资产总额的配置

被继承人的执行人可以把被继承人未使用的豁免额进行终生的配置或指定给其他的转让者。在可用资产总额的豁免额还未被使用或未充分使用的情况下，第一代继承人（例如拥有大量遗产的孩子）可以拒绝上交收益，这样他们就可以把收益转让给隔代人（例如被继承人的孙子女），这样做是为了充分利用被继承人的豁免额。而且，如果有可用资产总额税，隔代人可以放弃超过可用资产总额的豁免额之后的收益。

28.2.4 选择在哪些环节扣除遗产管理费用

被继承人的执行人一般会在联邦遗产税返还中选择是否扣除某些遗产管理费用（例如：执行人的佣金、合法费用和其他一些费用）（为了少缴纳遗产税）或者在遗产税返还中扣除一些费用（为了少缴纳收入税）。收入税率比遗产税率低，所以适用遗产税的扣除更为有利。然而，如果使用零税率方案，那么在配偶去世时就不会有遗产税了，所以遗产税的扣除的时间会推迟到活着的配偶的去世之时。另一方面，如果目前需要支付遗产税，那么情况就会有所不同。做决策时需要考虑到每种情况和各方的要求。

28.2.5 备选的估值日

一位执行人在以缴纳遗产税为目的而估计遗产的价值时，可以选择死亡之日的价值或备选的估值日（从死亡的时间开始的六个月内）。如果遗产价值已经贬值，这就需要重新考虑了。参见第 26 章对这一主题的讨论。

28.2.6 其他方法

其他的一些方法也可以使用，例如对某些不动产的特别估值方法的使用（见第 26 章），和为遗产税的返还选择一个财务年度等。

28.3 资产变现能力

现金或资产都需要变现，这些现金和资产能方便快捷地转变成履行遗产义务所需要的资金。

28.3.1 评估遗产流动性的需要

这些对遗产的需要应该被评估，这样一来，规划才能提供资源以满足需要。它们包括：
- 评估葬礼费用。
- 评估健康保险或医疗保险范围外的最近一次的医疗费用。
- 评估遗产管理的成本费用。

- 目前的债务。
- 未付的押金。
- 其他一些债务（银行贷款、利润或其他一些证券贷款等）。
- 联邦遗产税。
- 州死亡税。
- 遗嘱中任何特定的现金遗赠。

这些评估的重要性依据每个案例中的具体情况而定。

28.3.2　提供遗产流动性

对一些遗产来说，遗产流动性可性是个严重的问题，但是对其他遗产来说，这也可能无足轻重。这在很大程度上取决于遗产的构成和先前所做的规划。当一大部分遗产包含缺乏市场变现价值的资产，如一家私人持股企业的权益和一个未开发的不动产，那么遗产的流动性就会是个问题。

满足权利主张和收取遗产税通常是执行人的责任，执行人通过查验资产来做这些事情。只有这些资产才直接归执行人处置。然而，其他的一些资产，如支付给第三方受益人的人寿保险，被 ILIT（不可撤销的人寿保险信托）拥有或者支付给 ILIT 的人寿保险，这种在查验遗产之外的资产可以归执行人处置，是由执行人或受托人将其作为对遗产的贷款或从遗产中购买的资产。这将在第 29 章进一步讨论。

第 **29** 章
遗产规划中的人寿保险

本章目标

读完本章后，你应该能够理解以下要点：

- 人寿保险的联邦所得税
- 人寿保险的联邦遗产税规定
- 人寿保险的联邦赠与税规定
- 人寿保险的联邦隔代转移税规定
- 以纳税为目的人寿保险保单估值
- 如何安排人寿保险的所有权与指定受益人
- 不可撤销人寿保险信托的结构与应用
- 商业组织购买的人寿保险
- 合格的养老金计划购买的人寿保险
- 人寿保险赠与
- 人寿保险赠与的好处与局限性
- 团体定期人寿保险的赠与
- 决定赠与何种保单
- 与贷款相关的人寿保险赠与

人寿保险往往在遗产中占有重要地位，并在遗产规划中有独特的好处。人寿保险的特征在本书第 21 章已有说明。

29.1 人寿保险的税制

本书第 21 章已对人寿保险的纳税好处进行了说明。在本章中，我们将更细致地探讨这些好处。

29.1.1 联邦所得税制度

死亡给付 人寿或意外伤害保险保单对被保险人身亡的赔付金额通常

不属于受益人的收入总额。当人寿保险的死亡保险金处于保险公司管理的保险金结算方案中时，保险金仍然为免税，但保险金孳息应缴纳所得税。相应地，信托收到的人寿保险死亡保险金亦可免税，但通常信托税法都规定保险金产生的信托投资收益需要纳税。

对绝症晚期被保险人的给付 正如第23章所述，人寿保险合同往往为处于绝症晚期的被保险人提供提前死亡给付。同时，离世前结算服务公司也会从这类被保险人或者其他人手中购买保单。税法规定，提前死亡给付与"绝症晚期个人"[①] 从离世前结算服务商处得到的资金从收入总额中扣除。第23章解释了这种扣除规定的特点与局限性。

转移价值规则 人寿保险死亡保险金不需纳税的一般原则的一个重要例外是转移价值法则。该税务规则规定，如果人寿保险保单以与受益价值相当的对价转让（即出售），保单受让方（买者）须在被保险人死亡时，将死亡保险金与其为保单支付的对价及后续支付的保费之和的差额纳入收入总额。

例如，假设离世前结算服务公司以400 000美元从处于绝症晚期的被保险的保单持有人手中购买500 000美元（面值）的人寿保险保单并另行支付10 000美元保费。18个月后，被保险人死亡。从离世前结算供应商中取得的400 000美元可不列入被保险的持有人的收入总额。但对于离世前结算服务公司（保单的买方和受益人），其收入总额增加了90 000美元（＄50 000死亡保险金 － ＄410 000［＄400 000交易对价加＄10 000后续保费]）。

转移价值规则在应用过程中也有一些重要的例外情况。首先，当受让人（买方）是被保险人、被保险人的合伙人、被保险人参与的合伙企业，或者被保险人持股或参与管理的公司时，转移价值规则不适用。这使得很多常见交易被排除在外。另一个例外情况是若受让人持有保单的计税基础部分或全部地取决于转让人（卖方）持有保单时的计税基础，则转移价值规则也不适用。

保费支付 对持有的人寿或意外伤害保险缴纳的保费，以及团体人寿或意外伤害保险（除自助餐式福利计划外）的个人缴费均不可税前扣除。

现金价值的内部积累 保单持有人不需对当期人寿保险（固定或浮动

---

① 法律同时允许从收入总额中扣除对"慢性病个人"的死亡给付和其他给付，但金额仅限于可被视为合格的长期护理合同的保单。

的）现金价值增值部分纳税。这就是递延所得税（可能免税）带来的人寿保险现金价值增长。

保单红利　人寿保险保单的红利不构成保单持有人的应纳税所得额，除非其超过了保单持有人的保单计税基础。此外，如果保单红利被用来缴纳额外的人寿保险份额（增额再投资），这部分增额的现金价值也可免税积累。

退保或保单到期　在人寿保险合同被退保，或者被出售（晚期绝症的被保险人除外），或者在被保险人在世期间到期的情况下，保单持有人收到的金额超过其对合同投资金额（保单的计税基础）的部分属于其普通收入。投资金额通常是净支付保费之和（毛保费减去收到的现金红利）。人寿保险保单一般规定，保单持有人可通过一个或多个结算方案，将获得的退保金留在保险公司。在这种情况下，全部利得仍然要被计入普通收入纳税，但会根据结算方案的特征在一段期间内分摊（参见第 21 章）。

部分支取　有些保单（例如，万能保险和变额万能保险）允许保单持有人支取部分现金。对于不属于修正两全保险合同的保单，一般规定，若不超过保单持有人的合同计税基础（先进先出法）则现金分配不需纳税。然而，如果这种现金分配发生在合同的头 15 年，且源于减少给付的合同变更，则适用其他不同的规则，部分或全部的分配金额就应纳税①。

例如，假设亨利·利博维兹 20 年前为自己购买了面值为 750 000 美元（A 型死亡给付），并允许部分支取变额万能人寿保险。亨利在 20 年间已经缴付了 100 000 美元保费（他对于保险合同的投资或称计税基础），保单的现金价值（投资于股票子账户）为 225 000 美元。亨利支取在计税基础 100 000 美元以内的金额均可免税，但他的计税基础（可能还包括保单面值）将会被相应地减去他支取的金额。如果亨利支取的金额超过计税基础时，超出的部分将会成为他的普通收入而应纳税。

保单贷款　除修正两全保险合同外，所得税法不将保单贷款视为保单分配，因此，即使超出了保单持有人的合同计税基础也不会被计入收入总额。例如，在刚刚提到的亨利·利博维兹的例子中，如果他用变额万能保险保单贷款 200 000 美元，这并不属于他的收入总额。

可变保单中的资产配置调整　在可变人寿保险子账户之间的现金价值调整不属于产生资本利得（或损失）的当期应税销售或交易。

---

① 有时它也被称为强制分配利得（Forced–Out Gain, FOG）。

从人寿保单中支取现金（给付）的规划　保单持有人通常不会在被保险人死亡之前为了获得现金而退保，因为如果现金价值大于计税基础，两者之差就是持有人的普通收入。并且如果他退保，将失去保险保障。通常来说还有其他的可选方案。首先，保单持有人只需继续持有保单至被保险人死亡，此时，保险金就是免税收入。保单持有人可以继续支付全部或（在现有现金价值基础上）能使保单全额生效数量的保费，也可用红利支付保费。

其次，保单持有人可决定停止缴纳保费，并免税获得人寿保险的部分缴入金额。如果继续持有保单，保单持有人可以让保单红利持续积累，例如，用保单红利进行增额再投资（当期不需纳税），或者保单持有者可收取红利现金，并仅当积累红利超过保单的计税基础时纳税。相应地，浮动保费合同的保单持有人通常可以提出减少保额（如果必要的话）到以现有现金价值即可不再后续付费的水平。两种情况下，被保险人死亡时的死亡给付均为免税收入。

再次，如果浮动保费合同保单持有人要从保单中支取现金（这种做法会减少现金价值并且可能减少死亡保险金），他可以支取最高为合同投资额的免税金额。而剩余的现金价值（也许需要支付额外保费）可保留至被保险人死亡，以获得免税保险金。

最后，利用人寿保险保单进行保单贷款获得免税现金。要使保单继续生效，通常保单持有人需要缴纳更多的保费。另外，保单贷款要求保单持有人支付不可税前扣除的利息，并且可能因保单红利的原因而遵守直接确认的要求。当被保险人死亡时，保险金与所有保单贷款余额之差是受益人的免税收入。

从人寿保险保单中支取现金的原因　保单持有人可能因子女教育，商业机会或者其他原因而需要现金，但仍希望保留或部分保留人寿保险，以作为家庭保障或者遗产。另外，保单持有者也许需要现金作为退休收入。他当然可以退保，并通过在若干年中分期获得退保金额的方式获得生活收入。另一方面，保单持有者既希望免税地支取现金（或停止支付保费），又不想失去人寿保险保障。这种情况下，就可以用刚才提到的那些策略。

最后，保单持有人也许会需要在将保单转移给不可撤销的人寿保险信托或者个人受赠者之前支取一部分现金。这将降低或消除保单需要交纳的赠与税。这会使保单持有人获得保单现金价值积累的一定好处。

一些情况下人寿保险经济利益的税务问题　在一些情况下，人寿保险保障的经济价值属于被保险人的收入总额。

团体定期人寿保险：团体定期人寿保险中 50 000 美元以下的部分不属于被保险员工或退休后仍受保险保障的前员工的收入总额。对于 50 000 美元以上的部分，团体定期保险的成本总和减去该员工（或退休员工）的个人缴费纳入员工（或者退休员工）的收入总额①。团体定期寿险的成本（经济利益）以国税局（IRS）规定的统一保费（表 I 费率）与实际保险成本孰低法确定。在后面对团体定期寿险赠与的讨论中，表 I 费率（若真实成本更低，则用后者）也将会被用来对被赠与的团体定期寿险估值。

人寿保险分摊计划：这种协议会在这章的后面详细介绍。在这里，需要说的是雇主与员工间的分摊协议可能增加被保险员工的年度收入总额。

合格退休计划中的人寿保险：有时，合格的退休计划会为计划参与人购买人寿保险。同样，在本章的后面也会提到，人寿保险会影响被保险员工的收入总额。

29.1.2 联邦政府遗产税制度

遗产总额的构成 若被保险人的遗产被指定给受益人或者其他受益人（例如信托），被要求或事实上将保险金用来偿还遗留债务，或者在死亡时被保险人享有保单的所有权利益（即所有者权利），则人寿保险死亡保险金将被列入被保险人的遗产总额。所有权利益包括更改受益人，退保或取消合同、订立合同以及用保单借贷等权利。当然，所有权利益并非仅限于此，也包括其他权利。但是，支付保费和收到参保保单的红利并不属于所有权利益。

距死期不满三年的人寿保险赠与 如果人寿保险赠与事项发生在被保险人死亡前三年内，那么死亡保险金一般会自动包括在被保险人的遗产总额中。但是如果保单赠与事项距被保险人死亡超过三年，则保险金不列入遗产总额。

如果被保险人赠与现金给第三方或者不可撤销的人寿保险信托，而它们用这些现金购买新签发的针对被保险人的人寿保险，那么法院将裁定保险金不列入被保险人的遗产总额，即使被保险人在赠与后三年内死亡。因此，对于未来要由不可撤销的人寿保险信托等持有的人寿保险，较明智的

---

① 雇员和退休的前雇员的团体定期人寿保险计划的所得税处理适用国内税收法（IRC）第79 条。因而团体定期人寿保险有时也被称为第 79 条计划。

策略是建立一个不可撤销的人寿保险信托，赠与现金给受托人，然后让这个受托人购买以捐赠人为被保险人的人寿保险并作为受益人。这样，三年内自动视为遗产的规定就不适用了。当然，如果要从遗产中除去被保险人持有的已经生效的保单，则必须要转移给第三方或者不可撤销的人寿保险信托，这样就无法回避前面提到的三年期限的规定。

公司持有的人寿保险　一般来说，如果人寿保险的持有人为被保险人担任股东的公司，保险金将不会被列入遗产总额，因为被保险人对保单没有直接的所有权利益。尽管如此，按照国税局的监管规定，如果被保险人是单一股东或者为控股股东（拥有超过公司合并投票权50%以上的股票），公司所持有保险中的所有权利益就会被赋予这个单一或者控股的股东，因此保险金也会被列入他的遗产总额，但仅限于不支付给公司或属于公司合理商业目的的部分。

因此，假如一个信托被指定为公司持有的单一或控股股东家庭人寿保险的受益人，死亡给付（在一定程度上）会被列入股东的遗产总额。如果公司是受益人，那么死亡保险金就不属于遗产。但是，当公司作为受益人（例如关键人物的人寿保险）时，死亡保险金将影响已死亡股东也即被保险人遗产中股票的价值。另一方面，遗产中的股票在估值时也有折价，因为公司失去了这位股东也即被保险人。这种折价被称做关键人物折价。

对他人生命的人寿保险　假设某人持有以其他人作为被保险人的人寿保险，且这个保单持有人（非被保险人）死亡了。这种情况下，这个保单的价值（非死亡保险金）将成为已死亡保单持有人的遗产。

以纳税为目的人寿保险保单估值　计算赠与及遗产税额的财产估值原理同样适用于保险合同，但会因保险合同的特点存在一些相关的特殊规定。新发行的保单（期交或趸交）通常根据实际支付的保费估值。生效一段时间且已付清保费的保单则根据重置成本估值（在估值当日购买相同保单需缴的一次性保费）。而对于生效一段时间且仍需支付保费的现金价值保单，估值是以内插值法得到的期末责任准备金加预收保费（加上累积红利并减去保单贷款）。这个值本质上是保单的现金价值，但并不完全一样。对于先期签发的个人定期保单，价值就是估值日当年预收保费。如前文所述，团体定期保险的持续价值是表Ⅰ费率乘以被赠与保险的总额。

29.1.3　联邦赠与税制度

通常情况下的应税转让　如果保单持有人将一份人寿保险保单完全转

给其他人，那么他就赠与了保单的未来价值。如果捐赠人（通常是被保险人）继续支付保单的保费，每一笔保费都会成为对新保单持有人的额外赠与。相应地，在团体定期人寿保险赠与中，每年的经济利益就可视为对受赠人的持续赠与。当保单持有人为不可撤销的人寿保险信托（或者由受托人直接购买或者由被保险人指定给受托人）时，捐赠人可以周期性地给信托提供赠与，以使受托人能够支付保费。

由第三方个人持有者作出的间接赠与 有个特殊情况是，保单持有人持有以他人为被保险人的人寿保险，而受益人又另为其他人。这种情况下，当被保险人死亡时，保单持有者将不得不将全部保险金捐赠给受益人。因为保单持有人通常并未意识到这是应税赠与，所以这种情况被称为非故意赠与。因此，当人寿保险单持有者不是被保险人时，持有人应该指定自己为受益人。

29.1.4 联邦政府隔代转移税制度

人寿保险也可能牵涉隔代转移税。这通常是由于人寿保险被放入隔代或者长期不可撤销的人寿保险信托中。因此，对隔代转移税作出规划十分必要。

29.2 如何安排人寿保险

如果人们出于为家庭提供保障的目的购买人寿保险，被保险人一般会指定配偶作为第一受益人，子女或者信托作为第二受益人。这通常没什么问题，但也需考虑一些其他情况。一个基本的问题为，是由被保险人持有保险，这样保险金会列入被保险人的遗产；还是由其他人或者不可撤销的人寿保险信托持有，这样在被保险人死亡时，保险金就不需缴纳政府遗产税。如果被保险人的遗产很多，达到需缴纳政府遗产税的额度，那么现在越来越多的做法是由配偶外的其他人持有人寿保险，或者更通常的情况是由不可撤销的人寿保险信托持有人寿保险。

29.2.1 被保险人持有的保单

被保险人持有的保单可以通过以下几种方式给付。

作为被保险人的遗产 除非被保险人希望遗嘱执行人在遗产清算时分配保险金，一般来说不会采用这种方式。

一次性支付给第三方单个或者多个受益人 这是常用的一种安排，最常见的是被保险人的配偶作为第一受益人，子女或者信托作为待定或者第二受益人。但是这种安排下若被保险人死亡，受益人可能需因此管理一大笔资金，而其自身也许并无能力。

根据保单结算方案支付给第三方单个或多个受益人 人寿保险保单通用的结算方案已经在第21章有所介绍。大多数保险公司在对受益人给付以及退保等方面为被保险人留出较大选择空间。在被保险人死亡后，若其未选择结算方案，则受益人通常也可以自己选择结算方案。

支付给可撤销的非基金人寿保险信托 被保险的保单持有人最基本的决定应该是"人寿保险金应该由保险公司根据结算方案处置，还是通过信托协议委托银行或其他受托人管理?"两种方案都有人支持，但是目前的趋势倾向于采用可撤销保险信托。

支付给遗嘱信托 一些情况下，人寿保险金可以支付给根据被保险人遗嘱设立的信托受托人。

29.2.2 非被保险人持有的保单

保单的所有权可以在保单签发时或者签发之后转给第三方。既可初始时就在保单中的所有权条款中约定，也可以通过新签完整合约交出所有权。所有权条款一般约定，后继者可以在第一个所有者先于被保险人死亡时成为所有者。

保单可能直接由被保险人的各类家庭成员持有，例如成年子女。但这种做法也许存在弊端。例如，假设被保险人在保单持有人之前死亡，保险金就会被支付给作为受益人的保单持有人，除非保单持有人赠与或者消费掉这笔钱，它会在保单持有人死亡时成为他的遗产。换句话说，隔代转移（除受赠人属隔代外）是不可能的。另一方面，被保险人也许不想让保险金列入他或配偶（若已婚）的遗产总额。

另一个问题是，发生个人保单持有人（受赠人）先于被保险人死亡的情况。通常来说，保单持有人（捐赠人）会将保单转给非自然人或者不可撤销的人寿保险信托，否则保单的所有权可能根据保单中的所有权条款转给下一个所有者。

而另一个可能的弊端是一次性付清的保单保险金可能会受到债权人或者个人离婚诉讼的追索。此外，如果将保单所有权转给某人，那么保单就完全受这个人的支配了。

最后，将人寿保险转给被保险人的配偶在税负方面一般没有任何优势。因为允许无限制的婚姻扣款，可以通过将受益人指定为被保险人的配偶而得到相同的结果。例如，假如哈利·布兰森为已婚，有一笔可观的遗产，并为自己投保了 700 000 美元的人寿保险。如果他将这份保单完全转让给了他的妻子玛丽，而三年后方才死亡，那么这份保单不会成为他的遗产，但是 700 000 美元的保险金将被支付给受益人玛丽，并在玛丽死后成为她的遗产。另一方面，如果哈利继续持有保单，只是指定玛丽为可撤销的受益人，那么 700 000 美元的保险金将成为哈利的遗产，但是因为遗产要支付给遗孀，这部分钱满足婚姻扣款条件，所以可以从他的遗产总额中扣除以得到遗产净额。但是，既然保险金被支付给受益人玛丽，她死后这些钱也将会成为遗产。因而，两种情况下，这 700 000 美元保险金在哈利死时都不会被征税，而是在玛丽死亡时征税，但如果玛丽再婚、赠与或者消费掉这笔钱等情况除外。因此，一般做法是将保单赠与其他人，更常见的是转给不可撤销的人寿保险信托。这样，保险金就不会被列入被保险人及其配偶的遗产而被征税。

29.2.3 不可撤销的人寿保险信托持有的保单

一般注意事项 这种情况是指保险保单的持有人以及受益人是生前不可撤销的人寿保险信托的受托人。一旦被保险人死亡，保险金需支付给受托人，并根据信托条款进行管理，这通常是为了保障被保险人家属的利益。在被保险人在世时，保单由信托持有并管理，因为只有很少的其他资产被放入其中，信托并不是基金式的。被保险人可定期向受托人赠与，受托人进而用这些资金来缴付保费。

转移的税负好处 一般可以通过前述方法使保险金免予列入被保险人及其配偶的遗产总额。如果需要的话，其他信托受益人也可被隔代，因为只要受益人（以及被保险人的配偶，如果其也是信托受益人）仅被赋予有限权利，信托财产的本金就不会被列入他们的遗产总额。

但是，如果信托被设计为不计入捐赠人子女或者其他后代的遗产总额的结构，那么这个信托就会成为隔代信托，并且会因此需要交纳隔代转移税。这种情况下，捐赠人也许需要通过分次免税赠与的方式，使整个信托基金免征隔代转移税。这使得隔代转移税豁免具有一种潜在的杠杆效应，因为豁免额被分摊于每笔为完成保险费缴纳而分配给信托的赠与中，但却使全部保险金（信托本金）免除了隔代转移税。

赠与税年度扣除 不可撤销的人寿保险信托有一个潜在的问题，由于保单赠与以及被保险人后续赠与的不是当前利益，因而不符合年度免税扣除的条件。

克莱美权力——一般注意事项：如果信托给予受益人在一定期限内支取当年信托收到的赠与的权利（克莱美权力），这样，低于规定上限的赠与就可免税扣除。每个信托受益人的克莱美取现权的年度限额通常是受益人按比例享有的赠与额同规定上限的较低者。

设置年度限额：需要对如何确定上限作出规划。限额可以设定为可用的年度免税扣除额，若计划分次赠与，则为其两倍。然而，正如第27章中解释的，克莱美权力是一种约定的一般权力，如果没有执行，这种一般权力就会失效。国内税法规定只有当可执行权力金额大于5 000美元且超过财产总额的5%时，约定的一般权力的失效才会被视为放弃①。这种所谓的五五权力通常也被叫做权力失效保护额度。因此，超过这个额度的一般权力的失效就会被认定为对权力的放弃。一般权力的放弃可能导致应纳税赠与的纳税义务从享有权利的受赠人（例如，有克莱美权力的信托受益人）转移至其他信托受益人，同时使得部分信托本金需纳税，并根据信托条款，至少使部分信托本金成为受赠人（或者信托受益人）的遗产。因此，当年度限额被设置成当前可得年度免除额或者其两倍的额度时，若这个限额超过了5 000美元或5%②的权利流失保护额度，超过的部分可能是享有克莱美权力人的一笔应税赠与，并且会被加入其遗产总额中。这种应税赠与问题通常可以通过给予权利享有人独立的信托份额，以及对所享份额订立遗嘱的权利（通常是特别权利）加以避免。这样使得权利享有人并不构成赠与。但遗产税问题仍然存在。如果不可撤销的人寿保险信托的全部资金都归属权利享有人（并且在某一时点上因此成为其遗产）则这一问题通常并不存在。如第27章所解释的，若将限额设定为5 000美元或者5%的权利失效保护水平上就没有这一问题，但这样又会导致该限额小于可用的年度扣除额。

隔代转移：如果不可撤销的人寿保险信托是隔代信托，将部分信托本金纳入权利享有人的遗产总额通常将损害信托的隔代特性。这种情况（也

---

① 这个规定的条款和之前讨论过用于"五五权力"的条款相同。

② 请注意，这里的5 000美元或5%（较大者）保护额度每年应用于每个信托受益人，而不是每个赠与或信托。因此，如果一个拥有克莱美权力且同时是几个信托的受益人，他或她每年只享受一个5 000美元或5%的保护额度，对信托的赠与也相应调整。

有可能其他情况）下，计划者可将克莱美支取权利限定于年度免除额度与权利失效保护额两者中的较小值。因为对不可撤销的人寿保险信托赠与额的不同，捐赠者有时可能要使用部分赠与税的信用额度。为了使整个赠与免征隔代转移税，捐赠者也需将一生中的部分隔代转移税扣减额分配给信托的赠与。

保留的克莱美权力：一些规划者会推荐"保留的克莱美权力"。这是一种可支取全部适用的年度免除额的权利，但如果在特定时间内不执行，当年权利失效保护额度内的部分将失效。因此，支取权利超过权利失效保护额度的部分，未来仍能行使（即权利将"保留"起来），直到若干年后，权利失效保护额超过这部分的额度，权利就会失效。

克莱美权力的条款：受益人在一段合理的期限内（例如30天）拥有支取资金的权利，同时受益人应该向信托汇报他们的克莱美权力以及对信托基金的缴费。此外，享有克莱美权力者须为信托受益人。

如果权利享有人要行使权力，那么不可撤销的人寿保险信托中应该有足够的资金来满足克莱美提取权利。而这取决于信托所含保险合同的种类和价值。一些情况下，规划者会考虑在信托基金中单设总量超过信托基金年度赠与额的流动性资产，来满足必要的克莱美支取需求。

克莱美权力的注意事项：自1981年以来，国税局很少针对有克莱美权力的人寿保险信托制定特别规定。此外，近年来，国税局大体上增加了对克莱美权力的审查和关注。因此，规划者需要特别关注克莱美权力，并作出仔细规划。

通过不可撤销的人寿保险信托提供流动性和遗产平衡 一旦被保险的捐赠人死亡，受托人将收到一大笔人寿保险保险金，不可撤销的人寿保险信托为捐赠者和其配偶的遗产等提供很好的流动性。然而，应注意如何提供流动性。受托人不应当支付或者被要求支付遗产税和其他属于被保险人遗留债务的死亡成本。若受托人负责支付，将使得人寿保险保险金成为被保险人的遗产，这样的话，不可撤销的人寿保险信托的作用就消失了。

相反，受托人应该被授权（不是被要求）向已死亡的被保险人遗产（或者可撤销信托）提供贷款，或者购买遗产中的资产（或者可撤销信托）来提供流动性。这种授权也可延伸至在遗产税方面首当其冲的被保险人配偶的遗产，也可以包括在被保险人死亡时其商务方面的现金需求。

不可撤销的人寿保险信托也可以用来平衡继承人之间的遗产分配。例如，假设已离异的约翰·艾博拥有一个公司100%的股份，他立下遗嘱希望将公司留给他在公司工作的儿子。公司总值为 2 000 000 美元，此外约翰还有大约 2 500 000 美元的其他资产。约翰还有另外两个子女，尽管这两个子女对他的生意不感兴趣，他也想公平地对待他们。若想将遗产公平地分给几个子女，约翰可购买以他本人为被保险人的人寿保险，建立约为 2 000 000 美元的不可撤销的人寿保险信托，并指定另两个子女为信托受益人。然后，他可将公司的股票留给在公司工作的儿子。他的其他资产主要用来支付遗产税和其他花销，剩余部分则平均地分给子女。

遗产规划中的人寿保险 越来越多的项目可以减免政府遗产税，并且遗产税可能会被撤销，在这种趋势下，人们开始关注人寿保险对遗产流动性以及储备性等方面的影响。从这两方面看，人寿保险非常重要。死亡时间具有不确定性，而人寿保险是死亡时提供遗产流动性与储备的合理的金融产品。此外，人寿保险在所得税方面具有优势，人寿保险可通过不可撤销的人寿保险信托的方式而不被列入保险人及其配偶的遗产，并同时保留在家庭和商业计划方面的传统功能。最后，当考虑保单死亡给付（假设在预期寿命结束时死亡）的内部收益率，人寿保险无论如何都是很有吸引力的投资。当然，早逝的收益率将更高。

29.2.4 其他保单安排

分摊计划 这种安排中，现金价值保单的给付以及保费被分摊成两份。如果双方分别为雇主和被保险的员工，就叫做雇主提供分摊。而如果双方不是雇主与员工关系（例如，父母与子女间的分摊，或者由被保险人建立的不可撤销的人寿保险信托与被保险人配偶间的分摊）就叫做私人分摊。除非明确说明，下面的讨论中均由雇主提供分摊。

基本特征：根据计划的特征，雇主负责支付年度保费可以是当年保单现金价值的增量，或者年保费减去被保险员工的缴费，或者全部年度保费。员工或者员工为享有保单中利益而建立的不可撤销的人寿保险信托则支付年度保费中没有被雇主支付的部分。这类计划也存在其他的保费分摊方式。

如果在计划生效期间被保险人死亡，雇主将会得到额度等于所支付部分的保单现金价值或者保费的死亡保险金（取决于计划的条款），而员工的个人受益人或者不可撤销的人寿保险信托将得到剩余的死亡保险金。如果计划因被保险员工的死亡以外的原因终止，那么雇主会得到所支付部分的保单现金价值或者保费（同样取决于计划的条款）。

保单所有权：分摊人寿保险的所有权结构可以分以下几种方式。背书计划，是指雇主拥有保单，而保险给付与保费的分摊则在合同中背书。抵押物转让计划，是指员工拥有保单，雇主的利益通过人寿保险抵押转让得以保证。分摊计划下被投保员工的利益既可转移至不可撤销的人寿保险信托，也可以在初始时即确定在雇主与不可撤销的人寿保险信托间分配。这样可从被保险人的遗产中除去这笔保险金。这种情况相当于被保险员工向不可撤销的人寿保险信托每年间接赠与其在计划中享有的价值。

所得税状况：这取决于分摊计划建立的时间。除非属于国税局计划（2003 年 9 月 17 日之后开始的计划，或者在之前建立，但是 2003 年 9 月 17 日之后有重大修改），分摊计划需要根据贷款体系（通常是抵押物转移型计划），或者经济福利体系（通常是背书型计划）进行纳税。

贷款体系下，非保单持有人（如雇主）相当于向保单持有人（如员工）借出贷款（支付保费），而这种贷款需要依赖于贷款市场利率规定（见第 3 章）进行纳税。在经济福利体系下，保单持有人（如雇主）相当于向非保单持有人（如员工）提供经济利益（所提供的人寿保险的价值）。这种情况的分摊计划就涉及所得税（或其他税）。如果分摊计划开始于 2003 年 9 月 18 日以前，则适用于国税局先前的（税负更高的）规定与指引。

商业组织持有的人寿保险 商业组织可以购买并持有以其单个或多个所有者以及员工为被保险人的个人人寿保险保单。通常该机构是保险的受益人。若商业组织是公司，则这就被称为公司持有的人寿保险。

以这种方式被购买并持有的人寿保险会出于一些不同的考虑，例如关键人物的人寿保险，用人寿保险来为买卖合约提供资金，用人寿保险非正式地为不合格的递延薪酬提供资金，或者用人寿保险为第 303 条款规定的股票回购融资。商业组织对保险支付的保费不可税前扣除，但死亡保险金可以作为免税收入。人寿保险的其他纳税优势在这里也适用。

合格退休计划中的人寿保险 人寿保险可成为合格退休计划的一部分。这种情况下，参与该计划的员工必须将当前人寿保险保护的价值列入到他们年度收入总额中。这种应税定期成本由被保险人到达年龄所对应的一年定期利率（国税局附表 58 利率或保险公司标准的年度续约期限利率二者中的较低者）以及保单面值与当年末保单现金价值之差共同确定。保单现金价值是计划的资产，当计划分配时其属于普通应税收入。但是，单纯起保护作用的部分是作为死亡保险金列入受益人的免税收入。关于人寿保险是否应包含在合格退休计划的问题很有争议，但不属于本书讨论的范围。

29.3 人寿保险的赠与

很多有大量遗产而必须缴纳联邦政府遗产税的人们已开始将人寿保险保单赠与作为遗产规划不可或缺的一部分。

29.3.1 人寿保险赠与的好处

人寿保险通常是颇具吸引力的赠与财产，因为可以通过将保单的所有权利益赠与他人的方式将人寿保险从被保险人的遗产总额中除去。而且，被保险人可以继续支付保费或者对不可撤销的人寿保险信托进行定期赠与以使受托人可支付保费。此外，保险合同的赠与税视角下的价值，支付的保费，以及所有间接的赠与都通常较少，至少远低于从应税遗产总额（保单面值）中扣除的部分。事实上，如果结合克莱美权力以及年度免税扣除额，赠与可能是免税的。另外，被保险人可通过分配其部分隔代转移税扣除额的方式将不可撤销的人寿保险信托设置为隔代信托。最后，比起证券，人们更愿意将人寿保险（尤其定期或者低现金价值的保单）转给他人，因为人寿保险通常不会产生当期收入，且通常是为了保单受益人的利益。

29.3.2 人寿保险赠与的缺陷

尽管有很多优势，但人寿保险赠与仍然存在着一些问题。首先，无限额的婚姻扣款使得将人寿保险转给配偶失去了可能的遗产税优势。其次，捐赠者应该对丧失自己保单利益以及权利的情况保持警惕。最后，通常人寿保险保单是有价财产。因此，被保险人应该谨慎地考虑，是否要放弃保单的所有权和控制权，尤其是在保单现金价值很大的情况下。

29.3.3 团体人寿保险的赠与

随着国家法律以及团体合同的变更，大多数情况下员工均可以完全转让他们的团体定期人寿保险给不可撤销的人寿保险信托或者其他人，以便从他们的遗产中移除保险金。由于部分团体定期人寿保险的面值相当可观，因此这种做法非常有吸引力。另外，因为是定期保险，从保单价值的视角看，员工并未放弃很多。尽管如此，正如之前介绍，这可能要以年度间接赠与方式进行。

29.3.4 赠与哪种保单

大多数人寿保险都可以被不可撤销的人寿保险信托购买和持有。然而，更低的保费以及更少（或者为零）的现金价值对实现赠与税最小化有利。这意味着团体定期人寿保险，个人定期保单，有较低（或支取过）现金价值的万能和变额万能人寿保单以及低现金价值的终身人寿保险都较适合赠与。另一种适合放置于不可撤销的人寿保险信托的保单是涵盖丈夫与妻子的后死亡保单。同样，保单持有人可以通过先进行保单贷款，再将已抵押的保单赠与不可撤销的人寿保险信托或者其他受赠人的方式来减少现有保单的现金价值。但是，这种情况下需保证保单贷款不超过保单持有人保单的计税基础，原因会在下一部分解释。最后，在赠与之前可支取万能保险或者变额万能保单计税基础内的价值。

29.3.5 已抵押保单的赠与

用保单进行贷款既减少了相同数额的保单赠与税视角下的价值，也为捐赠人提供了自用资产。但是，贷款会降低最终的死亡给付，并导致要筹集资金或新的贷款来支付利息（尽管有保单会因此失效等限制）。除此之外，若将已抵押保单转给他人，还会涉及转移价值问题。因为这种做法被作为贷款额度而将保单卖给受赠者，属于价值转移。然而当受让人（这种情况下的受赠人）手中的保单的计税基础部分或全部地取决于转让人（捐赠人）的计税基础时，转移价值规则就不适用了。这被叫做转移计税基础例外。

被赠与保单的保单贷款小于该捐赠人手中保单的计税基础（净支付的保费）的情况就适用转移计税基础例外，因为可视其为部分卖出与部分赠与，因此受赠人的计税基础（赠与的部分）取决于捐赠人的计税基础。例如，假设下面的数据是一个被赠与的保单：

面值	$ 500 000
用于贷款的保单价值	$ 80 000
保单持有人（捐赠人）保单的计税基础	$ 70 000
保单贷款	$ 65 000

这个例子中，赠与税视角下的保单价值是 15 000 美元（ $ 80 000 - $

65 000）。受赠人的计税基础部分取决于假定的卖价（65 000 美元的贷款），部分取决于捐赠人转来的赠与计税基础（15 000 美元）。因此转移计税基础例外在这里是适用的，不会涉及转移价值规定。捐赠人也未实现盈利，因为假定销售价格（65 000 美元的贷款）低于捐赠人的保单计税基础（70 000 美元）。

另一方面，如果我们改变假设，让贷款多于捐赠人持有保单的计税基础，则有令人不快的不同结果。

面值	$ 500 000
用于贷款的保单价值	$ 80 000
保单持有人（捐赠人）保单的计税基础	$ 70 000
保单贷款	$ 75 000

这种假设下，赠与税视角下的保单价值是 5 000 美元（$ 80 000 – $ 75 000）。然而现在受赠者的基础取决于假定的卖价（75 000 美元的贷款），且没有来自捐赠人的转入赠与计税基础。因此，转来计税基础例外就不适用。除非有其他例外，这个转移就需要遵循转移价值规定。这就使被保险人的死亡保险金（减去受赠人保单的计税基础）成为普通应税收入。除此之外，捐赠人得到了保单转移（作为应税普通收入）的 5 000 美元盈利，因为假定卖出收入（75 000 美元的贷款）超过了捐赠人保单的计税基础（70 000 美元）。

这是一个很复杂的问题，若不小心将可能成为一个税收陷阱。其中涉及的原则是在将已抵押的人寿保险保单给其他人时，要确定贷款余额少于捐赠人保单的所得税计税基础。在一些情况下，可能要通过偿还部分贷款来获得这种结果。

第30章
可撤销的生前信托和财产安排

本章目标

读完本章后，你应该能够理解以下要点：

- 可撤销的生前信托可作为遗嘱的替代
- 可撤销生前信托的目的
- 共有财产的优点和缺点
- 应对身体或精神上失去行为能力情形的各种财产管理安排
- 永久通用委托书的使用
- 在财产安排中考虑应对无行为能力的情形
- 决定医疗方案，使用健康医疗权利和生前遗嘱

本章讨论几种传统遗嘱之外的转移死后财产的新方法，例如可撤销的生前信托和共有财产制度。广义上，这些可被称做遗嘱替代品。然而，在本书的前面部分，我们讨论过几种财产或财产相关利益可以被所有者直接转移给其他人，而不被认定为遗嘱资产。这些也能被认为是遗嘱替代品，包括合格的退休计划和个人退休账户的受益人，人寿保险受益指定人，在慈善信托中的特定受益人,.其他指定受益人（例如，利用非合格年金计划，美国储蓄债券和一些银行账户），以及在允许的州实行死亡后财产转移受益人计划。这些方案会在下文中详细讨论。本章内容还包括，应对失去身体或精神上的行为能力时管理财产的各种安排。

30.1　作为遗嘱替代品的可撤销生前信托

可撤销信托是一种在有生之年管理财产、在死亡时转移给他人的有效方法。这种信托可以被创立者在世时终止或更改。

30.1.1　基本特征

在有生之年，财产所有者用他的部分或主要财产创立了可撤销信托。

托管人管理和投资于这些财产，并且支付收益给创立者（让与人）或者创立者直接指导工作。由于创立者可以在生命的任何时点修改或撤销信托，所以他们可以更换托管人、受益人，修改信托的其他条款，撤销信托并取回财产。在创立者死亡时，信托就变得不可撤销，信托中的资产就根据受益人相关的条款进行处置。在这种情况下，它就像是遗嘱。

如果愿意的话，信托可以包括婚姻的和非婚姻的信托条款，合理利用联邦的婚姻财产避税条款。以财产所有者为保险标的的人寿保险和其他的死亡收益也可以投入到信托中。而且，财产一般可以从所有者的遗嘱中倾注到这种信托中。因此，可撤销的信托可以整合遗产，使它在一个工具下管理。财产可以在可撤销生前信托创立时就投放进去，并且可以源源不断地添加资产。或者，信托在创立时有最低限度的资产，授权的代理人可以在所有者身体或精神上失去行为能力时把所有者的财产转移到信托中去。

30.1.2　税收状况

既然可撤销信托可以被创立者终止，它就是一种委托人信托，信托产生的收入在创立者有生之年是要征税的。从联邦财产税看，本金也包括在赠与人的总财产中，也要参与纳税，因为赠与人在逝世前都有撤销的权利。而且，赠与避税的目的也不大可行，因为这种信托在创立时并没有已实现的赠与。因此，避税并不是创立可撤销生前信托的动机。

案例

假设约翰今年 55 岁，拥有证券和其他有收益的财产，价值约 4 000 000美元。这些财产每年带来 120 000 美元左右的收益。约翰是一位繁忙、成功的高级管理人员，同时也积极参加教堂和公民活动。他已婚，2 个小孩都已婚，并且有 4 个孙子女。

约翰决定把 4 000 000 美元的财产转移到一个可撤销生前信托中，XYZ 银行、信托公司和约翰共同作为托管人。银行在约翰的同意下管理基金的投资。在约翰有生之年，信托的收益支付给约翰。在约翰死后，信托的收益继续支付给约翰的妻子、孩子和孙子女。信托的协议包括婚姻和非婚姻的信托条款，在约翰去世转移财产时可以合理利用联邦的婚姻避税条款。约翰将把他遗嘱的财产都放入这个信托。

约翰同时拥有 1 000 000 美元的人寿保险（包括团体人寿保险），并且把不可撤销信托作为受益人。（然而，由于他的财产在不断增长，出于前面章节阐述的原因，他规划毫无保留地把他的人寿保险分配给不可撤销的人寿保险信托。）约翰的 401（k）计划的账户是以他的妻子艾琳娜为受益人，他们主要的住房和一幢别墅共同记在约翰和艾琳娜的名下。在这种情形下，我们可以看到，只有很少财产会成为约翰的遗嘱财产，从而在遗嘱的名义下转移。

30.1.3　可撤销生前信托的目标

财产管理　XYZ 银行和信托公司将为约翰管理和投资信托财产，并且支付他收益。因此，约翰可以免予直接管理资产，而是把财产交给银行的专家打理。然而，如果约翰出于任何原因对协议不满意时，他可以撤销信托，恢复对财产的管理或者更换托管人。如果愿意的话，他也可以参与投资管理，根据当地州的法律，他甚至可以是唯一的托管人。

对失去行为能力的保护　如果约翰身体或精神上失去行为能力，或者无法管理他自己的事情，信托将成为不可撤销的，继任受托人将继续管理和投资信托财产，保护约翰的利益不受干扰。

投资分散化　如果信托财产做了一项投资，比如说共同基金，且有审慎的投资者条款，那么就有投资分散化的好处。

遗嘱的替代性　在约翰逝世时，信托成为不可撤销的，继任受托人为了受益人（约翰家属）的利益，会继续管理和投资信托财产，并且不中断地支付信托收益给他们。最终，财产会被按照信托的条款分配给信托的受益人。

法律选择　约翰也可以决定在哪个州创立信托，从而决定哪个州的法律会监管信托的创立和运营。

避免辅助的遗产认证　如果约翰在某个州（可能是非常住的州）拥有房地产，这个房产可以被放入不可撤销信托中，那么在约翰逝世后，就可以避免房产所在州的辅助管理①。

保密性　在可撤销生前信托中，逝世时如何把什么财产分配给谁都是私人信息。它不会对公众公开，尽管其他的信托受益人可以知道。从另一方面看，遗嘱就是一种公共信息，任何想知道的人都可以看到它的条款。

减少争议　有些人认为，相对于遗嘱而言，可撤销生前信托更难以受

---

①　如果财产在遗嘱中分配，那么财产的管理适用去世者的定居地所在州的法律。然而，遗嘱中的房产适用房产所在州的法律。因此，如果去世者定居在一个州，但是在另一个州有房产，那么就存在双重管理，会产生看管费和可能的延迟。在第二个州——房产所在州——的管理，也被称为亡故人在外地的遗产处分。

到不满的继承人的攻击。

降低成本 可撤销生前信托可能使约翰转移财产的成本更低。这项因素难以评估，取决于具体情况。一个专业的受托人，像 XYZ 银行和信托公司，会收取受托的管理年费，在这个案例中，可能每年每个管理的信托收费在 26 000 美元左右（可参照第 25 章的费用明细表）。但是，因为这种受托管费是可以抵税的，所以税后成本会减少。同时，约翰在世时，受托管人也为他提供投资管理和其他服务。因此，受托管理费可以被看做类似于其他投资中介的投资管理费（例如，共同基金的佣金或投资顾问费）。而且，如果约翰是唯一的受托人，或者受托人不收费，那么就没有年费。

遗嘱执行人的佣金和财产管理的其他费用，一般是按照遗嘱财产的一定比例收取的。对于遗产代理律师的费用也是类似的原则。因此，可撤销生前信托可以至少使约翰节约这部分费用，否则作为遗嘱分配财产都将基于 4 000 000 美元的额度收取费用。执行遗嘱的费用（可以抵扣财产税或收入税），可能是 4 000 000 美元本金的 3%~5%。因此，可撤销信托虽然每年支出年费，但是可以在创立者去世时节约执行遗嘱的费用。但是，另一方面，无论是可撤销信托还是遗嘱，一个人逝世时一些必要的手续必须完成并且要支付费用。

创立者也可以是受托人 在可撤销信托中，约翰可以是唯一的受托人或者是受托人中的一员，并且指定在他失去行为能力或去世时的继任受托人。

避免遗嘱认证的延迟 在创立者去世后，可撤销信托的运营不会间断。

遗嘱仍然是传统的去世后分配财产的方式，但是可撤销信托也是一种可行的选择。在一些情况下，部分财产可以用遗嘱的方式分配，部分可以放入可撤销信托中。然而，几乎在所有情况下，遗嘱都是必不可少的，因为赠与人总会有一些资产在他自己的名下。可撤销生前信托的应用在美国的不同地方差异显著，但是相对于遗嘱，它们的应用正在逐渐增长。

30.2　带有生存者取得权的共有财产

本书第 25 章阐述了带有生存者取得权的共有财产的特征。

30.2.1　共有财产的优点

共有财产是一种家庭成员之间方便、自然的持有财产的方式，尤其是夫妇之间。在一个持有者去世时，财产就自动转移给另一个。同时，共有财产的转移不在去世者的遗嘱财产的范围内，所以可以避免遗嘱的费用和延迟。在一些州，共同持有财产可以避免遗产税。最后，在一些州的法律下，共有财产可以全部转移给生存者，不受去世者的债主的追索。

30.2.2　共有财产的缺点

可能存在的一个重要问题是，考虑到配偶减税的共有财产可能过高，联邦政府征收规模超出必要水平的遗产税。这已经在第 28 章中阐述。同时，当共有财产所有权创立时，如果一个共有者贡献全部的或大于合理比例的财产，并且财产转移是不可撤销的，那么将征收赠与税。

对于多少财产应该记在共有名下，并没有约定俗成的标准。如果联邦遗产税收不是考虑因素，那么人们一般会根据自己意愿选择共同持有的财产。甚至当遗产税有影响时，一些共有财产也是可以接受的。结婚的夫妇通常会共同持有家庭房产，以及为方便起见，一些银行账户记在共有名下。

30.3　应对身体或精神上失去行为能力的财产安排

30.3.1　永久委托书

委托书是委托人指派另一人或另一些人作为他或她的代理人，代表委托人利益的一种书面文件。本质上，它是一种委托—代理关系。永久委托书则是在委托人失去行为能力后，仍然有效或者才开始有效的一种委托书。要成为永久委托，文件必须特别声明，除非州法律有其他形式要求。委托书可以是通用的或有限的。通用委托书授权代理人为委托人处理所有事情，而有限委托书只适用于某些具体的事情。

一种应对失去行为能力的方法是，制定立即生效的永久通用委托书，指定一个或更多的高度信任的人作为代理人。所有的参与人都应该明白，只有在委托人失去行为能力，无法管理自己的事情时，委托书才会生效。另一种方法是制定弹性的永久通用委托书。弹性的委托书只有在文件中规定的诸如委托人失去行为能力的情况下，才能生效。然而，在这种情况下，明确和切实可行的对丧失行为能力和残疾的定义很重要。

30.3.2 永久委托书和可撤销生前信托的结合

还有一种方法是，在现有的（或弹性的）永久委托书中，代理人有权利把委托人的部分或所有资产转移到已有的可撤销生前信托中。因此，在委托人丧失行为能力时，代理人可以为可撤销信托筹资或增加资产，实行对这些资产的管理。在委托人去世时，之前可撤销的信托变成不可撤销的。

30.3.3 为可撤销生前信托注资

这种信托在本章前文有阐述。它的主要优势是在创立者丧失行为能力，无法管理自己的事情时，为创立者进行财产管理。

30.3.4 "便利"共有账户

有些情况下，人们试着通过和其他人创立共有的银行账户、大额可转让存单或其他账户，应对丧失行为能力时的财产管理问题。当其中一个人（可能是更年长的）丧失行为能力或去世，另一个共有人就会用账户中的钱或其他资产照顾失去行为能力的共有人，或者在他去世时分配财产。这看起来很简单，在某些情况下确实如此。然而，这种方法最关键的问题是，假定两个所有者都可以从账户自由取钱，那么这些共有基金就可能被用做其他用途。因此，由于实际的和法律的问题，在很多情况下，共有账户作为应对丧失行为能力的方法都是有问题的。

30.3.5 应对丧失行为能力的安排上的问题

这是复杂和有难度的财务规划问题。专业人士的帮助一般是有用的。在拥有相对适度资产的大多数情况下，永久通用委托书（不论是已有的或弹性的）都是一种满意的解决方案。另一方面，当有大量资产和其他遗产或家庭问题时，可撤销生前信托是不错的选择。通常的情况是，可撤销生前信托和永久委托书会同时使用。

在所有这些安排中，最重要的问题是财产所有者如何选择完全信任的代理人或受托人。这是真正困难的部分。毕竟，这个人要能在财产所有者失去行为能力时，处理他或她的事务。当然，每个人都希望这不会发生，但确实要意识到这种可能性。

30.3.6　医疗方案的选择

前面部分阐述了个人在身体或精神上上丧失行为能力时，如何安排他或她的财产管理的敏感问题。现在我们来讨论更加敏感和有争议的问题，即当个人无法自己作出医疗方案的选择时，如何作出这种决定。

我们都知道，有行为能力的人有权利选择接受或拒绝医疗方案。不幸的是，人们可能会达到失去作出这些决定的行为能力的时候。因此，他们也会为这种不幸的时刻做好提前安排。

选择医疗方案的永久委托书　这实际是永久委托书的延伸。它允许在委托人失去能力时，在法律允许和委托书条款的限制下，代理人为委托人做医疗方案的选择。这显然是一种重要的权力。医疗方案的委托可以是财产管理委托的一部分，也可以是独立的委托。一些州专门立法允许人们实行医疗方案选择的永久委托。即使在没有专门法律的州，很多政府也认为这种委托关系是有法律效力的。

生前遗嘱　大多数州都立法允许人们在生前遗嘱中规定，当一个人失去选择医疗方案能力后的最后时刻，在特定情况下，治疗应该如何被接受或拒绝。虽然生前遗嘱和选择医疗方案的永久委托书在一些方面很相似，它们也在很多方面不同。首先，生前遗嘱只在最后的时刻起作用。其次，不是所有的医疗救助都可以在生前遗嘱的效力下被拒绝，不同州的法律不同。再次，永久委托书允许委托人在制作委托书时，设定他认为合适的委托的条款和条件。最后，永久委托书允许委托人指定一方在他失去能力时，替他作出医疗方案的选择。

第九部分
商业利益规划

第 31 章
企业类型和商业规划

本章目标

读完本章后，你应该能够理解以下要点：

- 规划企业权益时可能遇到的问题
- 私人持股企业的特征
- 各种企业实体的性质和特征，包括：
  ——个人独资企业
  ——一般合伙企业
  ——有限合伙企业
  ——有限责任合伙企业
  ——C 类公司
  ——S 类公司
  ——有限责任公司
- 涉及企业所有者为企业的债务承担法律责任的相关问题
- 选择企业实体的打钩规则
- 企业实体的所得税基数
- 选择企业实体的因素
- 处置企业权益时的问题
- 出售企业权益
- 企业权益的清算
- 企业权益的赠与
- 免税重组中的股权互换
- 出售股票给员工持股计划
- 在买卖协议下股东去世时的企业权益出售或赎回
- 《国内税收法》第 14 章的特别估值规则的重要性
- 企业权益保留涉及的问题
- 《国内税收法》第 303 条赎回条款的财产流动性

当个人或家庭在私人持股企业中拥有股份，就需要合理规划企业的各个方面，例如形成、运营、可能的出售或清算、可能的权益赠与，所有者去世、残疾或退休时的处置，或者留给家庭。

31.1 可能的问题

这可能包括但不限于以下问题：

- 企业应该用哪一种组织形式？
- 谁控制企业？
- 如果出售企业会不会有人愿意接手？
- 企业如何为所有者提供足够的收益？
- 企业和所有者面临多高的所得税税率？
- 企业价值如何影响所有者财产的税率和流动性需求？
- 如果有一个所有者去世，企业能否持续经营，以及去世的所有者在企业的利益如何处置？
- 如果愿意，企业如何能以最好的价格卖给其他人？
- 如果一个所有者丧失行为能力，企业该如何应对，这个所有者会发生什么变化？
- 所有者的退休计划如何设计最好？
- 所有者是否应该把企业股份赠送给家庭成员？如果是，应该赠送多少，采用何种方式？
- 企业因所有者的个人债务、义务、侵权而被索赔时，所有者的法律地位是怎样的？

31.2 私人持股企业的特征

我们对在交易所公开上市的大公司都很熟悉。当我们在第 5 章中讨论投资股票，主要就是指这些公开上市公司的股票。

另一方面，私人持股企业有一些不同的特点，包括以下几方面：

- 它们可以是一种或几种组织形式，包括有限责任公司，合伙企业，个人独资企业，S 类公司和 C 类公司。
- 它们一般是传递型企业（在第 10 章中有描述），因为它们的利润和亏损在企业层面不纳税，而是在损益流向所有者的时候被征税（或减税）。因此，一般情况下只需要缴纳一次所得税，即个人所得税。

- 他们的所有者数量一般较少，很多时候是家庭成员。

- 对这些企业而言，通常还没有成熟的市场。

- 因为这些和其他方面因素，私人持股企业的市场流动性较低。根据环境的不同，一些所有者对企业可能没有控制权。这些因素使得当所有者把股权转给其他家庭成员或去世时，对股权的估值要有折扣。

- 很多私人持股企业的所有者也参与日常经营。他们是所有者和管理者。他们可以是私人持股企业的持股员工，合伙企业的代理人，有限责任公司的成员管理者，或者个人独资企业所有者。不考虑组织形式，关键点是他们同时管理和拥有企业。这和公开上市交易的公司的股东不同，大多数股东对公司事务都没有管理权。

- 由于上面的因素，管理私人持股企业的所有者可以协调企业的计划和自己的个人和财产计划。

31.3　企业类型

对于准备创立企业的人或者已经在企业中的人而言，一个重要的问题是选择企业的组织类型。

31.3.1　个人独资企业

在个人独资企业中，企业的资产、负债和运营都只是所有者的个人事务。个人独资企业没有独立的企业实体，可以只有一个所有者，不需要正式的文件或注册。企业的利润和亏损都自动地转移给所有者，以计算纳税和其他用途。个人所有者对企业的债务、侵权责任和其他义务要承担无限的个人责任。充分的商务责任保险是所有者应对侵权索赔时的最好保护工具。

31.3.2　普通合伙企业

合伙企业可以被认为是 2 个或 2 个以上的人，作为共同所有人以营利为目的的经营一家企业。合伙企业必须至少有 2 个合伙人，而且是以营利为目的。合伙企业所有人的范围很广，可以是任何自然人或法人，例如美国公民，常住外国人，非常住外国人，公司，有限责任公司，信托或其他合伙企业。因此，对合伙企业的合伙人资格几乎没有任何要求。

普通合伙企业的合伙人对企业的债务、侵权和其他义务要负共同连带责任。这意味着，他们对企业的任何债务都要承担无限责任，包括由其他合伙人或其他个人代理业务时为企业所作出的行为（称之为代理责任）所导致的债务。

关于普通合伙企业的各州法案有《统一合伙法》，《统一合伙法修订版》或与它们类似的法案。然而，如果愿意的话，合伙人可以在书面的合伙协议中修改关于合伙企业的州法案的条款。如果没有这种协议，州的相关法案就产生效力。成立普通合伙企业很容易，不需要在州注册。同时也不需要书面的合伙协议，尽管这种协议有时是可取的。

在缴纳所得税方面，普通合伙企业是传递型企业。因此，合伙企业自身不纳税，合伙企业的所有收益、利得、亏损、扣减项和贷款都传递给合伙人，然后对合伙人分别征所得税。每个合伙人的收益分配原则一般依据合伙协议。但是，出于税收目的，合伙企业必须计算这些项目。因此，合伙企业可以被看做税收报告实体，但不是纳税实体。合伙企业的税收准则在《国内税收法》的第 K 章中可以找到。这些准则同样适用于有限合伙企业，有限责任合伙企业和有限责任公司（假设被当做合伙企业对待）。

31.3.3　有限合伙企业

州法律对有限合伙企业有明确的定义，必须在州注册。在第 27 章中已经阐述了他们创造 FLP 的方面。有限合伙企业必须包括至少一个普通合伙人和一个有限合伙人。

有限合伙企业的普通合伙人对企业的债务、侵权和其他责任负有承担无限的责任。但是，其他一些所有者承担有限责任的组织，例如有限责任公司和 S 型公司，也可以是普通合伙人。另一方面，有限合伙人对合伙企业的责任，一般只限于他们在企业中的投资。因为只承担有限责任，有限合伙企人不能积极主动参与企业的管理，其参与的程度在州法律中有具体规定。如果他们参与企业管理较多，则不能被看做有限合伙人，也将失去有限责任的身份。和普通合伙企业类似，任何个体或法人都可以是有限合伙企业的有限合伙人。关于有限合伙企业的法案一般有《统一有限合伙法》、《统一有限合伙法修订版》或者与它们类似的法案。成立有限合伙企业必须有书面的合伙协议，而且必须遵守相关的法律程序。

31.3.4　有限责任合伙企业

有些州法律允许普通合伙人在合伙企业的某些责任上承担有限责任，这些企业就是有限责任合伙企业。在很多情况下，有限责任合伙企业的普通合伙人不因为其他合伙人或员工（普通合伙人直接管理的除外）的疏忽而承担责任。换句话说，有限责任合伙企业的普通合伙人不用承担代理人的责任。在某些情形下，他们也不用承担其他的合伙企业责任，例如合同债权。有限责任合伙企业必须在适用的州法律下注册。

31.3.5　有限责任有限合伙企业

一些州允许企业注册为有限责任有限合伙企业。在这种企业中，普通合伙人不用为其他人的行为承担个人责任。

31.3.6　C类公司

这是在州公司法下建立的公司组织。它们可以有一个或更多股东，实际上任何人或组织都可以成为股东。对C类公司，股东的数量和性质没有限制。它们可以在资本结构中设计一种或多种股票类型。例如，C类公司可以有几种普通股，或者几种普通股和优先股的组成。股东对公司债务承担的责任一般只限于他们在公司中的投资。股东也可以在承担有限责任的同时，积极参与公司的管理和经营。事实上，私有的C类公司的股东一般既是股东也是经营者员工。

C类公司是《国内税法》第C章中的纳税实体。他们要缴纳公司所得税、公司替代最低税①、非正常累计利润盈余税和其他税。因此，在讨论的所有企业类型中，C类公司是唯一不具有税收传递性质的企业类型。公司本身和股东需要缴纳双层税收。但是股东只需要对公司分派的股利交税，所以在实践中，私有的C类公司一般选择尽可能不给股东分红。股东的策略一般是以其他方式获取公司的利润，使得公司可以扣除这部分利润，以在股东层面只交一次税。在本章后面会进一步讨论这种策略。C类公司在公司清算时的资本利得也要双重纳税（称之为废除了通用电力公司式的教条）。但是如第11章中所阐述的，在特定条件下，从C类公司中符

---

① 然而，如第10章中所阐述的，公司替代性最低税不适用于以此为目的的小规模C类公司（例如，一般年收入不超过500万美元）。

合条件的小公司股份的出售或交换中获得利润，有50%的豁免额（从2009年到2011年是75%）。

31.3.7　S类公司

S类公司是依据州公司法成立的正规公司，满足税法下一些特定的资质要求，并选择不作为公司纳税（在《国内税法》第S章）。在很多其他方面，S类公司和C类公司类似。例如，S类公司的股东一般对公司承担有限责任，他们通常积极参与公司管理和经营，既是股东也是员工。

税收状态　S类公司纳税在很多方面更像合伙企业，而不是公司。S类公司自身不需要交税[①]，所有的公司收入、利得、损失、扣减项、贷款都按照股份比例传递给股东，然后由股东在个人层面上纳税。但是公司必须以税收目的来统计这些项目。

因此，S类公司的股东在对公司净利润和利得的基础上纳税，即使他们没有从公司获得任何分红[②]。事实上，因为股东已经为公司的利润缴税，所以S类公司支付给股东的股利不用再纳税[③]。这对S类公司的股东是资金负担，尤其对少数权益股东而言，因为他们可能需要为公司的利润纳税，但是对公司纳税后的分红没有控制权。为了提供这些资金，也避免少数股东被迫出售股份，S类公司在内部制度或公司章程上一般要求支付一定比例的利润作为最低分红。

资质要求　只有少数小规模的公司可以选择S类公司的组织形式。要成为S类公司，必须满足以下的条件：

- 必须是国内的公司。
- 股东数量不超过100个（夫妇和家庭成员都被看做一个股东）。
- S类公司的股东只能是特定的几种：

　　——个人（例如美国公民或常住居民——非常住的外国人不能是股东）。

---

① 在某些情况下，如果S类公司之前是C类公司，那么有可能在公司层面上纳税。一种情形是从C类公司转型为S类公司时的资产利得在转换后10年内被出售或交换。另一种情形是之前的C类公司是以后进先出法（LIFO）给存货记账，那么在C类公司转换为S类公司时会用LIFO重新记账LIFO recapture。第三种情形是对过量的额外收入征税，而且如果连续三年有这种过量的额外收入，S类公司的形式将被终止。

② 这同样适用于其他的传递型组织，例如合伙企业和有限责任公司的利润和分配方面。

③ 当S类公司有利润时（利润，来自之前的C类公司），股利超过累积的调整数额时可能被部分征税。

——委托人信托（例如，美国公民或常住居民作为个体委托人创立的可撤销生前信托可以成为 S 类公司股东。在委托人去世后，信托可以在 2 年内继续担任 S 类公司股东）。

——遗嘱中创立的信托（遗嘱信托），但只能做 2 年股东。

——去世的股东的遗产。

——合格的 S 章信托。这些是能满足特定需求的信托，这些需求包括以下几方面：

- 合格的 S 章信托的收入只有一个当前受益人，受益人必须是美国公民或常住居民。
- 所有的信托收入必须当时分配给那个受益人。
- 当前受益人的收益终止时间是受益人死亡和信托结束两者中更早的时间。
- 任何在当前收入受益人在世时分配的本金都只能给那个受益人。
- 在受益人活着信托就已经结束时，信托必须把所有的财产都分给受益人。

——有选择的小企业信托。这些信托必须满足特定的要求，包括以下方面：信托的受益人只能是个人、遗产或慈善组织；信托中的财产不能是购买获得的；受托人选择信托的状态。小企业信托是以 S 类公司纳税，收取最高的个人所得税税率。

——表决权信托。

——某些免税的组织（例如，合格退休计划的信托如员工持股计划，慈善组织）。

- S 类公司只能有一种类型的股票。但是如果不同普通股之间的差别只有投票权，它们也被看做是一种类型股票。因此，S 类公司可以拥有投票权和没有投票权的普通股。它也可以有员工股票期权计划，在不违背一种类型股票的前提下可以有买卖股票协议。最后，S 类公司可以有直接负债（例如，许诺见票即付或者在特定时期，以不和利润挂钩的利率支付，并且不可转换为股票），而不被认为是第二种类型的股票。

如果这些条件无法满足，则 S 类公司的形式就不合法了，公司得以 C 类公司的形式纳税。

其他问题 所有的股东开始都同意选择 S 类公司的组织形式。但是一旦作出决定，要撤销对 S 类公司的选择必须要拥有 50% 以上股份的股东的同意（作为当小企业条件不满足时，避免终结 S 类公司组织形式的方式）。而且，一般而言，一旦撤销或终结后，5 年内不能再选择 S 类公司组织形式。

S 类公司可以有某种附属公司。它们可以拥有 C 类公司一些或全部 C 类公司股份，成为有限责任公司的股东或者合伙企业的合伙人。S 类公司也可以 100% 持有另一个 S 类子公司，在计算税收时会同时考虑母公司和子公司。但是，反过来，合伙企业、有限责任公司和信托（除了上文阐述的那些）仍然不能作为 S 类公司的股东。

这种规则适用于 S 公司的联邦所得税法。但是，各州可能有 S 类公司的法律。有些州法律和联邦法律一致，有些则有不同的条款。同时，各州对 S 类公司征税的尺度很不一样。

31.3.8　有限责任公司

有限责任公司是比较新的公司组织形式，却是数量增长最快的类型。它结合了有限责任和对公司管理控制的自由权，且有传递性质和合伙企业的税收优势。它也不用满足 S 类公司要求的那些条件。

有限责任公司根据州法律的规定创建，且必须向州注册。所有 50 个州和哥伦比亚特区都有有限责任公司法。[①] 有些州的法律允许或者不禁止单个股东的有限责任公司。在很多方面，有限责任公司的股东可以通过书面的经营协议修改这些州法律的某些条款。一般地，在经营协议中没有对立的条款的方面，都适用于当地州的有限责任公司法。

在有限责任公司拥有股份，而且可以影响公司经营和管理的个人或实体被称做成员。同时也有股权所有者（非成员）不参与公司管理。有限责任公司可以由经理负责公司的事务。因此，有限责任公司可能是成员管理（成员参与公司经营管理），也可能是经理管理（成员选择经理人管理公司）。

有限责任公司的法律一般不让成员承担公司债务、义务和负担的无限责任。但是，成员仍然可以在承担有限责任的同时，积极参与公司的管理。

税收状态　在打钩规则下，有限责任公司一般会选择像合伙企业那样纳税。因此，它是传递型企业，自身不用交税。所有的收益、利得、损

---

① 有些州采用了《统一有限责任公司法》。

失、扣减项和信贷都传递给成员，在成员的个人基础上纳税。每个成员分成的比例一般在经营协议中有规定。

其他因素　有限责任公司可以在组织形式、结构和经营方面具有灵活性。有限责任公司很容易成立，通常只要准备好相应的法律文件。有限责任公司可以有任何数量的成员（很多州甚至允许一个成员），成员可以是任何人或实体。有限责任公司可以有一种以上的股东权益。他们一般不用遵守州公司法要求的很多程序。这些程序可能包括每年股东大会、某种特定的财务报表、董事会、管理人员的任命、公司章程、会议的时间等①。州的税法也适用于有限责任公司。一些州沿用联邦的征税方法，其他的州可能针对有限责任公司有专门的征税。

31.3.9　企业信托

有些州允许企业采用企业信托的形式。但是，这并不是常见的情形。

31.3.10　采用多种组织形式

企业通常会应用到多种组织形式。例如，S 类公司或者有限责任公司可以是有限合伙企业的普通合伙人。这会使得税收可以转移，并且股东只承担有限责任。同时，S 类公司也可以拥有有限责任公司的子公司（或者 S 类公司的子公司）。这会使税收可以转移，有限责任以及企业或经营的分离。另外，C 类公司也可以拥有有限责任公司为子公司，或者成为合伙企业的合伙人。

31.4　法律责任问题的更多思考

企业所有者通常不愿意个人承担企业的债务、义务或侵权索赔。在上面描述过的企业形式中，它们都至少提供了某种程度的有限责任，但是非有限责任合伙企业或有限责任有限合伙企业中的普通合伙人除外。

然而，即使这些企业的形式提供了保护，也要注意一些事项。首先，企业所有者（以及所有相关人）对于自己的失职行为引起的侵权或其他子

---

① 另一方面，应该注意到很多州以各种形式采用了所谓的封闭型公司法案。这些法案旨在为更小的封闭型企业提供便利，而不拘泥于大型、公开上市公司要求的组织形式。公司在管理中没有走正常的手续，它们也可以使股东免予为公司承担债务和责任。在一些情形中，没有达到这些程序被贷款人认为是"刺穿公司的面纱"（pierce the corporate veil）。

责任要承担个人责任。没有哪种企业形式能免除这种责任，而且由于私人持股企业的所有者通常参与企业的管理和经营，就这点而言，他们实际上要为自己的行为承担个人责任。其次，一些组织形式可能不能完全免除个人责任，例如有限责任合伙企业或有限责任有限合伙企业的合同债权，以及有限合伙企业中参与管理的有限合伙人。再次，很多时候，私人持股企业的所有者会被要求个人向银行偿还企业的资金或贷款。这实际上使他们承担了公司的债务。最后，一些法院发现，股东个人对公司的某种索赔或责任要承担个人责任，就因为他们是股东。这被称为"刺透公司面纱理论"。这不是通常的法则，但承担这种责任是可能的。

因此，对于私人持股企业和所有者而言，有足够限制的商业责任保险（或全覆盖）是重要的。这种保险不仅向被保险人赔偿保险中涵盖的责任索赔，也能保护他们不受这种索赔（支付辩护费）。同时，所有者应该在这种覆盖范围下成为被保险人。

31.5　打钩规则

我们在第 10 章中已经讨论过打钩规则。实际上，它要求一个以公司形式组织的企业选择以 C 类公司或 S 类公司缴税。其他组织形式，被称为合法的实体，可以选择它们缴税的方式。合法的实体一般会是合伙企业或有限责任公司。有 2 个或以上所有者的合法实体可以选择以公司或合伙企业的形式缴税。只有 1 个所有者的合法实体（例如，单个成员的有限责任公司）出于税收目的可以选择不被当做独立的实体纳税——它们只会作为部分的所有的部分者缴税。合法实体一般会选择合伙企业的形式纳税，或者为了避税而被忽视作为主体。

31.6　持有企业权益的所得税

类似于其他资产，私人持股企业权益的所有者因为持有权益，而形成所得税的基数。这被称做权益的外部基数。这与公开上市公司的股东具有的纳税基数类似，尽管它们与私人持股企业背景下的购买和运营不同。

另一方面，企业因自己权益所形成的纳税基数被称做内部基数。内部基数与外部基数的不同之处在于，企业是与所有者相独立的实体。在传递型企业的情形中，企业出售资产的利得或损失和资产的折旧都能传递给个人的所有者。因此，传递型企业拥有资产的内部基数会直接影响它的所有者。

在企业形成时，新的所有者会购买权益形成基数。在非纳税交易中，这个基数通常会等于支付的现金加上形成企业的资产的调整后基数①。当购买企业权益出售时，它的基数通常就是购买价格（成本）。当权益是以赠与形式获得时，有一个转移基数，当继承而得时，基数是就是遗传者去世时的市场价格。从这时开始，C 类公司和传递型企业之间存在显著的差别。

对于 C 类公司，股东持有股份的纳税基数一般不会因为公司经营而变化②。另一方面，对于传递型企业，所有者的纳税基数会因为企业经营而变化。例如，合伙人拥有合伙企业的权益所具有的外部基数，会因为合伙企业的应纳税收入、资本利得、可免税收益（如人身险收益）、现金总量、合伙人贡献资产的基数调整加上其中的利得以及合伙企业新发生的债务（称为企业层面的债务）而增加。相应地，合伙人的外部基数会因为合伙企业的亏损、不可抵扣的企业支出不能计入资本性账户扣税、企业债务的减少以及合伙人从企业获得的分红而减少。这对于以合伙企业形式缴税的有限责任公司的成员也是适用的。对于 S 类公司的股东而言，他们的基数不会因为企业层面的债务而增加，但是，出于股东减少扣减损失的目的，基数会因为股东给公司的贷款而增加，除此以外，上面的规则都同样适用于 S 类公司。在出售或清算企业权益时，需要基数来确定其中的利得或损失。同时，传递型企业的权益所有者扣除的损失不能超过它的基数。

31.7　选择企业类型的因素

选择企业类型要考虑很多问题——很多问题都会陈列在这里。这些问题可能是复杂的，关于它们的详细讨论超出了本书范围。

---

①　对于公司而言，当升值的财产被作为公司形成部分而转移时，通常认为是非纳税交易的条件是：财产的转让人只获得股票作为回报，而且在交易后，转让人拥有公司 80% 或更多的股份。对于合伙企业而言，通常转让升值财产给企业而获得股份的行为都不用纳税。如第 10 章所述，这些是免税的交易。然而，如果转让的财产被用于支付债务时就会有利得，如果股票或有效合伙企业的股份出售换取服务，则也会有收益。

②　有一些例外的情形。例如，如果股东收到公司盈余和利润之外的股利，那么股利就相当于基数的回报，从而降低了基数。

31. 8　所有者的负债

所有者的负债问题先前已经讨论过了。

31. 9　企业和所有者的纳税状态

这个问题前面也已讨论论过。现实的趋势是更加倾向于传递型企业，而不是要双重纳税的 C 类公司。但是，C 类公司也有一些优点（如计划公开上市或者拥有多种类型的股权）。同时，私人持股的 C 类公司在实践中可以通过一些策略避免或减少双重纳税，将在下文阐述这些策略。但是，每种策略都有实际的限制。

- 向股东类员工支付工资、奖金等。这在公司层面是可以扣减抵税，只在股东类员工的薪酬上扣税。然而，这种支付的限制是从税收角度讲薪酬必须是合理和符合惯例的。这是事实和环境的检验，取决于当时形势。但是，在不合理的薪酬情况下，美国国税局会把薪酬重新归类为不可抵扣税的分红。
- 通过工资给家庭成员的薪酬。同样，这里的限制是薪酬相对于业绩必须是合理的。
- 股东类员工的员工福利。这些员工福利目前在公司层面是可以扣减抵税的，在股东类员工层面上至少目前是不用纳税的。但是，对这些福利的限制是，员工总的报酬（包括员工福利）必须是合理和符合惯例的，而且大多数员工福利不能区分开来。为了有利于高薪酬的员工避税，这些人往往又是股东类员工[①]。
- 股东类员工的递延薪酬。这类支付项可被公司作为扣减项抵税，当实际支付给股东类员工时才需要缴纳所得税。这些安排可以带来差异化。这些安排的限制是，必须提前规划，而且是合理的、很可能要被薪酬研究机构证明是正当的。
- 股东的租赁资产。在这种情形下，租赁费用的支付是 C 类公司可扣减抵税，给股东的租赁费要对股东征税（正常收入）。股东会保留房产在自己的名下，而只把它租赁给企业。这不仅可以让股东从公

---

① 残疾收入福利和保险的医疗福利不需要放入总薪酬中考虑。

司获得收益而只需缴纳一层税（房产所有者），同时也给股东直接持有房产的税收优势。这种策略的限制在于房租不能超过市场的公允价值。

- 借钱给公司。这里，股东以市场的利率贷款给公司。利息在公司层面可以扣减抵税，在股东层面利息作为正常收入需要纳税。这种策略的限制在于利率必须是合理的，基于真实的负债，不是伪装的分红，负债不能超过公司股本的一定比例，而且债务可能成为公司的财务负担。

- 捐赠私人持股的股份给慈善机构，然后公司赎回股份。这种慈善救助在第19章中有阐述。这种技术的限制在于，股东应该要在任何事件中做出慈善捐赠（因为他或她只收到一个扣减，而不是收益），但是对慈善捐赠会有一般的限制。

- 上面的策略都是只在一个层面上纳税，还有一种策略是在公司层面缴纳所得税（可能在15%或25%的档次），在C类公司内累计利润和盈余，然后清算或出售公司，并在股东的层面上支付资本利得税[①]。这种策略要取得成功，公司所得税和清算或出售时的资本利得税不能超过股东的个人所得税税率，因为后者是传递型企业利润所支付的税率。对采用这种策略的企业而言，合格的小企业股份的资本利得的降低和通常资本利得（分红）税率的降低是有好处的，但是，当个人所得税税率相对于公司所得税税率降低了，这种策略的吸引力就会下降。

31. 10 成立和运营

通常情况下，相对于公司而言，合伙企业和有限责任公司在成立和运营方面更具有便利性。

31. 11 所有者的数量和性质

如果企业只有一个所有者，那么只能采用独资企业、单一成员有限责

---

① 在废除了通用电力公司式教条的新税法下，对于升值的资产也可能在公司层面缴纳资本利得税。

任公司、S 类公司或 C 类公司的形式。相反，如果企业所有者超过 100 人，那么就不能采用 S 类公司的形式。对于 S 类公司的股东还有其他的资格要求。

31.12　管理和期望控制的类型

在这方面的形式可以不同，在上文已有阐述。

31.13　权益的可转让性

传统上，公司的股份被认为可以自由转让，合伙企业股权的完全转让需要其他合伙人或至少其中部分人的同意。然而在实际中，私人持股企业的内部章程通常限制股权的转让。考虑到 S 类公司的合格性可能因为股权转让给一个不合格的个人或实体而被破坏，这在 S 类公司中尤为常见。

31.14　连续经营

不论股东死亡、退休、破产或其他情况，公司一般都可以连续经营。然而对于一般合伙企业和在有限责任公司法的规定下，一个合伙人或成员的死亡、退休、破产和某些其他条件会导致企业解散。即使这样，企业也可以在所有或大部分股东的同意下继续经营。

对于有限合伙企业，只有最后一个一般合伙人的死亡、退休、破产等会导致企业解散。同样地，有限合伙企业可以在所有或大部分有限合伙人的同意下继续经营。

31.15　终止

合伙企业（或合伙人的权益）在清算（终止）时给合伙人的收益不用纳税，除非分配的现金（通常包括可交易证券）超过合伙人在合伙企业股份的基数。因此，在实际中，合伙企业的资产可以以实物偿付给清算的合伙人，而不用在当前纳税。这些情形对于以合伙企业纳税的有限责任公司也是适用的。

对于公司而言，清算（终止）时的收益则需要纳税。如果 S 类公司的资产升值了，那么在公司层面有可纳税的收益，并且会被传递给股东。但是，股东股票的基数会也增加清算收益的相应数额，所以对于清算 S 类公司的股东而言，没有双重纳税——只在股东层面缴纳资本利得税。如果 C 类公司的资产升值了，在废除了通用电力公司式教条的新税法下，在公司层面要缴纳所得税，在股东层面需要为公司清算中分配给股东的现金以及清算财产的价值，与股东持有股票的税收基数之间的差额缴纳资本利得税。因此，在 C 类公司清算中会有双重纳税。

同时，合伙企业或有限责任公司转换为公司一般不用纳税。但是，公司转换为合伙企业或有限责任公司则需要纳税。

这种税收的灵活性有利于合伙企业和有限责任公司。它们在成立、经营和终止方面更具有便利性。

31.16　企业未来的计划

如果企业的计划是很快公开上市（很可能是 IPO）或者出售给另一家企业，那么选择 C 类公司更好。如果企业将被家庭持有很长一段时间，那么也更适合于 C 类公司。另一方面，如果企业计划终止或很快将有资本分配，那么更适合于合伙企业或有限责任公司。

31.17　特别分配的可得性

合伙企业的协议和有限责任公司的经营协议可以规定，如何分配收益、利得、损失、扣减或贷款给合伙人或成员，而不是根据他们在企业的股份比例，但前提是分配有实际的经济效益。[①] 这被称为特别分配。公司一般不能有这样的分配（例如，利润和损失是通过所持有的股票数量分配），尽管 C 类公司的股票类型可以多于一种，而具有不同的分配权。

31.18　所有者从员工福利中获得税收优惠

这是复杂而不断变化的问题。它基于的事实是，股东为自己公司工作，同时是公司的员工，而也为自己企业工作的合伙人和有限责任公司的

---

① 通常地，这意味着它们很可能会影响合伙人或成员的经济地位。

成员则是委托人或所有者，但技术上不是员工。税收优惠的员工福利计划是为员工的，除非有特定的法律条款声明。

合格的退休计划　公司的股东类员工可以作为员工享受这些计划，并享有全部的福利。同时，自我雇用的个人（例如，独资企业、合伙人、有限责任公司的成员）如果由个人服务而带来自我雇用的收益，那么也可以在 HR－10 计划下拥有同样的基数。因此，股东类员工和自我雇用个人在合格的退休计划上实际是平等的。

医疗保险　在公司的医疗保险计划下，C 类公司的股东类员工可以在税收优惠的基数上享受所有福利。这意味着公司给员工的福利和保险覆盖可以被公司抵扣税收，并且不计入股东类员工的总收入。

自我雇用个人允许就个人、配偶或家属的医疗保险支出抵扣纳税的所得收入。出于这个目的，S 类公司超过 2% 的股东被视为合伙人（自我雇用个人）看待。

其他福利　C 类公司的股东类员工可以享有员工的所有福利，并且是在其他社会福利的税收优惠基数上。这些社会福利包括团体人身险第一个 5 万美元的支出，残疾收入保险的支出，自助计划的福利以及某些附加的福利。因此，雇主对这种福利的支出是可以被 C 类公司扣减抵税，而且不计入股东类员工的总收入中。

对于自我雇用的个人和持有 S 类公司 2% 以上股份的股东而言，这种福利不能扣减抵税。实际上，这些福利就是以税后美元购买的。因此，C 类公司的股东类员工比自我雇用的个人和持股 2% 以上的 S 类公司股东更有优势。

31. 19　其他因素

在选择企业组织形式时，还需要考虑一系列其他的因素，包括州税收的问题。

31. 20　企业权益的处置

在某一时点，私人持股企业的权益可以被所有者以价值为目的用不同方式处置。或者是，权益可以放弃或者留给所有者的家人。

31.20.1 出售企业权益

所有者可能决定在世时出售企业或企业权益。出售对象可能是其他所有者、关键员工、家庭成员或者不相关方。同时，企业自身也可以赎回股东的股票（股票赎回）或者清算合伙人的股份。不同处置方法的经济和税收效果是不同的，取决于企业组织类型和出售形式。

当独资企业所有者出售企业，他们实际是在出售资产。他们在出售个人资产上可能有利得或亏损。当一个合伙人出售或交换他或她的合伙企业股份时，他或她会确认出售的资本利得或亏损，即出售的价格和他或她在合伙企业股份的调整后基数的差额。出于税收目的，合伙企业的权益一般会认为是资本资产。但是，在可分解的合伙企业规则下，当有相当多升值的存货或未实现的应收账款作为合伙企业资产时，利得也要计入正常的普通收入[1]。

对于合伙企业有特别的规则，允许合伙企业选择调整企业资产的基数（即内部基数），这个调整从购买者的利益出发，反映购买者在合伙企业股权的外部基数（即购买价格加上买方在合伙企业的负债）和调整之前买方在合伙企业资产的内部基数的差额。实际上，这允许合伙企业选择迫使买方使他或她外部的基数变成他或她在合伙企业资产的内部基数[2]。这可能包括一些复杂的会计记账，但是，对购买（或继承）的合伙人而言，这是有吸引力的，因为他或她在企业内部的基数会影响他或她在合伙企业的收入、利得和亏损。但是对公司而言，没有类似的税收条款。

在打钩规则下，这些合伙企业的税收规则同样适用于选择合伙企业纳税形式的有限责任公司。

对出售公司而言，在出售股票和资产之间有个基本的选择。在出售股票时，所有者把股票卖给买方，买主就拥有了股票的所有权。出售的股东能实现和确认资本利得或亏损，即出售价格和他们所持股票的调整后基数之间的差额。对他们而言，只有一层缴税。买方会以谈好的价格获得公司

---

① 这有时被称为 751 条款资产或热资产。

② 这个选择是被《国内税法》第 754 章批准。它也同样适用于合伙企业股权被继承的情形。这可能基于去世的合伙人的遗嘱或在合伙协议中的继承股权条款。在任何情况中，继承合伙人的外部基数都是原合伙人去世那天合伙企业股权的公允市场价值（即死亡的递增基数）。

股票，公司内部的资产基数仍然不变，买方通常不能摊销任何资产的成本①。购买者也会负责公司的债务，如合同债务、资金欠缺的养老金计划和环境责任。另一方面，购买者可以获得公司的有利合同、许可证、执照的好处。

在出售资产的情形中，买方从公司购买资产。出售的公司就可能被清算，偿付债务、分配剩下的资产给股东。如果是 C 类公司，卖方要缴纳两层税。首先，公司要确认出售资产的利得，交纳公司所得税。其次，当公司清算时，股东会在个人层面确认资本利得，即清算中获得的金额和股票基数的差额。如果是 S 类公司，通常只有一层纳税，因为它是传递型企业。公司会确认出售资产的利润，但是，它会传递给股东并且对股东征税。这些利得会增加他们在公司的基数，在公司清算时会消除给他们的利润。但是，对于以前是 C 类公司的 S 类公司，如果公司在转型日因资产升值和转型后 10 年内出售因资产升值而获得的利得，那么仍然要征收缴纳公司层面的税。这个公司层面的利得以转型日那天的资产价值衡量。这被称为固有利得的条款。

资产的买方将获得购买资产增加的基数（购买价格），并且可以在 15 年内摊销无形资产的成本（例如客户名单）和商誉。这允许买主在这 15 年内可以抵扣部分收入。同时，买主不会对公司债务承担责任，因为他或她没有购买公司本身。但是，一些可能的责任，例如资产带来的环境问题，仍然要买方负责。

因为这些因素，卖方一般更喜欢出售股票，而买方希望购买资产。有时，交易的价格或条款会调整到满足双方的目标。结构性交易是比较复杂的，一般需要专业咨询。

私人持股企业的权益交易可能是分期付款的，因为它们并不公开交易。在这种情况中，应该要注意买方能够付剩下的款。有时，企业或企业权益的价格不是固定的，而是部分取决于未来企业的利润。这被称为基于财务表现的额外对价条款。额外对价条款对买卖双方而言都是有吸引力的，但是要注意的是，要确定私人持股企业的利润也不容易。

---

① 但是，买主可以摊销购买股票产生的条款成本，例如和前股东合理的非竞争协议。同时，公司之前和前股东有合理的无条件递延薪酬协议所带来的支付可以被公司当做费用扣除，实际上也是交易的部分。

31. 20. 2　企业权益的清算

如上所述，企业可以在所有者在世时被清算。对合伙企业和以合伙企业纳税的有限责任公司而言，清算时通常不会有可纳税的利得，除非现金（包括可出售证券）的分配超过合伙人在企业中股份的基数。在 S 类公司情形中，清算时通常只有股东层面的纳税（除了固有利得）。对于 C 类公司，清算时一般会有双重纳税：公司纳税以及股东的资本利得纳税。

31. 20. 3　企业权益的赠与

私人持股企业的所有者可能在世时赠与部分权益给他人，通常是家庭成员。年长的所有者会想把他们的孩子或其他家庭成员带入企业，以股票、合伙企业股权或有限责任公司股权的形式给他们报酬。有企业控制权的家庭成员通常以避税的方式赠与权益给更年轻的家庭成员，开始逐渐把企业交给下一代。私人持股企业的权益也会以家庭有限合伙企业或有限责任公司的形式存在。

但是，这种赠与带来的问题就是对企业的控制问题。年长的家庭成员可能想要或不想要控制权。如果他们想保留控制权，他们可以把企业的股权分为几种（例如，C 类或 S 类公司中包括具有投票权和没有投票权的股票），然后把非控制权的权益（如没有投票权的股票）放入信托或直接赠与。或者，他们可以把企业或部分企业放入家庭有限合伙企业，然后成为一般合伙人或者作为一般合伙人控制一个企业。或者，他们可以放弃少数权益，但不至于影响他们的控制权。

当一个有控制权①的公司所有者把公司的股票转移到一个不可撤销的信托（或其他），但是保留他在世时或者去世之前的一段时间的投票权，这被认为是出于转移税收的目的，因为所有者仍然保留了转让的股票的权利。这会使转让的股票的全部价值在转让者死亡时包括在他的总财产遗产中（类似于在世收入的保留）。通过其他方式也可以保留控制权，例如重组公司结构中有投票权和无投票权的股票，然后把无投票权的股票赠送给信托或其他。

如果要赠送合伙企业股份或者以合伙企业形式纳税的有限责任公司的股份给家庭成员，那么需要考虑家庭合伙企业的规则。这要求这种赠与股

---

①　在这方面，控制权意味着保留 20% 或更多的投票权。

份在税收上被确认之前，捐赠合伙人对合伙企业的个人贡献必须以利润占比确认，资金必须是对合伙企业重要的生产要素。对于 S 类公司的股票赠与给家庭成员，如果捐赠股东对公司的贡献与薪水不相匹配，那么美国国税局有权在股东之间重新分配 S 类公司的利润。这些条款是为了防止在传递型企业中使用股权捐赠，实际上把个人收入从捐赠股东转移给了低税率的家庭成员。

私人持股企业的权益也可以捐赠给慈善信托，然后由慈善信托出售，如第 19 章中所述。

31.20.4　在免税重组中交换股票

在这种情形下，私人持股企业的所有者用他们的股票免税交换上市公司的股票。他们可以保留股票直到去世，那时收入税的基数会增加，或者出售股票，前提是股票没有立即被发行公司赎回。上市公司的旧股东可能仍然会是上市公司的员工。这种方法在第 11 章中有阐述。

31.20.5　出售股票给员工持股计划

在这种情形下，股东一般会出售部分或所有的股票给公司的杠杆化员工持股计划。这种方法同样也在第 11 章中有阐述。

31.20.6　买卖协议下在去世时的出售或赎回

假设一个即刻出售、清算或企业权益的免税交换没有达到预期，所有者必须考虑到死亡或残疾时，企业会发生什么变化。一个常用的方法是用一个已有的买卖协议，让它在所有者去世或残疾时发挥作用。

合伙企业

企业持续经营问题：一般合伙人去世时，法律上会使企业解散，去世的合伙人的股份也会被处置。通常地，在没有相关协议的情况下，活着的合伙人会作为清算受托人继承企业资产的所有权。因此，如果合伙人在世时没有关于企业持续经营的协议，那么合伙人去世时有两种选择：企业被重组或被终止（例如清算或清盘）。

合伙企业购买协议：这是当合伙人在世时各合伙人之间（交叉购买协议）或合伙企业与合伙人之间（实体购买协议）签订的书面协议，为去世的合伙人的股份交易做准备。它为每个合伙人的股份确立一个达成共识的价格，并且包含随着企业价值改变而调整交易价格的条款。人身险可以被用于为协议的买方提供资金，为购买去世合伙人的股份提供急需的现金。共有两种类型的合伙企业购买协议——交叉购买计划和企业购买计划。表31.1分别描述了两种协议的情形，其中合伙企业有3个合伙人股份相等，企业总价值为1 200 000美元。

税收方面：合伙企业的买卖协议在税收方面是比较复杂的，在这里只做一些概述。人身险的保费，不论是由合伙人还是合伙企业支付的，都不能税前扣除，因为保费的支付人是人身险的直接或间接的受益人。这些开支被看做个人性质的，而不是业务支出。被保险人去世时受益人获得的保险金是可以免税的。

表 31.1   **价值 1 200 000 美元的合伙企业**

合伙人 A 拥有三分之一股权：400 000 美元	合伙人 B 拥有三分之一股权：400 000 美元	合伙人 C 拥有三分之一股权：400 000 美元

交叉购买协议

三个合伙人同意在协议中明确所拥有股份的价值，并且在有合伙人去世时，去世者要卖出企业股份，由在世的合伙人购买。

为协议买方提供资金的人身险

A 投保，受益人为： B 200 000 美元 C 200 000 美元	B 投保，受益人： A 200 000 美元 C 200 000 美元	C 投保，受益人： A 200 000 美元 B 200 000 美元

每个合伙人都是投保人、所有者和保费支付人，保单的受益人均为另两个合伙人。

去世时	根据交叉购买协议，每个在世的合伙人利用保单的保险金去购买去世的合伙人的一半股份（在协议中可能有针对残疾的条款，以应对这种风险）
企业购买协议	3 个合伙人同意在协议中明确所有拥有股份的价值，并且在一个合伙人去世时，企业会从去世者手中购买其持有的股份
为协议买方提供资金的人身险	合伙企业分别为 A、B、C 各投保 400 000 美元，合伙企业是投保人、所有者、保费支付人和所有保单的受益人
去世时	根据买卖协议的条款，合伙人作为受益人获得去世者人身险的保险金，并用于购买去世者的股份（在协议中可能有针对残疾的条款，以应对这种风险）

合伙企业或合伙人收到的保险金被用于购买去世合伙人的股份。这部分股份的出售通常不会有利得或损失，因为股份的基数通常会在去世时有调整（除了未实现的应收账款和升值的存货）。相应地，在交叉购买协议中，作为买方的合伙人可以通过购买去世合伙人股份，以增加他们在合伙企业的股份。在企业购买协议中，因为合伙企业的传递性，它对在世合伙人的外部基数有相同的效应，尽管这可能与出售的时机和保险金的获得有关。

出于财产的遗产税的目的，到合伙人去世时，他或她拥有企业股份的价值会被包括在他或她的总资产遗产总额中，就和他或她拥有的其他资产一样。然而，私人持股企业的难题是企业股份的价值难以衡量。如果有一个合理的买卖协议，那么协议中的交易价格会被认为是企业股份的价值，从而包括在去世合伙人的总资产中，当然前提是满足《国内税法》的第14章和通常的估值准则。

私人持股公司　在一个私人持股公司（C类或S类公司），股东人数有限制，股东一般是公司的员工，股票也不会公开上市。和一般的合伙企业不同，公司不会因为一个股东的死亡而解散。但是，实际上，私人持股公司股东的去世一般会对其他股东和公司产生深远的、通常是负面的后果。这些可能影响的存在，使得公司想要签订股东死亡或残疾的买卖协议。

公司的买卖协议：这是股东之间（交叉购买协议）或公司和股东之间（退股或股票赎回计划）签订的书面协议，为去世股东的股票的交易做准备。协议会确定股票的购买价格，并且会随着企业价值的变化周期性地调整协议价格。股东投保的人身险一般也为协议的买方供应资金。

表31.2描述了交叉购买协议和公司购买协议如何发挥作用的情景，其中私人持股企业有3个股份相等的股东，企业价值为1 200 000美元。

税收方面：在合伙企业的情形中，买卖协议涉及的税收是复杂的。这里只总结基本的规则。

● **所得税**　不论保费是由股东还是公司支付，人身险的保费都不能扣除，因为保费支付者是保单的直接或间接受益人。

无论受益人是公司还是个人股东[1]，受益人获得人身险的保险金时一

---

① 当个人股东是受益人时（在交叉购买计划中），一个特别的规则——转移价值规则（在第29章中有阐述）——可能在某些情况中适用，并且使一部分收益作为收入要纳税。当一个在世的股东要从去世股东的财产中购买另一个股东的人身险的保单时，这种情况就会发生。在这种情况下，价值转移规则使得保单销售不能免税。因此，这种交易不会规定在公司的交叉购买协议中。

般免收入税。

表 31. 2	价值 1 200 000 美元的公司	
股东 A 拥有三分之一的股票： 400 000 美元	股东 B 拥有三分之一的股票： 400 000 美元	股东 C 拥有三分之一的股票： 400 000 美元

交叉购买协议

三个股东同意在协议中明确所拥有股份的价值，并且在一个股东去世时，去世者要卖出企业股份，由在世的股东购买。

为协议买方提供资金的人身险

A 投保，受益人为： B 200 000 美元 C 200 000 美元	B 投保，受益人： A 200 000 美元 C 200 000 美元	C 投保，受益人： A 200 000 美元 B 200 000 美元

每个股东都是投保人、所有者和保费支付人，保单的受益人均为另两个股东。

去世时	根据交叉购买协议，每个在世的股东利用保单的保险金去购买去世股东的一半股份（在协议中可能有针对残疾的条款，以应对这种风险）
退股计划	3 个股东和公司可以在协议中确认股票的价值，并且在一个股东去世时，去世者把他或她的股票出售给公司
为协议买方提供资金的人身险	公司分别为 3 个股东投保： A 400 000 美元 B 400 000 美元 C 400 000 美元 公司是所有保单的投保人、所有者、保费支付人和受益人
去世时	根据购买协议，公司用保险金购买去世股东的股票（在协议中可能也有针对残疾的条款，以应对这种风险）

除此之外，对于 C 类公司，公司最低纳税额使得情况更加复杂。对于 C 类公司，最小纳税收入的增加值是公司的调整后当前利润与原最小纳税收入（不考虑调整后当前利润）的差额的 75%。人身险现金价值的递延税的投资增加部分也会包括在调整后当前利润中，即是人身险的保险金和保单基数之间的差额。在实践中，这意味着这 75% 的本来不用纳税的部分要正常纳税，并且计入公司最低纳税额。但是，这个最低纳税额对很多私人持股公司不存在，因为有取消对小企业的最低纳税额，如第 10 章中所述。

公司的股票权益被认为是资本性资产。因此，购买协议的实施通常不会导致资本利得或亏损，因为股东去世后会相应增加收入税的基数。

在交叉购买协议中，购买的股东会根据购买价格增加他们股票的基数。但是在 C 类公司的退股协议的情形中，这种做法就不正确。

● **遗产税**　如果购买协议还包括其他合理的条款，通常只有为股票支付的购买价格会包括在去世股东的财产中，以计算联邦财产税基数。这也取决于是否满足《国内税收法》第 14 章，如下文所述。

独资企业所有者　独资企业不是独立于个人所有者的实体。从经济学意义上说，独资企业所有者就是企业，除非他或她在世时制订了计划，企业通常会随着所有者去世而消失。所有者去世时有 3 种处置方法：清算或出售、家庭保留、出售给员工（可能通过提前达成的购买协议）。

31.21　第 14 章特别估值规则

如第 11 章和第 26 章所述，《国内税收法》第 14 章是关于某些特定的估值规则，以应对家庭成员之间转移财产中涉及的赠与税和财产税。这些估值准则很复杂，关于它们的完整讨论已超出本书范围。

第 14 章的一个条款（2703 条款——忽视某些权利和限制）提出了在购买协议中估值条件的一些要求。这部分要求任何财产（例如购买协议下的企业股份）的价值应该在没有其他条件的前提下确定，这些条件包括期权、协议，以低于市场价值的价格购买或使用财产，或任何关于出售或使用财产的限制，除非这些期权、协议、权利或限制满足三个要求。这些要求包括，它是善意的经营协议，不是为了把财产转移给去世者赠与的对象而缺乏充足的考虑，条款与类似的正常交易的协议具有可比性。

《国内税收法》规定，这些法定的要求不适用于与不相关方的协议。而且，在 1990 年 10 月 8 日之前已经存在的协议不适用于这些要求，除非它们在 1990 年 10 月 8 日以后有实质性的修改。但是，之前的普通法的法律准则仍然适用于所有的情形。这些普通法的准则一般包括前面两个法定规则，同时要求书面协议中确定价格，并适用于在世时的出售（如优先交易的承诺）。

因此，如果各方希望购买协议中的企业股份的价值固定，以便于联邦纳税，那么第 14 章 2703 条款的法定要求必须满足，除非这些协议是在新法生效前已有的，或者签署协议的各方不相关，或者具有其他例外的情形，但是即使例外，普通法的准则仍然需要满足。

31.22　企业股份的保留

31.22.1　企业股份应该出售还是留给家庭

当企业所有者规划其财产时，他们一般有两种初始的选择。第一种选择是在有生之年、去世或退休时处置在企业的全部股份。另一种选择是把企业股份留给家庭。

当家庭拥有大多数股份，当有家庭成员对企业感兴趣且有能力管理，当企业的前景光明，当所有者的财产中有其他资产（包括可能的已有或新的人身险）时，企业股份留给家庭是比较实际的。这种情况下，所有者可以为自己的遗产安排充足的流动性，并且在家庭成员中平均分配。如果没有这些要素，那么企业所有者应该慎重考虑是否把企业留给家庭。

31.22.2　303 赎回条款中的遗产清算

本书的其他章节描述了有助于把企业留给家庭的一些方法。但是，第303 条款中的赎回中还有另一种方法。当满足一定条件时，《国内税收法》第 303 条款允许公司从去世股东的财产中赎回充足的股票，并以此支付遗产税、葬礼费用、遗产管理费用，而不产生新的需要纳税的分红给遗产或继承人。根据 303 赎回条款，获得的收益不需要匹配这些去世的费用。303 条款只是对部分赎回股票的总量设置免税的限额。因此，在合适的情形下，303 条款是一种在股东去世时，无须冒纳所得税的风险而把现金从私人持股公司中提取出来的好方法。

要满足 303 赎回条款的要求，去世股东拥有公司股票的价值必须占他或她调整后的遗产总额的 35% 以上。假设，一个离婚的企业所有者的资产情况如下：

遗产总额	4 400 000 美元
减去：债务、葬礼、遗产管理费	−400 000 美元
调整后的遗产总额	4 000 000 美元

在这种情况下，如果去世的股东拥有公司股票的价值为 2 000 000 美元，那么将符合 303 赎回条款的要求，因为 2 000 000 美元大于调整后的遗产总额 35% 的 1 400 000 美元。假设葬礼和遗产管理费用共 40 000 美元，

联邦和州遗产税共 300 000 美元，这能让你公司从继承人手中赎回 500 000 美元（200 000 美元 + 300 000 美元）股票而不用纳税。

但是，满足 303 赎回条款的股票保护了赎回收益不被视为普通股利而免税，但是，这种赎回仅限于股东权益直接因为遗产税、葬礼费用和管理费用而被降低减少。因此，一些股东不能利用 303 条款。以公司为受益人的人身险可用于为 303 条款的赎回提供资金。

责任编辑：戴　硕　李　融
责任校对：潘　洁
责任印制：陈晓川

图书在版编目（CIP）数据

私人财富管理：个人财富规划师完全参考手册：第 8 版（Siren Caifu Guanli）/G. 维克托·霍尔曼，杰瑞·S. 罗森布鲁姆著；苏薪茗译．—北京：中国金融出版社，2014.6

（银行业专业类培训教材）

ISBN 978 - 7 - 5049 - 7491 - 4

Ⅰ.①私…　Ⅱ.①G. …②杰…③苏…　Ⅲ.①私人投资—基本知识　Ⅳ.①F830.59

中国版本图书馆 CIP 数据核字（2014）第 070890 号

出版　**中国金融出版社**
发行

社址　北京市丰台区益泽路 2 号
市场开发部　（010）63266347，63805472，63439533（传真）
网 上 书 店　http://www.chinafph.com
　　　　　　（010）63286832，63365686（传真）
读者服务部　（010）66070833，62568380
邮编　100071
经销　新华书店
印刷　北京松源印刷有限公司
尺寸　169 毫米 × 239 毫米
印张　41.5
字数　697 千
版次　2014 年 6 月第 1 版
印次　2014 年 6 月第 1 次印刷
定价　88.00 元
ISBN 978 - 7 - 5049 - 7491 - 4/F.7051
如出现印装错误本社负责调换　联系电话（010）63263947